Os árabes

Eugene Rogan

Os árabes

Uma história

Tradução:
Marlene Suano

2ª reimpressão

 ZAHAR

*Grafia atualizada segundo o Acordo Ortográfico da Língua Portuguesa de 1990,
que entrou em vigor no Brasil em 2009.*

Título original
The Arabs

Capa
Celso Longo + Daniel Trench

Imagem de capa
Konstantin Kalishko/ 123RF/ Easypix Brasil

Preparação
Diogo Henriques

Índice remissivo
Probo Poletti

Revisão
Huendel Viana
Valquíria Della Pozza

Dados Internacionais de Catalogação na Publicação (CIP)
(Câmara Brasileira do Livro, SP, Brasil)
_____

Rogan, Eugene L.
    Os árabes: Uma história / Eugene Rogan; tradução Marlene Sua-
no. — 1ª ed. — Rio de Janeiro : Zahar, 2021.

    Título original: The Arabs.
    ISBN 978-65-5979-020-3

    1. Imperialismo 2. Indústria e comércio de petróleo – Países árabes
3. Islã e política – Países árabes 4. Nacionalismo árabe 5. Oriente Médio – História 6. Países árabes – Descrição 7. Países árabes – História
8. Países islâmicos – História I. Título.

21-64577   CDD: 909.0974927
_____

Índice para catálogo sistemático:
1. Países árabes : História   909.0974927

Maria Alice Ferreira – Bibliotecária – CRB-8/7964

Todos os direitos desta edição reservados à
EDITORA SCHWARCZ S.A.
Praça Floriano, 19, sala 3001 — Cinelândia
20031-050 — Rio de Janeiro — RJ
Telefone: (21) 3993-7510
www.companhiadasletras.com.br
www.blogdacompanhia.com.br
facebook.com/editorazahar
instagram.com/editorazahar
twitter.com/editorazahar

Este livro é dedicado a
Richard Huia Woods Rogan

Sumário

Introdução   9

1. Do Cairo a Istambul   27
2. O desafio árabe ao domínio otomano   63
3. O Império Egípcio de Muhammad Ali   92
4. Os perigos da reforma   125
5. A primeira onda de colonialismo: norte da África   159
6. Dividir para conquistar: Primeira Guerra Mundial
   e o acordo do pós-guerra   212
7. O Império Britânico no Oriente Médio   251
8. O Império Francês no Oriente Médio   304
9. O desastre palestino e suas consequências   356
10. A ascensão do nacionalismo árabe   399
11. O declínio do nacionalismo árabe   457
12. A era do petróleo   509
13. O poder do islã   568
14. Após a Guerra Fria   628
15. Os árabes no século XXI   692

Agradecimentos   735
Notas   737
Créditos das imagens   768
Índice remissivo   770

Introdução

FAYDA HAMDY SOUBE DA QUEDA do presidente autocrático da Tunísia em sua cela na prisão. Era o dia 14 de janeiro de 2011, e Zine al-Abidine Ben Ali* havia governado a Tunísia por mais de 23 anos. Embora não ousasse reconhecer para seus companheiros de cela, o papel desempenhado por Hamdy na derrubada do ditador não foi pequeno. Quando era inspetora do conselho da pequena cidade de Sidi Bouzid, Hamdy foi acusada de humilhar um vendedor de rua cuja autoimolação provocou manifestações em toda a Tunísia, que, em última análise, desencadearam as revoluções populares pelo norte da África e o Oriente Médio conhecidas como a Primavera Árabe.

Quatro semanas antes, em 17 de dezembro de 2010, Fayda Hamdy estava fazendo as rondas do mercado de hortifrutigranjeiros em sua cidade natal. Sidi Bouzid é uma daquelas típicas cidadezinhas de interior negligenciadas tanto pelos turistas quanto pelo governo. Uma mulher na casa dos quarenta anos, vestida com um uniforme azul oficial, tendo sua autoridade reforçada por dragonas e divisas, Hamdy estava acompanhada por dois colegas homens. A maioria dos vendedores ambulantes não licenciados fugiu com a chegada dos inspetores, mas Muhammad Bouazizi, um vendedor de rua de 26 anos, recusou-se a sair de seu lugar. Hamdy o conhecia e já o alertara contra a venda de frutas sem licença nas proximidades do mercado. Em 17 de dezembro, Bouazizi não recuou e acusou os inspetores de assédio e corrupção. A altercação se transfor-

---

* Com relação a nomes de pessoas, adotou-se o critério de manter o prefixo "al-", que significa "da família", apenas na primeira ocorrência de cada, omitindo-o nas posteriores. (N. E.)

mou em uma gritaria, com Bouazizi defendendo sua carroça e os fiscais confiscando os pertences do jovem.

Não há consenso sobre o que aconteceu com exatidão na fatídica luta entre os inspetores e Muhammad Bouazizi. Os amigos e a família do jovem vendedor insistiram que Fayda Hamdy o insultou e o esbofeteou — "um grave insulto nas sociedades do Oriente Médio" — antes de mandar os colegas confiscarem suas frutas e balanças. Hamdy disse que jamais encostou a mão no vendedor, e que "Bouazizi nos atacou e cortou meu dedo" quando os inspetores foram confiscar seus bens. Os detalhes são importantes, pois a reação de Bouazizi foi tão extrema que tanto amigos quanto desconhecidos ainda encontram dificuldade para explicar o que ele fez em seguida.[1]

Muhammad Bouazizi saiu furioso do encontro com os inspetores. Logo após o confronto, buscou justiça primeiro nas repartições municipais de Sidi Bouzid, mas, em vez de uma audiência acolhedora, recebeu a humilhação de mais um espancamento. Ele então foi até o gabinete do governador, que lhe recusou uma audiência. Nesse momento, algo se rompeu. Sua irmã, Basma Bouazizi, explicou:

> O que meu irmão experimentou, desde o confisco de sua carroça de frutas até ser insultado e esbofeteado por uma mulher [...], foi o suficiente para fazê-lo perder a cabeça, sobretudo depois que os funcionários municipais se recusaram a recebê-lo e sua reclamação sobre o abuso não foi acolhida.

Era então meio-dia, e as ruas ao redor do gabinete do governador estavam lotadas quando Muhammad Bouazizi encharcou suas roupas com solvente de tinta e ateou fogo em si mesmo. Os espectadores fotografaram a terrível cena, enquanto outros correram para apagar as chamas que o deixaram com queimaduras cobrindo 90% do corpo. Ele desmaiou e foi levado para o hospital na cidade vizinha de Ben Arous.

O ato desesperado de autoviolência de Bouazizi causou perplexidade entre a população de Sidi Bouzid. As pessoas compartilhavam seu senso de injustiça, de que o governo parecia trabalhar contra a gente simples que lutava para sobreviver. Naquela mesma tarde, um grupo de amigos e familiares de Bouazizi realizou uma manifestação improvisada em frente ao gabinete do governador, onde Muhammad havia se imolado. Jogaram moedas nos portões de metal, gritando: "Aqui está o seu suborno!". A polícia dispersou a multidão furiosa com cassetetes, mas os manifestantes voltaram em grande número no dia seguinte. Os policiais então usaram gás lacrimogêneo e atiraram contra a turba. Dois homens foram feridos e acabaram morrendo. O estado de Muhammad Bouazizi piorou.

Relatos dos protestos em Sidi Bouzid chegaram a Túnis, a capital do país, onde uma inquieta e jovem população de estudantes universitários, profissionais liberais e recém-formados desempregados espalharam nas mídias sociais a notícia do suplício de Bouazizi. Eles se apropriaram do vendedor como se fosse um deles, afirmando equivocadamente que se tratava de um universitário desempregado (embora nunca tivesse concluído o ensino médio, Bouazizi ajudava a pagar pela educação universitária das irmãs) a quem só restara vender frutas para sobreviver. Foi criado então um grupo no Facebook e a história viralizou, sendo noticiada por um jornalista que trabalhava para a emissora árabe de TV por satélite Al-Jazeera. A imprensa tunisiana, controlada pelo Estado, não informou sobre os tumultos em Sidi Bouzid, mas a Al-Jazeera os divulgou. A história dos desprivilegiados em Sidi Bouzid lutando pelos seus direitos e contra a corrupção e os abusos começou a aparecer todas as noites na rede, alcançando um público árabe global.

A autoimolação de Muhammad Bouazizi incitou a opinião pública contra tudo o que havia de errado na Tunísia sob a presidência de Zine Abidine Ben Ali: corrupção, abuso de poder, indiferença ao sofrimento dos homens e mulheres comuns e uma economia incapaz de oferecer oportunidades para os jovens. O movimento de protesto no país inflamou os cidadãos familiarizados com esses mesmos problemas em todo o mundo árabe enquanto acompanhavam a história na TV. Depois de 23 anos no poder, Ben Ali não tinha soluções. As manifestações se espalharam de Sidi Bouzid para outras cidades pobres do interior — Kasserine, Thala, Menzel Bouzaiene — antes de chegarem a Túnis.

A escalada das tensões nas cidades tunisianas forçou uma resposta de Ben Ali. Em 28 de dezembro de 2010, onze dias após a autoimolação de Bouazizi, o presidente fez uma visita ao moribundo no hospital. A mídia controlada pelo Estado, que havia minimizado os relatos de manifestações em todo o país, deu cobertura no horário nobre à visita do presidente, enchendo os jornais e a televisão com imagens de um solícito Ben Ali consultando os médicos que cuidavam do inconsciente Bouazizi, seu corpo queimado envolto em gaze. Ben Ali convidou a família de Bouazizi ao palácio presidencial, prometendo fazer todo o possível para salvar seu filho. E ordenou a prisão de Fayda Hamdy, a inspetora municipal acusada do tapa que provocara a autoimolação.

Em 4 de janeiro de 2011, Muhammad Bouazizi morreu em decorrência de seus ferimentos. Os manifestantes tunisianos declararam o vendedor de rua um mártir e a inspetora municipal se tornou o bode expiatório do regime de Ben Ali. Ela foi presa em Gafsa junto com criminosos comuns, e, como o público a incriminou abertamente por seu papel na morte de Bouazizi, advogados se recusaram a representá-la. Hamdy manteve sua identidade em segredo dos colegas presos, alegando ser uma professora detida "por esbofetear um garotinho". "Eu tinha medo de dizer a verdade", ela admitiu mais tarde.[2]

Nas duas primeiras semanas de janeiro, as manifestações se espalharam por todas as principais cidades da Tunísia. A polícia respondeu com violência, deixando duzentos mortos e centenas de feridos. O exército nacional, no entanto, recusou-se a intervir em nome do regime de Ben Ali. Quando este percebeu que não contava mais com a lealdade do exército e que nenhuma concessão apaziguaria os manifestantes, surpreendeu a nação e todo o mundo árabe ao abdicar e fugir da Tunísia para a Arábia Saudita em 14 de janeiro de 2011. Fayda Hamdy assistiu aos extraordinários eventos na televisão com seus companheiros de cela. O povo tunisiano conseguira algo que parecia impossível: através de protestos, eles haviam derrubado um dos mais profundamente enraizados ditadores do mundo árabe.

O impacto da revolução na Tunísia reverberou em todo o mundo árabe. Presidentes e reis observavam apreensivos enquanto a ação dos cidadãos destituía um de seus pares. Como "presidente vitalício", Ben Ali não era de maneira alguma único. O ditador da Líbia, Muamar Kadafi, estava no poder desde 1969; o presidente iemenita, Ali Abdullah Saleh, desde 1978; o presidente egípcio, Hosni Mubarak, desde 1981. Cada um deles preparava um filho para sucedê-lo. A Síria, sob o domínio da família Assad desde novembro de 1970, tornou-se a primeira república árabe a completar uma sucessão dinástica, com Bashar al-Assad sendo alçado à presidência após a morte do pai, Hafez al-Assad, em 2000. Se um ditador profundamente estabelecido podia cair na Tunísia, especularam os analistas em toda a região, isso poderia acontecer em qualquer lugar.[3]

Os povos que viviam sob regimes autocráticos em todo o mundo árabe compartilhavam a experiência tunisiana de frustração e repressão. O falecido Samir Kassir, um jornalista libanês assassinado em junho de 2005, havia diagnosticado um "mal-estar árabe" anos antes da Primavera Árabe. "Não é agradável ser árabe hoje em dia", observou ele. "Sentimentos de perseguição por parte de alguns, ódio a si mesmo por parte de outros; uma profunda inquietação permeia o mundo árabe." O desconforto criou raízes em todas as camadas da sociedade e se espalhou pelo mundo árabe antes de explodir no ano revolucionário de 2011.[4]

Os cidadãos egípcios estavam se mobilizando anos antes do início das revoluções da Primavera Árabe. Em 2004, um grupo de ativistas formou o Movimento Egípcio pela Mudança, mais conhecido como Kifaya (literalmente, "Basta!"), para protestar contra a continuação do governo de Mubarak no Egito e a preparação de seu filho Gamal para sucedê-lo como presidente. Também em 2004, Ayman Nour, um membro independente do Parlamento egípcio, criou o Partido Ghad [Amanhã]. Sua audácia em desafiar Mubarak nas eleições presidenciais de 2005 capturou a imaginação pública, mas Nour pagou um preço alto: foi condenado por acusações duvidosas de fraude eleitoral e preso por mais de três anos. Em 2008, opositores do regime, mais jovens e com formação em informática, criaram o Movimento Jovem 6 de Abril, cuja página no Facebook expressava apoio aos direitos dos trabalhadores. No final do ano, o grupo atingia dezenas de milhares de participantes, muitos dos quais nunca haviam se engajado em atividades políticas.

Qualquer que fosse o seu apelo entre uma geração mais jovem, antes de 2011 os movimentos de base do Egito não eram páreo para o regime de Mubarak. Nas eleições parlamentares concluídas em dezembro de 2010, o Partido Democrático Nacional, que está no poder, garantiu mais de 80% dos assentos em eleições amplamente condenadas como as mais corruptas da história do país. Grande parte da população supunha que o velho Mubarak estava pavimentando o caminho para a sucessão de seu filho Gamal ao manipular um Parlamento complacente. Desiludida, a maioria dos egípcios optou por boicotar as eleições para negar à nova legislatura qualquer vislumbre de um mandato popular. E, dois meses após as eleições, passaram a pedir ativamente pela queda do regime de Mubarak.

Inspirados pelo exemplo tunisiano, ativistas egípcios organizaram uma manifestação em massa na praça Tahrir, no Cairo, em 25 de janeiro de 2011. Os manifestantes foram para a praça em números sem precedentes, somando centenas de milhares. Ondas de protestos conhecidas como o Movimento 25 de Janeiro varreram outras grandes cidades do Egito — Alexandria, Suez, Ismaília, Mansoura, ao longo do delta do Nilo e do Alto Egito — e levaram o país a um impasse.

Por dezoito dias o mundo inteiro assistiu petrificado enquanto o movimento reformista do Egito desafiou o regime de Mubarak — e venceu. O governo havia recorrido a táticas sujas. Libertou prisioneiros condenados para provocar medo e desordem. Policiais em trajes civis agrediram os manifestantes na praça Tahrir, posando como contramanifestantes pró--Mubarak. Os homens do presidente chegaram a usar expedientes teatrais, armando um ataque a cavalo e camelo contra os manifestantes. Mais de oitocentas pessoas foram mortas e milhares ficaram feridas no decorrer dos protestos. Ainda assim, os manifestantes repeliram com determinação todas as tentativas de intimidação do regime, e seus números só aumentaram. Ao longo de tudo isso, o exército egípcio se recusou a apoiar o governo e declarou legítimas as exigências dos manifestantes.

Assim como Ben Ali, Mubarak reconheceu que sua posição era insustentável sem o apoio do exército. A reticência dos militares foi ainda mais surpreendente no seu caso, uma vez que Mubarak era um ex-general da

Força Aérea. Em 11 de fevereiro de 2011, o presidente egípcio renunciou, provocando júbilo na praça Tahrir e celebrações em todo o país. Depois de quase trinta anos no poder, Hosni Mubarak parecia inatacável. Sua queda confirmou que as revoluções árabes de 2011 se espalhariam da Tunísia e do Egito através do mundo árabe como um todo.

Manifestações irromperam em Benghazi em 15 de fevereiro de 2011, marcando o início da revolução líbia contra a ditadura de 41 anos de Muamar Kadafi. Naquele mesmo mês, manifestantes se reuniram em Saná, Áden e Taiz para pedir a queda do ditador iemenita Ali Abdullah Saleh. Em 14 de fevereiro, protestos tomaram a praça da Pérola, em Manama, levando a Primavera Árabe ao Bahrein. E, em março, manifestações pacíficas na cidade de Dara, no sul da Síria, provocaram uma violenta repressão do brutal regime do presidente Bashar Assad, abrindo o capítulo mais trágico da Primavera Árabe.

Quando Fayda Hamdy saiu da prisão, a Tunísia e o mundo árabe haviam mudado de maneira irreconhecível. Hamdy enfim conseguiu um advogado — uma parente — e foi absolvida de todas as acusações em uma única audiência em 19 de abril de 2011. Sua libertação ocorreu num momento em que a Tunísia começava a superar os trágicos acontecimentos desencadeados pela morte de Muhammad Bouazizi para enfrentar as esperanças e desafios de uma nova era política após a queda do regime de Ben Ali. Fayda Hamdy retornou a Sidi Bouzid para trabalhar no município, embora não mais na patrulha dos mercados. Em vez do uniforme azul e boné pontudo, ela passou a vestir roupas civis e um lenço islâmico na cabeça. Em seus novos trajes, ela personificava um mundo árabe transformado de autocracia militar em um novo experimento de democracia islâmica.[5]

As revoluções árabes de 2011 surpreenderam o mundo. Após décadas de estabilidade sob governos autocráticos, um período aparentemente sem precedentes de mudança rápida e dramática envolveu Estados em toda a região. Era como se as placas tectônicas da política árabe tivessem mudado do tempo geológico para o tempo real. Diante de um futuro incerto, não há melhor guia do que o passado — uma verdade simples, que os analistas políticos muitas vezes são incapazes de ver. Com demasiada frequência no Ocidente, desconsideramos o valor atual da história. Como escreveu o comentarista político George Will: "Quando os americanos falam 'Isso é história', eles querem dizer que é irrelevante".[6] Nada poderia estar mais longe da verdade. Os estrategistas políticos e intelectuais ocidentais precisam prestar muito mais atenção à história se quiserem compreender as raízes da Primavera Árabe e discutir os terríveis desafios enfrentados pelo mundo árabe depois de 2011.

Os povos árabes nos tempos modernos têm enfrentado grandes desafios, internos e externos. Eles procuraram escapar do domínio das potências estrangeiras e pressionaram por reformas para tornar seus governos menos autocráticos e mais responsáveis perante os cidadãos. Estes são os grandes temas da história árabe moderna, e eles moldaram a escrita deste livro.

Os árabes têm um imenso orgulho da sua história, sobretudo dos primeiros cinco séculos após o surgimento do islamismo, que vão do século VII ao século XII da era cristã. Essa foi a época dos grandes impérios islâmicos baseados em Damasco, Bagdá, Cairo e Córdoba, que dominavam os assuntos mundiais. Seria possível argumentar que os primeiros séculos islâmicos definiram os árabes como um povo que compartilhava uma língua (árabe), origens étnicas entre as tribos da península Arábica e, para a maioria, uma fé comum no islamismo sunita. Todos os árabes veem o início do período islâmico como uma era passada, quando eles eram a potência dominante no mundo; isso reverbera particularmente, no entanto, junto aos islamitas, que argumentam que os árabes eram mais poderosos quando aderiam mais de perto à sua fé muçulmana.

A partir do final do século XI, os invasores estrangeiros devastaram as terras islâmicas. Em 1099, os cruzados tomaram Jerusalém após um cerco sangrento, iniciando dois séculos de domínio estrangeiro. Em 1258, os mongóis saquearam Bagdá, a sede do califado abássida, e o rio Tigre foi tingido de vermelho com o sangue de seus habitantes. Em 1492, a Reconquista católica expulsou o último dos muçulmanos da península Ibérica. No entanto, o Cairo ainda se mantinha como sede do poder islâmico sob o sultanato mameluco (1250-1517), governando a região que compreende hoje Egito, Síria, Líbano, Israel, Palestina, Jordânia e as províncias do mar Vermelho da Arábia Saudita.

Só depois das conquistas otomanas do século XVI os árabes passaram a ser governados por uma capital estrangeira. Desde que Mehmed, o Conquistador, tomou a capital bizantina, Constantinopla, em 1453, os turcos otomanos governavam seu crescente império a partir da cidade que haviam renomeado Istambul. Estendendo-se pelos dois lados do estreito de Bósforo, Istambul se localiza na Europa e na Ásia, com bairros da cidade em ambos os continentes. Embora fosse a sede de um império muçulmano sunita, a Istambul otomana estava longe de territórios árabes — a 1500 quilômetros de Damasco, 2200 quilômetros de Bagdá e 3800 quilômetros do Cairo. Além disso, a língua administrativa do Império Otomano era o turco, não o árabe. Os árabes começaram a navegar a era moderna pelas regras de outros povos.

Os otomanos governaram os árabes por quatro dos últimos cinco séculos. Durante esse tempo, o império mudou e as regras também. No primeiro século após a conquista, o governo otomano não era nada exigente: os árabes tinham que reconhecer a autoridade do sultão e respeitar tanto as suas leis quanto as leis de Alá (a sharia, ou lei islâmica). Às minorias não muçulmanas era permitido organizar seus próprios assuntos, sob sua própria liderança comunal e leis religiosas, mediante o pagamento de um imposto por cabeça para o Estado. Em suma, a maioria dos árabes parecia ver seu lugar no império mundial dominante da época com equanimidade, como muçulmanos em um grande império muçulmano.

No século XVIII, as regras mudaram significativamente. O Império Otomano havia atingido seu ápice durante o século XVII, mas em 1699 sofreu sua primeira perda territorial — Croácia, Hungria, Transilvânia e Podólia, na Ucrânia — para os rivais europeus. Desprovido de recursos, começou a leiloar cargos estatais e propriedades agrícolas nas províncias como meios de gerar receita. Isso permitiu que homens poderosos em províncias remotas dominassem vastos territórios, acumulando riqueza e poder suficientes para desafiar a autoridade do governo. Na segunda metade do século xviii, uma corrente desses líderes locais representou um sério desafio ao domínio otomano no Egito, na Palestina, no Líbano, na Síria, no Iraque e na Arábia.

Por volta do século xix, os otomanos haviam iniciado um período de grandes reformas destinadas a sufocar os desafios no interior do império e a conter as ameaças de seus vizinhos europeus. Essa era de reformas deu origem a um novo conjunto de regras, refletindo novas ideias de cidadania importadas da Europa. As reformas tentaram estabelecer a plena igualdade de direitos e responsabilidades para todos os súditos otomanos — turcos e árabes igualmente — em áreas como administração, serviço militar e impostos. Elas promoviam uma nova identidade, o *otomanismo*, que buscava transcender as diferentes divisões étnicas e religiosas na sociedade. As reformas não conseguiram proteger os otomanos da intrusão europeia, mas permitiram que o império reforçasse seu domínio sobre as províncias árabes, que assumiram maior importância à medida que o nacionalismo corroía a posição otomana nos Bálcãs.

No entanto, as mesmas ideias que inspiraram as reformas deram origem a novas ideias de nação e comunidade, o que gerou insatisfação entre alguns no mundo árabe em relação à sua posição no Império Otomano. Eles começaram a se incomodar com as regras otomanas, culpando-as cada vez mais pelo relativo atraso dos árabes no começo do século xx. Contrastando a grandeza do passado com a atual subordinação dentro de um império que recuava diante de vizinhos europeus mais fortes, muitos pediram reformas em suas próprias sociedades e almejaram a independência árabe.

A queda do Império Otomano em 1918, no final da Primeira Guerra Mundial, pareceu a muitos o limiar de uma nova era de independência e grandeza nacional do mundo árabe. Eles esperavam ressuscitar um grande reino das cinzas do Império Otomano e se animaram com o chamado à autodeterminação nacional do presidente americano Woodrow Wilson, estabelecido em seus famosos *Catorze Pontos*. Ficariam amargamente desapontados ao descobrir que a nova ordem mundial se baseava nas regras europeias, e não wilsonianas.[7]

Os britânicos e os franceses usaram a Conferência de Paz de Paris de 1919 para aplicar o sistema estatal moderno ao mundo árabe, com todos os territórios árabes, exceto os da Arábia Central e do Sul, caindo sob alguma forma de domínio colonial. Na Síria e no Líbano, recém-saídos do domínio otomano, os franceses deram às suas colônias uma forma republicana de governo. Os britânicos, por sua vez, dotaram suas possessões no Iraque e na Transjordânia com as armadilhas do modelo de monarquia constitucional de Westminster. A Palestina foi a exceção, pois a promessa de criar um espaço nacional judaico, contra a vontade da população local, minou todos os esforços para formar um governo nacional.

As potências coloniais deram a cada novo Estado árabe uma capital nacional, que servia de sede do governo, e pressionaram os governantes a elaborar Constituições e a criar Parlamentos eleitos pelo povo. Fronteiras, em muitos casos bastante artificiais, foram negociadas entre Estados vizinhos, por vezes com certa acrimônia. Muitos nacionalistas árabes se opuseram a essas medidas, que acreditavam dividir e enfraquecer um povo árabe que só poderia reconquistar seu status legítimo como uma potência mundial respeitada por meio de uma unidade mais ampla. No entanto, de acordo com as regras europeias, apenas os Estados-nação reconhecidos, por mais imperiais que fossem suas origens, eram considerados atores políticos legítimos.

Um legado duradouro do período colonial é a tensão entre o nacionalismo dos Estados-nação (por exemplo, o nacionalismo egípcio ou iraquiano) e as ideologias nacionalistas pan-árabes. Quando os Estados árabes começaram a se tornar independentes do domínio colonial nas décadas de 1940 e 1950, as divisões entre eles já haviam se tornado permanentes. O problema era que a maioria dos cidadãos árabes acreditava que os nacionalismos menores baseados em estruturas coloniais eram fundamentalmente ilegítimos. Para aqueles que aspiravam à grandeza no século xx, só o movimento nacionalista árabe mais amplo oferecia a perspectiva de atingir a massa crítica e a unidade de propósito necessária para restaurar seu devido lugar entre as potências. A experiência colonial transformou os árabes em uma comunidade de nações, e não em uma comunidade nacional, e os cidadãos se decepcionaram com os resultados.

A Segunda Guerra abalou a influência europeia nos assuntos mundiais. Os anos do pós-guerra foram um período de descolonização, em que os Estados da Ásia e da África conseguiram a independência de seus governantes coloniais, muitas vezes pela força das armas. Os Estados Unidos e a União Soviética surgiram como potências dominantes na segunda metade do século xx, e a rivalidade entre os dois, que veio a ser chamada de Guerra Fria, definiu a nova era.

Moscou e Washington entraram em uma intensa competição pelo domínio global. Enquanto os Estados Unidos e a União Soviética tentavam integrar o mundo árabe em suas respectivas esferas de influência, o Oriente Médio se tornou uma das várias arenas de rivalidade das superpotências. Mesmo naquela época de independência nacional, o mundo árabe viu seu espaço de manobra limitado por regras estrangeiras — as regras da Guerra Fria — por quase meio século (de 1945 a 1990).

As regras da Guerra Fria eram claras: um país poderia ser aliado dos Estados Unidos ou da União Soviética, mas não poderia ter boas relações com ambos. O povo árabe, de maneira geral, não estava interessado nem no anticomunismo americano nem no materialismo dialético soviético. Seus governos tentaram seguir um caminho intermediário por meio do Movimento dos Países Não Alinhados — sem sucesso. Em determinado momento, cada Estado do mundo árabe foi forçado a tomar partido.

Os Estados que entraram na esfera de influência soviética denominavam-se "progressistas", mas o Ocidente os classificava como "radicais". Esse grupo incluía todos os países que haviam passado por uma revolução na segunda metade do século xx: Síria, Egito, Iraque, Argélia, Iêmen e Líbia. Os Estados que se aliaram ao Ocidente — as repúblicas liberais da Tunísia e do Líbano e as monarquias conservadoras do Marrocos, da Jordânia, da Arábia Saudita e dos Estados do golfo pérsico — foram chamados de "reacionários" pelos Estados árabes progressistas, mas considerados "moderados" no Ocidente. Isso resultou em uma relação patrono-cliente entre as superpotências e os árabes, pela qual os Estados árabes asseguravam armas e ajuda para o desenvolvimento de suas economias por parte das superpotências que os patrocinavam.

Enquanto houvesse duas superpotências, o sistema contaria com freios e contrapesos. Nem os soviéticos nem os americanos podiam se permitir a tomada de ações unilaterais na região, por medo de provocar uma reação hostil da outra superpotência. Autoridades do governo em Washington e Moscou receavam uma Terceira Guerra Mundial e trabalhavam dia e noite para evitar que o Oriente Médio desencadeasse tal conflagração. Os líderes árabes também aprenderam a jogar as superpotências uma contra a outra, usando a ameaça de deserção para o outro lado a fim de garantir de seu Estado patrono mais armas e auxílios. Ainda assim, no final da Guerra Fria, os árabes compreenderam que estavam longe de alcançar o grau de independência, desenvolvimento e respeito desejados. Com o colapso da União Soviética, o mundo árabe entrou em uma nova era — em termos ainda menos favoráveis.

A GUERRA FRIA CHEGOU AO FIM pouco depois da queda do Muro de Berlim, em 1989. Para o mundo árabe, a nova era unipolar começou com a invasão iraquiana do Kuwait em 1990. Quando a União Soviética votou a favor de uma resolução do Conselho de Segurança da ONU autorizando uma guerra liderada pelos Estados Unidos contra um antigo aliado do Kremlin, o Iraque, ficou claro que a situação anterior se encerrara. As certezas da era da Guerra Fria haviam dado lugar a uma era de poder americano sem restrições, e muitos na região temeram o pior.

As políticas americanas para o Oriente Médio foram altamente inconsistentes no período que se seguiu à Guerra Fria. Os presidentes dos Estados Unidos adotaram políticas muito diferentes a partir dos anos 1990. Para George H. W. Bush, que ocupava a presidência quando do colapso da União Soviética, o fim da Guerra Fria marcou o início de uma nova ordem mundial. Sob Bill Clinton, o internacionalismo e o engajamento foram as grandes marcas. Com a ascensão dos neoconservadores ao poder após a eleição de George W. Bush, em 2000, os Estados Unidos se voltaram para o unilateralismo. No rescaldo dos ataques de 11 de setembro de 2001, a política externa do governo Bush teve um impacto devastador sobre a região como um todo, levando a uma guerra contra o terrorismo que se concentrou no mundo muçulmano, tendo os árabes como principais suspeitos. Barack Obama tentou reverter muitas das medidas do governo Bush e reduzir a presença militar dos Estados Unidos na região — diminuindo a influência americana nesse processo.

As regras da era unipolar de dominação americana foram as mais desvantajosas para o mundo árabe nos tempos modernos. Sem poder alternativo para restringir a ação dos Estados Unidos, os governos se viram diante de uma invasão real e da ameaça de mudança de regime. Não seria um exagero descrever os anos posteriores aos ataques do Onze de Setembro como os piores da história árabe, com a Primavera Árabe servindo como um breve hiato, embora trágico. O que Samir Kassir observou em 2004 é cada vez mais verdadeiro: "Não é agradável ser árabe hoje em dia".

DURANTE A MAIOR PARTE dos últimos dois séculos, os árabes lutaram por sua independência das potências estrangeiras. Ao mesmo tempo, procuraram restringir o poder autocrático de seus governantes. As revoluções da Primavera Árabe representam o último capítulo de uma luta centenária por um governo transparente e pelo Estado de direito.

Até o final do século XVIII, o absolutismo era a norma na Europa e no mundo mediterrâneo. Somente a Grã-Bretanha e a República Holandesa haviam subordinado os poderes do monarca a um governo eleito antes da Revolução Francesa, em 1789. A partir dessa data, as Constituições começaram a proliferar em todo o Ocidente — nos Estados Unidos em 1789, na Polônia e na França em 1791, na Noruega em 1814 e na Bélgica em 1831. Surgia uma nova ordem política em que a lei restringia os poderes dos governantes e os indivíduos alcançaram o mais elevado status legal, o de cidadãos.

Os árabes que visitavam a Europa no primeiro quartel do século XIX voltavam fascinados pelas novas ideias políticas que encontravam em Paris e Londres. O clérigo egípcio Rifaa al-Tahtawi traduziu todos os 74 artigos da Constituição francesa de 1814 para o árabe quando retornou de

Paris em 1831. Vivendo sob o domínio autocrático do governador egípcio Muhammad Ali, Tahtawi ficou maravilhado com as restrições que a
Constituição francesa impunha a seu rei e as proteções que estendia a seus
cidadãos. O reformador tunisiano Khayr al-Din, inspirado nos escritos de
Tahtawi, defendeu uma Constituição que restringisse o domínio arbitrário
dos governantes tunisianos. Talvez não seja coincidência que os dois primeiros Estados árabes a introduzirem Constituições — a Tunísia em 1861
e o Egito em 1882 — tenham sido os primeiros a passar pelas revoluções
da Primavera Árabe.

A onda seguinte de reforma constitucional coincidiu com a introdução
do domínio colonial europeu logo após a Primeira Guerra Mundial. A
Constituição egípcia de 1923, a Constituição iraquiana de 1925, a Constituição libanesa de 1926 e a Constituição síria de 1930 expressavam, cada
uma delas, a luta árabe pela independência das potências coloniais europeias com base no governo legítimo e no Estado de direito. Embora essas
Constituições dotassem os Estados de legislações multipartidárias eleitas,
as autoridades coloniais fizeram o máximo para minar sua soberania. O
governo constitucional liberal ficou comprometido como uma extensão
do domínio colonial europeu.

A rejeição do liberalismo ocorreu após a derrota na Guerra da Palestina de 1948, quando o exército israelense derrotou os Estados árabes
para garantir 78% do Mandato Britânico da Palestina para o novo Estado
judeu. A falta de preparo militar afastou os oficiais patrióticos de seus
reis e presidentes, e a derrota para as forças armadas do novo Estado de
Israel, desconsiderada na propaganda árabe como meros "bandos judaicos",
minou a confiança dos cidadãos nos governos recém-independentes. O
mundo árabe entrou em uma nova era revolucionária, com golpes militares na Síria (1949), no Egito (1952), no Iraque (1958), no Iêmen (1962) e na
Líbia (1969) que levaram ao poder homens de ação decisivos, à frente de
governos tecnocráticos. Intensamente nacionalistas, de um nacionalismo
árabe, os regimes militares prometiam uma nova era de justiça social,
desenvolvimento econômico, força militar e independência de influência
externa. Os novos governantes exigiam em troca apenas a total obediência

de seus cidadãos. Era uma espécie de contrato social, e durante mais de meio século os cidadãos árabes suspenderam voluntariamente seus esforços para restringir o sistema autocrático em troca de governos que prometiam suprir suas necessidades.

No início do século XXI, o velho contrato social foi quebrado. Em 2000, todos, exceto os Estados ricos em petróleo, haviam se mostrado incapazes de cumprir suas promessas. Cada vez mais, apenas uma estreita faixa de amigos e familiares dos governantes da região se beneficiava de quaisquer oportunidades econômicas. O nível de desigualdade entre ricos e pobres aumentou de forma alarmante. Em vez de tratar das queixas legítimas dos cidadãos, os Estados reagiram ao crescente descontentamento tornando-se cada vez mais repressivos. Pior ainda, procuraram ativamente preservar o controle de suas famílias sobre a política com a sucessão dinástica, à medida que os presidentes idosos preparavam seus filhos para sucedê-los nos cargos. Não só o contrato social foi quebrado, mas esses regimes falidos ameaçavam se perpetuar.

Em 2011, os cidadãos árabes se insurgiram em movimentos populares que buscavam voltar a impor restrições a seus governantes. "As pessoas não deveriam temer seu governo", dizia um cartaz na praça Tahrir, no Cairo. "Os governos deveriam temer seu povo." Por um breve momento, as revoluções da Primavera Árabe conseguiram fazer com que os governantes temessem seus cidadãos. Infelizmente, o momento não durou, pois a revolução deu lugar à contrarrevolução e os homens fortes voltaram ao poder — exceto na Tunísia, onde o movimento havia surgido com o fatídico confronto entre Fayda Hamdy e Muhammad Bouazizi em dezembro de 2010. É muito cedo para saber se a frágil ordem constitucional que emergiu no país será o prenúncio de uma futura ordem social ou a única história de sucesso da Primavera Árabe.

SERIA ERRADO ENFATIZAR as tensões na história da região em detrimento de tudo o que torna o mundo árabe tão fascinante. Estudo o Oriente Médio há uma vida e fui atraído pela história árabe porque ela é muito rica e diversificada. Após a infância em Beirute e no Cairo, levei meus interesses pelo Oriente Médio para a universidade nos Estados Unidos, onde estudei os idiomas árabe e turco para poder ler as fontes primárias. Examinando registros de tribunal e crônicas, documentos de arquivo e manuscritos, diários e memórias, fiquei igualmente impressionado com o familiar e o exótico da história árabe.

Muito do que o mundo árabe sofreu nos últimos cinco séculos é comum à experiência humana em todo o planeta. Nacionalismo, imperialismo, revolução, industrialização, migração rural-urbana, a luta pelos direitos das mulheres — todos os grandes temas da história da humanidade na era moderna ocorreram no mundo árabe. No entanto, muito distingue os árabes: a forma de suas cidades, sua música e poesia, sua posição especial como o povo escolhido do islã (o Alcorão enfatiza não menos que dez vezes que Alá fez sua revelação final à humanidade em árabe) e sua noção de uma comunidade nacional que se estende do Marrocos até a Arábia.

Ligados por uma identidade comum baseada na língua e na história, os árabes são ainda mais fascinantes por sua diversidade. Eles são ao mesmo tempo um povo e muitos povos. À medida que o viajante atravessa o norte da África, do Marrocos ao Egito, o dialeto, a caligrafia, a paisagem, a arquitetura e a culinária, assim como as formas de governo e os tipos de atividade econômica, transformam-se como em um caleidoscópio. Se o viajante continua através da península do Sinai rumo ao Crescente Fértil, o mesmo tipo de diferença surge entre a Palestina e a Jordânia, a Síria e o Líbano e o Iraque. Partindo-se do Iraque para o sul, para os Estados do golfo, o mundo árabe exibe as influências do vizinho Irã. O Omã e o Iêmen refletem as influências da África Oriental e do sul da Ásia. Todos esses povos têm histórias distintas, mas todos se veem ligados por uma história árabe comum.

Ao escrever este livro, tentei fazer justiça à diversidade da história árabe, equilibrando as experiências do norte da África, do Egito, do Crescente Fértil e da península Arábica. Ao mesmo tempo, tentei mostrar as ligações entre as histórias dessas regiões — por exemplo, como o domínio francês no Marrocos influenciou o domínio francês na Síria e como a rebelião contra o domínio francês no Marrocos influenciou a rebelião contra o domínio francês na Síria. De maneira inevitável, alguns países ocupam mais do que a sua justa parte da narrativa, e outros são lamentavelmente negligenciados.

Recorri a um vasto conjunto de fontes árabes, usando relatos em primeira mão daqueles que viveram os tumultuosos anos da história árabe: cronistas nos períodos mais antigos dão lugar a uma ampla gama de intelectuais, jornalistas, políticos, poetas e romancistas, homens e mulheres, famosos e infames. Parece-me natural privilegiar fontes árabes ao escrever uma história dos árabes, assim como se pode privilegiar fontes russas para escrever uma história dos russos. Estrangeiros com autoridade — estadistas, diplomatas, missionários e viajantes — têm observações valiosas para compartilhar sobre a história árabe. Mas acredito que os leitores ocidentais a enxergariam de forma diferente se a vissem através dos olhos de homens e mulheres árabes que descreveram os tempos em que viveram.

1. Do Cairo a Istambul

O SOL QUENTE DO VERÃO CASTIGAVA Al-Ashraf Qansuh al-Ghawri, 49º sultão da dinastia mameluca, enquanto ele passava em revista suas tropas para a batalha. Desde a fundação da dinastia, em 1250, os mamelucos governavam o mais antigo e poderoso Estado islâmico de sua época. O império com sede no Cairo abrangia o Egito, a Síria e a Arábia. Qansuh, um homem na casa dos setenta anos, o havia governado por quinze. Estava agora em Marj Dabiq, um campo nos arredores da cidade síria de Alepo, nos limites do extremo norte de seu império, para enfrentar o maior perigo que os mamelucos já haviam enfrentado. Ele fracassaria, e seu fracasso acarretaria o desaparecimento de seu império, abrindo caminho para a conquista dos territórios árabes pelos turcos otomanos. Era 24 de agosto de 1516.

Qansuh usava um turbante leve para proteger a cabeça do sol ardente do deserto. Nos ombros exibia um majestoso manto azul, sobre o qual apoiava um machado de batalha enquanto, montado em seu cavalo, passava em revista suas forças. Quando um sultão mameluco ia à guerra, liderava pessoalmente as tropas e levava com ele a maior parte de seu governo. Era como se um presidente americano tivesse metade de seu gabinete, líderes de ambas as casas do Congresso, juízes da Suprema Corte e um sínodo de bispos e rabinos, todos vestidos para a batalha ao lado dos oficiais e soldados.

Os comandantes do exército mameluco e os quatro principais juízes estavam sob a bandeira vermelha do sultão. À sua direita vinha o chefe espiritual do império, o califa al-Mutawakkil III, sob sua própria bandeira. Ele também vestia um turbante leve e um manto, e trazia apoiado no ombro um machado de batalha. Qansuh estava cercado por quarenta descendentes do profeta Maomé, que usavam cópias do Alcorão envoltas em estojos

OCEANO
ATLÂNTICO

ERI
ERDEL
BUDIN
TIMIVAR
KANIJE
EFL
BOSNA

RUMÉ

Mc
Ege
E

Península do
Peloponeso
Baía de
Navarino

Sicília

At

Tânger Ceuta
Melilla   Orã   Argel
Fez   Túnis
.Tlemcen   ARGÉLIA   Malta

MARROCOS   TUNÍSIA

Mar Medite

TRABLUSU-GARB   Trípoli

Cret

D e s e r t o   d o   S a a r a

0   500 mi
N
0   500 km

O MUNDO ÁRABE
NA ERA OTOMANA
1516-1830

KRIM

Mar Cáspio

Mar Negro

CILDAR

KARS

tambul

SIVAS

ERZURUM

ANATÓLIA

EHRIZOR

Kütahya

KARAMAN

Montes Tauro

Rio Tigre

MESOPOTÂMIA

Konya

Adana

URFA

Mossul

Alepo

KIBRIS

GRANDE
SÍRIA

Bagdá

Chiore

Trípoli

Deserto
Sírio

Rio Eufrates

Monte Líbano

Sídon

Damasco

e o

Basra

Kuwait

Roseta

Gaza

Jerusalém

LAHSA

dria

Golfo
Pérsico

Ras al-Khaimah

Cairo

KUWAIT
& HASA

NAJD

Doha

MISIR

OMÃ TRUCIAL

EGITO

Diriyah

Mar

Medina

Deserto da Arábia

HEJAZ

HICAZ

Jidá

Meca

Rio Nilo

Vermelho

Mar da

Arábia

Saná

IÊMEN

Aden

de seda amarela enrolados em torno da cabeça. Aos atacantes se juntavam os líderes das ordens místicas sufi sob bandeiras verdes, vermelhas e pretas.

Qansuh e seu séquito devem ter ficado impressionados e tranquilizados com o espetáculo de 20 mil soldados mamelucos reunidos nas planícies a seu redor. Os mamelucos — a palavra em árabe significa "possuído" ou "escravo" — eram uma casta de soldados escravos de elite. Jovens eram levados de terras cristãs da estepe eurasiana e do Cáucaso para o Cairo, onde eram convertidos ao islamismo e treinados nas artes marciais. Separados de suas famílias e pátrias, eles deviam lealdade total a seus senhores — tanto aqueles que os possuíam fisicamente quanto aqueles que os ensinavam. Treinado no mais alto padrão de guerra e doutrinado em total devoção à religião e ao Estado, o mameluco maduro recebia então a sua liberdade e entrava nas fileiras da elite dominante. Eram os guerreiros supremos no combate corpo a corpo e dominaram os maiores exércitos da Idade Média: em 1249, derrotaram o exército cruzado do rei francês Luís IX; em 1260, afugentaram as hordas mongóis dos territórios árabes; e em 1291 expulsaram o último dos cruzados das terras islâmicas.

O exército mameluco era uma visão magnífica. Seus guerreiros vestiam trajes de seda de cores brilhantes, seus capacetes e armaduras eram produzidos pelos mais hábeis artesãos e suas armas eram feitas de aço endurecido incrustado de ouro. O espetáculo de elegância era parte de um espírito de galhardia e uma marca da confiança de homens que esperavam vencer.

Para enfrentar os mamelucos, do outro lado do campo de batalha, estavam os experientes veteranos do sultão otomano. O Império Otomano surgiu no final do século XIII como um principado muçulmano turco menor envolvido numa guerra santa contra o Império Bizantino cristão na Anatólia (as terras asiáticas da Turquia moderna). No decorrer dos séculos XIV e XV, os otomanos integraram os demais principados turcos e conquistaram o território bizantino na Anatólia e nos Bálcãs. Em 1453, o sétimo sultão otomano, Mehmed II, logrou sucesso onde todas as tentativas anteriores dos muçulmanos haviam fracassado ao capturar Constantinopla e completar a conquista do Império Bizantino. A partir de então, Mehmed II seria conhecido como "o Conquistador". Constantinopla, renomeada Istambul, tornou-se a capital otomana. Os sucessores de Mehmed ii não se mostraram menos ambiciosos na expansão do alcance territorial de seu império. Agora, em 24 de agosto de 1516, Qansuh estava prestes a entrar em batalha com o nono sultão otomano, Selim i (g. 1512-20),* apelidado de "o Severo".

Paradoxalmente, Qansuh esperava evitar a guerra fazendo uma demonstração de força em sua fronteira norte. Os otomanos estavam envolvidos em hostilidades com o Império Persa safávida. Governando no que hoje é o Irã moderno, os safávidas falavam turco como os otomanos e eram provavelmente de origem étnica curda. Seu carismático líder, o xá Ismail (g. 1501-24), decretara o islamismo xiita como a religião oficial do Estado, o que o colocara em rota de colisão ideológica com o Império Otomano sunita.[1] Os otomanos e os safávidas haviam disputado o controle da Anatólia oriental em 1514-5, com a vitória dos primeiros. Os safávidas buscaram urgentemente uma aliança com os mamelucos para conter a ameaça otomana. Qansuh não tinha nenhuma simpatia especial pelos safávidas, mas desejava preservar o equilíbrio de poder na região e esperava que uma forte presença militar mameluca no norte da Síria confinasse as ambições otomanas à Anatólia, deixando a Pérsia para os safávidas e o mundo árabe para os mamelucos. Já o deslocamento mameluco representava uma ameaça estratégica ao flanco otomano. Em vez de correr o risco de uma guerra em duas frentes, o sultão otomano suspendeu as hostilidades com os safávidas para lidar com os mamelucos.

Estes colocaram um grande exército em campo, mas a força otomana era de longe muito maior. Suas fileiras disciplinadas de cavalaria e infantaria superavam em número os mamelucos em até três para um. Cronistas contemporâneos estimaram que o exército de Selim chegasse a 60 mil homens. Os otomanos também desfrutavam de uma vantagem tecnológica significativa sobre os adversários. Enquanto os mamelucos eram um exército antiquado que dava muita ênfase à esgrima individual, os

---

* Aqui e nas ocorrências seguintes, "g." indica o período de governo ou reinado. (N. E.)

otomanos apresentavam uma moderna infantaria com pólvora e armada com mosquetes. Os mamelucos mantinham os valores militares medievais, enquanto os otomanos representavam a face moderna da guerra do século xvi. Soldados endurecidos pela batalha, com extensa experiência de combate, eles estavam mais interessados nos despojos da vitória do que na honra pessoal adquirida no combate corpo a corpo.

Quando os dois exércitos se enfrentaram em Marj Dabiq, as armas de fogo otomanas dizimaram as fileiras dos cavaleiros mamelucos. A ala direita mameluca desmoronou sob a ofensiva inimiga, e a ala esquerda fugiu. O comandante desta última era o governador da cidade de Alepo, um mameluco chamado Khair Bei, que, diz-se, havia se aliado aos otomanos antes da batalha e transferido sua lealdade a Selim, o Severo. A traição de Khair Bei deu a vitória aos otomanos logo após o início da batalha.

O sultão mameluco, Qansuh Ghawri, observou horrorizado o desmoronamento de seu exército. A poeira no campo de batalha era tão espessa que os dois exércitos mal podiam se ver. Qansuh voltou-se para seus conselheiros religiosos e pediu que rezassem por uma vitória que não acreditava mais possível. Um dos comandantes mamelucos, reconhecendo a situação de desespero, arriou a bandeira do sultão, dobrou-a e virou-se para Qansuh, dizendo: "Senhor sultão, os otomanos nos derrotaram. Salve-se e refugie-se em Alepo". Quando se deu conta da verdade das palavras do oficial, o sultão sofreu um derrame que o deixou parcialmente paralisado. Ao tentar montar seu cavalo, Qansuh caiu e morreu. Abandonado pela comitiva em fuga, seu corpo jamais foi recuperado. Foi como se a terra tivesse se aberto e o engolido.

Quando a poeira da batalha assentou, revelou-se o horror da carnificina. "Era de deixar branco o cabelo de uma criança e derreter o ferro em sua fúria", refletiu o cronista mameluco Ibn Iyas. O campo de batalha estava repleto de homens e cavalos mortos e agonizantes, cujos gemidos eram interrompidos pelos vitoriosos otomanos em sua ânsia de pilhar os adversários abatidos. Eles deixaram para trás "corpos sem cabeça e rostos cobertos de poeira e medonhamente transformados" que seriam devorados por corvos e cães selvagens.² Foi uma derrota sem precedentes para os mamelucos, e um golpe do qual seu império jamais se recuperaria.

A vitória em Marj Dabiq tornou os otomanos senhores da Síria. Selim, o Severo, entrou em Alepo sem oposição e ocupou Damasco. A notícia da derrota mameluca chegou ao Cairo em 14 de setembro de 1516, cerca de três semanas após a batalha. Os comandantes mamelucos sobreviventes se reuniram na cidade para eleger um novo sultão. O escolhido foi Al-Ashraf Tumanbay, o vice de Qansuh. Tumanbay seria o último sultão mameluco, com um reinado que durou apenas três meses e meio.

Selim, o Severo, escreveu a Tumanbay de Damasco, oferecendo-lhe duas opções: render-se e governar o Egito como vassalo dos otomanos, ou resistir e enfrentar a aniquilação total. Tumanbay chorou de terror ao ler a carta de Selim, pois render-se não era uma opção. O medo começou a tomar conta tanto dos soldados quanto dos súditos do sultão mameluco. Em uma tentativa de preservar a disciplina, Tumanbay emitiu uma proclamação proibindo a venda de vinho, cerveja ou haxixe, sob pena de morte. No entanto, afirmam os cronistas, os ansiosos habitantes do Cairo não deram atenção às suas ordens e procuraram alívio contra a iminente ameaça de invasão nas drogas e no álcool.³ Quando chegaram ao Cairo as notícias da conquista da cidade costeira de Gaza, onde os otomanos haviam matado mil pessoas, o cheiro do medo varreu a cidade. Em janeiro de 1517, o exército otomano entrou no Egito, seguindo para a capital mameluca.

Quando Selim chegou aos arredores do norte do Cairo, em 22 de janeiro de 1517, os soldados de Tumanbay mostravam pouco entusiasmo pela luta. Muitos não haviam se apresentado ao serviço. Arautos foram enviados pelas ruas da capital ameaçando enforcar desertores diante de suas próprias portas. Valendo-se desses meios, Tumanbay reuniu todos os soldados que foi possível — uma força de cerca de 20 mil cavaleiros, infantaria e beduínos. Tendo aprendido com a experiência de Marj Dabiq, Tumanbay dispensou a proibição de armas de fogo e armou um grande número de soldados com mosquetes. Além disso, alinhou cem vagões com canhões leves para enfrentar os atacantes. Os homens e mulheres do Cairo foram até o campo de batalha para apoiar o exército e orar pelo seu sucesso. Não remunerado, sem confiança e em grande parte não confiável, o exército mameluco se aproximou do dia da batalha como um grupo de homens que lutava pela própria sobrevivência e não pela vitória.

A batalha ocorreu em 23 de janeiro de 1517, sendo "um tremendo encontro", escreveu Ibn Iyas, "cuja simples menção é suficiente para instilar terror nos corações dos homens e horrores que perturbam a razão". Os tambores chamavam à batalha, e os cavaleiros mamelucos montaram seus animais e partiram pelo campo. Eles encontraram uma força otomana muito maior, que "vinha como uma nuvem de gafanhotos". Ibn Iyas afirmou que a batalha que se seguiu foi ainda pior do que a derrota em Marj Dabiq, com "os turcos surgindo de todas as direções", "o ruído de sua mosquetaria ensurdecedor, e seu ataque furioso". Em uma hora, os defensores mamelucos haviam sofrido pesadas baixas e estavam em plena retirada. Tumanbay lutou por mais tempo do que a maioria de seus comandantes antes de também se retirar da batalha, prometendo voltar outro dia.[4]

As tropas otomanas vitoriosas invadiram o Cairo e saquearam a cidade por três dias. A desamparada população civil, deixada à mercê do exército invasor, não pôde fazer nada além de observar a pilhagem de suas casas e posses. O único refúgio contra a violência dos soldados era o próprio sultão otomano, e o povo do Cairo se esforçou para honrar seu novo senhor. As orações de sexta-feira nas mesquitas, que tradicionalmente eram recitadas em nome do sultão mameluco, passaram a ser proclamadas em honra do sultão Selim, um dos meios tradicionais de reconhecimento da soberania. "Alá proteja o sultão", entoavam os pregadores, "filho do sultão, rei dos dois continentes e dos dois mares; conquistador dos dois exércitos, sultão dos dois Iraques, servo das duas cidades sagradas, o vitorioso xá Selim. Ó Senhor dos dois mundos, permita que ele possa ser sempre vitorioso." Selim, o Severo, respondeu à submissão do Cairo e instruiu seus ministros a anunciar um perdão público e a restauração da segurança.

Selim esperou quase duas semanas após a derrota do exército mameluco para entrar no Cairo. Foi a primeira oportunidade que a maioria dos moradores da cidade teve para examinar seu novo senhor. Ibn Iyas dá um retrato vívido do conquistador otomano:

Ao passar pela cidade, o sultão foi aplaudido por toda a população. Ele foi descrito como tendo pele clara, queixo bem barbeado, nariz e olhos grandes, de estatura baixa e usando um pequeno turbante. Mostrou ligeireza e inquietação, virando a cabeça de um lado para outro enquanto avançava. Diz-se que tem cerca de quarenta anos de idade. Carecia da dignidade dos antigos sultões, possuindo temperamento ruim e violento, sedento de sangue, não tolerando que lhe respondessem.[5]

Selim não descansaria tranquilamente no Cairo enquanto o sultão mameluco estivesse livre. Enquanto Tumanbay vivesse, os otomanos sabiam que seus partidários planejariam sua restauração. Apenas uma morte pública acabaria para sempre com essas esperanças. Selim, o Severo, teve a oportunidade em abril de 1517, quando o fugitivo Tumanbay foi traído por beduínos de clãs tribais e entregue aos otomanos: forçou-o a marchar pelo centro do Cairo para dissipar qualquer dúvida de que se tratava de fato do sultão mameluco deposto. A procissão de Tumanbay terminou em Bab Zuwayla, um dos principais portões da cidade murada do Cairo, aonde ele foi levado por seus carrascos e enforcado diante da multidão horrorizada. A corda usada para o enforcamento se partiu — alguns dizem que duas vezes —, como se indicasse a relutância divina em permitir o regicídio. "Uma vez que ele entregou sua alma, um grito alto subiu da multidão", registrou o cronista, capturando a sensação de choque público e horror diante do espetáculo sem precedentes. "Nunca no passado assistimos a um evento como o enforcamento de um sultão do Egito em Bab Zuwayla, nunca!"[6]

Para o sultão Selim, a morte de Tumanbay foi motivo de comemoração. Com o fim da dinastia mameluca, ele completou a conquista de seu império e a transferência de todas as riquezas, terras e glórias mamelucas para sua própria dinastia. Agora ele poderia retornar a Istambul tendo acrescentado a Síria, o Egito e a província árabe do Hejaz ao Império Otomano. O Hejaz tinha uma importância particular como o local de nascimento do islã. Foi nessa província, na cidade de Meca, que, segundo os muçulmanos, Alá teria revelado pela primeira vez o Alcorão ao profeta Maomé, e foi na vizinha Medina que o profeta estabeleceu a primeira comunidade de fiéis. Selim acrescentava agora ao título imperial de sultão a legitimidade religiosa como servo e protetor dos lugares sagrados de Meca e Medina. A anexação desses territórios o confirmou como sultão do maior império islâmico do mundo.

Antes de deixar o Cairo, Selim pediu para ver uma das famosas peças de teatro de sombra egípcio, um teatro de fantoches feito com figuras cuja silhueta era projetada em uma tela iluminada. Ele se sentou sozinho para apreciar o espetáculo. O mestre titereiro fizera um modelo de Bab Zuwayla e uma figura do sultão Tumanbay no momento de seu enforcamento. Quando a corda se partiu duas vezes, o sultão otomano "achou o espetáculo muito engraçado. Ele deu ao artista duzentos dinares e um manto de honra de veludo. 'Quando partirmos para Istambul, venha conosco para que meu filho possa ver isso', Selim disse a ele".[7] Seu filho, Suleiman, o sucederia no trono otomano três anos depois e herdaria tudo o que ele conquistara dos mamelucos.

A CONQUISTA OTOMANA DO Império Mameluco foi um importante ponto de inflexão na história. O fatídico choque entre espadachins mamelucos e fuzileiros otomanos marcou o fim da era medieval e o começo da era moderna no mundo árabe. A conquista otomana também significava que, pela primeira vez desde a ascensão do islã, o mundo árabe era governado por uma capital não árabe. Os omíadas, a primeira dinastia do islã, governaram a partir de Damasco seu império em rápida expansão, entre 661 e 750 d.C. O califado abássida (750-1258) governou o maior império muçulmano da época a partir de Bagdá. O Cairo, fundado em 969, serviu como capital para não menos que quatro dinastias antes do advento dos mamelucos em 1250. A partir de 1517, os árabes negociariam seu lugar no mundo através de regras estabelecidas em capitais estrangeiras, uma realidade política que seria uma das características definidoras de sua história moderna.

Dito isto, a mudança do governo mameluco para o domínio otomano foi mais fácil do que muitos inicialmente temiam na época das sangrentas conquistas de Selim, o Severo. Os árabes eram governados por estrangeiros de língua turca desde o século XIII, e os otomanos eram em muitos aspectos semelhantes aos mamelucos. As elites em ambos os impérios tinham suas origens em escravos cristãos. Ambos eram Estados burocráticos que observavam a lei religiosa e protegiam os domínios islâmicos de ameaças estrangeiras com exércitos fortes. Além disso, era cedo demais para se falar de uma identidade árabe distinta que faria oposição ao domínio "estrangeiro". Antes da era do nacionalismo, a identidade estava ligada a uma tribo ou cidade de origem. Se os árabes pensavam em termos de uma identidade mais ampla, era mais provável que esta se baseasse na religião do que na etnia. Para a maior parte dos árabes, muçulmanos sunitas, os otomanos eram governantes perfeitamente aceitáveis. O fato de o centro administrativo ter se mudado de territórios árabes para Istambul, cidade que unia os continentes da Europa e da Ásia, parece não ter sido uma questão para as pessoas daquela época.

Os povos árabes parecem ter sido mais pragmáticos que ideológicos ao avaliar a mudança do governo mameluco para o domínio otomano. Eles estavam muito mais preocupados com questões de lei e ordem e taxação razoável do que o que significava serem governados por turcos. O historiador egípcio Abd al-Rahman al-Jabarti, escrevendo no início do século XIX, captou esse respeito pelo início do domínio otomano:

No início de seu reinado, os otomanos estavam entre os melhores para governar a comunidade [islâmica] desde os califas bem guiados.[8] Eram os mais fortes defensores da religião e opositores dos incrédulos, e por essa razão seus domínios se expandiram, por meio das conquistas que Alá concedera tanto a eles como a seus representantes. Controlavam as melhores regiões habitadas da Terra. Reinos em todas as partes se submetiam ao seu domínio. Eles não negligenciavam o Estado, mas se ocupavam sobretudo de proteger seu território e suas fronteiras. Defendiam a prática dos ritos e dos direitos islâmicos [...], honravam os líderes religiosos, apoiavam a manutenção das duas cidades sagradas, Meca e Medina, e mantinham as regras e princípios de justiça, observando as leis e práticas islâmicas. Seu reinado era seguro; seu domínio foi duradouro; eram admirados e temidos por reis; obedecidos por homens livres e escravos.[9]

Os aldeões e habitantes das cidades da Síria não lamentaram a morte do
Império Mameluco. Ibn Iyas conta que os residentes de Alepo, que tinham
sofrido com sobrecarga de impostos e desmando arbitrário, impediram que
os mamelucos em retirada entrassem na cidade e "os trataram pior do que
os otomanos os tinham tratado" após a derrota em Marj Dabiq. Quando
Selim, o Severo, entrou em Alepo, "a cidade foi iluminada para celebrá-lo,
velas foram acesas nos bazares, vozes erguidas em oração para ele, e o
povo se alegrou" com a libertação de seus antigos senhores.[10] O povo de
Damasco também não se deixou perturbar pela mudança política, segundo
o cronista damasceno Shams al-Din Muhammad ibn Ali Ibn Tulun (1475-
-1546). Seu relato dos últimos anos do domínio mameluco está repleto de
referências aos impostos abusivos, à ganância dos oficiais, à impotência do
governo central, à ambição inescrupulosa dos emires, à falta de segurança
no campo e aos problemas econômicos que resultaram dessa má administração.[11] Em comparação, Ibn Tulun tinha coisas favoráveis a dizer sobre
o governo otomano, que trazia lei e ordem e impostos regulares para a
província de Damasco.

A queda dos mamelucos provavelmente mudou o Império Otomano de
maneira mais dramática do que afetou o mundo árabe. A terra mais vital
dos otomanos ficava nos Bálcãs e na Anatólia, e a capital — Istambul — se
assentava nas províncias europeia e asiática do império. Os territórios árabes estavam longe do centro otomano, e os povos árabes constituíam um
novo acréscimo à população heterogênea do império. Os árabes eram, eles
próprios, um povo diverso, sua língua comum dividida em dialetos que se
tornavam mutuamente incompreensíveis quando se passava da península
Arábica através do Crescente Fértil até o norte da África. Enquanto a maioria dos árabes era (e é) de muçulmanos sunitas, como os turcos otomanos,
havia comunidades minoritárias de bom tamanho de seitas dissidentes
muçulmanas, comunidades cristãs e judeus. Havia também uma imensa
diversidade cultural em todo o mundo árabe, com culinária, arquitetura
e tradições musicais distintas em diferentes regiões. A história também
dividira os povos, já que diferentes regiões haviam sido governadas por
diferentes dinastias ao longo dos séculos islâmicos. A integração dos ter-

ritórios árabes mudou de maneira fundamental o alcance geográfico, a cultura e a demografia do Império Otomano.

Os otomanos enfrentaram um verdadeiro desafio para conceber estruturas administrativas viáveis para seus novos territórios. Os árabes entraram no Império Otomano em uma época de rápida expansão na Pérsia, na região do mar Negro e nos Bálcãs. O alcance territorial do império se expandiu muito mais rápido que a capacidade do governo de treinar e designar administradores qualificados para esses novos acréscimos. Apenas as áreas mais próximas às regiões centrais otomanas — como a cidade de Alepo, no norte da Síria — passaram a ter o domínio otomano padrão. Quanto mais se afastavam da Anatólia, mais os otomanos procuravam preservar a ordem política preexistente, de modo a assegurar a transição mais suave possível para o seu governo. Pragmáticos, mais do que ideólogos, estavam mais interessados em preservar a lei e a ordem e em cobrar impostos de suas novas posses do que em impor seus métodos. Assim, nos primeiros anos após a conquista, o domínio otomano nas províncias árabes foi marcado por uma grande diversidade e ampla autonomia.

O PRIMEIRO DESAFIO ENFRENTADO pelos otomanos na Síria e no Egito foi constituir um governo leal com administradores mamelucos. Apenas estes possuíam o conhecimento e a experiência necessários para governar a Síria e o Egito em nome dos otomanos. No entanto, não era possível contar com sua lealdade. A primeira década do domínio otomano foi marcada por uma série de rebeliões violentas, à medida que importantes personalidades mamelucas tentavam romper com o Império Otomano e restaurar seu domínio na Síria e no Egito.

Nos primeiros anos após a conquista do Império Mameluco, os otomanos deixaram as instituições do antigo Estado mais ou menos intactas, sob o governo dos emires mamelucos, ou "comandantes". Eles dividiram os domínios em três províncias baseadas em torno das cidades de Alepo, Damasco e Cairo. Alepo foi a primeira a receber o completo aparelhamento do domínio otomano. Um governador otomano foi nomeado para a província, que estava intimamente integrada à vida política e econômica do Império. Embora o povo não soubesse disso então, a conquista otomana iniciaria uma verdadeira idade de ouro em Alepo, que se estenderia até o século XVIII, e durante a qual a cidade emergiria como um dos grandes centros do comércio entre a Ásia e o Mediterrâneo. Apesar de estar a cerca de oitenta quilômetros da costa, Alepo atraiu os escritórios centrais de empresas holandesas, inglesas e francesas no Levante e se tornou uma das cidades mais cosmopolitas do mundo árabe.[12] Quando William Shakespeare fez a Primeira Bruxa em *Macbeth* afirmar, sobre a esposa de um marinheiro: "O marido fora-se para Alepo, capitão do *Tiger*" (ato I, cena 3), seu público no Globe sabia de que lugar ela estava falando.

Selim escolheu mamelucos para servir como governadores em Damasco e no Cairo. Os dois homens que designou não poderiam ter sido mais diferentes. Como governador em Damasco ele nomeou Janbirdi al-Ghazali, que já fora governador na Síria e lutara valentemente contra os otomanos em Marj Dabiq, tendo liderado o ataque às forças de Selim em Gaza, onde foi ferido. Ele se retirou para o Cairo com o restante de seu exército para ficar ao lado de Tumanbay na defesa da capital. Selim respeitava a integridade e a lealdade que Janbirdi demonstrara a seus soberanos mamelucos, e esperava que esse senso de lealdade pudesse se voltar agora a seu novo senhor otomano. Em fevereiro de 1518, investiu Janbirdi com todas as funções exercidas pelos ex-governadores mamelucos de Damasco, em troca de um tributo anual de 230 mil dinares.[13] Havia claros riscos em transferir tanto poder a uma pessoa sem freios ou contrapesos à sua autoridade.

Para governar o Cairo, Selim escolheu Khair Bei, o ex-governador mameluco de Alepo com quem havia se correspondido antes da Batalha de Marj Dabiq e que lhe transferira sua lealdade. Foi Khair Bei quem rompeu as fileiras na Batalha de Marj Dabiq e deixou o campo livre para os otomanos. Mais tarde, ele foi preso por Tumanbay e encarcerado no Cairo. Selim o libertou ao capturar a capital e homenageou o ex-governador de Alepo por seus serviços. No entanto, nunca esqueceu que Khair Bei havia traído seu ex-soberano e, de acordo com Ibn Iyas, costumava fazer piada com seu nome, chamando-o de "Khain Bei", ou "Senhor Caim".[14]

Enquanto Selim viveu, esses arranjos administrativos se mantiveram sem dificuldades. Em outubro de 1520, porém, espalharam-se notícias sobre a morte de Selim e a ascensão do jovem príncipe Suleiman ao trono otomano. Alguns mamelucos acreditavam ter transferido sua lealdade ao sultão Selim na condição de conquistador, e não à sua dinastia como um todo. Com a sucessão otomana, o novo sultão Suleiman enfrentou uma série de revoltas nas províncias árabes.

A primeira revolta mameluca irrompeu em Damasco. Janbirdi Ghazali procurou restaurar o Império Mameluco e se declarou sultão, adotando o nome real de al-Malik al-Ashraf ("o mais nobre rei"). Vestiu as roupas e o turbante leve típicos dos mamelucos e proibiu o povo de Damasco de usar trajes otomanos, bem como que os pregadores nas mesquitas recitassem as orações de sexta-feira em nome de Suleiman. E começou a expurgar soldados e oficiais otomanos da Síria. As cidades de Trípoli, Homs e Hama se uniram à sua causa. Ele reuniu um exército e partiu para tomar Alepo.[15]

O povo de Alepo permaneceu fiel ao sultanato otomano. Eles lamentaram a morte de Selim e recitaram as orações de sexta-feira em nome de Suleiman. Quando o governador soube da aproximação do exército rebelde, começou a fortalecer as defesas da cidade. Em dezembro, a força de Janbirdi a sitiou. Os rebeldes dispararam canhões nos portões de Alepo e flechas incendiárias sobre as muralhas da cidade, mas os defensores repararam os danos e contiveram as forças do atacante. Os damascenos mantiveram o cerco por quinze dias antes de se retirarem. Cerca de duzentos moradores de Alepo foram mortos nesse período, bem como vários soldados.[16]

Vendo fracassar sua rebelião, Janbirdi retornou a Damasco para consolidar sua posição e reunir suas forças. Em fevereiro de 1521, partiu para combater um exército otomano nos arredores da cidade. Suas tropas foram rapidamente derrotadas, e Janbirdi acabou morto em batalha. O pânico varreu a cidade. Ao apoiar a inútil tentativa de Janbirdi de se separar do Império Otomano e restabelecer o domínio mameluco, os damascenos haviam perdido os benefícios de uma submissão pacífica.

O exército que acabara de derrotar as forças de Janbirdi agora se voltava para saquear a cidade. De acordo com Ibn Tulun, mais de 3 mil pessoas foram mortas, os bairros de Damasco e as aldeias vizinhas foram saqueados, e mulheres e crianças foram presas e escravizadas. A cabeça de Janbirdi e as orelhas cortadas de mil soldados caídos foram enviadas a Istambul como troféus.[17] A influência dos mamelucos em Damasco chegava ao fim. A partir de então, a cidade seria administrada por um governador otomano nomeado de Istambul.

No Egito, os otomanos enfrentaram repetidos desafios ao seu domínio. Embora Selim tivesse questionado a integridade de seu governador mameluco no Cairo e o chamasse de "Senhor Caim", Khair Bei preservou a ordem otomana no Egito até sua morte, em 1522. As autoridades em Istambul levaram quase um ano para nomear um novo governador para substituí-lo. Dois governadores provinciais do Médio Egito aproveitaram o interregno para lançar uma rebelião em maio de 1523, apoiada por vários líderes mamelucos e beduínos. A revolta foi logo reprimida pelas tropas otomanas no Egito, com muitos dos insurgentes mamelucos sendo presos ou mortos.

O desafio seguinte veio do novo governador otomano. Ahmad Paxá acalentava o desejo de ser grão-vizir, algo como primeiro-ministro do governo otomano. Frustrado com a nomeação para um simples governo de província no Egito, procurou satisfazer suas ambições estabelecendo-se como um governante independente. Pouco depois de sua chegada, em setembro de 1523, começou a desarmar as tropas otomanas baseadas no Cairo e enviou muitos dos soldados de infantaria de volta a Istambul. Em seguida, libertou os mamelucos e beduínos que haviam sido presos por sua participação na revolta do ano anterior. Ahmad Paxá se declarou então sultão e ordenou que seus partidários matassem as tropas otomanas remanescentes na Cidadela. Como Janbirdi, teve as orações de sexta-feira recitadas e as moedas cunhadas em seu nome. A rebelião, no entanto, durou pouco. Seus oponentes o atacaram e forçaram-no a se retirar para o interior, onde ele foi capturado e decapitado em março de 1524. Istambul despachou um novo governador para o Cairo com instruções claras de pôr fim à influência mameluca e atrair o Egito de maneira mais consistente para o domínio do governo central. Depois disso, Suleiman foi mais do que capaz de comandar a lealdade de seus súditos árabes, e nenhuma outra rebelião ameaçou o domínio otomano pelo resto de seu reinado.

Passada uma década da conquista de Selim, o Egito, a Síria e o Hejaz estavam sob firme domínio otomano. Istambul, a capital imperial, era a sede tanto dos tomadores de decisão quanto dos legisladores do império. No topo da hierarquia estava o sultão, um monarca absoluto cuja palavra era lei. Ele morava no Palácio de Topkapi, atrás de grandes muralhas com vista para a capital imperial, o estreito de Bósforo e o Chifre de Ouro. Descendo a colina das muralhas do palácio, atrás de um imponente conjunto de portões, ficava a área administrativa do grão-vizir e seus ministros. Esse centro de governo veio a ser conhecido por sua característica mais marcante — seus portões. Chamado em turco de *Bab-i Ali*, ou "Porta Suprema", a expressão foi traduzida como *La Sublime Port* em francês e anglicizada como *Sublime Porte*. Essas duas instituições — a corte real e a Sublime Porta — estabeleceram os novos termos de governo tanto para as províncias árabes como para o império de maneira geral.

Com o domínio otomano vieram novas práticas administrativas. O governo provincial otomano no século XVI consistia numa forma de feudalismo em que os comandantes militares recebiam territórios do governo central. O titular do cargo era responsável pela administração da justiça e a arrecadação de impostos em suas terras, e podia manter um certo número de cavaleiros a seu serviço com as receitas que extraía delas, devendo pagar uma soma fixa em impostos ao Tesouro central. Ao contrário do feudalismo na Europa, o sistema otomano não era hereditário e, portanto, não criou uma aristocracia que rivalizasse com o poder do sultão. O sistema era ideal para um império em rápida expansão, isto é, para um império que conquistava territórios a uma velocidade superior à capacidade do Estado de produzir uma burocracia treinada para administrá-lo. Aos burocratas eram confiadas apenas as tarefas contábeis, de inventariar a riqueza do império. Eles produziam registros fiscais detalhados, listando o número de homens, famílias, campos e receitas passíveis de tributação para cada aldeia de cada província. Esses registros, em teoria, deviam ser atualizados a cada trinta anos, embora no decorrer do século XVI o Estado tenha começado a negligenciar sua contabilidade; a prática desapareceu por completo no século XVII.[18]

As novas províncias otomanas na Síria — Alepo, Damasco e mais tarde a província costeira de Trípoli (no Líbano moderno) — foram divididas em unidades administrativas menores e submetidas à autoridade de comandantes. O governador provincial era quem recebia o maior feudo, devendo prover ao sultão uma quantidade fixa e preestabelecida de tropas e impostos para as campanhas militares e o Tesouro do soberano. O comandante militar da província recebia o segundo maior feudo, com comandantes de escalão inferior recebendo terras proporcionais a sua posição hierárquica e ao número de tropas que deviam apresentar para as campanhas militares do sultão.[19] Esse sistema feudal modificado nunca se aplicou ao Egito, que continuou a ser governado em uma parceria desconfortável entre governantes otomanos e comandantes mamelucos.

Os homens encarregados de ocupar cargos na administração provincial árabe eram nomeados pelo governo central em Istambul e não costumavam proceder de regiões árabes. Assim como os mamelucos, os otomanos operavam seu próprio sistema de recrutamento de escravos, sobretudo em suas províncias balcânicas. Jovens cristãos eram tirados de suas aldeias em um recrutamento anual conhecido em turco como *devshirme*, ou "coleta de meninos". Eles eram enviados para Istambul, convertidos ao islamismo e treinados para servir ao império. Rapazes atléticos recebiam formação militar, a fim de serem integrados aos regimentos de elite da infantaria dos janízaros. Aqueles que exibiam aptidão intelectual eram remetidos ao palácio, sendo treinados para o serviço civil no próprio palácio ou na burocracia.

Pelos padrões modernos, o recrutamento de meninos parece ser nada menos que bárbaro: crianças eram enviadas à escravidão, criadas longe de suas famílias e forçadas a se converter ao islamismo. Na época, porém, esse era o único meio de mobilidade ascendente em uma sociedade bastante restritiva. Através do recrutamento de meninos, o filho de um camponês podia se tornar um general ou grão-vizir. De fato, a entrada nas fileiras de elite dos militares e do governo otomano estava mais ou menos restrita aos recrutas *devshirme*. O fato de os árabes, em sua maior parte muçulmanos nascidos livres, serem excluídos dessa prática significava que sua representação nos mais altos escalões do poder e nas elites do início do Império Otomano era notavelmente inferior à dos cristãos convertidos.[20]

Uma das grandes inovações do reinado de Suleiman II foi definir como lei a estrutura administrativa de cada província otomana. Conhecido no Ocidente como "o Magnífico", Suleiman era chamado localmente pelo apelido turco de Kanuni, "o Legislador". Mais de dois séculos após sua morte, o cronista egípcio Jabarti exaltou as virtudes de suas reformas legais e administrativas:

> O sultão Suleiman al-Kanuni estabeleceu os princípios da administração do governo, completou o estabelecimento do império e organizou as províncias. Ele brilhou na escuridão, ergueu a luz brilhante da religião e extinguiu o fogo dos infiéis. Desde então, o país [isto é, o Egito] continuou a fazer parte de seu império e a obedecer ao domínio otomano.[21]

As regras de governo foram estabelecidas para cada província em um documento constitucional conhecido como *kanunname*, ou "livro de leis". Essas Constituições provinciais deixavam clara a relação entre governadores e contribuintes e estabeleciam com nitidez os direitos e responsabilidades de ambos os lados. Para a época, esse documento representava o auge de um governo transparente.

A primeira Constituição provincial foi elaborada no Egito logo após a rebelião de Ahmad Paxá em 1525. O grão-vizir de Suleiman II, Ibrahim Paxá, introduziu o *kanunname* como parte central de sua missão de restaurar a autoridade do sultão sobre o Egito. O documento é notavelmente abrangente, estabelecendo o quadro administrativo até o nível da aldeia. Institui as responsabilidades dos titulares de cargos na manutenção da segurança, na preservação do sistema de irrigação e na cobrança de impostos. As regras para a prospecção de terras, para doações piedosas, para a manutenção de celeiros e para o funcionamento de portos marítimos são explicadas com clareza. A Constituição chega a notar com que frequência o governador deve se reunir com seu conselho consultivo de Estado (quatro vezes por semana, assim como o conselho imperial em Istambul).[22]

Para impor a lei, os administradores otomanos precisavam de tropas disciplinadas e confiáveis. Os governadores provinciais tinham sob seu comando forças militares compostas de regulares otomanos e de tropas irregulares recrutadas entre a população local. A elite dos militares eram os janízaros, cujo comandante era nomeado por Istambul. Uma cidade como Damasco possuía uma infantaria formada por entre quinhentos a mil janízaros a fim de manter a ordem local. Havia também um certo número de forças de cavalaria, financiadas pelas receitas da província. Segundo fontes otomanas, havia, no total, mais de 8 mil cavaleiros nas províncias de Alepo, Trípoli e Damasco no último quartel do século XVI.[23] Essas forças eram completadas com soldados de infantaria recrutados localmente e mercenários norte-africanos.

O Judiciário, junto com os governadores e os militares, era o terceiro elemento da administração otomana. O governo central em Istambul enviava a cada capital provincial um chefe de justiça para presidir as cortes islâmicas. Embora cristãos e judeus tivessem o direito de resolver suas diferenças nos tribunais religiosos de suas próprias comunidades, muitos optavam por levar suas queixas ou registrar suas transações nos tribunais muçulmanos. Todos os decretos imperiais de Istambul eram lidos publicamente no tribunal e inscritos nos registros da instituição. Além de atuar nos casos criminais, os tribunais forneciam arbitragem entre partes em disputa, serviam como notário público no registro de contratos comerciais e troca de terras e registravam as principais transações na vida cotidiana — casamentos e divórcios, indenizações para viúvas e órfãos e a distribuição dos objetos pessoais dos falecidos. Todos os casos e transações eram devidamente inscritos nos registros da corte, muitos dos quais sobreviveram, fornecendo uma visão inestimável do cotidiano das aldeias e cidades do Império Otomano.

Suleiman ii foi um dos governantes mais bem-sucedidos do Império Otomano. Em seus 46 anos de reinado (1520-66), ele completou a conquista do mundo árabe iniciada pelo pai. Entre 1533 e 1538, tomou do Império Persa safávida as cidades de Bagdá e Basra, onde seus homens foram recebidos pela população sunita como libertadores, após anos de perseguição por parte dos xiitas. A conquista do Iraque foi muito significativa em termos estratégicos e ideológicos. Suleiman ii havia consolidado seu império, acrescentando a antiga capital árabe de Bagdá às suas conquistas e interrompendo o avanço do dogma xiita em terras sunitas.

As forças de Suleiman ii partiram do sul do Egito para ocupar os territórios árabes do sul do Iêmen nas décadas de 1530 e 1540. No Mediterrâneo Ocidental, entre 1525 e 1574, Suleiman acrescentou as regiões costeiras do norte da África — Líbia, Tunísia e Argélia — aos domínios otomanos, na condição de Estados vassalos pagadores de tributos. Até o final do século xvi, todos os territórios árabes estavam sob alguma forma de controle otomano, exceto a Arábia Central e o sultanato do Marrocos.

Cada um desses territórios passou a integrar o Império Otomano em um ponto diferente, sob circunstâncias particulares e origens históricas e administrativas distintas. A história do domínio otomano em cada uma dessas províncias é única, moldada pelas condições sob as quais elas ingressaram no império.

A conquista otomana do norte da África foi conseguida mais através da pirataria do que pela guerra tradicional — embora, é claro, o pirata de uns seja o almirante de outros. Sir Francis Drake usou a pirataria com grande efeito ao travar as guerras da Inglaterra contra a frota superior espanhola no século xvi, mas, em se tratando de um cavaleiro do reino de Elizabeth i e de um de seus conselheiros mais confiáveis, ele dificilmente evoca a imagem popular de bandido marítimo. O mesmo se pode dizer de Khayr Din "Barbarossa" — assim chamado pelos contemporâneos europeus por conta de sua barba ruiva —, um dos maiores almirantes da história otomana. Para os espanhóis, ele era um pirata implacável, o flagelo de seus navios do Mediterrâneo, um homem que vendeu como escravos milhares de marinheiros cristãos capturados em batalha. Para os habitantes do litoral norte-africano, ele era um guerreiro sagrado dedicado à jihad contra os ocupantes espanhóis, cujo espólio de guerra era um importante componente da economia local. E para os otomanos ele era um filho nativo, nascido por volta de 1466 na ilha de Mitilene, no mar Egeu, na costa da Turquia.

Na virada do século xvi, o Mediterrâneo Ocidental foi a arena de um intenso conflito entre as forças cristãs e muçulmanas. A conquista espanhola da península Ibérica culminou na queda de Granada em 1492, pondo fim a quase oito séculos de domínio muçulmano na Espanha (711-1492). Diante da vida na Espanha católica, onde o proselitismo religioso logo deu lugar à conversão forçada, a maioria dos muçulmanos ibéricos deixou sua terra natal para buscar refúgio no norte da África. Esses refugiados, conhecidos como mouriscos, jamais se esqueceram de sua pátria ou perdoaram a Espanha. Os monarcas espanhóis, Isabel de Castela e Fernando de Aragão, promoveram implacavelmente sua guerra santa pelo Mediterrâneo, até os reinos muçulmanos nos quais os mouriscos haviam se refugiado. Estabeleceram uma série de colônias fortificadas, chamadas *presidios*, ao longo da costa norte-africana, do Marrocos à Líbia, e forçaram os líderes locais nas cidades do interior a pagar tributo à Espanha. Duas dessas colônias — Ceuta e Melila — ainda sobrevivem como possessões espanholas no litoral marroquino.

Os espanhóis enfrentaram pouca oposição à sua expansão agressiva por parte dos miniestados muçulmanos do norte da África. Três dinastias locais baseadas em Fez (no atual Marrocos), Tlemcen (na Argélia) e Túnis governavam no noroeste da África. Elas pagavam tributo à Coroa espanhola e não ousaram desafiar as fortalezas que dominavam seus principais portos e desembarcadouros. A cooperação dos governantes muçulmanos com os invasores espanhóis os desacreditou aos olhos de seus súditos, e logo elementos radicais começaram a organizar suas próprias forças para repelir os invasores. Como as fortalezas eram reabastecidas pelo mar, os navios espanhóis estavam mais vulneráveis a ataques do que elas próprias.

Os marinheiros locais que armaram navios e levaram sua jihad para o mar ficaram conhecidos no Ocidente como corsários berberes (o termo deriva do grego para "bárbaro" ou, numa interpretação mais benevolente, da palavra usada para denominar o povo autóctone do norte da África). Embora roubassem e fizessem escravos nos navios espanhóis que atacavam, esses corsários viam sua guerra como um conflito religioso contra os invasores cristãos. Seus ataques corajosos aos espanhóis fizeram deles heróis locais e granjearam o apoio dos habitantes árabes e berberes da costa.

Khayr Din era o mais famoso dos corsários da Berberia. Ele seguiu os passos do irmão Aruj, que criou um miniestado independente no pequeno porto de Jijilli, a leste de Argel. Aruj estendeu a área sob seu poder através da costa argelina até Tlemcen, no oeste, que capturou em 1517. Ele foi morto pelos espanhóis no ano seguinte em uma tentativa vã de defender Tlemcen. Khayr Din entendeu que os corsários precisariam do apoio de um poderoso aliado se esperassem manter seus ganhos contra o poder do Império Espanhol, e promoveu a jihad dos corsários a uma bem-sucedida máquina de guerra ao fazer uma aliança com o Império Otomano.

Em 1519, Khayr Din enviou um emissário à corte otomana, com presentes e uma petição do povo de Argel, para solicitar a proteção do sultão Selim e se oferecer para se colocar sob seu domínio. Selim, o Severo, estava perto da morte quando concordou em acrescentar a costa da Argélia aos territórios do Império Otomano. Ele enviou o emissário de Khayr Din de volta para casa sob a bandeira otomana e acompanhado de um destacamento de 2 mil janízaros. O maior império muçulmano do mundo lutava agora com a frota da Espanha, mudando decisivamente o equilíbrio de poder no Mediterrâneo Ocidental.

Encorajados pela aliança com os otomanos, os corsários da Berberia levaram seus ataques muito além da costa do norte da África. Khayr Din e seus comandados atacaram alvos na Itália, na Espanha e nas ilhas do mar Egeu. Na década de 1520, ele apreendeu navios europeus que transportavam grãos e, como um Robin Hood marítimo, entregou a comida ao povo da costa da Argélia, que estava sofrendo com a escassez por causa da seca. Seus navios resgataram mouriscos da Espanha e os trouxeram de volta, estabelecendo-os em cidades sob seu controle para que pudessem se juntar à luta contra os ibéricos.

No entanto, Khayr Din e seus homens eram mais conhecidos pelas façanhas contra os navios espanhóis. Eles afundavam galeras, libertavam escravos muçulmanos e capturaram dezenas de navios inimigos. O nome de Barbarossa provocava medo em toda a costa da Espanha e da Itália — e com razão. O número de cristãos capturados pelos seus homens chegou a milhares; os nobres eram presos e liberados mediante o pagamento de altos resgates, e os plebeus vendidos como escravos. Para os corsários muçulmanos, havia uma sensação de justiça poética: muitos deles, antes, haviam sido mantidos em cativeiro e vendidos como escravos de galés pelos espanhóis.

A Marinha espanhola precisava de um almirante que se equiparasse a Khayr Din. Em 1528, o imperador Carlos v contratou o célebre comandante Andrea Doria (1466-1560) para liderar a luta contra o otomano. Doria, um genovês que dispunha de uma frota própria de galés de guerra e alugava seus serviços para os monarcas da Europa, não era menos corsário do que Khayr Din.

Doria era um grande almirante, mas Khayr Din era maior. Em seus dezoito anos de duelo pelo Mediterrâneo, o genovês raramente superou o adversário otomano. Seu primeiro encontro, em 1530, é um bom exemplo. Forças de Khayr Din tinham tomado a fortaleza espanhola na baía de Argel em 1529, após um curto cerco. Os prisioneiros espanhóis foram escravizados e obrigados a desmantelar o forte, cujas pedras foram usadas na construção de um quebra-mar para abrigar o porto de Argel. Carlos v ficou indignado com a perda do forte estratégico e convocou um conselho de Estado. Andrea Doria sugeriu um ataque ao porto de Cherchel, a oeste de Argel. Suas forças desembarcaram nas proximidades de Cherchel em 1530 e libertaram várias centenas de escravos cristãos, mas enfrentaram forte resistência dos mouriscos que viviam na cidade, ávidos por lutar com os espanhóis. Khayr Din enviou uma força de socorro, e Doria, que não queria correr o risco de enfrentar uma frota otomana superior, retirou seus navios — abandonando em Cherchel os soldados espanhóis. Dentre estes, os que lutaram foram mortos, e os que se renderam foram escravizados. Khayr Din havia infligido duas humilhações contra os espanhóis e assegurado sua posição em Argel.

Barbarossa também havia elevado sua posição aos olhos do sultão e, em 1532, foi convidado a ir a Istambul para se encontrar com Suleiman, o Magnífico. Ele partiu com uma frota de 44 navios e devastou a costa de Gênova e da Sicília ao longo do caminho, apreendendo dezoito navios cristãos — que foram pilhados e incendiados. Por fim, chegou a Istambul, onde recebeu um convite para visitar o palácio. Quando foi introduzido à presença do sultão, Khayr Din se prostrou e beijou o chão, aguardando o comando do soberano. Suleiman pediu que o almirante se levantasse e o promoveu a comandante da Marinha otomana, ou Kapudan Paxá, e governador das Províncias Marítimas. Hospedado em um palácio real durante sua permanência em Istambul, Khayr Din se reuniu regularmente com o sultão para discutir estratégia naval. Em um gesto final de distinção, Suleiman afixou uma medalha de ouro ao turbante de Khayr Din durante uma cerimônia no palácio demonstrando sua gratidão ao Kapudan Paxá por seu papel na expansão do território otomano no norte da África e pelas vitórias contra o inimigo espanhol.[24]

Em seu retorno de Istambul, Khayr Din começou a planejar sua próxima grande campanha: a conquista de Túnis. Montou uma expedição de quase 10 mil soldados e tomou a cidade sem luta em agosto de 1534. Os otomanos estavam agora no controle da costa norte-africana de Túnis a Argel, ameaçando a supremacia marítima de Carlos V no Mediterrâneo Ocidental. Andrea Doria aconselhou o imperador a expulsar os corsários de Túnis. Carlos concordou, e decidiu acompanhar a frota. Ele escreveu sobre o vasto conjunto de "galés, galeões, cargueiros, corvetas, navios, bergantins e outros navios" que transportavam as tropas espanholas, alemãs, italianas e portuguesas — cerca de 24 mil soldados e 15 mil cavalos — para Túnis. "Partimos [pedindo] ajuda e orientação de nosso Criador [...] para fazer, com a ajuda e o favor divinos, aquilo que parece ser o melhor e o mais eficaz contra Barbarossa."[25]

Quando a enorme frota se aproximou de Túnis, Khayr Din retirou suas tropas, sabendo que não poderia resistir à armada. Túnis caiu então diante das forças espanholas. Carlos v afirmou em suas cartas que os espanhóis libertaram 20 mil escravos cristãos. Pelos cálculos árabes, eles mataram pelo menos o mesmo número de habitantes locais no saque de Túnis. Em termos estratégicos, a conquista da cidade colocou o estreito da Sicília, a porta de entrada para o Mediterrâneo Ocidental, firmemente em mãos espanholas. A única fortaleza muçulmana que restava era Argel.

Em 1541, os espanhóis montaram uma enorme força de ataque para tomar Argel e derrotar Khayr Din de uma vez por todas. Uma armada de 65 galés e mais de quatrocentas embarcações de transporte levando 36 mil soldados e máquinas de cerco partiram em meados de outubro. Sayyid Murad, cronista argelino, escreveu: "A frota cobriu toda a superfície do mar, mas não pude contar todos os navios, pois eram por demais numerosos". Contra os espanhóis, os corsários berberes reuniram uma força de 1500 janízaros otomanos, 6 mil mouriscos e várias centenas de irregulares. Confrontado por uma força invasora que superava em número suas tropas numa proporção de mais de quatro para um, a situação de Khayr Din parecia desesperadora. Um de seus oficiais tentou elevar o moral das tropas com as seguintes palavras: "A frota cristã é enorme […] mas não se esqueçam da ajuda que Alá provê aos muçulmanos contra os inimigos da religião".[26] Suas palavras pareceram proféticas para o cronista local.

Nas vésperas da invasão espanhola, o clima de repente mudou e ventos violentos jogaram os navios espanhóis contra as costas rochosas. Os soldados que conseguiram chegar ao litoral em segurança foram encharcados por chuvas torrenciais e tiveram sua pólvora estragada pela água. As espadas e flechas dos defensores se provaram armas mais eficazes nessas condições, e os espanhóis encharcados e desmoralizados foram obrigados a recuar, depois de 150 navios perdidos e 12 mil homens mortos ou capturados. Os corsários da Berberia infligiram uma derrota decisiva aos ibéricos e asseguraram sua posição no norte da África de uma vez por todas. Foi o maior triunfo de Khayr Din, celebrado todos os anos em Argel pelo resto da era otomana.

Cinco anos depois, em 1546, Khayr Din Barbarossa morreu, aos oitenta anos, tendo conseguido assegurar a costa norte-africana para o Império

Otomano (embora a conquista final de Trípoli e Túnis tenha sido alcançada por seus sucessores no final do século XVI). O governo otomano no norte da África era diferente de qualquer outra parte dos territórios árabes, refletindo suas origens corsárias. Nas décadas seguintes à morte de Khayr Din, o poder foi equilibrado entre um governador nomeado por Istambul — um almirante otomano da frota — e o comandante da infantaria janízara otomana. No século XVII, o comandante dos janízaros, que haviam se estabelecido como residentes permanentes em Argel, tornou-se governador da cidade e governou por meio de um conselho, ou *diwan*. Então, em 1671, o poder mudou novamente: o almirante da frota nomeou um governante civil local, ou dei, que governou no lugar do comandante dos janízaros. Por alguns anos o dei exerceu poder efetivo, embora Istambul continuasse a nomear um paxá, ou governador, cujos poderes tinham natureza mais cerimonial. Depois de 1710, contudo, os deis assumiram também o cargo de paxá, e o controle de Istambul sobre o norte da África se tornou cada vez mais fraco, uma vez que os deis desfrutavam de total autonomia em troca do pagamento de um pequeno tributo anual à Sublime Porta.

Muito tempo depois de terminado o confronto otomano-espanhol no Mediterrâneo Ocidental, a Sublime Porta estava perfeitamente satisfeita em deixar que os deis de Argel governassem a costa norte-africana em seu nome. Muito longe de Istambul para ser gerida mais diretamente, e muito pouco povoada para compensar as despesas de uma administração mais elaborada, a costa da Berbéria era uma daquelas típicas províncias árabes que os otomanos preferiam governar em colaboração com as elites locais. Isso lhes permitia reivindicar a soberania sobre território muçulmano estratégico e desfrutar de um pequeno fluxo de renda a um custo baixo para o Tesouro imperial. O acordo convinha aos deis de Argel, que gozavam da proteção otomana e de ampla autonomia em suas relações com as potências marítimas do Mediterrâneo. O arranjo funcionaria bem para ambos os lados até o século XIX, quando nem os deis nem os otomanos foram fortes o suficiente para resistir a uma nova era de colonização europeia no norte da África.

Um sistema muito diferente de governo autônomo se desenvolveu no Mediterrâneo Oriental. As montanhas do Líbano havia muito tempo serviam de refúgio para comunidades religiosas heterodoxas que fugiam de perseguição. Duas dessas comunidades — os maronitas e os drusos — criaram seu próprio sistema de governo. Embora as terras altas libanesas (conhecidas como Monte Líbano) tivessem sido dominadas pelos otomanos junto com o resto da Grande Síria na época da conquista de Selim, o Severo, em 1516, a Sublime Porta preferiu deixar que os habitantes locais governassem a si próprios na fortaleza de suas montanhas.

Os maronitas tinham procurado a segurança das montanhas do norte libanês no final do século VII, fugindo da perseguição de seitas cristãs rivais do então Império Bizantino. Eles haviam sido defensores dos cruzados na Idade Média e desfrutaram de relações próximas com o Vaticano depois disso. Em 1584, um Colégio Maronita foi aberto em Roma para ensinar teologia aos jovens maronitas mais talentosos, cimentando os laços entre estes e a Igreja Católica Romana.

As origens dos drusos remontam ao Cairo, no século XI, quando um grupo dissidente de muçulmanos xiitas fugiu da perseguição no Egito. No isolamento das montanhas do sul libanês, suas crenças assumiram a forma de uma nova fé distinta e altamente secreta. Os drusos surgiram como uma comunidade política e religiosa e passaram a dominar a ordem política em Monte Líbano, com a participação total dos cristãos maronitas. Um emir — ou príncipe — druso governava uma hierarquia rígida de nobres hereditários drusos e cristãos, cada um ligado a um território diferente em Monte Líbano.

Quando Monte Líbano caiu sob o domínio otomano, os sultões optaram por preservar a ordem feudal específica da região, exigindo apenas que o príncipe druso reconhecesse a autoridade do sultão e pagasse um tributo anual. O sistema funcionou, pois os drusos estavam divididos entre si e não representavam uma ameaça ao domínio otomano. Tudo isso mudou com a ascensão do emir Fakhr al-Din II.

Fakhr Din II (c. 1572-1635), o príncipe de Monte Líbano, era como um personagem das páginas de Maquiavel. Seus métodos certamente eram mais próximos aos de Cesar Borgia do que aos de seus pares otomanos. Fakhr Din usou uma combinação de violência e astúcia para estender os territórios sob seu controle e preservar sua posição de poder por décadas. Chegou inclusive a nomear seu próprio historiador da corte para registrar os grandes eventos de seu reinado para a posteridade.[27]

Fakhr Din chegou ao poder em 1591, após o assassinato do pai pelo clã rival Sayfa, uma família curda que governou o norte do Líbano a partir da cidade costeira de Trípoli (não confundir com a cidade líbia de mesmo nome). Nos trinta anos seguintes, o príncipe druso foi impulsionado não só pelo desejo de vingança contra o clã rival como pelo de expandir suas terras. Ao mesmo tempo, Fakhr Din preservava boas relações com os otomanos. Pagava os impostos de seu território na íntegra e no prazo. Viajava para Damasco e cobria de presentes e dinheiro o governador, Murad Paxá, que mais tarde foi promovido a grão-vizir em Istambul. Por meio dessas conexões, Fakhr Din conseguiu estender seu governo sobre a cidade portuária de Sídon, a cidade de Beirute e a planície costeira, os bairros do norte de Monte Líbano e o vale do Beca a leste. Em 1607, ele havia consolidado seu controle sobre a maior parte do território do atual Estado do Líbano, bem como sobre regiões do norte da Palestina.[28]

Os problemas de Fakhr Din aumentaram no mesmo ritmo de crescimento de seu miniestado. Os territórios sob seu controle agora se estendiam bem além do autônomo Monte Líbano, para áreas sob domínio otomano pleno. Essa expansão sem precedentes gerou preocupações nos círculos do governo em Istambul e ciúmes entre os rivais de Fakhr Din na região. Para se proteger das intrigas otomanas, o maquiavélico druso fez um tratado de aliança em 1608 com os Medici de Florença. Os Medici ofereceram armas e assistência com as fortificações de Fakhr Din em troca de uma posição privilegiada no altamente competitivo mercado do Levante.

As notícias do tratado de Fakhr Din com a Toscana foram recebidas com desânimo. Nos anos seguintes, os otomanos observaram o aprofundamento das relações libanesas-toscanas com crescente preocupação. A posição de Fakhr Din em Istambul fora minada quando o sucessor de seu amigo Murad Paxá como grão-vizir foi um inimigo, Nasuh Paxá. Em

1613, o sultão decidiu agir e despachou um exército para derrubar Fakhr Din e desmantelar o miniestado druso. Embarcações otomanas foram enviadas para bloquear os portos libaneses, tanto para evitar que o druso fugisse quanto para desencorajar os navios da Toscana de virem em sua assistência. Fakhr Din subornou os navios otomanos e escapou habilmente de seus atacantes. Acompanhado de um conselheiro e de um séquito de empregados, contratou dois galeões franceses e um navio flamengo para levá-lo à Toscana.[29]

Após uma jornada de 53 dias de Sídon até Livorno, Fakhr Din desembarcou em solo toscano. Seu exílio de cinco anos representou um raro momento em que os príncipes árabes e europeus se encontraram em pé de igualdade e examinaram os costumes e as maneiras um do outro com respeito. Fakhr Din e seus servidores observaram em primeira mão o funcionamento da corte dos Medici, o estado da tecnologia renascentista e os diferentes costumes do povo. O príncipe druso ficou fascinado com tudo o que viu, desde os utensílios domésticos tradicionais do florentino comum até a notável coleção de arte dos Medici — incluindo retratos de figuras otomanas importantes. Ele visitou o Duomo de Florença, subiu ao campanário de Giotto e também as escadas que levavam à famosa cúpula de Brunelleschi, concluída no século anterior e uma das maiores conquistas arquitetônicas da época.[30] No entanto, apesar de todas as maravilhas que testemunhou em Florença, Fakhr Din nunca duvidou da superioridade de sua própria cultura, nem que o Império Otomano fosse o Estado mais poderoso da época.

Ele voltou a sua terra natal em 1618, tendo escolhido cuidadosamente o momento: os otomanos estavam mais uma vez em guerra com os persas e fecharam os olhos para seu retorno. Muita coisa havia mudado nos cinco anos de sua ausência. As autoridades otomanas tinham reduzido o domínio de sua família ao bairro druso de Shuf, na metade sul de Monte Líbano, e a comunidade drusa se dividira em facções rivais determinadas a impedir que uma única família atingisse a supremacia de que Fakhr Din desfrutara.

Num instante Fakhr Din frustrou os planos tanto da Sublime Porta quanto de seus rivais regionais. Desde o momento em que retornou, ele restabeleceu sua autoridade sobre o povo e o território de Monte Líbano para reconstruir seu império pessoal a partir do porto setentrional de Latakia, passando por toda a planície libanesa na direção sul até a Palestina e atravessando o rio Jordão. No passado, o príncipe druso assegurara seus ganhos com o consentimento das autoridades otomanas. Dessa vez, sua tomada de território representava um desafio direto para a Sublime Porta. Ele estava confiante de que seus combatentes poderiam derrotar qualquer exército e, nos cinco anos seguintes, tornou-se cada vez mais ousado ao confrontar as autoridades otomanas.

Fakhr Din atingiu o ápice de seu poder em novembro de 1623, quando suas forças derrotaram as tropas otomanas de Damasco e capturaram o governador, Mustafa Paxá, na Batalha de Anjar.[31] As forças drusas perseguiram seus inimigos pelo vale do Beca até a cidade de Baalbek, trazendo a reboque o seu prisioneiro, o governador de Damasco. Enquanto suas forças sitiavam Baalbek, Fakhr Din recebeu uma delegação de notáveis damascenos para negociar a libertação de Mustafa Paxá. O emir druso arrastou as negociações pelos doze dias seguintes e garantiu todos os seus objetivos territoriais antes de libertar o prisioneiro.

No entanto, quando as guerras otomanas com a Pérsia terminaram, em 1629, Istambul mais uma vez voltou sua atenção para o rebelde príncipe druso de Monte Líbano, que havia estendido as fronteiras das terras sob seu controle para o leste no deserto sírio e para o norte em direção à Anatólia. Em 1631, em um ato de pura arrogância, Fakhr Din negou o direito de o exército otomano passar o inverno em "seu" território. Foi nesse momento que os otomanos resolveram se livrar de vez do insubordinado vassalo druso.

O envelhecido Fakhr Din também enfrentava desafios significativos vindos de outras regiões — das tribos beduínas, de seus velhos inimigos, os Sayfa de Trípoli, e de famílias drusas rivais. Sob a forte liderança do sultão Murad IV, os otomanos aproveitaram o crescente isolamento do príncipe de Monte Líbano e, em 1633, enviaram uma força de Damasco para derrubá-lo. Talvez seus partidários estivessem cansados depois de anos de constantes lutas; talvez estivessem perdendo a confiança no julgamento de Fakhr Din, que provocava a autoridade de Istambul de modo cada vez mais flagrante. Quando o exército otomano se aproximou, os guerreiros drusos recusaram o chamado do líder para a batalha e deixaram que ele e os filhos enfrentassem sozinhos a força inimiga.

O príncipe fugitivo se refugiou nas cavernas das montanhas de Shuf, uma área recôndita do território druso. Os generais otomanos o seguiram até a escarpada região e acenderam fogueiras, de modo que a fumaça o obrigasse a sair do esconderijo. Fakhr Din e os filhos foram presos e levados para Istambul, onde foram executados em 1635, pondo fim a uma notável carreira e perigosa ameaça ao domínio otomano nos territórios árabes.

Uma vez eliminado Fakhr Din, os otomanos ficaram felizes em restaurar o sistema político nativo de Monte Líbano. Sua população heterogênea de cristãos e drusos não se adequava a um sistema concebido para uma maioria muçulmana sunita. Contanto que os governantes locais estivessem dispostos a trabalhar dentro do sistema otomano, a Sublime Porta estava mais do que disposta a aceitar a diversidade na administração de suas províncias árabes. A ordem feudal libanesa sobreviveria até o século XIX sem trazer grandes problemas a Istambul.

No século que se seguiu à conquista de Selim II, uma ordem política distinta se desenvolveu no Egito. Embora a dinastia governante da região tivesse sido destruída, os mamelucos sobreviveram como uma casta militar, e continuaram sendo uma das principais classes da elite dominante do Egito otomano. Eles preservaram suas famílias, continuaram a importar jovens recrutas escravos para renovar suas fileiras e mantiveram suas tradições militares. Incapazes de exterminar os mamelucos, os otomanos não tiveram escolha senão atraí-los para a administração local.

Já na década de 1600, os beis mamelucos tinham assumido importantes cargos administrativos no Egito otomano. Eles foram encarregados do Tesouro, receberam o comando da caravana anual de peregrinação a Meca, foram nomeados governadores da província árabe do Hejaz e exerceram praticamente um monopólio sobre a administração provincial.

Esses cargos conferiam prestígio e, mais importante, davam ao seu titular o controle sobre fontes significativas de receita.

No século xvii, os beis mamelucos também ocuparam algumas das mais altas posições militares no Egito — o que os colocou em rivalidade direta com os governantes otomanos e oficiais militares enviados de Istambul. A Sublime Porta, cada vez mais preocupada com ameaças mais urgentes em suas fronteiras europeias, estava mais interessada em preservar a ordem e assegurar um fluxo regular de receitas tributárias de sua rica província do que em restabelecer o equilíbrio de poder entre os nomeados otomanos e os mamelucos no Egito. Os governadores foram deixados para se defender por conta própria na traiçoeira política do Cairo.

As rivalidades entre as principais famílias mamelucas deram origem a facções ferozes que tornaram a política cairota traiçoeira tanto para otomanos quanto para mamelucos. Duas facções principais surgiram no século xvii — os faqaris e os qasimis. Os faqaris tinham ligações com a cavalaria otomana; sua cor era o branco e seu símbolo, a romã. Os qasimis estavam ligados às tropas egípcias nativas, usavam o vermelho como cor e tinham um disco como símbolo. Cada facção manteve seus próprios aliados beduínos. Suas origens foram perdidas na mitologia, embora no final do século xvii a divisão estivesse bem estabelecida.

Os governadores otomanos tentaram neutralizar os mamelucos jogando as facções uma contra a outra. Isso dava à facção em desvantagem um verdadeiro incentivo para derrubá-los. Entre 1688 e 1755, os anos cobertos pelo cronista Ahmad Katkhuda al-Damurdashi (ele próprio um oficial mameluco), as facções mamelucas conseguiram depor oito dos 34 governantes otomanos do Egito.

O PODER DOS MAMELUCOS SOBRE os governadores otomanos é revelado por exemplo pelas intrigas das facções no ano de 1729. Zayn al-Faqar, líder dos faqaris, convocou então um grupo de oficiais a fim de planejar uma campanha militar contra seus inimigos qasimis. "Pediremos ao governador que nos forneça quinhentas bolsas [*kise*]³² para custear a expedição", disse

Faqar a seus homens. "Se ele as der, continuará sendo nosso governador; se recusar, será deposto." Os faqaris enviaram uma delegação ao governador, que se recusou a pagar as despesas de uma campanha militar contra os qasimis. "Não vamos aceitar um alcoviteiro como governador", disse o indignado Zayn Faqar a seus seguidores. "Vamos depô-lo." Por iniciativa própria, e sem possuir nenhum tipo de autoridade, os faqaris simplesmente escreveram a Istambul para informar à Sublime Porta que o governador otomano fora deposto e que um vice-governador havia sido designado para o seu lugar. Os mamelucos, então, armaram fortemente o vice-governador que haviam acabado de empossar para financiar sua campanha contra os qasimis, com fundos extraídos das receitas alfandegárias do porto de Suez. O pagamento foi justificado em termos da defesa do Cairo.[33]

Os mamelucos usavam de extraordinária violência contra os rivais. Os qasimis sabiam muito bem que os faqaris estavam se preparando para um grande confronto e tomaram a iniciativa. Em 1730, enviaram um assassino para matar o próprio Zayn Faqar. Tratava-se de um vira-casaca que se desentendera com os faqaris e unira forças com a facção rival. Ele se disfarçou de policial e fingiu ter prendido um dos inimigos de Zayn Faqar. "Traga-o aqui", ordenou Zayn Faqar, desejando ver seu inimigo cara a cara. "Aqui está ele", respondeu o assassino, e disparou sua pistola no coração do mameluco, matando-o na mesma hora.[34] O assassino e seu cúmplice escaparam então da casa do líder faqari, matando vários homens pelo caminho. Foi o começo de uma enorme vendeta.

Os faqaris nomearam Muhammad Bei Qatamish como seu novo líder. Muhammad Bei subira ao topo da hierarquia mameluca e detinha o título de *xeque al-Balad*, "comandante da cidade". Ele respondeu ao assassinato de Zayn Faqar ordenando o extermínio de qualquer mameluco que tivesse ligação com os qasimis. "Há espiões qasimis entre vocês", advertiu Muhammad Bei, e apontou para um desafortunado homem entre seus empregados. Antes que este tivesse a chance de se defender, os oficiais de Muhammad Bei o arrastaram para debaixo de uma mesa e o degolaram — o primeiro homem a ser morto em retaliação pelo assassinato de Zayn Faqar. Muitos outros teriam o mesmo destino antes que o derramamento de sangue de 1730 chegasse ao fim.

Muhammad Bei dirigiu-se ao representante do governador indicado por Zayn Faqar e obteve um mandado para executar 373 pessoas que alegou estarem envolvidas no assassinato do líder dos faqaris. Foi a sua licença para acabar com os qasimis. "Muhammad Bei Qatamish aniquilou inteiramente os qasimis, exceto por aqueles [...] que fugiram para o campo", relata Damurdashi. "Ele chegou inclusive a prender jovens mamelucos que não haviam atingido a puberdade, tirando-os de suas casas e enviando-os para uma ilha no meio do Nilo, onde os matou, e depois jogou seus corpos no rio." Muhammad Bei fechou todas as casas dos qasimis, jurando jamais deixar a facção se apoderar novamente do Cairo.[35]

Os qasimis se mostraram mais difíceis de eliminar do que Muhammad Bei havia imaginado. Em 1736, eles voltaram para acertar as contas com os rivais, tendo contado com o auxílio de Bakir Paxá, o governador otomano. O mandato anterior de Bakir Paxá como governador do Egito fora interrompido pelos faqaris, que o haviam deposto. Ele se tornou então um aliado natural dos qasimis. Bakir Paxá convidou Muhammad Bei e outros líderes mamelucos faqaris para uma reunião em que um grupo de qasimis ficou de tocaia, armado com pistolas e espadas. Assim que Muhammad Bei chegou, os qasimis saltaram sobre ele, atirando no estômago do líder dos faqaris e massacrando seus principais comandantes. Ao todo, eles mataram dez dos homens mais poderosos do Cairo e empilharam suas cabeças decepadas em uma das mesquitas mais importantes da cidade, para exibição pública.[36] Foi, sem dúvida, uma das piores matanças registradas nos anais do Egito otomano.[37]

Anos de lutas deixaram tanto os faqaris quanto os qasimis fracos demais para preservar uma posição de comando no Cairo. Eles então foram surpreendidos pelo clã mameluco dos qazdughlis, que passou a dominar o Egito otomano pelo resto do século XVIII. Com a ascensão dos qazdughlis, a extrema violência das facções diminuiu, trazendo um pouco de paz para uma cidade devastada por conflitos. Os otomanos, por sua vez, jamais conseguiram impor sua plena autoridade sobre a rica mas indisciplinada província. Em vez disso, uma cultura política distinta emergiu no Egito otomano, no qual os clãs mamelucos continuaram a exercer a primazia política sobre o governo de Istambul, séculos após a conquista de Selim, o Severo. No Egito, como no Líbano e na Argélia, o domínio otomano se adaptou à política local.

DOIS SÉCULOS DEPOIS de conquistar o Império Mameluco, os otomanos conseguiram estender seu império do norte da África à Arábia do Sul. Não foi um processo tranquilo. Fosse porque não queriam ou porque foram incapazes de padronizar o governo nas províncias árabes, os otomanos em muitos casos decidiram governar em parceria com as elites locais. As diversas províncias podem ter tido relações muito diferentes com Istambul e grandes variações na estrutura administrativa, mas claramente faziam parte do mesmo império. Essa heterogeneidade era comum aos impérios multiétnicos e multissectários da época, como os impérios austro-húngaro e russo.

Até meados do século XVIII, os otomanos administraram essa diversidade com algum sucesso. Eles haviam enfrentado desafios — sobretudo em Monte Líbano e no Egito —, mas, recorrendo a uma variedade de estratégias, haviam logrado consolidar seu domínio, garantindo que nenhum líder local representasse uma ameaça duradoura ao governo central. A dinâmica entre esse governo central e a periferia árabe mudou, no entanto, na segunda metade do século XVIII, com o surgimento de novos líderes locais que começaram a unir forças e a buscar autonomia, muitas vezes em alinhamento com os inimigos europeus do império. Esses novos líderes locais eram um verdadeiro desafio para o Estado otomano e, no século XIX, colocariam em risco a sua própria sobrevivência.

2. O desafio árabe ao domínio otomano

Um barbeiro conhece tudo o que acontece em sua cidade. Seu dia é tomado por conversas com pessoas de todas as esferas sociais. A julgar pelo registro de seu diário, Ahmad al-Budayri "al-Hallaq" ("o barbeiro") foi um grande conversador, muito bem informado sobre a política e a sociedade de Damasco em meados do século XVIII. As questões abordadas em seu diário são temas familiares de conversas de barbearia sobre todos os assuntos: política local, o alto custo de vida, o clima e reclamações gerais sobre como as coisas haviam deixado de ser como eram nos bons e velhos tempos.

Além do que escreveu em seu diário, sabemos muito pouco sobre a vida de Budayri, o barbeiro de Damasco. Ele era um homem modesto demais para figurar em dicionários biográficos contemporâneos, o "quem é quem" dos tempos otomanos. Por isso mesmo seu diário é ainda mais notável. Era incomum que no século XVIII os comerciantes fossem alfabetizados, menos ainda que deixassem um registro escrito de seus pensamentos. Ele contou pouco sobre si mesmo, preferindo escrever sobre os outros. Não sabemos quando nasceu ou morreu, embora esteja claro que o diário, que abrange os anos de 1741 a 1762, foi escrito quando ele era um homem maduro. Um muçulmano piedoso, Budayri, pertencia a uma ordem mística sufi. Era casado e tinha filhos, mas pouco escreveu sobre sua vida familiar. Ele se orgulhava da profissão, falava com admiração do mestre que o introduzira no ofício e recordava os homens proeminentes cujas cabeças havia raspado.

O barbeiro de Damasco era um súdito otomano leal. Em 1754, notou o choque sentido pelo povo de Damasco quando chegou a notícia da morte do sultão Mahmoud I (g. 1730-54). Ele registrou as celebrações públicas marcando a ascensão de seu sucessor, Osman III (g. 1754-7), quando Damasco "foi decorada mais lindamente do que nunca na memória pública. Que Alá preserve esse Estado otomano", ele orou, "até o fim dos tempos. Amém".[1]

O barbeiro tinha bons motivos para orar pela preservação do Estado otomano. Segundo as noções otomanas de política, o bom governo era um equilíbrio delicado de quatro elementos interdependentes, concebidos como um "círculo de equidade". Primeiro, o Estado precisava de um grande exército para exercer sua autoridade. Eram necessários muitos meios econômicos para manter esse exército, e os impostos eram a única fonte regular de riqueza do Estado. Para arrecadar impostos, era necessário que este promovesse a prosperidade de seus súditos. Para que o povo fosse próspero, deveria haver leis justas, o que completa o círculo — de volta às responsabilidades do Estado. A maioria dos analistas políticos otomanos da época teria explicado a desordem política em termos da negligência de um desses quatro elementos. Por tudo o que viu em Damasco em meados do século XVIII, Budayri estava convencido de que o Império Otomano se encontrava em sérios apuros. Havia corrupção entre os governadores, indisciplina entre os soldados, os preços estavam altos e a moralidade pública prejudicada pelo declínio da autoridade do governo.

Provavelmente, a raiz do problema estava nos governadores de Damasco. Na época de Budayri, a cidade era governada por uma dinastia de notáveis locais, e não por turcos otomanos enviados de Istambul para governar em nome do sultão, como era prática comum no império. A família Azm, encarregada do governo, construíra sua fortuna no século XVII acumulando grandes extensões de terras agrícolas ao redor da cidade de Hama, na região central da Síria. Mais tarde, se estabeleceu em Damasco, entre os ricos e poderosos. De 1724 a 1783, cinco membros da família governaram Damasco — por um total de 45 anos. Ao mesmo tempo, vários outros membros foram nomeados para governar as províncias de Sídon, Trípoli e Alepo. Considerando o conjunto, o governo da família Azm sobre as províncias sírias representa uma das lideranças locais mais significativas a emergir nas províncias árabes no século XVIII.

Poderíamos pensar hoje que os árabes teriam preferido ser governados por outros árabes e não por burocratas otomanos. No entanto, os burocratas otomanos no século xviii ainda eram servos do sultão que, pelo menos em teoria, deviam total lealdade ao Estado e governavam sem interesse próprio. Os Azm, ao contrário, tinham interesses pessoais e familiares em jogo e usavam seus altos cargos para enriquecer e construir sua dinastia às custas do Estado otomano. O círculo da equidade foi quebrado e as coisas começaram a desmoronar.

BUDAYRI DISCUTIU LONGAMENTE OS PONTOS fortes e fracos do governo dos Azm em Damasco. Durante a maior parte do período coberto por seu diário, o governador foi Assad Paxá al-Azm. Seu reinado de catorze anos (1743-57) foi o mais longo de qualquer governador da Damasco otomana. O barbeiro podia elogiá-lo, mas tinha também muitas críticas. Ele condenou os governadores da família Azm por saquearem a riqueza da cidade e os responsabilizou pelos distúrbios entre os militares e pelo colapso da moralidade pública.

Sob o domínio dos Azm, o exército havia degenerado de uma força disciplinada e empenhada em manter a lei e da ordem para uma turba desordenada. Os janízaros de Damasco eram divididos em dois grupos — as tropas imperiais enviadas de Istambul (os *kapikullari*) e os janízaros locais (os *yerliyye*). Havia também várias forças irregulares de curdos, turcomanos e norte-africanos. Os diferentes corpos estavam em constante conflito e representavam um verdadeiro desafio para a paz na cidade. Em 1756, os moradores do bairro de Amara pagaram caro por se aliarem aos janízaros imperiais em sua luta contra os janízaros locais de Damasco. Estes retaliaram incendiando todo o bairro — casas e lojas.[2] Budayri menciona muitos casos de soldados atacando e até mesmo matando moradores de Damasco com total impunidade. Em tempos de grande apreensão, os moradores da cidade responderam fechando suas lojas e isolando-se em suas casas, paralisando a vida econômica local. O diário do barbeiro capta uma sensação real da ameaça representada pelas "forças de segurança" para o damasceno comum e suas propriedades.

BUDAYRI TAMBÉM RESPONSABILIZOU os Azm pelo alto preço dos alimentos, um problema crônico em Damasco. Não só eles falharam em regular os mercados e garantir preços justos mas, como grandes proprietários de terras, abusaram de sua posição para acumular e criar escassez artificial de grãos de modo a maximizar seus lucros pessoais. Certa vez, quando o preço do pão caiu, Assad Paxá enviou seus partidários para pressionar os padeiros a aumentar os preços de forma a proteger o mercado de trigo, que era a fonte da riqueza de sua família.[3]

Em seu diário, Budayri criticava essa acumulação de riqueza pelos governadores enquanto o povo damasceno passava fome. Os abusos de poder de Assad Paxá eram demonstrados pelo palácio que ele construiu no centro de Damasco, que ainda hoje sobrevive. O projeto consumiu todos os materiais de construção e ocupou todos os pedreiros e artesãos da cidade, elevando o custo de construção para os cidadãos comuns. Assad Paxá ordenou a seus construtores que retirassem os preciosos materiais de construção de casas e prédios mais antigos da cidade, sem levar em conta seus proprietários ou seu valor histórico. O projeto foi uma prova da ganância do governador. De acordo com Budayri, Assad Paxá construiu o palácio com inúmeros esconderijos para sua vasta riqueza pessoal, "sob o piso, nas paredes, nos tetos, nos reservatórios de água e até nos banheiros".[4]

O colapso na disciplina militar, combinado com a cupidez dos governadores da cidade, acreditava Budayri, levara a uma grave deterioração da moral pública. A legitimidade do Estado otomano dependia em grande parte da sua capacidade de promover os valores islâmicos e de manter as instituições necessárias para que seus súditos vivessem dentro dos preceitos do islamismo sunita. Um colapso na moralidade era, portanto, um sinal claro de uma ruptura na autoridade do Estado.

Na visão de Budayri, não havia maior prova do declínio da moralidade pública do que o comportamento descarado das prostitutas. Damasco era uma cidade conservadora, onde mulheres respeitáveis cobriam os cabelos, vestiam-se com modéstia e tinham poucas oportunidades de se misturar com homens de fora de suas próprias famílias. As prostitutas de Damasco não observavam nenhum desses escrúpulos. O barbeiro com frequência se queixava de prostitutas bêbadas, festejando com soldados igualmente embriagados, que percorriam as ruas e mercados da cidade com os rostos e os cabelos descobertos. Os governadores tentaram várias vezes, sem sucesso, proibir a prostituição. Encorajadas pelo apoio dos soldados, as prostitutas se recusavam a obedecer.

Ao que parece, o povo comum chegou a aceitar, até mesmo admirar, as prostitutas. Uma bela jovem chamada Salmun cativou completamente os moradores da cidade na década de 1740, seu nome se tornando uma gíria local para caracterizar tudo que era moderno e belo. Um vestido elegante era chamado de "vestido salmuniano", uma nova peça de joalheria era uma "bijuteria salmuniana".

Salmun era uma jovem temerária que desafiava a autoridade. Em uma cena que lembra *Carmen* de Bizet, ela cruzou o caminho de um *qadi* (juiz) no centro de Damasco certa tarde em 1744. Estava bêbada e carregava uma faca. Os funcionários do juiz gritaram para ela sair do caminho. Salmun apenas riu deles e se lançou ao *qadi* com a faca na mão. Os homens do juiz mal conseguiram contê-la. O *qadi* pediu sua prisão às autoridades, que a executaram pelo ultraje. Um arauto foi então enviado pelas ruas de Damasco ordenando que todas as prostitutas fossem mortas. Muitas mulheres fugiram e outras se esconderam.[5]

A proibição durou pouco e as prostitutas logo voltaram às ruas, sem véus e desinibidas. "Naqueles dias", escreveu o barbeiro em 1748, "a corrupção aumentava, os servos de Alá eram oprimidos e as prostitutas proliferavam nos mercados dia e noite." Ele descreveu um desfile realizado por elas em honra de um santo local, um espetáculo duplamente ultrajante, pela profanação dos valores religiosos e pelo fato de o público parecer aceitá-lo. Uma prostituta havia se apaixonado por um jovem soldado turco que adoecera, e prometeu realizar uma sessão de oração em homenagem ao santo se o amante recobrasse a saúde. Quando o soldado se recuperou, ela cumpriu a promessa:

Ela caminhou em uma espécie de procissão com as outras garotas pecaminosas. Passaram pelos bazares carregando velas e queimadores de incenso.

Cantavam e batiam em pandeiros com os rostos desvelados e os cabelos sobre os ombros. As pessoas olhavam sem fazer objeção. Somente os justos levantaram suas vozes, gritando "Allahu Akbar" [Alá é o maior].[6]

Logo após o desfile, as autoridades locais voltaram a tentar proibir a prostituição. Os chefes dos bairros da cidade foram instruídos a denunciar qualquer pessoa suspeita e arautos foram enviados para pedir às mulheres que usassem os véus corretamente. No entanto, poucos dias depois dessas novas ordens, o barbeiro afirmou: "Vimos as mesmas meninas andando pelas vielas e mercados, como era o seu costume". Nesse ponto, o governador Assad Paxá Azm abandonou todos os esforços para expulsar as prostitutas ousadas e optou por tributá-las.

Os governadores Azm abusavam de seus poderes para enriquecer às custas do povo, mas não conseguiam conter o vício nem controlar os soldados em teoria sob seu comando. O barbeiro de Damasco estava profundamente consternado. Poderia um Estado governado por tais homens sobreviver por muito tempo?

Em meados do século xviii, otomanos e árabes chegaram a uma encruzilhada.

Os otomanos pareciam ter conseguido absorver o mundo árabe em seu império. Ao longo de dois séculos, haviam estendido seu domínio do extremo sul da península Arábica até as fronteiras do Marrocos, no noroeste da África. O sultão otomano era universalmente aceito pelos árabes como seu legítimo soberano. Eles rezavam em nome do sultão toda sexta-feira, contribuíam com soldados para as guerras do sultão e pagavam aos agentes do sultão os seus impostos. A grande maioria dos súditos árabes, aqueles que cultivavam a terra no campo e os moradores da cidade que trabalhavam como artesãos e comerciantes, havia aceitado o contrato social otomano. Tudo o que esperavam em troca era a segurança individual, a segurança de suas propriedades e a preservação dos valores islâmicos.

No entanto, uma mudança importante estava ocorrendo nos territórios árabes. Enquanto nos primeiros séculos otomanos os árabes, como muçulmanos nascidos livres, eram excluídos dos altos cargos reservados às elites servis recrutadas através do *devshirme*, ou "coleta de meninos", em meados do século xviii os notáveis locais estavam galgando as mais altas fileiras da administração provincial e recebendo o título de paxá. Os Azm de Damasco foram apenas um exemplo de um fenômeno mais amplo que se estendeu desde o Egito passando pela Palestina e por Monte Líbano até a Mesopotâmia e a península Arábica. A ascensão dos líderes locais se deu às custas da influência de Istambul nos territórios árabes, à medida que mais dinheiro dos impostos era gasto localmente nas forças armadas e nos projetos de construção dos governantes. O fenômeno se espalhou por várias províncias árabes, e seu efeito cumulativo começou a se tornar uma ameaça cada vez maior à integridade do Império Otomano. De fato, na segunda metade do século xviii a proliferação de líderes locais levou muitas províncias árabes a se rebelarem contra o governo de Istambul.

Os líderes locais dessas províncias tinham origens diversas, variando de chefes de famílias mamelucas a xeques tribais e habitantes proeminentes das cidades. Eles eram movidos mais pela ambição do que por qualquer queixa em relação à maneira otomana de gerir as coisas. Em comum, tinham a riqueza: eram, sem exceção, grandes proprietários de terras que haviam se aproveitado de mudanças nas práticas de ocupação otomana para construir grandes propriedades, que mantinham por toda a vida e, em alguns casos, repassavam aos filhos. Desviavam do Tesouro do governo os impostos arrecadados em suas terras com o único propósito de atender às próprias necessidades. Construíram palácios luxuosos e mantiveram exércitos particulares para reforçar seu poder. A perda sofrida por Istambul constituía um ganho real para a economia nas províncias árabes, e a autorização para patrocinar artesãos e milicianos apenas aumentou o poder dos senhores locais.

Embora esses notáveis locais não fossem exclusivos das províncias árabes — surgiram líderes semelhantes nos Bálcãs e na Anatólia turca —, os territórios árabes eram menos centrais em relação a Istambul, em todos os sentidos da palavra. Os otomanos dependiam menos das receitas e tropas das províncias árabes do que das dos Bálcãs e da Anatólia. Além disso, os territórios árabes ficavam muito mais longe de Istambul, e o governo central não estava disposto a usar suas tropas e recursos para acabar com as pequenas rebeliões. Ele se preocupava mais com os desafios de Viena e Moscou do que com os problemas apresentados pelos líderes locais em Damasco e no Cairo.

No século XVIII, o Império Otomano enfrentava ameaças muito maiores dos vizinhos europeus do que qualquer coisa que as províncias árabes pudessem representar. Os Habsburgo na Áustria estavam revertendo suas conquistas na Europa. Até 1683, os otomanos haviam exercido pressão sobre os portões de Viena. Em 1699, foram derrotados pelos austríacos, que receberam como recompensa a Hungria, a Transilvânia e partes da Polônia, segundo os termos do Tratado de Karlowitz — as primeiras perdas territoriais que os otomanos jamais haviam sofrido. Além disso, na região do mar Negro e no Cáucaso, eles estavam sendo pressionados por Pedro, o Grande, da Rússia. Notáveis em Bagdá ou Damasco não eram preocupantes em comparação com ameaças dessa ordem de grandeza.

As derrotas para exércitos europeus encorajaram os adversários dentro dos domínios otomanos. À medida que os líderes locais se tornaram mais poderosos, os funcionários enviados por Istambul às províncias árabes foram perdendo o respeito e a obediência de seus súditos. As autoridades do governo também perderam o comando sobre os soldados do sultão, que se tornaram insubordinados e passaram a se envolver cada vez mais em brigas com os soldados locais e as milícias dos líderes das províncias. A insubordinação nas fileiras militares, por sua vez, minou a autoridade dos juízes e acadêmicos islâmicos, que tradicionalmente serviam como guardiões da ordem pública. Percebendo a ineficácia dos otomanos, as pessoas se voltavam cada vez mais para os líderes locais a fim de garantir sua segurança. Em Basra, um comerciante cristão escreveu: "Os chefes dos árabes passaram a ser temidos e respeitados, enquanto os otomanos não inspiram medo em ninguém".[7]

Um Estado que perde o respeito de seus súditos está em apuros. O cronista Abd Rahman Jabarti, ao analisar o colapso da autoridade otomana sobre os mamelucos no Egito do século XVIII, refletiu: "Se essa era pudesse urinar em um frasco, o médico do tempo saberia diagnosticar sua doença".[8] A emergência dos líderes locais estava no centro da doença otomana e só poderia ser curada por uma forte reafirmação da autoridade do Estado. O dilema da Sublime Porta era assegurar estabilidade suficiente em suas fronteiras europeias a fim de liberar os recursos necessários para enfrentar os desafios em suas províncias árabes.

A natureza do governo local diferia de uma região para outra e representava uma ameaça variável à autoridade de Istambul. Grosso modo, as províncias mais próximas do governo central em Istambul eram as mais benignas, com famílias proeminentes como os Shihab em Monte Líbano, os Azm em Damasco e os Jalili em Mossul estabelecendo dinastias leais ao domínio otomano, que no entanto pressionavam pela maior autonomia possível dentro de seus limites.[9] Mais ao sul, em Bagdá, na Palestina e no Egito, surgiram líderes mamelucos que buscavam expandir seu território em desafio direto ao Estado otomano. O surgimento da confederação saudita-wahabita na Arábia Central representou a maior ameaça ao governo otomano quando assumiu o controle das cidades sagradas de Meca e Medina e impediu que as caravanas anuais de peregrinação otomana chegassem às cidades sagradas. Em contraste, províncias mais remotas, como Argel, Túnis e Iêmen, estavam contentes em permanecer vassalas do sultão otomano, pagando um tributo anual em troca de extensa autonomia.

Esses líderes locais de maneira alguma constituíam um *movimento* árabe. Muitos não eram etnicamente árabes e nem sequer falavam sua língua. Os adversários do domínio otomano na segunda metade do século XVIII eram, em vez disso, indivíduos ambiciosos que agiam movidos por interesse próprio, com pouca preocupação pelo povo árabe sob seu domínio. Isoladamente, representavam pouca ameaça ao centro otomano. Quando trabalhavam juntos, no entanto — como quando os mamelucos no Egito estabeleceram uma aliança com um líder local no norte da Palestina —, eram capazes de conquistar províncias otomanas inteiras.

O PETRÓLEO COLOCOU O ORIENTE MÉDIO no mapa no século xx. No século xviii, havia sido o algodão o grande gerador de riqueza no Mediterrâneo Oriental. A demanda europeia por algodão remonta ao século xvii. Enquanto as tecelagens britânicas de Lancashire usavam principalmente o algodão das Antilhas e das colônias americanas, os franceses dependiam sobretudo da importação dos mercados otomanos. Com o aperfeiçoamento da tecnologia de fiação e tecelagem no decorrer do século xviii, que acabou por levar à Revolução Industrial, aumentou a demanda europeia pelo produto. As importações francesas de algodão do Mediterrâneo Oriental cresceram mais de cinco vezes, passando de 2,1 milhões de quilos em 1700 para quase 11 milhões em 1789.[10] O algodão mais valorizado pelos mercados europeus era produzido na região da Galileia, no norte da Palestina. A riqueza ali gerada pelo algodão foi suficiente para alimentar as ambições de uma dinastia local que cresceu o bastante para desafiar o domínio otomano na Síria.

O homem forte da Galileia era Zahir al-Umar (*c.* 1690-1775), um dos líderes dos zaidanis, uma tribo beduína que se estabeleceu na região no século xvii e assegurou o controle de extensas terras agrícolas entre as cidades de Safad e Tiberíades. Eles desfrutavam de fortes conexões comerciais com Damasco e começaram a construir uma respeitável fortuna familiar por meio do controle das plantações de algodão na Galileia. Zahir representou a terceira geração local de xeques zaidanis. Embora não seja particularmente conhecido no Ocidente, é há séculos uma celebridade no mundo árabe. Ele é muitas vezes descrito, de maneira anacrônica, como um nacionalista árabe ou palestino devido ao seu histórico de confronto com governantes otomanos. À época de sua morte, já era lendário — e tema de duas biografias quase contemporâneas.

A longa e notável carreira de Zahir Umar começou na década de 1730, quando ele fez uma aliança com uma tribo beduína para tomar a cidade de Tiberíades, que naquele tempo não passava de uma aldeia. Ele consolidou seus ganhos ao garantir uma nomeação formal, por parte do governador de Sídon, como cobrador de impostos para a região da Galileia. Zahir então começou a fortificar Tiberíades e construiu uma pequena milícia de cerca de duzentos cavaleiros.

De sua base em Tiberíades, ele e a família estenderam seu controle pelas férteis planícies e terras altas do norte da Palestina, ordenando que os arrendatários plantassem algodão. Ele deu a seus irmãos e primos territórios para gerir em seu nome. À medida que começou a esculpir um pequeno principado para si mesmo, Zahir se tornou cada vez mais poderoso. Quanto mais território controlava, mais receitas de algodão ele obtinha, o que possibilitava a expansão de seu exército e, em consequência, de seus territórios.

Por volta de 1740, Zahir era o líder mais poderoso do norte da Palestina. Ele havia derrotado os senhores guerreiros de Nablus, assumira o controle de Nazaré e agora dominava o comércio entre a Palestina e Damasco, o que contribuiu ainda mais para sua riqueza e recursos.

O rápido crescimento do principado zaidani colocou Zahir Umar em rota de colisão com o governador damasceno. Um dos principais deveres do governo era suprir as necessidades e despesas da caravana anual de peregrinação a Meca. Zahir, agora, estava no controle de terras cujas receitas tributárias eram tradicionalmente destinadas a custear essas despesas. Ao privar o governador de Damasco dessas receitas no norte da Transjordânia e na Palestina, Zahir estava colocando em risco as finanças da caravana de peregrinação. Ao ser informado da situação, o governo em Istambul enviou ordens ao seu governador em Damasco, Sulayman Paxá Azm, para capturar e executar Zahir e destruir suas fortificações em torno de Tiberíades.

Budayri, o barbeiro de Damasco, observou em seu diário que, em 1742, Sulayman Paxá liderou um grande exército damasceno para derrubar Zahir. O governo de Istambul havia enviado homens e munições pesadas, incluindo artilharia e minas. Sulayman Paxá também recrutou voluntários de Monte Líbano, Nablus, Jerusalém e tribos beduínas vizinhas, que viam Zahir Umar como um rival e acolheram com prazer a chance de derrubá-lo.

Sulayman Paxá sitiou Tiberíades por mais de três meses, mas as forças de Zahir não sucumbiram. Com a ajuda de seu irmão, que contrabandeava comida e provisões através das linhas otomanas, Zahir conseguiu resistir a forças muito superiores às suas. O governador de Damasco não estava contente e, sempre que conseguia interceptar colaboradores zaidanis que contrabandeavam alimentos para Tiberíades, enviava suas cabeças para Istambul como troféus. No entanto, o maior troféu lhe escapou, e depois de três meses Sulayman Paxá foi forçado a retornar a Damasco a fim de se preparar para a peregrinação a Meca. Não querendo admitir a derrota, espalhou o boato de que havia levantado o cerco de Tiberíades por compaixão pelos civis indefesos da cidade. Ele também alegou ter tomado um dos filhos de Zahir como refém contra uma promessa de pagamento dos impostos atrasados a Damasco. O barbeiro damasceno registrou esses rumores, acrescentando uma observação: "Ouvimos outra versão da história", escreveu ele; "Alá sabe a verdade".[11]

Logo após retornar da peregrinação em 1743, Sulayman Paxá retomou sua guerra contra Zahir Umar em Tiberíades. Mais uma vez, mobilizou um grande exército com o apoio de Istambul e de todos os vizinhos ressentidos de Zahir na Palestina. Novamente, os moradores de Tiberíades se prepararam para um terrível cerco. Mas ele nunca chegou a acontecer. Durante a viagem para Tiberíades, Sulayman Paxá Azm fez uma parada na cidade costeira de Acre, onde sucumbiu a uma febre e morreu. Seu corpo foi levado de volta a Damasco para ser enterrado, e o exército do cerco foi desmantelado. Zahir Umar ficou livre para perseguir suas próprias ambições.[12]

Entre as décadas de 1740 e 1760, o governo de Zahir não foi contestado e seus poderes se expandiram enormemente. O governador em Sídon nunca poderia igualar o poder de suas forças armadas, e o novo governador em Damasco, Assad Paxá Azm, escolheu deixar o soberano de Tiberíades entregue a si próprio. Em Istambul, Zahir cultivara defensores influentes que o protegiam do escrutínio da Sublime Porta.

Zahir aproveitou a relativa independência para estender seu governo de Tiberíades à cidade costeira de Acre, que emergira como o principal porto para o comércio de algodão levantino. Em repetidas ocasiões, solicitou ao governador de Sídon que lhe concedesse os lucrativos direitos de cobrar os impostos de Acre, sempre recebendo negativas. Por fim, em 1746, ele ocupou a cidade e se declarou seu coletor de impostos. Ao longo da década de 1740, fortificou o lugar e estabeleceu sua base na cidade. Ele agora desfrutava do controle sobre o comércio de algodão desde os campos de cultivo até o mercado. Cartas de comerciantes franceses de algodão em Damasco revelam sua frustração com Zahir Umar, que se tornara "poderoso e rico demais [...] às nossas custas".[13] Na década de 1750, Zahir já havia conseguido fixar o preço de venda do algodão. Quando os franceses tentaram impor seus termos, ele simplesmente proibiu os produtores da Galileia de vender a eles, forçando-os a voltar à mesa de negociações e concordar com seus termos.

Apesar de seus muitos confrontos com o Estado otomano, Zahir Umar tentava o tempo todo assegurar o reconhecimento oficial; era um rebelde que, em última análise, queria fazer parte do establishment. Ele se esforçou para alcançar a mesma posição de que os Azm desfrutavam em Damasco: o posto ministerial de Paxá e o cargo de governador de Sídon. Por conta disso, cada um de seus atos de rebelião era seguido por um pagamento fiel de impostos. Ao longo de seus anos no poder, todavia, Zahir nunca conseguiu galgar uma posição mais elevada que a de coletor de impostos subordinado ao governador de Sídon. Isso era uma fonte de constante frustração para o homem forte da Galileia. Os otomanos, envolvidos em uma guerra devastadora com a Rússia entre 1768 e 1774, tentaram preservar a lealdade de Zahir satisfazendo parcialmente seus desejos. Em 1768, a Sublime Porta o reconheceu como "xeque de Acre, emir de Nazaré, Tiberíades, Safed e xeque de toda a Galileia".[14] Tratava-se de um título, mas não o suficiente para satisfazer as grandes ambições de Zahir.

Depois de quase duas décadas de relativa paz, Zahir enfrentou novas ameaças do governo provincial otomano. Em 1770, um novo governador damasceno tentou acabar com seu governo ao norte da Palestina. Uthman Paxá conseguira que seus próprios filhos fossem indicados governadores em Trípoli e Sídon e fizera uma aliança com a comunidade drusa de Monte Líbano contra Zahir. Os notáveis de Nablus também estavam ansiosos para ver o fim de seu beligerante vizinho ao norte. De repente, Zahir se viu cercado por forças hostis.

Em uma disputa de vida ou morte com Uthman Paxá, ele só poderia sobreviver fazendo uma aliança com outro líder local. O único poder regional forte o suficiente para compensar as forças combinadas de Damasco e Sídon era o do Cairo, sob o governo mameluco de um líder notável chamado Ali Bei. Ao unir forças, eles ofereceram o maior desafio que as províncias árabes haviam representado até então ao domínio de Istambul.

O LÍDER MAMELUCO ALI BEI tinha vários apelidos. Alguns de seus contemporâneos o chamavam de *Jinn Ali*, ou Ali, o Gênio, como se ele se valesse de magia para conseguir o aparentemente impossível. Seu apelido turco era *Bulut Kapan*, ou "apanhador de nuvens", por sua repressão aos beduínos, que os otomanos acreditavam ser mais difíceis de capturar do que as nuvens. Ele é mais conhecido como Ali Bei "al-Kabir", ou "o Grande", e de fato, entre 1760 e 1775, alcançou mais grandeza do que qualquer mameluco na história do Egito otomano.

Ali Bei chegou ao Egito em 1743, aos quinze anos, como um escravo militar da importante família mameluca dos qazdughlis. Ele subiu nas fileiras e ganhou sua liberdade e promoção ao posto de bei com a morte de seu dono, em 1755. Os beis estavam no topo da hierarquia mameluca, cujo líder era o xeque al-Balad, o "comandante da cidade". Ali Bei atingiu o cargo em 1760 e o ocupou com breves exceções até sua morte, em 1773.

Ali Bei foi um caudilho que conquistou respeito se valendo do medo. O historiador egípcio Jabarti, de quem foi contemporâneo, descreveu-o como "um homem de grande força, obstinado e ambicioso, que só podia ser satisfeito com a supremacia e o poder soberano. Ele nunca se mostrou inclinado pelo que não fosse sério, nunca deu sinal algum de apreciar uma brincadeira, uma piada ou diversão".[15] Diz-se que exercia uma forte impressão, diretamente física, sobre aqueles que o conheciam: "Ele inspirava um temor tão grande que alguns de fato morreram por medo dele, e muitos tremiam com sua simples presença".[16] Era implacável na supressão dos rivais e não mostrava lealdade a ninguém; como demonstrariam os eventos subsequentes, tampouco inspirou esse sentimento nos outros. Ele rompeu as amarras do coleguismo e se voltou contra companheiros mamelucos de sua própria casa da mesma forma como eliminou famílias mamelucas rivais.

Ali Bei foi a primeira pessoa a governar sozinha o Egito desde a queda do Império Mameluco. Ele literalmente monopolizou a riqueza egípcia, apropriando-se das receitas fundiárias, controlando todo o comércio exterior e exigindo somas extraordinárias da comunidade mercantil europeia. Ali Bei extorquiu a riqueza das comunidades cristãs e judaicas locais e reteve o pagamento de todos os impostos devidos a Istambul. Suas riquezas lhe permitiram expandir seu poder militar. Depois de destruir as facções mamelucas do Egito, ele começou a estabelecer sua própria casa, tendo comprado e treinado seus próprios escravos, as únicas pessoas em quem sentia que podia confiar. Sua casa, no auge, contava com cerca de 3 mil mamelucos, muitos dos quais comandantes de vastos exércitos com dezenas de milhares de membros.

Tendo estabelecido o controle supremo sobre o Egito, Ali Bei buscou sua independência total do domínio otomano. Inspirado pelos antigos mamelucos, tentou recriar seu império no Egito, na Síria e no Hejaz. De acordo com Jabarti, ele era um ávido leitor da história islâmica, e costumava dar palestras a seus seguidores nas quais explicava por que o governo otomano no Egito era ilegítimo. "Os reis do Egito — o sultão Baybars e o sultão Qalawun e seus filhos — eram mamelucos como nós", argumentava. "Quanto aos otomanos, basta dizer que tomaram o país à força, aproveitando-se da duplicidade do povo local."[17] A implicação era que a terra tomada pela força poderia ser resgatada legitimamente pela força.

Os primeiros alvos de Ali Bei foram os governadores e tropas enviados por Istambul para manter a lei no Egito. Mas os governadores tinham desistido havia muito tempo de tentar governar o Egito — tarefa de que se encarregavam as famílias mamelucas rivais. Em vez de se dedicar ao governo, os governadores procuravam defender a soberania nominal de Istambul, atendo-se à observância dos cerimoniais de poder e à coleta de impostos para o Tesouro otomano. Impotentes por si próprios, eles tentavam jogar as famílias mamelucas umas contra as outras. Isso não era mais possível sob Ali Bei, que havia eliminado os rivais e governava sem oposição. Agora Ali Bei se dedicava a depor e, segundo rumores, a envenenar impunemente governadores e oficiais em postos de comando. A ameaça aos interesses otomanos em sua rica mas rebelde província egípcia não poderia ser mais aguda.

Ali Bei em seguida empregou seu poderio militar contra o Império Otomano em uma tentativa aberta de expansão territorial. "Ele não se contentou com o que Alá lhe concedera", escreveu Jabarti, "o domínio sobre o Baixo e o Alto Egito, o reino do qual reis e faraós haviam se orgulhado. Sua ganância o levou a ampliar o território do reino."[18] Ali Bei tomou primeiro, em 1769, a província do Hejaz, no mar Vermelho, que havia feito parte do Império Mameluco. Após esse sucesso, começou a cunhar moedas com o seu nome, e não o do sultão reinante, assinalando sua rebelião contra a soberania otomana. Ali Bei havia embarcado no projeto de restaurar o antigo Império Mameluco. Os otomanos, que estavam com as mãos atadas por conta das guerras com a Rússia, não tinham poder para detê-lo.

A REVOLTA DE ALI BEI CONTRA os otomanos estava em pleno curso quando Zahir Umar se aproximou dele em 1770 oferecendo uma aliança contra o governador de Damasco. O momento não poderia ter sido melhor. "Quando recebeu a notícia", observou um cronista contemporâneo, "Ali Bei a viu como a realização de suas maiores aspirações. Ele resolveu se rebelar contra o Estado otomano e estender seu domínio sobre as terras de Arish, no Egito, até Bagdá."[19] Estabeleceu a aliança com Zahir Umar e concordou em derrubar o governador otomano em Damasco.

Ali Bei intensificou a crise no Mediterrâneo Oriental quando escreveu ao inimigo do sultão, a imperatriz Catarina, a Grande, da Rússia, buscando a sua ajuda na guerra contra os otomanos. Ele pediu a Catarina que enviasse navios e cavaleiros russos para expulsar os otomanos da Grande Síria, prometendo em troca ajudar os russos a conquistar o território no sul da Pérsia. Embora tenha se recusado a fornecer cavalaria, a imperatriz concordou com a assistência da frota russa, que perambulava então pelo Mediterrâneo Oriental. A traição de Ali Bei não escapou do conhecimento do governo otomano. No entanto, imobilizados pelas forças russas no mar Negro e na Europa Oriental, os otomanos não estavam em posição de detê-lo.

Encorajado pelas alianças com Catarina e Zahir, Ali Bei começou a mobilizar suas forças. Ele levantou um exército de cerca de 20 mil homens para invadir a Síria sob o comando de um de seus generais mais confiáveis, um mameluco chamado Ismail Bei. Em novembro de 1770, a força dos mamelucos varreu Gaza; após um cerco de quatro meses, ocupou o porto de Jaffa. Zahir e seus homens uniram forças com Ismail Bei e acompanharam o exército mameluco em sua marcha pela Palestina. Atravessaram o vale do Jordão e se dirigiram para leste pela mesma rota usada pelos peregrinos ao longo da borda do deserto. O exército rebelde se apressou então em direção a Damasco, com a intenção de tomá-la de seu governador otomano. Eles chegaram até a aldeia de Muzayrib, a um dia de marcha do portão sul da cidade.

Quando entrou em Muzayrib, Ismail Bei ficou cara a cara com o governador de Damasco — e perdeu completamente a vontade de lutar. Era a temporada de peregrinação, quando muçulmanos piedosos cumpriam um dos pilares do islã e faziam a perigosa jornada através do deserto de Damasco a Meca. Uthman Paxá, o governador, estava desempenhando seus deveres como comandante. Ismail Bei era um homem piedoso que recebera mais educação religiosa do que a maioria dos mamelucos. Atacar o governador naquele momento teria sido um crime contra a religião. Sem aviso ou explicação, ele deu ordem para que seus soldados se retirassem de Muzayrib e retornassem a Jaffa. O atônito Zahir Umar protestou em vão, e a campanha rebelde cessou por completo durante o restante do inverno de 1770-1.

Ali Bei deve ter ficado furioso com Ismail. Em maio de 1771, enviou uma segunda força para a Síria, liderada por Muhammad Bei, apelidado de *Abu al-Dhahab*, o "pai de ouro". Ele havia recebido essa alcunha após um gesto extravagante: ao ser promovido por Ali ao posto de bei e ganhar sua liberdade, jogara moedas de ouro para as multidões que se enfileiravam na rua entre a Cidadela e o centro da cidade. Foi um golpe de relações públicas que tornou seu nome conhecido.

Muhammad Bei partiu à frente de 35 mil combatentes. Eles atravessaram o sul da Palestina e, em Jaffa, uniram-se ao exército comandado por Ismail Bei. As forças mamelucas combinadas de Ismail e Muhammad eram invencíveis. Elas marcharam pela Palestina e, após uma pequena escaramuça, expulsaram o governador otomano de Damasco em junho. Os mamelucos estavam agora no controle do Egito, do Hejaz e de Damasco — Ali Bei quase cumpriu sua ambição de vida, a reconstrução do Império Mameluco.

Então o impensável aconteceu: sem aviso ou explicação, Muhammad Bei abandonou Damasco e partiu para o Cairo à frente de seu exército. Mais uma vez, a culpa foi do piedoso general mameluco Ismail. Assim que os comandantes mamelucos se viram no controle de Damasco, Ismail Bei confrontou Muhammad Bei com a enormidade de seus crimes — não apenas contra o sultão, mas também contra a sua religião. Ismail Bei passara algum tempo em Istambul antes de ingressar no serviço de Ali Bei, o que incutira nele uma reverência pela posição do sultão como líder do maior império islâmico da época. Ele alertou Muhammad Bei sobre o fato de que os otomanos não permitiriam que uma rebelião tão grande ficasse impune nesta vida, e que Alá os responsabilizaria na vida após a morte. "Pois, em verdade, a revolta contra o sultão é um dos ardis do diabo", advertiu Ismail Bei.

Tendo provocado a apreensão de Muhammad Bei, Ismail passou então a jogar com as ambições do general. Ali Bei, ele argumentou, havia deixado o caminho do islã ao entrar em um pacto com a imperatriz russa contra o sultão. "Agora qualquer muçulmano teria permissão da lei islâmica para matá-lo [Ali Bei] impunemente, reivindicar seu harém e sua riqueza."[20] Em suma, Ismail Bei sugeria que Muhammad Bei poderia se redimir diante de Alá e do sultão e ser promovido à posição de Ali Bei no comando do Egito caso se voltasse contra o seu senhor. Os argumentos foram convincentes, e dois dos generais mais confiáveis de Ali Bei agora voltavam para o Egito à frente de um enorme exército mameluco empenhado na derrubada de seu antigo senhor.

ONDAS DE CHOQUE REVERBERARAM em torno do Mediterrâneo Oriental após a conquista dos mamelucos e seu rápido abandono de Damasco. "O povo damasceno ficou pasmo diante desse incrível evento", exclamou um cronista contemporâneo, e também Zahir Umar e seus aliados. Enquanto as forças mamelucas atacavam Damasco, Zahir tinha tomado a cidade de Sídon e instalado uma guarnição de 2 mil homens em Jaffa. Tendo se alargado demais, ele agora perdera seu aliado mais importante e se arriscava a enfrentar sozinho a ira dos otomanos. Ali Bei, por sua vez, reconheceu que estava numa situação desesperadora. Só podia contar com um número simbólico de partidários, que foram dispersados após um confronto com o exército liderado por Muhammad Bei. Em 1772, Ali Bei fugiu do Egito para se refugiar com Zahir em Acre.

Os sonhos de Ali Bei de um império neomameluco se dissolveram com a sua fuga. Muhammad Bei se estabeleceu como governante do Egito e enviou Ismail Bei a Istambul para lhe assegurar oficialmente o governo do Egito e da Síria. Ele não tinha sonhos imperiais; buscava, em vez disso, reconhecimento dentro da estrutura otomana.

Ali Bei estava impaciente para recuperar seu trono e agiu às pressas, antes de ter conseguido mobilizar um exército grande o suficiente para enfrentar a formidável família mameluca que ele próprio havia criado. Ele partiu para o Cairo em março de 1773 à frente de uma pequena força, numa tentativa desesperada de recuperar seu reino. O exército de Muhammad Bei o enfrentou em batalha e o derrotou. Ali Bei foi ferido e feito prisioneiro. Muhammad Bei o levou de volta ao Cairo e o manteve em sua própria casa, onde Ali Bei morreu uma semana depois. Inevitavelmente, houve rumores. "Somente Alá sabe como ele morreu", concluiu o cronista Jabarti.[21]

A morte de Ali Bei foi um desastre para Zahir. Ele era agora um homem bastante idoso — tinha mais de oitenta anos, numa época em que a expectativa de vida era metade disso. Não possuía aliados na região e traíra seu soberano otomano. Apesar de improvável, Zahir ainda buscava o reconhecimento formal das autoridades e, com os otomanos atolados em suas guerras com a Rússia e desejosos de assegurar a paz em suas conturbadas províncias sírias, parecia estar à beira de realizar a ambição de toda uma vida. Em 1774, o governador otomano de Damasco informou que ele seria nomeado governador de Sídon, incluindo o norte da Palestina e partes da Transjordânia.

O decreto imperial de Istambul confirmando sua nomeação como governador nunca chegou. Em julho de 1774, o sultão concluiu um tratado de paz com a Rússia, encerrando a guerra de seis anos. Ele não estava disposto a recompensar os traidores que haviam se aliado aos russos. Em vez de um decreto de promoção, o sultão despachou Muhammad Bei, à frente de um exército mameluco, para derrubar o velho homem forte da Palestina. As tropas egípcias invadiram a cidade de Jaffa em maio de 1775 e massacraram os habitantes. O pânico se espalhou para as outras cidades sob o controle de Zahir. A administração de Zahir e grande parte da população fugiram de Acre antes que o mês terminasse. Muhammad Bei ocupou a cidade no início de junho.

Para surpresa geral, Muhammad Bei, o vigoroso e saudável governador mameluco do Egito, adoeceu logo após a ocupação de Acre. Ele morreu repentinamente de febre em 10 de junho de 1775. Zahir recuperou a cidade dias depois e restaurou a ordem na sequência do pânico da ocupação egípcia. Mas a retomada de Zahir teve vida curta. Os otomanos enviaram o almirante Hassan Paxá, com quinze navios, para exigir sua submissão e o pagamento de impostos atrasados. Zahir não se opôs. "Sou um homem velho", disse a seus ministros, "e não tenho mais ânimo de lutar." Seus ministros, cansados das batalhas, aquiesceram: "Somos muçulmanos, obedientes ao sultão. Para os muçulmanos que creem em Alá, o único Deus, não é permitido de forma alguma lutar contra o sultão".[22]

Os planos de Zahir para uma aposentadoria pacífica foram destruídos por sua própria família. Ele havia concordado em se retirar de Acre com a família e correligionários e se refugiar com aliados xiitas no sul do Líbano. Foi traído pelo filho, Uthman, que suspeitou que o pai fingisse uma retirada apenas para voltar ao poder na primeira oportunidade, como fizera várias vezes. Uthman chamou um dos oficiais de longa data de Zahir, o comandante norte-africano Ahmad Agha al-Denizli, e disse a ele que o pai estava fugindo de Acre. "Se o senhor se tornar o favorito de Hassan

Paxá, cumpra a vontade de Alá com meu pai, que está fora, sozinho com a família." Denizli reuniu um grupo de mercenários do norte da África e esperou para emboscar Zahir.

Os assassinos tiveram que preparar uma armadilha para pegar o ardiloso velho xeque. Quinze minutos depois de ter cruzado os portões de Acre, Zahir notou que uma de suas concubinas estava faltando. O resto da família não tinha ideia de seu paradeiro. "Não é hora de deixar uma pessoa para trás", repreendeu o velho xeque, e voltou para buscar a mulher abandonada. Ele a encontrou perto do local onde o bando de Denizli estava escondido e se abaixou para puxá-la para o seu cavalo. Idade e ansiedade haviam cobrado seu preço. Zahir, agora com 86 anos, foi puxado da montaria pela mulher mais jovem e caiu no chão. Os assassinos saltaram e derrubaram o velho com suas adagas. Denizli pegou a espada e cortou a cabeça de Zahir como troféu para o almirante otomano Hassan Paxá.

Se esperava ganhar o apreço de Hassan Paxá com este ato, Denizli ficaria bastante desapontado. O almirante otomano mandou seus homens limparem a cabeça decepada de Zahir. Em seguida, colocou-a sobre uma cadeira e refletiu um pouco, olhando para o rosto enrugado do velho xeque. O almirante se voltou para o mercenário. "Alá não me perdoaria se eu não vingasse Zahir Umar contra o senhor!"[23] Ele então ordenou a seus homens que levassem Denizli para longe, o estrangulassem e jogassem seu corpo no mar.

ASSIM TERMINOU A HISTÓRIA de Zahir Umar e Ali Bei Kabir. O Império Otomano acabara de resistir ao mais sério desafio interno ao seu governo, após mais de 250 anos de domínio sobre o mundo árabe. Dois líderes locais, aliados ao poder cristão, haviam combinado a riqueza de dois territórios ricos — Egito e Palestina —, unindo-se contra o governo do sultão. No entanto, mesmo nesse momento crítico, quando Ali Bei parecia a ponto de restabelecer o antigo império mameluco da Síria, do Egito e do Hejaz sob seu domínio, os otomanos ainda exerciam uma tremenda influência sobre seus súditos rebeldes nos territórios árabes. Generais mamelucos como Ismail Bei e Muhammad Bei cruzaram o limiar da rebelião apenas para refazer seus passos até os limites da legitimidade e buscar o reconhecimento da Sublime Porta. A maioria dos líderes locais ainda acreditava que a "revolta contra o sultão" era, nas palavras de Ismail Bei, "um dos ardis do diabo".

A queda de Zahir Umar e Ali Bei não marcou o fim dos governantes locais no mundo árabe. Os mamelucos continuaram a dominar a vida política no Egito, embora nenhum governante isolado tenha surgido após as mortes de Ali e Muhammad Bei. Em vez disso, as casas mamelucas se voltaram para combates entre facções que deixaram o Egito em situação de instabilidade pelo resto do século xviii. Os otomanos reafirmaram seu controle sobre as províncias sírias e nomearam governadores fortes para Damasco, Sídon e Trípoli. Lugares mais remotos, como Monte Líbano, Bagdá e Mossul, continuavam a ser governados por líderes locais, embora nenhum deles tentasse desafiar diretamente a Sublime Porta.

O próximo grande desafio ao domínio otomano no mundo árabe surgiria além das fronteiras do império, no coração da Arábia Central. O movimento era ainda mais ameaçador por sua pureza ideológica, e ameaçaria o domínio otomano em um arco que se estendia do Iraque através do deserto da Síria até as cidades sagradas de Meca e Medina, no Hejaz. Ao contrário de Zahir Umar e Ali Bei, o líder desse movimento agora desfrutava da distinção de ser um nome familiar no Oriente Médio e no Ocidente: Muhammad ibn Abd al-Wahab, o fundador do movimento reformista wahabita.

Muhammad ibn Abd Wahab nasceu em 1703 em uma família de eruditos na pequena cidade-oásis de Uyayna, na região da Arábia Central conhecida como Najd. Ele viajou muito quando jovem, prosseguindo seus estudos religiosos em Basra e Medina. Foi educado na mais conservadora das quatro tradições legais do islã — a escola Hanbali — e profundamente influenciado por Ibn Taymiyya, um teólogo do século xiv. Ibn Taymiyya defendia um retorno às práticas da comunidade muçulmana primitiva do profeta Maomé e seus primeiros sucessores, os califas, e condenava todas as práticas místicas associadas ao sufismo como desvios do verdadeiro caminho do islã. Wahab voltou para casa no Najd com um marcado conjunto de crenças e a ambição de colocá-las em prática.

A princípio, o apaixonado jovem reformador desfrutou do apoio do governante de sua cidade natal. No entanto, seus pontos de vista logo se mostraram controversos. Quando Wahab ordenou a execução pública de uma mulher por adultério, líderes de cidades vizinhas, importantes parceiros comerciais de Uyayna, ficaram chocados — e alarmados. Aquele não era o islã que os habitantes de Uyayna conheciam e praticavam. Eles pressionaram seu governante a matar o teólogo radical, mas ele preferiu apenas exilar Wahab.

O jovem teólogo exilado e imbuído de ideias perigosas não precisou ir muito longe. Wahab foi recebido pelo governante do oásis próximo de Diriyah, Muhammad ibn Saud. Os sauditas modernos datam a fundação de seu primeiro Estado nessa reunião histórica em 1744-5, quando os dois homens concordaram que o islã reformado pregado por Wahab seria observado pelo governante saudita e seus seguidores. O "Acordo de Diriyah" definiu os princípios básicos do movimento que viria a ser chamado de wahabismo.

Na época em que o movimento estava se formando, os wahabitas foram amplamente incompreendidos pelo mundo exterior, descritos como uma nova seita e acusados de crenças heterodoxas. Muito pelo contrário, porém, suas crenças eram extremamente ortodoxas, clamando por um retorno ao islã puro do profeta e seus sucessores, os califas. Os wahabitas se empenharam em traçar um limite em torno do terceiro século após a revelação do Alcorão e banir todos os desenvolvimentos posteriores como "inovações perniciosas".

O princípio mais importante do wahabismo era a qualidade única de Alá, ou, como diziam seus adeptos, a "unicidade de Alá". Qualquer associação de Alá com seres inferiores era denunciada como politeísmo (*shirk*, em árabe), pois se alguém acreditava que Alá tinha parceiros ou intermediários, acreditava em mais de um Deus. O islã, como muitas outras religiões, é uma fé dinâmica e sofreu mudanças significativas com o tempo. Ao longo dos séculos, desenvolveram-se no seio do islã várias instituições contrárias a esse princípio absoluto do wahabismo, a unidade ou unicidade de Deus.

Havia, por exemplo, uma veneração generalizada de santos e homens santos no mundo árabe, desde os companheiros do profeta Maomé até o mais humilde dos homens santos da aldeia local, cada um com seu próprio santuário ou árvore sagrada. (Esses santuários continuam a existir em muitas partes do mundo árabe hoje.) Os wahabitas objetavam que muçulmanos orassem aos homens santos para interceder em seu favor junto a Alá, pois isso comprometeria sua unicidade. Eles argumentavam que a melhor maneira de reverenciar muçulmanos importantes era seguir seus exemplos, em vez de adorá-los em seus túmulos. Os altares dos santos e as peregrinações anuais realizadas para marcar o dia em que se festejavam determinados santos foram, portanto, um dos primeiros alvos do ataque wahabita. Wahab derrubou árvores sagradas e despedaçou túmulos de homens santos com as próprias mãos. Isso encheu de terror a sociedade muçulmana predominantemente sunita, que viu nessa profanação um sinal de desrespeito a algumas das figuras mais reverenciadas do islã.

Além da aversão à adoração dos santos, Wahab era particularmente intolerante às práticas e crenças místicas associadas ao sufismo. O misticismo islâmico assume muitas formas, dos ascetas mendicantes aos famosos dervixes rodopiantes. Os sufis utilizam uma ampla gama de técnicas, desde o jejum, o canto e a dança até a autoimolação, para alcançar o êxtase da união mística com o Criador. Organizado em ordens que convocavam sessões regulares de oração, o sufismo era uma parte fundamental da vida religiosa e social otomana. Algumas ordens construíam belas pousadas e atraíam as elites da sociedade, enquanto outras pediam a abstinência completa e o abandono dos bens materiais. Certos ofícios e profissões estavam ligados a determinadas ordens sufis. É difícil pensar em uma instituição religiosa mais intimamente ligada à sociedade otomana. No entanto, os wahabitas acreditavam que todos aquelas que se dedicavam ao sufismo eram politeístas por aspirarem à união mística com o Criador. Era uma acusação muito séria.

Ao definir grande parte do islã otomano como politeísta, os wahabitas se colocaram em rota de colisão com o império. Embora o islã ortodoxo decrete a tolerância a outras religiões monoteístas, como o judaísmo e o cristianismo, é absolutamente intolerante ao politeísmo ou à crença em vários deuses. De fato, todos os bons muçulmanos têm o dever de persuadir os politeístas do erro de seus caminhos e convertê-los ao verdadeiro caminho do islã. Na impossibilidade disto, devem se entregar à jihad, isto é, à tarefa de combater e eliminar o politeísmo. Ao caracterizar práticas tradicionais como o sufismo e a veneração dos santos como politeístas, o wahabismo representou um desafio direto à legitimidade religiosa do Império Otomano.

Para o governo em Istambul, foi fácil ignorar o wahabismo enquanto ele permaneceu restrito à região do Najd, na Arábia Central, além das fronteiras otomanas. Entre 1744 e a morte de Muhammad ibn Saud em 1765, a expansão do movimento wahabita se limitou às cidades-oásis do centro do Najd. Não foi até o final da década de 1780 que o wahabismo atingiu as fronteiras otomanas no sul do Iraque e no Hejaz.

Na década de 1790, os otomanos notaram essa nova ameaça às suas províncias árabes e instaram seu governador em Bagdá a agir. O paxá de Bagdá retardou enquanto pôde o envio de tropas para o terreno hostil da península Arábica. Foi apenas em 1798 que ele finalmente reuniu um exército de 10 mil homens para combater os adeptos do wahabismo. As forças otomanas não se saíram bem no território wahabita; logo foram cercadas e forçadas a negociar uma trégua com Saud ibn Abd al-Aziz, o comandante saudita. Ao concordar com a trégua, os wahabitas não prometeram respeitar as cidades e aldeias do Iraque otomano no futuro. O paxá de Bagdá tinha sérios motivos para se preocupar.

Os wahabitas lançaram sua cruzada em território otomano pela primeira vez em 1802, quando atacaram a cidade-santuário de Karbala, no sul do Iraque. Karbala ocupa uma posição especial no islamismo xiita, pois foi ali que Hussein ibn Ali, neto do profeta Maomé, foi morto pelas forças do califa omíada em 680 d.C. O martirizado Hussein é venerado como o terceiro dos doze líderes infalíveis, ou imãs, do islamismo xiita, e a mesquita construída no local de sua tumba possuía ricos adornos, entre os quais uma cúpula dourada. Milhares de peregrinos vinham a cada ano colocar presentes preciosos no túmulo do imã e empreender atos de devoção em sua homenagem — exatamente o tipo de veneração que os wahabitas consideravam abominável.

O ataque wahabita em Karbala foi assustadoramente brutal. O cronista Ibn Bishr dá uma descrição contemporânea da carnificina:

Os muçulmanos [isto é, wahabitas] cercaram Karbala e a tomaram de assalto. Mataram a maioria das pessoas nos mercados e casas. Destruíram a cúpula sobre o túmulo de Hussein. Levaram tudo que encontraram no mausoléu e perto dele, inclusive a colcha decorada com esmeraldas, safiras e pérolas que cobria o túmulo. Eles levaram tudo que encontraram na cidade — bens, armas, roupas, tecidos, ouro, prata e livros preciosos. Não é possível contar os despojos. Eles permaneceram na cidade apenas uma manhã e saíram depois do meio-dia, levando consigo suas novas posses. Quase 2 mil pessoas foram mortas.[24]

O massacre, a profanação do túmulo e da mesquita de Hussein e a pilhagem da cidade estabeleceram a reputação violenta dos wahabitas na opinião pública árabe. A brutalidade do ataque e a morte de tantos homens, mulheres e crianças desarmados em um local de culto provocaram repulsa generalizada em todo o mundo otomano. Os moradores de cidades e aldeias no sul do Iraque, no leste da Síria e no Hejaz se voltaram para o governo em Istambul para protegê-los dessa grave ameaça.

Os otomanos tiveram grande dificuldade para enfrentar o desafio wahabita. O movimento reformista estava baseado na Arábia Central e em algumas das mais remotas províncias árabes do Império Otomano. As tropas imperiais precisariam marchar durante meses a partir da Anatólia para alcançar as fronteiras do Najd. E, como o governador de Bagdá já havia descoberto, era muito difícil combater os wahabitas em seu próprio terreno. O mero suprimento de água e comida a um grande exército já representava um enorme desafio em um ambiente tão hostil. O governo otomano se viu impotente para conter a ameaça.

Em seguida, os wahabitas atingiram o próprio cerne da legitimidade otomana, atacando as cidades sagradas do islã — Meca e Medina. Em março de 1803, o comandante saudita Saud ibn Abd Aziz avançou no Hejaz; em abril, entrou na cidade de Meca. Seu exército não encontrou resistência e prometeu que não haveria violência. Eles primeiro explicaram suas crenças aos moradores de Meca e depois impuseram suas novas leis: roupas de seda e tabagismo foram proibidos, santuários destruídos, cúpulas nos edifícios derrubadas. Depois de alguns meses nas cidades sagradas, os wahabitas se retiraram para o Najd. Somente em 1806 decidiram retirar o Hejaz dos domínios otomanos e anexar a província ao seu Estado em rápida expansão.

Com o controle de Meca e Medina pelos wahabitas, os peregrinos do Império Otomano não eram mais admitidos nas cidades sagradas para realizar seu dever religioso de peregrinação. As duas caravanas oficiais de peregrinação otomana — tanto a de Damasco quanto a do Cairo — costumavam ser acompanhadas por um *mahmal*, isto é, uma liteira ricamente decorada, carregada por um camelo. O *mahmal* continha um cobertor destinado a ser estendido sobre o santuário onde se encontra a sagrada pedra negra conhecida como a Caaba, no centro da mesquita em Meca, assim como cópias do Alcorão e outros ricos tesouros. O *mahmal* era cercado por músicos que tocavam tambores e faziam soar suas trompas. O uso da música, a decoração do templo de Caaba e a associação de opulência e culto ofendiam as restrições wahabitas, e eles se recusaram a admitir o *mahmal* em Meca, rompendo com séculos de veneração muçulmana sunita no santuário mais sagrado da cidade.

Um dos oficiais que acompanharam a caravana egípcia em 1806 relatou suas experiências com os wahabitas ao cronista Jabarti:

Apontando para o *mahmal*, o wahabita perguntou [ao oficial]: "Que oferendas são essas que vocês trazem e guardam com tanta veneração?".

Ele respondeu: "É um costume que tem sido observado desde os tempos antigos. Trata-se de um emblema e de um sinal para os peregrinos se reunirem".

O wahabita disse: "Não faça isso, não o traga mais. Se alguma vez o trouxer de novo, vou quebrá-lo".[25]

Em 1807, uma caravana síria sem *mahmal* e músicos tentou entrar em Meca e mesmo assim teve o acesso negado. Com ou sem o *mahmal*, os wahabitas acreditavam que os muçulmanos otomanos não eram melhores que os politeístas e lhes negavam a entrada nos lugares mais sagrados do islã.

O mais importante dos títulos imperiais do sultão enfatizava seu papel como defensor da fé e protetor das cidades sagradas do Hejaz. A anexação da cidade pelos wahabitas e a proibição das caravanas de peregrinação otomanas desafiaram os poderes temporais da Sublime Porta no que diziam respeito à proteção de seus territórios, bem como a legitimidade religiosa do sultão como o guardião das cidades mais sagradas do islã. A gravidade dessa ameaça não poderia ser maior. Os otomanos não sobreviveriam se não respondessem a esse desafio e reafirmassem sua autoridade.

Embora tenham se apressado a desqualificar os wahabitas como beduínos selvagens do deserto, os otomanos sabiam que seria difícil derrotar o movimento. Como as guerras modernas no Kuwait e no Iraque mostraram, as grandes potências enfrentam enormes desafios logísticos para sustentar guerras na Arábia. Os otomanos seriam obrigados a enviar suas tropas em navios e a marchar por grandes distâncias terrestres, sob um calor terrível, com longas e vulneráveis linhas de suprimento. Seriam forçados também a lutar no terreno dos wahabitas, fanáticos religiosos convencidos de que estavam executando a obra de Alá. E sempre haveria o risco de os soldados otomanos se mostrarem receptivos à mensagem poderosa dos wahabitas e passarem para o outro lado.

Era impensável enviar uma força armada de Istambul para o Hejaz. Os otomanos não dispunham dos recursos financeiros e militares para tal empreendimento. Em vez disso, fizeram repetidas exigências a seus governadores provinciais em Bagdá, Damasco e Cairo. O governador de Bagdá estava lutando contra os contínuos ataques wahabitas em suas províncias do sul e ainda não conseguira repelir os invasores. O governador curdo em Damasco, Kanj Yusuf Paxá, prometeu a Istambul reabrir a rota da peregrinação, mas não possuía os recursos para empreender tal campanha. Como o cronista sírio Mikhayil Mishaqa observou, Kanj Yusuf Paxá "não podia enviar soldados suficientes nem fornecer munição suficiente para expulsar os wahabitas do Hejaz, que ficava a quarenta dias de marcha de Damasco, através de areias ardentes, sem comida ou água ao longo do caminho para suas tropas e animais".[26]

HAVIA APENAS UMA PESSOA QUE, além da capacidade para mobilizar as forças necessárias, tinha demonstrado habilidade suficiente para derrotar os wahabitas e devolver o Hejaz ao Império Otomano. Desde 1805, o Egito era governado por um homem de extraordinária capacidade. No entanto, o talento e a ambição que o recomendavam para enfrentar o desafio wahabita logo se voltariam contra o Estado otomano. Com efeito, Muhammad Ali acabou por confirmar uma tendência perigosa, de líderes provinciais desafiando o domínio de Istambul nas províncias árabes. Ele se mostrou forte o bastante para ameaçar a derrubada da própria dinastia otomana.

3. O Império Egípcio de Muhammad Ali

EM JUNHO DE 1798, navios britânicos apareceram sem aviso prévio na costa do Egito. Um destacamento de desembarque remou para terra firme e foi recebido pelo governador e os notáveis do que era então a modesta cidade portuária de Alexandria. Os britânicos alertaram sobre uma iminente invasão francesa e ofereceram ajuda. O governador ficou indignado: "Esta é a terra do sultão. Nem os franceses nem ninguém tem acesso a ela. Deixem-nos em paz!".[1] A mera sugestão de que uma nação inferior como a França pudesse representar uma ameaça aos domínios otomanos, ou de que os súditos otomanos precisassem recorrer a outra nação inferior como a Grã-Bretanha em busca de assistência, claramente ofendia os notáveis de Alexandria. Os ingleses voltaram para os seus navios e se retiraram. Ninguém deu a menor importância ao assunto — naquele momento.

O povo de Alexandria acordou na manhã de 1º de julho de 1798 com o porto tomado por combatentes e suas praias invadidas. Napoleão Bonaparte havia chegado à frente de uma força de invasão maciça, o primeiro exército europeu a pisar no Oriente Médio desde as cruzadas. Superados em número e em armas, os defensores de Alexandria se renderam em questão de horas. Os franceses garantiram sua posição e partiram para o Cairo.

Os cavaleiros mamelucos enfrentaram o exército francês na periferia sul da cidade. No que parecia ser uma reprodução da batalha de 1516 contra os otomanos em Marj Dabiq, os galantes mamelucos desembainharam suas espadas e se lançaram ao ataque contra os invasores. Mas nem sequer chegaram perto do corpo a corpo. Os franceses, movendo-se em formações estreitas, com fileiras e mais fileiras de soldados de infantaria, sustentaram uma fuzilaria tão intensa que em pouco tempo dizimaram a cavalaria mameluca. "O ar escureceu com pólvora, fumaça e poeira trazidas pelo vento", registrou um cronista egípcio.[2] O tiroteio ininterrupto foi ensurdecedor. Para as pessoas, parecia que a Terra estava tremendo e o céu estava caindo. Segundo testemunhas, o combate terminou em 45 minutos. O pânico varreu as ruas enquanto o exército de Napoleão ocupava a indefesa cidade do Cairo.

Nos três anos seguintes, o povo do Egito se viu diante dos costumes e maneiras dos franceses, das ideias do Iluminismo e da tecnologia da Revolução Industrial. Napoleão pretendia estabelecer na região uma presença permanente, o que implicava angariar a simpatia do povo e convencê-lo dos benefícios do domínio francês. Não se tratava apenas de uma questão militar. Acompanhando a infantaria francesa havia um pequeno exército de 67 *savants*, ou eruditos, que encarregados da dupla missão de estudar o Egito e impressionar os egípcios com a superioridade de sua civilização. Com uma pitada das ideias liberais da Revolução Francesa, a ocupação do Egito foi a "missão civilizadora" da França.

Uma testemunha ocular crucial para a ocupação foi Abd Rahman Jabarti (1754-1824), um intelectual e teólogo com acesso aos mais altos escalões tanto da sociedade francesa quanto egípcia. Jabarti escreveu extensivamente sobre a ocupação dos europeus, detalhando o encontro egípcio com os franceses, suas ideias revolucionárias e sua surpreendente tecnologia.

O abismo que separava o pensamento revolucionário francês dos valores muçulmanos egípcios era intransponível. Os valores do Iluminismo que os franceses consideravam universais eram profundamente ofensivos para muitos egípcios, tanto na sua condição de súditos otomanos como de muçulmanos praticantes. Esse abismo na maneira de ver o mundo ficou aparente desde a primeira proclamação de Napoleão ao povo do Egito, quando ele afirmou "que todos os homens são iguais perante Deus; que apenas a sabedoria, os talentos e as virtudes os tornam diferentes uns dos outros".

Longe de incutir em seus corações uma ideia de libertação, o pronunciamento de Napoleão provocou um desalento profundo. Jabarti escreveu uma refutação linha a linha da proclamação, rejeitando a maioria dos valores "universais" que o imperador francês alardeava. Ele recusava a afirmação de Napoleão de que todos os homens eram iguais como "uma mentira e uma estupidez", e concluía: "Pode-se ver que eles são materialistas, que negam todos os atributos divinos. O credo que seguem consiste em tornar suprema a razão humana e o que as pessoas aprovarão de acordo com os seus caprichos".[3] As declarações de Jabarti refletiam as crenças da maioria muçulmana do Egito, que rejeitava o exercício da razão humana sobre a revelação da religião.

Se não conseguiram conquistar a simpatia dos egípcios para as ideias do Iluminismo, os franceses tinham confiança de que sua tecnologia impressionaria os nativos. Os eruditos de Napoleão haviam levado uma grande quantidade de artimanhas para o Egito. Em novembro de 1798, os franceses organizaram o lançamento de um balão Montgolfier de ar quente. Colocaram anúncios por todo o Cairo convidando as pessoas da cidade para testemunhar a maravilha do voo. Al Jabarti ouvira afirmações incríveis dos franceses sobre sua aeronave. Eles diziam "que as pessoas se sentariam ali e viajariam para países distantes para coletar informações e enviar mensagens". Foi então ver a demonstração com seus próprios olhos.

Olhando para o balão desinflado na plataforma, decorado com o vermelho, o branco e o azul da bandeira francesa, Jabarti estava cético. Os franceses acenderam então o pavio do Montgolfier, enchendo o balão com ar quente até ele decolar. A multidão sobressaltou-se, e os franceses regozijaram-se com a reação. Tudo parecia estar indo bem até que o pavio se apagou. Sem uma fonte de ar quente, o Montgolfier entrou em colapso e desabou. O impacto do balão restaurou o desprezo do público do Cairo pela tecnologia francesa. Jabarti escreveu com desdém: "Ficou claro que era como as pipas que os servos confeccionam para celebrar feriados e casamentos".[4] Os nativos não ficaram impressionados.

OS FRANCESES NÃO CONSEGUIRAM perceber como os egípcios eram orgulhosos e como se sentiram humilhados pela experiência da ocupação estrangeira. As proclamações de Napoleão parecem clamar pela gratidão dos egípcios, mas poucos muçulmanos aprovariam os franceses ou suas instituições — pelo menos não na sua frente. O experimento químico levado a cabo por Bertholet (1748-1822) foi um bom exemplo disso.

Jabarti, que frequentava regularmente o Instituto Francês no Cairo, estava mais uma vez presente. Ele escreveu de maneira aberta sobre seu espanto com as proezas de química e física que testemunhou. "Uma das coisas mais estranhas que vi no [Instituto] foi a seguinte", escreveu:

> Um de seus assistentes pegou uma garrafa cheia de um líquido destilado e despejou um pouco do conteúdo em um copo. Então derramou no copo um líquido tirado de outra garrafa. Os dois líquidos começaram a ferver e a soltar uma fumaça colorida. Ao final, a ebulição cessou e o conteúdo da xícara surgiu seco e convertido em uma pedra amarela. Ele a virou na bancada. Era uma pedra seca que pegamos em nossas mãos e examinamos.

Essa transformação de líquidos em sólidos foi seguida por demonstrações das propriedades inflamáveis dos gases e da volatilidade do sódio puro, que, quando atingido "suavemente com um martelo", produzia "um ruído aterrorizante, como o som de uma carabina". Jabarti ficou aborrecido ao observar a diversão dos eruditos com o susto que ele e seus compatriotas egípcios levaram com o estrondo.

A *pièce de resistance* foi uma demonstração das propriedades da eletricidade usando garrafas de Leyden, desenvolvidas pela primeira vez como geradores eletrostáticos em 1746.

> Se uma pessoa segurasse suas conexões com uma das mãos [...] e com a outra tocasse a ponta do vidro giratório [...] seu corpo começaria a tremer da cabeça aos pés. Os ossos do ombro chacoalhariam e os antebraços vibrariam imediatamente. Qualquer um que tocasse a pessoa em contato com o copo, ou as suas roupas, ou qualquer coisa ligada a ela, experimentaria a mesma coisa — mesmo que fossem mil pessoas ou mais.

Sem dúvida os egípcios ficaram muito impressionados com o que viram. No entanto, fizeram o possível para não demonstrar seu espanto. Um au-

xiliar de Napoleão que presenciou a demonstração química escreveu mais
tarde que "os milagres da transformação de fluidos, choques elétricos e experimentos de galvanismo não lhes causaram surpresa alguma". Ao final da
demonstração, ele afirmou que um dos intelectuais muçulmanos fez uma
pergunta através de um intérprete. "Tudo isso é muito interessante, mas
vocês são capazes de fazer com que eu esteja aqui e no Marrocos ao mesmo
tempo?" Bertholet respondeu com um dar de ombros. "Ah, bem", disse o xeque, "ele afinal não é um feiticeiro assim tão bom."[5] Jabarti, refletindo sobre
a demonstração na privacidade de seu estúdio, desculpou-se por discordar:
"Eles tinham coisas estranhas ali [no Instituto], dispositivos e aparelhos que
alcançam resultados que nossas mentes são incapazes de compreender".[6]

As verdadeiras razões para a invasão de Napoleão ao Egito em 1798 foram geoestratégicas, não culturais. O principal rival da França na segunda
metade do século xviii era a Grã-Bretanha. As duas potências marítimas
europeias disputavam ascendência em vários terrenos, incluindo as Américas, o Caribe, a África e a Índia. Empresas comerciais britânicas e francesas
haviam travado um amargo embate pela supremacia na Índia, que só foi
resolvido na Guerra dos Sete Anos (1756-63), quando os ingleses derrotaram
os franceses e asseguraram sua hegemonia sobre o subcontinente. A França
nunca se conformou com suas perdas na Índia.

Com a eclosão das guerras revolucionárias francesas em 1792, Grã-
-Bretanha e França retomaram suas hostilidades. Napoleão, procurando
maneiras de ferir os interesses britânicos, voltou-se para a Índia. Ao capturar o Egito, ele esperava dominar o Mediterrâneo Oriental e fechar a
estratégica rota comercial para a Índia, que começava no Mediterrâneo,
passando pelo mar Vermelho até chegar ao oceano Índico. Os britânicos
sabiam que Napoleão estava reunindo uma grande força expedicionária em
Toulon e suspeitaram de um ataque contra o Egito. O almirante Horatio
Nelson foi encarregado então de uma poderosa esquadra para interceptar a
frota francesa. Na verdade, eles chegaram antes ao Egito, onde tiveram seu
breve e desanimador encontro com o governador de Alexandria. Nelson

então retirou seus navios e saiu à procura de Napoleão em algum outro ponto do Mediterrâneo Oriental.

Mas os franceses conseguiram iludir a marinha britânica, e o exército de Napoleão conquistou rapidamente o Egito. A esquadra de Nelson, porém, alcançou a frota francesa um mês depois e conseguiu afundar ou capturar todas as suas embarcações, com exceção de dois navios, na Batalha do Nilo, em 1º de agosto. O navio capitânia de Napoleão, o *Orient*, foi incendiado durante o combate e explodiu em uma bola de fogo espetacular que iluminou o céu noturno. Os franceses perderam mais de 1700 homens.

A vitória britânica sobre a frota francesa condenou a expedição napoleônica ao fracasso. O exército francês de 20 mil homens estava agora cercado no Egito sem nenhuma linha de comunicação com a França. A derrota desferiu um golpe terrível no moral das tropas francesas. Seu senso de isolamento foi agravado quando Napoleão abandonou o exército sem aviso prévio em agosto de 1799 para retornar à França, onde tomou o poder em novembro do mesmo ano.

Após a fuga de Napoleão, o exército francês no Egito não tinha mais um objetivo. O sucessor de Napoleão entrou em negociações com os otomanos para uma completa evacuação francesa do região. Eles logo chegaram a um acordo, em janeiro de 1800, mas foram frustrados pelos britânicos, que não desejavam ver um exército francês grande e experimentado se juntar às legiões de Napoleão para combater os britânicos em outras frentes. Em 1801, o Parlamento britânico autorizou uma expedição militar para garantir a rendição francesa no Egito. A expedição chegou a Alexandria em março de 1801 e combinou forças com os otomanos em um movimento de pinça no Cairo. Em junho, a cidade foi entregue pelos franceses; em agosto, foi a vez de Alexandria. Eles então embarcaram em navios britânicos e otomanos e foram transportados de volta para a França, encerrando todo o lamentável episódio.

A OCUPAÇÃO FRANCESA DO EGITO durou apenas três anos. Do ponto de vista da experiência humana, foi um momento fascinante, em que egípcios e franceses descobriram pontos para admirar e condenar na cultura um do

outro. Ambos os lados saíram feridos do encontro. Os franceses que se retiraram do Cairo no verão de 1801, expulsos por uma força anglo-otomana,
não eram mais os agentes autoconfiantes de uma nova ordem revolucionária. Pelo contrário, suas fileiras haviam sido reduzidas pela guerra e pelas
doenças e seu moral estava baixo depois de anos sem um único momento
de alívio. Muitos franceses haviam se convertido ao islã e se casado com
egípcias — o que dificilmente poderia ser considerado um sinal de desdém
em relação ao povo sob sua ocupação. Mas os egípcios também tiveram
a confiança abalada pela experiência. Seu senso de superioridade havia
sido perturbado pelo confronto com os franceses, suas ideias e tecnologia.

★ ★ ★

AO PARTIR, OS FRANCESES DEIXARAM um vácuo de poder no Egito. Sua
ocupação durante três anos havia quebrado a base de poder dos mamelucos
no Cairo e no Baixo Egito. Os otomanos desejavam a todo custo impedir o
restabelecimento das famílias mamelucas — na ausência dos franceses, elas
tinham agora uma excelente oportunidade para reafirmar sua autoridade
sobre a província rebelde. Os britânicos temiam que Napoleão tentasse
reconquistar o Egito e estavam determinados a deixar uma força dissuasiva
no local. Eles confiavam mais nos mamelucos do que nos otomanos para
defender o Egito de futuros ataques franceses, e trabalharam para reabili-
tar os mamelucos mais poderosos. Pressionaram os otomanos a perdoar
os principais beis mamelucos, que começaram então a restabelecer suas
casas e reconstruir sua influência. Os otomanos, contra a própria vontade,
atenderam aos desejos britânicos.

Assim que a força expedicionária britânica partiu, em 1803, os otomanos voltaram a aplicar no Egito as soluções que atendiam melhor aos
seus interesses. O governador do Cairo foi instruído a eliminar os beis
mamelucos e se apropriar de sua riqueza para fortalecer o Tesouro.[7] Os
mamelucos, porém, haviam recuperado parte de sua antiga força, o suficiente para resistir aos ataques. O que se seguiu foi uma amarga disputa
de poder entre otomanos e mamelucos que prolongou a miséria dos civis,

já cansados de tantos anos de guerra no Cairo. Um comandante otomano emergiu do caos para dominar o conflito com os mamelucos e angariar apoio entre a população em sua tentativa de governar o Egito. Na verdade, ele logo se tornaria uma das figuras mais influentes da história moderna do Egito. Seu nome era Muhammad Ali.

De etnia albanesa, nascido na cidade macedônica de Kavala, Muhammad Ali (1770-1849) chegou a comandar um poderoso e indomável contingente albanês de 6 mil homens do exército otomano no Egito. Entre 1803 e 1805, através de uma série de alianças sempre cambiantes, aumentou seu poder pessoal às custas do governador otomano, dos comandantes de outros regimentos otomanos e dos principais beis mamelucos. Ele cortejou aber-tamente o apoio dos notáveis do Cairo, cada vez mais inquietos depois de cinco anos de instabilidade política e econômica, primeiro sob os franceses e agora sob os otomanos. Em 1805, o comandante do destacamento albanês acumulara poder suficiente para decidir quem deveria ocupar o trono do Cairo. Mas aspirava a ocupá-lo ele mesmo.

As atividades de Muhammad Ali não passaram despercebidas às auto-ridades otomanas. O comandante dos albaneses era visto como um criador de problemas, mas possuía talento e ambição que poderiam ser úteis ao império. A situação na Arábia permanecia crítica. Os wahabitas haviam atacado o território otomano no Iraque em 1802 e assumido o controle de Meca em 1803. Os reformistas islâmicos agora impunham condições às caravanas otomanas do Cairo e de Damasco e ameaçavam proibir seu ingresso nas cidades sagradas de Meca e Medina (o que de fato aconteceu após 1806). Isso era intolerável para o sultão, que, por seu título imperial, reivindicava ser o guardião das cidades mais sagradas do islã. Quando os notáveis do Cairo pediram a Istambul que nomeasse Muhammad Ali como governador do Egito em 1805, o governo decidiu nomeá-lo governador da província árabe do Hejaz e confiar-lhe a perigosa missão de esmagar o movimento wahabita.

Como governador designado do Hejaz, Muhammad Ali foi promovido ao posto de paxá, o que o tornou elegível para servir como governador em qualquer província otomana. Ele aceitou a nomeação apenas pelo título; não mostrou nenhum interesse em se mudar para a província do mar Vermelho a fim de assumir seu novo cargo. Em vez disso, conspirou com seus aliados entre os notáveis civis cairotas para pressionar os otomanos a nomearem-no governador do Egito. Os notáveis acreditavam que Muhammad Ali e seus soldados albaneses poderiam impor ordem ao Cairo, mas se iludiram ao acreditar que ele se sentiria em dívida por seu apoio e que os compensaria permitindo que exercessem influência sobre ele. Eles esperavam diminuir a carga tributária do governo sobre os comerciantes e artesãos cairotas, revitalizando a economia da província em seu benefício. Mas Muhammad Ali tinha outros planos.

Em maio de 1805, os habitantes do Cairo levantaram-se em protesto contra Khurshid Ahmad Paxá, o governador otomano. As pessoas comuns da cidade haviam chegado ao seu limite após anos de instabilidade, violência, sobrecarga e injustiça. Fecharam suas lojas e exigiram que os otomanos nomeassem um governador de sua escolha. Jabarti, que viveu esses tempos conturbados, descreve grandes manifestações lideradas por xeques usando turbantes nas mesquitas do Cairo, onde jovens entoavam slogans contra o tirânico paxá e a injustiça otomana. A turba seguiu até a casa de Muhammad Ali.

"E quem vocês querem que seja o governador?", perguntou Muhammad Ali.

"O senhor é o único que aceitaremos", responderam as pessoas. "Queremos que seja o nosso governador sob as nossas condições, pois sabemos que é um homem bom e justo."

Muhammad Ali recusou modestamente a oferta. A multidão insistiu. Em uma demonstração de relutância, o astuto albanês se deixou persuadir. Os principais notáveis trouxeram-lhe então um manto e uma veste ritual em uma improvisada cerimônia de investidura. Foi um evento sem precedentes: o povo do Cairo havia imposto sua própria escolha de governador ao Império Otomano.

O governador em exercício, Khurshid Ahmad Paxá, não se deixou impressionar. "Fui designado pelo sultão e não serei removido por camponeses", retrucou. "Deixarei a Cidadela apenas sob as ordens do governo imperial."[8] Os civis do Cairo sitiaram o governador deposto por mais de um mês, até que, em 18 de junho de 1805, chegaram ordens de Istambul confirmando a escolha feita pelo povo. Muhammad Ali era agora o senhor do Egito.

UMA COISA ERA SER NOMEADO governador do Egito — dezenas de homens haviam ostentado esse título desde a conquista otomana do território, em 1517 — e outra completamente diferente era governar o Egito. Muhammad Ali Paxá estabeleceu seu domínio sobre a província como ninguém antes ou depois. Ele conseguiu monopolizar a riqueza do Egito e usou as receitas obtidas por meio dos impostos para estabelecer um exército poderoso e um Estado burocrático. Usou o exército para expandir o território sob seu comando e tornou o país o centro de um império por direito próprio. Mas, diferente de Ali Bei Kabir, que sonhara em reconstruir o Império Mameluco, Muhammad Ali era um otomano e buscava dominar o Império Otomano.

Muhammad Ali era também um inovador e procurou colocar o Egito no caminho das reformas, recorrendo a ideias e tecnologias europeias como fariam mais tarde os próprios otomanos. Ele criou o primeiro exército camponês de massas no Oriente Médio. Empreendeu um dos primeiros programas de industrialização fora da Europa, aplicando a tecnologia da Revolução Industrial para produzir armas e têxteis para seu exército. Despachou missões educacionais para capitais europeias e criou um centro de tradução para publicar livros europeus e manuais técnicos em edições árabes. Ele apreciava ter relações diretas com as grandes potências da Europa, que o tratavam mais como um soberano independente do que como um vice-rei do sultão otomano. Ao final de seu reinado, Muhammad Ali conseguira estabelecer o governo hereditário de sua família sobre o Egito e o Sudão. Sua dinastia governaria o Egito até que a revolução de 1952 derrubasse a monarquia.

EMBORA TIVESSE TRANSFERIDO a nomeação de Muhammad Ali do governo do Hejaz para o do Cairo, a Sublime Porta ainda esperava que o comandante albanês liderasse uma campanha contra os wahabitas para restaurar a autoridade otomana na Arábia. O novo governador encontrou muitas desculpas para ignorar os comandos de Istambul. Ele chegara ao poder através da desordem e sabia que cairia a menos que seguisse de perto o povo do Cairo e os soldados otomanos.

Os soldados albaneses de Muhammad Ali lhe proporcionaram uma base de poder independente para ajudá-lo a alcançar a supremacia no Cairo pela força. As casas mamelucas fragmentadas foram o seu primeiro alvo, e ele as perseguiu até o Alto Egito. Tais campanhas logo se mostraram dispendiosas, no entanto, e o paxá percebeu que eram necessários mais do que soldados para controlar o Egito. Ele também precisava de dinheiro. A agricultura era a principal fonte de receitas da província. No entanto, um quinto das terras agrícolas do Egito era destinado ao apoio às instituições islâmicas, enquanto os quatro quintos restantes se encontravam nas mãos das casas aristocráticas mamelucas e de outros grandes proprietários de terras, que as exploravam em regime de arrendamento, que pouco benefício trazia para o Tesouro do Cairo. Para controlar as receitas do Egito, Muhammad Ali teria que controlar suas terras.

Ao colocar a terra sob um sistema de tributação direta, Muhammad Ali obteve os recursos necessários para impor seu controle sobre o Egito. No processo, minou a base financeira de seus adversários mamelucos e de seus partidários entre os notáveis do Cairo. Os eruditos religiosos foram despojados de suas receitas autônomas e as elites fundiárias se viram dependentes do governador que esperavam controlar. Ao todo, foram necessários seis anos para que Muhammad Ali consolidasse sua posição no Egito antes de finalmente aceitar a comissão do sultão para conduzir uma campanha contra os wahabitas na Arábia.

EM MARÇO DE 1811, Muhammad Ali enviou seu filho Tussun Paxá para liderar a operação militar contra os wahabitas. Esse seria o primeiro empreendimento de Muhammad Ali além das fronteiras do Egito. Antes de enviar uma grande parte de seu exército para o exterior, ele queria garantir a paz e a estabilidade na região. Organizou uma cerimônia de investidura para Tussun e convidou todas as principais figuras do Cairo — incluindo os mais poderosos mamelucos. Os beis viram o convite como um gesto de conciliação após vários anos de hostilidades com o governo de Muhammad Ali. Claramente, raciocinaram, o governador acharia mais fácil governar com o apoio mameluco do que continuar lutando contra eles. Quase todos aceitaram o convite e foram à Cidadela do Cairo, vestidos com suas roupas finas, para participar da cerimônia. Se ainda houvesse qualquer receio entre alguns, o fato de quase todos os principais mamelucos estarem presentes deve ter lhes dado uma sensação de segurança. Além disso, que tipo de homem violaria as leis da hospitalidade cometendo traição contra seus convidados?

Após a cerimônia de posse, os mamelucos desfilaram em procissão formal pela Cidadela. Enquanto seguiam por um de seus corredores, os portões se fecharam de repente. Antes que os confusos beis percebessem o que estava acontecendo, soldados surgiram nos muros acima deles e abriram fogo. Depois de anos de luta, eles haviam acabado por odiar os mamelucos e continuaram seu trabalho com prazer, saltando dos muros para acabar com os beis. "Os soldados se tornaram incontroláveis, e não só massacraram os emires como roubaram as suas roupas", registrou Jabarti. "Mostrando todo o seu ódio, eles não pouparam ninguém." Mataram não só os mamelucos como figurantes que os beis haviam vestido para acompanhar a procissão — a maioria dos quais era de cidadãos comuns do Cairo. "Essas pessoas gritavam e pediam ajuda. Algumas diziam: 'Não sou soldado nem mameluco'. Ou: 'Não sou um deles'. Os soldados, no entanto, não deram atenção aos gritos e clamores."⁹

Em seguida, as tropas de Muhammad Ali adentraram a cidade em fúria. Arrastavam qualquer suspeito de ser mameluco e os levavam de volta à Cidadela, onde eram decapitados. Em seu relatório a Istambul, Muhammad Ali afirmou que 24 beis e quarenta de seus comparsas haviam sido mortos, despachando suas cabeças e orelhas como prova.¹⁰ O relato de Jabarti sugere que a violência foi muito mais extensa.

O massacre na Cidadela foi o golpe final aos mamelucos do Cairo. Eles haviam sobrevivido à conquista de Selim, o Severo, e à invasão de Napoleão, mas depois de quase seis séculos no Cairo foram praticamente exterminados por Muhammad Ali. Os poucos sobreviventes permaneceram no Alto Egito, sabendo que o governador não se deteria diante de nada para assegurar seu poder e que lhes faltavam meios para desafiá-lo. Confiante de que já não enfrentava nenhum desafio doméstico ao seu governo, Muhammad Ali poderia agora enviar seu exército para a Arábia a fim de obter a gratidão do sultão otomano.

A CAMPANHA CONTRA OS WAHABITAS se revelou um tremendo sorvedouro de recursos do Egito de Muhammad Ali. O campo de batalha ficava longe de casa, as linhas de comunicação e abastecimento eram longas e vulneráveis e Tussun Paxá foi forçado a combater em um ambiente hostil no terreno do inimigo. Em 1812, aproveitando-se de seu conhecimento superior da região, os wahabitas atraíram a força egípcia para um estreito desfiladeiro e infligiram uma grave derrota ao exército de 8 mil homens. Muitos dos desmoralizados comandantes albaneses abandonaram o campo de batalha e voltaram para o Cairo, deixando Tussun em desvantagem. Muhammad Ali enviou reforços para Jidá, e, no ano seguinte, Tussun conseguiu assegurar Meca e Medina. O governador do Egito acompanhou a caravana de peregrinação em 1813 e despachou as chaves da cidade santa para o sultão em Istambul como um sinal da restauração de sua soberania sobre o local de nascimento do islã. Essas vitórias cobraram um preço alto: a força egípcia perdera 8 mil homens e o Tesouro despendera a enorme soma de 170 mil bolsas (cerca de 6,7 milhões de dólares estadunidenses de 1820).[11] Os wahabitas também não haviam sido inteiramente derrotados; tinham apenas se retirado antes do avanço do exército egípcio e estavam destinados a retornar.

Os combates entre o exército egípcio de Tussun e a força wahabita comandada por Abdullah ibn Saud prosseguiram até que os dois lados concordaram com uma trégua em 1815. Tussun retornou ao Cairo, onde foi acometido pela peste, morrendo poucos dias depois de sua volta. Quando a notícia da morte de Tussun chegou à Arábia, Abdullah ibn Saud quebrou sua trégua e atacou posições egípcias. Muhammad Ali nomeou o filho mais velho, Ibrahim, comandante em chefe das forças do Egito. Foi o início de uma brilhante carreira militar, pois Ibrahim Paxá emergiria como gene-ralíssimo de Muhammad Ali.

Ibrahim Paxá assumiu seu cargo na Arábia no início de 1817 e pros-seguiu em uma campanha implacável contra os wahabitas. Assegurou o controle egípcio sobre a província do Hejaz, no mar Vermelho, antes de forçar os wahabitas a voltar à região do Najd, na Arábia Central. Embora o Najd não fizesse parte do território otomano, Ibrahim Paxá estava deter-minado a eliminar a ameaça wahabita de uma vez por todas, e empurrou seus adversários de volta à sua capital, Diriyah. Durante seis meses os dois lados travaram uma terrível guerra de atrito. Os wahabitas, presos dentro das muralhas de Diriyah, foram lentamente privados de comida e água pelo cerco egípcio. As forças egípcias sofreram pesadas perdas por doen-ças e exposição ao calor letal do verão da Arábia, mas no final acabaram prevalecendo. Em setembro de 1818, os wahabitas se renderam, sabendo que enfrentariam a aniquilação total.

Por ordem de Muhammad Ali, as forças egípcias destruíram a cidade de Diriyah e enviaram todos os líderes do movimento wahabita como prisioneiros para o Cairo. Muhammad Ali sabia que havia merecido o favor do sultão Mahmoud II ao suprimir um movimento que colocara em dúvida a própria legitimidade do sultanato otomano por mais de dezesseis anos. Além disso, vencera onde nenhum outro governador ou comandante otomano obtivera êxito, realizando uma campanha bem-sucedida na Ará-bia Central. Do Cairo, Abdullah ibn Saud e os líderes do Estado wahabita foram enviados a Istambul para enfrentar a justiça do sultão.

Mahmoud II (g. 1808-39) transformou a execução dos líderes wahabitas em um acontecimento de Estado. Convocou os principais funcionários do governo, assim como os embaixadores dos Estados estrangeiros e os mais destacados notáveis de seu império, para testemunhar a cerimônia no Palácio de Topkapi. Os três réus — o comandante militar, Abdullah ibn Saud, o primeiro-ministro e o líder espiritual do movimento wahabita

— foram levados em correntes pesadas e julgados publicamente por seus crimes contra a religião e o Estado. O sultão concluiu as audiências condenando os três à morte. Abdullah ibn Saud foi decapitado em frente ao portão principal da Mesquita de Santa Sofia; o primeiro-ministro, diante da porta principal do palácio; e o líder espiritual, em um dos principais mercados da cidade. Seus corpos foram deixados em exposição por três dias, as cabeças enfiadas sob os braços, antes de serem jogados no mar.[12]

Com a expulsão dos franceses do Egito e a derrota do movimento wahabita, o sultão Mahmoud ii poderia ser desculpado por acreditar que o Império Otomano havia resistido aos mais sérios desafios à sua posição no mundo árabe. No entanto, o governador do Egito que obtivera a vitória na Arábia seria uma ameaça ainda mais grave ao seu poder. Enquanto os wahabitas haviam se limitado a atacar as franjas de seu império — franjas muito importantes por motivos espirituais, mas ainda assim apenas franjas —, Muhammad Ali representava um desafio ao próprio centro do Império Otomano e à dinastia governante.

★ ★ ★

Em reconhecimento aos serviços prestados por Ibrahim ao Estado otomano ao derrotar os wahabitas, o sultão Mahmoud ii promoveu o filho de Muhammad Ali ao posto de paxá e o nomeou governador do Hejaz. Com isso, essa província no mar Vermelho se tornou a primeira adição ao império de Muhammad Ali. A partir de então, o Tesouro egípcio se beneficiaria das receitas alfandegárias do porto de Jidá, que, dada a sua importância no comércio do mar Vermelho e como porta de entrada para a peregrinação anual a Meca, eram bastante consideráveis.

Muhammad Ali consolidou substancialmente o domínio do Egito sobre o mar Vermelho em 1820, quando suas forças invadiram o Sudão. Ele esperava encontrar ali as míticas minas de ouro e assim enriquecer o Tesouro egípcio, ao mesmo tempo que buscava, na parte superior do Nilo, uma nova fonte de soldados escravos para seu exército. A campanha do Sudão foi marcada por grande brutalidade. Quando Ismail, outro filho de Muhammad Ali, foi morto pelo governante de Shindi, uma região no Nilo a norte de Cartum, a força expedicionária egípcia retaliou matando 30 mil habitantes locais. O mítico ouro nunca se materializou, e os sudaneses literalmente preferiram morrer a servir no exército de Muhammad Ali. Milhares de homens que haviam sido capturados para o serviço militar ficaram deprimidos ao serem tirados de suas casas, adoeceram e morreram nas longas marchas até os campos de treinamento no Egito: de 20 mil sudaneses escravizados entre 1820 e 1824, apenas 3 mil continuavam vivos em 1824.[13] Os únicos ganhos reais para o Egito na campanha do Sudão (1820-2) foram comerciais e territoriais. Ao adicionar o Sudão ao império egípcio, Muhammad Ali duplicou a massa de terra sob seu controle e dominou o comércio do mar Vermelho. A hegemonia do Egito sobre o Sudão duraria 136 anos, até a independência sudanesa em 1956.

Muhammad Ali enfrentou uma severa restrição com a escassez de novos recrutas para o exército egípcio. Suas forças albanesas originais haviam sido dizimadas por guerras na Arábia e no Sudão e também por conta da idade. Na época da campanha do Sudão, os albaneses remanescentes do exército de Muhammad Ali já estavam no Egito havia vinte anos. Os otomanos haviam colocado um embargo à exportação de escravos militares do Cáucaso para o Egito em 1810, não só para impedir o renascimento dos mamelucos como para conter as ambições do próprio Muhammad Ali. Eles tampouco se mostravam dispostos a enviar soldados imperiais para o governador do Egito quando estes se faziam necessários nas frentes europeias. Sem poder contar com nenhuma fonte externa de novos soldados, Muhammad Ali foi forçado a usar sua própria população.

A ideia de um *exército nacional* — uma força conscrita composta por trabalhadores e camponeses do país — ainda era nova no mundo otomano. Os soldados eram vistos como uma casta marcial que deveria ser cooptada das fileiras de escravos. No decorrer dos séculos XVII e XVIII, a famosa infantaria otomana dos janízaros modificou seus processos de recrutamento à medida que o *devshirme* ("coleta de meninos") caiu em desuso. Os soldados se casavam e matriculavam seus filhos nas fileiras dos janízaros. Mas a noção de uma casta militar diferenciada do resto da população persistiu.

Os camponeses eram considerados demasiado passivos e desmotivados para o serviço militar.

Quando os otomanos começaram a perder guerras para os exércitos europeus no século xviii, os sultões chegaram a duvidar da eficácia de sua própria infantaria. Convidaram oficiais aposentados da Prússia e da França para ir a Istambul a fim de introduzir em seus exércitos modernos métodos europeus de guerra, como formação de quadrado, ataques de baioneta e uso de artilharia móvel. Por volta do final do século xviii, Selim iii (g. 1780-1807) decidiu criar um novo exército otomano integrado por recrutas camponeses da Anatólia vestidos com culotes de estilo europeu e comandados por oficiais ocidentais. Ele chamou essa nova força de *Nizam-i Cedid*, ou exército da "Nova Ordem" (seus soldados ficaram conhecidos como tropas nizamis).

Selim deslocou um regimento nizami de 4 mil homens para o Egito em 1801, quando Muhammad Ali teve a oportunidade de ver a disciplina do corpo em primeira mão. Como registrou um contemporâneo otomano, as tropas nizamis no Egito "combateram os infiéis bravamente, infligindo--lhes sucessivas derrotas; e nunca se viu nem se teve notícia da fuga de um único indivíduo sequer desse corpo".[14] No entanto, as forças nizamis eram uma ameaça mais imediata ao poderoso corpo de janízaros do que a qualquer exército europeu. Se os nizamis eram a "nova ordem", os janízaros eram, por implicação, a "velha ordem", e não aceitariam ser considerados supérfluos enquanto ainda tivessem o poder de proteger seus próprios interesses. Em 1807, eles se amotinaram, derrubaram Selim iii e desmantelaram o exército nizami. Embora essa primeira tentativa otomana de organizar um exército nacional tenha fracassado, ainda assim proporcionou a Muhammad Ali um modelo viável a ser replicado no Egito.

O exército napoleônico lhe proporcionou um segundo modelo a considerar. A *levée en masse* francesa era um exército composto por uma massa de cidadãos que, quando liderados por comandantes competentes, haviam demonstrado capacidade de conquistar continentes. Muhammad Ali, no entanto, via o povo do Egito mais como súdito do que cidadão, e nunca tentou agitar suas tropas com palavras de ordem ideológicas, como faziam os comandantes revolucionários europeus. Ele decidiu recorrer a especialistas militares franceses para treinar seus recrutas, mas em todos os demais aspectos optou por construir seu exército sob o modelo do *Nizam-i Cedid* otomano. Em 1822, contratou um veterano das guerras napoleônicas, o coronel Sèves — um francês convertido ao islã conhecido no Egito como Sulayman Agha —, para organizar e treinar um exército nizami formado inteiramente por recrutas camponeses. Em um ano, ele havia levantado uma força de 30 mil homens. Em meados da década de 1830, esse número chegaria a 130 mil.

O exército nizami egípcio não foi um sucesso imediato. Os camponeses temiam por suas colheitas e pelo bem-estar de suas famílias; seu forte apego a suas casas e aldeias fazia do serviço militar uma verdadeira provação. Eles evitavam o recrutamento fugindo das aldeias quando as equipes de alistamento se aproximavam. Outros se infligiam mutilações deliberadas, cortando um dedo ou arrancando um olho para ser dispensado por motivo de incapacidade. Regiões inteiras se revoltaram contra o recrutamento, e no Alto Egito cerca de 30 mil habitantes se rebelaram em 1824. Uma vez inscritos no serviço militar, muitos camponeses desertavam. Foi somente com o estabelecimento de punições pesadas que o governo de Muhammad Ali conseguiu forçar os camponeses do Egito a servir no exército. Diante de tamanha relutância, surpreende o sucesso obtido por essa força no campo de batalha. Ela foi testada pela primeira vez na Grécia.

Em 1821, eclodiu nas províncias gregas do Império Otomano uma revolta nacionalista. Ela foi iniciada por membros de uma sociedade secreta conhecida como Filiki Etairia, ou a "Sociedade dos Amigos", estabelecida em 1814 com o objetivo de constituir um Estado grego e conquistar a independência da Grécia. Os gregos do Império Otomano eram uma comunidade distinta unida pela língua, pela fé cristã ortodoxa e por uma história compartilhada que abarcava desde o período clássico até o império bizantino helênico. Sendo a primeira revolta abertamente nacionalista enfrentada pelo Império Otomano, a guerra contra os gregos representava um perigo de magnitude muito maior do que as rebeliões do século XVIII empreendidas por líderes locais. Nas revoltas anteriores, os movimentos eram motivados apenas pelas ambições de líderes individuais. A novidade do nacionalismo estava no fato de ser uma ideologia capaz de inspirar uma população inteira a se levantar contra os governantes otomanos.

A revolta irrompeu no sul da península do Peloponeso em março de 1821 e logo se espalhou para a Grécia central, a Macedônia, as ilhas do mar Egeu e Creta. Os otomanos se viram disputando batalhas campais em várias frentes ao mesmo tempo, e voltaram-se para Muhammad Ali em busca de auxílio. Em 1824, seu filho Ibrahim Paxá partiu para a península do Peloponeso à frente de um exército egípcio composto por 17 mil soldados de infantaria recém-treinados, setecentos cavaleiros e quatro baterias de artilharia. Como todos os soldados em questão eram camponeses nativos, é a primeira vez que podemos falar de um exército genuinamente *egípcio*.

Os egípcios foram extremamente bem-sucedidos na guerra contra os gregos, e o novo exército nizami provou sua coragem. Depois das vitórias em Creta e no Peloponeso, Ibrahim Paxá foi premiado com os governos dessas províncias, expandindo o império de Muhammad Ali do mar Vermelho para o Egeu. Um tanto ironicamente, quanto melhor o desempenho das forças egípcias no campo de batalha contra os gregos, mais preocupados ficavam o sultão otomano e o seu governo. Os egípcios estavam conseguindo sufocar rebeliões que haviam resistido aos otomanos e expandindo o território sob o controle do Cairo. Se Muhammad Ali se rebelasse, não estava claro se os otomanos seriam capazes de resistir a suas tropas.

A vitória egípcia e o sofrimento grego também ocasionaram preocupação nas capitais europeias. A guerra grega capturou a imaginação das elites educadas na Grã-Bretanha e na França. À medida que as cidades do mundo clássico se transformavam em campos de batalha modernos, as sociedades filo-helênicas europeias clamavam que seus governos interviessem para proteger os gregos cristãos dos turcos e egípcios muçulmanos. O poeta Lord Byron chamou a atenção internacional para a causa grega quando navegou até Messolonghi em 1823 a fim de apoiar o movimento de independência. Sua morte, em abril de 1824 — de febre, não pelas mãos de soldados otomanos —, elevou-o ao status de mártir pela causa da independência grega. Apelos públicos para a intervenção europeia foram redobrados após a morte do poeta inglês.

Os governos britânico e francês eram suscetíveis à pressão do público, mas estavam mais preocupados com considerações geoestratégicas maiores. A França havia desenvolvido um relacionamento privilegiado com o Egito de Muhammad Ali. Este, por sua vez, se valera de conselheiros militares franceses para treinar seu exército, contratara engenheiros franceses para suprir suas necessidades industriais e executar obras públicas no Egito e enviara estudantes à França para receber formação avançada. Os franceses estavam empenhados em preservar seu relacionamento especial com o Egito como uma maneira de ampliar sua influência no Mediterrâneo Oriental. A expansão do poder egípcio para a Grécia, no entanto, representava um dilema para o governo em Paris. Não serviria aos interesses da França ver o Egito se tornar mais forte do que a própria França no Mediterrâneo Oriental.

A situação era mais clara para o governo britânico. Londres observava o avanço da influência de Paris sobre o Egito com preocupação cada vez maior. Desde a invasão por Napoleão, os britânicos haviam tentado impedir a França de dominar o Egito e a rota terrestre-marítima para a Índia. A Grã-Bretanha também havia sido sofrido com as guerras continentais da era napoleônica e temia que os esforços das grandes potências europeias para tentar consolidar sua posição no território otomano pudessem reacender o conflito entre elas. O governo britânico procurou, dessa forma, preservar a integridade territorial do Império Otomano a fim de preservar a paz na Europa. Havia ficado claro que os otomanos não eram capazes de reter a Grécia por conta própria, e os britânicos não desejavam ver o Egito estender seu poder aos Bálcãs às custas do Império Otomano. Assim, era melhor para os interesses britânicos ajudar os gregos a alcançar maior autonomia dentro do Império Otomano e assegurar a retirada das tropas otomanas e egípcias dos territórios disputados.

Muhammad Ali não tinha mais nada a ganhar com a campanha grega. A guerra havia provocado um enorme rombo no Tesouro egípcio. Seu novo exército nizami se espalhou por toda a Grécia. Os otomanos começaram a tratá-lo com crescente suspeita e estavam claramente fazendo o possível para esgotar seu exército e seus recursos. No verão de 1827, as potências europeias deixaram evidente sua oposição à presença do Egito na Grécia e montaram uma frota anglo-francesa para forçar uma retirada otomana e egípcia. A última coisa que Muhammad Ali desejava era envolver as potências europeias no campo de batalha. Como ele escreveu a seu agente político em Istambul em outubro de 1827: "Temos que perceber que não podemos enfrentar os europeus, e que o único resultado possível [se o fizermos] será afundar toda a frota e provocar a morte de 30 mil ou 40 mil homens". Embora tivesse orgulho de seu exército e marinha, Muhammad Ali sabia que eles não eram páreo para os britânicos ou franceses. "Embora sejamos homens de guerra", escreveu, "ainda estamos aprendendo os rudimentos dessa arte, enquanto os europeus estão muito à nossa frente e já puseram suas teorias [bélicas] em prática."[15]

Mesmo tendo uma visão clara do possível desastre, Muhammad Ali entregou sua marinha à causa e despachou sua frota para a Grécia. Os otomanos não estavam dispostos a conceder a independência aos gregos, e o sultão decidiu acreditar que as potências europeias estavam blefando e ignorar sua frota conjunta. Foi um erro fatal. A força aliada aprisionou os navios egípcios na baía de Navarino e afundou praticamente todos os 78 navios otomanos e egípcios em um embate de quatro horas em 20 de outubro de 1827. Mais de 3 mil egípcios e otomanos foram mortos em combate, contra duzentos homens da frota aliada atacante.

Muhammad Ali ficou furioso e responsabilizou Mahmoud II pela perda de sua marinha. Além disso, os egípcios se viram na mesma posição em que Napoleão se encontrara após a Batalha do Nilo: milhares de soldados presos, sem navios para trazer provisões ou repatriá-los. Muhammad Ali negociou diretamente com os britânicos, sem consultar o sultão, para estabelecer uma trégua e repatriar seu filho Ibrahim Paxá e o exército egípcio da Grécia. Mahmoud II ficou indignado com a insubordinação, mas Muhammad Ali não buscava mais sua aprovação. Seus dias de serviço leal haviam acabado. Desse momento em diante, Muhammad Ali buscaria seus próprios objetivos, às custas do sultão.

A Batalha de Navarino foi também um ponto de inflexão na guerra de independência grega. Assistidos por uma força expedicionária francesa, os combatentes gregos expulsaram as tropas otomanas da península do Peloponeso e da Grécia central no decorrer do ano de 1828. Em dezembro, os governos de Grã-Bretanha, França e Rússia se reuniram e concordaram com a criação de um reino independente. A Grécia, então, impôs sua solução ao Império Otomano. Depois de mais três anos de negociações, o Reino da Grécia foi enfim estabelecido na Conferência de Londres de maio de 1832.

No RESCALDO DO DESASTRE GREGO, Muhammad Ali voltou seu olhar para a Síria. Ele desejava governar o território desde 1811, quando concordara em liderar a campanha contra os wahabitas. Tanto em 1811 quanto em 1818, após derrotar os seguidores de Wahab, ele socilitara à Sublime Porta a concessão do governo da Síria. Os otomanos rejeitaram seus pedidos nas duas ocasiões, não desejando que seu governador no Egito se tornasse poderoso demais. Ao buscar o auxílio do Egito na guerra contra os gregos, o governo em Istambul enfim acenou com a perspectiva de conferir a Síria a Muhammad Ali. O governador egípcio cobrou a dívida após perder sua frota em Navarino, mas sem sucesso: os otomanos acreditavam que ele fora suficientemente enfraquecido por suas perdas, e que não era mais necessário contar com a sua boa vontade.

Muhammad Ali reconheceu que a Sublime Porta jamais lhe concederia a Síria. Ele também sabia que os otomanos não teriam forças para impedi-lo de tomar o território. Portanto, assim que Ibrahim Paxá e seus soldados foram repatriados para o Egito, ele se dedicou a construir uma nova frota e reequipar seu exército para invadir a Síria. Aproximou-se tanto dos britânicos quanto dos franceses para granjear apoio às suas pretensões. A França chegou a demonstrar algum interesse em entrar em acordo com os egípcios, mas a Grã-Bretanha continuou se opondo a qualquer ameaça à integridade territorial do Império Otomano. Implacável, Muhammad Ali continuou seus preparativos, e, em novembro de 1831, Ibrahim Paxá partiu à frente de um exército para conquistar a Síria.

O exército egípcio estava agora em guerra com o Império Otomano. Ibrahim Paxá liderou seus 30 mil homens numa rápida conquista da Palestina. No final de novembro de 1831, chegara ao reduto de Acre, no norte. Quando as notícias sobre os movimentos egípcios chegaram a Istambul, o sultão despachou um enviado especial para persuadir Muhammad Ali a renunciar a seu ataque. Sem obter o efeito pretendido, a Sublime Porta instou seus governadores em Damasco e Alepo a levantarem um exército para repelir os invasores. Eles tiveram seis meses para reunir o efetivo, tempo que o exército egípcio levou para concluir o cerco à quase inexpugnável fortaleza de Acre.

Enquanto os otomanos se preparavam para repelir a invasão egípcia, alguns líderes locais na Palestina e no Líbano decidiram apoiar Ibrahim Paxá a fim de preservar suas posições. O emir Bashir II, governante de Monte Líbano, fez uma aliança com Ibrahim Paxá quando o exército egípcio alcançou Acre. Um dos membros da família xiita do emir Bashir enviou seu conselheiro de confiança, Mikhayil Mishaqa, para observar o cerco egípcio da fortaleza e reportar os acontecimentos.

Mishaqa passou quase três semanas em Acre, seguindo as operações egípcias em primeira mão. Logo ao chegar, testemunhou uma batalha feroz entre a marinha egípcia e os defensores otomanos. Muhammad Ali tinha destinado 22 navios de guerra para o cerco, e eles dispararam mais de 70 mil cartuchos na cidadela de Acre. Os defensores opuseram uma férrea resistência e conseguiram incapacitar muitos dos navios em corajosas disputas. "A fumaça da pólvora", escreveu Mishaqa, "não permitia sequer entrever Acre", pois os bombardeios se estendiam da manhã ao pôr do sol. De acordo com as fontes de Mishaqa, os egípcios enviaram oito regimentos de soldados a pé (18 mil homens), oito regimentos de cavalaria (4 mil homens) e 2 mil beduínos irregulares contra os "3 mil bravos e experientes soldados" que defendiam Acre. Considerando a solidez de suas muralhas costeiras e as fortificações que protegiam suas muralhas terrestres, Mishaqa advertiu seus empregadores de que deveriam esperar um longo cerco.

Por seis meses os egípcios atacaram a fortaleza de Acre. Em maio de 1832, as inexpugnáveis muralhas do castelo haviam sido debilitadas o bastante para que Ibrahim Paxá decidisse reunir sua infantaria para invadir a cidadela. Ele fez um discurso inspirador, lembrando seus veteranos das vitórias na Arábia e na Grécia. Recuar não era uma opção para o exército egípcio. Para deixar ainda mais claro que nenhum recuo seria possível, Ibrahim Paxá avisou que "canhões viriam atrás e explodiriam qualquer soldado que retornasse sem ter tomado as muralhas". Com essas ameaçadoras palavras de encorajamento, Ibrahim Paxá liderou seus homens em uma investida contra as paredes arrebentadas de Acre. Eles invadiram as muralhas com facilidade e forçaram a rendição dos defensores sobreviventes, reduzidos em meses de combate a apenas 350 homens.[16]

Com Acre agora garantida, Ibrahim Paxá partiu para Damasco. O governador otomano da cidade mobilizou uma força de defesa de 10 mil civis. Ibrahim Paxá sabia que civis destreinados não lutariam contra um exército profissional e ordenou que suas tropas atirassem por sobre as cabeças dos inimigos para afugentá-los. Como havia imaginado, o som dos disparos foi o suficiente para dispersar os damascenos. O governador recuou da cidade para se juntar às forças otomanas mais ao norte, e os egípcios entraram em Damasco sem resistência. Ibrahim Paxá ordenou a seus soldados que respeitassem os moradores e suas propriedades e declarou anistia geral a todo o povo de Damasco. Como ele pretendia governar a Síria, não queria ser odiado.

Ibrahim Paxá nomeou um conselho de governo para Damasco e continuou sua marcha implacável para conquistar a Síria. Levou consigo alguns dos notáveis da cidade para garantir que os damascenos não se revoltassem em sua ausência. Mikhayil Mishaqa mais uma vez seguiu a campanha egípcia, reunindo informações para os governantes de Monte Líbano. No momento em que os egípcios deixaram Damasco, ele registrou seus números: "11 mil soldados a pé, 2 mil cavaleiros regulares, 3 mil cavaleiros [beduínos]" — 16 mil homens ao todo, apoiados por 43 canhões e 3 mil camelos de transporte para suprimentos e material. Eles marcharam então para a cidade de Homs, no centro da Síria, onde receberam o reforço de um destacamento de 6 mil soldados egípcios.

Em 8 de julho, os egípcios enfrentaram os otomanos em sua primeira grande batalha pelo controle da Síria, perto da cidade de Homs. "Foi uma visão emocionante", escreveu Mishaqa. "Quando as tropas regulares egíp-cias chegaram ao campo de batalha, foram recebidas pelas tropas turcas em maior número. Uma hora antes do pôr do sol, a batalha se desenrolava entre os dois lados, com fogo contínuo de armas e canhões." Do alto da colina onde estava, Mishaqa não conseguia vislumbrar o caminho que a batalha seguiria. "Foi uma hora assustadora, durante a qual os portões do inferno foram abertos. Ao cair da noite, o barulho das armas se acalmou, deixando apenas o martelar dos canhões, que se estendeu por mais uma hora e meia, até que finalmente reinou o silêncio total." Só então ele fi-cou sabendo que os egípcios haviam conseguido uma vitória completa na Batalha de Homs. Os comandantes otomanos foram obrigados a fugir a toda pressa. "A comida foi deixada no fogo, junto com baús de remédios, rolos de roupas e mortalhas [para os mortos], um grande número de peles e mantos, do tipo usado como recompensa, e muito equipamento. Foi tudo deixado para trás."[17]

O inquieto Ibrahim Paxá não se demorou em Homs. Um dia depois da vitória, conduziu seu exército para o norte até Alepo a fim de consumar a conquista da Síria. Como Damasco, Alepo se rendeu sem resistência, e Ibrahim Paxá deixou uma nova administração para governar a cidade em nome do Egito. O governador otomano havia se retirado para se juntar a um grande exército que incluía as unidades remanescentes da Batalha de Homs. Em 29 de julho, os otomanos enfrentaram o exército egípcio na aldeia de Belen, perto do porto de Alexandreta (atualmente na Turquia, mas na época parte da província de Alepo). Embora em menor número, as forças egípcias infligiram pesadas baixas aos otomanos antes de aceitar a rendição. Ibrahim Paxá marchou então com seus homens até o porto de Adana, onde os navios egípcios puderam reabastecer o exausto exército, e enviou despachos para o Cairo detalhando suas vitórias. Em seguida, aguardou novas ordens de seu pai.

Muhammad Ali passou da guerra para as negociações, tentando asse-gurar suas conquistas na Síria, fosse pelo decreto do sultão ou pela inter-venção europeia. Os otomanos, por sua vez, não estavam dispostos a fazer nenhuma concessão ao seu renegado governador. Em vez de reconhecer sua posição na Síria, o grão-vizir otomano Mehmed Reshid Paxá começou a mobilizar um vasto exército de mais de 80 mil homens para expulsar os egípcios dos territórios conquistados. Depois de reconstruir seu exército e repor seus suprimentos, Ibrahim Paxá partiu rumo à Anatólia Central em outubro de 1832 para enfrentar a ameaça otomana. Nesse mesmo mês, ocupou a cidade de Konya, onde se preparou para a batalha.

O exército egípcio teria agora de lutar no ambiente mais inóspito possível. Acostumadas ao calor do deserto do verão e aos invernos temperados ao longo do Nilo, as tropas se viram em meio à neve e às gélidas temperaturas invernais do planalto da Anatólia. No entanto, mesmo nessas condições, os relutantes recrutas provaram ser o mais disciplinado dos exércitos, e, embora em número menor, conseguiram uma vitória inegável sobre as tropas otomanas na Batalha de Konya (21 de dezembro de 1832). Eles conseguiram até mesmo capturar o grão-vizir, o que fortaleceu enormemente sua posição de barganha.

Ao ser informado da derrota de seu exército e da captura do grão-vizir, o sultão capitulou e concordou com a maior parte das demandas territoriais de Muhammad Ali. Ele não tinha opções militares após a derrota de seu exército em Konya, e agora enfrentava um exército egípcio alojado na cidade de Kütahya, na Anatólia, a apenas duzentos quilômetros da capital imperial, Istambul. A fim de garantir uma retirada completa das forças egípcias da Anatólia, Mahmoud II restabeleceu Muhammad Ali como governador do Egito (ele havia sido destituído do título e declarado um renegado após a invasão da Síria) e conferiu as províncias de Hejaz, Creta, Acre, Damasco, Trípoli e Alepo a Muhammad Ali e Ibrahim Paxá, com o direito de cobrar impostos da cidade portuária de Adana. Esses ganhos foram selados no Acordo de Paz de Kütahya, em maio de 1833, intermediado pela Rússia e pela França.

Após o acordo de Kütahya, Ibrahim Paxá retornou com suas tropas para a Síria e o Egito. Muhammad Ali não conseguiu a independência que almejara: os otomanos o haviam vinculado fortemente às leis do império. Mas ele conseguira assegurar a maior parte das províncias árabes do Império Otomano para o governo de sua família, criando um império egípcio que rivalizaria com o dos otomanos pelo restante da década de 1830.

O domínio egípcio se tornou muito impopular na Síria. A instituição de um novo imposto sobrecarregou todas as camadas da sociedade, desde o trabalhador mais pobre até o comerciante mais rico. Além disso, os egípcios perderam o apreço dos líderes locais ao destituí-los de seus poderes tradicionais. "Quando os egípcios começaram a alterar os costumes dos clãs e a cobrar mais impostos do que os habitantes estavam acostumados a pagar", registrou Mishaqa, "o povo começou a desprezá-los e, desejando a volta do governo turco, manifestou sinais de rebelião." Os egípcios reagiram desarmando e obrigando os sírios a servir em seus exércitos, o que apenas agravou a situação. "Os soldados não tinham um período fixo de serviço após o qual estavam livres para voltar para suas famílias, seu serviço era um inferno interminável", explicou Mishaqa.[18] Muitos jovens abandonaram a região para evitar o recrutamento, prejudicando ainda mais a economia local. A rebelião se espalhou das montanhas alauitas na costa da Síria para as regiões drusas em Monte Líbano e no sul da Síria, estendendo-se depois a Nablus, nas terras altas da Palestina. Entre 1834 e 1839, Ibrahim Paxá viu suas tropas imobilizadas na supressão de um ciclo acelerado de revoltas.

Muhammad Ali não se intimidou com a agitação popular no interior da Síria, vendo-a como uma adição permanente ao seu império. Ele trabalhava de maneira incansável para obter apoio europeu a seu plano de se separar do Império Otomano e estabelecer um reino independente no Egito e na Síria. Em maio de 1838, informou a Sublime Porta e as potências europeias de sua determinação em estabelecer seu próprio reino, oferecendo aos otomanos uma indenização de 3 milhões de libras (15 milhões de dólares). O primeiro-ministro britânico Palmerston respondeu com uma dura advertência: "O paxá [Muhammad Ali] deve esperar que a Grã-Bretanha fique ao lado do sultão, a fim de obter reparação por um prejuízo tão flagrante a seus interesses e com o objetivo de impedir o desmembramento do império turco".[19] Mesmo os aliados franceses de Muhammad Ali o advertiram contra a adoção de medidas que o levariam a confrontar tanto o sultão quanto a Europa.

Entusiasmados pelo apoio europeu, os otomanos decidiram agir imediatamente contra Muhammad Ali. O sultão Mahmoud II mobilizou então uma nova e maciça força de campanha. Desde a violenta dissolução dos janízaros em 1826, Mahmoud fizera grandes investimentos em um novo exército nizami. Seus oficiais de mais alta patente o asseguraram de que sua moderna infantaria treinada pelos alemães era mais do que páreo para os egípcios, exaustos depois de cinco anos reprimindo rebeliões populares na Síria. Os otomanos marcharam sobre as fronteiras sírias nos arredores de Alepo e atacaram as forças de Ibrahim Paxá em 24 de junho de 1839. Contrariando todas as expectativas, os egípcios os derrotaram na Batalha de Nezib, infligindo enormes baixas e fazendo mais de 10 mil prisioneiros.

O sultão Mahmoud II não chegou a ser informado sobre a derrota de seu exército. Sofrendo de tuberculose, sua saúde se deteriorava havia meses, e ele morreu em 30 de junho, antes de saber do desastre em Nezib. Foi sucedido pelo filho adolescente, o sultão Abdulmecid I (g. 1839-61), cuja juventude e inexperiência pouco contribuíram para acalmar os nervos dos comandantes do império. O almirante da frota otomana, Ahmed Fevzi Paxá, navegou toda a sua marinha pelo Mediterrâneo para colocá-la sob o comando de Muhammad Ali. Ele temia que a força caísse sob o controle da Rússia se, como esperava, os russos interviessem para apoiar o jovem sultão. Ele também acreditava que Muhammad Ali era o líder mais capacitado a preservar o Império Otomano; um rebelde viril seria um sultão melhor do que um inexperiente príncipe herdeiro. O pânico se espalhou por Istambul. O jovem sultão enfrentava a maior ameaça interna da história otomana, sem exército ou marinha para acorrer em sua defesa.

As potências europeias estavam tão preocupadas com a turbulência nos domínios otomanos quanto os próprios otomanos. A Grã-Bretanha temia que a Rússia se aproveitasse do vácuo de poder para tomar os estreitos de Bósforo e de Dardanelos, a fim de garantir o acesso de sua frota do mar Negro ao Mediterrâneo. Isso poria por terra décadas de políticas britânicas destinadas a conter a frota russa no mar Negro e negar-lhe acesso a portos de águas quentes, preservando o equilíbrio do poder marítimo com vantagem para a Grã-Bretanha. Os britânicos também esperavam frustrar as ambições francesas de estender o domínio de seu aliado, o Egito, sobre o Mediterrâneo Oriental, e lideraram uma coalizão de potências europeias (da qual a França se absteve) para intervir na crise, tanto para fortalecer a dinastia otomana quanto para forçar Muhammad Ali a se retirar da Turquia e da Síria.

As negociações se arrastaram por um ano, enquanto Muhammad Ali tentava se valer da vitória em Nezib para assegurar maiores privilégios territoriais e o máximo de soberania possível e os britânicos e a Sublime Porta pressionavam pela retirada do Egito da Síria. Em julho de 1840, a coalizão europeia — Grã-Bretanha, Áustria, Prússia e Rússia — ofereceu a Muhammad Ali o governo vitalício sobre Damasco e o domínio hereditário sobre o Egito se os seus soldados se retirassem da Síria imediatamente. Com as frotas britânica e austríaca se reunindo no Mediterrâneo Oriental para agir, era a sua última oferta. Acreditando ter o apoio da França, Muhammad Ali a rejeitou.

A frota aliada se aproximou da cidade portuária de Beirute sob o comando do almirante britânico Napier e, em 11 de setembro, bombardeou posições egípcias. Os britânicos utilizaram agentes locais para distribuir panfletos em toda a Síria e no Líbano pedindo ao povo local que se levantasse contra os egípcios. O povo da Grande Síria já havia feito isso no passado e estava muito feliz em repetir a dose. A frota aliada, enquanto isso, se transladou de Beirute a Acre a fim expulsar os egípcios da cidadela. Os egípcios imaginavam que poderiam resistir a qualquer ataque, mas a frota conjunta anglo-austro-otomana tomou a cidadela em três horas e vinte minutos, segundo Mikhayil Mishaqa. Os egípcios haviam acabado de receber um carregamento de pólvora, que estava empilhada e exposta no centro da cidadela. Um tiro de um dos navios aliados detonou o pó "de maneira tão inesperada que os soldados em Acre fugiram imediatamente, não deixando ninguém para defendê-la".[20] As forças europeia e otomana retomaram a cidadela e estabeleceram seu controle sobre toda a costa síria.

Ibrahim Paxá viu sua posição se tornar cada vez mais insustentável. Impedido seu acesso ao mar, ele não tinha meios de reabastecer suas tropas, agora constantemente assediadas pela população local. Ele retirou suas forças da Turquia e de todos os territórios sírios. Assim que seus soldados — cerca de 70 mil, no total — se reuniram em Damasco, iniciou, por via terrestre, uma retirada ordenada da Síria para o Egito em janeiro de 1841.

A AMEAÇA EGÍPCIA HAVIA SIDO CONTIDA, mas a ameaça representada pela Segunda Guerra Egípcio-Otomana à sobrevivência da Sublime Porta exigia um compromisso formal. Em um acordo negociado em Londres, os otomanos conferiram a Muhammad Ali o governo vitalício sobre o Egito e o Sudão e estabeleceram o domínio hereditário de sua família sobre o Egito. Muhammad Ali, por sua vez, reconheceu o sultão como seu suserano e concordou em fazer um pagamento anual ao governo de Istambul como um sinal de sua submissão e lealdade ao Estado otomano.

A Grã-Bretanha também desejava assegurar que os problemas no Mediterrâneo Oriental jamais voltassem a ameaçar a paz da Europa. A melhor garantia contra o conflito entre as potências europeias por vantagens estratégicas no levante era o asseguramento da integridade territorial do Império Otomano — uma antiga preocupação de Lord Palmerston, o primeiro-ministro britânico. Em um apêndice secreto à Convenção de Londres de 1840, os governos de Grã-Bretanha, Áustria, Prússia e Rússia se comprometeram formalmente a "não buscar nenhum aumento de território, nenhuma influência exclusiva, nenhuma vantagem comercial para os seus súditos que não possa ser obtida por qualquer outro país".[21] Esse protocolo de autonegação proporcionou ao Império Otomano quase quatro décadas de proteção contra a ingerência europeia em seus territórios.

★ ★ ★

ENTRE 1805 E 1841, as ambições de Muhammad Ali o levaram de volta ao ponto de partida. Ele ascendeu ao posto de governador e se fez senhor do Egito. Uma vez que estava seguro no Egito e expandira as receitas de sua província, começou a criar um exército moderno. Expandiu então seu alcance territorial do Sudão e do Hejaz, no mar Vermelho, para grande parte da Grécia, por um tempo, e toda a Síria. Esses ganhos lhe foram negados pela intervenção estrangeira, e em 1841 ele estava reduzido ao Egito e ao Sudão. O Egito teria seu próprio governo e faria suas próprias leis, mas permaneceria vinculado à política externa do Império Otomano. Embora os egípcios pudessem cunhar suas próprias moedas, as de ouro e prata levariam o nome do sultão, enquanto o do governante egípcio só poderia figurar nas de cobre. O Egito teria seu próprio exército, mas com o contingente restrito a 18 mil homens — muito inferior aos 100 mil-200 mil que chegara a possuir. As realizações de Muhammad Ali foram grandes, mas suas ambições haviam sido maiores.

Os últimos anos de Muhammad Ali no cargo foram marcados por decepções e problemas de saúde. O paxá era agora um homem idoso — 71 anos — quando seu exército retornou da Síria. Havia se distanciado de seu filho Ibrahim. Ao longo da campanha síria, pai e filho se comunicavam por meio de funcionários do palácio. Ambos lutavam contra doenças — Ibrahim foi enviado à Europa para combater a tuberculose, e Muhammad Ali começava a perder suas faculdades mentais devido a tratamentos com nitrato de prata que recebera para combater disenteria. Em 1847, o sultão reconheceu que Muhammad Ali já não possuía as aptidões necessárias para governar e nomeou Ibrahim Paxá para sucedê-lo. Este morreu seis meses depois. Na época, Muhammad Ali já estava com a saúde deteriorada demais para notar. A sucessão passou para seu neto, Abbas, que oficiou o funeral de Muhammad Ali após a morte do paxá em 2 de agosto de 1849.

A era dos líderes locais chegava ao fim. Quando os egípcios foram despojados de Creta, das províncias sírias e do Hejaz, o governo otomano teve o cuidado de despachar seus próprios homens para servir como governadores. As famílias Azm, em Damasco, e Jalili, em Mossul, perderam o controle sobre as cidades que haviam governado durante grande parte do século XVIII. O governo autônomo de Monte Líbano entrou em colapso quando os Shihab foram derrubados por colaborarem com o domínio egípcio. Aqui também os otomanos procuraram impor seus próprios governantes, embora com consequências explosivas que deixariam o Líbano no caminho do conflito sectário. A tentativa de conquistar autonomia local em relação ao governo otomano cobrou um preço alto para a população comum dos territórios árabes, que sofreu com as guerras, a inflação, a instabilidade política e inúmeras injustiças nas mãos de líderes locais ambiciosos. Eles agora queriam paz e estabilidade.

Os otomanos também queriam pôr fim aos desafios internos ao seu governo. Embora preocupados sobretudo com as ameaças e guerras estrangeiras com a Rússia e a Áustria, eles haviam percebido o perigo de descuidar das províncias árabes: a aliança entre Ali Bei Kabir e Zahir Umar ameaçara seu domínio na Síria e no Egito; os wahabitas devastaram o sul do Iraque e tomaram o Hejaz; e Muhammad Ali utilizara a riqueza do Egito para criar um exército que lhe deu o controle de um verdadeiro império e os meios para ameaçar a sobrevivência dos próprios otomanos. Não fosse pela intervenção das potências europeias, Muhammad Ali talvez os tivesse derrubado na Segunda Guerra Egípcio-Otomana. Essas experiências haviam destacado a necessidade de reformas na Sublime Porta. Isso exigiria não apenas um leve reparo das instituições governamentais permanentes, mas uma completa revisão da antiga máquina de governo.

Os otomanos reconheceram que não seriam capazes de reformar seu império por conta própria. Precisariam recorrer às ideias e tecnologias que haviam fortalecido seus rivais europeus. Os estadistas em Istambul notaram como Muhammad Ali conseguira aproveitar as ideias e tecnologias europeias modernas para criar seu Estado dinâmico. O envio de missões egípcias à Europa, a importação de tecnologia industrial e militar do continente e a contratação de assessores técnicos europeus em todos os níveis das forças armadas e da burocracia haviam desempenhado um papel importante nas conquistas de Muhammad Ali.

Os otomanos estavam entrando em uma nova e complexa era em suas relações com os vizinhos europeus. A Europa serviria de modelo de ideal a ser alcançado em termos militares e tecnológicos. Mas era ao mesmo tempo uma ameaça a ser mantida à distância, tanto por ser uma potência beligerante que cobiçava as terras otomanas como por constituir uma fonte de novas e perigosas ideologias. Os reformistas otomanos precisariam enfrentar o desafio de adotar ideias e tecnologias europeias sem comprometer seus próprios valores culturais e integridade.

A única coisa que eles não podiam fazer era ignorar o progresso da Europa. O continente havia emergido como a potência mundial dominante no século XIX, e o Império Otomano seria obrigado cada vez mais a funcionar segundo suas regras.

4. Os perigos da reforma

Um jovem clérigo muçulmano se aproximou do veleiro francês *La Truite*, atracado no porto de Alexandria, em 13 de abril de 1826. Ao pisar na passarela para subir a bordo, vestido com os trajes e o turbante de um erudito da antiga mesquita da Universidade de al-Azhar, no Cairo (fundada em 969), os pés de Rifaa Tahtawi deixavam o solo egípcio pela primeira vez na vida. Ele se dirigia à França, nomeado capelão da primeira grande missão de educação de Muhammad Ali na Europa. Não veria sua terra natal pelos cinco anos seguintes.

Uma vez a bordo, Tahtawi examinou os rostos dos outros delegados. Eles formavam um grupo diversificado: 44 homens ao todo, com idades entre quinze e 37 anos. Tahtawi (1801-73) tinha então 24. Embora se tratasse de uma delegação egípcia, apenas dezoito homens tinham de fato o árabe como língua materna. O resto do grupo falava turco e refletia a diversidade nacional do Império Otomano, da qual o Egito ainda fazia parte — havia delegados turcos, circassianos, gregos, georgianos e armênios. Esses homens tinham sido escolhidos pelo governador do Egito para estudar línguas e ciências europeias e, em seu retorno, aplicar o que tivessem aprendido na França para reformar sua terra natal.

Nascido em uma importante família de juízes e teólogos em uma pequena aldeia no Alto Egito, Tahtawi estudara teologia árabe e islâmica desde os dezesseis anos. Com grande talento para os estudos, foi nomeado para lecionar na Universidade de al-Azhar antes de ingressar no serviço público, em 1824, como pregador em uma das novas divisões de infantaria nizami, organizadas em estilo europeu. Graças a seu desempenho no posto, e com o apoio de seus patronos, Tahtawi foi selecionado para a prestigiosa missão em Paris. Esse era o tipo de nomeação que fazia a carreira de um homem.

Tahtawi levou consigo um caderno em branco para registrar suas impressões sobre a França. Nenhum detalhe parecia trivial demais para sua atenção: o modo como os franceses construíam suas casas, ganhavam a vida, seguiam sua religião; seus meios de transporte e o funcionamento de seu sistema financeiro; relações entre homens e mulheres; como se vestiam e dançavam; como decoravam suas casas e arrumavam suas mesas. Tahtawi escreveu com curiosidade e respeito, mas também desprendimento crítico. Durante séculos, os europeus tinham viajado para o Oriente Médio e escrito livros sobre os modos e costumes das pessoas exóticas que lá encontraram. Agora, pela primeira vez, um egípcio revertia a situação e escrevia sobre o estranho e exótico país chamado França.[1]

As reflexões de Tahtawi sobre a França são cheias de contradições. Na condição de muçulmano e otomano egípcio, ele estava confiante na superioridade de sua fé e cultura. Via a França como um lugar de descrença, onde "nem um único muçulmano havia se fixado" e onde os próprios franceses eram "cristãos apenas no nome". No entanto, suas observações mostram que ele não teve nenhuma dúvida quanto à superioridade da Europa em termos de ciência e tecnologia. "Alá é testemunha de que, durante minha estada [na França], fiquei triste pelo fato de ter desfrutado de todas as coisas que faltam nos reinos islâmicos", registrou.[2] Para dar uma ideia a seus leitores do abismo que acreditava separar o mundo islâmico da ciência ocidental, Tahtawi julgou necessário explicar que os astrônomos europeus haviam provado que a Terra era redonda. Ele percebeu o quanto o mundo islâmico havia ficado para trás nas ciências em relação à Europa, e acreditava que os muçulmanos tinham o dever e o direito de recuperar esse conhecimento, uma vez que os avanços ocidentais desde a Renascença haviam sido construídos sobre o progresso nas ciências do islã medieval. Ele argumentava que, ao tomar de empréstimo a moderna tecnologia europeia, os otomanos estavam apenas cobrando dividendos do que o Ocidente devia à ciência islâmica.[3]

Embora o livro de Tahtawi esteja repleto de reflexões fascinantes sobre o que, aos olhos egípcios, fazia funcionar a França da década de 1820, ele deu sua contribuição mais substancial à reforma política com sua análise do governo constitucional. Ele traduziu todos os 74 artigos da Constituição francesa de 1814, a *Charte constitutionelle*, e escreveu uma análise detalhada de seus pontos-chave.[4] Tahtawi acreditava que era na Constituição que residia o segredo do avanço francês. "Gostaríamos de incluir isto", explicou a seus leitores da elite,

> para que os senhores possam compreender como eles chegaram à conclusão de que a justiça e a equidade são o que faz avançar a civilização dos reinos, o bem-estar dos súditos, e como governantes e súditos foram guiados por essas ideias, que levaram à prosperidade do país, ao aumento do conhecimento, à acumulação de riquezas e à satisfação dos corações.

O louvor de Tahtawi ao governo constitucional era corajoso para o seu tempo. Eram novas ideias perigosas, sem raízes na tradição islâmica. Como ele confessou, a maior parte dos princípios da Constituição francesa "não existe no Alcorão nem na suna [as práticas] do profeta". Ele até podia temer a reação de seus colegas clérigos muçulmanos, mas assumiu o risco ainda maior de provocar a ira de seus governantes. Afinal, a Constituição se aplicava ao rei e aos seus súditos de igual maneira, e exigia uma divisão de poderes entre o monarca e uma legislatura eleita. O Egito de Muhammad Ali era um Estado completamente autocrático, e o Império Otomano uma monarquia absoluta. A simples noção de governo representativo ou de qualquer restrição aos poderes do rei seria vista como estranha e subversiva pela maior parte das elites otomanas.

O clérigo reformista ficou encantado com a forma como a Constituição francesa promovia os direitos dos cidadãos comuns em vez de reforçar o domínio das elites. Entre os artigos da Constituição que mais o impressionaram estavam os que afirmavam a igualdade de todos os cidadãos perante a lei e a elegibilidade de todos os cidadãos "a qualquer cargo, independente de sua posição". O vislumbre de tal mobilidade ascendente, ele sustentava, encorajaria "as pessoas a estudar e a aprender", de modo a poderem "alcançar uma posição mais alta do que a que ocupam", impedindo, assim, o estagnamento da civilização. Aqui, mais uma vez, Tahtawi trilhava um caminho perigoso. Em uma sociedade rigidamente hierárquica como a do Egito otomano, as ideias de mobilidade social teriam atingido as elites como uma ideia perigosa.

Tahtawi foi ainda mais longe, elogiando os direitos franceses de liberdade de expressão. A Constituição, explicou ele, encorajava "todos a expressarem livremente sua opinião, conhecimento e sentimentos". O meio que o cidadão francês usava para manifestar seus pontos de vista, continuava Tahtawi, era uma coisa chamada "jornal" ou "gazeta". Seria a primeira vez que muitos dos leitores de Tahtawi ouviriam falar de jornais, ainda desconhecidos no mundo de língua árabe. Tanto os poderosos quanto as pessoas comuns poderiam publicar seus pontos de vista nesses veículos, explicou. De fato, Tahtawi ressaltou a importância do acesso à imprensa por parte dos plebeus, já que "mesmo uma pessoa humilde pode pensar em algo que não vem à mente de pessoas importantes". No entanto, foi o poder da imprensa de responsabilizar as pessoas por suas ações que atingiu o clérigo como algo verdadeiramente notável.

> Quando alguém faz algo admirável ou desprezível os jornalistas podem escrever sobre o assunto, de modo que ele se torna conhecido tanto pelos notáveis quanto pelas pessoas comuns — encorajando quem fez algo bom ou obrigando quem fez algo desprezível a abandonar seus caminhos.

Em sua mais ousada violação das convenções políticas otomanas, Tahtawi fez um relato detalhado e compreensivo da Revolução de Julho de 1830 que derrubou o rei Bourbon, Carlos x. O pensamento político muçulmano sunita proclamava o dever dos súditos de se submeter aos governantes, até mesmo despóticos, no interesse da ordem pública. Tahtawi, que observara o drama político em primeira mão, claramente se aliou ao povo francês contra seu rei quando Carlos x suspendeu a Carta e "envergonhou as leis em que os direitos do povo francês foram consagrados". Em sua tentativa de restaurar o poder absoluto da monarquia, ele ignorou os deputados na Câmara, proibiu as críticas públicas ao monarca e ao seu gabinete e introduziu a censura à imprensa. Quando o povo se insurgiu em rebelião armada contra o governante, o clérigo egípcio ficou do lado deles. A extensa análise de Tahtawi sobre a Revolução de Julho é ainda mais notável por seu endosso implícito ao direito das pessoas de derrubar um monarca para preservar seus direitos legais.[5]

Depois de cinco anos encantadores em Paris, Tahtawi retornou ao Egito em 1831, suas impressões sobre a França ainda confinadas a seu caderno. Fluente em francês, ele recebeu o importante encargo de implantar uma agência de tradução governamental, destinada sobretudo a produzir edições árabes de manuais técnicos europeus essenciais para as reformas de Muhammad Ali. Enquanto se ocupava da criação da agência, Tahtawi encontrou tempo para revisar e publicar suas anotações sobre Paris. Talvez para se proteger de represálias contra a divulgação de perigosas ideias políticas, fez grandes elogios a Muhammad Ali em seu prefácio. O resultado, publicado em árabe em 1834 e posteriormente traduzido para o turco, foi nada menos que uma obra de arte. Com sua clara exposição dos avanços europeus nos campos da ciência e da tecnologia e sua análise da filosofia política do Iluminismo, o livro de Tahtawi foi o tiro de canhão inaugural das reformas pelas quais o mundo otomano — e árabe — iriam passar ao longo do século xix.

★ ★ ★

Os otomanos e seus cidadãos árabes passaram a interagir cada vez mais com a Europa ao longo do século xix, o que os forçou a reconhecer que os europeus os haviam superado em poder militar e econômico. Embora a maioria dos otomanos permanecesse convencida da superioridade cultural de seu mundo, os reformistas argumentavam que precisavam dominar as ideias e a tecnologia da Europa para que esta não acabasse por dominá-los.

Os otomanos e seus vassalos árabes autônomos no Egito e na Tunísia começaram por introduzir reformas em seus exércitos. Logo ficou claro que, para custear as despesas de um exército moderno, a base de arrecadação do Estado precisava se expandir. Assim, as práticas administrativas e econômicas foram modificadas de acordo com as diretrizes observadas na Europa, na expectativa de que isso trouxesse maior prosperidade e um incremento nas receitas. A importação de tecnologia europeia passou a ser cada vez maior, estimulada por capitalistas europeus em busca de mercados estrangeiros para seus produtos manufaturados e máquinas. O sultão e seus vice-reis em Túnis e no Cairo se mostraram mais do que dispostos a desfrutar os benefícios da moderna tecnologia europeia, como o telégrafo, o navio a vapor e as ferrovias, que viam como símbolos claros de progresso e desenvolvimento. Toda essa nova tecnologia era cara, porém, e à medida que a elite instruída de Istambul, Cairo e Túnis começou a se preocupar com a extravagância de seus governantes, começou também a clamar por Constituições e Parlamentos como o elemento que faltava na agenda de reformas.

O objetivo das reformas, em cada uma de suas fases, era não só fortalecer as instituições do Império Otomano e de seus Estados vassalos árabes como protegê-los dos avanços europeus. Nisso, seus idealizadores ficariam desapontados, pois a era das reformas deixou o mundo otomano cada vez mais vulnerável à intrusão europeia. O controle europeu informal através da pressão consular, do comércio e do investimento de capital seria seguido por uma dominação formal da Europa à medida que primeiro a Tunísia, depois o governo otomano e finalmente o Egito não conseguiram cumprir seus compromissos financeiros com credores estrangeiros.

A ERA DAS REFORMAS OTOMANAS começou no auge da segunda guerra contra os egípcios, em 1839. A morte do sultão Mahmoud II e a ascensão de seu filho adolescente, Abdulmecid I, não eram de modo algum um momento auspicioso para o anúncio de um programa de reformas radicais. O Império Otomano, porém, sob a ameaça iminente do exército de Muhammad Ali, precisava contar mais do que nunca com a boa vontade da Europa. Para assegurar a garantia das potências europeias sobre o seu território e soberania, a Sublime Porta acreditava ser necessário demonstrar que poderia aderir às suas normas de governo, na condição de membro responsável da comunidade de Estados modernos. Além disso, os reformistas que haviam trabalhado sob Mahmoud II estavam determinados a consolidar as mudanças já empreendidas sob o reinado do falecido sultão e a comprometer seu sucessor com o processo de reforma.

Essa dupla motivação caracterizaria a era das reformas otomanas: gestos de relações públicas para conquistar o apoio europeu aliados a um compromisso genuíno de reformar o império, a fim de garantir sua sobrevivência contra ameaças internas e externas. Em 3 de novembro de 1839, o ministro otomano das Relações Exteriores, Mustafa Reshid Paxá, leu um decreto de reforma em nome de Abdulmecid I para um grupo de dignitários otomanos e estrangeiros em Istambul. A partir de então, iniciou-se um período de reformas administrativas que, entre 1839 e 1876, transformariam o Estado otomano em uma monarquia constitucional com um Parlamento eleito — um período conhecido como Tanzimat (literalmente, "reordenação").

Três marcos principais definem o Tanzimat: o decreto da reforma de 1839; o decreto da reforma de 1856, que reafirmou e ampliou a pauta de 1839; e a Constituição de 1876. Os decretos de 1839 e 1856 revelam a dívida dos reformistas otomanos ao pensamento político ocidental. O primeiro documento estabelecia uma modesta agenda de reforma de três pontos: garantir a "perfeita segurança da vida, honra e propriedade" de todos os súditos otomanos; estabelecer "um sistema regular de cobrança de impostos"; e reformar os termos do serviço militar mediante o recrutamento regular e períodos fixos de serviço.[6]

O decreto de 1856 reiterou as reformas estabelecidas em 1839 e ampliou seu escopo, introduzindo reformas nos tribunais e no sistema penal. Os castigos físicos seriam reprimidos e a tortura, abolida. O decreto buscava regularizar as finanças do império mediante a estipulação de orçamentos anuais abertos ao escrutínio público, e previa ainda a modernização do sistema financeiro e o estabelecimento de um sistema bancário moderno a fim de "criar fundos a serem empregados para aumentar as fontes imperiais de riqueza" por meio de obras públicas como estradas e canais. "Para concretizar esses objetivos", concluía o decreto, "devem-se buscar meios

para lucrar com a ciência, a arte e os fundos da Europa, e assim gradual-
mente executá-los."[7]

No entanto, ver o Tanzimat apenas à luz dos grandes decretos seria
ignorar o alcance total das reformas realizadas entre 1839 e 1876. As décadas centrais do século XIX testemunharam uma grande transformação nas
principais instituições do Estado e da sociedade otomana. A fim de reformar a base de arrecadação e assegurar sua prosperidade futura, o governo
começou a realizar um censo regular e introduziu um novo sistema de
registro fundiário que substituiu as antigas cessões baseadas no pagamento
de impostos por títulos individuais, o que estava em maior conformidade
com as noções ocidentais de propriedade privada. A administração provincial foi completamente reformulada, com a criação de um sistema regular
de governo que abrangia desde as capitais provinciais como Damasco e
Bagdá até as pequenas aldeias.

Essas mudanças exigiram milhares de novos burocratas com formação
técnica e moderna. Para atender a essa necessidade, o Estado estabeleceu
uma rede de novas escolas primárias, intermediárias e secundárias com
base nos currículos europeus para treinar funcionários públicos. Da mesma
forma, as leis do império precisaram ser reformuladas, em um projeto
ambicioso para conciliar a lei islâmica com os códigos ocidentais e tornar
o sistema jurídico otomano mais compatível com as normas europeias.

Enquanto as reformas se restringiram aos altos escalões do governo, os
súditos do Império Otomano mostraram pouco interesse pelo Tanzimat.
No decorrer das décadas de 1850 e 1860, porém, elas começaram a afetar a
vida das pessoas comuns. Sempre com medo da tributação e do alistamento,
elas resistiram a todos os esforços do Estado para inscrever seus nomes nos
registros do governo. Os pais evitavam mandar os filhos para as escolas
públicas, temendo que, ao registrar seus nomes, eles acabassem no exército.
Os moradores da cidade evitavam os funcionários do censo, e os fazendeiros
dificultavam o registro de suas terras tanto quanto possível. À medida que a
burocracia cresceu em tamanho e eficiência, porém, as pessoas acabaram por
sucumbir a um dos imperativos da administração moderna: a manutenção
de registros precisos sobre os súditos do Estado e suas propriedades.

O sultão não foi menos afetado pelo processo de reformas do que seus súditos. Seu poder absoluto se deteriorou à medida que o centro de gravidade político se deslocou de seu palácio para os escritórios do governo otomano na Sublime Porta. O Conselho de Ministros assumiu os principais papéis legislativos e executivos no governo, e o grão-vizir surgiu como chefe de gabinete. O sultão ficou reduzido a um papel cerimonial e simbólico de chefe de Estado. Essa evolução foi arrematada em 1876 com a promulgação da Constituição — que, embora deixando grandes poderes nas mãos do sultão, ampliou a participação política ao estabelecer um Parlamento. Ao longo de 37 anos de reformas, o absolutismo otomano foi substituído por uma monarquia constitucional.

Há perigos inerentes a qualquer programa de reforma importante, sobretudo quando ideias estrangeiras estão envolvidas. Os muçulmanos otomanos conservadores denunciaram o Tanzimat por introduzir inovações não islâmicas no Estado e na sociedade. Nenhuma questão, porém, foi mais explosiva do que as alterações introduzidas no status dos cristãos e judeus, reconhecidos agora como comunidades minoritárias não muçulmanas integradas à sociedade otomana predominantemente sunita.

Ao longo do século XIX, as potências europeias usaram cada vez mais os direitos das minorias como pretexto para intervir nos assuntos otomanos. A Rússia estendeu sua proteção à Igreja Ortodoxa Oriental, a maior comunidade cristã otomana. A França havia muito desfrutava de um relacionamento especial com a igreja maronita em Monte Líbano, e, no século XIX, desenvolveu o patrocínio formal de todas as comunidades católicas otomanas. Os britânicos não tinham laços históricos com nenhuma igreja na região, mas a Grã-Bretanha representava os interesses dos judeus, dos drusos e das pequenas comunidades de convertidos que, no mundo árabe, se reuniam em torno de missionários protestantes. Enquanto o Império Otomano ocupasse áreas de importância estratégica, as potências europeias se valeriam de qualquer meio para se intrometer em seus assuntos. Questões de direitos das minorias ofereciam a elas um grande número de oportunidades para impor sua vontade aos otomanos — às vezes com consequências desastrosas para os dois lados.

A "disputa pelos lugares sagrados" de 1851-2 demonstrou para todas as partes envolvidas os perigos da intervenção das grandes potências. Tudo começou quando surgiram divergências entre monges católicos e ortodoxos gregos sobre seus respectivos direitos e privilégios relativos aos lugares sagrados cristãos na Palestina. França e Rússia responderam pressionando Istambul a conferir privilégios às comunidades de seus respectivos clientes. Os otomanos primeiro se dobraram às pressões francesas, dando as chaves da Igreja da Natividade em Belém aos católicos. Os russos estavam determinados a garantir um troféu maior para a Igreja ortodoxa grega, de modo a não ficarem atrás dos franceses. Depois que os otomanos fizeram concessões semelhantes aos russos, porém, o imperador francês Napoleão III despachou até os Dardanelos um navio de guerra de última geração, movido a hélice, para levar seu embaixador a Istambul e ameaçou bombardear posições otomanas no norte da África se a Sublime Porta não rescindisse as concessões aos ortodoxos clientes da Rússia. Quando os otomanos cederam aos franceses, os russos ameaçaram com guerra. O que começou como uma guerra russo-otomana no outono de 1853 degenerou na Guerra da Crimeia de 1854-5, que colocou a Grã-Bretanha e a França contra a Rússia tzarista em um conflito violento que ceifou mais de 300 mil vidas e deixou um número ainda maior de feridos. As consequências da intervenção europeia em nome das comunidades minoritárias eram muito sérias para que o governo em Istambul permitisse que essa prática continuasse.

Os otomanos haviam feito uma tentativa tímida de reclamar para si a iniciativa sobre as comunidades minoritárias não muçulmanas no decreto da reforma de 1839. "Os súditos muçulmanos e não muçulmanos de nosso alto sultanato, sem exceção, desfrutarão de nossas concessões imperiais", declarou o sultão em seu *firman*, isto é, seu edito. Estava claro que ele e seus administradores teriam de fazer uma declaração mais contundente sobre a igualdade entre muçulmanos e não muçulmanos se quisessem persuadir as potências europeias de que suas intervenções não eram mais

necessárias para garantir o bem-estar de cristãos e judeus no Império Otomano. O problema para o governo otomano era obter o consentimento de
sua maioria muçulmana para uma política de igualdade entre diferentes
credos. O Alcorão traça distinções claras entre os muçulmanos e as outras
duas religiões monoteístas, tendo essas distinções sido consagradas na lei
islâmica. Para o governo em Istambul, desconsiderá-las seria, na opinião
de muitos crentes, ir contra o livro sagrado e a lei de Alá.

Logo após a Guerra da Crimeia, o governo otomano decidiu correr o
risco de provocar a indignação pública em âmbito doméstico para evitar
novas intervenções europeias em nome das comunidades minoritárias não
muçulmanas. O decreto da reforma de 1856 foi programado para coincidir
com o Tratado de Paris, que punha fim à Guerra da Crimeia. A maior
parte das disposições do decreto aludia aos direitos e responsabilidades
dos cristãos e judeus. Ele estabeleceu pela primeira vez a igualdade completa de todos os otomanos, a despeito de sua religião: "Toda distinção ou
designação usada para tornar qualquer classe dos súditos de meu império
inferior a outra classe, em virtude de sua religião, idioma ou raça, será er-
radicada para sempre do protocolo administrativo". O decreto prometia a
todos os súditos otomanos o acesso a escolas e empregos no governo, bem
como ao serviço militar, sem discriminação de religião ou nacionalidade.

O processo de reforma já era controverso por suas inclinações europeias. Mas nada nas reformas anteriores ao decreto de 1856 violava diretamente o Alcorão — reverenciado pelos muçulmanos como a palavra literal
e eterna de Alá. Contradizer o Alcorão era o mesmo que contradizer Alá,
e não sem surpresa o novo decreto provocou enorme indignação entre os
muçulmanos praticantes quando foi lido nas cidades do império. Um juiz
otomano em Damasco registrou em seu diário, em 1856:

Foi lido na corte o decreto conferindo completa igualdade aos cristãos, con-
cedendo-lhes igualdade e liberdade e outras violações da lei islâmica eterna
[...]. Todos os muçulmanos cobriram [a cabeça] com cinzas. Pedimos a Alá
que fortaleça a religião e dê a vitória aos muçulmanos.[8]

Os súditos de Abdulmecid i entenderam de imediato o significado dessa reforma em particular.

As reformas do Tanzimat estavam levando o Império Otomano para um território perigoso. Com a promulgação de reformas que contrariavam a religião e os valores da maioria da população, o governo se arriscava a provocar rebeliões contra a sua autoridade e a violência entre seus súditos.

Os otomanos não foram os primeiros governantes islâmicos a decretar a igualdade entre muçulmanos, cristãos e judeus. Muhammad Ali fizera o mesmo no Egito na década de 1820 — nesse caso, porém, mais pelo seu desejo de tributar e recrutar igualmente todos os egípcios, sem distinção de religião, do que por qualquer preocupação em libertar comunidades minoritárias. Embora objeções sem dúvida tenham sido levantadas entre muçulmanos piedosos quando o princípio da igualdade foi aplicado durante a ocupação egípcia da Grande Síria na década de 1830, Muhammad Ali tivera força suficiente para enfrentar os críticos e impor sua vontade. Tendo observado as reformas de Ali, os otomanos acreditaram que poderiam seguir seu precedente sem provocar conflitos civis.

A ocupação egípcia também abriu as províncias árabes do Império Otomano à entrada comercial europeia. Beirute emergiu como um importante porto no Mediterrâneo Oriental e os comerciantes ganharam acesso a novos mercados em cidades do interior antes fechadas para comerciantes ocidentais, como Damasco. Os comerciantes europeus passaram a confiar em cristãos e judeus locais para servir como intermediários — tradutores e agentes. Graças a essas conexões com o comércio europeu e à atividade consular, um bom número de cristãos e judeus enriqueceu, e muitos se tornaram imunes à lei otomana ao aceitar a oferta de cidadania europeia.

A comunidade muçulmana na Grande Síria já estava se tornando perigosamente ressentida com os privilégios de alguns cristãos e judeus árabes na década de 1840. O delicado equilíbrio comunitário estava sendo perturbado por forças externas. Pela primeira vez em gerações, as províncias árabes testemunharam violência sectária. Em 1840, os judeus de Damasco foram acusados do assassinato ritual de um padre católico e sujeitos à violenta repressão das autoridades.[9] Em outubro de 1850, a violência irrompeu em Alepo, quando uma multidão muçulmana atacou a próspera minoria cristã da cidade, deixando dezenas de mortos e centenas de feridos. Eventos desse tipo não tinham precedentes na história de Alepo e refletiam o ressentimento de comerciantes muçulmanos cujos negócios decaíam enquanto seus vizinhos cristãos enriqueciam devido a seus contatos comerciais com a Europa.[10]

Um problema maior estava se formando em Monte Líbano. A ocupação egípcia na década de 1830 levara ao colapso da ordem local e havia gerado uma divisão entre os maronitas, aliados dos invasores, e os drusos, que haviam resistido a eles. Após a retirada dos egípcios, os drusos retornaram a Monte Líbano e descobriram que os maronitas tinham se tornado ricos e poderosos em sua ausência — e reivindicaram terras que haviam abandonado ao fugir do domínio egípcio. As diferenças entre as comunidades levaram, em 1841, a um surto de conflitos, que prosseguiram de maneira intermitente pelas duas décadas seguintes, alimentados pelo apoio britânico aos drusos e francês aos maronitas.

Os otomanos tentaram obter vantagem do vácuo de poder deixado pelas forças egípcias em retirada para assegurar maior controle sobre a administração de Monte Líbano. Eles substituíram o desacreditado principado xiita que governava a região desde o final do século XVII por um governo duplo, chefiado por um maronita ao norte da estrada Beirute-Damasco e por um druso ao sul. Essa divisão não tinha base nem na geografia nem na demografia de Monte Líbano, pois havia maronitas e drusos em ambos os lados da fronteira. Como resultado, o governo duplo pareceu apenas exacerbar as tensões entre as duas comunidades. Para piorar as coisas, os maronitas padeciam de divisões internas, com profundas clivagens entre as famílias dominantes, os camponeses e o clero, o que incitou revoltas camponesas que aumentaram ainda mais as tensões. Em 1860, Monte Líbano se tornou um barril de pólvora à medida que drusos e maronitas formavam bandos armados e se preparavam para a guerra.

Em 27 de maio de 1860, uma força cristã de 3 mil homens da cidade de Zahle marchou em direção ao território central dos drusos para vingar ataques contra aldeões cristãos. Eles combateram uma força menor de cerca de seiscentos drusos na estrada Beirute-Damasco, perto da aldeia de Ayn Dara. Os drusos impuseram aos rivais uma decisiva derrota e continuaram sua ofensiva, saqueando várias aldeias cristãs. A Batalha de Ayn Dara marcou o início de uma guerra de extermínio. Os cristãos maronitas sofreram derrotas sucessivas, à medida que suas cidades e aldeias eram invadidas pelos vitoriosos drusos, no que hoje seria caracterizado como um exemplo de limpeza étnica. Testemunhas falaram sobre rios de sangue fluindo pelas ruas das aldeias nas montanhas.

Em três semanas, os drusos haviam conquistado o sul de Monte Líbano e todo o vale do Beca. A cidade de Zahle, ao norte da estrada Beirute-Damasco, foi a última fortaleza cristã a cair. Em 18 de junho, os drusos a atacaram e invadiram, matando seus defensores e colocando seus moradores em fuga. Assim, as forças cristãs do Líbano foram completamente dizimadas, deixando os drusos como senhores plenos. Pelo menos duzentas aldeias foram saqueadas e milhares de cristãos foram mortos, feridos ou ficaram desabrigados.[11]

Os eventos em Monte Líbano ampliaram as tensões em toda a Grande Síria. As relações entre muçulmanos e cristãos já tinham ficado delicadas com a proclamação do decreto da reforma de 1856 e o estabelecimento da igualdade legal entre os cidadãos otomanos de todas as fés. Vários cronistas em Damasco notaram como os cristãos haviam mudado desde a conquista de seus direitos legais. Eles não reconheciam mais os privilégios costumeiros dos muçulmanos e haviam começado a usar as mesmas cores e roupas antes reservadas a eles. Além disso, tornaram-se cada vez mais assertivos. Assim se queixou um notável muçulmano: "Então acontecia que, quando um cristão brigava com um muçulmano, lhe devolvia qualquer insulto que este usasse, e até o aumentava".[12] Os muçulmanos de Damasco julgavam tal comportamento intolerável.

Essas opiniões foram ecoadas por um notável cristão, Mikhayil Mishaqa. Nativo de Monte Líbano, Mishaqa servira a família governante Shihab durante a ocupação egípcia na década de 1830 e desde então havia se mudado para Damasco, onde conseguira um posto como vice-cônsul de um poder relativamente pequeno à época, os Estados Unidos da América. Ele escreveu:

> À medida que o império começou a implementar reformas e a igualdade entre os súditos, qualquer que fosse a sua filiação religiosa, os cristãos ignorantes levaram longe demais sua interpretação de igualdade, pensando que os pequenos não precisavam se submeter aos grandes, os subalternos aos superiores. De fato, eles achavam que os cristãos humildes estavam em pé de igualdade com os superiores muçulmanos.[13]

Ao fazer pouco-caso de convenções antigas, e de maneira ostensiva, os cristãos de Damasco contribuíram involuntariamente para as tensões sectárias que viriam a ser sua ruína.

A comunidade muçulmana em Damasco seguiu os eventos sangrentos de Monte Líbano com sombria satisfação. Eles acreditavam, de forma um tanto justificada, que os maronitas haviam se comportado de maneira arrogante e provocado os drusos. Ficaram satisfeitos em vê-los derrotados e não demonstraram nenhum remorso pelo derramamento de sangue. Quando souberam da queda de Zahle, "houve tal júbilo e celebração em Damasco", registrou Mishaqa, que "parecia até que o império havia conquistado a Rússia". Diante da crescente hostilidade dos muçulmanos da cidade, os cristãos damascenos começaram a temer pela própria segurança.

Após a queda de Zahle, bandos drusos começaram a invadir aldeias cristãs no interior de Damasco. Os camponeses cristãos fugiram de suas aldeias desprotegidas em busca da relativa segurança dos muros da cidade. As ruas dos bairros cristãos de Damasco começaram a se encher de refugiados, que, segundo Mishaqa, "dormiam nos becos ao redor das igrejas, sem cama exceto o chão e sem teto exceto o céu". Esses cristãos indefesos acabariam se tornando alvo de um crescente sentimento anticristão, sua vulnerabilidade e pobreza diminuindo sua própria humanidade aos olhos daqueles que eram cada vez mais hostis à sua comunidade. Eles se voltavam agora para seus correligionários cristãos e para o governador otomano em busca de proteção contra o perigo.

Ahmad Paxá, o governador otomano de Damasco, não era amigo da comunidade cristã. Mishaqa, que como funcionário consular teve muitos encontros com ele, ficou convencido de que o governador estava promovendo ativamente as tensões intercomunitárias. Segundo Mishaqa, ele acreditava que os cristãos haviam tido uma ascensão desproporcional desde as reformas de 1856 e que tentavam deliberadamente fugir dos deveres — sobretudo as obrigações fiscais — que acompanhavam seus novos direitos. Embora a comunidade muçulmana de Damasco superasse a cristã na proporção de cinco para um, Ahmad Paxá exacerbava o medo dos muçulmanos ao postar canhões para "proteger" as mesquitas de possíveis ataques. Ao agir assim, os encorajava a acreditar que existia de fato uma ameaça cristã.

No auge das tensões, Ahmad Paxá organizou uma manifestação destinada a provocar um motim. Em 10 de julho de 1860, ele fez com que um grupo de prisioneiros muçulmanos presos por crimes contra cristãos desfilasse pelas ruas do centro de Damasco — sob o pretexto de lhes dar uma lição. Previsivelmente, uma multidão muçulmana se reuniu em torno dos homens para quebrar suas correntes e libertá-los. O espetáculo de muçulmanos sendo publicamente humilhados daquela maneira apenas reforçava a opinião generalizada de que os cristãos haviam tido uma ascensão desproporcional desde o decreto de 1856. A turba se dirigiu então aos bairros cristãos da cidade determinada a lhes dar uma lição. Com os recentes acontecimentos em Monte Líbano ainda frescos na mente de todos, o extermínio parecia uma solução razoável para a multidão impiedosa.

Mishaqa se viu pego pela violência que previra tanto tempo antes. Ele descreveu como a turba derrubou seus portões e invadiu sua casa. Mishaqa e os filhos mais novos fugiram pela porta dos fundos, na esperança de se refugiar na casa de um vizinho muçulmano. A cada curva da estrada, seu caminho era bloqueado pelos violentos manifestantes. Para distraí-los, ele jogou ao ar punhados de moedas e fugiu com os filhos enquanto a multidão corria atrás do dinheiro. Três vezes ele iludiu a turba com essa artimanha, mas ao final se viu sem saída, tendo o caminho bloqueado por uma multidão frenética.

Eu não tinha para onde correr. Eles me cercaram para me despir e matar. Meu filho e minha filha gritavam: "Não matem nosso pai, matem a nós!". Um desses infelizes atingiu minha filha na cabeça com um machado, e responderá por seu sangue. Outro atirou em mim de uma distância de seis passos e errou, mas fui ferido na têmpora direita por um golpe de machado, e meu lado direito, rosto e braço foram esmagados por um golpe de porrete. Havia tal multidão ao meu redor que era impossível disparar sem atingir os outros.

Mishaqa era agora prisioneiro da turba. Foi separado da família e levado por ruas secundárias até a casa de um oficial. Afinal de contas, era vice-cônsul de um Estado estrangeiro. Um dos vizinhos muçulmanos de Mishaqa deu refúgio a seu amigo cristão e o reuniu a seus familiares, todos os quais — inclusive sua jovem filha agredida pela multidão — sobreviveram milagrosamente ao massacre.

Apenas os cristãos que tiveram a sorte de encontrar um refúgio seguro como esse escaparam da carnificina. Alguns foram salvos por notáveis muçulmanos, chefiados pelo herói da resistência argelina ao colonialismo francês, o emir exilado Abd al-Qadir. Esses muçulmanos arriscaram a própria vida para resgatar e dar abrigo aos cristãos em fuga. Outros cristãos conseguiram se refugiar no espaço limitado dos consulados britânico e prussiano, cujos guardas conseguiram conter a multidão. A maior parte dos que sobreviveram se abrigou precariamente na cidadela de Damasco, temendo que os soldados pudessem deixar a multidão passar a qualquer momento. Enquanto a maioria dos cristãos da cidade foi capaz de encontrar um refúgio seguro, milhares não tiveram a mesma sorte e sofreram uma terrível violência nas mãos da multidão em três dias de carnificina.

Mais tarde, Mishaqa detalhou o custo humano e material dos massacres em um relatório para o cônsul americano em Beirute. Ele alegou que nada menos que 5 mil cristãos haviam sido mortos, em uma comunidade que originalmente contava com 20 mil. Cerca de quatrocentas mulheres foram raptadas e estupradas, e muitas engravidaram, inclusive uma das próprias empregadas de Mishaqa. Os danos materiais foram enormes. Mais de 1500 casas foram destruídas, todas as lojas pertencentes a cristãos haviam sido saqueadas e cerca de duzentas lojas nos bairros cristãos foram incendiadas. Igrejas, escolas e mosteiros foram pilhados e destruídos.[14] O roubo, o vandalismo e o fogo haviam arrasado os bairros cristãos, em uma irrupção de violência coletiva sem precedentes na história moderna da cidade.

O GOVERNO OTOMANO ESTABELECERA a igualdade legal entre seus cidadãos muçulmanos e não muçulmanos em grande parte para impedir que as potências europeias interferissem em seus assuntos internos. A violência que se seguiu contra os cristãos em Monte Líbano e Damasco, no entanto, gerou a perspectiva de uma intervenção europeia em grande escala. Ao ser informado do massacre, o governo de Napoleão III despachou imediatamente uma expedição militar liderada pelo general Charles de Beaufort d'Hautpoul, um aristocrata francês que havia assessorado o exército egípcio durante sua ocupação da Síria na década de 1830. De Beaufort foi encarregado de evitar mais derramamento de sangue e de levar à Justiça os autores da violência contra os cristãos.

Os otomanos tiveram que agir depressa. Enviaram a Damasco um funcionário de alto escalão chamado Fuad Paxá, um artífice das reformas do império, para tomar todas as medidas necessárias a fim de restaurar a ordem no local antes que a expedição francesa chegasse à costa síria. Fuad cumpriu sua missão com notável eficiência, e logo instaurou um tribunal militar para punir severamente todos os responsáveis pelo colapso da ordem. O governador de Damasco foi condenado à morte por seu fracasso em impedir o massacre. Dezenas de muçulmanos, da nobreza aos trabalhadores urbanos mais pobres, foram enforcados publicamente nas ruas da cidade. Dezenas de soldados otomanos enfrentaram o pelotão de fuzilamento por terem abandonado suas fileiras e participado dos assassinatos e pilhagens. Centenas de cidadãos foram exilados ou levados acorrentados para cumprir longas penas de trabalho forçado na prisão.

O governo também criou comissões para tratar dos pedidos cristãos de indenização pelos danos sofridos e propriedades roubadas. Os bairros muçulmanos foram esvaziados para prover moradia temporária aos cristãos sem-teto, enquanto pedreiros financiados pelo Estado reconstruíam seus bairros devastados. Em suma, os oficiais otomanos anteciparam todas as queixas que as potências europeias poderiam levantar e buscaram resolvê-las antes que estas tivessem uma chance de intervir. Quando o general De Beaufort chegou à costa libanesa, Fuad tinha a situação sob controle. Ele agradeceu profusamente aos franceses por seus serviços e lhes providenciou um acampamento na costa libanesa, longe de qualquer centro populacional, onde os soldados permaneceriam disponíveis caso fossem necessários. A necessidade nunca surgiu, e um ano depois os franceses retiraram suas forças. Os otomanos haviam vencido a crise, sua soberania intacta.

OS OTOMANOS APRENDERAM ALGUMAS lições importantes com a experiência de 1860. Nunca mais apresentariam reformas que contrariassem abertamente a doutrina islâmica. Assim, nas décadas que se seguiram, quando o movimento abolicionista e o governo britânico reuniram forças para pressionar o Império Otomano a abolir a escravidão, a Sublime Porta hesitou. Os versos do Alcorão encorajam os proprietários a tratar bem os escravos, a permitir que se casem e a lhes conceder a liberdade, mas a escravidão não é de forma alguma proibida. Como o sultão poderia proibir algo que era permitido pelo livro sagrado? Em um esforço para acomodar a pressão britânica, a Sublime Porta concordou em trabalhar no sentido de abolir o *comércio* de escravos, sobre o qual o Alcorão nada diz. Em 1880, o governo em Istambul assinou uma convenção anglo-otomana para acabar com o tráfico de escravos negros. Foi um compromisso destinado a preservar a paz dentro do império, e não para refrear a escravidão.[15]

Os otomanos também reconheceram a necessidade de equilibrar as reformas com benefícios para angariar apoio público ao Tanzimat. A população em geral não havia ganhado nada com o aumento da burocracia destinada a tributá-la e a recrutá-la de maneira mais eficiente para o serviço militar ao estilo ocidental. Todas as mudanças legais destinadas a tornar o império mais compatível com o pensamento e a prática política da Europa eram estranhas ao otomano comum. Para encorajar seus súditos a aceitarem essas mudanças, o governo precisava investir mais na economia local e na promoção do bem-estar social. Projetos de larga escala que davam ao público orgulho e confiança no governo do sultão — como a iluminação a gás, balsas a vapor e bondes elétricos — poderiam gerar o apoio necessário para as reformas. A Sublime Porta precisava fazer contribuições tangíveis e visíveis à sociedade otomana e à economia para que o processo de reforma não causasse mais perturbações.

A segunda metade do século XIX testemunhou o investimento maciço do Estado em projetos de construção e obras públicas em todo o império. Dois Estados vassalos otomanos — Egito e Tunísia — gozavam de autonomia suficiente para seguir seus próprios programas de desenvolvimento. Tendo adotado as ideias do Iluminismo, o mundo otomano começou a adquirir avançada tecnologia industrial europeia em meio a uma grande onda de gastos. Bens e produtos industriais chegavam aos mercados árabes em uma diversidade cada vez maior, à medida que o mundo otomano era atraído para a economia global do final do século XIX.

★ ★ ★

O EGITO LIDEROU O CAMINHO em iniciativas de modernização no século XIX. Muhammad Ali investiu pesadamente no âmbito industrial e tecnológico, embora seus projetos fossem realizados sempre tendo os militares em mente. Coube a seus sucessores investir na infraestrutura *civil* do Egito.

Abbas Paxá (g. 1848-54) iniciou esse processo modestamente, ao conceder a uma empresa britânica o contrato para construir uma estrada de ferro entre o Cairo e Alexandria. As concessões eram o contrato-padrão por meio do qual os governos incentivavam empresas privadas a realizar grandes investimentos em seus domínios. Seus termos estipulavam os direitos e benefícios para os investidores e para o governo por um período fixo de tempo. Quanto mais generosos, mais fácil era atrair os empresários para o país. No entanto, os governos tinham que tomar cuidado para não conceder demais aos estrangeiros se quisessem que a empresa gerasse algum lucro para seu próprio Tesouro. Com a competição dos governos da América do Sul, África e Ásia por novas tecnologias, os industriais propunham barganhas difíceis. Abbas Paxá era um homem conservador, do tipo que preferia não assumir muitos compromissos com investidores estrangeiros.

O governante seguinte do Egito, Said Paxá (g. 1854-63), tinha planos muito mais ambiciosos para o país. Ele estabeleceu uma segunda ferrovia entre o Cairo e Alexandria e outorgou uma concessão para a construção de uma nova linha que ligaria o Cairo a Suez, completando a ligação terrestre entre o Mediterrâneo e a rota do mar Vermelho até o oceano Índico. Ele promoveu ainda parcerias com os europeus para levar barcos a vapor ao Nilo e ao mar Vermelho. No entanto, nada se compararia à concessão que Said outorgou em 1856 a seu ex-professor de francês, Ferdinand de Lesseps, para a construção de uma via navegável ligando o Mediterrâneo ao mar Vermelho: o canal de Suez. Este seria o maior projeto de desenvolvimento do Egito, e o maior sorvedouro de recursos de seu Tesouro no século XIX.

A outorga de concessões não constituía por si mesma uma despesa para o Tesouro. Se todos os empreendimentos estabelecidos pelos beneficiários das concessões egípcias tivessem tido sucesso, investidores e governo teriam lucrado. Infelizmente, muitos desses empreendimentos eram arriscados e não alcançaram êxito. Isso já teria sido ruim o bastante para o governo, que esperara construir uma economia mais forte por meio do investimento em tecnologia europeia. Suas perdas, porém, eram agravadas por demandas dos cônsules europeus, que solicitavam indenizações quando os investimentos de seus cidadãos fracassavam.

Por questão de orgulho nacional, cada cônsul tomava nota das indenizações recebidas pelos cônsules de outros Estados e procurava superá-los. Assim, quando a Companhia de Navegação do Nilo faliu, o Tesouro egípcio teve de compensar os acionistas europeus em 340 mil libras.[16] Os austríacos estabeleceram uma nova referência para as reivindicações quando seu cônsul conseguiu arrancar 700 mil francos do governo do Egito para compensar um investidor austríaco sob o pretexto espúrio de que 28 caixas de casulos de seda haviam se estragado pela partida tardia do trem de Suez para o Cairo.

Dizem que certa vez Said interrompeu uma reunião com um empresário europeu para pedir a um funcionário que fechasse a janela. "Se esse cavalheiro pegar um resfriado", ironizou, "isso me custará 10 mil libras."[17]

O projeto do canal de Suez geraria a maior indenização de todas. Os britânicos se opunham aos planos franceses de criar um canal ligando o Mediterrâneo ao mar Vermelho. Em virtude de seu império na Índia, a Grã-Bretanha inevitavelmente ficaria mais dependente do canal que qualquer outra potência marítima. A ideia de estabelecer uma hidrovia tão estratégica sob o controle de uma empresa *francesa* era inaceitável para os britânicos. Eles não poderiam impedir que o governo egípcio oferecesse concessões em seu solo soberano, mas poderiam objetar aos seus termos. Especificamente, eles se opuseram ao compromisso do Egito de fornecer mão de obra gratuita para escavar o canal, argumentando que isso equivalia a trabalho escravo, e exigiram que o Egito rescindisse os artigos que conferiam à Companhia do Canal de Suez direitos de exploração em regime colonial sobre ambas as margens do canal. O governo egípcio dependia demais da boa vontade da Grã-Bretanha para recusar suas objeções e, portanto, notificou a Companhia do Canal de Suez de que desejava renegociar os termos-chave da concessão original de 1856. A empresa entregou a disputa ao governo francês para defender seus direitos como concessionária contra a pressão britânica.

O sucessor de Said, Ismail Paxá (g. 1863-79), herdou a disputa e teve que se submeter à arbitragem do imperador francês Napoleão III — dificilmente uma parte desinteressada. Em sua decisão de 1864, Napoleão III exigiu que o governo egípcio pagasse 38 milhões de francos para a Companhia do Canal de Suez a fim de compensar a perda de mão de obra gratuita e 30 milhões de francos pela terra ao longo das margens do canal que seria devolvida ao Egito. Além disso, ele encontrou razões para cobrar do governo egípcio mais 16 milhões de francos, totalizando uma indenização de cerca de 84 milhões de francos suíços (3,36 milhões de libras, cerca de 33,5 milhões de dólares em 1864) — uma soma sem precedentes.[18]

Apesar das enormes perdas enfrentadas por conta de seus projetos de desenvolvimento, o governo egípcio permaneceu otimista em relação ao seu futuro econômico. A cultura de exportação mais importante do país era o algodão de fibra longa, valorizado pelos tecelões europeus. Em 1861, o suprimento de algodão americano foi interrompido pela eclosão da Guerra Civil. Entre 1861 e 1865, os preços da matéria-prima quadruplicaram. A renda anual do Egito relativa ao algodão aumentou drasticamente de cerca de 1 milhão de libras no início de 1850 a um pico de 11,5 milhões em meados da década de 1860. Com o dinheiro do algodão fluindo para os cofres públicos, Ismail Paxá acreditava que poderia honrar seus compromissos com a Companhia do Canal de Suez e ainda empreender novos projetos ambiciosos.

Ismail desejava transformar o Egito em uma grande potência e obter maior reconhecimento pessoal como seu governante. Em 1867, ele pediu permissão aos otomanos para mudar seu título governamental de paxá para *quediva*, uma qualificação persa mais altissonante que significa "vice-rei". Como quediva, Ismail procurou reconstruir sua capital — o Cairo — tomando Paris como exemplo. De olho nas cerimônias que marcariam a abertura do canal de Suez em 1869, ele colocou a cidade em um curso de transformação rápida e radical. Bairros modernos com prédios de estilo europeu alinhados em ruas largas e retas foram construídos entre o Cairo Antigo e o Nilo. Uma nova ponte foi construída sobre o rio, e Ismail ergueu para si mesmo um novo palácio na ilha principal do Nilo (que mais tarde seria convertido em hotel, quando o governo egípcio fosse à falência). As ruas eram pavimentadas e iluminadas com equipamentos a gás. Os arquitetos paisagistas transformaram as antigas lagoas que se formavam com as enchentes do Nilo, como a lagoa Ezbekiyya, em jardins públicos com cafés e passeios. Um teatro nacional e uma ópera foram construídos.[19] O compositor italiano Verdi foi contratado para escrever uma ópera com um tema egípcio para inaugurar o novo espaço, mas demorou um pouco para completar *Aida*, então o salão foi aberto sob os acordes de *Rigoletto*. O frenesi de construção culminaria com a visita da imperatriz francesa Eugênia para celebrar a abertura do canal de Suez, em novembro de 1869.

Os gastos assombrosos faziam parte da tentativa de Ismail de garantir o lugar do Egito entre os Estados civilizados do mundo. Embora as cerimônias fossem, em todos os casos, impressionantes, o novo Cairo era um projeto de vaidade construído com base em empréstimos, que deixaram o governo de Ismail vivendo de maneira artificial. A ironia da situação era que o Egito embarcara em seus esquemas de desenvolvimento para garantir a independência do domínio otomano e europeu. No entanto, a cada nova concessão, seu governo se tornava mais vulnerável à invasão europeia. O país não estava sozinho. Outro Estado no norte da África também estava aumentando sua dependência da Europa através de reformas ambiciosas e projetos de desenvolvimento.

A Tunísia, como o Egito, desfrutou de autonomia suficiente do Império Otomano para buscar seus próprios projetos de desenvolvimento no século XIX. Seu governo, conhecido na época como a Regência de Túnis, era liderado pela dinastia husseinita desde o início do século XVIII. Os tempos dos corsários na costa da Berbéria eram coisa do passado. Desde 1830, a Regência banira quaisquer vestígios de pirataria e procurava desenvolver a economia do país por meio da indústria e do comércio.

Entre 1837 e 1855, Túnis foi governada por um reformista chamado Ahmad Bei. Fortemente influenciado pelo exemplo de Muhammad Ali no Egito, Ahmad Bei criou um exército nizami no país, além de uma academia militar e indústrias de apoio para produzir as armas e uniformes necessários. Entre os militares treinados para o novo exército estava um jovem mameluco chamado Khayr Din, que provaria ser um dos grandes reformadores do século XIX, acabando por se tornar primeiro-ministro tanto em Túnis quanto no próprio Império Otomano.

Como mameluco, Khayr Din foi o último de seu tipo, um homem que se elevou da condição de escravo ao topo do poder político. Em sua autobiografia, dirigida aos filhos, ele ofereceu um raro vislumbre de como era a sensação de ser um mameluco: "Embora eu esteja seguro de não ser circassiano, não tenho memória exata do meu país ou de meus pais. Creio ter sido separado de minha família depois de alguma guerra ou emigração, e perdi o rastro deles para sempre". Apesar de repetidas tentativas, Khayr Din nunca conseguiu encontrar sua família biológica. "Minhas primeiras lembranças da infância", escreveu ele, "estão em Istambul, de onde passei ao serviço do bei de Túnis em 1839."[20]

Depois de aprender árabe e receber educação islâmica, Khayr Din foi alistado no exército e treinado por oficiais franceses. Um jovem e brilhante militar, ele subiu ao topo do corpo de oficiais e alcançou o posto de general antes de entrar na vida política — tudo isso apenas catorze anos depois de chegar à Tunísia. Fluente em francês, árabe e turco, Khayr Din viajou muito pela Europa e pelo Império Otomano ao longo de sua carreira. Sua experiência em primeira mão do progresso europeu fez dele um fervoroso defensor das reformas do Tanzimat e da necessidade de recorrer à experiência e tecnologia europeias para capacitar os Estados muçulmanos a realizar todo o seu potencial. Ele expôs seus pontos de vista em um influente tratado político publicado em árabe em 1867 e com tradução francesa autorizada dois anos depois.

Khayr Din dirigia sua agenda de reformas a um público europeu cético quanto à capacidade do mundo muçulmano de se adaptar à era moderna e a um público muçulmano que rejeitava as inovações estrangeiras como algo contrário à religião e aos valores do islã. Em seu texto, ele elabora um argumento apresentado pela primeira vez por Tahtawi (Khayr Din havia lido e admirado seu livro sobre a França), o defensor egípcio das reformas ao qual os reformistas muçulmanos retornariam ao longo do século XIX: o de que os empréstimos muçulmanos das ciências europeias modernas eram apenas o pagamento da dívida que a Europa tinha com as ciências islâmicas medievais.[21]

Embora fosse um declarado defensor das reformas políticas e econômicas, Khayr Din era um conservador em matéria fiscal. Ele queria que a Tunísia desenvolvesse sua base econômica a fim de poder suportar as despesas de aplicação da tecnologia moderna. Acreditava que o governo deveria investir em fábricas para processar suas próprias colheitas e convertê-las em bens para vender no mercado doméstico. Lamentava que os trabalhadores tunisianos vendessem seu algodão, seda e lã "para a Europa a preços baixos, para em seguida comprá-los de volta, depois de processados [em tecidos manufaturados], a um preço várias vezes maior".[22] Seria muito melhor, argumentava ele, que as fábricas da Tunísia fiassem e produzissem tecidos para o consumo doméstico. Dessa forma, a prosperidade do país se expandiria, permitindo que o governo investisse em projetos de maior infraestrutura. Essa boa gestão financeira exigia um governo inteligente. Khayr Din observava com crescente consternação enquanto os governantes da Tunísia conduziam o país pelo caminho da insolvência por meio de projetos de vaidade e maus investimentos.

A Tunísia é um país relativamente pequeno, e seus gastos com reformas foram modestos se comparados com os projetos realizados no Egito. As maiores despesas durante o reinado de Ahmad Bei tiveram relação com o exército nizami. Como aspirava a manter uma infantaria de 26 mil homens, Ahmad Bei importou da França toda a tecnologia e mão de obra necessárias para a criação de indústrias de apoio — arsenais, fundições, fábricas de tecidos para uniformes, curtumes para selas e botas e assim por diante. No entanto, como Ismail Paxá no Egito, Ahmad Bei também se dedicou a alguns projetos de vaidade. Sua maior extravagância foi um complexo palaciano em Muhammadia, quinze quilômetros a sudoeste da capital, Túnis, que ele descreveu como o Versalhes da Tunísia. Como os gastos cada vez mais superavam as receitas, ele foi forçado a reduzir suas ambições, por fim abandonando, com perda total, muitas das novas fábricas.

Os sucessores de Ahmad Bei continuaram o processo de reforma, combinando altos gastos em projetos públicos com recursos cada vez menores. Uma linha telegráfica foi criada em 1859 para melhorar as comunicações, e um aqueduto foi construído para fornecer água fresca para a cidade. Uma concessão foi outorgada a uma empresa britânica para a construção de uma ferrovia de 35 quilômetros ligando Túnis ao porto de La Goulette e à cidade litorânea de al-Marsa. A iluminação a gás foi introduzida em Túnis e as ruas da cidade foram pavimentadas.[23] Assim como Ismail Paxá no Egito, os governantes da Tunísia queriam dotar sua capital com todos os aparatos da modernidade europeia.

O PROCESSO DE REFORMAS PROSSEGUIU a um ritmo diferente em Istambul e nas outras províncias otomanas. Como centro imperial, responsável pelas províncias espalhadas pelos Bálcãs, pela Anatólia e pelo mundo árabe,

Istambul precisava garantir o desenvolvimento de todas as capitais provinciais. Assim, empreendeu grandes projetos urbanos no mundo árabe,
construindo novos mercados, prédios oficiais e escolas. Além disso, introduziu iluminação a gás, bondes e outros aparatos da vida moderna em
muitas das principais cidades do império.

Os otomanos também outorgaram concessões a empresas europeias
para a construção de grandes projetos de infraestrutura. Modernizaram
portos em Istambul e Esmirna, na Turquia, e em Beirute. Montaram companhias de navios a vapor no mar Negro e no mar de Mármara. Em 1856,
uma firma britânica obteve a concessão para construir a primeira ferrovia
na Turquia, uma linha de 130 quilômetros que ia do porto de Esmirna até
o interior agrícola de Aydin. Uma empresa francesa obteve a concessão
para uma segunda linha de Esmirna a Kasaba (93 quilômetros), construída
entre 1863 e 1865. À medida que essas linhas foram ampliadas, as receitas
que o governo extraía das ferrovias aumentaram significativamente, incentivando novos investimentos na rede ferroviária da Anatólia. Vários
empreendimentos industriais foram estabelecidos no Tanzimat, e minas
foram abertas para a extração de carvão e minérios. No entanto, os lucros dos empreendimentos de sucesso foram acompanhados pelas perdas
dos que não alcançaram êxito, e os retornos dos investimentos otomanos
nunca compensaram os custos da nova tecnologia.

Os gastos imprudentes do governo alarmaram os reformistas no Império Otomano e no norte da África. A aquisição da tecnologia europeia
alcançara o oposto do resultado pretendido; em vez de criar Estados fortes
e independentes, o processo de desenvolvimento levara ao empobreci-
mento e enfraquecimento dos governos do Oriente Médio, aumentando
sua vulnerabilidade à intervenção europeia. Ao escrever sobre a Tunísia,
Khayr Din afirmou:

> É claro que as despesas excessivas que sobrecarregam o reino além de sua
> capacidade são resultado de um governo arbitrário, e que a economia, que é

o curso do bem-estar do reino, é atingida pela regulação de todas as despesas dentro dos limites do Tanzimat.[24]

Para que os projetos de desenvolvimento dessem frutos, argumentava Khayr Din, os governos não podiam gastar além de suas possibilidades. Os benefícios das reformas do Tanzimat estavam sendo prejudicados por governos arbitrários e gastos excessivos.

Para pensadores reformistas como Khayr Din, a solução para os gastos irresponsáveis e para a governança arbitrária estava nas reformas constitucionais e no governo representativo. Os ecos da análise de Tahtawi sobre a Constituição francesa podiam ser ouvidos muito claramente na segunda metade do século XIX. Sob o domínio constitucional, um país prosperaria, o conhecimento do povo aumentaria, sua riqueza se acumularia e seus corações ficariam satisfeitos. Pelo menos era essa a teoria.

A Constituição da Tunísia de 1861 ficou aquém das esperanças dos reformistas. Seu texto se baseava nos decretos das reformas otomanas de 1839 e 1856 e colocava poucos limites ao poder executivo do bei, que mantinha o direito de nomear e demitir seus ministros. No entanto, previa a criação de uma assembleia de representantes, o Grande Conselho, composto por sessenta membros escolhidos pelo governante. Khayr Din, nomeado presidente do Grande Conselho, logo se desiludiu com os poderes limitados da assembleia para refrear os excessos do bei. Ele reconheceu que Ahmad Bei e seu primeiro-ministro haviam criado o conselho apenas para endossar suas decisões, e assim, em 1863, apresentou sua renúncia. Ela foi motivada pela decisão do governo de contrair seu primeiro empréstimo no exterior, o que, segundo as previsões de Khayr Din, levaria o seu país adotivo "à ruína".[25]

O movimento constitucional egípcio também criou raízes na década de 1860. Seguindo as linhas da análise de Tahtawi, muitos reformistas acreditavam que o governo constitucional era a base da força e prosperidade europeias e o elo perdido nas reformas do próprio Egito. No entanto, como na Tunísia, nenhuma mudança era possível sem o consentimento do governante. Foi o vice-rei do Egito, Ismail Paxá, que convocou a criação da primeira Assembleia de Representantes em 1866. A assembleia era composta por 75 membros eleitos indiretamente para mandatos de três anos. Como o bei na Tunísia, o governante egípcio tratou de garantir que os notáveis latifundiários respaldassem suas controversas políticas financeiras nas sessões do conselho, cujo papel era meramente consultivo (os deputados não tinham nenhuma participação na elaboração das leis do Egito). Embora fosse uma criação do governante, a assembleia se tornou um fórum para as elites egípcias expressarem críticas às políticas do quediva e de seu governo, e marcou o início de uma participação mais ampla nos assuntos de Estado.[26]

O movimento constitucional mais significativo no Mediterrâneo Oriental surgiu na Turquia otomana. Alguns dos principais intelectuais turcos se reuniram em Paris e Londres no final da década de 1860, onde se encontraram com liberais europeus e formularam um conjunto de exigências por um governo constitucional, pela soberania do povo e por um Parlamento eleito para representá-lo. A Sociedade dos Jovens Otomanos, como ficou conhecida, criticava o governo pela pobreza reinante e pela condição financeira do Estado. Seus membros lamentavam a crescente dependência do Império Otomano das potências europeias, bem como a intervenção estrangeira em seus assuntos internos, e culpavam diretamente as políticas irresponsáveis do sultão e seu governo pelos problemas da Turquia. Os jovens otomanos publicavam jornais e pressionavam governos estrangeiros para obter apoio a sua causa. Mesmo assim, reconheceram que a mudança só poderia vir com o consentimento do sultão. Namik Kemal, um dos grandes intelectuais turcos do século XIX, disse a seus colegas que "a nação otomana era leal a seus governantes; em nosso caso, nada será feito a menos que o [sultão] realmente queira".[27] A sociedade se dissolveu em 1871, mas retornou a Istambul para advogar em favor de sua causa, encontrando apoio entre os funcionários reformistas do governo. Seus esforços foram recompensados em 1876 com a promulgação da Constituição otomana e a convocação do primeiro Parlamento do império.

Se os reformistas da Tunísia, do Egito e do Império Otomano tinham a intenção de evitar o colapso econômico ao instituir reformas constitucionais, ficariam terrivelmente desapontados. Os primeiros movimentos constitucionais eram respeitosos demais com a autoridade para impor restrições aos governantes. Eles pareciam esperar que o bei em Túnis, o paxá no Cairo ou o sultão em Istambul aceitassem restrições e compartilhassem poder com assembleias de representantes como um ato de franca benevolência. Essas expectativas não eram realistas. O bei, o paxá e o sultão continuaram a governar como antes, e não havia restrições que pudessem frear seus gastos ou impedir que seus governos chegassem à situação de insolvência.

★ ★ ★

A MAIOR AMEAÇA INDIVIDUAL à independência do Oriente Médio não foram os exércitos da Europa, mas seus bancos. Os reformistas otomanos ficavam aterrorizados com os riscos envolvidos em aceitar empréstimos dos europeus. Em 1852, quando o sultão Abdulmecid I foi buscar fundos na França, um de seus conselheiros o chamou de lado e aconselhou-o fortemente contra a ideia: "Seu pai [Mahmoud II] travou duas guerras com os russos e passou por muitas campanhas. Sofreu enormes pressões, mas não pediu dinheiro emprestado no exterior. Seu sultanato transcorre em paz. O que as pessoas irão dizer se pedir dinheiro emprestado?". O conselheiro continuou: "Se esse Estado pegar emprestado cinco piastras que seja, acabará por afundar. Pois, uma vez feito o primeiro empréstimo, não haverá mais fim. [O Estado] afundará em dívidas". Abdulmecid I foi convencido e mudou de ideia, embora dois anos depois voltasse a procurar os credores europeus.[28]

Em 1863, Khayr Din preferiu renunciar ao cargo de presidente do Grande Conselho da Tunísia a chancelar o primeiro empréstimo do país no exterior. Mais tarde, ele escreveu amargamente sobre as políticas que levaram à falência da Tunísia em 1869.

Depois de ter esgotado todos os recursos da Regência, [o primeiro-ministro] se lançou na ruinosa rota dos empréstimos, e em menos de sete anos [...] a

Tunísia, que nunca devera nada a ninguém, viu-se sobrecarregada com uma dívida de 240 milhões de piastras [6 milhões de libras, 39 milhões de dólares] junto a governos da Europa.[29]

Pela estimativa de Khayr Din, as receitas anuais da Tunísia permaneceram constantes, em cerca de 20 milhões de piastras, durante a era das reformas. Isso implicava que, durante sete anos, os gastos haviam excedido as receitas em 170% ao ano. O resultado foi a rendição da soberania da Tunísia a uma comissão financeira internacional.

EM 1875 O GOVERNO CENTRAL OTOMANO seria o próximo a declarar falência. Ao longo de vinte anos, os otomanos haviam contraído dezesseis empréstimos no exterior, totalizando quase 220 milhões de libras (1,21 bilhão de dólares). A cada empréstimo, sua economia caía ainda mais sob o domínio econômico europeu. Entre os descontos que se via obrigado a fazer para atrair investidores cada vez mais céticos e as várias comissões e taxas cobradas para empréstimos flutuantes nos mercados europeus, o governo otomano receberia apenas 116 milhões de libras esterlinas (638 milhões de dólares), sendo a maior parte desse montante destinada a conter o aumento da dívida (cerca de 19 milhões de libras, ou 104,5 milhões de dólares, em quitação do principal, e outros 66 milhões de libras, ou 363 milhões de dólares, em pagamento de juros). Isso deixava apenas 41 milhões de libras (225,5 milhões de dólares) para os otomanos investirem em seus objetivos econômicos de uma dívida total de 220 milhões (1,21 bilhão de dólares). Como previra o assessor de Abdulmecid I, o Estado otomano afundou, sufocado pelas obrigações contraídas no exterior.

Nos seis anos seguintes, em meio ao tumulto de outra guerra desastrosa com a Rússia (1877-8) e às perdas territoriais ratificadas no Tratado de Berlim de 1878, que pôs fim ao conflito, os otomanos finalmente chegaram a um acordo com seus credores europeus em 1881 com a formação da Administração da Dívida Pública Otomana (ADPO). Encabeçada por um conselho de sete homens representando os principais Estados acionistas (Grã-Bretanha, França, Alemanha, Áustria-Hungria, Itália, Holanda e Império Otomano), a presidência da ADPO se alternava entre a França e a Grã-Bretanha. A organização assumiria controle total de setores inteiros da economia otomana, dedicando ao pagamento da dívida as receitas obtidas com o monopólio do sal, impostos sobre a pesca, dízimos cobrados no comércio da seda, direitos de emissão de papel timbrado e taxas sobre bebidas alcoólicas, bem como parte dos tributos anuais de várias províncias otomanas. O lucrativo comércio de tabaco também caiu sob a ADPO, embora uma administração distinta logo tenha sido criada para supervisionar o monopólio da compra e venda desse produto. A ADPO obteve assim um tremendo poder sobre as finanças do Império Otomano, que as potências europeias usaram não apenas para controlar as ações do governo do sultão mas para abrir a economia otomana a empresas europeias dos setores de mineração, ferrovias e obras públicas.[30]

EMBORA O EGITO DETENHA A DISTINÇÃO de ser o último dos Estados do Oriente Médio a declarar falência, em 1876, a posição do governo teria sido muito mais forte se o país tivesse declarado insolvência antes disso. Os paralelos com o caso otomano são impressionantes. Entre 1862 e 1873, o Egito contrairia oito empréstimos no exterior, totalizando 68,5 milhões de libras (376,75 milhões de dólares), que, uma vez deduzidos os descontos, deixariam ao governo apenas 47 milhões de libras (258,5 milhões de dólares), dos quais cerca de 36 milhões (198 milhões de dólares) deveriam ser gastos no pagamento do principal e dos juros sobre os empréstimos. Assim, de uma dívida de 68,5 milhões de libras (376,75 milhões de dólares), o governo egípcio dispôs de apenas cerca de 11 milhões (60,5 milhões de dólares) para investir em sua economia.

Confrontado com a crescente dificuldade de levantar fundos para cobrir suas dívidas, o quediva Ismail começaria a vender ativos do Estado e, em âmbito interno, tomaria empréstimos num total de cerca de 28 milhões de libras (154 milhões de dólares). Em 1872, o governo aprovou uma lei concedendo a proprietários de terras que pagassem antecipadamente seis anos de impostos um desconto futuro de 50%, em caráter perpétuo, sobre os impostos fundiários. Como essa medida desesperada não foi capaz de estancar a hemorragia, o vice-rei decidiu vender as ações do governo na Companhia do Canal de Suez ao governo britânico, em 1875, por 4 milhões de libras (22 milhões de dólares) — recuperando apenas um quarto dos 16 milhões de libras (88 milhões de dólares) que se estima que o canal tenha custado aos cofres públicos. Despojado de seus principais bens, o Tesouro tentou adiar o pagamento dos juros da dívida do Estado em abril de 1876. Isso equivalia a uma declaração de falência, e os representantes da economia internacional logo se abateram sobre o Egito como uma praga.

Entre 1876 e 1880, as finanças do país passaram ao controle de especialistas europeus da Grã-Bretanha, França, Itália, Áustria e Rússia, cuja principal preocupação eram os interesses dos acionistas estrangeiros. Assim como em Istambul, uma comissão formal foi estabelecida. Seguiu-se então uma rápida sucessão de planos de recuperação irrealistas, que impuseram encargos terríveis sobre os contribuintes. A cada plano, os assessores econômicos estrangeiros aproveitavam para se insinuar mais profundamente na administração financeira do Egito.

O controle europeu sobre o país foi enfim consolidado em 1878, quando dois comissários europeus foram "convidados" a se juntar ao gabinete do vice-rei. O economista britânico Charles Rivers Wilson foi nomeado ministro das Finanças, e o francês Ernest-Gabriel de Blignières foi designado ministro de Obras Públicas. A Europa conseguiu demonstrar seu poder sobre o Egito em 1879, quando o quediva Ismail tentou demitir Wilson e De Blignières em uma reforma ministerial. Os governos britânico e francês pressionaram o sultão otomano a demitir o vice-rei do Egito. Durante a noite, o recalcitrante Ismail foi derrubado e substituído por seu filho Tawfiq, mais complacente.[31]

COM AS FALÊNCIAS DE TÚNIS, Istambul e Cairo, as iniciativas de reforma do Oriente Médio fecharam o círculo. O que havia começado como uma série de movimentos destinados a fortalecer os otomanos e seus Estados vassalos contra interferências externas acabou por colocar os Estados do Oriente Médio em uma situação de franca e crescente exposição ao domínio europeu. Com o tempo, o controle informal sobre o império otomano exercido pela Europa endureceu e se converteu em domínio colonial, à medida que todo o norte da África foi dividido e repartido entre os impérios europeus em plena expansão.

5. A primeira onda de colonialismo: norte da África

EMBORA A COLONIZAÇÃO DOS TERRITÓRIOS árabes tenha se dado sobre bases estabelecidas anteriormente, o imperialismo europeu no mundo árabe começou a sério no último quartel do século XIX. Como foi observado no capítulo anterior, tanto a disseminação da tecnologia europeia quanto o financiamento que permitia aos governos do Oriente Médio gastar dinheiro além de seus recursos permitiram que as potências europeias estendessem sua influência sobre os domínios otomanos do norte da África até a península Arábica. A falência do Império Otomano e de suas províncias autônomas no norte da África diminuiu as barreiras e abriu espaço a formas mais diretas de controle europeu.

À medida que os interesses da Europa no norte da África se intensificaram, seus incentivos para o domínio imperial absoluto se expandiram na mesma proporção. Na década de 1880, as potências europeias estavam mais preocupadas em defender seus interesses nacionais no sul do Mediterrâneo do que em preservar a integridade territorial do Império Otomano. O "protocolo de autonegação" de 1840 era agora letra morta, e a partilha do norte da África teve início. A França estendeu seu domínio sobre a Tunísia em 1881, a Grã-Bretanha ocupou o Egito em 1882, a Itália tomou a Líbia em 1911 e as potências europeias consentiram em criar um protetorado franco-espanhol no Marrocos (o único Estado norte-africano a preservar sua independência do domínio otomano) em 1912. Antes da eclosão da Primeira Guerra Mundial, todo o norte da África havia passado ao domínio europeu direto.

Havia uma série de razões para o imperialismo no mundo árabe começar no norte da África. As províncias dessa região estavam longe do centro de gravidade otomano e, no decorrer dos séculos xviii e xix, tornaram-se cada vez mais autônomas de Istambul. Já as províncias do Oriente Médio — na Grande Síria, na Mesopotâmia e na península Arábica — estavam mais próximas do centro otomano, e no decurso das reformas do século xix (1839-76) tiveram uma integração maior com o governo de Istambul. Territórios como a Tunísia e o Egito haviam se tornado Estados vassalos do Império Otomano, enquanto Damasco e Alepo eram províncias integradas. Os próprios acontecimentos que viriam a aumentar a autonomia do norte da África — o surgimento de famílias distintas no comando de governos cada vez mais independentes — tornariam esses Estados mais vulneráveis à ocupação europeia.

Além disso, os Estados do norte da África eram relativamente próximos do sul da Europa — em particular da Espanha, da França e da Itália. Essa proximidade favorecia uma relação mais estreita com os europeus: para a provisão de ajuda militar, bens industriais e capital financeiro. O norte da África era a fronteira distante do Império Otomano, mas a Europa ficava perto. À medida que ela se expandiu além de suas próprias fronteiras em uma nova onda de imperialismo no final do século xix, era natural que se voltasse primeiro para os lugares mais próximos.

Existe outra razão para os Estados europeus terem decidido colonizar o norte da África: o histórico. A longa presença francesa na Argélia estabelecia um importante precedente para as ambições da França na Tunísia e no Marrocos e dava bons motivos à Itália para buscar a satisfação de seus interesses imperiais na Líbia. Mas, se não fosse pelos acidentes da história que levaram à invasão francesa de Argel, em 1827, a divisão de grande parte do norte da África talvez nunca tivesse acontecido.

* * *

Como a Tunísia, a Regência de Argel fazia parte do Império Otomano, ao menos em teoria, e era governada por um vice-rei que gozava de grande autonomia em assuntos domésticos e internacionais. As elites dominantes eram militares turcos recrutados de Istambul e organizados em um Conselho de Administração que elegia o seu líder, ou dei, o qual desfrutava de relações diretas com os governos da Europa. O sultão em Istambul confirmava formalmente o dei eleito e reivindicava um tributo de Argel. O único oficial otomano na cidade era o juiz da corte islâmica. De resto, a autoridade do sultão sobre Argel era estritamente cerimonial.

Os deis de Argel usavam de sua autonomia para buscar suas próprias relações comerciais e políticas com a Europa, independente do controle de Istambul. No entanto, sem o peso do Império Otomano, tinham pouca influência sobre os parceiros comerciais europeus. Assim, quando forneciam grãos a crédito aos franceses — para prover suas campanhas militares na Itália e no Egito entre 1793 e 1798 —, seus repetidos apelos à França para honrar seus compromissos caíam em ouvidos moucos. Décadas se passaram sem que os franceses pagassem suas dívidas, e isso se tornou uma crescente fonte de atrito entre os dois Estados.

Em 1827, as relações entre o dei argelino, Hussein Paxá (g. 1818-30), e o cônsul francês, Pierre Deval, chegaram ao ponto de ruptura depois que o governo francês não respondeu às cartas do dei exigindo o pagamento da dívida de cereais. Em uma conversa particular com Deval, Hussein Paxá perdeu a paciência e golpeou o cônsul francês com seu mata-moscas.

Nos informes a seus respectivos superiores, Deval e Hussein Paxá relataram o encontro de maneira muito diferente.[1] Para o ministro das Relações Exteriores da França, Deval afirmou ter encontrado o dei bastante agitado quando se reuniu com ele em seu palácio.

"Por que o seu ministro não respondeu à minha carta?", quis saber Hussein Paxá. Deval afirmou ter-lhe respondido num tom calmo: "Eu tive a honra de lhe trazer a resposta assim que a recebi". Neste ponto, relatou Deval, o dei explodiu:

> "Por que ele não me respondeu diretamente? Por acaso sou um simplório, um negrinho, um vagabundo descalço? O senhor é um homem perverso, um infiel, um idólatra!" Então, levantando-se do assento, ele atingiu meu corpo com três golpes violentos do cabo do mata-moscas e ordenou que me retirasse.

OCEANO
ATLÂNTICO

EUROPA

Tânger — Montanhas
do Rife

Rabat
Casablanca — Fez — Orã

Argel

Constantina

Túnis

Mar Medite

Trípoli

Bengazi

MARROCOS

TUNÍSIA

ARGÉLIA

LÍBIA

D e s e r t o   d o   S a a r a

NORTE
DA
ÁFRICA

BRITÂNICO
FRANCÊS
ITALIANO
ESPANHOL
INDEPENDENTE

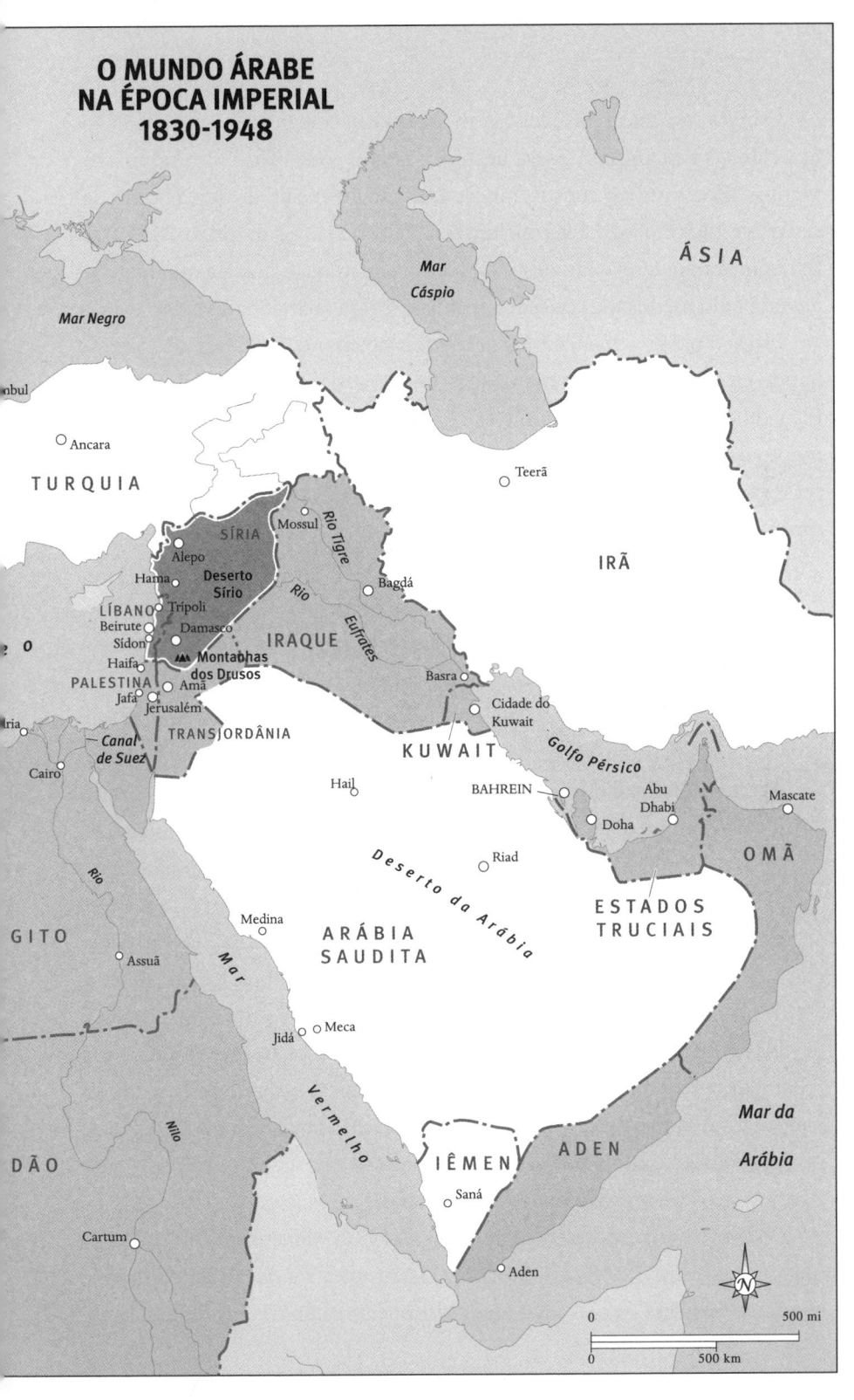

O MUNDO ÁRABE
NA ÉPOCA IMPERIAL
1830-1948

ÁSIA

Mar Negro

Mar
Cáspio

nbul

○ Ancara

TURQUIA

○ Teerã

IRÃ

SÍRIA
Alepo ○   Mossul ○   Rio Tigre   Bagdá ○
Hama ○
Deserto
Sírio
LÍBANO   Trípoli   Rio
Beirute ○   Damasco ○   Eufrates
Sídon ○   IRAQUE
Haifa ○   ▲▲▲ Montanhas
PALESTINA   dos Drusos   Basra ○
Jafa ○   Amã ○
lria ○   Jerusalém ○   Cidade do
Canal   TRANSJORDÂNIA   Kuwait
de Suez   KUWAIT   Golfo Pérsico
Cairo ○
Hail ○   BAHREIN ○   Abu   Mascate ○
Dhabi ○
Doha ○   OMÃ

Rio   ESTADOS
TRUCIAIS
GITO   Medina ○   Riad ○
Assuã ○   Mar   ARÁBIA
Deserto da Arábia
SAUDITA
Nilo   Jidá ○ ○ Meca

Mar da
Vermelho
Arábia
DÃO   IÊMEN   ADEN
Saná ○
Cartum ○   Aden ○

N

0   500 mi

0   500 km

O mata-moscas árabe é feito com crina de cavalo presa a um cabo. Não fica claro como alguém possa desferir "golpes violentos" com tal instrumento. No entanto, o cônsul francês estava convencido de que a honra de seu país estava em jogo. Ele concluiu seu relatório para o ministro: "Se Vossa Excelência não deseja dar a este caso a severa atenção pública que merece, deveria pelo menos me conceder permissão para abandonar o posto".

Em seu próprio relatório ao grão-vizir otomano, o dei reconheceu ter batido em Deval com o mata-moscas, embora só depois de ser provocado. Ele explicou que havia escrito três vezes aos franceses solicitando o pagamento da dívida, sem sequer receber a gentileza de uma resposta. E disse ter levantado a questão com o cônsul francês "em termos corteses e com uma atitude claramente amistosa".

"Por que não obtive resposta às cartas que escrevi e enviei ao seu governo [francês]?" O cônsul, com obstinação e arrogância, respondeu em termos ofensivos que "o rei e o Estado francês têm o direito de não responder às cartas que o senhor lhes dirigiu". Ele ousou blasfemar contra a religião muçulmana e mostrou desprezo pela honra de Sua Majestade [o sultão], protetor do mundo. Incapaz de suportar esse insulto, que ultrapassava qualquer limite tolerável, e com a coragem natural dos muçulmanos, acertei-o duas ou três vezes com golpes leves do mata-moscas que tinha em minha humilde mão.

Qualquer que fosse a verdade desses dois relatos irreconciliáveis, ficou claro que, em 1827, os franceses não tinham a intenção de pagar dívidas contraídas três décadas antes, e que os argelinos não estavam dispostos a perdoá-las. Após o incidente com o mata-moscas, os franceses exigiram reparações pelos danos causados à honra da França, enquanto os argelinos continuaram a insistir no pagamento das dívidas havia muito vencidas. A disputa colocou os dois lados em rota de colisão; os argelinos se recusavam a recuar, e os franceses não podiam se dar a esse luxo.

Os franceses responderam aos "insultos" do dei com ultimatos. Primeiro, exigiram que os argelinos fizessem uma saudação de canhão à bandeira francesa, o que foi negado. Impuseram então um bloqueio no porto de Argel, que causou mais prejuízos aos mercadores de Marselha do que aos corsários argelinos, cujos velozes navios deslizavam com facilidade através dos vazios deixados pela dispersa linha de embarcações francesas encarregadas do bloqueio. Depois de um impasse de dois anos, os franceses buscaram uma solução para salvar as aparências e enviaram um diplomata para negociar com o dei. Os argelinos dispararam algumas salvas de canhão em sua nau capitânia, impedindo o desembarque do negociador. O imbróglio argelino estava se tornando um grande constrangimento para o acossado governo do rei francês Carlos x.

Carlos x (g. 1824-30) enfrentava forte oposição dentro e fora de casa. Seus esforços para restaurar um certo absolutismo à monarquia francesa, voltando o relógio aos tempos pré-revolucionários, degeneraram numa crise quando, em 1830, ele decidiu suspender a Carta Constitucional (descrita longamente por Rifaa Tahtawi em seu estudo sobre a França). Seu primeiro-ministro, o príncipe Jules de Polignac, sugeriu que uma aventura estrangeira poderia mobilizar a opinião pública a seu favor. Ele reconheceu que a França precisaria superar a oposição das demais potências europeias — a Grã-Bretanha em particular — em uma medida que inevitavelmente alteraria o equilíbrio de poder no Mediterrâneo, e despachou embaixadores para Londres e outros tribunais da Europa para definir os objetivos da invasão da Argélia, que consistiam na eliminação completa da pirataria, na abolição total da escravidão cristã e na cessação de qualquer tributo pago pelos Estados europeus à Regência a fim de garantir a navegação segura de seus navios. Polignac esperava obter apoio internacional para a invasão francesa de Argel sob o pretexto de defender esses interesses universais.

Em junho de 1830, uma expedição francesa de 37 mil soldados desembarcou a oeste de Argel. Ela derrotou rapidamente as forças do dei e entrou na cidade em 4 de julho. Este triunfo, porém, não foi suficiente para salvar Carlos x, que foi derrubado no final do mês, na Revolução de Julho. O erudito egípcio Rifaa Tahtawi, que na época morava em Paris, notou como os franceses demonstraram muito mais satisfação com a derrubada de um rei impopular do que com a conquista de Argel, que, segundo ele, "baseava-se em motivos enganosos".[2] No entanto, eles conservaram a posse de Argel muito após a queda da monarquia Bourbon, um dos poucos legados dura-douros do indistinto reinado de Carlos x. A capitulação de Hussein Paxá em 5 de julho de 1830 encerrou três séculos de história otomana e marcou o início de 132 anos de domínio francês sobre a Argélia.

EMBORA OS FRANCESES TENHAM derrotado a guarnição turca em Argel, a vitória não lhes dava controle sobre todo o país. E enquanto limitassem suas ambições às principais cidades costeiras, era improvável que encontrassem muita resistência organizada na Argélia. As potências europeias havia muito detinham portos estratégicos na costa norte-africana. A ocupação francesa de Argel em julho de 1830 e de Orã em janeiro de 1831 não era muito diferente da posição da Espanha em suas fortalezas em Ceuta e Melilla (que permanecem até hoje possessões espanholas). Mas a França não estava satisfeita em manter as principais cidades. Ela esperava colonizar a fértil planície costeira com colonos franceses em uma política conhecida como "ocupação controlada". Era uma política que inevitavelmente alienaria os povos naturais da Argélia.

A população argelina era composta por grupos ferozmente independentes de árabes e berberes, sendo esta última uma comunidade étnica não árabe convertida ao islamismo após as conquistas islâmicas do século VII. Dotados de língua e costumes próprios, os berberes estão espalhados pelo norte da África, sobretudo na Argélia e no Marrocos. Tanto árabes quanto berberes haviam preservado sua independência frente aos deis de Argel e resistido a todas as tentativas da guarnição turca de tributá-los ou impor o domínio otomano fora das grandes cidades de Argel, Constantina e Orã. Assim, eles não lamentaram a queda da Regência. No interior da Argélia, porém, eles não se mostrariam mais receptivos aos franceses do que tinham sido ao domínio turco.

Quando os franceses começaram a colonizar as planícies costeiras, as tribos locais organizaram um movimento de resistência, começando no oeste do país, perto de Orã. Árabes e berberes se voltaram para os líderes carismáticos de suas ordens sufis (irmandades muçulmanas místicas), que muitas vezes aliavam legitimidade religiosa com uma genealogia nobre, que ligava seus membros à família do profeta Maomé. As ordens sufis estavam organizadas em redes de lojas que abrangiam toda a Argélia e comandavam a lealdade dos líderes da comunidade. Proporcionavam portanto uma estrutura natural a partir da qual montar um movimento de oposição.

Entre as comunidades sufis mais poderosas do oeste da Argélia estava a ordem Qadiri. O chefe da ordem era um velho sábio chamado Muhi al-Din. Várias das principais tribos da região pediram a Muhi Din que aceitasse o título de sultão e liderasse os árabes da Argélia ocidental em uma guerra santa contra os franceses. Quando ele recusou, por motivos de idade e doença, as tribos indicaram seu filho Abd al-Qadir, que já havia demonstrado coragem em ataques aos franceses.

Em novembro de 1832, aos 24 anos, Abd Qadir (1808-83) foi proclamado emir, ou líder das tribos aliadas contra o domínio francês. Foi o início de uma das carreiras mais notáveis da história moderna do Oriente Médio. Nos quinze anos que se seguiram, Abd Qadir uniu o povo da Argélia em um movimento de resistência contra a ocupação francesa do país. Não é exagero dizer que já era uma lenda ainda em vida — no Ocidente e no mundo árabe.

Para os franceses, Abd Qadir era o melhor exemplo do "árabe nobre", um personagem que evocava a figura de Saladino e cujas convicções religiosas, aliadas à integridade pessoal, colocavam seus motivos — defender seu país contra a ocupação militar estrangeira — além de qualquer reprovação. Em batalha, ele era corajoso e audacioso, adepto de um estilo guerrilheiro de combate que trouxe a suas pequenas forças vitórias contra exércitos franceses mais desenvolvidos do que os que haviam derrotado os mamelucos do Egito. Suas façanhas foram imortalizadas em óleos extraordinários pintados pelo artista romântico Horace Vernet (1789-1863), o documentarista oficial da conquista francesa da Argélia. Victor Hugo elogiou Abd Qadir em um de seus versos: *le beau soldat, le beau prêtre* — literalmente, "o belo soldado, o belo padre".

Para seus seguidores árabes, Abd Qadir gozava de dupla legitimidade religiosa, como descendente do profeta Maomé (um xarife) e filho de um dos mais respeitados chefes de uma das mais importantes ordens sufis. Seus seguidores lhe juravam lealdade e eram recompensados com vitórias contra forças superiores. As façanhas de Abd Qadir emocionaram seus contemporâneos em todo o mundo árabe e islâmico, onde ele era visto como o "Comandante dos Fiéis", defensor das terras muçulmanas contra invasores estrangeiros.

Abd Qadir empreendeu uma guerra extraordinariamente inteligente. Em certa ocasião, ao capturar alguns de seus papéis, os franceses ficaram surpresos ao descobrir que ele havia obtido informações muito confiáveis sobre os debates na Câmara dos Deputados da França acerca do conflito na Argélia. Ele sabia que a guerra era impopular entre os franceses e estava ciente das pressões para que o governo se entendesse com os insurgentes argelinos.[3] Dispondo dessa informação, Abd Qadir travou uma guerra concebida para levar os franceses a buscar a paz.

Por duas vezes Abd Qadir forçou os generais franceses a concluírem tratados de paz nos termos estipulados por ele, reconhecendo sua soberania e limites claros ao território que permaneceria sob o controle da França. O primeiro foi acordado em fevereiro de 1834 com o general Louis Desmichels, e o segundo — o Tratado de Tafna de reconhecimento mútuo — foi selado em maio de 1837 com o general Robert Bugeaud. Este último concedia soberania a Abd Qadir sobre dois terços da massa terrestre da Argélia.[4] Ambos os tratados provaram ter vida curta diante das ambições expansionistas de ambos os lados.

Tanto Abd Qadir quanto os franceses procuraram estender sua autoridade sobre a cidade oriental de Constantina. Os franceses argumentaram que Constantina ficava bastante afastada dos territórios reconhecidos no tratado de 1837 como parte do Estado de Abd Qadir. Os argelinos replicaram que o tratado estabelecia limites claros ao território francês, e que os europeus haviam violado seus termos na conquista de Constantina. Mais uma vez, as posições francesa e argelina eram irreconciliáveis. Abd Qadir acusou os franceses de quebrar o acordo e reiniciou a guerra. Em 3 de novembro de 1839, ele escreveu ao governador-geral francês:

Estávamos em paz e os limites entre o seu país e o nosso estavam claramente determinados [...]. [Agora] o senhor publicou [a afirmação de] que todas as terras entre Argel e Constantina não mais devem receber ordens minhas. A ruptura vem do senhor. No entanto, para que o senhor não me acuse de traição, aviso desde logo que irei retomar a guerra. Preparem-se, avisem seus viajantes, todos que moram em lugares isolados; em uma palavra, tomem todas as precauções que julgarem necessárias.[5]

As forças de Abd Qadir atacaram as vulneráveis colônias agrícolas francesas na planície de Mitija, localizada a leste de Argel. Provocando pânico generalizado, elas mataram e feriram centenas de colonos, incendiando suas casas. O governo em Paris foi confrontado com duas claras alternativas: retirar-se ou comprometer-se com uma ocupação completa da Argélia. Optou pela última e despachou o general Bugeaud à frente de uma força de campanha maciça a fim de conseguir a "submissão" total da resistência argelina ao domínio francês.

Bugeaud enfrentou uma tarefa assustadora em sua tentativa de alcançar a vitória na Argélia. Os argelinos estavam bem organizados e muitíssimo motivados. Abd Qadir organizara seu governo em oito províncias, cada uma dirigida por um governador cuja administração chegava até o nível tribal. Esses governadores recebiam salários regulares e eram responsáveis por manter a lei e a ordem e cobrar impostos para o Estado. Juízes foram nomeados para cumprir a lei islâmica. O governo era discreto, atuando sempre dentro das restrições do direito islâmico, o que encorajava os fazendeiros e membros das tribos a pagarem seus impostos.

Assim, o governo argelino conseguiu levantar fundos suficientes para apoiar um exército voluntário que se mostrou altamente eficaz em campo. Segundo a estimativa de Abd Qadir, suas forças contavam com 8 mil soldados de infantaria regular, 2 mil de cavalaria e 240 artilheiros com vinte canhões, distribuídos igualmente pelas oito províncias. Essas forças móveis eram capazes de assediar os franceses e, sempre que se sentiam ameaçadas em número, retirar-se do combate, em táticas clássicas da guerra de guerrilha.

Abd Qadir também criara uma série de cidades-fortalezas ao longo da crista do planalto argelino a fim de fornecer a seus exércitos refúgios seguros contra os contra-ataques franceses. Em 1848, falando a seus captores em Toulon, ele explicou sua estratégia:

> Eu estava convencido, uma vez que a guerra tinha recomeçado, de que seria obrigado a lhes deixar o controle de todas as principais cidades do interior, mas que vocês [franceses] não seriam capazes de alcançar o Saara, uma vez que os meios de transporte que sobrecarregavam seus exércitos impediriam esse avanço.[6]

A estratégia do líder argelino era atrair os franceses para o interior, onde os invasores estariam dispersos e isolados, sendo mais fáceis de derrotar. Ao falar com um prisioneiro francês na cidade fortificada de Tagdemt, Abd Qadir advertiu: "Vocês morrerão de doença nas nossas montanhas, e aqueles a quem a doença não levar morrerão pelas balas de meus cavaleiros".[7] Com seu governo e suas defesas mais bem organizados do que nunca, Abd Qadir estava confiante de que voltaria a prevalecer sobre os franceses.

No entanto, ele não previu a extraordinária violência com que os franceses se lançariam sobre o povo argelino. O general Bugeaud pôs em prática uma política de terra arrasada no interior do país, com o objetivo de minar o apoio popular à resistência de Abd Qadir — incendiando aldeias, dispersando o gado, destruindo colheitas e devastando pomares. Homens, mulheres e crianças foram mortos, e os oficiais foram instruídos a não fazer prisioneiros. Qualquer homem que tentasse se render era simplesmente abatido. Tribos e aldeias começaram a se voltar contra Abd Qadir a fim de evitar o sofrimento. As medidas também comprometeram a economia rural, cortando a fonte de receitas de Abd Qadir.

Os argelinos ficaram abalados com o ataque francês, e o apoio público ao movimento de resistência começou a desmoronar. Quando as famílias dos soldados chegaram a temer o ataque de outros argelinos, Abd Qadir levou todos os seus dependentes — esposas, filhos e parentes idosos — para um enorme acampamento chamado *zimala*. Segundo a descrição do próprio Abd Qadir, o *zimala* era uma cidade móvel de não menos que 60 mil pessoas. Para se ter uma ideia de seu tamanho, ele afirmou que, "quando um árabe perdia o rastro de sua família, às vezes levava dois dias para encontrá-la" no meio da multidão. O *zimala* servia como uma unidade de apoio móvel para o exército de Abd Qadir, contando com armeiros, fabricantes de selas, alfaiates e todos os trabalhadores necessários para sua organização.

Não é de surpreender que o *zimala* tenha se tornado um dos principais alvos das forças francesas, ansiosas por desferir um golpe contra o moral dos soldados de Abd Qadir e a base de apoio do exército argelino. No entanto, dispondo de boa inteligência sobre a posição do exército francês e conhecimento do terreno, Abd Qadir foi capaz de mantê-lo seguro durante os primeiros três anos do conflito. Em maio de 1843, porém, a localização do acampamento foi revelada por um traidor e o exército francês conseguiu atacá-lo. Abd Qadir e seus homens souberam do ataque tarde demais para intervir. "Se eu estivesse lá", ele refletiu em conversa com seus captores franceses, "teríamos lutado por nossas esposas e filhos e teríamos lhes dado uma grande lição, sem dúvida. Mas essa não era a vontade de Alá; eu só soube do infortúnio três dias depois. Era tarde demais!"[8]

O ataque francês ao *zimala* teve o efeito desejado. Segundo a estimativa de Abd Qadir, os franceses mataram um décimo da população do acampamento móvel. A perda de parentes idosos, esposas e filhos foi um duro golpe no moral das tropas. O ataque foi também um enorme revés material ao esforço de guerra de Abd Qadir, uma vez que ele perdeu a maior parte de suas propriedades e recursos. Foi o começo do fim de sua guerra contra os franceses. Abd Qadir e suas forças se viram obrigados a recuar, e, em novembro de 1843, o comandante argelino levou seus seguidores para o exílio no Marrocos.

Pelos quatro anos seguintes, Abd Qadir reuniria tropas para atacar os franceses na Argélia, voltando ao território marroquino após cada incursão a fim de evitar ser capturado. O sultão do Marrocos, Mulai Abd al-Rahman, não desejava se envolver no conflito argelino. No entanto, por ter dado abrigo a Abd Qadir, os franceses atacaram a cidade marroquina de Oujda,

perto da fronteira com a Argélia, e enviaram sua marinha para bombardear os portos de Tânger e Mogador. Em setembro de 1844, os governos
francês e marroquino assinaram um tratado para restaurar as relações
de amizade, que declarava explicitamente o banimento de Abd Qadir em
todo o império do Marrocos.⁹ Sem contar com um refúgio seguro, sem
recursos e afastado de sua base de operações, ficou cada vez mais difícil
para Abd Qadir prosseguir o combate. Em dezembro de 1847, ele entregou
sua espada aos franceses.

A França comemorou a derrota de Abd Qadir como um triunfo sobre
um grande adversário. Um dos biógrafos (e admiradores) do líder argelino
refletiu ironicamente: "É espantoso pensar que foram necessários sete anos
de combate e 100 mil homens do maior exército do mundo para destruir o
que o emir [príncipe] construiu em dois anos e cinco meses".¹⁰ O impacto
da guerra sobre o povo da Argélia foi devastador. Estima-se o número de
baixas civis argelinas na casa de centenas de milhares.

Os franceses levaram Abd Qadir a Toulon, onde ele e a família ficaram presos. Abd Qadir era uma espécie de celebridade, e o governo do rei
Luís Filipe queria se beneficiar de sua popularidade para lhe conceder um
clamoroso perdão. Esses planos foram interrompidos pela Revolução de
1848 e pela derrubada do rei. Em meio à confusão política da mudança de
regime em Paris, o líder argelino ficou esquecido. Foi apenas em 1852 que
o novo presidente, Luís Napoleão (mais tarde coroado imperador Napoleão
III), restaurou sua liberdade. O líder argelino foi convidado de honra de
Luís Napoleão para visitar Paris em um cavalo de guerra branco e passar
em revista as tropas francesas com o presidente. Embora nunca tenha obtido permissão para retornar à Argélia, os franceses lhe concederam uma
pensão vitalícia e um navio a vapor para levá-lo ao lugar de exílio de sua
escolha. Abd Qadir partiu para os domínios otomanos e estabeleceu-se
em Damasco, onde foi recebido como um herói. Ele e sua família foram
aceitos no círculo de famílias da elite de Damasco, onde ele desempenha-
ria um papel importante na política comunitária. Mais tarde, Abd Qadir
se dedicou à vida acadêmica e ao misticismo islâmico. Ele morreu em
Damasco em 1883.

A vitória sobre Abd Qadir foi apenas o começo da conquista francesa da Argélia. Nas décadas seguintes, a França continuou a estender sua soberania colonial em direção ao sul. Em 1847, quase 110 mil europeus haviam se estabelecido no país. No ano seguinte, a comunidade de colonos conquistou o direito de eleger deputados para o Parlamento francês. Em 1870, com quase 250 mil colonos franceses, a Argélia foi formalmente anexada à França, e seus residentes não europeus se tornaram súditos (não cidadãos) do Estado francês. Excetuando-se a colonização sionista da Palestina, não haveria nenhum outro assentamento de colonos em todo o Oriente Médio que pudesse se comparar ao que os franceses fizeram na Argélia.

★ ★ ★

Com exceção da violenta guerra imperial da França na Argélia, as potências europeias respeitaram seu compromisso de preservar a integridade territorial do Império Otomano explicitada na Convenção de Londres para a Pacificação do Levante de 1840 até o Tratado de Berlim de 1878. A colonização formal do norte da África recomeçou em 1881 com a ocupação francesa da Tunísia.

Muita coisa havia mudado entre 1840 e 1881, tanto na Europa quanto no Império Otomano, à medida que uma nova e poderosa ideia criava raízes: o nacionalismo. Um produto do Iluminismo europeu do século XVIII, o nacionalismo se espalhou pela Europa a uma velocidade incerta durante o século XIX. A Grécia foi um dos primeiros Estados a se converter a ele, conquistando sua independência do Império Otomano em 1830, após uma década de guerra. Outros Estados europeus, como a Alemanha e a Itália, foram tomando forma ao longo de décadas, como resultado de movimentos de unificação de inspiração nacionalista, mas só emergiram na comunidade de nações em sua forma moderna no início da década de 1870. O Império Austro-Húngaro começou a enfrentar desafios nacionalistas cada vez maiores internamente, e foi apenas uma questão de tempo até que os territórios do Império Otomano na Europa Oriental seguissem o exemplo.

As nações balcânicas — Romênia, Sérvia, Bósnia, Herzegovina, Montenegro, Bulgária, Macedônia — começaram a buscar sua independência na década de 1830. As potências europeias passaram a dar apoio cada vez maior aos cristãos otomanos que buscavam se libertar do "jugo" turco. Políticos na Grã-Bretanha e na França apresentaram propostas em apoio aos movimentos nacionalistas nos Bálcãs. O governo russo deu total respaldo aos cristãos ortodoxos e eslavos na região. O Império Austro-Húngaro esperava se beneficiar dos movimentos secessionistas na Bósnia, Herzegovina e Montenegro para aumentar seu território à custa dos otomanos (e, nesse processo, acabou por deixar entrar em suas fronteiras os próprios movimentos nacionalistas que em 1914 levariam à sua queda e desencadeariam uma guerra mundial).

Esse apoio externo encorajou os nacionalistas balcânicos na luta contra o Estado otomano. Uma grande revolta irrompeu na Bósnia-Herzegovina em 1875. No ano seguinte, os nacionalistas búlgaros lançaram uma rebelião contra os otomanos. O conflito búlgaro devastou o campo, com aldeias cristãs e muçulmanas sendo atingidas pela violência entre combatentes nacionalistas e soldados otomanos. Os jornais europeus, negligenciando o fato de que os muçulmanos haviam sido as maiores vítimas, descreveram o massacre dos cristãos como "os horrores búlgaros". Em julho de 1876, com os otomanos imobilizados por conflitos na Bósnia-Herzegovina e na Bulgária, o príncipe Milan da Sérvia declarou guerra ao governo em Istambul, e a Rússia fez o mesmo em apoio aos povos eslavos dos Bálcãs.

Em circunstâncias normais, a Grã-Bretanha teria intervindo nesse ponto. O primeiro-ministro conservador Benjamin Disraeli havia muito defendia o apoio ao Império Otomano como um amortecedor contra as ambições russas na Europa continental. No entanto, ele tinha as mãos amarradas pela opinião pública. A violência — e a cobertura da imprensa sobre as atrocidades — desacreditou sua política turcófila e o deixou vulnerável às farpas de seu oponente liberal, William Gladstone. Em 1876, Gladstone publicou um influente panfleto intitulado *The Bulgarian Horrors and the Question of the East*. Seu eloquente discurso condenava os turcos como "o maior espécime anti-humano da humanidade" e defendia a expulsão dos otomanos de suas províncias europeias. "Que os turcos levem embora os seus abusos da única maneira possível, isto é, indo embora eles próprios", escreveu. Gladstone estava mais sintonizado com a opinião pública que Disraeli, e o governo britânico foi forçado a abandonar seu apoio à integridade territorial otomana.

Uma vez que o princípio da soberania turca sobre suas províncias foi violado, as potências europeias começaram a considerar o desmembramento do Império Otomano. Os esforços de reforma empreendidos pelo governo em Istambul não haviam criado um Estado viável ou estável, argumentavam seus críticos europeus. Eles apontavam para a bancarrota otomana de 1875 como evidência adicional de que a Turquia era o "doente da Europa". O melhor era acordar uma redistribuição das terras sob domínio turco entre as potências europeias. A Alemanha propôs uma repartição do Império Otomano dividindo os Bálcãs entre a Áustria e a Rússia, dando a Síria à França e oferecendo o Egito e as principais ilhas do Mediterrâneo à Grã-Bretanha. Horrorizados, os britânicos se apressaram a propor uma conferência internacional em Istambul, em novembro de 1876, para resolver a crise nos Bálcãs e o conflito russo-turco.

A diplomacia ganhava tempo, mas as potências beligerantes estavam mais inclinadas à guerra, e a situação instável oferecia amplas oportunidades. Em abril de 1877, a Rússia voltou a declarar guerra ao Império Otomano, invadindo ao mesmo tempo territórios a leste e a oeste. Movendo-se rapidamente pela Anatólia Oriental e através dos Bálcãs, os russos infligiram pesadas baixas aos defensores. No início de 1878, as defesas otomanas desmoronaram enquanto as forças russas varriam a Bulgária e a Trácia e pressionavam a própria Istambul, forçando uma rendição incondicional do Império Otomano para impedir a ocupação de sua capital.

Tendo sofrido uma derrota total para a Rússia, os otomanos tiveram pouca influência sobre os termos que lhes foram impostos pelo Congresso de Berlim de 1878. O imperativo de longa data de preservar a integridade territorial do Império Otomano foi abandonado quando as potências europeias embarcaram na primeira divisão de seu território. No curso da conferência de paz de Berlim, a Bulgária recebeu autonomia dentro do Império

Otomano, enquanto a Bósnia e a Herzegovina, embora nominalmente continuassem sendo território otomano, passaram à ocupação austríaca. Romênia, Sérvia e Montenegro obtiveram total independência. A Rússia ganhou extensos territórios na Anatólia Oriental. Com essas medidas, o Império Otomano foi obrigado a entregar dois quintos de seu território e um quinto de sua população (metade dela muçulmana).[11]

Incapazes de evitar o desmembramento, os britânicos trataram de assegurar seus interesses estratégicos nos domínios otomanos antes mesmo do Congresso de Berlim. Como potência marítima, a Grã-Bretanha havia muito procurava uma base naval no Mediterrâneo Oriental, de onde pudesse supervisionar a navegação no canal de Suez e assegurar seu fluxo tranquilo. A ilha de Chipre servia bem a esse propósito. Naquele momento, o acossado sultão otomano Abdul Hamid II (g. 1876-1909) precisava mais de um aliado do que da própria ilha, e assim concluiu, às vésperas do Congresso de Berlim, um tratado de aliança defensiva com a Grã-Bretanha em troca de Chipre.

Foi a reivindicação britânica de Chipre que ampliou a repartição dos domínios otomanos dos Bálcãs para o norte da África. A Alemanha consentiu na aquisição de Chipre pela Grã-Bretanha, embora tanto britânicos quanto alemães reconhecessem a necessidade de compensar a França para restaurar o equilíbrio de poder no Mediterrâneo. Assim, concordaram em "oferecer" a Tunísia aos franceses para que estes pudessem consolidar seu império no norte da África e garantir suas fronteiras com a Argélia. A Alemanha, que havia anexado a província francesa da Alsácia-Lorena após a Guerra Franco-Prussiana de 1870-1, ficou muito feliz em concordar com esse presente, na esperança de promover uma reaproximação com Paris. Apenas a Itália, que tinha uma grande população de colonos e investimentos significativos na Tunísia, levantou objeções — que as outras potências menosprezaram, sugerindo que ela deveria ficar satisfeita com a Líbia (o que de fato aconteceu, em 1911).

Os franceses tiveram permissão para ocupar a Tunísia, mas não tinham motivos para justificar um ato hostil contra o complacente Estado norte-africano. Desde a sua falência em 1869, o governo tunisiano havia cooperado plenamente com os consultores financeiros franceses para honrar suas dívidas externas. O governo francês primeiro propôs o estabelecimento de um protetorado sobre a Tunísia, em 1879, mas seu governante, Muhammad al-Sadiq Bei (g. 1859-82), recusou educadamente entregar seu país ao domínio imperial estrangeiro.

Para dificultar as coisas, a opinião pública francesa havia se voltado contra os empreendimentos coloniais. A maioria das pessoas acreditava que a conquista da Argélia tinha cobrado um preço muito alto, e havia pouco apoio para estender a presença francesa no norte da África. Sem respaldo público interno ou um pretexto do exterior, o governo francês foi refreado em seus esforços para adicionar a Tunísia ao seu império. Enquanto isso, a Itália aproveitava cada atraso francês para estender sua própria presença na Tunísia, onde a comunidade de colonos italianos superava significativamente a francesa. Foi essa rivalidade franco-italiana que enfim levou Paris à ação.

Os franceses precisaram encontrar motivos para justificar a invasão da Tunísia. Em 1880, um aventureiro francês deixou de cumprir os compromissos de uma concessão e foi expulso pelos tunisianos, apesar de todos os seus esforços para contornar a situação. O cônsul francês protestou e apresentou um ultimato ao bei, exigindo que o francês insolvente fosse indenizado e que os funcionários tunisianos responsáveis pela sua expulsão fossem punidos. Não se tratava de um insulto comparável ao incidente do mata-moscas ocorrido na Argélia em 1827, mas foi considerado um tratamento suficientemente inadequado a um cidadão francês que justificasse a mobilização de uma força de invasão a fim de resgatar a honra nacional. O demasiado razoável soberano da Tunísia privou os franceses de um pretexto para a invasão do país ao aceitar todas as suas ultrajantes exigências. As tropas foram enviadas de volta ao quartel para aguardar uma oportunidade mais propícia.

Em março de 1881, as tropas francesas voltariam a se reunir. Dessa vez, sob o pretexto de que um grupo de autóctones havia cruzado a fronteira da Tunísia e feito uma incursão na Argélia. Embora o bei tenha se oferecido para pagar uma indenização pelos prejuízos causados e prometido punir os membros da tribo, os franceses insistiram em agir por conta própria. Assim, um destacamento de cavalaria francês cruzou a fronteira da Tunísia e, contornando o território da tribo culpada, seguiu direto para Túnis — onde se encontrou, em abril de 1881, com uma força francesa de invasão marítima. Cercado por terra e mar, Muhammad Sadiq Bei assinou um tratado com os franceses em 12 de maio de 1881, que efetivamente cortou seus laços com o Império Otomano e cedeu sua soberania à França. A experiência de reforma e falência da Tunísia levou o país do controle informal da Europa para a completa dominação imperial.

Enquanto os franceses estavam ocupados com a integração da Tunísia a seu império norte-africano, um novo problema começava a se formar a leste, no Egito. Como vimos no capítulo anterior, as reformas e a subsequente falência do Egito haviam levado à intervenção da Europa nas finanças e na governança do país. Em vez de restaurar o equilíbrio, as medidas tomadas pelas potências europeias desestabilizaram de tal maneira a política interna do Egito que um poderoso movimento de oposição emergiu para ameaçar o governo do quediva. O que havia começado como uma ação combinada entre a Grã-Bretanha e a França para reforçar a autoridade do quediva terminou com a ocupação do Egito pela Grã-Bretanha em 1882.

★ ★ ★

O NOVO QUEDIVA DO EGITO, Tawfiq Paxá (g. 1879-92), se viu imprensado entre as demandas da Europa e as de poderosos grupos de interesse dentro de sua própria sociedade. Ele subiu ao trono de vice-rei de repente, quando Grã-Bretanha e França prevaleceram sobre o sultão otomano e depuseram seu predecessor (e pai), o quediva Ismail, por obstruir o trabalho de seus controladores financeiros no Egito. Tawfiq Paxá, portanto, sabia das consequências de contrariar as potências europeias. Ao mesmo tempo, o cumprimento das exigências britânicas e francesas o expunha a crescentes críticas em seu próprio país. Os grandes proprietários de terras e as elites urbanas, afligidos pelas medidas de austeridade econômica impostas para

o pagamento das dívidas externas do Egito, falavam cada vez mais abertamente contra o desgoverno do quediva.

As elites egípcias desfrutavam de uma plataforma política na Assembleia de Representantes, o antigo Parlamento estabelecido por Ismail Paxá
em 1866. Seus representantes na assembleia começaram a exigir participação na aprovação do orçamento egípcio, maior responsabilidade dos
ministros perante a assembleia e a promulgação de uma Constituição
liberal restringindo os poderes do quediva. Tawfiq Paxá não tinha nem
o poder nem a inclinação para aceitar tais demandas e, com o apoio das
potências europeias, suspendeu a assembleia em 1879. As elites fundiárias
responderam apoiando um movimento de oposição que crescia dentro
do exército egípcio.

O exército do Egito fora duramente atingido pelas medidas de austeridade impostas após a falência do país — sobretudo os *egípcios* no exército.
Havia uma profunda divisão no exército entre a elite de língua turca no
corpo de oficiais e os egípcios nativos de língua árabe. Os oficiais de língua
turca, conhecidos como turco-circassianos, se vangloriavam de constituir
uma casta militar descendente dos mamelucos e possuíam laços estreitos
com a família do quediva e a sociedade otomana de Istambul. Despreza-
vam os egípcios nativos e se referiam a eles, com desdém, como soldados
camponeses. Quando os controladores financeiros europeus decretaram a
necessidade de se fazer uma redução substancial no tamanho do exército,
os comandantes turco-circassianos protegeram a si próprios e impuseram
os cortes às fileiras de egípcios nativos. Oficiais egípcios se uniram à causa
de seus homens e começaram a se mobilizar contra a demissão injusta.
Eles foram liderados por um dos mais altos oficiais do país, o coronel
Ahmad Urabi.

Ahmad Urabi (1841-1911) foi um dos primeiros egípcios nativos a entrar
no corpo de oficiais do exército. Nascido em uma aldeia no leste do delta
do Nilo, Urabi deixou seus estudos na Universidade de al-Azhar em 1854
para ingressar na nova academia militar aberta por Said Paxá. Ele se via
tão qualificado para o posto de oficial do exército quanto qualquer tur-
co-circassiano de sua geração. Afirmava descender da família do profeta

Maomé tanto pela linha materna quanto paterna — em termos islâmicos, uma ilustríssima linhagem que nenhum mameluco poderia igualar, dado que, na origem, eram todos cristãos caucasianos convertidos ao islã na qualidade de escravos do exército. Um homem de ambição e talento, Urabi alcançou distinção e seu lugar nos livros de história não como soldado, mas como rebelde. De fato, a revolta que leva seu nome foi o evento que precipitou a ocupação britânica do Egito em 1882.

Em suas memórias, Urabi idealizou o exército como uma meritocracia na qual a promoção era concedida por meio de exames, "e aqueles que se destacassem sobre seus pares eram promovidos ao nível adequado".[12] Ele certamente teve um bom desempenho. Em apenas seis anos, entre 1854 e 1860, foi promovido de soldado comum até se tornar, aos dezenove anos, o mais jovem coronel do Egito. Urabi era devotado a Said Paxá, o vice-rei que abrira o corpo de oficiais aos egípcios nativos.

Em 1863, com a ascensão de Ismail Paxá, o novo vice-rei retornou ao viés tradicional que privilegiava os oficiais de língua turca no exército. Daí em diante, o clientelismo e a origem étnica suplantariam o mérito como critério de avanço na carreira militar. O ambicioso Urabi encontrou uma barreira invisível imposta pelas elites turco-circassianas. Durante todo o reinado de dezesseis anos de Ismail (g. 1863-79), não recebeu uma única promoção. A experiência o encheu de amargura contra seus superiores nas forças armadas e contra os vice-reis do Egito.

O conflito de Urabi com as elites turco-circassianas começou quase imediatamente após a chegada de Ismail ao poder. Colocado sob o comando do general circassiano Khusru Paxá, Urabi reclamou:

> Ele mostrou um favoritismo cego pelos homens de sua própria raça, e, quando descobriu que eu era um puro-sangue nacional [egípcio], minha presença no regimento passou a afligi-lo. Ele trabalhou pela minha dispensa, para liberar meu posto no regimento para um dos filhos dos mamelucos.[13]

A oportunidade de Khusru Paxá surgiu quando Urabi foi alocado na comissão de exame responsável pelas promoções — a única instituição que garantia que os soldados fossem promovidos por conta de seus méritos, e não por suas conexões. Khusru Paxá ordenou que Urabi falsificasse os resultados do exame para promover um circassiano e, diante da recusa deste, o denunciou ao ministro da Guerra por desobediência. O caso foi encaminhado ao próprio quediva Ismail e levou à demissão temporária de Urabi do exército e à sua transferência para o serviço civil. Perdoado pelo quediva em 1867, Urabi só retornou ao serviço militar completo em seu antigo posto de coronel na primavera de 1870. Mesmo assim, ainda nutria ressentimentos profundos contra seus superiores turco-circassianos pela injustiça que o haviam feito sofrer.

A década de 1870 foi um período de frustração para o exército egípcio. Urabi participou da desastrosa campanha da Abissínia, por meio da qual o quediva Ismail tentou estender o domínio imperial do Egito sobre os territórios modernos da Somália e da Etiópia. Em março de 1876, o rei João da Abissínia infligiu aos egípcios uma derrota decisiva, expulsando os invasores de suas terras. Ao voltar para casa, tendo sofrido pesadas baixas e um desastre militar completo, o desmoralizado exército precisou enfrentar ainda a desmobilização que se seguiu à falência do país em 1876. Uma das medidas econômicas impostas pelos controladores financeiros europeus era a redução do exército egípcio de um contingente de 15 mil homens para uma força simbólica de 7 mil; além disso, 2500 oficiais deveriam passar a receber metade do soldo. Em janeiro de 1879, Urabi recebeu ordem de transferir seu regimento de Roseta para o Cairo a fim de ser desmobilizado.

Ao chegar ao Cairo, Urabi encontrou a cidade inundada de soldados e oficiais egípcios aguardando a desmobilização. Os homens estavam de ânimos exacerbados diante do fim repentino de carreiras militares promissoras e do desemprego iminente. Um grupo de cadetes e oficiais do exército egípcio organizou uma manifestação diante do Ministério das Finanças em 18 de fevereiro de 1879, para protestar contra a demissão injusta. Quando o primeiro-ministro Nubar Paxá e o ministro britânico, Sir Charles Rivers Wilson, saíram do ministério, os oficiais enfurecidos partiram para a agressão. Urabi, que não participou do protesto, contou depois a um simpatizante britânico:

"Eles viram Nubar entrando em sua carruagem e o agrediram, puxaram-lhe o bigode e deram-lhe tapas nas orelhas".[14]

O tumulto militar foi tão útil aos propósitos do quediva Ismail que Urabi e seus colegas suspeitaram que o vice-rei estivesse envolvido na organização da manifestação. Ismail desejava se livrar dos ministros estrangeiros em seu gabinete — tanto o francês quanto o britânico — e almejava ter menos restrições sobre o orçamento do Egito. Ele argumentou que a rigorosa austeridade que os controladores financeiros europeus haviam imposto estava desestabilizando a política interna do Egito e colocando em risco sua capacidade de honrar as dívidas com os detentores de bônus estrangeiros. No dia seguinte à manifestação, ele aceitou a renúncia do gabinete misto de Nubar. No entanto, os britânicos e franceses não estavam dispostos a conceder que o quediva recuperasse seus poderes, e, em junho de 1879, Ismail foi deposto.

Urabi e seus colegas oficiais egípcios ficaram aliviados com a deposição do vice-rei. No entanto, sua posição apenas se deteriorou sob o governo do sucessor de Ismail, o quediva Tawfiq. O novo ministro da Guerra, o turco--circassiano Uthman Rifqi Paxá, removeu vários oficiais egípcios nativos de seus postos e os substituiu por homens de sua raça. Em janeiro de 1881, Urabi soube que ele e alguns colegas estavam prestes a ser dispensados em uma operação que descreveu em termos de uma restauração mameluca.

> Os circassianos estavam fazendo reuniões regulares com oficiais de alta e baixa patente na casa de Khusru Paxá [ex-comandante circassiano de Urabi], na presença de Uthman Rifqi Paxá, nas quais celebravam a história do Estado mameluco [...]. Eles acreditavam estar prontos para recuperar o Egito e todos os seus bens, como os mamelucos do passado haviam feito.[15]

Urabi e seus colegas decidiram agir. Eles elaboraram uma petição para o quediva Tawfiq informando suas queixas e demandas. Essa petição de janeiro de 1881 marcou a entrada de Urabi na política nacional, estabelecendo um perigoso precedente de intervenção militar na política que se repetiria em toda a história árabe ao longo do século xx.

Urabi e seus colegas oficiais egípcios tinham três objetivos principais: aumentar o exército, derrubando os cortes no número de tropas impostos pelos controladores financeiros; revisar os regulamentos e estabelecer a igualdade entre todos os militares, sem distinção de etnia ou religião; e nomear um oficial egípcio nativo como ministro da Guerra. Urabi parecia não se dar conta da contradição entre essas demandas, entre a igualdade *e* a imposição de um ministro egípcio nativo.

As exigências de Urabi eram revolucionárias para o seu tempo. Quando a petição dos oficiais foi apresentada ao primeiro-ministro, Riad Paxá os ameaçou abertamente. "Esta petição é destrutiva", advertiu ele, "mais perigosa do que a que foi apresentada por um de seus colegas, posteriormente enviado ao Sudão", o equivalente do Egito à Sibéria.[16] No entanto, os oficiais se recusaram a retirá-la e pediram que fosse entregue ao quediva.

Quando recebeu a petição de Urabi, Tawfiq Paxá convocou uma sessão de emergência no Palácio de Abdin com seus principais comandantes militares. Eles pediram a prisão de Urabi e dos dois oficiais que haviam assinado o documento sob acusação de sedição, e concordaram em convocar uma corte marcial especial para julgá-los. Urabi e seus colegas oficiais foram convocados ao Ministério da Guerra no dia seguinte, onde lhes foi pedido que entregassem suas espadas. A caminho da prisão, que ficava no próprio ministério, os egípcios passaram por duas fileiras de oficiais circassianos hostis, sendo depois insultados pelo velho inimigo de Urabi, Khusru Paxá. "Ele ficou do lado de fora da cela e nos provocou, chamando-nos de 'camponeses', dizendo que só servíamos para trabalhar como catadores de frutas", lembrou Urabi com amargura.[17]

A prisão de Urabi e seus colegas oficiais provocou um motim no exército egípcio. Em fevereiro de 1881, duas unidades da guarda do quediva invadiram o Ministério da Guerra. O ministro e os outros circassianos fugiram do prédio. Os soldados libertaram Urabi e seus oficiais e os levaram de volta ao Palácio de Abdin, onde realizaram uma estrondosa demonstração de lealdade ao quediva Tawfiq. Os soldados permaneceram no palácio até que o impopular ministro da Guerra circassiano, Uthman Rifqi, fosse demitido, e um homem da escolha dos revoltosos nomeado seu sucessor. O quediva também ordenou mudanças nos regulamentos militares para satisfazer as solicitações dos soldados quanto a salários e condições de serviço.

A manifestação então terminou, e as tropas voltaram para os quartéis. A calma foi restaurada, mas os acontecimentos haviam transformado a política egípcia. Urabi emergiu como um líder popular, e os militares haviam conseguido que o quediva e seu governo aceitassem suas demandas.

Os GRANDES PROPRIETÁRIOS DE TERRAS e elites urbanas da desmobilizada Assembleia de Representantes egípcia acompanharam os sucessos do exército com grande interesse, e perceberam que tinham uma chance muito maior de impor suas reformas constitucionais liberais sobre o relutante quediva em parceria com as forças armadas. Entre fevereiro e setembro de 1881, uma coalizão mista de oficiais do exército egípcio, grandes proprietários de terras, representantes da assembleia, jornalistas e eruditos religiosos se uniram no que chamaram de "Partido Nacional". Como explicaria a um observador britânico um notável reformista islâmico, o xeque Muhammad Abduh,

> estes foram meses de grande atividade política, que permeou todas as classes. A ação [de Urabi] lhe deu muita popularidade e o colocou em comunicação com os membros civis do Partido Nacional [...] e fomos nós que apresentamos a ideia de renovar a demanda por uma Constituição.[18]

Os membros da coalizão tinham seus próprios objetivos e queixas. O que os mantinha unidos era a crença comum de que os egípcios mereciam um tratamento digno em seu próprio país. Eles adotaram o slogan "Egito para os egípcios" e apoiaram as causas uns dos outros para melhor promover as suas próprias. Para Urabi e seus colegas oficiais, a Constituição impunha restrições ao quediva e ao seu governo, e isso os protegeria de represálias arbitrárias. Ela também destacava seu papel como defensores dos interesses do povo egípcio, e não apenas dos militares.

Para observadores europeus da época, a crescente coalizão tinha o aspecto de um movimento nacionalista, mas não era bem assim. Urabi e seus colegas reformistas aceitavam plenamente o status do Egito como província otomana autônoma. Com frequência, Urabi declarava sua lealdade ao quediva e ao sultão otomano — e foi condecorado por Abdul Hamid II por seus serviços. Os reformistas se opunham ao poder dos ministros e cônsules europeus em relação à política e à economia do Egito, e ao domínio dos turco-circassianos sobre o exército e o gabinete de governo. Quando os manifestantes saíam às ruas para gritar "Egito para os egípcios!", era um apelo à libertação da interferência europeia e circassiana, não à independência nacional.

Essa distinção, no entanto, não era percebida pelos europeus, que interpretaram as ações dos militares egípcios como o início de um movimento nacionalista que ameaçava seus interesses estratégicos e financeiros. A Grã-Bretanha e a França começaram a discutir as melhores maneiras de responder à ameaça de Urabi.

O quediva acompanhava o surgimento do movimento de oposição com crescente preocupação. As potências da Europa já haviam reduzido sua soberania, impondo oficiais europeus em seu governo e assumindo o controle de metade do orçamento do Egito. Agora, seus próprios súditos procuravam cortar suas asas ainda mais, impondo uma Constituição e reconvocando a Assembleia de Representantes. Tawfiq ficou isolado. Só podia contar com o apoio das elites turco-circassianas. Em julho de 1881, ele demitiu o gabinete reformista e instalou como ministro de Guerra seu cunhado, um circassiano chamado Dawud Paxá Yegen, a quem Urabi descreveu como "um homem ignorante, tolo e sinistro".

Os oficiais responderam organizando outra manifestação, na praça do Palácio de Abdin. Urabi notificou o quediva na manhã de 9 de setembro de 1881, dizendo: "Traremos todos os soldados presentes no Cairo para a praça do palácio a fim de apresentar nossas demandas a Sua Majestade, o Quediva, às quatro da tarde" desse mesmo dia.[19] Tawfiq Paxá ficou alarmado com a perspectiva de um novo motim militar e, acompanhado de seu primeiro-ministro e chefe de gabinete americano, Stone Paxá, foi ao quartel de Abdin e à Cidadela tentar despertar tropas leais para intervir contra Urabi — mas sem sucesso. Os militares egípcios tinham mais lealdade ao colega oficial do que ao próprio quediva.

Tawfiq foi forçado a receber Urabi no Palácio de Abdin, rodeado apenas por seus cortesãos e cônsules estrangeiros. Os oficiais apresentaram ao quediva as suas exigências: um novo gabinete, liderado pelo reformista constitucional Muhammad Serif Paxá; a reconvocação da Assembleia de Representantes; e a ampliação do efetivo do exército para 18 mil homens. Tawfiq não teve escolha senão concordar. Os militares e seus partidários civis estavam no controle.

O QUEDIVA SUCUMBIU ÀS PRESSÕES dos reformistas e reconvocou a assembleia. Em janeiro de 1882, os deputados apresentaram um projeto de Constituição para sua apreciação. A Constituição foi promulgada em fevereiro e um novo gabinete reformista foi nomeado, tendo Ahmad Urabi como ministro da Guerra. O coronel Urabi, que não fora agraciado com nenhuma promoção desde 1863, finalmente derrubara a hierarquia turco-circassiana e garantira o controle dos militares egípcios.

Não há dúvida de que os oficiais egípcios aproveitaram a oportunidade para acertar velhas contas com os mamelucos. Ex-ministro da Guerra, Uthman Rifqi Paxá foi acusado de conspirar para o assassinato de Urabi, e cinquenta de seus oficiais — todos turco-circassianos — foram considerados culpados do mesmo crime. Muitos dos detidos foram torturados, com o conhecimento de Urabi. Mais tarde, ele confidenciou: "Eu nunca fui à prisão para vê-los sendo torturados ou maltratados. Simplesmente jamais cheguei perto deles".[20]

Altos funcionários em Paris e Londres ficaram cada vez mais alarmados com o crescente isolamento de Tawfiq no Cairo. Cada concessão do quediva ao movimento reformista reduzia tanto a sua autoridade quanto a influência das grandes potências sobre a economia do Egito. Os britânicos e franceses estavam preocupados que as concessões de Tawfiq Paxá acabassem provocando desordem política no país. A presença de Urabi

no governo pouco amenizava as preocupações europeias. Urabi forçou o
novo primeiro-ministro, Mahmoud Sami al-Barudi, a demitir funcionários
europeus nomeados para o serviço público egípcio. Essas mudanças foram
rápidas demais para que as potências europeias conservadoras pudessem
aceitá-las com tranquilidade. O movimento de Urabi estava começando a
parecer uma revolução, e britânicos e franceses entraram em campo para
sustentar o vacilante regime do quediva. Ironicamente, todas as suas ações
exacerbaram o isolamento de Tawfiq e fortaleceram a posição de Urabi.

Em janeiro de 1882, os governos britânico e francês elaboraram um
comunicado conjunto, conhecido como "Nota Gambetta", numa tentativa
de restaurar a autoridade do quediva. Algo melhor poderia ter vindo de
dois Estados que se orgulhavam de seu domínio da diplomacia. Dando
garantias de "seus esforços conjuntos" contra todas as ameaças internas ou
externas à ordem no Egito, os britânicos e franceses esperavam poder "evitar os perigos aos quais o governo do quediva poderia estar exposto, e que
certamente encontrariam firme oposição da Grã-Bretanha e da França".
Nada poderia ter enfraquecido mais a posição de Tawfiq Paxá do que essa
ameaça pouco velada de proteger o quediva de seu próprio povo.

A desajeitada "Nota Gambetta" foi seguida pela exigência europeia
de que Urabi fosse demitido do gabinete. Essa tentativa de derrubá-lo,
porém, só fez reforçar sua posição em âmbito interno. Tawfiq, em comparação, ficou ainda mais isolado. Urabi o acusou de agir em nome dos
interesses europeus e de trair o próprio país. O primeiro-ministro renunciou, junto com a maior parte de seu gabinete. Nessas circunstâncias,
ninguém estava disposto a formar um novo governo. Urabi, porém, permaneceu no cargo, o que significava que o governo estava efetivamente
sob o controle de seu ministro mais popular e poderoso. Ao tentarem
obter sua demissão, as potências europeias involuntariamente puseram
Urabi no controle do governo egípcio.

À medida que a situação se agravava, Grã-Bretanha e França recorreram à diplomacia das canhoneiras; em maio de 1882, enviaram uma
esquadra naval conjunta ao Egito. Essa demonstração de força tornou a
posição do quediva insustentável. Em 31 de maio, Tawfiq Paxá deixou o

Cairo e seguiu para o Palácio de Ras al-Tin, em Alexandria, para ficar mais perto da proteção dos navios britânicos e franceses. Na prática, o Egito estava sendo governado por dois homens: o chefe de Estado legalmente reconhecido, o quediva Tawfiq, confinado ao seu palácio em Alexandria, e o líder popular, Ahmad Urabi, à frente do governo em exercício no Cairo.

Em 11 de junho de 1882, com navios de guerra europeus cruzando a costa, as tensões entre egípcios e europeus degeneraram em violência. O que havia começado como uma briga de rua entre um cidadão britânico e um cocheiro egípcio acabaria por se transformar em um motim contra os estrangeiros que resultaria em mais de cinquenta mortes. Haveria ainda centenas de feridos e milhares de desamparados, por conta da destruição de casas e locais de trabalho. A imprensa europeia exagerou sobre os motins em Alexandria, descrevendo-os como um massacre de cristãos e europeus e pressionando a Grã-Bretanha e a França a responder com força ao colapso da ordem no Egito.

Urabi sabia que os motins antieuropeus provavelmente provocariam a intervenção de britânicos e franceses. Chegou a suspeitar que o quediva os tivesse instigado, embora não existam evidências que sustentem isso. Na sequência dos acontecimentos, o ministro da Guerra enviou 12 mil soldados para Alexandria a fim de restaurar a ordem — e reforçar a cidade contra a esperada resposta europeia. Urabi colocou o Egito num verdadeiro pé de guerra, pedindo a seus partidários entre os grandes proprietários de terra que lhe enviassem recrutas camponeses a fim de reforçar seu exército. Impostos emergenciais foram instituídos para financiar a resistência a um ataque europeu.

De fato, o comandante da frota britânica, Sir Beauchamp Seymour, emitiu uma série de ultimatos, em tom cada vez mais ameaçador, prometendo bombardear Alexandria a menos que as defesas marítimas da cidade fossem desmontadas. Destemido, o exército egípcio começou a reforçar as defesas da cidade, estendendo as muralhas à beira-mar e construindo plataformas de artilharia para enfrentar a ameaça dos navios europeus. E, uma vez que nenhum dos lados parecia disposto a recuar, o conflito armado era iminente.

A ameaça de ação militar teve uma consequência imprevista: a retirada da frota francesa depois de meses de esforços conjuntos com os britânicos. O governo francês estava obrigado pela sua Constituição a obter o consentimento do Parlamento antes de entrar em confronto com qualquer país. A França ainda estava se recuperando da terrível derrota para a Alemanha em 1870, do custo de subjugar a Argélia em 1871 e das despesas associadas à ocupação da Tunísia em 1881. O Tesouro francês fora usado além dos limites, e a Câmara não estava disposta a entrar em nenhum novo conflito estrangeiro. Em 5 de julho, o governo francês explicou sua posição aos britânicos e retirou os navios de Alexandria.

Agora os britânicos precisavam tomar uma importante decisão: ou recuavam ou seguiam em frente sozinhos. A Grã-Bretanha *não* desejava ocupar o Egito. Um Estado falido com um governante desacreditado e um exército em revolta não é uma proposta atraente para nenhum poder imperial. Além disso, sua presença no país perturbaria o equilíbrio de poder na Europa que o governo britânico havia trabalhado tanto para preservar. Ainda mais problemática era a estratégia de retirada: uma vez que as tropas britânicas tivessem entrado no território egípcio, quando estariam em condições de se retirar? Uma vez que os objetivos da Grã-Bretanha eram garantir a segurança do canal de Suez e o pagamento das dívidas do Egito aos credores britânicos, os riscos da ação militar pareciam superar os benefícios.

Recuar, no entanto, nunca foi uma possibilidade real. A Grã-Bretanha vitoriana não poderia se considerar grande — "grã" — se cedesse a oficiais rebeldes em países menos desenvolvidos. O almirante Seymour obteve a aprovação do governo e, em 11 de julho, abriu fogo nas muralhas e na cidade de Alexandria. Ao cair da noite, a cidade estava em chamas, e as forças egípcias batendo em retirada. Um destacamento de soldados britânicos ocupou Alexandria no dia 14 de julho. Foi o começo não apenas de uma guerra, mas de uma ocupação que duraria três quartos de século.

ENTRE JUNHO E SETEMBRO DE 1882, Ahmad Urabi serviu tanto como chefe de um governo insurgente como comandante das forças de defesa do Egito contra os britânicos. Ele desfrutava de amplo apoio tanto nas cidades quanto no campo para enfrentar os invasores estrangeiros. Enquanto o quediva permanecia confinado em seu palácio em Alexandria, muitos dos príncipes, servidores e mulheres da casa real apoiavam Urabi e contribuíam com dinheiro, cereais e cavalos para o esforço de guerra.[21] Ele continuou desfrutando do apoio total das elites latifundiárias e dos comerciantes das cidades, bem como das hierarquias religiosas. Os soldados de Urabi fizeram todo o possível para enfrentar a guerra que se aproximava, mas o exército profissional do Egito não dispunha nem do contingente nem da confiança necessários para enfrentar os britânicos, e os voluntários camponeses careciam de disciplina e treinamento para se manter em formação sob fogo inimigo. Mesmo com o gradual aumento no número de efetivos, suas chances permaneciam pequenas.

Os britânicos ficaram surpresos com a forte resistência oferecida pelo exército irregular de Urabi. Sir Garnet Wolseley chegou a Alexandria no auge do verão, à frente de uma força de campanha de 20 mil homens. Dali, marchou suas tropas para tomar o Cairo, mas teve seu progresso impedido pelos defensores egípcios de Urabi por cinco semanas, o que forçou os britânicos a abandonarem a tentativa. Wolseley retornou a Alexandria para enviar seus homens à zona do canal de Suez, que os britânicos conseguiram tomar no início de setembro de 1882, utilizando seu extenso poderio naval. Enquanto permanecia nas imediações do canal, Wolseley recebeu reforços da Índia britânica e se preparou para marchar para oeste, em direção ao Cairo. Urabi, porém, surpreendeu-o antes da partida, infligindo pesadas baixas aos britânicos, retirando-se em seguida para evitar o combate com um inimigo em ampla superioridade numérica. As forças egípcias recuaram então até Tall al-Kabir, uma região no deserto oriental a meio caminho entre o canal e o delta, a fim proteger o Cairo da invasão. As forças de Wolseley, no entanto, atacaram antes que eles tivessem tempo de estabelecer defesas apropriadas. Os britânicos chegaram a trezentos metros das linhas egípcias antes da aurora e surpreenderam os defensores com uma carga de baioneta ao nascer do sol, em 13 de setembro de 1882. A batalha terminou uma hora depois, quando as exaustas tropas egípcias enfim sucumbiram à superioridade das forças britânicas. O caminho para o Cairo agora estava livre.

O governo insurgente de Ahmad Urabi entrou em colapso junto com as defesas egípcias em Tall al-Kabir. Urabi foi capturado no Cairo dois dias depois. Ele e seus colegas foram julgados por traição e condenados à morte, mas tiveram suas sentenças comutadas para o exílio perpétuo na colônia britânica do Ceilão (atual Sri Lanka). O quediva Tawfiq foi restaurado ao trono, embora jamais tenha recuperado a plena soberania. Com tropas britânicas ocupando o país e conselheiros britânicos em todos os níveis de governo, o verdadeiro governante do Egito era o residente britânico, Sir Evelyn Baring (mais tarde elevado à nobreza sob o título de Lord Cromer).

URABI DEIXOU UM LEGADO MISTO. Após o colapso de seu movimento, muitos o criticaram por ter provocado a ocupação britânica do Egito. No entanto, não há como negar o amplo apoio de que ele desfrutou ao defender os direitos dos egípcios nativos. Alguns de seus partidários mais devotados eram mulheres da casa real. O advogado de Urabi, A. M. Broadley, relatou uma conversa com uma princesa que lhe disse, entusiasmada, que todas "simpatizaram secretamente com Arabi [sic] desde o início, porque sabíamos que ele procurava apenas o bem dos egípcios [...]. Vimos em Arabi um libertador, e nosso entusiasmo por ele não conhecia limites".[22] A princesa Nazli, uma das netas de Muhammad Ali, explicou a atração por Urabi em termos mais universais:

> Arabi foi o primeiro ministro egípcio que fez os europeus lhe obedecerem. Em seu tempo, pelo menos, os maometanos podiam andar de cabeça erguida, e os gregos e italianos não ousavam transgredir a lei [...]. Agora não há ninguém para manter a ordem. Só os egípcios são controlados pela polícia, e os europeus fazem o que bem entendem.[23]

Urabi passou dezoito anos no exílio antes de ser autorizado a retornar à sua terra natal, em 1901, pelo sucessor de Tawfiq, o quediva Abbas II (g.

1892-1914). Tendo recebido o perdão formal do governo egípcio, ele prometeu lealdade ao quediva e abandonou a atividade política. Uma nova
geração de jovens nacionalistas esperava obter seu apoio à luta contra a
ocupação britânica, mas Urabi manteve sua promessa e não se envolveu.
Já idoso, queria terminar seus dias em seu amado Egito. Ele tinha os olhos
fixos no passado, não no futuro. Passou a última década de vida lendo todos os livros e relatos de jornais sobre a Revolta de Urabi, e dedicou seus
anos finais a limpar seu nome de todas as acusações de irregularidades.[24]
Escreveu uma série de ensaios autobiográficos e os distribuiu largamente
a autores no Egito e no exterior.

Apesar de seus esforços, duas acusações mancharam o nome de Urabi
por décadas após sua morte em 1911: a responsabilidade de ter provocado
a ocupação britânica do Egito e a traição contra a dinastia de Muhammad
Ali, os governantes legítimos do Egito. Só depois que uma nova geração
de jovens coronéis egípcios derrubou a última linhagem de Muhammad
Ali na revolução de 1952 Urabi foi reabilitado e admitido no panteão dos
heróis nacionais egípcios.

★ ★ ★

A OCUPAÇÃO BRITÂNICA PROVOCOU convulsões bem além das fronteiras
do Egito. A consternação dos franceses se transformou em hostilidade
quando eles viram os rivais britânicos estabelecerem uma presença imperial duradoura no Egito, que desde os tempos napoleônicos havia sido
um importante Estado-cliente da França. Os egípcios haviam recorrido a
conselheiros militares franceses, enviado suas maiores delegações educacionais a Paris e importado tecnologia industrial francesa; além disso, o
canal de Suez fora estabelecido como uma empresa francesa. A França se
recusava a se conformar com a perda do Egito e procurou por todos os
meios acertar contas com a "pérfida Albion". Eles se vingaram assegurando
territórios estratégicos na África, tanto para restaurar sua glória imperial
quanto para pressionar os interesses britânicos no exterior. O que se seguiu
veio a ficar conhecido como a "disputa pela África", quando Grã-Bretanha

1 e 2. Retratos do sultão otomano Selim I, que conquistou os territórios árabes do Império Mameluco em 1516-7, e de Khayr al-Din "Barbarossa", o corsário berbere que conquistou a costa norte da África para o domínio otomano em 1519. Essas extravagantes pinturas florentinas, compostas por volta de 1550, após a morte de ambos os retratados, provavelmente faziam parte da coleção dos Medici, apreciada pelo príncipe druso Fakhr al-Din II durante seu exílio em Florença entre 1613 e 1618. "Eles tinham retratos de todos os sultões do islã e de todos os xeques árabes", observou o cronista da corte de Fakhr al-Din, impressionado.

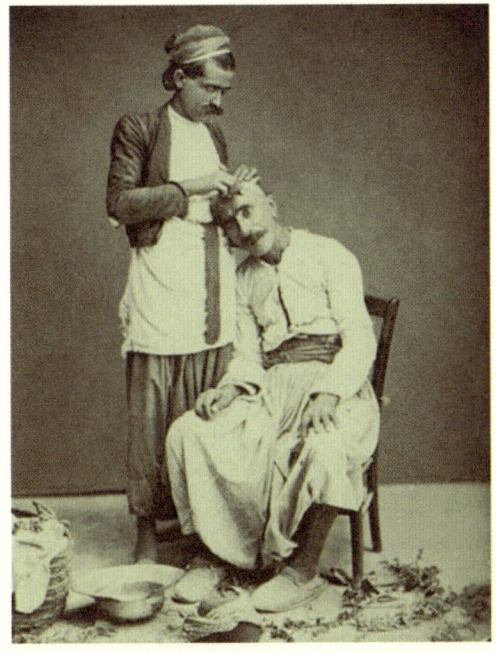

3. Este barbeiro damasceno do século XIX deve ter exercido sua profissão da mesma maneira que seu colega Ahmad al-Budayri "al-Hallaq" um século antes.

4. As tropas francesas de Napoleão Bonaparte infligiram uma derrota decisiva aos emires mamelucos, governantes do Egito, na Batalha das Pirâmides (21 de julho de 1798), antes de entrarem triunfantes no Cairo. Esta pintura de Louis-François Lejeune (1775-1848) foi feita em 1806 a partir de esboços realizados no campo de batalha. Lejeune capturou o conflito desigual entre a cavalaria mameluca e a disciplinada infantaria francesa, cuja "artilharia ininterrupta era ensurdecedora", nas palavras do cronista egípcio Abd al-Rahman al-Jabarti.

5. Nesta pintura de Georg Emanuel Opiz (1775-1841), podemos ver o idoso governante de Monte Líbano, o emir Bashir II (em pé ao centro, apoiado em uma bengala), prestando homenagem ao general egípcio Ibrahim Paxá (a cavalo) às portas de Acre, em 1831. Ibrahim, filho do governante do Egito, Muhammad Ali Paxá, sitiou a cidade durante seis meses antes de capturar a fortaleza estratégica e concluir assim a conquista da Síria.

6. O médico e cronista Mikhayil Mishaqa testemunhou o cerco egípcio de Acre em 1831-2, informando a família Shihab, de Monte Líbano, sobre a evolução dos acontecimentos. Mais tarde, Mishaqa serviu como agente consular dos Estados Unidos em Damasco, onde ele e sua família sobreviveram à violência da multidão durante os massacres de 1860. Este retrato de Bonfils foi tirado no final da vida de Mishaqa, no início da década de 1870.

7. Muhammad Ali Paxá, que possuía etnia albanesa, tendo nascido na cidade macedônica de Kavala, governou o Egito de 1805 a 1849 e estabeleceu um império que abrangia o Sudão, o Hejaz, a Grande Síria e a ilha de Creta. Ele posou para este retrato de Louis Charles Auguste Couder (1790-1873) em 1840, quando suas tropas foram expulsas da Síria por uma força anglo-otomana conjunta. Sua dinastia governaria o Egito até 1952.

8. O emir Abd al-Qadir liderou a resistência argelina ao domínio francês de 1832 até sua rendição final, em 1847, ao duque de Aumale, capturada aqui pelo artista francês Augustin Régis (1813-80). O argelino adquiriu imensa admiração na França por sua resistência determinada, sendo mais tarde recebido com honras pelo presidente francês Luís Napoleão antes de ser enviado a um exílio também honroso, em terras otomanas, durante o qual recebeu uma pensão francesa. Abd al-Qadir se estabeleceu em Damasco, onde teve um importante papel na salvação de muitos cristãos da cidade dos massacres de 1860.

9. Retrato do emir Faisal, filho do xarife de Meca, Hussein ibn Ali, e comandante do exército árabe na revolta árabe de 1916-8 contra os otomanos. Esta fotografia em autocromo de Paul Castelnau foi tirada no porto de Ácaba, no mar Vermelho, em 28 de fevereiro de 1918. Faisal tornou-se rei da Síria em 1920. Deposto pelos franceses no mesmo ano, foi coroado rei do Iraque em 1921.

10. Um grupo de soldados beduínos do exército árabe de Faisal entre os palmeirais de Ácaba, 28 de março de 1918. Esta fotografia em autocromo de Paul Castelnau captura os rostos de alguns dos homens que participaram dos ataques à ferrovia do Hejaz e às fortalezas no deserto otomano entre Meca e Damasco, celebrados pelo oficial britânico T. E. Lawrence, o famoso Lawrence da Arábia, em seu clássico *Os sete pilares da sabedoria*.

11. Retrato do primeiro governador francês no Marrocos, o marechal Louis-Hubert Lyautey, um inovador que conceberia uma forma benigna de domínio imperial que se mostraria influente na administração francesa da Síria. O governo de Lyautey foi prejudicado pela Guerra do Rife, liderada por Muhammad ibn Abd al-Karim al-Khattabi, ou apenas Abd al-Krim (1921-6), como era mais conhecido. Esta fotografia em autocromo foi tirada em 1927 por Georges Chevalier, dois anos depois de Lyautey ter deixado o Marrocos.

12. Em 1925, imagens instigantes de Abd al-Krim lutando contra os franceses no Marrocos capturaram a imaginação de nacionalistas em todo o mundo árabe. De seu reduto nas montanhas no norte do Rife, Abd al-Krim conseguiu levar seu exército berbere irregular à vitória primeiro sobre os espanhóis, e depois sobre os franceses, antes que os europeus unissem forças para cercar e derrotar os rifenhos em 1926. Nesta litografia, os franceses, com suas modernas aeronaves e divisões de artilharia, são obrigados a uma retirada total por combatentes marroquinos montados a cavalo, liderados por Abd al-Krim, sob uma bandeira islâmica em que se lê: "Não há outro deus senão Alá, e Maomé é seu profeta".

13. Retrato em autocromo do primeiro alto-comissário francês da Síria, o general Henri Gouraud, feito por Auguste Léon em Beirute, em 3 de outubro de 1919. Gouraud fora ajudante de Lyautey no Marrocos e tentara aplicar na Síria muitas das medidas de Lyautey a fim de facilitar o domínio francês, mas seus esforços não tiveram sucesso. Sua estratégia de dividir para conquistar acabaria provocando uma rebelião em toda a Síria, que se estendeu de 1925 a 1927, quando foi finalmente suprimida.

14. Beirute, sob o domínio francês, 22 de novembro de 1919. A bandeira tricolor francesa adornava a torre do relógio, de estilo otomano, e as varandas do principal centro administrativo. Abaixo, no campo de paradas, é possível ver o acampamento de tropas. Embora alguns libaneses tivessem buscado ativamente um mandato francês no Líbano durante a Conferência de Paz de Paris em 1919, eles esperavam que a França desempenhasse um papel mais desinteressado no país, ajudando-o a organizar as instituições necessárias para que se tornasse um Estado independente.

15. Damasco devastada pelo bombardeio francês em 1925. Em outubro de 1925, a cidade se levantou contra o domínio colonial francês. Os insurgentes invadiram o Palácio de Azm, construído no século XVIII, numa tentativa de capturar o alto-comissário francês, Maurice Sarrail. Embora os administradores franceses já tivessem evacuado o palácio, o exército descarregou todo o seu fogo de artilharia sobre os bairros em torno do palácio por mais de 48 horas. Como observou uma testemunha ocular, "as granadas e o fogo consumiram mais de seiscentas das mais belas residências" de Damasco. As ruínas do Palácio de Azm estão em primeiro plano.

16. Saad Zaghloul e os outros delegados do Wafd voltam do exílio em Malta. A prisão de Zaghloul em 8 de março de 1919 desencadeou protestos nacionalistas em todo o Egito. A pressão pública forçou a Grã-Bretanha a reverter suas políticas, permitindo que Zaghloul e o Wafd regressassem ao Cairo e apresentassem o caso do Egito à Conferência de Paz de Paris, mas em vão: as grandes potências já haviam reconhecido o protetorado britânico sobre o país. Zaghloul aparece sentado no centro da imagem, segurando uma bengala. À sua direita está Ismail Sidqi, o vilão da "era liberal" do Egito. O registro foi feito antes da queda política de ambos.

Une manifestation féministe en Egypte.

17. As mulheres começaram a participar da política nacional egípcia em 1919 — e estamparam manchetes no mundo todo. Este semanário francês alardeava a "manifestação feminista no Egito", retratando um grupo de mulheres quase inteiramente cobertas por véus, cercadas por uma falange de homens, sob a vigilância de um grupo de policiais britânicos montados a cavalo. Huda Shaarawi, cujo marido Ali fora exilado com Zaghloul e os outros membros do Wafd, foi uma das líderes do movimento.

e França, seguidas de perto por Portugal, Alemanha e Itália, tingiram o mapa africano com suas cores imperiais.

Entre 1882 e 1904, as rivalidades coloniais levaram a um profundo antagonismo entre Grã-Bretanha e França. O apogeu dessa competição se deu em 1898, quando as duas potências imperiais quase entraram em guerra por conta de reivindicações sobre um trecho isolado do Sudão junto ao rio Nilo. Nenhum lado podia permitir que o antagonismo degringolasse e ameaçasse um conflito aberto. A única solução era restaurar o equilíbrio imperial de poder no Mediterrâneo, concedendo território à França para compensar a posição da Grã-Bretanha no Egito. Dada a manutenção de poder da França na Tunísia e na Argélia, a solução óbvia estava no Marrocos.[25]

O problema é que a França não era a única potência europeia com interesses no Marrocos. Os espanhóis possuíam colônias na costa do Mediterrâneo, os britânicos mantinham uma importante relação comercial com a região e os alemães se mostravam cada vez mais assertivos quanto aos seus direitos. Era preciso ter em conta também que, após séculos de independência, os marroquinos não desejavam uma invasão nem davam motivos para isso. O ministro francês das Relações Exteriores, Théophile Delcassé, expôs sua estratégia em 1902, dizendo-se interessado em "distinguir a questão internacional da questão franco-marroquina, e resolver a primeira separadamente, em negociações com cada potência, para então ter plena liberdade de resolver a segunda [com o Marrocos]".[26] Nos dez anos seguintes, a França negociou com cada uma das potências europeias antes de impor seu domínio sobre o Marrocos.

A potência com o menor interesse pelo país era a Itália, então Delcassé se dirigiu primeiro a Roma, fechando um acordo em 1902 que reconhecia o interesse italiano pela Líbia em troca do apoio da Itália às ambições francesas no Marrocos.

O trato com a Grã-Bretanha se mostrou bem mais difícil. Os britânicos desejavam preservar seus interesses comerciais no Marrocos e não estavam dispostos a permitir que nenhum poder marítimo desafiasse o domínio da marinha britânica sobre o estreito de Gibraltar. No entanto, tinham um interesse genuíno em resolver suas diferenças coloniais com a França. Em abril de 1904, os dois países chegaram a um acordo — a *Entente Cordiale* — que serviu como um novo começo para suas relações diplomáticas. Segundo os termos do acordo, a França reconhecia a posição da Grã-Bretanha no Egito e não exigia a fixação de "um limite de tempo para a ocupação britânica". A Grã-Bretanha, por sua vez, reconhecia a posição estratégica da França "como uma potência cujos domínios são coextensivos por uma longa distância com os do Marrocos", e prometia não obstruir as ações francesas para "preservar a ordem naquele país e fornecer assistência com a finalidade de realizar todas as reformas administrativas, econômicas, financeiras e militares que pudessem ser exigidas".[27]

A França agiu rápido para garantir a anuência da Espanha a uma futura ocupação francesa do Marrocos. Os franceses satisfizeram as preocupações britânicas e espanholas ao concederem a costa mediterrânea do país à esfera de influência da Espanha. Isso forneceu a base para um acordo franco-espanhol sobre o Marrocos, concluído em outubro de 1904.

Os franceses haviam quase resolvido a "questão internacional", abrindo caminho para a colonização do país africano. Todas as potências europeias haviam dado seu consentimento, exceto a Alemanha. Delcassé esperava partir para o Marrocos sem envolver os alemães. Afinal, o Império Alemão nunca se estendera até o Mediterrâneo. Além disso, ele sabia que a Alemanha exigiria o reconhecimento francês de sua anexação da Alsácia-Lorena, tomada na Guerra Franco-Prussiana de 1870-1, em troca do reconhecimento alemão das ambições da França no Marrocos, e isso era mais do que estava disposta a dar. No entanto, o governo do Kaiser Guilherme II se recusou a ser contornado. A Alemanha estava emergindo como uma potência imperial, com possessões na África e no Pacífico Sul, e o Marrocos se revelou um ponto de disputa entre alemães e franceses.

Os alemães começaram a afirmar seus interesses no Marrocos para obrigar a França a se sentar à mesa de negociações. Em março de 1905, o ministro alemão das Relações Exteriores, o príncipe Bernhard von Bülow, providenciou uma visita do Kaiser Guilherme II ao sultão marroquino Mulai Abd al-Aziz, em Tânger. Durante toda a sua visita, o imperador alemão mostrou grande respeito tanto pela soberania marroquina como pelos

interesses alemães nos domínios do sultão, criando assim o primeiro obstáculo para as ambições da França sobre o país. A diligência alemã forçou
os franceses a negociarem com a Alemanha, e a "questão marroquina" foi
reaberta com a convocação da Conferência de Algeciras em janeiro de 1906.

O suposto objetivo da conferência, da qual participaram onze países,
era ajudar o sultão marroquino a estabelecer um programa de reformas
para seu governo. Na verdade, porém, a França esperava aproveitar o
encontro para angariar apoio europeu e forçar a Alemanha a superar a
resistência do Kaiser às ambições francesas no Marrocos. Apesar dos melhores esforços alemães para voltar os participantes da conferência contra
a França, três dos Estados participantes — Itália, Grã-Bretanha e Espanha — já haviam dado seu consentimento para as reivindicações francesas
sobre o Marrocos, e o governo do Kaiser foi forçado a ceder. Em 1909, a
Alemanha finalmente reconheceu o papel especial da França na segurança
do Marrocos.

Tendo garantido o consentimento das outras potências europeias para
colonizar o Marrocos, os franceses mudaram seu foco para as relações fran-
co-marroquinas. Os xarifes do Marrocos governavam o país de maneira
independente do Império Otomano e dos Estados da Europa em uma linha
ininterrupta desde 1511. A partir de 1860, no entanto, as potências europeias
passaram a interferir cada vez mais na política e na economia do antigo
sultanato. O Marrocos também havia passado por uma série de reformas
lideradas pelo Estado durante o reinado de Mulai Hassan (g. 1873-94), em
uma tentativa agora familiar de controlar a invasão da Europa adotando
ideias e tecnologia europeias. Previsivelmente, os resultados foram uma
maior penetração europeia e um enfraquecimento do Tesouro nacional
por meio de dispendiosos projetos militares e de infraestrutura.

O sultão reformista Mulai Hassan foi sucedido por seu filho Mulai Abd
Aziz, de catorze anos de idade (g. 1894-1908), que não tinha maturidade
ou experiência para conduzir o Marrocos em meio a ambições europeias
rivais e preservar sua soberania e independência. A França estava agora

explorando ativamente a mal definida fronteira entre a Argélia e o Marrocos para enviar soldados ao território marroquino a pretexto de impedir incursões tribais. Ao mesmo tempo, enredava o governo do sultão em uma série de empréstimos públicos. Em 1904, o governo francês negociou um empréstimo de 62,5 milhões de francos (12,5 milhões de dólares) de bancos parisienses, ampliando a penetração econômica da França no país.

Os marroquinos se ressentiam da crescente presença francesa e começaram a atacar empreendimentos comerciais estrangeiros. Os franceses retaliaram ocupando cidades marroquinas — no caso mais notório, Casablanca foi bombardeada a partir de navios ancorados na costa e ocupada por 5 mil soldados em 1907, após um violento ataque a uma fábrica de propriedade francesa. À medida que os franceses se arraigavam mais profundamente no Marrocos, as pessoas começaram a perder a confiança em seu sultão. Em 1908, o próprio irmão do monarca, Mulai Abd al-Hafiz, lançou uma rebelião contra ele, forçando-o a abdicar e a buscar proteção francesa.

Após sua rebelião bem-sucedida, Mulai Abd Hafiz (g. 1907-12) sucedeu o irmão no trono. No entanto, não foi mais eficiente do que ele em impedir o domínio europeu. O último aliado do sultão na Europa era a Alemanha, que enviou uma canhoneira ao porto marroquino de Agadir em julho de 1911, em uma última tentativa de deter a expansão francesa no país. Mas a crise de Agadir acabou sendo resolvida às custas do Marrocos. Em troca da cessão de território no Congo francês, o governo do Kaiser enfim concordou com as ambições francesas no país norte-africano.

A ocupação francesa do Marrocos foi concluída em março de 1912, quando Mulai Abd Hafiz assinou o Tratado de Fez estabelecendo um protetorado francês sobre o Marrocos. Embora os xarifes permanecessem no trono — o atual rei, Muhammad vi, é seu descendente direto —, o controle formal sobre o país foi transferido para o Império Francês pelos 44 anos seguintes. E a França poderia finalmente perdoar a Grã-Bretanha pela ocupação do Egito.

★ ★ ★

A Líbia era o último território no norte da África ainda sob o domínio otomano direto, e, na época em que a França havia assegurado seu protetorado sobre o Marrocos, a Itália já estava em guerra com os turcos pela sua posse. Embora nominalmente fizessem parte do Império Otomano desde o século xvi, as duas províncias líbias de Tripolitânia e Cirenaica estiveram sob controle otomano direto apenas desde a década de 1840 — mas, ainda assim, um controle bastante leve. As duas capitais provinciais, Trípoli e Benghazi, eram cidades-guarnição nas quais a presença otomana era limitada a um punhado de funcionários e aos soldados necessários para manter a paz.

Depois da ocupação francesa da Tunísia e da ocupação britânica do Egito, no entanto, os otomanos passaram a dar um valor estratégico cada vez maior a suas províncias líbias. Após a Revolução dos Jovens Turcos de 1908, que levou um novo grupo de nacionalistas ao poder no Império Otomano, o governo de Istambul começou a tomar medidas ativas para limitar a intromissão italiana na Líbia, impedindo os italianos de comprarem terras ou instalarem fábricas em Trípoli e Cirenaica. Os otomanos procuraram por todos os meios evitar a perda de seu último domínio no norte da África para a ambição imperial europeia.

Durante décadas, as grandes potências europeias vinham prometendo a Líbia à Itália — os britânicos em 1878, os alemães em 1888 e os franceses em 1902. Estava claro que os demais Estados europeus esperavam que os italianos encontrassem meios pacíficos de acrescentar o país às suas possessões. Em vez disso, eles decidiram entrar na Líbia atirando. Em 29 de setembro de 1911, declararam guerra aos otomanos sob o pretexto de supostos abusos a súditos italianos nas províncias líbias. Os otomanos na Líbia armaram uma dura resistência aos invasores, de modo que os italianos decidiram levar sua guerra ao coração das terras otomanas. Navios sob a bandeira da Itália bombardearam Beirute em fevereiro de 1912, atacaram posições otomanas no estreito de Dardanelos em abril e ocuparam Rodes e as outras ilhas do Dodecaneso entre abril e maio de 1912, causando estragos no equilíbrio estratégico do Mediterrâneo Oriental.

As demais potências europeias entraram em ação diplomática para conter os danos, temendo que os italianos pudessem desencadear uma guerra na instável região dos Bálcãs (na verdade, eles já vinham incitando o movimento nacionalista albanês contra os otomanos). A Itália estava mais do que disposta a permitir que o sistema diplomático europeu resolvesse a questão. Suas tropas haviam sido contidas pela intensa resistência das pequenas guarnições turcas e da população local na Líbia e não haviam conseguido estender seu controle do litoral para as regiões do interior.

A paz foi restaurada ao preço do último território norte-africano dos otomanos. Os Estados europeus serviram como mediadores entre Roma e Istambul, e um tratado de paz formal foi concluído em outubro de 1912, concedendo a Líbia ao domínio imperial italiano. No entanto, mesmo após a retirada das tropas otomanas, os italianos enfrentaram uma persistente resistência dos líbios, que continuaram sua luta contra o domínio estrangeiro até a década de 1930.

* * *

No FINAL DE 1912, toda a costa norte-africana, desde o estreito de Gibraltar até o canal de Suez, estava sob domínio colonial europeu. Dois Estados — Argélia e Líbia — encontravam-se sob governo colonial direto. Tunísia, Egito e Marrocos eram protetorados governados pela França e pela Grã--Bretanha por meio de suas próprias dinastias locais. Governos europeus vieram substituir os governos otomanos, com consequências significativas para as sociedades do norte da África. Grande parte da história imperial é escrita sob a perspectiva da alta política e da diplomacia internacional. No entanto, para o povo do norte da África, o imperialismo trouxe mudanças de vida muito marcantes. As experiências de uma pessoa podem lançar luz sobre o que essas mudanças significaram para a sociedade como um todo.

O intelectual Ahmad Amin (1886-1954) nasceu no Cairo quatro anos depois do início da ocupação britânica do Egito e morreu dois anos antes que eles se retirassem. O Egito colonial foi tudo que ele conheceu. Durante seus estudos na Universidade de al-Azhar e seu início de carreira como professor, Ahmad Amin teve contato com muitas das principais figuras intelectuais de sua época. Ele conheceu alguns dos reformistas islâmicos mais influentes de seu tempo e testemunhou o surgimento de movimentos nacionalistas e partidos políticos. Viu as mulheres do Egito emergirem da reclusão de véus e haréns para entrar na vida pública. E refletiu sobre essas tumultuosas mudanças em sua autobiografia, escrita ao final de uma vida bem-sucedida como professor universitário e figura literária.[28]

O jovem Ahmad cresceu em um mundo em rápida transformação. A distância geracional que o separava do pai, um erudito islâmico, era impressionante. Seu pai, que se dividira entre a vida acadêmica na Universidade de al-Azhar e as exigências de conduzir orações na mesquita de Imam al-Shafi, vivera em uma era de certezas islâmicas. Já a geração de Ahmad havia sido moldada por novas ideias e inovações, como os jornais, tendo os jornalistas desempenhado um importante papel na formação da opinião pública.

Ahmad Amin começou a ler jornais em seus tempos de jovem professor de escola, quando frequentava um café que os disponibilizava para sua clientela. Como explicou Amin, cada jornal era conhecido pela sua orientação política. Ele costumava escolher um jornal conservador, de orientação islâmica, de acordo com os seus valores pessoais, embora estivesse familiarizado com os outros periódicos de sua época, tanto os nacionalistas como os pró-imperialistas.

Introduzidas no Egito na década de 1820, as prensas foram um dos primeiros bens industriais importados para o Oriente Médio. Muhammad Ali enviou uma de suas primeiras missões técnicas a Milão, na Itália, para adquirir o conhecimento e a tecnologia desses aparelhos. Logo depois, o governo egípcio começou a publicar um diário oficial, que foi o primeiro periódico publicado em árabe. Seu principal objetivo era "melhorar o desempenho dos honoráveis governadores e outros ilustres oficiais encarregados dos assuntos e interesses [públicos]".[29] Entre 1842 e 1850, Rifaa Tahtawi, autor do célebre estudo de Paris, trabalhou como editor desse jornal oficial, cujo título em árabe pode ser traduzido como *Eventos Egípcios*.

Passaram-se décadas até que os empreendedores particulares começassem a publicar jornais, embora muitos deles fossem controlados indiretamente pelo governo. As tiragens eram pequenas demais para que eles
fossem viáveis sem apoio público. O *al-Jawa'ib*, um dos primeiros jornais
árabes, começou a ser publicado em Istambul, em 1861, sob a iniciativa
privada, até se deparar com dificuldades financeiras alguns meses depois.
O sultão Abdul Aziz decidiu tomar o novo jornal sob a sua proteção. "Foi
decretado", o editor informou seus leitores, "que as despesas do *al-Jawa'ib*
de agora em diante serão cobertas pelo Ministério das Finanças [otomano],
e que ele será impresso na imprensa imperial. Em tais circunstâncias, devemos comprometer nossa lealdade com o nosso senhor, o grande sultão."[30] Apesar dessas restrições à liberdade de imprensa, o *al-Jawa'ib* foi
notavelmente influente, atingindo uma audiência de leitores árabes do
Marrocos ao oceano Índico, passando pela África Oriental. Outros jornais
logo surgiriam.

Beirute e o Cairo surgiram como os dois principais centros de atividade jornalística e editorial no mundo árabe, e assim permanecem até
hoje. O Líbano, em meados do século XIX, vivia um grande renascimento
literário, conhecido em árabe como *nahda*. Intelectuais muçulmanos e
cristãos, encorajados pelo poder da imprensa (muitas vezes sob o controle
de missionários), estavam ativamente engajados em escrever dicionários
e enciclopédias e publicar edições dos grandes clássicos da literatura e do
pensamento árabe.

O *nahda* foi um momento emocionante de redescoberta intelectual e
definição cultural, à medida que os árabes do Império Otomano começaram a se relacionar com as glórias de seu passado pré-otomano. O movimento abraçou todos os povos de língua árabe, sem distinção de seita ou
região, e plantou a semente de uma ideia que se mostraria extremamente
influente na política árabe: a de que os árabes eram uma nação, definida
por uma língua, uma cultura e uma história comuns. No rescaldo dos
violentos conflitos de 1860 em Monte Líbano e Damasco, essa nova visão
positiva foi particularmente importante para a cura de profundas divisões
entre o povo. Os jornais desempenharam um papel fundamental na difu-

são dessas ideias. Uma das principais figuras do *nahda*, Butrus al-Bustani, declarou em 1859 que os jornais estavam "entre os veículos mais importantes para educar o público".[31] No final da década de 1870, Beirute ostentava nada menos que 25 jornais e revistas periódicas de atualidades.

No final da década de 1870, porém, o governo otomano começou a exercer novos controles sobre a imprensa, que se transformaram em censura evidente durante o reinado do sultão Abdul Hamid II (1876-1909). Muitos jornalistas e intelectuais se mudaram da Síria e do Líbano para o Egito, onde o quediva impunha bem menos restrições à imprensa. Essa migração marcou o início da imprensa independente no Cairo e em Alexandria. No último quartel do século XIX, mais de 160 jornais e periódicos em língua árabe tinham sede no Egito.[32] Um dos mais famosos jornais do mundo árabe de hoje, o *Al-Ahram* (literalmente, "As Pirâmides") foi fundado por dois irmãos, Salim e Bishara Taqla, que se mudaram de Beirute para Alexandria no início da década de 1870. Ao contrário de muitos periódicos da época, que traziam em suas páginas ensaios sobre temas culturais e científicos, o *Al-Ahram* foi, desde a sua primeira edição, em 5 de agosto de 1876, um verdadeiro jornal de *notícias*. Os Taqla se aproveitaram da agência de telégrafo de Alexandria para assinar o serviço de notícias da Reuters. Enquanto a imprensa de Beirute, que não tinha acesso ao telégrafo e ainda dependia do correio, publicava reportagens estrangeiras meses após o ocorrido, o *Al-Ahram* fornecia notícias nacionais e internacionais em poucos dias, até mesmo horas, após o evento.

À medida que a imprensa egípcia se tornava mais influente, os quedivas procuravam aumentar o controle sobre a mídia florescente. O governo egípcio fechou jornais cujas visões políticas foram consideradas "excessivas". Após a falência do Egito em 1876 e a consequente intromissão europeia nos assuntos políticos do país, os jornalistas participaram ativamente da coalizão de reformistas que apoiaram o coronel Ahmad Urabi. O governo respondeu impondo uma severa lei de imprensa em 1881, estabelecendo um perigoso precedente de restrições à liberdade de imprensa.

As restrições à imprensa foram atenuadas sob a ocupação britânica, e, em meados da década de 1890, Lord Cromer não mais invocava a lei de

1881. Ele continuou fornecendo subsídios aos jornais mais simpáticos à Grã-Bretanha — o periódico egípcio de língua inglesa *Egyptian Gazette* e o árabe *al-Muqattam* —, mas não tomou medidas contra publicações que criticavam abertamente sua administração. Cromer compreendeu que os jornais circulavam entre um círculo muito pequeno da elite letrada e que uma imprensa livre era uma válvula de escape útil para ajudar a dissipar a pressão do emergente movimento nacionalista.

Este foi o universo jornalístico que Ahmad Amin encontrou no início dos anos 1900: um conjunto de meios de comunicação árabes surgidos graças à tecnologia europeia para expressar a mais ampla gama de visões, do pietismo ao nacionalismo e ao anti-imperialismo.

O NACIONALISMO EXPRESSO NOS JORNAIS da época de Ahmad Amin era um fenômeno relativamente novo. A ideia de "nação" como unidade política — uma comunidade baseada em um território específico e com aspirações de autogovernança — era uma consequência do pensamento iluminista europeu que havia se enraizado no Oriente Médio, como em outras partes do mundo, no decorrer do século XIX. No início do século, muitos no mundo árabe tinham visto o nacionalismo com maus olhos, associando-o às comunidades cristãs nos Bálcãs que buscavam independência do Império Otomano, geralmente com apoio europeu. Soldados egípcios e norte-africanos haviam respondido ao chamado do sultão e lutado em guerras contra os movimentos nacionalistas balcânicos da década de 1820 até os anos 1870.

No entanto, uma vez que o norte da África fora retirado da esfera otomana, com o advento do domínio colonial europeu, o nacionalismo surgiu como alternativa à dominação estrangeira. De fato, o imperialismo forneceu dois ingredientes importantes para a emergência do nacionalismo na região: fronteiras que definiam o território nacional a ser libertado e um inimigo comum contra o qual unificar a população.

Mera resistência à ocupação estrangeira não caracteriza nacionalismo — por falta de um fundamento ideológico claro, nem a guerra de Abd

Qadir na Argélia nem a revolta de Urabi no Egito podem ser consideradas movimentos nacionalistas. Sem uma ideologia nacionalista de fundo, uma vez que os exércitos foram derrotados e os líderes exilados, não havia um movimento político constituído para sustentar a busca pela independência do domínio estrangeiro.

Foi só depois que os europeus ocuparam o norte da África que o processo de autodefinição nacional começou de fato na região. O que significava ser "egípcio", "líbio", "tunisiano", "argelino" ou "marroquino"? Esses rótulos nacionais não correspondiam a nenhuma identidade significativa para a maioria das pessoas no mundo árabe. Se lhes fosse perguntado quem eram ou de onde vinham, as pessoas reivindicavam uma identidade muito local — uma cidade ("sou alexandrino"), uma tribo, no máximo uma região ("venho das montanhas da Cabília") —, ou então se viam como parte de uma coletividade muito maior, como a *umma* muçulmana, ou "comunidade".

Apenas o Egito testemunhou uma agitação nacionalista significativa nos anos anteriores à Primeira Guerra Mundial. Clérigos muçulmanos reformistas, lutando contra o paradoxo de se verem sob o domínio cristão europeu, começaram a elaborar uma resposta islâmica ao imperialismo. Ao mesmo tempo, um grupo diferente de reformistas, influenciados pelos modernistas islâmicos, estabeleceu uma agenda nacionalista laica. Tanto os modernistas islâmicos quanto os nacionalistas laicos influenciaram o pensamento árabe e inspiraram movimentos nacionalistas posteriores em todo o mundo muçulmano.

Dois homens moldaram o debate sobre o islã e a modernidade no final do século XIX: Sayyid Jamal al-Din al-Afghani (1839-97) e o xeque Muhammad Abduh (1849-1905). Eles eram parceiros em uma agenda de reforma islâmica que moldaria o islamismo e o nacionalismo até o século XX.

Afghani foi um pensador inquieto que viajou muito pelo mundo islâmico e pela Europa, inspirando seguidores e preocupando governantes aonde quer que fosse. Ele passou oito anos no Egito, de 1871 a 1879, período em que lecionou na influente Universidade de al-Azhar. Afghani era um erudito religioso por formação, mas um agitador político por vocação. A magnitude da ameaça que a Europa representava para o mundo islâmico e a incapacidade dos chefes dos países muçulmanos de lidar com a ameaça o haviam impressionado durante uma de suas viagens pela Índia, o Afeganistão e Istambul. O foco da filosofia política de Afghani não era como fazer com que os países muçulmanos se tornassem politicamente fortes e bem-sucedidos, como era o caso dos reformistas do Tanzimat no Egito, na Tunísia e no Império Otomano. Em vez disso, ele argumentava que, se os muçulmanos modernos vivessem de acordo com os princípios de sua religião, seus países recuperariam a antiga força e venceriam as ameaças externas da Europa.[33]

Embora estivesse convencido de que o islã era plenamente compatível com o mundo moderno, Afghani acreditava que os muçulmanos precisavam atualizar sua religião para enfrentar as questões contemporâneas. Como todos os muçulmanos praticantes, ele acreditava que a mensagem do Alcorão era eterna e válida para todos os tempos. O que se tornara obsoleto era a interpretação do Alcorão, uma ciência deliberadamente cerceada pelos estudiosos islâmicos no século XI para impedir a dissensão e o cisma. Os estudiosos islâmicos do século XIX aprendiam teologia pelos mesmos livros usados pelos estudiosos do século XII. Claramente, era preciso fazer uma nova interpretação do Alcorão, para atualizar as restrições islâmicas e enfrentar os desafios do século XIX — desafios que os teólogos medievais nunca poderiam ter previsto. Afghani esperava restringir os governantes muçulmanos com Constituições baseadas em princípios islâmicos atualizados que imporiam limites claros a seus poderes, e estimular a unidade pan-islâmica de ação entre a comunidade global de muçulmanos. Essas novas ideias radicais inflamaram uma talentosa geração de jovens acadêmicos da Universidade de al-Azhar, incluindo os nacionalistas Ahmad Lutfi al-Sayyid e Saad Zaghloul e o grande modernista islâmico, xeque Muhammad Abduh.

Nascido em um vilarejo do delta do Nilo, Abduh foi um dos maiores pensadores de sua época. Estudioso do islamismo, jornalista e juiz, encerrou sua carreira como o grande mufti do Egito, o mais alto funcionário religioso do país. Abduh escreveu para o célebre *Al-Ahram* e, como Tahtawi, atuou como editor do diário oficial do governo egípcio. Ele foi um dos apoiadores de Ahmad Urabi em 1882 e, em consequência disso, exilado pelos britânicos em Beirute.

Durante o exílio, Abduh viajou para a Europa Ocidental e se encontrou com Afghani em Paris, onde eles lançaram um jornal reformista que pedia uma resposta islâmica ao imperialismo ocidental. Abduh se baseou em princípios afegãos para enunciar um curso de ação mais rigoroso após seu retorno ao Egito no final da década de 1880.

De maneira paradoxal, seu apelo por um islã mais progressista tomou como modelo a primeira comunidade de muçulmanos, a do profeta Maomé e seus seguidores, conhecida em árabe como *salaf*, ou antepassados. Abduh foi, portanto, um dos fundadores de uma nova linha de pensamento reformista que passou a ser chamada de salafismo, um termo agora associado a Osama bin Laden e à ala mais radical do ativismo antiocidental muçulmano. Não era assim no tempo de Abduh. Ao invocar os antepassados do islã, ele buscava retornar à era de ouro islâmica, quando os muçulmanos observavam "corretamente" a religião e, como consequência disso, se elevaram à condição de potência mundial dominante. Esse período de domínio muçulmano em todo o Mediterrâneo, e depois no sul da Ásia, se estendeu pelos primeiros quatro séculos do islã. Depois disso, Abduh argumentava, o pensamento islâmico se enrigecera. O misticismo se espalhou, o racionalismo diminuiu e a comunidade caiu em uma observação cega da lei. Apenas retirando esses elementos a *umma* poderia retornar às práticas puras e racionais dos antepassados e recuperar o dinamismo que uma vez fizera do islã a civilização mundial dominante.

Como estudante da Universidade de al-Azhar, Ahmad Amin precisou superar a timidez para assistir às conferências ministradas pelo grande Muhammad Abduh. Suas lembranças do ensino de Abduh dão uma ideia vívida do impacto do reformador islâmico em seus alunos. "Assisti a duas aulas, ouvi sua bela voz, contemplei sua aparência venerável e compreendi, graças a ele, o que os xeques de al-Azhar não haviam conseguido me fazer compreender." A agenda reformista de Muhammad Abduh nunca esteve apartada de seu ensino. "De tempos em tempos", lembrava Amin, Abduh "divagava para discutir as condições dos muçulmanos, seus desvios e a maneira de curá-las".³⁴

Afghani e Muhammad Abduh fizeram do islã parte da identidade nacional, à medida que o Egito passava à era do nacionalismo. Em sua preocupação com a condição da sociedade muçulmana, Abduh e seus seguidores começaram a debater reformas sociais junto com a luta nacional.

Em seus debates sobre "as condições dos muçulmanos", os seguidores de Muhammad Abduh começaram a discutir mudanças na posição das mulheres na sociedade muçulmana. Desde o seu primeiro encontro com os europeus na época da invasão napoleônica, os intelectuais egípcios foram confrontados por um modelo muito diferente de relações de gênero — e desaprovaram o que viram. O cronista egípcio Jabarti ficou chocado com o impacto que os homens de Napoleão exerceram sobre as mulheres egípcias. "Os administradores locais franceses, junto com suas mulheres muçulmanas — vestidas à maneira das francesas —, andavam pelas ruas, se interessavam pelos assuntos públicos e regulamentos vigentes", observou com desaprovação. "As mulheres ordenavam e proibiam."³⁵ Isso era nada menos do que uma inversão da ordem natural, como Jabarti a entendia, de um mundo no qual os homens ordenavam e proibiam.

Tahtawi, trinta anos depois, observando em Paris as relações entre os sexos, também se queixou dessa inversão da "ordem natural". "Os homens aqui são escravos das mulheres e seguem o seu comando", escreveu ele, "quer elas sejam bonitas ou não."³⁶ Jabarti e Tahtawi vinham de uma sociedade na qual as mulheres respeitáveis ficavam confinadas em aposentos separados da casa e transitavam anonimamente pelos locais públicos sob camadas de roupas e véus. Isso ainda acontecia no Cairo da infância de Ahmad Amin, que descreveu a mãe e as irmãs como "veladas, nunca vendo pessoas ou sendo vistas por elas, exceto por trás dos véus".³⁷

Na década de 1890, os reformistas egípcios começavam a articular um papel diferente para as mulheres, nenhum deles com mais entusiasmo do que o advogado Qasim Amin (1863-1908), que argumentava que a fundação da luta nacional pela independência deveria começar pela melhoria da posição das mulheres na sociedade.

Qasim Amin (sem parentesco com Ahmad Amin) nasceu em um contexto privilegiado. Seu pai turco havia servido como governador otomano e atingido o posto de paxá antes de se mudar para o Egito. Qasim foi enviado para as melhores escolas particulares do Egito e depois estudou direito no Cairo e em Montpelier. Ele retornou ao Egito em 1885 e logo passou a participar dos círculos reformistas em torno de Muhammad Abduh.

Enquanto seus colegas debatiam o papel do islã e da ocupação britânica no renascimento nacional do país, Qasim Amin se concentrou no status das mulheres. Em 1899, ele escreveu seu trabalho pioneiro, *A libertação das mulheres*. Escrevendo como um reformador muçulmano para um público muçulmano, ele relacionou seus argumentos a uma agenda nacionalista laica de libertação do imperialismo.

Com o acesso negado à educação, e menos ainda a empregos, apenas 1% das mulheres no Egito sabia ler e escrever em 1900.[38] Como argumentou Qasim Amin, e como os autores do Relatório do Desenvolvimento Humano Árabe discutem ainda hoje, a incapacidade de empoderar as mulheres enfraquece o mundo árabe como um todo. Segundo Qasim Amin, "as mulheres compreendem pelo menos metade da população mundial. Perpetuar sua ignorância nega a um país os benefícios que poderiam ser obtidos das habilidades de metade de sua população, com óbvias consequências negativas".[39] Sua crítica, escrita em árabe clássico, era mordaz:

> Ao longo das gerações, nossas mulheres permaneceram subordinadas à lei dos mais fortes e foram vencidas pela poderosa tirania dos homens. Por outro lado, estes não quiseram ver nelas senão uma única utilidade: servir aos homens e permanecer sujeitas à vontade masculina! Os homens fecharam as portas da oportunidade às mulheres, impedindo-as de ganhar a vida. Assim, restava à mulher ser esposa ou prostituta.[40]

Qasim Amin fez uma comparação entre o progresso dos direitos das mulheres na Europa e nos Estados Unidos, e a contribuição feminina para a civilização no Ocidente, com o relativo subdesenvolvimento do Egito e do mundo muçulmano. "A posição inferior das mulheres muçulmanas é o obstáculo que mais dificulta o nosso avanço para o que nos é benéfico", argumentou.[41] Ele então relacionou a posição das mulheres à luta nacional. "Para melhorar a condição da nação, é imperativo melhorarmos a condição das mulheres."[42]

A libertação das mulheres provocou um intenso debate entre reformistas, conservadores, nacionalistas e intelectuais. Conservadores e nacionalistas condenaram o livro como subversivo ao tecido da sociedade, enquanto os eruditos religiosos o acusaram de subverter a ordem de Alá. Qasim Amin respondeu a seus críticos com uma sequência publicada no ano seguinte sob o título *A nova mulher*, em que abandonou a retórica religiosa e defendeu os direitos das mulheres em termos de evolução, direitos naturais e progresso.

O trabalho de Qasim Amin não corresponde às expectativas do pensamento feminista moderno. Sua discussão era entre homens, um debate sobre os benefícios que eles deveriam conferir às mulheres. Em seu apelo para melhorar a educação e a posição geral das mulheres na sociedade egípcia, Amin não chegou a exigir a plena igualdade entre os sexos. No entanto, para o seu tempo e lugar, ele impulsionou a agenda dos direitos femininos mais do que jamais havia sido feito. Os debates provocados por seu livro colocaram em marcha o processo de mudança. Vinte anos depois, a iniciativa de Qasim Amin foi abraçada pelas mulheres da elite no Egito, que entraram no movimento nacionalista e começaram a exigir seus direitos.

Sob o impacto dos grandes debates da época — sobre identidade nacional, reforma islâmica e questões sociais como a igualdade de gênero —, um nacionalismo egípcio diferente começou a emergir no final do século xix. Dois homens se mostraram muito influentes na sua formação: Ahmad Lutfi Sayyid e Mustafa Kamil.

Ahmad Lutfi Sayyid (1872-1963) era filho de um rico proprietário de terras que havia frequentado uma escola secundária moderna e, em 1889, ingressara na faculdade de direito. Embora seja reconhecido como um dos discípulos de Muhammad Abduh, Lutfi Sayyid não privilegiou o islã como base da regeneração nacional. Pelo contrário, o Egito como nação era o foco de sua visão política. Nesse sentido, ele foi um dos primeiros nacionalistas do Estado-nação no mundo árabe, diferindo daqueles que conferiam sua lealdade primariamente aos árabes, aos otomanos ou aos ideais pan-islâmicos. Como membro fundador do Partido do Povo, estabelecido pelo círculo de Muhammad Abduh, e por meio dos escritos no jornal que publicava, o *al-Jarida*, ele promoveu o ideal de uma nação egípcia com direito natural ao autogoverno.

Lutfi Sayyid se opôs aos britânicos e aos quedivas como duas formas de autocracia que negavam o governo legítimo ao povo egípcio. No entanto, ele reconhecia os benefícios da boa administração e do equilíbrio financeiro que resultavam do domínio britânico. Também acreditava que, dadas as circunstâncias, não era realista esperar pela independência da Grã-Bretanha — os britânicos tinham interesses reconhecidos no Egito e a força militar para defendê-los. Em vez disso, Lutfi Sayyid argumentava que o povo egípcio deveria usar os britânicos para mudar o governo egípcio, impondo uma Constituição ao quediva e construindo as instituições necessárias para um governo autóctone — tanto o Conselho Legislativo quanto os Conselhos Provinciais.

Ahmad Amin costumava frequentar o escritório de Lutfi Sayyid no jornal *al-Jarida*, onde os nacionalistas egípcios se reuniam para debater as questões do dia. Ali, Ahmad Amin recebeu sua educação social e política, "graças às palestras de nosso professor Lutfi [Sayyid] e outros, e meu contato com um seleto grupo dos melhores intelectuais".⁴³

Lutfi Sayyid representava a ala moderada do movimento nacionalista no Egito, um homem disposto a trabalhar com os imperialistas para levar o Egito a um patamar que lhe permitisse conquistar a independência. Havia, no entanto, uma versão mais radical do nacionalismo egípcio, representada na figura de Mustafa Kamil (1874-1908). Membro fundador do

Partido Nacional, ele também recebera uma educação moderna em direito no Cairo e na França, assim como Lutfi Sayyid. Enquanto esteve em Paris, Kamil estabeleceu relações com vários pensadores nacionalistas franceses tão hostis ao imperialismo britânico quanto o jovem egípcio. Em meados da década de 1890, retornou à sua terra natal para agitar o fim da ocupação britânica. Em 1900, fundou um jornal, o *al-Liwa* [A Bandeira], que se converteu em uma influente voz para o nascente movimento nacionalista.

Kamil era um jovem carismático e um orador brilhante. Graças a ele, o movimento nacional obteve amplo apoio dos estudantes e das ruas. Por um tempo, ele também desfrutou do apoio clandestino do quediva Abbas Hilmi II (g. 1892-1914), que esperava explorar o movimento nacionalista para pressionar os britânicos. No entanto, o jovem Ahmad Amin, que já era então um erudito religioso, não se deixaria conquistar de imediato pelo nacionalismo radical de Kamil, que considerava emocional e desprovido de racionalidade.[44]

Em certo sentido, o grande desafio enfrentado pelos nacionalistas no Egito no início do século XX era que os britânicos haviam feito muito pouco aos egípcios para provocar a revolta do povo. Embora a população se ressentisse da ideia de domínio estrangeiro, os britânicos haviam levado ao país um governo regular, estabilidade e baixos impostos. Poucos egípcios haviam tido algum contato com os ocupantes britânicos, que constituíam um grupo afastado e autossuficiente, pouco dado a se misturar com o povo comum. Assim, embora os egípcios não gostassem de estar sob o domínio dos britânicos, estes não haviam feito nada para provocá-los e demovê-los de uma aceitação complacente do domínio colonial.

Até o incidente de Dinshaway.

EM 1906, um grupo de caçadores britânicos invadiu as terras da aldeia de Dinshaway, no delta do Nilo, para empreender uma caçada a pombos. Um grupo de indignados camponeses os cercou imediatamente para impedir a matança das aves, criadas para fins de alimentação. Na briga que se seguiu, um oficial britânico acabou ferido e morreu enquanto buscava ajuda. Lord

Cromer estava fora do país na época, e seus substitutos reagiram de forma grosseira e exagerada. Soldados britânicos prenderam 52 homens da aldeia e convocaram um tribunal especial, enquanto o povo egípcio seguia os acontecimentos avidamente pelos jornais.

A política e os hábitos de leitura de Ahmad Amin mudaram drasticamente após o incidente de Dinshaway. Em seus escritos, ele se lembrou com precisão da data — 27 de junho de 1906 — em que se inteirou dos pormenores do caso. Ele estava jantando com amigos em um terraço em Alexandria.

> Quando os jornais chegaram, lemos que quatro homens em Dinshaway haviam sido sentenciados à morte, dois a trabalhos forçados por toda a vida, um a quinze anos de prisão, seis a sete anos de encarceramento e cinco a cinquenta chicotadas. Ficamos [tomados pela tristeza], o banquete se transformou em um funeral e a maioria de nós começou a chorar.[45]

Daí em diante, afirmou Amin, ele só lia o jornal nacionalista radical de Mustafa Kamil no café que frequentava.

A conversão de Amin ao nacionalismo foi repetida em todo o Egito. Os jornais transmitiam a tragédia às pessoas nas cidades, e os bardos populares espalhavam as notícias de aldeia em aldeia, com as canções que compunham, contando sobre a tragédia de Dinshaway e a injustiça do domínio britânico.

A calma por fim retornou ao Egito, apesar de o incidente em Dinshaway não ter sido esquecido, e os britânicos não terem sido perdoados. Em 1906, foram assentadas as bases de um movimento nacionalista. No entanto, os nacionalistas egípcios se viram diante de um Império Britânico que procurava expandir sua presença no mundo árabe, e não se retirar. De fato, o momento da Grã-Bretanha no Egito e no resto do Oriente Médio estava apenas começando.

6. Dividir para conquistar: Primeira Guerra Mundial e o acordo do pós-guerra

O NACIONALISMO EMERGIU NAS províncias árabes do Império Otomano no início do século XX. Depois de quase quatro séculos sob domínio otomano, foi difícil para os povos árabes, a princípio, se imaginar como parte de um Estado separado. Os primeiros nacionalistas tiveram de enfrentar noções conflitantes sobre a forma como deveria se apresentar um Estado árabe. Alguns imaginavam um reino centrado na península Arábica, enquanto outros aspiravam à soberania em partes distintas, como a Grande Síria ou o Iraque. Nacionalistas prematuros, eles eram marginais em suas próprias sociedades e enfrentavam forte repressão das autoridades otomanas, preocupadas que outros pudessem seguir sua liderança. Aqueles que se empenharam em seus sonhos políticos foram forçados ao exílio. Alguns partiram para Paris, onde tiveram suas ideias nutridas por nacionalistas europeus; outros viajaram para o Cairo, onde foram inspirados pelos reformistas islâmicos e pelos nacionalistas laicos que atuavam contra o domínio britânico.

O desencanto dos árabes com o domínio otomano se difundiu em maior escala após a Revolução dos Jovens Turcos, em 1908. Os Jovens Turcos foram um grupo de nacionalistas ardentes que instigaram a revolução a fim de obrigar o sultão a restaurar a Constituição de 1876 e reconvocar o Parlamento. Essas medidas encontraram amplo apoio entre os súditos árabes do império, que acreditavam que os Jovens Turcos liberalizariam o domínio otomano. Eles logo perceberam, no entanto, que o novo regime em Istambul estava determinado a fortalecer seu poder sobre as províncias árabes por meio de uma aplicação mais rigorosa de sua primazia.

Os Jovens Turcos introduziram uma série de medidas que considera-vam centralizadoras, mas que muitos árabes consideraram repressivas. Em particular, promoveram o uso do turco como a língua oficial do império nas escolas e na administração pública das províncias. Essa política afastava os ideólogos árabes, para os quais a língua árabe era parte integrante de sua identidade nacional. As mesmas medidas que os Jovens Turcos impuseram para reforçar a ligação dos árabes com o império tiveram a consequência não intencional de encorajar um movimento nacionalista nascente. Na década de 1910, grupos de intelectuais e oficiais do exército começaram a organizar sociedades nacionalistas secretas para buscar a independência árabe do domínio otomano. Alguns entraram em contato com as potências europeias através de seus consulados locais, na esperança de conseguir apoio externo para seus objetivos.

As dificuldades enfrentadas pelos primeiros nacionalistas árabes eram quase intransponíveis. O Estado otomano era onipresente e reprimia de maneira impiedosa a atividade política ilegal. Aqueles que buscavam inde-pendência para os territórios árabes careciam de meios para atingir seus objetivos. Já se fora o tempo em que um homem forte das províncias era capaz de se levantar para derrotar os exércitos otomanos, como fizera Muhammad Ali. Se as reformas do século XIX haviam conseguido alguma coisa, fora tornar a Sublime Porta mais forte e as províncias mais subordi-nadas ao governo em Istambul. Seria preciso um grande cataclismo para abalar o domínio dos otomanos no mundo árabe.

A Primeira Guerra Mundial seria esse cataclismo.

* * *

O IMPÉRIO OTOMANO ENTROU NA Primeira Guerra Mundial em aliança com a Alemanha em novembro de 1914. Era uma guerra que os otomanos teriam preferido evitar. O império estava cansado depois de lutar contra os italianos em 1911, pela Líbia e pelas ilhas do mar Egeu, e de ter passado por duas guerras devastadoras com os Estados dos Bálcãs em 1912 e 1913. À medida que uma grande guerra europeia se desenhava no verão de 1914, o governo otomano esperava ficar fora da luta e garantir uma aliança defensiva com a Grã-Bretanha ou a França. No entanto, nem Grã-Bretanha nem França estavam dispostas a firmar compromissos vinculantes contra seu parceiro na Entente, a Rússia, cujas ambições territoriais constituíam o maior temor do Império Otomano.

Um dos líderes do governo dos Jovens Turcos, Enver Paxá, era um grande admirador da Alemanha. Ele acreditava que o país, sendo a única potência europeia sem ambições territoriais no Oriente Médio, era confiável. Rússia, França e Grã-Bretanha haviam aumentado seus próprios impérios à custa dos otomanos no passado, e provavelmente tentariam fazê-lo de novo. Enver estava impressionado com a capacidade militar da Alemanha, e argumentava com vigor que apenas os alemães poderiam fornecer a proteção de que os otomanos precisavam contra a apropriação europeia de seus domínios. Enver liderou as negociações secretas com o governo alemão e assinou um tratado de aliança logo após a eclosão da guerra na Europa, em 2 de agosto de 1914. O tratado prometia conselheiros militares alemães, material bélico e assistência financeira em troca de uma declaração otomana de guerra em apoio às Potências Centrais.

Os alemães esperavam explorar o papel titular do sultão otomano como califa, ou líder da comunidade muçulmana global, para fomentar uma jihad contra a Grã-Bretanha e a França. Considerando os milhões de muçulmanos nas colônias britânicas e francesas no sul da Ásia e no norte da África, os estrategistas alemães acreditavam que ela teria consequências devastadoras para o esforço de guerra inimigo. Quando os otomanos finalmente declararam guerra às potências da Entente, em 11 de novembro de 1914, o sultão convocou os muçulmanos de todo o mundo a se juntarem à jihad contra a Grã-Bretanha, a Rússia e a França. Embora tenha tido pouco efeito sobre a comunidade internacional de fiéis, mais preocupada com as questões do dia a dia e muito longe dos teatros de guerra europeus, o chamado levantou sérias preocupações em Paris e em Londres. Muito tempo depois da eclosão da guerra, estrategistas britânicos e franceses cortejaram ativamente o apoio de altas autoridades muçulmanas, em uma tentativa de combater a jihad do sultanato-califado.

MAIS UMA VEZ EM GUERRA, as autoridades otomanas reprimiam de forma implacável qualquer suspeito de separatismo. Nacionalistas árabes ficaram particularmente sob ataque. Um dos três líderes do governo dos Jovens Turcos, Cemal Paxá, assumiu o controle da Grande Síria e liderou a repressão aos nacionalistas árabes da região. Com base em documentos confiscados no consulado francês, que envolviam alguns dos mais proeminentes arabistas em Beirute e Damasco, Cemal acusou dezenas de sírios e libaneses de alta traição. Estabeleceu-se um tribunal militar em Monte Líbano que, ao longo do ano de 1915, condenou dezenas de pessoas à forca, outras centenas a longas penas de prisão e milhares ao exílio. Essas punições draconianas valeram a Cemal Paxá o apelido de al-Saffah, "o sanguinário", e convenceram um crescente número de árabes a tentar a independência do Império Otomano.

No entanto, as dificuldades dos anos de guerra afetaram a todos nas províncias árabes, e não apenas aqueles envolvidos em atividades políticas ilícitas. O exército otomano recrutou milhares de jovens para o serviço ativo, muitos dos quais ao longo do tempo foram feridos, sucumbiram a doenças ou morreram em ação. Os camponeses foram obrigados a ceder suas colheitas e gado para os oficiais de requisição do governo, que pagavam por esses bens em papel-moeda recém-impresso e sem valor real. Chuvas fracas e uma praga de gafanhotos agravaram os problemas dos agricultores, levando a uma terrível fome que ceifou quase meio milhão de vidas em Monte Líbano e nas regiões costeiras da Síria.

Não obstante, e para surpresa das potências europeias, os otomanos se revelaram uma força tenaz. No início da guerra, eles atacaram posições britânicas na zona do canal de Suez. Em 1915, derrotaram as forças francesas, britânicas e da Commonwealth em Galípoli. Em 1916, conseguiram a rendição da Força Expedicionária Indiana na Mesopotâmia. De 1916 a 1918, contiveram uma revolta árabe ao longo da linha da ferrovia do Hejaz. E, até o outono de 1918, forçaram os britânicos a lutar por cada centímetro da Palestina.

Depois disso, o esforço de guerra otomano entrou em colapso, e as forças britânicas completaram sua conquista da Mesopotâmia, da Palestina e — com a ajuda de seus aliados na revolta árabe — da Síria. Os otomanos foram obrigados a se retirar para a Anatólia, e nunca mais voltaram a essas regiões. Em outubro de 1918, as últimas tropas turcas atravessaram a fronteira ao norte de Alepo, perto do local onde Selim, o Severo, iniciara sua conquista dos territórios árabes 402 anos antes. Quatro séculos de domínio chegaram abruptamente ao fim.

Poucos lamentaram a derrota e a retirada dos otomanos. Com o fim de seu domínio, os povos árabes entraram em um período de intensa atividade política. Eles olhavam para a era otomana como quatro séculos de opressão e subdesenvolvimento, e estavam arrebatados com a ideia de um mundo árabe capaz de renascer e se apresentar no âmbito da comunidade das nações como um Estado independente e unificado. Ao mesmo tempo, estavam cientes do perigo representado pelo imperialismo europeu. Tendo lido nos jornais sobre a severidade do domínio francês no norte da África e do domínio britânico no Egito, os demais povos estavam determinados a evitar a dominação estrangeira a todo custo. E, por um breve e inebriante momento entre outubro de 1918 e julho de 1920, parecia que a independência árabe poderia ser alcançada. O maior obstáculo eram as ambições territoriais das vitoriosas potências da Entente.

* * *

Assim que os otomanos entraram na guerra mundial do lado da Alemanha, os países da Entente começaram a planejar a divisão de seu império no pós-guerra. Os russos foram os primeiros a se manifestar a esse respeito, informando seus aliados da Entente em março de 1915 que pretendiam anexar Istambul e os estreitos que ligavam a costa russa do mar Negro ao Mediterrâneo. A França aceitou a reivindicação e estabeleceu seus próprios planos para anexar a Cilícia (a costa sudeste da Turquia, incluindo as cidades de Alexandreta e Adana) e a Grande Síria (região aproximadamente equivalente ao Líbano, Síria, Palestina e Jordânia atuais), incluindo os lugares sagrados na Palestina.

Ao considerar as exigências de seus aliados, a Grã-Bretanha foi forçada a pesar seus próprios interesses estratégicos no território otomano. Em 8 de abril de 1915, o primeiro-ministro Herbert Asquith nomeou uma comissão para considerar cenários do pós-guerra para um Império Otomano derrotado. O comitê interdepartamental, batizado com o nome de seu presidente, Sir Maurice de Bunsen, pretendia pôr na balança "as perspectivas de vantagens para o Império Britânico com o reajuste das condições na Turquia asiática e o inevitável aumento da responsabilidade imperial". No final de junho de 1915, o Comitê de Bunsen apresentou suas conclusões. No caso de uma divisão do Império Otomano, a Grã-Bretanha pretendia preservar sua posição no golfo Pérsico, do Kuwait aos Estados Truciais (os modernos Emirados Árabes Unidos), como uma esfera exclusiva de influência. Além disso, desejava ter toda a Mesopotâmia — Basra, Bagdá e Mossul — sob seu controle. Chegou inclusive a pensar em uma ponte ligando a Mesopotâmia ao porto mediterrâneo de Haifa, com uma ferrovia para garantir as comunicações imperiais.[1] O que chama a atenção é como o acordo pós-guerra correspondeu às recomendações do Comitê de Bunsen — sobretudo se considerarmos a emaranhada teia de promessas que a Grã-Bretanha posteriormente firmaria com seus aliados dos tempos de guerra.

Os britânicos elaboraram três acordos separados entre 1915 e 1917 para a divisão dos territórios árabes otomanos no pós-guerra: um acordo com o xarife de Meca para a criação de um reino árabe independente; um pacto europeu pela partilha da Síria e da Mesopotâmia entre a Grã-Bretanha e a França; e uma promessa ao movimento sionista de criar um Estado nacional judaico na Palestina. Um dos desafios da diplomacia britânica do pós-guerra foi encontrar uma maneira de cumprir tais promessas, contraditórias em muitos aspectos.

A primeira promessa era a de maior envergadura. Pouco depois da apresentação do relatório de Bunsen, Lord Kitchener, secretário de Estado britânico para a guerra, autorizou autoridades da Grã-Bretanha no Cairo a negociar uma aliança com o xarife de Meca, a principal liderança religiosa da cidade mais sagrada do islã. Era o início da guerra, e os britânicos estavam preocupados que o apelo otomano à jihad pudesse de fato ter o

impacto que os alemães esperavam — uma revolta geral no mundo muçulmano que desestabilizaria as colônias. Os britânicos esperavam virar o
jogo com o chamado a uma contra-jihad feito pela mais importante figura
islâmica no mundo árabe — em essência, transformando o nascente movimento nacionalista árabe em uma revolta contra os otomanos. Essa revolta
também abriria uma frente interna contra o aliado oriental da Alemanha.

No verão de 1915, as tropas britânicas e da Commonwealth precisavam
urgentemente de reforços, isoladas pela feroz resistência otomana e alemã
em Galípoli. Em julho de 1915, o xarife de Meca, Hussein ibn Ali, começou
a se corresponder com o alto-comissário britânico no Egito, Sir Henry
McMahon. Ao longo de sua correspondência, que se estendeu por oito
meses, até março de 1916, McMahon prometeu o reconhecimento britânico
de um reino árabe independente, a ser governado pelo xarife Hussein e sua
dinastia hachemita, se estes liderassem uma revolta árabe contra o domínio
otomano. A Grã-Bretanha prometeu apoiá-la com fundos, armas e grãos.

As negociações entre Hussein e McMahon diziam respeito, sobretudo,
aos limites do reino árabe. O xarife Hussein era bastante específico em suas
demandas territoriais: toda a Síria, desde a fronteira egípcia no Sinai até a
Cilícia e os montes Tauro, na Turquia; toda a Mesopotâmia até as fronteiras
da Pérsia; e toda a península arábica, exceto a colônia britânica de Áden.

Em sua famosa carta de 24 de outubro de 1915, Sir Henry McMahon
confirmou as fronteiras propostas pelo xarife Hussein, com duas ressalvas.
Ele descartou a cessão da Cilícia e "dos territórios sírios a oeste dos bairros
de Damasco, Homs, Hama e Alepo", sobre os quais a França havia ma-
nifestado interesse, e sustentou a reivindicação britânica às províncias de
Bagdá e Basra, um problema que poderia ser resolvido por uma administração conjunta anglo-árabe. "Observadas essas modificações", McMahon
assegurou a Hussein, "a Grã-Bretanha está pronta a reconhecer e apoiar a
independência dos árabes em todas as regiões dentro dos limites exigidos
pelo xarife de Meca." Hussein aceitou de má vontade as alterações, ad-
vertindo que, "uma vez terminada a guerra, e na primeira oportunidade,
solicitaremos [...] tudo que agora deixamos nas mãos da França em Beirute
e no seu litoral".[2]

Com base nesse entendimento com a Grã-Bretanha, em 5 de junho de 1916 o xarife Hussein convocou uma revolta árabe contra o domínio otomano. A revolta começou com ataques a posições do governo de Istambul no Hejaz. Meca caiu para as forças hachemitas em 12 de junho, e o porto de Jidá, no mar Vermelho, se rendeu quatro dias depois. A grande guarnição otomana em Medina conseguiu resistir ao ataque árabe, sendo reabastecida através da ferrovia do Hejaz. Os hachemitas estavam determinados a cortar essa linha vital de comunicação com Damasco a fim de forçar a rendição da cidade e completar a sua conquista da região. Eles se voltaram então para o norte, com o objetivo de sabotar a ferrovia de 1300 quilômetros de extensão em suas partes mais expostas, no deserto da Síria. Foi nesse momento que T. E. Lawrence entrou em ação, montando cargas sob galerias e cavaletes para interromper os trens a caminho de Medina.

Em julho de 1917, o exército árabe, comandado pelo filho do xarife Hussein, o emir Faisal, tomou a fortaleza otomana no pequeno porto de Ácaba (na moderna Jordânia) e estabeleceu ali seu quartel-general, a partir do qual suas forças investiram contra fortalezas otomanas em Maan e Tafila ao mesmo tempo que mantinham um fluxo constante de ataques à ferrovia do Hejaz. No entanto, o exército árabe nunca conseguiu superar as defesas turcas e tomar a cidade de Maan. Além disso, eles encontraram resistência de tribos e cidadãos árabes aliados a Istambul.

Na cidade vizinha de Al-Karak, os membros das tribos e os habitantes da cidade formaram uma milícia de quinhentos homens e partiram "entusiasmados para combater Faisal e seu bando" em 17 de julho de 1917. Os voluntários de Al-Karak travaram uma batalha de três horas contra as forças lideradas pelos hachemitas e declararam vitória depois de terem matado nove homens do exército árabe e capturado dois de seus cavalos. Essa escaramuça de menor importância revelava até que ponto a revolta árabe dividia a lealdade local entre os partidários dos otomanos e dos hachemitas. Em agosto de 1917, os serviços de inteligência britânicos e franceses concordaram que as tribos da Transjordânia militavam decididamente no campo otomano.[3] A contra-jihad invocada pelo xarife Hussein não conseguira conquistar os árabes como um todo.

Diante da obstinada resistência otomana em Maan e dos combates em território por vezes hostil, os hachemitas marcharam em direção ao norte, para a cidade-oásis de al-Azrak, em agosto de 1918. Dessa nova base, o exército árabe, que havia crescido para um contingente de 8 mil homens, partiu em um movimento de pinça com o exército do general Edmund Allenby, na Palestina, para tomar a cidade de Damasco. Com a queda de Damasco em 2 de outubro de 1918, a revolta árabe assegurou sua maior ambição — e o xarife Hussein esperava que a Grã-Bretanha honrasse seus compromissos.

O SEGUNDO ACORDO DE GUERRA da Grã-Bretanha para a ordenação do território otomano foi o mais complexo. Os britânicos estavam cientes das ambições territoriais da França e da Rússia sobre as terras otomanas, embora os três aliados ainda não tivessem firmado um acordo formal. Enquanto McMahon ainda estava em negociações com o xarife Hussein, os governos britânico e francês nomearam representantes para concluir um acordo formal sobre a divisão do território otomano no pós-guerra. Os franceses foram representados por François Georges-Picot, ex-cônsul-geral em Beirute, e os britânicos pelo assessor de Lord Kitchener no Oriente Médio, Sir Mark Sykes. Os dois lados chegaram a um acordo no início de 1916, que a Rússia se dispôs a subscrever, contanto que suas reivindicações territoriais fossem aceitas pela Grã-Bretanha e pela França.

O acordo final, que ficou conhecido como o Acordo Sykes-Picot, foi selado em outubro de 1916. Ele pintou o mapa do Oriente Médio em tons de vermelho e azul: a zona vermelha correspondia às províncias de Bagdá e Basra, em que os britânicos teriam o direito de "estabelecer administração direta ou indireta, submetendo-as a seu controle, se o desejassem", e a zona azul cobria a Cilícia e a região costeira da Síria, onde os franceses gozariam das mesmas prerrogativas. A Palestina, sombreada de marrom, era a exceção, constituindo uma área sob "administração internacional" cuja forma definitiva devia ainda ser determinada. Além disso, a Grã-Bretanha reivindicava uma área de controle informal que se estendia pelo norte da Arábia, de Kirkuk, no centro do Iraque, até Gaza, e os franceses reivindicaram controle informal sobre um vasto triângulo que ia de Mossul a Alepo e Damasco.[4] O acordo também confirmava as fronteiras dos territórios reivindicados pela Rússia no leste da Anatólia.

O Acordo Sykes-Picot criou mais problemas do que soluções. Mais tarde, os britânicos se arrependeram de terem oferecido Mossul e o norte da Mesopotâmia à tutela da França, e tiveram dúvidas sobre a internacionalização de toda a Palestina. Além disso, o acordo não respeitava nem o espírito nem a letra das cartas trocadas entre Hussein e McMahon. Foi, nas palavras de um observador palestino, "um assombroso exemplo de jogo duplo".[5]

DE TODAS AS PROMESSAS DE GUERRA feitas pelo governo britânico, a terceira foi a mais duradoura. Depois de séculos de antissemitismo na Europa e na Rússia, um grupo de pensadores judeus europeus se uniu em torno do sonho de estabelecer uma pátria na Palestina. A partir de 1882, ondas de imigrantes judeus haviam fugido da perseguição na Rússia, e uma pequena minoria — cerca de 20 mil a 30 mil — havia se estabelecido na Palestina. De 1882 a 1903, a maior parte dessa primeira onda de emigrados se estabeleceu em cidades palestinas, mas cerca de 3 mil viviam em uma série de colônias agrícolas ao longo da planície costeira e nas montanhas do norte do Monte Carmelo, apoiadas por filantropos judeus europeus como Moses Montefiore e o barão Edmond de Rothschild.

Este movimento ganhou força em 1896 com a publicação do livro de referência de Theodor Herzl, *O Estado judeu*. Herzl, um jornalista vienense, encorajou a disseminação de um novo movimento nacionalista judeu que veio a ser conhecido como sionismo. No verão de 1897, ele convocou o 1 Congresso Sionista, no qual foi estabelecida a Organização Sionista Mundial e definidos os seus objetivos: "Fundar uma pátria para o povo judeu na Palestina garantida pela lei pública".[6]

A Organização Sionista Mundial precisava obter apoio internacional para o seu projeto. Com a eclosão da Primeira Guerra, mudou sua sede de Berlim para Londres. Seu líder era Chaim Weizmann, um professor de química cujas contribuições para o esforço de guerra (ele havia feito uma descoberta que podia ser aplicada diretamente na produção de projéteis de artilharia) haviam lhe granjeado acesso aos mais altos níveis do governo britânico. Weizmann aproveitou suas conexões para buscar o apoio formal do governo ao sionismo.[7] Depois de mais de dois anos de lobby ativo junto ao primeiro-ministro David Lloyd George e ao ministro das Relações Exteriores, Arthur Balfour, Weizmann conseguiu o endosso que buscava. Em uma carta datada de 2 de novembro de 1917, Balfour relatava a Weizmann:

> O governo de Sua Majestade vê com bons olhos o estabelecimento de uma pátria nacional para o povo judeu na Palestina, e empreenderá seus melhores esforços para facilitar a realização deste objetivo, estando claramente entendido que nada será feito que possa prejudicar os direitos civis e religiosos das comunidades não judaicas existentes na Palestina, ou os direitos e o status político desfrutados pelos judeus em qualquer outro país.[8]

Esse pronunciamento arrebatador era claramente motivado por interesses britânicos. Ao estender seu apoio às aspirações sionistas na Palestina, disse Balfour ao gabinete de guerra, "estaremos em posição de promover uma propaganda extremamente útil tanto na Rússia quanto nos Estados Unidos", onde "a grande maioria dos judeus [...] parece ser favorável ao sionismo". Além disso, os sionistas devolveram o favor e, na sequência da Declaração Balfour, pressionaram para que a Palestina fosse colocada sob domínio britânico, solucionando uma das inquietações da Grã-Bretanha com o Acordo Sykes-Picot, que deixara a Palestina sob uma mal definida administração internacional.

O MOMENTO DA VERDADE, quando a Grã-Bretanha foi forçada a confrontar suas promessas conflitantes, chegou em dezembro de 1917. A Declaração Balfour era uma declaração pública, abertamente discutida pelo governo britânico. O Acordo Sykes-Picot, ao contrário, fora concluído em segredo entre os três parceiros da Entente. Depois da Revolução Russa de outubro de 1917, os bolcheviques começaram a publicar documentos confidenciais do Ministério das Relações Exteriores para desacreditar a diplomacia secreta do governo tzarista — entre eles a troca de cartas que constituía o Acordo Sykes-Picot. A notícia do acordo secreto para a divisão do Império Otomano chegou a Istambul antes de chegar ao mundo árabe. Os turcos e os alemães viram uma oportunidade de semear a discórdia entre hachemitas e britânicos.

Os otomanos, sitiados pelo exército da Grã-Bretanha na Palestina, aproveitaram a perfídia britânica para se aproximar dos hachemitas com uma oferta de paz. Em 4 de dezembro de 1917, num discurso pronunciado em Beirute, o comandante otomano, Cemal Paxá, insistiu no logro cometido pelos britânicos contra os árabes:

> Não fosse a libertação prometida ao xarife Hussein pelos britânicos uma miragem e uma ilusão, se tivesse havido qualquer perspectiva, por mais remota que fosse, de que seus sonhos de independência pudessem ser realizados, eu poderia ter admitido algum motivo para a revolta no Hejaz. Mas as verdadeiras intenções dos britânicos são agora conhecidas: não foi necessário muito tempo para que fossem reveladas. E desse modo o xarife Hussein [...] há de sofrer a humilhação que ele próprio impingiu a si mesmo, de ter trocado a dignidade conferida a ele pelo califa do islã [isto é, o sultão otomano] por uma condição de escravidão aos britânicos.[9]

Cemal Paxá ofereceu termos generosos aos hachemitas na esperança de que eles pudessem abandonar sua aliança com a Grã-Bretanha e retornar ao núcleo otomano. O xarife Hussein e seus filhos enfrentaram uma decisão difícil, mas optaram por preservar a aliança com os britânicos a fim de buscar sua independência dos turcos. A confiança árabe nas promessas da Grã-Bretanha, no entanto, fora abalada — e por bons motivos. Entre a correspondência Hussein-McMahon, o Acordo Sykes-Picot e a Declaração Balfour, o governo britânico havia prometido a maior parte da Grande Síria e da Mesopotâmia a pelo menos dois lados, e, no caso da Palestina, a pelo menos três.

PARA ENDOSSAR SUAS BOAS INTENÇÕES aos aliados árabes, em novembro de 1918, após a retirada otomana de suas antigas províncias, britânicos e franceses emitiram uma declaração pública paliativa, na qual definiram seus objetivos de guerra nos territórios árabes como "a completa e definitiva emancipação dos povos há muito oprimidos pelos turcos e o estabelecimento de governos e administrações nacionais que derivem sua autoridade da iniciativa e da livre escolha das populações locais".[10] Eles se esforçaram para assegurar aos árabes de que não buscavam nenhum ganho com suas ações. Por um breve período, essas declarações dissimuladas conseguiriam acalmar a opinião pública, mas teriam pouca influência sobre os interesses imperiais anglo-franceses que sustentavam seus acordos de partição.

Terminada a Grande Guerra, as potências vitoriosas da Entente lançaram-se à difícil tarefa de restaurar a ordem — isto é, a visão que tinham dela — num mundo atormentado pelos confrontos. Na imensa fila de problemas do pós-guerra a serem resolvidos, os impacientes líderes do mundo árabe foram instruídos a aguardar a sua vez. No devido tempo, os pacificadores iriam abordar suas preocupações e os conflitos de interesse decorrentes das promessas britânicas.

★ ★ ★

EM MAIS DE CEM ENCONTROS ENTRE janeiro e junho de 1919, os líderes da vitoriosa Entente reuniram-se em Paris para impor condições a seus inimigos derrotados — Alemanha, Áustria-Hungria e Império Otomano. Um presidente americano em exercício deixou pela primeira vez os Estados Unidos para desempenhar um papel na diplomacia mundial. David Lloyd George e Georges Clemenceau, os primeiros-ministros da Grã-Bretanha e da França, assumiram a liderança na definição da agenda. Junto com a Itália, esses Estados compunham o Conselho dos Quatro que tomaria a maior parte das decisões em Paris. Depois de quatro anos de uma "guerra para acabar com todas as guerras", França e Grã-Bretanha estavam determinadas a aproveitar a Conferência de Paz de Paris para garantir que a Alemanha nunca mais representasse uma ameaça à paz europeia, e usariam a conferência para redesenhar os mapas da Europa, Ásia e África, incluindo o mundo árabe. Além disso, recompensariam seus próprios esforços de guerra com o território e as posses coloniais das potências derrotadas.

Entre os pacificadores da Conferência de Paz de Paris, em 1919, o presidente americano Woodrow Wilson falou com um idealismo que arrebatou os povos sob domínio estrangeiro em todo o mundo. Em 8 de janeiro de 1918, em seu discurso a uma sessão conjunta do Congresso, Wilson estabeleceu uma visão das políticas americanas do pós-guerra em catorze pontos que acabaram por ficar famosos. Ele declarou o fim dos "dias de conquista e engrandecimento" e afirmou a visão radical de que, em questões coloniais, os interesses das populações envolvidas deveriam ter o mesmo peso das reivindicações do poder imperial. Wilson abordou as aspirações árabes em seu 12º ponto, assegurando aos árabes "uma oportunidade absolutamente intocável de desenvolvimento autônomo". Para muitos na região, este foi o primeiro encontro com a emergente superpotência americana que viria a dominar os assuntos mundiais no século xx. Enquanto o mundo se reunia em Paris para elaborar os termos da paz, os árabes consideravam Woodrow Wilson o porta-estandarte de suas aspirações.

Entre as delegações árabes que apresentaram seu caso em Paris estava o comandante da revolta árabe, o emir Faisal. Nascido nas terras altas de Taif, Faisal (1883-1933) era o terceiro filho do xarife de Meca, Hussein ibn Ali (g. 1908-17), e passou grande parte da infância em Istambul, onde recebeu uma educação otomana. Eleito em 1913 para o Parlamento otomano a fim de representar o porto de Jidá no Hejaz, Faisal visitou Damasco em 1916 e ficou chocado com as medidas repressivas de Cemal Paxá contra os nacionalistas árabes. Durante sua estada na cidade, reuniu-se com membros de sociedades nacionalistas secretas e assumiu o papel principal no comando das operações durante a revolta árabe de 1916-8.

Após a retirada otomana em 1918, Faisal estabeleceu um governo árabe em Damasco com o objetivo de resgatar a promessa da Grã-Bretanha de apoiar a criação de um reino árabe. Na Conferência de Paz de Versalhes, procurou consolidar sua posição na Síria e forçar os britânicos a honrar os compromissos assumidos com o pai, conforme estabelecidos na correspondência mantida por Hussein e McMahon entre 1915 e 1916, em detrimento de outras promessas de guerra da Grã-Bretanha. Ele aceitou os termos da a Declaração Balfour e, em janeiro de 1919, chegou a assinar um acordo com o líder sionista Chaim Weizmann, concedendo a Palestina ao movimento sionista com a condição de que todas as suas demais exigências por um reino árabe fossem plenamente atendidas pelos aliados. "Mas, caso haja qualquer modificação ou desvio, por menor que seja", nas exigências hachemitas, escreveu Faisal no final de sua proposta de entendimento com o líder sionista, "não me prenderei a uma única palavra do presente acordo".[11] E ele tinha de fato boas razões para duvidar de que chegaria o dia em que teria de honrar o compromisso com Weizmann.

Em janeiro de 1919, Faisal apresentou um memorando ao Conselho Supremo da Conferência de Paz de Paris estabelecendo as aspirações árabes. Ele pretendia ser realista, chegando a atenuar muitas das exigências originais do pai, estabelecidas em sua correspondência com McMahon três anos antes. Em seu memorando, Faisal escreveu que "o objetivo final dos movimentos nacionalistas árabes [...] é unir os árabes em uma nação". Ele baseava sua reivindicação na unidade étnica e linguística árabe, nas pretensas aspirações dos partidos nacionalistas árabes do pré-guerra na Síria e na Mesopotâmia e nos serviços prestados pelos árabes ao esforço de guerra dos aliados. O emir reconhecia que os diferentes territórios árabes eram "muito diversos em termos econômicos e sociais" e que seria impossível integrá-los em um único Estado imediatamente. Ele buscava independência total e imediata para a Grande Síria (incluindo o Líbano, a Síria e a Transjordânia) e a província do Hejaz, no oeste da Arábia; aceitava a intervenção estrangeira na Palestina, para mediar demandas entre judeus e árabes, e na Mesopotâmia, onde a Grã-Bretanha tinha interesses petrolíferos; e declarava o Iêmen e a província central do Najd, na Arábia (com cujos governantes sauditas a Grã-Bretanha havia chegado a um acordo formal), fora do escopo do reino árabe. Mesmo assim, mantinha o compromisso de "uma eventual união dessas áreas sob um governo soberano". E concluía: "Se nossa independência for concedida e nossa competência local estabelecida, as influências naturais de raça, língua e interesse logo nos levarão a um só povo".[12]

Essa visão de um Estado árabe unificado era a última coisa que os aliados desejavam. A presença de Faisal em Paris era um embaraço para britânicos e franceses. Ele estava forçando os primeiros a cumprir sua palavra e atrapalhando as ambições imperiais dos segundos. Os americanos forneceram uma saída para o que estava se tornando uma situação embaraçosa para a Grã-Bretanha, a França e os hachemitas. Wilson sugeriu a formação de uma comissão multinacional de investigação para determinar os desejos do povo sírio em primeira mão. Para Wilson, a comissão estabeleceria um precedente no âmbito da autodeterminação nacional, pondo em prática os princípios de seus Catorze Pontos. Já para a Grã-Bretanha e a França, a comissão permitiria adiar por vários meses a consideração das reivindicações hachemitas, e durante esse tempo eles estariam livres para dispor dos territórios árabes como bem entendessem. Faisal aceitou a sugestão pelo que ela parecia ser e agradeceu Wilson por dar aos árabes a oportunidade de expressar "seus próprios propósitos e ideais para o seu futuro nacional".[13]

EM RETROSPECTO, é fácil ver que a Comissão King-Crane, liderada pelos americanos, era uma missão enganosa. Os britânicos e franceses se recusaram a nomear representantes para participar do estudo, prejudicando assim a validade do que se tornou uma delegação meramente americana, e não multinacional. Como não tinham a intenção de se comprometer com as conclusões da comissão, eles não quiseram comprometer seus próprios diplomatas no processo. E, no entanto, o Relatório King-Crane é um documento único, que fornece, nas palavras de seus autores, uma análise bastante precisa da opinião política na Síria naquele momento — um vislumbre das aspirações e dos medos das comunidades rurais e urbanas naquele breve interlúdio entre os domínios otomano e europeu.[14]

Em março de 1919, o presidente Wilson nomeou o diretor do Oberlin College, Henry Churchill King, e o empresário Charles R. Crane, de Chicago, para chefiar a comissão. Os dois homens tinham amplo conhecimento do Oriente Médio — King como estudioso da história bíblica, e

Crane por conta de suas viagens pelo território otomano, que empreendia desde 1878. Os americanos partiram para a Síria em maio de 1919 com instruções para se encontrar com representantes locais e fazer um relato sobre as aspirações dos povos árabes na Síria, no Iraque e na Palestina. A Comissão King-Crane foi muito mais do que apenas uma missão de apuração de fatos. A presença dos dois homens na Grande Síria desencadeou uma intensa atividade nacionalista, que conseguiu envolver uma faixa mais ampla da população do que qualquer outro movimento político até então.

Ao voltar de Paris de mãos vazias, o emir Faisal apresentou a iminente chegada da Comissão King-Crane a seus seguidores como um desenvolvimento favorável e um passo importante no sentido de materializar as aspirações nacionais da Síria. Ele fez um discurso a uma assembleia de notáveis da Grande Síria para informá-los sobre suas experiências. Não podia lhes dizer toda a verdade, isto é, que fora deixado à espera e humilhado pelos pacificadores de Paris, que pareciam decididos a rejeitar a defesa dos interesses imperiais árabes na Grande Síria. Agora que estava de volta ao território árabe, falando sua própria língua para seus próprios partidários, Faisal demonstrava condescendência com os europeus. "Fui à conferência realizada em Paris [...] para reivindicar os nossos direitos", explicou. "Mas logo percebi que os ocidentais não sabiam absolutamente nada sobre os árabes, que suas informações provinham dos contos das *Mil e uma noites.*" Em muitos aspectos, ele estava certo. À exceção de um punhado de especialistas, o político médio britânico e francês sabia muito pouco sobre o mundo árabe. "Por conta dessa ignorância da parte deles, é claro, fui obrigado a perder muito tempo apenas com a exposição de fatos básicos", explicou Faisal.

Olhando face a face para os seus seguidores, que muitas vezes interrompiam seu discurso para lhe demonstrar devoção, ele não podia admitir o fracasso. No entanto, esticou a verdade além dos fatos ao afirmar que, em princípio, os aliados haviam reconhecido a independência do povo árabe. Ele tentou apresentar a Comissão King-Crane como uma extensão do reconhecimento das aspirações árabes por parte das grandes potências. "O comitê internacional", disse, "pedirá que vocês se expressem da maneira que julgarem melhor, pois as nações de hoje não desejam governar os outros povos, exceto com o consentimento deles."[15]

Encorajados pelas palavras de Faisal, os nacionalistas sírios começaram a trabalhar para unir o povo em uma agenda comum. O governo árabe distribuiu sermões para serem lidos nas orações das sextas-feiras nas mesquitas, associações políticas e culturais foram convocadas a fim de preparar petições para a Comissão King-Crane e líderes das aldeias e da cidade foram mobilizados para encorajar uma resposta entusiasmada à comissão. Milhares de panfletos foram impressos e distribuídos. Para os novatos na política nacionalista, as ideias eram apresentadas diretamente, sob a forma de slogans. "Exigimos independência absoluta", afirmava um deles, em vigoroso árabe e inglês. Outro exortava os sírios a defenderem sua liberdade, intercalando parênteses com slogans nacionalistas no meio do texto principal.

> Que ninguém o engane e o induza a trair a terra de seus avós, ou seus filhos e netos irão amaldiçoá-lo. Viva livre! Liberte-se do jugo da opressão. Busque seu próprio benefício e faça suas exigências da seguinte maneira:
>
> Primeiro: Exija (Independência Política Total) sem restrições ou condições, sem proteção ou tutela de terceiros.
>
> Segundo: Não aceite a divisão da terra do seu povo e da sua pátria, em outras palavras (a Síria em sua totalidade é uma e indivisível).
>
> Terceiro: Exija o reconhecimento das fronteiras do seu país, os montes Tauro ao norte, o deserto do Sinai ao sul, o Mediterrâneo a oeste.
>
> Quarto: Trabalhe pela independência e união [da Síria] com outros territórios árabes liberados.
>
> Quinto: Quando necessário, mostre preferência pela assistência financeira ou técnica dos Estados Unidos, contanto que isso não comprometa nossa total independência política.
>
> Sexto: Proteste contra o artigo 22 do Pacto da Liga das Nações, que estabelece a necessidade de tutela sobre os povos que buscam a independência.
>
> Sétimo: Recuse qualquer pretensão feita por qualquer Estado a direitos históricos ou preponderantes em nossas terras.
>
> (assinado) Um nacionalista árabe informado.[16]

Ainda que mesmo no original árabe a linguagem seja truncada, a mensagem não é ambígua. À medida que as comunidades locais se preparavam para se reunir com a Comissão King-Crane, essas exigências eram repetidas com frequência nas petições apresentadas e nos slogans cantados e pintados em cartazes e faixas.

Tendo mobilizado a opinião pública síria, Faisal e seus conselheiros convocaram um Parlamento improvisado para apresentar as opiniões do povo à comissão internacional. Os hachemitas sabiam que, de acordo com as regras da política europeia, as nações deveriam expressar suas legítimas aspirações por meio de assembleias eleitas. Assim, adotaram os procedimentos eleitorais otomanos para selecionar representantes das cidades do interior da Síria, embora tenham sido obrigados a recorrer a outros métodos no Líbano e na Palestina, onde as autoridades de ocupação britânicas e francesas haviam obstruído toda ação política.[17] Líderes de famílias e tribos notáveis na Palestina e no Líbano foram convidados a Damasco a fim de tomar parte no Congresso Geral da Síria. Quase cem representantes foram selecionados, embora apenas 69 tenham conseguido chegar a Damasco a tempo de participar de suas deliberações. Eles estavam trabalhando contra o relógio para produzir uma declaração de aspirações nacionais antes que a Comissão King-Crane chegasse à cidade.

A Comissão King-Crane chegou a Jaffa em 10 de junho de 1919 e passou seis semanas visitando cidades e aldeias na Palestina, na Síria, na Transjordânia e no Líbano. Os comissários coletaram estatísticas sobre todos os aspectos da viagem. Eles realizaram encontros em mais de quarenta cidades e centros rurais e se reuniram com 442 delegações, representando pessoas de todas as classes e profissões, como conselheiros municipais e administrativos, chefes de aldeias e xeques tribais. Receberam agricultores, comerciantes e representantes de mais de uma dezena de agremiações cristãs, muçulmanos sunitas e xiitas, judeus, drusos e outros grupos minoritários. Além disso, reuniram-se com oito diferentes delegações femininas e se maravilharam com "o novo papel que as mulheres estão desempenhando nos movimentos nacionalistas no Oriente". No curso de suas viagens, coletaram 1863 petições, com um total de 91079 assinaturas — representando quase 3% do total da população da Grande Síria (que eles estimaram em 3,2 milhões). Os comissários não poderiam ter sido mais cuidadosos ao sondar a opinião pública.

Em 25 de junho, King e Crane chegaram a Damasco. Yusuf al-Hakim, ministro do governo do emir Faisal, lembrou-se:

> Eles fizeram uma visita oficial ao Palácio Real e ao chefe do governo. Em seguida, retornaram ao hotel, onde as primeiras pessoas a cumprimentá-los foram os homens da imprensa. Em resumo, eles disseram aos jornalistas que tinham vindo para avaliar a vontade das pessoas em relação a seu futuro político e para saber que tipo de Estado preferiram que exercesse um mandato temporário sobre elas, a fim de prover assistência técnica e econômica, de acordo com as declarações anteriores do presidente Wilson.[18]

Em 2 de julho, o Congresso Geral apresentou à comissão uma resolução de dez pontos que, segundo eles, representavam tanto a opinião do povo sírio quanto o governo do emir Faisal.[19] A resolução revelava um surpreendente grau de conhecimento por parte dos redatores sobre assuntos internacionais; o texto estava repleto de citações do presidente Wilson e do Pacto da Liga das Nações, e também fazia várias referências às promessas conflitantes da diplomacia britânica em tempos de guerra e aos objetivos do sionismo. King e Crane afirmaram que esse foi o documento mais importante de sua missão.

Em sua resolução, os representantes do Congresso Geral exigiam completa independência política para a Síria e estabeleciam as fronteiras geográficas que a separavam da Turquia, do Iraque, do Najd, do Hejaz e do Egito. Eles desejavam que o país fosse governado por uma monarquia constitucional, tendo o emir Faisal como rei, e rejeitaram de imediato o princípio de mandato estabelecido no artigo 22 do Pacto da Liga das Nações, argumentando que não eram menos dotados do que os búlgaros, sérvios, gregos e romenos, todos os quais haviam conquistado completa independência do governo otomano sem a necessidade de tutela europeia. Ao mesmo tempo, os representantes sírios expressaram inteira disposição em viver sob um mandato, contanto que restrito à provisão de assistência técnica e econômica. Eles confiavam sobretudo nos Estados Unidos para cumprir esse papel, "acreditando que a nação americana encontra-se longe de possuir pretensões colonizadoras e não tem ambição política em nosso país". Em caso de recusa dos Estados Unidos, o povo sírio aceitaria um mandato britânico, mas rejeitava qualquer papel para a França. A resolução também pedia a independência do Iraque, então sob ocupação britânica.

O Congresso Geral tomou uma posição firme contra a diplomacia secreta do tempo de guerra. Num golpe contra o Acordo Sykes-Picot e a Declaração Balfour, seus membros escreveram:

> Os princípios fundamentais estabelecidos pelo presidente Wilson na condenação de tratados secretos nos impelem a protestar enfaticamente contra qualquer tratado que estipule a divisão de nosso país e contra qualquer compromisso privado visando o estabelecimento do sionismo na parte sul da Síria; portanto, pedimos a anulação completa dessas convenções e acordos.

Eles descartaram qualquer separação do Líbano ou da Palestina do reino sírio, e passaram a encarar os objetivos do sionismo como inimigos de seus interesses nacionais.

> Nós nos opomos às pretensões dos sionistas de criar uma comunidade judaica na parte sul da Síria, conhecida como Palestina, e à migração sionista para qualquer parte de nosso país; pois não reconhecemos o seu direito, e os consideramos um grave risco para o nosso povo, do ponto de vista nacional, econômico e político.

Havia um tom de indignação moral na resolução do Congresso Geral. Muitos no governo provisório da Síria tinham lutado com o emir Faisal na revolta árabe. Eles acreditavam terem sido aliados da Grã-Bretanha e da França em tempo de guerra e terem contribuído significativamente para a vitória na frente otomana. Faisal e seu exército árabe haviam entrado em Damasco em 2 de outubro de 1918 e libertado a cidade do domínio otomano. Eles acreditavam que o povo sírio tinha agora o direito de determinar seu próprio futuro político, tendo vencido no campo de batalha. O Congresso Geral esperava, em suma, justiça de seus aliados, "para que nossos direitos políticos não sejam menores após a guerra do que eram antes, uma vez que derramamos tanto sangue pela nossa liberdade e independência".

Em agosto de 1919, depois de seis semanas na Síria, King e Crane seguiram para Istambul a fim de redigir seu relatório. Em suas recomendações à Conferência de Paz, feitas depois de uma extensa análise de todo o material que haviam reunido, eles endossaram amplamente a resolução do Congresso Geral. Sugeriram a criação de um Estado sírio único, não dividido, tendo o emir Faisal como chefe de uma monarquia constitucional, e recomendaram que este fosse colocado sob o mandato de uma única potência, preferencialmente os Estados Unidos (ou a Grã-Bretanha, como segunda opção), por um período limitado, para prover apoio. Além disso, os comissários solicitaram modificações ao projeto sionista, impondo limites à imigração judaica. King e Crane argumentaram que as promessas da Declaração Balfour, de *ao mesmo tempo* estabelecer uma pátria nacional judaica na Palestina e respeitar "os direitos civis e religiosos das comunidades não judaicas existentes na Palestina", eram irreconciliáveis. "Nas entrevistas que esta comissão teve com representantes judeus", observou o Relatório King-Crane, "um fato foi repetidamente enfatizado: que os sionistas ansiavam pela expropriação quase completa dos atuais habitantes não judeus da Palestina, por meio de várias formas de compra."[20] De maneira pouco surpreendente, os comissários descobriram que 90% da população não judaica da Palestina era "enfaticamente contrária ao programa sionista" e que 72% das petições que recebiam na Grande Síria eram dirigidas contra o sionismo.

A comissão apresentou seu relatório à delegação americana em Paris no final de agosto de 1919. Embora não tivesse conhecimento do conteúdo do texto, o emir Faisal não poderia ter esperado nada melhor. Para os europeus, no entanto, o Relatório King-Crane era um documento bastante inconveniente. Ele foi recebido pelo secretariado da Conferência de Paz e arquivado sem mais consultas. Só foi tornado público três anos mais tarde, depois que a Grã-Bretanha e a França haviam concluído uma divisão do mundo árabe que, segundo acreditavam na época, representava melhor seus interesses.

Em 1º de novembro de 1919, a Grã-Bretanha declarou que pretendia retirar suas tropas da Síria e do Líbano, transferindo sua autoridade aos militares franceses. O Congresso Geral da Síria, confrontado com uma iminente ocupação por parte da França, decidiu tomar a iniciativa. Seus membros prepararam uma declaração de independência, baseada na resolução entregue à Comissão King-Crane, que foi lida da sede do governo em Damasco em 8 de março de 1920. Faisal foi declarado rei da Síria, que incluía em suas fronteiras a Palestina e o Líbano.

Os governos da Grã-Bretanha e da França se recusaram a reconhecer a declaração de independência síria. Os britânicos olhavam para o outro lado enquanto os franceses se preparavam para ocupar Damasco e destronar seu aliado de guerra, o emir — agora rei — Faisal. Cada vez mais isolado internamente pelo fracasso em cumprir suas promessas de independência, Faisal só conseguiu reunir um pequeno bando de partidários para enfrentar o exército francês que avançava do Líbano em direção à Síria. Os damascenos não acreditavam que valesse a pena morrer pela causa dele.

Na madrugada de 24 de julho de 1920, um grupo de 2 mil voluntários árabes se reuniu em um caravançará — uma hospedaria para caravanas — isolado chamado Khan Maysalun, em um desfiladeiro na estrada Beirute-Damasco. Eles enfrentaram uma bizarra coluna de soldados coloniais em uniformes franceses: argelinos, marroquinos e tropas senegalesas sob o comando de comandantes franceses enviados para garantir o domínio francês na Síria. Era um reflexo do poder do Império Francês que soldados árabes muçulmanos de suas colônias do norte da África estivessem dispostos a servir seus senhores contra os soldados irregulares da Síria, também árabes muçulmanos. Sati al-Husri, um dos membros do governo provisório da Síria e um comprometido nacionalista árabe, registrou suas memórias do "dia de Maysalun" enquanto seguia os acontecimentos de Damasco:

> Pouco a pouco, detalhes da batalha começaram a chegar até nós. Embora eu não pudesse nutrir nenhuma esperança de vitória, em vista do que sabia sobre o nosso exército e o equipamento dos franceses, continuei desejando que o resultado permanecesse duvidoso pelo maior tempo possível, por causa de nossa honra militar. Às dez horas, no entanto, recebemos a notícia de que o exército havia sido derrotado e o front estilhaçado. Dizia-se que Yusuf al-Azmah [o ministro da Guerra e comandante das forças armadas] havia morrido. Eu disse que não — ele havia cometido suicídio em Maysalun, um verdadeiro mártir![21]

As forças francesas superaram os defensores em Maysalun e em seguida entraram em Damasco, marcando o início de uma infeliz ocupação colonial que se estenderia por 26 anos. No entanto, o significado simbólico de Maysalun se espalhou muito além das fronteiras da Síria. Para os árabes, essa pequena batalha representou a traição das promessas de guerra da Grã-Bretanha, o fracasso da visão de autodeterminação nacional do presidente americano Woodrow Wilson e o triunfo dos interesses coloniais britânico e francês sobre as esperanças e aspirações de milhões de árabes. A Batalha de Maysalun foi equiparada ao pecado original, quando os europeus impuseram seu sistema estatal ao Oriente Médio, dividindo um povo que aspirava à unidade e colocando-o sob domínio estrangeiro contra o seu desejo. Os novos Estados e limites árabes impostos pelo acordo do pós-guerra foram notavelmente duradouros. O mesmo se pode dizer dos problemas que eles geraram.

★ ★ ★

Políticos nacionalistas do Egito também acreditaram que poderiam alcançar sua independência da Grã-Bretanha na Conferência de Paz de Paris. Enganado pelos Catorze Pontos de Woodrow Wilson, o establishment político do país achava que Paris inauguraria uma nova ordem mundial. Eles acreditavam que a era dos impérios seria substituída por uma nova comunidade de nações, criada mediante o exercício da autodeterminação nacional. E, assim como os aliados hachemitas da Grã-Bretanha, os egípcios também acreditavam ter conquistado a independência depois de todas as dificuldades enfrentadas em nome dos aliados europeus.

Após 36 anos de domínio britânico, a Primeira Guerra Mundial serviu apenas para consolidar a presença imperial da Grã-Bretanha no Egito, que foi unilateralmente declarado um protetorado britânico em dezembro de 1914, com a deposição do quediva Abbas II, acusado de ter "se juntado aos inimigos do rei" (na época, ele estava em Istambul). Como o Egito não era mais um Estado vassalo otomano, seu governante não era mais um vice-rei. O quediva deposto foi substituído pelo tio, Hussein Kamil, o membro mais velho da linhagem de Muhammad Ali, e recebeu o novo título de sultão. Os britânicos esperavam diminuir a influência do sultão otomano promovendo o sultão egípcio, assim como esperavam que o apelo do xarife Hussein por uma revolta contra os turcos abalasse o chamado do sultão à jihad contra a Grã-Bretanha e a França. Esse estratagema teve pouco impacto sobre os muçulmanos no Egito ou sobre a comunidade muçulmana em geral, que continuou a reverenciar o sultão otomano em seu papel de califa, o líder da comunidade islâmica global.

No início da guerra, o fardo do apoio egípcio aos britânicos recaiu mais pesadamente sobre os trabalhadores do país. As colheitas foram requisitadas para o esforço de guerra, e os camponeses recrutados para servir em equipes destinadas a fornecer apoio logístico na frente ocidental. A inflação e a escassez de bens reduziram os padrões de vida de todos, e muitos egípcios empobreceram. O Cairo e Alexandria foram inundados por soldados britânicos e da Commonwealth, que se reuniam e treinavam ali antes de partir para os combates em Galípoli e na Palestina. A enxurrada de militares aumentou a tensão com a população local, que acreditava que a presença de mais britânicos significava inevitavelmente menos independência.

Quando a guerra estava chegando ao fim, a mensagem de autodeterminação nacional de Woodrow Wilson caiu em terreno fértil no vale do

Nilo. Os egípcios acreditavam que, por suas muitas contribuições a uma guerra que não era propriamente deles, haviam conquistado o direito de autodeterminação. Em 13 de novembro de 1918, apenas dois dias após o armistício que colocara fim à Primeira Guerra Mundial, um grupo de respeitadas figuras políticas egípcias se dirigiu ao alto-comissário britânico, Sir Reginald Wingate, para exigir a total independência do país. O grupo era liderado por Saad Zaghloul, um seguidor de Muhammad Abduh formado na Universidade de al-Azhar que servira como ministro da Educação e vice-presidente da Assembleia Legislativa do Egito. Zaghloul, que fazia parte do Partido do Povo, constituído antes da guerra, surgira como o líder da oposição nacionalista à presença britânica no Egito. Ele estava acompanhado por dois outros nacionalistas, Abd al-Aziz Fahmi e Ali Shaarawi.

Wingate recebeu os homens e ouviu seu pedido, que negou imediatamente. Ele não só proibiu que os egípcios enviassem uma delegação a Paris a fim de reforçar sua reivindicação na Conferência de Paz como se recusou a reconhecer o direito de Zaghloul de falar em nome das aspirações nacionais egípcias. Afinal, ninguém o havia eleito para ser o porta-voz do país.

A delegação egípcia não aceitou passivamente a recusa de Wingate. Zaghloul e seus colegas deixaram o Alto-Comissariado e decidiram de pronto assegurar seu mandato para falar em nome das aspirações nacionais egípcias. Eles redigiram uma petição pedindo autorização para viajar a Paris e apresentar o caso do Egito durante a Conferência de Paz, como o emir Faisal estava fazendo pela Síria, e enviaram ativistas por todo o Egito para recolher assinaturas. Apesar da obstrução empreendida por oficiais britânicos e do confisco de cópias assinadas, os nacionalistas conseguiram reunir um apoio impressionante ao movimento de Zaghloul. Cópias da petição foram enviadas a órgãos locais eleitos, conselhos provinciais e outros notáveis, e, em pouco tempo, centenas de milhares de assinaturas foram obtidas.[22]

Pessoas por todo o Egito se uniram à causa de Saad Zaghloul, impacientes para garantir sua independência da Grã-Bretanha na Conferência de Paz. À medida que o movimento ganhava terreno, os britânicos tentaram conter a agitação nacionalista, tornando Paris irrelevante para a questão egípcia. Wingate anunciou que qualquer mudança no status do Egito seria tratada pelo governo de Sua Majestade como "uma questão imperial, e não internacional". Em outras palavras, Zaghloul e seus colegas teriam que discutir suas ambições com o governo britânico em Whitehall, como uma questão imperial, em vez de apresentar para o mundo as reivindicações do Egito na tribuna de Paris. A administração britânica advertiu Zaghloul diretamente de que deveria pôr fim à agitação. Tendo desconsiderado a advertência, ele e seus principais colegas foram presos, em 8 de março de 1919, e deportados para Malta. O resultado foi uma revolta nacional que marcou o início da Revolução de 1919 no Egito.

A RESPOSTA PÚBLICA À PRISÃO de Saad Zaghloul e seus colegas foi imediata e violenta. O país se levantou em uma combinação de revoltas espontâneas e planejadas que se espalharam dos centros urbanos para o campo e envolveram todos os níveis da sociedade egípcia. As manifestações começaram em 9 de março de 1919, quando um grupo de estudantes se rebelou e decidiu vandalizar toda a infraestrutura associada ao domínio britânico, como trens, bondes e postes de iluminação. As manifestações antibritânicas e sua repressão pelas forças imperiais deixaram muitos mortos e feridos de ambos os lados.

A antiga Universidade de al-Azhar tornou-se um dos centros de organização da revolta. Em 13 de março, depois que as forças britânicas prenderam alguns de seus professores e estudantes, o chefe de segurança britânico, Joseph McPherson, visitou a mesquita anexa à universidade a fim de observar a agitação política em primeira mão. Vestindo apenas um fez como disfarce e recebendo olhares inamistosos dos egípcios ao seu redor, McPherson não conseguiu passar pela porta do templo, tão grande era a multidão. No entanto, mesmo de seu local com vista limitada, conseguiu distinguir um xeque religioso no interior da mesquita "discursando para uma plateia de centenas de pessoas do alto de um amontoado de pedras, dizendo que eles deveriam desafiar a própria morte em seus esforços para destruir o tirano e libertar-se de seu jugo, e prometendo o paraíso aos 'mártires' da causa santa". McPherson também viu o Comitê Central Revolucionário coletando recursos para fomentar a revolta no campo.[23]

As comunidades rurais também atacaram o que associavam ao domínio britânico — os armazéns e as instalações ferroviárias através das quais suas colheitas requisitadas eram transportadas durante a guerra foram sabotados, assim como as linhas telegráficas que proporcionavam um sistema de comunicação eficiente aos administradores. Nas cidades, as classes trabalhadoras recorreram à ação industrial. A ferrovia estatal egípcia entrou em greve, e da mesma forma os bondes do Cairo. McPherson, o chefe de segurança britânico, catalogou os participantes da revolta, de garotos a varredores de rua, com desdém: "Lunáticos gritando pelas ruas, mulheres emancipadas para a ocasião fazendo discursos sobre tocos de madeira, crianças e desqualificados de todos os tipos gritando ofensas grosseiras em desprezo pelos tiranos caídos".

Os egípcios se recordam dos acontecimentos de 1919 de maneira diferente. Para muitos, foi a primeira oportunidade de participar da vida política da nação. Eles estavam unidos na crença comum de que deveriam governar o próprio país, sem interferência estrangeira. Foi o primeiro movimento autenticamente nacionalista na história árabe cujos líderes desfrutaram do apoio total das massas, do campo às cidades.

Também em 1919 as mulheres egípcias entrariam pela primeira vez na política nacional, sob a liderança de Huda Shaarawi. Dado que sua mãe era circassiana e seu pai um velho notável egípcio, pode-se dizer que Huda Shaarawi (1879-1947) foi cercada de privilégios desde a infância, embora vivesse num ambiente marcado pelo confinamento feminino. Criada no harém de uma família da elite do Cairo, ela cresceu rodeada de mulheres, crianças e eunucos. Em suas memórias, ela escreve sobre duas mães — a primeira esposa do pai, a quem chamava de "Grande Mãe", e a mãe biológica. Ela amava as duas, mas se sentia particularmente próxima da Grande Mãe, que "sabia como eu me sentia quando as pessoas favoreciam meu irmão em detrimento de mim porque era menino".[24]

Quando criança, Shaarawi se ressentia de receber menos educação do que o irmão mais novo. Aluna dedicada, ela pressionava seu tutor a lhe arranjar livros de gramática para que pudesse aprender a ler o Alcorão corretamente. "Leve o seu livro de volta", dizia o eunuco das crianças ao tutor. "A senhorita não precisa de gramática, pois não se tornará juíza!" Huda se sentia desanimada. "Fiquei deprimida e comecei a negligenciar os estudos, odiando ser uma menina, porque isso me afastava da educação que eu buscava. Mais tarde, o fato de ser mulher se tornou uma barreira entre mim e a liberdade pela qual eu ansiava."[25]

Ainda adolescente, Huda descobriu, consternada, que se tornaria a segunda esposa de um primo idoso chamado Ali Paxá Shaarawi.

> A ideia de me casar com meu primo, a quem sempre considerara como um pai ou irmão mais velho, merecedor do meu temor e respeito, me perturbava profundamente. E eu ficava ainda mais aborrecida quando pensava em sua esposa e suas três filhas, todas mais velhas do que eu, que costumavam me provocar, dizendo: "Bom dia, madrasta!".[26]

Huda foi para o leito nupcial como "um condenado a caminho do patíbulo". Não surpreendentemente, o casamento não foi feliz, e o casal logo se afastou. Eles passaram sete anos separados, o que deu a Huda a chance de amadurecer e desenvolver seus próprios interesses antes de voltar para o marido e para seu papel como esposa de um homem influente.

Os anos de afastamento conjugal foram um período de desenvolvimento político para Huda Shaarawi. Ela começou a organizar atividades públicas para mulheres. Convidou uma feminista francesa, Marguerite Clement, para dar uma palestra na Universidade Egípcia, comparando a vida das mulheres no Oriente com a das mulheres no Ocidente e discutindo práticas sociais como o véu. Essa primeira palestra deu origem a uma série regular de encontros em que as mulheres egípcias começaram a se pronunciar, incluindo a feminista Malak Hifni Nasif (1886-1918), a primeira a fazer demandas públicas para a libertação das mulheres no Egito.[27] Em abril de 1914, Shaarawi convocou uma reunião para instituir a Associação Intelectual das Mulheres Egípcias, uma sociedade literária que reunia algumas das pioneiras da literatura feminina no mundo árabe, incluindo a escritora libanesa Mai Ziyada e Labiba Hashim, fundadora de uma das primeiras revistas femininas árabes.

Essas atividades marcaram o início de um nítido movimento feminista no Egito, ao qual Shaarawi se dedicaria pelo resto da vida. Palestras e reuniões ampliaram o escopo da participação das mulheres da elite cairota nos assuntos culturais da cidade e propiciaram fóruns para que se encontrassem e discutissem questões de sua própria escolha, sem que precisassem antes pedir a permissão dos maridos. Esses ganhos, ainda que limitados, eram significativos, mas não seria possível dizer que as convenções sociais que ditavam os papéis de gênero chegaram a ser afetadas. Desafiar costumes profundamente arraigados que havia tempos dividiam homens e mulheres na sociedade árabe e otomana exigiria uma revolução.

A revolta de 1919 foi tanto uma revolução social quanto uma revolução política. Na primavera de 1919, não só as rígidas divisões sociais foram desafiadas como brevemente revertidas. A luta nacionalista deu às mulheres do Egito a oportunidade de emergir como atores políticos, e deixou como legado um movimento feminista duradouro. Em um nível mais pessoal, esses eventos ajudaram Ali Paxá Shaarawi a se reconciliar com a esposa Huda e a transformar seu casamento em uma parceria política unida pela causa nacionalista.

Ali Paxá Shaarawi estava envolvido no movimento nacionalista desde o decisivo encontro de Saad Zaghloul, em 1918, com o alto-comissário britânico Sir Reginald Wingate, ao qual esteve presente. Junto com Zaghloul, ele foi um dos fundadores do partido nacionalista que veio a ser conhecido como Wafd, ou "a delegação" — justamente aquele que buscava representar as aspirações do Egito na Conferência de Paz de Paris. Com o exílio de Zaghloul, Shaarawi assumiu a liderança do partido. Seu relacionamento com a esposa Huda mudou dramaticamente no curso da revolução. Ele a manteve informada de todos os acontecimentos; assim, caso fosse preso, ela poderia ajudar a preencher o vazio político. Além disso, eles logo perceberam que havia coisas que as mulheres podiam fazer impunemente porque os britânicos não ousavam prendê-las ou abrir fogo contra elas, por medo de desencadear a indignação pública.

Os membros do Wafd logo compreenderam as vantagens de mobilizar as mulheres para a causa nacionalista. A primeira manifestação feminina aconteceu no dia 16 de março de 1919, apenas uma semana após o início da revolução. Cartazes pretos com slogans em árabe e francês pintados em letras brancas — as cores do luto — foram confeccionados. As manifestantes se reuniram então no centro do Cairo, planejando marchar até o prédio da comissão dos Estados Unidos para reivindicar o direito de autodeterminação prometido por Woodrow Wilson em seus Catorze Pontos. Antes que conseguissem chegar ao seu destino, porém, encontraram o caminho bloqueado pelas tropas britânicas. "Eles bloquearam as ruas com uma bateria de metralhadoras", escreveu Huda Shaarawi,

> forçando-nos a parar junto com os estudantes que haviam formado colunas de ambos os lados do nosso grupo. Eu estava determinada a fazer a manifestação prosseguir. Quando avancei, um soldado britânico se aproximou de mim apontando sua arma, mas passei por ele. Quando uma das mulheres tentou me puxar de volta, gritei: "Deixem-me morrer para que o Egito tenha uma Edith Cavell" [uma enfermeira inglesa fuzilada pelos alemães durante a Primeira Guerra Mundial que imediatamente se transformou em mártir].

Depois de um impasse de três horas, a manifestação terminou sem violência. Outras manifestações voltariam a ocorrer.

O poder simbólico das mulheres egípcias enfrentando os britânicos encorajou nacionalistas em todo o país. Uma vez fora de seus haréns, as mulheres se lançaram na vida pública com grande energia e comprometimento. Elas levantavam fundos para os necessitados, visitavam os feridos nos hospitais e compareciam a comícios e protestos, expondo-se muitas vezes a grandes perigos. Elas também começaram a transpor a barreira de classe, pois as mulheres da elite agora tinham uma causa em comum com as da classe trabalhadora. Huda observou que a morte de seis mulheres da classe trabalhadora no curso do movimento nacionalista provocara um "intenso luto nacional". As mulheres fizeram tudo o que puderam para encorajar a greve dos funcionários públicos, postando-se do lado de fora dos escritórios do governo e incitando-os a desafiar os britânicos e não trabalhar. Quando a Grã-Bretanha enviou uma comissão de inquérito sob o comando de Lord Milner, no final de 1919, as egípcias organizaram outra rodada de manifestações e redigiram uma resolução em protesto. Elas começaram a realizar reuniões em massa com centenas de mulheres de todas as classes.

No final de 1919, Huda Shaarawi e suas companheiras consolidaram seus avanços com a criação do Comitê Central das Mulheres Wafdistas, o primeiro organismo político feminino do mundo árabe. Huda Shaarawi foi eleita sua presidente. Em 1923, dando prosseguimento a suas atividades políticas, foi cofundadora da União Feminista Egípcia. Nesse mesmo ano, rompeu com as convenções de confinamento feminino ao retornar de uma conferência em Roma e remover publicamente o véu, junto com suas companheiras, na estação ferroviária do Cairo. O movimento feminista do Egito sobreviveria por muito tempo após o impulso revolucionário de 1919.

A luta do Wafd pela independência do Egito só obteve um êxito parcial. Embora Zaghloul e seus colegas tivessem angariado a permissão da Grã-Bretanha para apresentar o caso do Egito à Conferência de Paz, eles descobriram em sua chegada a Paris que a delegação americana havia acabado de emitir uma declaração reconhecendo o protetorado britânico sobre o Egito. As esperanças que a crescente retórica do presidente Wilson havia alimentado estavam agora frustradas. Os egípcios foram obrigados a negociar diretamente com os britânicos em Londres, em vez de assegurar sua independência como parte do acordo do pós-guerra.

Os anos entre 1919 e 1922 foram marcados por períodos de desordem civil alternados com períodos de negociações entre os britânicos e o Wafd. No fim, o melhor que os nacionalistas egípcios conseguiram foi a independência nominal. No interesse de preservar a ordem no Egito, a Grã-Bretanha declarou unilateralmente o fim do protetorado em 28 de fevereiro de 1922 e reconheceu o Egito como um Estado soberano independente, sob a condição de que a Grã-Bretanha mantivesse o controle sobre quatro áreas "de interesse vital para o Império Britânico": a segurança das comunicações imperiais, a defesa do Egito contra agressão externa, a proteção dos interesses estrangeiros e dos direitos das minorias e o Sudão. Ambos os lados reconheciam os limites da independência quando colocados nesses termos, que permitiam que a Grã-Bretanha mantivesse bases no Egito, controlasse o canal de Suez e interferisse nos assuntos domésticos egípcios com tanta frequência quanto tinha feito sob o protetorado. Pelos 32 anos seguintes, Egito e Grã-Bretanha se veriam enredados em negociações periódicas para redefinir essa relação colonial, com os egípcios buscando sua soberania e a Grã-Bretanha fazendo de tudo para preservar a ordem imperial.

★ ★ ★

Os eventos no Egito eram seguidos de perto em todo o mundo árabe, mas sobretudo no Iraque, onde as províncias otomanas de Basra, Bagdá e Mossul haviam ficado sob ocupação britânica no decorrer da Primeira Guerra Mundial. Embora os britânicos tivessem dado aos iraquianos muitas garantias de que gozariam de autogoverno, seus esforços para negar a independência do Egito eram motivo de preocupação.

Após a eclosão da Primeira Guerra Mundial, as forças britânicas da Índia ocuparam a cidade de Basra, no sul, e garantiram seu controle sobre a província como um todo. Os britânicos estavam determinados a proteger a entrada do golfo Pérsico, que dava acesso a seu império na Índia, contra a ocupação dos alemães, aliados dos turcos. Uma vez em Basra, estenderam suas forças para o norte a fim de enfrentar o 6º Exército otomano. Em novembro de 1915, as forças britânicas avançaram até cinquenta quilômetros de Bagdá, onde encontraram forças inimigas em superioridade numérica. Empurradas de volta para Kut, resistiram a um cerco durante quatro meses antes de se renderem em abril de 1916. Os otomanos haviam conseguido duas grandes vitórias contra as forças invasoras — em Galípoli e na Mesopotâmia. No entanto, os britânicos reiniciaram sua campanha na Mesopotâmia, tomando Bagdá em março de 1917 e derrotando o 6º Exército otomano em Kirkuk no final do verão de 1918. Em novembro desse mesmo ano, eles ocuparam a província de Mossul, embora tecnicamente ela não fizesse parte do território concedido à ocupação britânica pelos termos do acordo de armistício. O controle britânico sobre a Mesopotâmia, como inicialmente recomendado pelo Relatório de Bunsen de 1915, havia sido garantido.

FOI MAIS FÁCIL CONQUISTAR A Mesopotâmia do que impor uma ordem política ao país — tanto em 1918 como em 2003. O povo das três províncias — curdos, árabes sunitas e xiitas — estava dividido em seus objetivos e aspirações. Embora estivessem de acordo com a união das três províncias em um único Estado independente que chamavam de Iraque e em colocá-lo sob o governo de uma monarquia constitucional, as diferentes comunidades da Mesopotâmia tinham pontos de vista muito diferentes sobre qual deveria ser o papel da Grã-Bretanha nesse novo Estado. Alguns abastados proprietários de terras e mercadores davam maior importância à estabilidade e ao crescimento econômico do que à independência total e apoiavam abertamente a administração britânica. Alguns oficiais militares iraquianos, que haviam servido com o emir Faisal durante a revolta árabe, viam a Grã-Bretanha como uma garantia da preeminência política sunita. No entanto, a maioria dos iraquianos rejeitava a ideia da interferência estrangeira em seus assuntos.

No início de sua ocupação na Mesopotâmia, os britânicos asseguraram ao povo do Iraque que suas intenções eram honestas. A Declaração Anglo-Francesa de novembro de 1918, prometendo o apoio dos aliados ao "estabelecimento de governos e administrações nacionais" nos territórios árabes através de um processo de autodeterminação, foi largamente reproduzida na imprensa local e tranquilizou muitos iraquianos, que se convenceram de que os europeus não tinham a intenção de impor uma ordem colonial sobre eles. Como observou o jornal *al-Istiqlal* [Independência], de Najaf: "Os dois Estados, Grã-Bretanha e França, nos alegraram ao declarar sua intenção de nos ajudar a alcançar a completa independência e liberdade".[28]

Mas os iraquianos foram ficando cada vez mais desconfiados com o passar dos meses, ao constatarem que não havia nenhum progresso tangível em relação ao autogoverno. Em vez de ajudá-los a criar seu governo, os britânicos pareciam estar estabelecendo sua própria administração no país. Quando, em fevereiro de 1919, um grupo de iraquianos pediu permissão às autoridades britânicas para enviar uma delegação a Paris a fim de garantir o reconhecimento de suas reivindicações à independência nacional, o pedido foi negado. Pressionados pelos iraquianos a elaborar seus planos para o futuro político do país, os britânicos também se recusaram a dar uma resposta direta.

Os britânicos, na verdade, se debatiam com duas ideias sobre a melhor maneira de governar o Iraque. Alguns, como Sir Arnold Wilson, que, como comissário civil, era o chefe local da administração britânica, procuraram estabelecer os instrumentos para um governo colonial direto, nos moldes do implementado na Índia. Ele chegou a encorajar um fluxo constante de imigrantes da Índia para a Mesopotâmia, a fim de servir como mão de obra para a administração colonial. Outros, como Gertrude Bell, que servia como secretária para o Oriente Médio em Bagdá, acreditavam que era melhor trabalhar em parceria com os nacionalistas árabes. Bell argumentava que uma monarquia hachemita no Iraque forneceria a estrutura ideal para um império informal, a um custo muito menor para o governo britânico e muito menos risco de confronto com o crescente movimento nacionalista árabe. Os iraquianos não sabiam em quem acreditar — em Bell, que parecia apoiar seus desejos, ou no chefe dela, Sir Arnold Wilson, que parecia decidido a manter os britânicos no governo do Iraque.[29]

Em 1920, os iraquianos estavam convencidos de que a Grã-Bretanha pretendia sujeitar o país ao domínio colonial. Eles haviam acompanhado de longe a Revolução Egípcia de 1919 e observaram com crescente preocupação enquanto os britânicos abandonavam o governo de Faisal em Damasco e retirava suas tropas da Síria e do Líbano, abrindo caminho para uma ocupação colonial francesa. Parecia que a Grã-Bretanha e a França pretendiam negar a independência dos territórios árabes e dividi-los entre si — como de fato fizeram.

As suspeitas iraquianas foram confirmadas em abril de 1920, quando a Liga das Nações decidiu que o Iraque deveria se submeter a um mandato formal da Grã-Bretanha. Os iraquianos, que sempre haviam sido contrários à ideia de um mandato, visto apenas como um outro nome para o imperialismo, começaram a se mobilizar para enfrentar os planos britânicos. A oposição foi liderada por uma nova organização, os Guardiões da Independência, que surgira em 1919 principalmente entre a comunidade xiita. Os Guardiões atraíram muitos apoiadores sunitas ao exigir independência total e uma completa retirada britânica do Iraque. Eles realizavam suas reuniões nas mesquitas a fim de evitar a interferência britânica, alternando entre locais de culto xiitas e sunitas. Essa colaboração política entre as comunidades muçulmanas locais não tinha precedentes e estabeleceu as bases para uma comunidade nacional iraquiana que transcendia as fronteiras religiosas.

As primeiras manifestações públicas contra o mandato britânico no Iraque foram pacíficas. Clérigos xiitas, líderes tribais e membros de organizações nacionalistas manifestaram-se em massa em Bagdá em maio de 1920. Os britânicos reagiram imediatamente com uma repressão a todos os protestos e prenderam os suspeitos de incitar a oposição. Sob a repressão britânica, os nacionalistas iraquianos foram expulsos de Bagdá para continuar sua resistência nas cidades e aldeias do interior.

A Revolta Iraquiana de 1920 eclodiu no final de junho, incentivada pelos clérigos xiitas das cidades sagradas de Najaf e Karbala. Os britânicos cometeram o erro de prender o filho do mais proeminente clérigo xiita, o aiatolá al-Shirazi, e ele respondeu com uma *fatwa*, ou pronunciamento legal, encorajando a revolta contra a ocupação estrangeira. Temendo uma escalada da crise, o governo em Bagdá prendeu vários ativistas xiitas e líderes tribais acusados de estar instigando a agitação. Como era de esperar, a repressão acabou transformando o que havia começado como uma oposição pacífica em um confronto violento.

O movimento de resistência iraquiano era tão bem organizado quanto disciplinado. A liderança elaborou diretrizes para ações comuns, que eram impressas e distribuídas pelas prensas locais. Um panfleto impresso em Najaf em julho de 1920 decretava as regras de engajamento: "Cada chefe de

tribo deve fazer todos os seus membros entenderem que o objetivo desta
revolta é exigir a independência completa".³⁰ Os insurgentes tribais eram
instruídos a fazer da independência o seu grito de guerra. Eles deviam garantir a administração tranquila de todas as cidades e vilarejos que caíssem
sob o seu controle, cuidar bem dos prisioneiros ingleses e indianos e, acima
de tudo, conservar da melhor forma possível todas as armas, munições,
equipamentos e remédios capturados dos britânicos, pois tais suprimentos
estavam "entre os maiores meios para alcançar a vitória".

Inicialmente, a revolta se espalhou pelas três províncias, embora a
principal área de conflito estivesse no Eufrates Médio, entre Bagdá e Basra,
com Najaf e Karbala no centro do movimento. Nessa região, os britânicos
foram forçados a retirar suas tropas enquanto os insurgentes assumiram
o controle de cidades e aldeias, estabeleceram governos locais e se encarregaram da coleta de impostos e da manutenção da ordem. Embora os
britânicos tenham conseguido evitar grandes rebeliões na capital, os arredores de Bagdá foram logo invadidos por insurgentes. Em agosto de 1920,
as tribos a nordeste da cidade organizaram uma grande revolta e, por um
mês, mantiveram o controle de Baquba e as outras cidades ao norte do rio
Diyala. Outra revolta importante ocorreu em Faluja, a oeste de Bagdá.³¹
Os britânicos retiraram suas tropas às pressas a fim de reunir suas forças
antes de revidar — com uma vingança.

Diante de uma insurgência de âmbito nacional, os britânicos não tiveram escolha senão reforçar seus sobrecarregados contingentes militares
no Iraque a fim de recuperar sua autoridade sobre a região. Novas tropas
vindas da Índia elevaram o número de soldados britânicos no Iraque de 60
mil em julho de 1920 para mais de 100 mil em outubro do mesmo ano. Durante os meses de setembro e outubro, eles reconquistaram o Iraque com
força esmagadora, usando artilharia pesada e bombardeio aéreo. Faluja
foi recuperada no início de setembro, com uma pesada punição às tribos
locais. Mais tarde no mesmo mês, os britânicos investiram contra as tribos
do rio Diyala, e então passaram ao Eufrates Médio. Um jornalista em Najaf
descreveu o massacre: "Eles atacaram as casas dos xeques tribais e as incen-
diaram com tudo o que havia dentro. Mataram muitos homens, cavalos e

gado". Os britânicos foram implacáveis na perseguição aos insurgentes e recusaram qualquer tipo de negociação. "Os oficiais não tinham outro interesse a não ser nos exterminar ou nos levar a julgamento", continuou ele.

> Concordamos com o pedido deles por uma trégua e eles a violaram. Quando conseguimos tomar [um território] deles e consolidar nossa posição, permitimos que se retirassem em segurança com todas as suas armas, e eles responderam traiçoeiramente com ataques contra nós. Nos últimos dias tem havido derramamento de sangue, a destruição de cidades populosas e a violação de lugares sagrados de culto, o que é lamentável para a humanidade.[32]

Com a rendição de Najaf e Karbala no final de outubro, o levante chegou ao fim. Os custos — humanos e materiais — foram altos. De acordo com estimativas britânicas, mais de 2200 soldados britânicos e indianos e cerca de 8450 iraquianos foram mortos ou feridos.[33] Não há estimativas para as perdas materiais do povo iraquiano.

A revolta de 1920, chamada no Iraque de "Revolução de 1920", tem um lugar especial na mitologia nacionalista do Estado iraquiano moderno comparável à Revolução Americana de 1776 nos Estados Unidos. Em nenhum dos dois casos houve uma revolução social, mas uma revolta popular contra ocupantes estrangeiros que marcou o ponto de partida dos movimentos nacionalistas nos dois países. Enquanto a maioria dos ocidentais nunca ouviu falar do levante de 1920, gerações de crianças iraquianas cresceram aprendendo sobre como os heróis nacionalistas enfrentaram exércitos estrangeiros e o imperialismo em cidades como Faluja, Baquba e Najaf — os equivalentes iraquianos de Lexington e Concord.

★ ★ ★

A Primeira Guerra Mundial e o subsequente acordo do pós-guerra constituíram um dos períodos mais importantes da história árabe moderna. Quatro séculos de domínio otomano chegaram a um final decisivo em outubro de 1918. Poucos árabes nessa época poderiam ter imaginado um mundo sem os otomanos. As reformas do século xix haviam estendido o controle de Istambul sobre as províncias através de uma burocracia mais sofisticada, de grandes infraestruturas de comunicação, como as ferrovias e telégrafos, e da difusão da educação otomana a um número cada vez maior de súditos, por meio de expansões no sistema escolar. É provável que, no início do século xx, os árabes se sentissem mais ligados do que nunca ao mundo otomano.

Os vínculos entre árabes e otomanos se intensificaram depois de 1908, sob o governo dos Jovens Turcos. Nessa época, os otomanos haviam perdido quase todas as suas províncias europeias nos Bálcãs. Os Jovens Turcos haviam herdado um império turco-árabe e fizeram todo o possível para fortalecer o controle de Istambul sobre as províncias. É possível que as políticas dos Jovens Turcos tenham causado indisposição entre os nacionalistas árabes, mas elas conseguiram fazer com que seus sonhos de independência parecessem inatingíveis.

Com o colapso do Império Otomano, os nacionalistas árabes entraram em um período de intensa atividade, impulsionados por aspirações ao governo independente. Por um breve e inebriante momento entre 1918 e 1920, os líderes políticos do Egito, da Síria, do Iraque e do Hejaz acreditavam estar no limiar de uma nova era. Eles contavam com a Conferência de Paz de Paris e a nova ordem mundial prometida por Woodrow Wilson para confirmar suas ambições. E iriam, sem exceção, se decepcionar.

Na verdade, a nova era que os árabes tinham pela frente seria moldada não pela independência, mas pelo imperialismo europeu. As potências europeias estabeleceram seus imperativos estratégicos e resolveram todos os pontos de discórdia entre si ao longo do processo de paz do pós-guerra. A França acrescentou a Síria e o Líbano às suas possessões no norte da África. A Grã-Bretanha era agora a dona do Egito, da Palestina, da Transjordânia e do Iraque. Embora ainda houvesse ajustes a fazer no tocante a determinadas fronteiras, as potências europeias traçaram as fronteiras dos Estados modernos do Oriente Médio como os conhecemos hoje (com a significativa exceção da Palestina). Os árabes nunca se conformaram com essa injustiça fundamental, e passaram o restante dos anos do entreguerras em conflito com seus senhores coloniais, em busca de seus antigos sonhos de independência.

7. O Império Britânico no Oriente Médio

NA ÉPOCA DOS ACORDOS DO PÓS-GUERRA, que conferiram os mandatos do Iraque, da Transjordânia e da Palestina à Grã-Bretanha, o Império Britânico no mundo árabe já tinha um século. A Companhia Britânica das Índias Orientais havia sido arrastada para as águas traiçoeiras do golfo Pérsico no início do século XIX com o objetivo de combater a crescente ameaça ao comércio marítimo representada pelas tribos das cidades costeiras de Sharja e Ras al-Khaimah, agora parte dos Emirados Árabes Unidos. O golfo Pérsico era um ponto de conexão vital entre o Mediterrâneo Oriental e a Índia, e os britânicos estavam determinados a pôr um fim à pirataria na região. No processo de subjugar o que chamavam de "costa dos piratas", eles transformaram o golfo Pérsico em um lago britânico.

O registro de queixas britânicas contra a confederação de tribos qasimis em Sharja e Ras al-Khaimah remonta a 1797. A Companhia das Índias Orientais atribuía uma série de ataques a navios britânicos, otomanos e árabes a integrantes dessas tribos e, em setembro de 1809, despachou uma expedição punitiva de dezesseis navios para a costa dos piratas. A frota havia recebido ordens para atacar a cidade de Ras al-Khaimah e queimar os navios e os armazéns dos corsários qasimis. Entre novembro de 1809 e janeiro de 1810, a frota britânica infligiu danos significativos à cidade e a outros quatro portos da tribo. Antes de voltar para casa, os britânicos queimaram sessenta navios e 43 pequenas embarcações qasimis, e apreenderam cerca de 20 mil libras em bens supostamente roubados. No entanto, por conta da dificuldade em garantir um acordo formal com a tribo, continuariam a enfrentar ataques ao seu transporte marítimo no golfo.[1]

Cinco anos depois da primeira expedição britânica, os qasimis recons-
truíram sua frota e retomaram os ataques. Em 1819, uma segunda expedição britânica foi despachada de Bombaim para subjugá-los. Com força
redobrada e decidida a centrar suas ações em Ras al-Khaimah, a expedição
não só conseguiu apreender e incendiar a maior parte das embarcações
qasimis como também o acordo político que faltara à primeira campanha.
Em 8 de janeiro de 1820, os xeques de Abu Dhabi, Dubai, Ajmã, Umm
al-Qaiwain e Bahrein, bem como a família qasimi que governava Xarja
e Ras al-Khaimah, assinaram um tratado geral prometendo a cessação
completa e permanente de todos os ataques contra navios britânicos. Eles
também aceitaram um conjunto comum de regras marítimas em troca
do acesso comercial aos portos britânicos no golfo Pérsico e no oceano
Índico. Ao conceder aos emirados marítimos a possibilidade de acesso a
portos sob controle britânico, o acordo concedia também a todas as partes
um incentivo econômico para preservar a paz em alto-mar e em águas
costeiras. Esses termos foram confirmados no Tratado Perpétuo de 1853,
que proibia as hostilidades marítimas entre os Estados do golfo. Os emirados da "costa dos piratas" agora passaram a ser conhecidos como Estados
Truciais, por conta da trégua formal acertada não só com a Grã-Bretanha
mas também entre si.

Era o começo de uma Pax Britannica no século XIX, durante a qual
o golfo Pérsico se transformou em um protetorado da Grã-Bretanha. Os
britânicos aprofundaram seu controle sobre o golfo através de uma série
de acordos bilaterais concluídos com os governantes de cada emirado. Em
1880, o xeque do Bahrein assinou um acordo que efetivamente colocou suas
relações exteriores sob controle britânico, prometendo "abster-se de entrar
em negociações ou fazer tratados de qualquer tipo com qualquer Estado ou
governo sem o consentimento da Grã-Bretanha". Os britânicos concluíram
acordos semelhantes com os outros emirados do golfo Pérsico.[2] Na década
de 1890, eles foram ainda mais longe, obtendo dos governantes da região
uma declaração de "vínculos inalienáveis" com a Grã Bretanha, pelos quais
se comprometiam "a não ceder, vender, hipotecar ou dar em ocupação
qualquer parte de seu território, exceto para o governo britânico".[3] Essas

medidas se destinavam a assegurar que nem o Império Otomano, que desde os anos 1870 procurava estender sua soberania sobre o golfo Pérsico, nem qualquer dos rivais europeus da Grã-Bretanha ameaçariam seu controle supremo sobre essa rota marítima estratégica para seu império na Índia. Tanto o Kuwait quanto o Catar buscaram a proteção britânica contra o expansionismo otomano, unindo-se ao "protetorado" do golfo em 1899 e 1916, respectivamente.

A crescente dependência britânica do petróleo conferiu ao golfo Pérsico um significado adicional no século xx. Em 1907, quando a marinha britânica decidiu abandonar o carvão e adotar o petróleo como combustível para suas embarcações, os emirados árabes do golfo assumiram um novo papel estratégico nos planos imperiais britânicos. Em 1913, Winston Churchill, então Primeiro Lord do Almirantado, expôs a nova dependência do petróleo por parte da Grã-Bretanha à Câmara dos Comuns. "No ano de 1907", disse ele, "foi criada a primeira flotilha de destróieres transatlânticos totalmente dependentes do petróleo, e, desde então, a cada ano, foram construídas novas flotilhas de destróieres movidos unicamente a petróleo." Segundo ele, havia cerca de cem novos navios movidos a petróleo na marinha britânica.[4] Em consequência disso, as prioridades da Grã-Bretanha no golfo Pérsico se expandiram, passando da mera preocupação com o comércio e as comunicações com a Índia para refletir esse novo interesse estratégico.

Em maio de 1908, foi descoberta na zona central do Irã a primeira grande reserva de petróleo da região do golfo. E os geólogos tinham todos os motivos para acreditar que grandes quantidades do combustível ainda seriam descobertas nos demais Estados árabes. Assim, os britânicos começaram a fechar acordos com os emirados do golfo para ter direitos exclusivos sobre a sua exploração. Em outubro de 1913, o governante do Kuwait outorgou aos britânicos uma concessão pela qual autorizava apenas pessoas ou empresas aprovadas pelo governo de Sua Majestade a prospectar petróleo em seu território. Um acordo semelhante foi selado com o soberano do Bahrein em 14 de maio de 1914. A perspectiva de descoberta de petróleo, combinada com o comércio e as comunicações imperiais, tornou o golfo Pérsico uma área de importância estratégica particular para a Grã-Bretanha durante a Primeira Guerra Mundial. Em 1915, um relatório do governo britânico definiu "nossa posição especial e suprema no golfo Pérsico" como "um dos princípios fundamentais de nossa política no Oriente".[5]

Em 1913, um novo Estado árabe entrou no cenário da Pax Britannica no golfo Pérsico. A família Al Saud (cuja confederação do século XVIII desafiara o domínio otomano do Iraque em relação às cidades sagradas de Meca e Medina até ser derrotado pelas forças de Muhammad Ali em 1818) havia restabelecido sua parceria com os descendentes de Muhammad ibn Abd Wahab e organizado uma nova confederação saudita-wahabita. À frente dessa confederação estava Abd al-Aziz ibn Abd al-Rahman al-Faisal Al Saud (1880-1953), um jovem líder carismático mais conhecido no Ocidente como Ibn Saud.

Ibn Saud começou sua ascensão ao poder em 1902, ao conduzir seus seguidores à vitória sobre o clã Rashid, seus eternos rivais, e tomar a cidade-de-oásis de Riad, na Arábia Central. Seus combatentes, conhecidos como Ikhwan ("os irmãos"), eram fanáticos religiosos que procuravam impor sua austera interpretação wahabita do islã em toda a península Arábica. Eles também colhiam as recompensas da pilhagem sancionada religiosamente sempre que conquistavam uma cidade que rejeitasse sua mensagem. Esses incentivos de fé e ganho se combinaram para fazer dos Ikhwan a força de combate mais forte de toda a península. Ibn Saud declarou Riad sua capital e, durante os onze anos seguintes, enviou os Ikhwan para expandir o território sob seu governo do interior da Arábia até o golfo Pérsico.

Em 1913, Ibn Saud conquistou a região de Hasa, na Arábia Oriental, do Império Otomano. Os otomanos haviam tentado integrar essa região isolada (conhecida hoje como a Província Oriental da Arábia Saudita) ao seu império em 1871, numa tentativa de estender sua influência sobre o golfo Pérsico — algo que os britânicos estavam determinados a impedir. Em 1913, os turcos haviam praticamente abandonado a administração do lugar. Sem encontrar resistência, os sauditas tomaram Hufuf, a principal cidade da região, e emergiram como a nova potência dominante entre os Estados árabes do golfo.

Diante de um poderoso novo governante, os britânicos concluíram um tratado com Ibn Saud por volta do final de 1915. O tratado confirmava o reconhecimento britânico da liderança de Ibn Saud e estendia a proteção britânica aos territórios da Arábia Central e Oriental sob seu controle. Em troca, os sauditas se comprometiam a não entrar em acordo ou vender qualquer parte de seu território a outra potência estrangeira sem o prévio consentimento britânico e a se abster de qualquer agressão a outros Estados do golfo — transformando as terras de Ibn Saud em outro Estado Trucial. Ao concluir o acordo, a Grã-Bretanha daria a Ibn Saud 20 mil libras esterlinas, um estipêndio mensal de 5 mil libras e um grande número de fuzis e metralhadoras que a princípio deveriam ser usados contra os otomanos e seus aliados árabes, que haviam tomado o partido da Alemanha contra a Grã-Bretanha na Primeira Guerra Mundial.

Mas Ibn Saud não tinha interesse em combater os otomanos na Arábia. Em vez disso, preferiu usar as armas e os fundos britânicos para promover seus próprios objetivos, que avançavam cada vez mais para o oeste, em direção à província do Hejaz, no mar Vermelho, onde ficavam Meca e Medina, as cidades sagradas do islã. Aqui, as ambições sauditas começavam a se chocar com os interesses de outro aliado britânico — o xarife Hussein de Meca, com quem a Grã-Bretanha havia firmado uma aliança de guerra no outono de 1915. Assim como Ibn Saud, o xarife Hussein aspirava a governar toda a Arábia. Ao declarar a revolta árabe contra o domínio otomano em junho de 1916, ele esperava realizar suas ambições na Arábia, na Síria e no Iraque com o apoio britânico. No entanto, ao combater os otomanos e estender suas forças ao longo de um trecho de 1300 quilômetros de deserto, ele havia deixado sua província natal do Hejaz vulnerável aos soldados de Ibn Saud. A vasta península Arábica não era grande o suficiente para acomodar as ambições dos dois homens. Entre 1916 e 1918, o equilíbrio começou a mudar em favor de Ibn Saud.

O CONFLITO ENTRE SAUDITAS E HACHEMITAS se tornou inevitável quando o xarife Hussein se declarou "rei dos países árabes" em outubro de 1916, após a eclosão da revolta. Até mesmo seus aliados britânicos, que haviam lhe prometido um "reino árabe", estavam apenas dispostos a reconhecê-lo como "rei do Hejaz", além de xarife de Meca. Era improvável que Ibn Saud deixasse a autoproclamada reivindicação do rei Hussein se concretizar.

Ao longo da Primeira Guerra Mundial, a Grã-Bretanha tentou manter a paz entre seus dois aliados árabes e concentrar seus esforços na luta contra os otomanos. No entanto, a disputa saudita-hachemita por supremacia degenerou em conflito aberto apenas alguns meses antes do colapso do esforço de guerra otomano. Uma notável troca de cartas entre os dois monarcas do deserto dá uma boa medida de sua rivalidade à medida que os ânimos se exaltavam no calor do verão em 1918.

Com suas forças totalmente engajadas no combate aos otomanos ao longo da ferrovia do Hejaz, o rei Hussein estava cada vez mais preocupado com relatos de que o governante saudita andava distribuindo armas entre as tribos que recentemente haviam professado lealdade à causa wahabita. Tratava-se sem dúvida das armas fornecidas a Ibn Saud pelos britânicos, e o governante hachemita estava cada vez mais preocupado que elas fossem usadas contra seu próprio exército. Em fevereiro de 1918, Hussein escreveu para advertir Ibn Saud: "Os membros das tribos [wahabitas] acreditam que Alá os julgará inocentes das hostilidades cometidas contra o povo do islã, pessoas que confiam em Alá para proteger suas vidas e propriedades?". Hussein avisava ao rival que armar muçulmanos para lutar contra outros muçulmanos era um ato contrário à religião de Alá.[6]

Ibn Saud ficou indignado com a carta de Hussein. Afinal de contas, o que acontecia no Najd não era assunto do xarife de Meca. Sua resposta a Hussein provocou uma nova resposta deste em maio de 1918. Se as ações de Ibn Saud tivessem se limitado à província do Najd, na Arábia Central, talvez os hachemitas não tivessem ficado tão preocupados. No entanto, o governante saudita havia assegurado recentemente a lealdade de um dos governadores do rei Hussein, um homem chamado Khalid ibn Luway, na cidade-oásis de Al-Khurma, na fronteira entre o Najd e o Hejaz. "Não há motivo para enganar Khalid ibn Luway, ou usar de truques e subterfúgios contra ele", queixou-se o velho rei.[7]

A cidade-oásis de Al-Khurma estava estrategicamente localizada entre os territórios rivais dos governantes árabes e, com uma população de 5 mil habitantes, era um assentamento importante por si só. Embora fosse súdito do xarife de Meca, Khalid declarou sua adesão à doutrina wahabita em 1918, colocou sua cidade sob o governo de Ibn Saud e desviou seus impostos de Meca para o Tesouro saudita. Em suas memórias, o filho do rei Hussein, o emir Abdullah, escreveu que Khalid "matou pessoas inocentes, inclusive o próprio irmão, por não compartilharem de suas convicções religiosas e perseguiu todas as tribos hachemitas que não seguissem o wahabismo".[8] O rei Hussein tentou persuadir o governador rebelde a se recolher, mas sem sucesso.

A disputa por Al-Khurma levou ao primeiro conflito armado entre hachemitas e sauditas. Em junho de 1918, o rei Hussein despachou uma força de mais de 2600 soldados e cavaleiros para retomar a cidade, mas a encontrou reforçada pelos Ikhwan de Ibn Saud.[9] As tropas hachemitas foram dizimadas pelos inimigos em dois combates. Os britânicos, preocupados com a possibilidade de que seus aliados árabes sucumbissem aos combates internos antes que os otomanos fossem derrotados, pressionaram Ibn Saud a buscar a paz com o rei Hussein.

Animado com a vitória de seus combatentes em Al-Khurma, Ibn Saud escreveu uma carta condescendente a Hussein em agosto de 1918, na qual fez uso de títulos de nobreza como forma de afirmar seu domínio geográfico. Enquanto se intitulava "emir de Najd, Hasa, Qatif e imediações", Ibn Saud só reconhecia o xarife Hussein como "emir de Meca" — não como "rei dos países árabes", como desejava o xarife Hussein, nem como "rei do Hejaz", como o reconheciam os britânicos. Evidentemente, o líder wahabita evitou fazer qualquer referência ao Hejaz, como se a soberania daquela vasta província do mar Vermelho ainda não tivesse sido decidida.

Ibn Saud acusou o recebimento da missiva do rei Hussein de 7 de maio com a reserva de que "algumas das coisas ditas em sua carta não são apropriadas". Ele também reconheceu a pressão britânica para reconciliar as diferenças entre os dois, uma vez que a campanha contra os otomanos estava chegando a um estágio crítico e "a disputa é prejudicial a todos".

No entanto, Ibn Saud não podia permitir que as provocações hachemitas não fossem contestadas. "Sua Eminência sem dúvida deve suspeitar de que desempenhei algum papel na questão do povo de Al-Khurma", escreveu. No entanto, ele argumentava que a culpa pela deserção do governador e pela adesão da população à causa wahabita era dos próprios hachemitas. "Eu os contive tanto quanto pude, mas então, em duas ocasiões, suas forças os atacaram" — referindo-se aos dois confrontos em Al-Khurma — "e aquilo que Alá havia ordenado aconteceu" — uma referência presunçosa à derrota que os sauditas haviam imposto às forças hachemitas.[10]

Olhando para o futuro, Ibn Saud propôs uma trégua aos hachemitas baseada no statu quo. Al-Khurma ficaria sob o domínio saudita, e o rei Hussein escreveria ao governador da cidade-oásis para lhe assegurar que não havia diferenças entre sauditas e hachemitas. Ibn Saud e o rei Hussein preservariam a paz entre seus seguidores, garantindo que as tribos do Najd e do Hejaz aderissem à trégua. Em retrospecto, essa era a melhor oferta que Hussein poderia esperar receber dos sauditas — reconhecimento mútuo de fronteiras e territórios e a permissão para manter o controle do Hejaz.

O rei Hussein nem sequer considerou a oferta de Ibn Saud; devolveu a carta sem abrir, dizendo ao mensageiro: "Ibn Saud não tem nenhum direito sobre nós, e nós não temos nenhum direito sobre ele". Em vez de buscar uma trégua, ele despachou uma nova força para Al-Khurma em agosto de 1918, numa tentativa de restaurar sua autoridade sobre o oásis, e designou um de seus comandantes mais confiáveis, o xarife Shakir bin Zayd, para comandar a expedição. O rei garantiu ao comandante que havia despachado camelos e suprimentos suficientes "para que o senhor alcance grandes feitos".[11] A expedição de Shakir, no entanto, foi repelida com facilidade pelas forças sauditas antes mesmo de chegar ao oásis em disputa.

Enfurecido e humilhado pelas repetidas derrotas para as forças de Ibn Saud, o rei Hussein ordenou a seu filho, o emir Abdullah, que liderasse uma nova campanha em Al-Khurma. Abdullah não tinha disposição para essa luta. Ele e seus soldados haviam mantido o cerco da guarnição otomana em Medina até a rendição do inimigo, em janeiro de 1919. Suas tropas estavam exaustas depois de anos de combates contra os otomanos. Abdullah também reconhecia que os soldados wahabitas eram guerreiros zelosos. "O guerreiro wahabita", escreveu ele, "anseia por alcançar o Paraíso, que, de acordo com a sua fé, lhe está destinado se for morto em batalha."[12] Mas Abdullah não podia desafiar o pai, e, em maio de 1919, assumiu seu dever, partindo com seu exército para o confronto.

O exército de Abdullah teve um início de campanha bem-sucedido. Em maio de 1919, a caminho de Al-Khurma, capturou o oásis de Turaba, que também prometera lealdade a Ibn Saud. Em vez de angariar a afeição de seus 3 mil habitantes, Abdullah permitiu que suas tropas saqueassem a cidade rebelde. Sem dúvida, ele pretendia fazer de Turaba um exemplo, a fim de desencorajar outros oásis de fronteira a se aliar a Ibn Saud. O comportamento de suas tropas, porém, só serviu para aumentar a lealdade da população local aos sauditas. Enquanto Abdullah ainda estava no oásis, pessoas da cidade provavelmente enviaram uma mensagem a Ibn Saud pedindo ajuda. O próprio Abdullah elaborou uma carta para o líder wahabita, numa tentativa de utilizar a conquista do oásis para garantir um acordo de paz em termos mais favoráveis aos hachemitas.

Mas os combatentes de Ibn Saud não estavam interessados em se entender com os hachemitas. Tendo derrotado cada exército hachemita que haviam encontrado, eles estavam confiantes de que venceriam o exército do emir Abdullah. Cerca de 4 mil soldados Ikhwan cercaram Turaba por três lados. Eles atingiram as posições de Abdullah ao amanhecer e quase exterminaram suas forças. O próprio Abdullah informou que apenas 153 homens de seu destacamento de 1350 soldados haviam sobrevivido. "Eu mesmo escapei por um milagre", ele lembrou mais tarde. Abdullah e seu primo, o xarife Shakir bin Zayd, cortaram a parte de trás da tenda em que estavam e, mesmo tendo sido feridos, conseguiram fugir.[13]

As repercussões da batalha foram muito além da carnificina no oásis. O confronto em Turaba demonstrou que os wahabitas eram a força dominante na península Arábica e que os dias dos hachemitas no Hejaz estavam contados. O emir Abdullah relembrou: "Depois da batalha, começou um período de agitação e ansiedade quanto ao destino de nosso movimento, nosso país e a pessoa de nosso rei". De fato, seu pai, o rei Hussein, parecia estar sofrendo de um colapso mental. "Ao retornar ao quartel-general, encontrei meu pai doente e nervoso", escreveu Abdullah. "Ele estava mal-humorado, esquecido e desconfiado. Perdera sua rápida compreensão dos fatos e seu bom senso."[14]

O resultado da batalha foi também uma surpresa para os britânicos, muitos dos quais haviam subestimado o poderio bélico das forças de Ibn Saud. Eles não queriam ver o domínio de seu aliado saudita sobre seu aliado hachemita, uma vez que isso perturbaria o equilíbrio de poder que haviam estabelecido cuidadosamente na Arábia. O residente britânico (o chefe da administração colonial, sob as ordens do Departamento Político da Índia Britânica) em Jidá enviou uma mensagem a Ibn Saud em julho de 1918 exigindo que ele se retirasse das cidades-oásis imediatamente, deixando Turaba e Al-Khurma como zonas neutras até que ambos os lados acordassem fronteiras. "Se não recuar depois de receber a minha carta", advertiu o residente, "o governo de Sua Majestade considerará nulo o tratado que firmou com o senhor e tomará todas as medidas necessárias para impedir sua ação hostil."[15] Ibn Saud atendeu ao pedido e ordenou que suas tropas se retirassem para Riad.

Para restaurar o equilíbrio de forças na Arábia, os britânicos também precisavam selar um tratado formal com os hachemitas no Hejaz. A troca de cartas entre o xarife Hussein e Sir Henry McMahon permitira estabelecer uma aliança em tempo de guerra, mas em nada se parecia com os tratados que a Grã-Bretanha havia firmado com os governantes do golfo Pérsico, inclusive Ibn Saud. Sem um tratado formal, a Grã-Bretanha não teria motivos para proteger seus aliados hachemitas dos sauditas. E os britânicos preferiam ver muitos Estados se equilibrando na Arábia a terem de lidar com uma única potência dominante, com territórios se estendendo do mar Vermelho ao golfo Pérsico. Era conveniente, portanto, para os interesses imperiais britânicos preservar os hachemitas como um amortecedor contra o poder crescente do Estado saudita.

Perto do fim da Primeira Guerra Mundial, o governo britânico estava ansioso para fazer uma aliança formal com o rei Hussein e sua família, e enviaram o coronel T. E. Lawrence — o famoso "Lawrence da Arábia", que servira como ligação britânica com os hachemitas durante a revolta árabe — para abrir negociações com o xarife de Meca.

Entre julho e setembro de 1921, Lawrence tentou em vão persuadir o rei Hussein a assinar um tratado que reconhecesse as novas realidades do acordo do pós-guerra. Hussein rejeitava quase todas as alterações introduzidas no Oriente Médio como uma traição às promessas que a Grã-Bretanha lhe havia feito: recusava-se a limitar seu reino ao Hejaz; opunha-se à expulsão de seu filho, o rei Faisal, de Damasco e ao estabelecimento de um mandato francês na Síria; rejeitava os mandatos da Grã-Bretanha sobre o Iraque e a Palestina (que então incluíam a Transjordânia); e censurava a ideia de estabelecer uma pátria nacional judaica na Palestina. Os britânicos fizeram uma última tentativa de chegar a um acordo em 1923, mas o velho e amargo rei se recusou a assiná-lo. Como resultado, perdeu a proteção britânica assim que Ibn Saud começou a organizar sua campanha para conquistar o Hejaz.

Em julho de 1924, Ibn Saud reuniu seus comandantes em Riad a fim de planejar a conquista do Hejaz. Eles começaram com um ataque a Taif, uma cidade montanhosa perto de Meca, para testar a reação da Grã-Bretanha. Em setembro de 1924, os Ikhwan tomaram a cidade e a pilharam por três dias. Os habitantes de Taif resistiram aos wahabitas, que responderam com grande violência. Estima-se que quatrocentas pessoas tenham sido mortas, e muitas outras fugiram. A queda de Taif disseminou uma onda de choque através do Hejaz. Os notáveis da província se reuniram em Jidá e forçaram o rei Hussein a renunciar ao trono. Eles acreditavam que Ibn Saud estava atacando o Hejaz por conta de sua inimizade ao rei, e que a mudança de monarca provocaria uma mudança na política saudita. Em 6 de outubro de 1924, o velho rei cumpriu a vontade de seu povo, passou a coroa a seu filho Ali e foi para o exílio. No entanto, essas medidas não impediram o avanço de Ibn Saud.

Em meados de outubro de 1924, os Ikhwan tomaram a cidade sagrada de Meca. Eles não encontraram resistência e se abstiveram de qualquer violência contra os habitantes locais. Ibn Saud enviou mensageiros a fim de sondar a reação da Grã-Bretanha à tomada de Taif e Meca, e foi tranquilizado ao saber que os britânicos permaneceriam neutros no conflito. Assim, prosseguiu para completar sua conquista do Hejaz. Em janeiro de 1925, o governante saudita sitiou o porto de Jidá e a cidade sagrada de Medina. Os hachemitas resistiram por quase um ano inteiro, mas, em 22 de dezembro de 1925, o rei Ali finalmente entregou seu reino e se juntou ao pai no exílio.

Tendo conquistado o Hejaz, Ibn Saud foi proclamado "sultão do Najd e rei do Hejaz". A vasta extensão dos territórios sob seu controle o alçou a uma categoria distinta dos outros governantes dos Estados Truciais do golfo. A Grã-Bretanha reconheceu a mudança em seu status e, em 1927, firmou um novo tratado com o rei, reconhecendo sua total independência e soberania e eximindo-o das restrições em termos de relações exteriores a que estavam sujeitos os Estados Truciais. Ibn Saud continuou a estender o território sob seu governo, e em 1932 renomeou seu reino como Arábia Saudita.

Não só Ibn Saud conseguiu estabelecer seu reinado sobre a maior parte da península Arábica como também conseguiu preservar sua independência de todas as formas de domínio imperial da Grã-Bretanha. Nisso, foi auxiliado por um grave erro de cálculo da parte dos britânicos, que acreditavam que não havia petróleo na Arábia Saudita.

★ ★ ★

O rei exilado do Hejaz tinha todo o direito de se sentir traído pelos ingleses. Não só a Grã-Bretanha não havia cumprido os compromissos firmados por Sir Henry McMahon com os hachemitas como se mantivera à margem dos conflitos na região, observando sem nada fazer tanto os acontecimentos de 1920, quando os franceses expulsaram da Síria um de seus filhos, o rei Faisal, quanto os de 1925, quando os sauditas expulsaram do Hejaz seu filho mais velho, o rei Ali.

Os britânicos, por sua vez, tampouco estavam satisfeitos com a situação. Sabiam que não haviam cumprido seus compromissos com o aliado de guerra e procuravam uma maneira de resgatar suas promessas, se não inteiramente, ao menos em parte. Como o secretário das Colônias, Winston Churchill, explicou à Câmara dos Comuns em junho de 1921: "Estamos cada vez mais inclinados para o que eu chamaria de Solução Xarifiana, tanto na Mesopotâmia, para onde se encaminha agora o emir Faisal, como para a Transjordânia, sob o atual comando do emir Abdullah".[16] Ao pôr no trono dos mandatos britânicos os filhos de Hussein, Churchill esperava de alguma forma redimir as promessas quebradas da Grã-Bretanha aos hachemitas, ao mesmo tempo que assegurava ao Reino Unido governantes leais e dependentes em suas possessões árabes.

De todas as possessões imperiais britânicas no Oriente Médio, a Transjordânia seria a mais fácil de governar. No entanto, o novo Estado teve um começo difícil. Com um território do tamanho da Hungria, a Transjordânia tinha uma população de apenas 350 mil habitantes, dividida entre os moradores das cidades e os aldeões que viviam no alto planalto com vista para o vale do Jordão e as tribos nômades que viviam entre o deserto e a estepe. Sua economia de subsistência era baseada em produtos agrícolas e pastoris que proporcionavam uma base de arrecadação modesta para um Estado muito pequeno. A política da Transjordânia também era bastante elementar. O país era dividido em regiões distintas, cada uma com a sua própria liderança, de visão política muito local. Um pequeno subsídio britânico — 150 mil libras por ano — era uma boa soma num lugar assim.

A Grã-Bretanha, a princípio, não concebia a Transjordânia como um Estado independente. Num primeiro momento, seu território foi concedido aos britânicos como parte do mandato da Palestina. A decisão de separar a Transjordânia da Palestina, formalizada em 1923, foi motivada por duas considerações: o desejo da Grã-Bretanha de limitar a promessa da Declaração Balfour de um lar nacional para o povo judeu às terras a oeste do rio Jordão e o de limitar as ambições do emir Abdullah ao território sob controle britânico.

O emir Abdullah entrou pela primeira vez na Transjordânia, sem ser convidado, em novembro de 1920. Chegou rodeado por um grupo de nacionalistas, refugiados políticos do extinto Reino Árabe de seu irmão Faisal em Damasco. Abdullah anunciou que levaria voluntários árabes para libertar a Síria do domínio francês e restaurar o irmão a seu trono legítimo (o próprio Abdullah aspirava ao trono do Iraque). A última coisa que o governo da Grã-Bretanha desejava era que a Transjordânia se transformasse numa plataforma de lançamento de hostilidades contra o mandato francês na Síria. Autoridades britânicas se esforçaram para lidar com a situação antes que as coisas saíssem de controle.

Em março de 1921, Winston Churchill e T. E. Lawrence convidaram o emir Abdullah para uma reunião em Jerusalém, quando o atualizaram sobre os planos da Grã-Bretanha para seu império no Oriente Médio. Faisal jamais voltaria a Damasco, que estava em segurança nas mãos dos franceses; em vez disso, ele seria o rei do Iraque. O melhor que podiam oferecer a Abdullah era o governo do novo Estado da Transjordânia. A Transjordânia, que não possuía litoral (o território ainda não incluía o porto de Ácaba, no mar Vermelho), estava aquém das ambições de Abdullah, mas Churchill sugeriu que se ele mantivesse a paz na região e estabelecesse boas relações com os franceses, talvez o convidassem um dia para governar Damasco.[17] Era uma aposta arriscada, mas Abdullah concordou, e a Solução Xarifiana se tornou a realidade imperial britânica na Transjordânia.

Em 1921, ao estabelecer seu primeiro governo na Transjordânia, o emir Abdullah contou fortemente com o apoio dos nacionalistas árabes que haviam servido com seu irmão Faisal em Damasco. Os britânicos e o povo da Transjordânia nutriam uma antipatia comum por esse grupo. Para os britânicos, tratava-se de agitadores e encrenqueiros, cujos ataques contra os franceses na Síria eram uma fonte constante de atritos. Para os transjordânios, os nacionalistas árabes, que chegaram a formar um novo partido chamado Istiqlal, ou "Independência", representavam uma elite estrangeira que dominava o governo e a burocracia, excluindo os nativos da região.

Um dos mais francos oponentes dos partidários do Istiqlal na Transjordânia foi um juiz local chamado Awda al-Qusus (1877-1943). Qusus era um cristão da cidade de Al-Karak, no sul do país, que servira no sistema judiciário otomano antes da Primeira Guerra Mundial. Fluente em turco, e com um inglês precário aprendido com missionários metodistas, Qusus havia viajado por todo o Império Otomano e trabalhado com altos funcionários do governo. Ele estava firmemente convencido de que o emir Abdullah deveria formar seu governo com transjordânios como ele, que tinham um interesse real no bem-estar do novo país. Sua maior objeção aos partidários do Istiqlal era que eles estavam preocupados apenas com a libertação de Damasco. O primeiro artigo da Constituição do Istiqlal, observou ironicamente Qusus, era "sacrificar a Transjordânia e seu povo em nome da promoção da Síria".[18] E, de fato, a perseguição que ele sofreu nas mãos de membros desse partido apenas confirmaria essa visão.

Qusus criticava abertamente os partidários do Istiqlal em artigos escritos para o jornal local. Ele acusou ministros do governo de corrupção e apropriação indébita de fundos do Tesouro para seus próprios projetos, sem o conhecimento do rei. Os nativos reagiram às críticas de Qusus recusando-se a pagar impostos a um governo "estrangeiro" que parecia estar desperdiçando os fundos limitados do país. Em junho de 1921, os aldeões do norte da Transjordânia declararam uma greve fiscal que logo se transformou em uma grave rebelião. Os britânicos tiveram que recorrer a ataques de sua força aérea para reprimi-la.

Os problemas entre o governo do emir Abdullah e os nativos da Transjordânia só pioraram depois da revolta de 1921. Qusus se reunia regularmente com um grupo de moradores da cidade para discutir o clientelismo e a corrupção que eles tanto deploravam no governo do emir. Esses dissidentes jordanianos trocavam impressões sobre a má administração do governo e discutiam abertamente a necessidade de reformas. No verão de 1923, quando o emir Abdullah se viu diante de uma grande rebelião tribal, os partidários do Istiqlal acusaram Qusus e os dissidentes da cidade de provocarem a revolta, e conclamaram Abdullah a reprimir seus opositores internos. Naquela mesma noite — 6 de setembro de 1923 —, a polícia bateu na porta do juiz Awda Qusus e o levou preso.

Qusus não voltaria para casa por sete meses. Despojado de sua posição oficial por ordem do emir, ele foi exilado para o reino vizinho do Hejaz (que ainda estava sob o domínio hachemita). Juntaram-se a ele outros quatro nativos da Transjordânia: um oficial do exército, um cir-

cassiano, um clérigo muçulmano e um notável do campo que mais tarde
seria celebrado como o poeta nacional da Jordânia, Mustafa Wahbi Tal.
Os cinco foram acusados falsamente de criar uma "sociedade secreta"
para tentar derrubar o governo do emir e substituí-lo por nativos da
Transjordânia, além de conspirar com o chefe da tribo Adwan e encorajar
a revolta tribal a fim de facilitar o golpe. A acusação era de alta traição, e
sua gravidade se refletiu na severidade do tratamento que foi dispensado
a Qusus e seus companheiros.

Ao chegar à estação de trem em Amã para tomar o trem para o exílio,
os cinco se mostravam desafiantes. Mustafa Wahbi, o poeta, se pôs a entoar canções nacionalistas e a incitar o espírito de resistência dos homens.
"Diante de Alá e diante da história, Awda!", exclamou. Os homens não
tinham ideia da provação que os aguardava. Quando chegaram a Maan,
hoje uma cidade na Jordânia mas na época uma cidade na fronteira do
Hejaz, foram levados para uma cela úmida e fétida no porão de um velho
castelo. Qusus agarrou o guarda e gritou: "O senhor não tem medo de Alá?
Um lugar como este não é adequado para animais, que dirá para pessoas".

Os guardas e seus chefes, que sabiam que os prisioneiros eram homens
respeitáveis, estavam envergonhados. Segundo todos os princípios de sua
cultura e sociedade, esperava-se que mostrassem hospitalidade aos homens
confiados a seus cuidados. No entanto, eles eram militares e obedeciam
ordens. Seu comportamento em relação aos prisioneiros se alternava radicalmente entre a grande gentileza — buscar roupa de cama limpa, oferecer
chá e companhia — e a extrema crueldade — torturar os detentos para
assegurar a confissão de sua culpa e o reconhecimento das acusações feitas
pelo governo. Os oficiais que ordenavam a tortura e ditavam as confissões
eram, claro, homens do grupo estrangeiro do emir Abdullah. Qusus e seus
companheiros seriam formalmente indiciados *in absentia* por "conspirar
contra Sua Majestade com a intenção de derrubar o governo através da
insurreição armada"[19] e enviados para a prisão no Hejaz, primeiro em
Ácaba e depois em Jidá.

Os exilados foram autorizados a retornar à Transjordânia como parte
de uma anistia geral proclamada por ocasião da assunção ao califado do

rei Hussein, em março de 1924. O novo presidente turco, Mustafa Kemal Ataturk, havia acabado de abolir a instituição do califado como uma medida final para erradicar a influência do sultanato otomano, e o rei Hussein, então exilado do Hejaz, se apressou em arrogar a honra para a família hachemita. Como de hábito em grandes ocasiões de Estado, prisioneiros foram libertados como parte das comemorações.

Com a provação do cárcere chegando ao fim, os cinco homens receberam passagens de primeira classe em um navio a vapor de Jidá até o porto egípcio de Suez, de onde seguiram para a Transjordânia. Qusus enviou um telegrama de agradecimento ao rei Hussein e o parabenizou pela assunção ao califado (que acabou por fracassar). Ele recebeu uma resposta breve do monarca exilado, desejando a Qusus um retorno rápido e seguro à terra natal, "que precisa de pessoas como o senhor, com sentimentos de patriotismo e devoção ao país, e verdadeira disposição de se entregar à grande família hachemita". Estaria o velho rei sendo irônico ou admoestando os prisioneiros políticos a reverem sua postura e se mostrarem mais leais no futuro? A verdade é que Qusus nunca demonstrara deslealdade ao emir Abdullah; ele havia apenas objetado aos partidários do Istiqlal, que haviam sido instalados em posições de autoridade em detrimento dos jordanianos nativos.

Embora Awda Qusus não soubesse, as autoridades coloniais britânicas compartilhavam plenamente suas preocupações. O residente britânico em Amã, o tenente-coronel Charles Cox, convidou o juiz para uma visita logo após seu retorno do exílio no Hejaz. Ele pediu a Qusus que explicasse as razões de sua prisão e compartilhasse seus pontos de vista sobre o governo do emir Abdullah. Tomou nota do que foi discutido durante a reunião, agradeceu Qusus e o dispensou.

Em agosto de 1924, Cox enviou um ultimato do alto-comissário em exercício na Palestina, Sir Gilbert Clayton, ao emir Abdullah. Em sua carta, Clayton advertia o emir de que o governo britânico via sua administração "com grave desgosto" por conta de suas "irregularidades financeiras e extravagâncias incontroláveis" e por permitir que a Transjordânia se transformasse num foco de desordem para a vizinha Síria. Abdullah foi convidado a se comprometer, por escrito, com seis condições para reformar sua administração, sendo a principal delas a expulsão dos líderes do Istiqlal dentro de cinco dias.[20] Abdullah não se atreveu a recusar. Os britânicos enviaram quatrocentos cavaleiros para Amã e trezentos soldados para a cidade de Irbid, no norte do país, a fim de apoiar o ultimato. Temendo que os britânicos o depusessem tão rápido quanto o haviam colocado no poder, o emir o assinou.

Depois desse confronto, Abdullah expulsou os "indesejáveis" partidários do Istiqlali, reformou as finanças de seu governo e admitiu nativos da Transjordânia em sua administração. Awda Qusus retornou ao serviço no Judiciário, chegando à Procuradoria-Geral em 1931. Depois de se juntar às elites do país, o emir Abdullah desfrutou do apoio e da lealdade de seu povo. A Transjordânia passou a ser um modelo de paz e estabilidade, a um custo muito baixo para o contribuinte britânico, até sua independência, em 1946.

* * *

EMBORA A TRANSJORDÂNIA TENHA SIDO, de todas as possessões da Grã-Bretanha no Oriente Médio, a mais fácil de administrar, o Iraque foi, por um tempo, considerado o mandato mais bem-sucedido. O rei Faisal foi empossado em 1921, uma Assembleia Constituinte foi eleita no início de 1924 e um tratado regulamentando as relações entre o Iraque e a Grã-Bretanha foi ratificado nesse mesmo ano. Em 1930, o Iraque era uma monarquia constitucional estável e o trabalho da Grã-Bretanha como poder mandatário estava completo. Um novo tratado entre os dois países foi negociado, abrindo o caminho para a independência do Iraque em 1932. A Liga das Nações reconheceu a independência do Iraque e admitiu o novo Estado em suas fileiras — o único mandato a se tornar um membro pleno da liga em seus 26 anos de história. O Iraque causava inveja a todos os demais Estados árabes sob domínio britânico ou francês, e suas realizações se tornaram o objetivo dos nacionalistas em todo o mundo árabe: independência e participação na Liga das Nações.

Enquanto a Grã-Bretanha conduzia o jovem reino à condição de Estado, por trás de uma fachada de sucesso havia uma realidade muito diferente. Muitos iraquianos nunca aceitaram a posição da Grã-Bretanha no país. Sua oposição não terminara com a revolta de 1920, mas continuara a fustigar o projeto britânico no Iraque até o fim. Embora Faisal fosse, em muitos aspectos, um rei popular, sua própria posição foi minada por confiar na Grã-Bretanha. Os nacionalistas iraquianos passaram a vê-lo como uma extensão da influência britânica e a criticá-lo ao mesmo tempo que condenavam seus senhores imperiais.

QUANDO FAISAL CHEGOU AO IRAQUE, em junho de 1921, os britânicos começaram a trabalhar na promoção de seu candidato ao trono iraquiano. Ainda que uma série de pretendentes locais tenha se apresentado como alternativa, havia uma forte resistência britânica a qualquer outro nome. Said Talib al-Naqib, uma influente figura de Basra que havia tentado se candidatar ao trono, foi convidado certo dia a tomar chá com a esposa do alto-comissário britânico e, ao voltar para casa, viu-se preso e exilado para o Ceilão. O alto-comissário, Sir Percy Cox, organizara com sua equipe uma exaustiva viagem para que Faisal pudesse visitar cidades e tribos em todo o Iraque antes de um referendo nacional destinado a confirmar a escolha da Grã-Bretanha para o trono iraquiano. Sem dúvida Faisal desempenhou bem seu papel, dispondo-se a viajar pelo país, reunir-se com as diversas comunidades e conquistar sua lealdade. Mesmo sem a manipulação britânica, ele provavelmente teria obtido o consentimento da maioria dos iraquianos para ser seu rei. Mas os britânicos não deixavam nada ao acaso. Gertrude Bell, a secretária para o Oriente Médio em Bagdá, observou que "nunca mais se envolveria na tarefa de criar reis; é uma tensão muito grande".[21]

Faisal foi coroado rei do Iraque em 23 de agosto de 1921. A cerimônia foi realizada nas primeiras horas da manhã para aproveitar o momento mais fresco do dia no calor prodigioso do verão de Bagdá. Mais de 1500 pessoas foram convidadas a testemunhar a coroação. Sulayman al-Faydi, um notável de Mossul, descreveu o "grande esplendor" do evento, "assistido

por milhares de convidados", acrescentando que as estradas que levavam
ao palácio "estavam abarrotadas com dezenas de milhares de pessoas".[22]
Faisal presidia a cerimônia sobre uma plataforma, acompanhado pelo alto-comissário britânico e membros do Conselho de Ministros do Iraque.
O secretário do conselho se levantou para ler a proclamação de Sir Percy
Cox anunciando os resultados do referendo. Faisal fora eleito rei por 96%
dos eleitores iraquianos. Os convidados e dignitários reunidos se puseram
de pé e saudaram o monarca, enquanto a bandeira do Iraque foi hasteada
ao som de "God Save the King", uma vez que os iraquianos ainda não haviam composto seu próprio hino nacional.[23] A música apenas reforçaria
a impressão de que Faisal era um rei escolhido pelos britânicos — o que
de fato era.

A LUA DE MEL DE FAISAL com seus novos súditos teve vida curta. A maioria
dos iraquianos acreditava que o rei era um nacionalista árabe e esperava
que ele libertasse o país do domínio britânico. Eles logo se decepcionaram.
Muhammad Mahdi Kubba, estudante de uma faculdade teológica xiita em
Bagdá na época da coroação de Faisal, capturou o humor do público em
suas memórias. Os britânicos, ele explicou,

> trouxeram o emir Faisal e o coroaram rei do Iraque, cobrando-lhe a tarefa de
> implementar suas políticas. A princípio, os iraquianos acolheram a medida
> e depositaram suas esperanças nele, imaginando que sua presença à frente
> do governo abriria uma nova era de independência e soberania nacional.

De fato, algumas figuras notáveis prometeram lealdade a Faisal sob a
condição de que ele defendesse a soberania e a independência do Iraque.
Um desses céticos era o aiatolá Mahdi al-Khalisi, um clérigo influente,
diretor da escola teológica em Bagdá onde estudava Kubba. Kubba testemunhou a promessa de lealdade de Khalisi diante de uma assembleia da
escola reunida para receber o rei.

Khalisi recitou orações pelo rei Faisal [...] [e] tomou-o pela mão, dizendo: "Concedemos-lhe nossa lealdade como rei do Iraque, contanto que governe com justiça, por meio de um governo constitucional e parlamentar, e que não enrede o país em nenhum compromisso estrangeiro".[24]

O rei Faisal prometeu dar o melhor de si, afirmando só ter ido ao Iraque para servir seu povo. Ele sabia muito bem que não seria capaz de governar o país de maneira independente. Como fora estipulado pela Liga das Nações, ele deveria governar o Iraque sob a tutela da Grã-Bretanha até que esta achasse por bem conceder a independência ao país. Além disso, ele era um estranho no Iraque, tendo por aliados apenas um punhado de oficiais do exército que haviam servido a seu lado na revolta árabe e no curto reinado da Síria. Até que tivesse estabelecido sua posição no país, Faisal precisaria do apoio britânico para sobreviver. Infelizmente, sua dependência da Grã-Bretanha lhe custaria o apoio dos nacionalistas iraquianos, enfraquecendo, até a sua morte em 1933, sua capacidade de conquistar a lealdade de seus compatriotas.

As dificuldades de Faisal se tornaram aparentes em 1922, quando a Grã-Bretanha elaborou um tratado para regularizar sua posição no Iraque. O Tratado Anglo-Iraquiano pouco fazia para ocultar o grau de dominação britânica sobre o reino hachemita — na economia, na diplomacia e nas leis:

Sua Majestade, o rei do Iraque, concorda em ser guiado, durante todo o período de vigência do presente tratado, pelos conselhos que Sua Majestade britânica lhe faça chegar pelo alto-comissário em todos os assuntos importantes que afetem suas obrigações e interesses internacionais e econômicos.[25]

A maior revelação das intenções britânicas era o período de vigência do tratado — vinte anos —, após os quais a situação seria revista e o tratado renovado ou encerrado, de acordo com os pareceres das "Altas Partes Contratantes". Essa era uma fórmula para estender o domínio colonial britânico, não para a independência do Iraque.

O projeto de tratado foi recebido com reprovação generalizada no país. Até mesmo o rei Faisal encorajou discretamente a oposição ao texto, tanto por causa dos limites que impunha a seu poder como rei quanto para se distanciar da política imperial britânica. Alguns ministros renunciaram em protesto. O Conselho de Ministros, não desejando assumir a responsabilidade por um documento tão polêmico, insistiu em convocar uma Assembleia Constituinte eleita para ratificá-lo. Os britânicos concordaram com as eleições, mas queriam garantir que a assembleia endossasse o acordo que haviam redigido. Políticos nacionalistas se opuseram tanto ao tratado quanto às eleições, reconhecendo que a Assembleia Constituinte serviria apenas para endossar um acordo destinado a perpetuar o controle britânico.

Inevitavelmente, a credibilidade da Faisal foi comprometida. O aiatolá Khalisi voltou a discursar para uma assembleia de estudantes e professores de sua escola teológica. "Nós concedemos nossa lealdade a Faisal sob determinadas condições, e ele não conseguiu cumpri-las. Assim, nem nós nem o povo iraquiano lhe devemos lealdade alguma." Khalisi se juntou à oposição nacionalista e começou a emitir *fatwas* declarando o tratado ilegal e proibindo qualquer participação nas eleições constitucionais como "um ato contrário à religião, um passo que ajudaria os não crentes a governarem os muçulmanos".[26] Os clérigos se uniram então aos nacionalistas laicos e organizaram uma campanha de boicote às eleições.

No final, os britânicos tiveram que impor o tratado pela força. Suas autoridades proibiram todas as manifestações. Khalisi e outros líderes da oposição foram presos e exilados. A força aérea britânica foi enviada para bombardear insurgentes tribais na região do Eufrates Médio que haviam se levantado em protesto. Com a oposição reprimida, e apesar das *fatwas* e das campanhas nacionalistas, as eleições prosseguiram e uma Assembleia Constituinte foi convocada em março de 1924 para debater e ratificar o tratado.

De março a outubro de 1924, a Assembleia Constituinte se reuniu e debateu com seriedade os termos do tratado. No final, ele foi ratificado por uma pequena maioria. Permaneceu imensamente impopular entre o povo iraquiano, embora tenha posto em marcha várias iniciativas importantes: a Assembleia aprovou uma Constituição para reger o novo Estado e uma lei eleitoral que estabelecia as bases tanto para uma monarquia constitucional quanto para uma democracia multipartidária. No entanto, os meios utilizados pelos britânicos para aprovar o tratado macularam os instrumentos do governo constitucional e parlamentar com associações imperiais que acabariam por enfraquecer a democracia no Iraque. O novo Estado não era visto pelos nacionalistas do país como um governo "do povo, pelo povo, para o povo", mas como uma instituição que implicava os iraquianos no domínio britânico sobre o Iraque.

Se os britânicos esperavam que as coisas corressem bem após a aprovação do Tratado Anglo-Iraquiano, ficariam amargamente desapontados. De fato, os planejadores de guerra britânicos e americanos de 2003 poderiam ter aprendido muitas lições relevantes a partir das experiências da Grã-Bretanha na década de 1920.

Nas diferentes regiões e comunidades do Iraque, logo começaram a surgir divisões, uma vez que o novo Estado havia sido forjado a partir de três províncias otomanas também muito diferentes. O problema se manifestou de imediato na formação do exército nacional, uma das principais instituições de Estados soberanos independentes. O rei Faisal estava cercado de militares que haviam servido a seu lado na revolta árabe e estavam dispostos a estabelecer um exército que unisse curdos, sunitas e xiitas através do serviço militar nacional. O projeto, entretanto, fracassou, incapaz de superar a forte oposição das comunidades xiita e curda, que recusavam não apenas o recrutamento como qualquer iniciativa governamental que julgassem conceder poder desproporcional à minoritária comunidade árabe sunita.

Os curdos apresentavam um desafio particular à integridade e identidade do Estado iraquiano. Ao contrário dos sunitas e xiitas, os curdos não são árabes, e se ressentiam dos esforços do governo para moldar o Iraque como um Estado árabe, acreditando que isso negava sua identidade étnica distinta. Alguns na comunidade curda não se opunham às reivindicações iraquianas ao arabismo, mas as utilizaram como um pretexto para exigir maior autonomia nas partes do norte do Iraque onde constituíam maioria absoluta.

Às vezes, parecia que a única coisa que unia o povo do Iraque era sua oposição à presença britânica. O próprio rei Faisal se desesperava com seus súditos. Pouco antes de sua morte, em 1933, ele observou em um memorando confidencial que

> ainda não há — e digo isso com o coração cheio de tristeza — um povo iraquiano, mas massas inimagináveis de seres humanos desprovidos de qualquer ideia patriótica, imbuídos de tradições e absurdos religiosos, carentes de qualquer laço comum, dispostos a dar ouvidos ao mal, propensos à anarquia e sempre prontos a se levantar contra qualquer governo, qualquer que seja a razão.[27]

Para os britânicos, o custo de manter a ordem logo começou a exceder os benefícios de perpetuar seu mandato no Iraque. Em 1930, eles decidiram reavaliar sua posição. Haviam assegurado seus interesses sobre o petróleo mesopotâmico através do Acordo da Linha Vermelha, de 1928, que concedia à Grã-Bretanha uma participação de 47,5% na Companhia de Petróleo da Turquia — os franceses e americanos detinham, cada um, apenas 23,75% das ações. Além disso, tinham estabelecido no Iraque um governo amigável e dependente, liderado por um rei "confiável". Assim, chegaram à conclusão de que a melhor forma de assegurar seus interesses estratégicos no país seria por meio de um tratado, e não pela perpetuação do controle direto.

Em junho de 1930, o governo britânico concluiu um novo acordo para substituir o controverso Tratado Anglo-Iraquiano de 1922. Os termos do novo pacto estipulavam que o embaixador da Grã-Bretanha gozaria de preeminência entre representantes estrangeiros no Iraque. A força aérea britânica manteria duas bases no país, e suas tropas teriam pleno direito de trânsito pelo território. Os militares iraquianos dependeriam da Grã-Bretanha no tocante ao treinamento e provisão de armas e munições. Ainda não era independência total, mas isso bastava para garantir a admissão do país na Liga das Nações. O tratado também satisfazia uma das principais demandas dos nacionalistas iraquianos, que esperavam que ele fosse um primeiro passo em direção à independência.

Em 1930, após a ratificação do Tratado de Aliança Preferencial, britânicos e iraquianos selariam o término do mandato. Em 3 de outubro de 1932, o Iraque foi admitido na Liga das Nações como um Estado independente e soberano. No entanto, era uma independência ambígua, em que as autoridades civis e militares britânicas continuavam a exercer mais influência do que seria compatível com a verdadeira soberania. Tais controles informais enfraqueceriam a legitimidade da monarquia hachemita até sua derrubada final em 1958.

* * *

OS NACIONALISTAS EGÍPCIOS VIAM as realizações do Iraque com grande inveja. Embora o Tratado Anglo-Iraquiano de 1930 não fosse tão diferente do tratado de 1922 do Egito com a Grã-Bretanha (que concedia independência nominal ao Egito), os iraquianos haviam conseguido que os britânicos recomendassem a sua admissão ao seleto clube de Estados independentes representado pela Liga das Nações. Esse se tornou o parâmetro de sucesso pelo qual os nacionalistas em outros países árabes passaram a medir suas próprias realizações. Sendo o país árabe com a mais longa tradição de atividade nacionalista, o Egito deveria ter liderado o caminho para a independência do domínio colonial europeu — ou assim pensava sua elite política. No decorrer da década de 1930, o Wafd, principal partido nacionalista egípcio, ficou sob crescente pressão pública para conquistar a independência da Grã-Bretanha.

Durante o entreguerras, o Egito alcançou o mais alto grau de democracia multipartidária na história moderna do mundo árabe. A Constituição de 1923 introduzira o pluralismo político, eleições regulares para uma legislatura de duas câmaras, pleno sufrágio masculino e imprensa livre. Vários novos partidos políticos surgiram. As eleições atraíam comparecimento maciço às urnas. Jornalistas trabalhavam com notável liberdade.

Esse período liberal é mais lembrado por seu sectarismo do que como uma era de ouro da política egípcia. Três autoridades distintas buscavam a supremacia no Egito: os britânicos, a monarquia e, através do Parlamento, o Wafd. A rivalidade entre essas três forças causaria muitos prejuízos à política egípcia. Em seus esforços para proteger a monarquia do escrutínio parlamentar, o rei Fuad (g. 1917-36) tendia a se opor ao Wafd ainda mais do que os britânicos. O Wafd, por sua vez, alternava entre a luta contra os britânicos pela independência e a promoção dos poderes do Parlamento sobre a monarquia. Já os ingleses trabalhavam ora com o rei, para enfraquecer o Wafd quando os nacionalistas estavam no poder, ora com o Parlamento, para enfraquecer o rei quando o Wafd estava na oposição. As elites políticas eram um grupo rebelde cujas disputas internas serviam tanto às maquinações do rei como às dos britânicos. Nessas circunstâncias, não surpreende que pouco progresso tenha sido feito para garantir a independência do Egito.

Os egípcios foram às urnas pela primeira vez em 1924. Saad Zaghloul (1859-1927), herói do movimento nacionalista de 1919, conduziu seu partido, o Wafd, a uma vitória arrebatadora, angariando 90% dos assentos na Câmara dos Deputados. O rei Fuad o nomeou primeiro-ministro e o convidou a formar um governo, que tomou posse em março de 1924. Encorajado pelo mandato público garantido pelas eleições, Zaghloul imediatamente iniciou negociações com os britânicos para garantir a completa independência do Egito, comprometida apenas pelas quatro "cláusulas reservadas" do tratado de 1922: o controle britânico sobre o canal de Suez, o direito de basear tropas britânicas no Egito, a preservação dos privilégios legais estrangeiros conhecidos como capitulações e o domínio britânico no Sudão.

A questão do Sudão era particularmente espinhosa. Os egípcios conquistaram o Sudão pela primeira vez durante o reinado de Muhammad Ali, na década de 1820. Expulsos do território sudanês pela Revolta Madista (1881-5), eles uniram forças com os britânicos para reconquistá-lo no final da década de 1890. Em 1899, Lord Cromer idealizou uma nova forma de colonialismo chamada "condomínio", que permitia à Grã-Bretanha acrescentar o Sudão ao seu império em colaboração com o Egito. Desde então, os dois países disputavam a propriedade do território sudanês. Os nacionalistas egípcios rejeitaram a pretensão britânica de arbítrio absoluto sobre o Sudão no tratado de 1922 e exigiram a preservação da "unidade do vale do Nilo". Das quatro cláusulas reservadas, a que dizia respeito ao Sudão foi a que maior tensão provocou entre egípcios e britânicos.

As tensões levaram à violência em 19 de novembro de 1924, quando um bando de nacionalistas egípcios abriu fogo e abateu o governador-geral do Sudão anglo-egípcio, Sir Lee Stack, enquanto ele dirigia pelo centro do Cairo. O atordoado governo britânico, no entanto, usou o assassinato para garantir seus objetivos na região. Assim, o alto-comissário do Egito, Lord Allenby, apresentou ao primeiro-ministro Zaghloul um ultimato punitivo de sete pontos, incluindo mudanças no statu quo do Sudão. Diante da recusa do primeiro-ministro em cumprir as exigências britânicas (retirar todos os soldados egípcios do Sudão e permitir a irrigação de um projeto agrícola britânico com as águas do Nilo), Allenby deu ordens ao governo do Sudão para implementá-las a despeito das objeções de Zaghloul. A posição do primeiro-ministro se tornou insustentável, e ele apresentou sua renúncia em 24 de novembro. O rei Fuad nomeou um monarquista para formar o governo seguinte e dissolveu o Parlamento, efetivamente deixando de lado os nacionalistas. Enquanto observava os britânicos e o rei aumentarem seus poderes à custa do Wafd, Zaghloul comentou: "As balas que foram disparadas não tinham como alvo o peito de Sir Lee Stack, mas o meu".[28] De fato, Zaghloul jamais voltou ao poder, morrendo em 23 de agosto de 1927, aos 68 anos. Ele seria substituído por homens de menor expressão, e o confronto entre as diferentes facções e suas lutas internas acabariam por corroer a confiança dos egípcios em seus líderes políticos.

SE SAAD ZAGHLOUL, do Wafd, foi o herói da era liberal do Egito, Ismail Sidqi certamente foi o seu vilão. Sidqi tinha ido à Conferência de Paz de Paris como membro da delegação do Wafd em 1919 apenas para cair em descrédito com Zaghloul e ser expulso do partido em seu retorno ao Egito. Ele foi um dos arquitetos do tratado de 1922 que conferia independência limitada ao país — algo a que Zaghloul sempre se opusera. Quanto mais Sidqi perdia o apoio de Zaghloul, mais crescia na estima do rei Fuad. Em 1930, Sidqi e o monarca estavam unidos pelo objetivo comum de destruir o Wafd, então sob a liderança de Mustafa al-Nahhas.

O Wafd voltou ao poder mais uma vez em janeiro de 1930, após uma vitória esmagadora nas eleições de 1929, nas quais obteve 212 dos 235 assentos parlamentares — um recorde. O rei convidou Nahhas para formar um governo, e ele logo entrou em uma nova rodada de negociações com o ministro das Relações Exteriores britânico, Arthur Henderson, para garantir a ilusória independência do Egito. Entre 31 de março e 8 de maio, os governos do Egito e da Grã-Bretanha realizaram extensas negociações. Os dois lados chegaram a um impasse sobre o Sudão, com a Grã-Bretanha insistindo em separar a discussão da independência do Egito do futuro do Sudão, e os egípcios se recusando a aceitar a independência sem a inclusão do território sudanês. O colapso das negociações anglo-egípcias deu uma oportunidade para os inimigos do Wafd — o rei e os partidos rivais — solicitarem a formação de um novo governo. Nahhas ofereceu sua renúncia em junho de 1930.

No verão desse mesmo ano, o rei Fuad e os britânicos chegaram a um acordo: o governo precisava ser depositado em "mãos seguras". Sidqi era o candidato óbvio.

O secretário do rei entrou em contato com Sidqi no clube de cavalheiros do Cairo para perguntar sobre sua disposição em formar um governo minoritário, ao que este respondeu:

Sinto-me honrado pela confiança de Sua Majestade, mas gostaria de lhe dizer que, se decidir me nomear neste momento crítico, minhas políticas começarão do zero, e reorganizarei a vida parlamentar de acordo com os meus pontos de vista sobre a Constituição e a necessidade de um governo estável.[29]

A resposta de Sidqi apenas confirmava a alta opinião do rei sobre ele. Sidqi já havia declarado sua hostilidade à democracia liberal, denunciando a "autocracia parlamentar permitida pela Constituição de 1923, com a tirania da maioria sobre a minoria". Ele desejava libertar o governo dos laços constitucionais e governar por decreto em parceria com o rei. O monarca enviou seu secretário para informá-lo de que estava "muito à vontade com suas políticas" e convidá-lo para formar um gabinete.

Tomando o leme do governo pela primeira vez em junho de 1930, Sidqi consolidou sua posição ao reivindicar o controle de três gabinetes. Além de atuar como primeiro-ministro, ele assumiu também os ministérios das Finanças e do Interior. Fuad e Sidqi trabalharam juntos para dissolver o Parlamento, adiar as eleições e redigir uma nova Constituição conferindo ainda mais poder ao rei. Nos três anos seguintes, a democracia parlamentar do Egito foi derrubada e o país governado por decreto real.

Sidqi não fez nenhuma tentativa de esconder sua política autocrática e seu desprezo pelo processo democrático. "Era inevitável que eu suspendesse o Parlamento" no final de junho de 1930, ele confidenciou em suas memórias, "para prosseguir com a reorganização que havia iniciado." Quando Nahhas e seus colegas convocaram manifestações em massa protestando contra a suspensão do Parlamento, Sidqi não hesitou em esmagar o movimento. "Decidi agir antes que a oposição degenerasse em uma guerra civil", explicou. Ele enviou o exército para dispersar as manifestações, e seguiram-se então episódios de violência. Três dias depois do decreto real que dava por encerradas as sessões parlamentares, 25 manifestantes foram mortos em Alexandria, e quase quatrocentos ficaram feridos. "Infelizmente", continuou Sidqi, com a petulância de um vilão de vaudeville, "eventos dolorosos ocorreram no Cairo, em Alexandria e em algumas cidades do interior. O governo não teve alternativa senão preservar a ordem e impedir que os agitadores perturbassem a ordem pública e infringissem a lei."[30] Os britânicos advertiram tanto o primeiro-ministro Sidqi quanto o líder nacionalista Nahhas, mas preferiram não interferir em uma luta que desviaria os egípcios de sua busca de liberdade do domínio britânico.

Sidqi justificou sua filosofia política dizendo que, em períodos de turbulência econômica, os líderes só poderiam alcançar progresso e prosperidade por meio da manutenção da paz e da ordem. A quebra da bolsa em 1929 havia desencadeado uma depressão global que deixara sua marca na economia egípcia, e, diante da ruptura econômica, Sidqi via o Wafd e sua forma de fazer política, baseada na agitação das massas, como uma grave ameaça à ordem pública. Em outubro de 1930, Sidqi introduziu uma nova Constituição que expandiu os poderes do rei às custas do Wafd. Ela reduziu o número de deputados no Parlamento de 235 para 150 e deu ao rei o controle sobre a Câmara Alta, ampliando a proporção de senadores nomeados pelo monarca de 40% para 60%, o que deixava apenas uma minoria a ser escolhida pelo voto popular. A Constituição de Sidqi reduziu ainda o sufrágio universal, substituindo o sistema de eleições diretas por um processo de votação mais complexo, em duas etapas, que elevou a idade mínima para votar no primeiro turno e introduziu restrições ao segundo turno com base em critérios financeiros ou níveis de educação. Essas medidas serviram para limitar o poder de voto das massas (de cujo apoio o Wafd dependia) e concentrar a autoridade eleitoral na elite proprietária. Os poderes do Legislativo foram reduzidos, à medida que a duração dos períodos de sessão parlamentar foi diminuída de seis para cinco meses e os poderes do rei para legislar foram ampliados.

A nova Constituição era flagrantemente autocrática e gerou oposição quase unânime de políticos de todas as correntes e do público em geral. Quando a imprensa ousava criticar o primeiro-ministro e sua nova Carta, Sidqi apenas mandava fechar os jornais e prender os jornalistas. Mesmo aqueles que o apoiavam no início tiveram seus jornais fechados. Os jornalistas responderam imprimindo panfletos clandestinos com ataques virulentos ao governo autocrático e sua Constituição autoritária.

Sidqi formou seu próprio partido em 1931, quando se desenhavam as primeiras eleições parlamentares nos termos da nova Constituição. Tendo sido sempre o político solitário que costumava evitar a filiação partidária, ele sabia que precisava de um partido para garantir uma maioria parlamentar. Sidqi chamou sua nova agremiação de Partido do Povo, uma inversão da realidade digna do 1984 de George Orwell. Sidqi atraiu desertores ambiciosos do Partido Constitucional Liberal e do palaciano Partido da Unidade — homens da elite, não do povo. O programa do Partido do Povo forneceu amplo material para os satiristas da imprensa opositora, ao se comprometer com o "apoio à ordem constitucional", a "preservação da soberania popular" e a defesa "dos direitos do trono" (o rei Fuad havia *mesmo* escolhido bem).[31] O Wafd e o Partido Constitucional Liberal boicotaram as eleições de maio de 1931, e o Partido do Povo de Sidqi alcançou maioria absoluta. Sua revolução autocrática parecia à beira do sucesso.

No fim das contas, porém, Sidqi perdeu. Suas reformas autocráticas provocaram a oposição do verdadeiro partido do povo, o Wafd, e dos demais partidos políticos relevantes no Egito. A imprensa, recusando-se a ser silenciada, manteve uma artilharia constante de críticas para virar a opinião pública contra o governo. As condições de segurança começaram a se deteriorar à medida que o público se tornava cada vez mais declaradamente contrário ao governo do Partido do Povo. Sidqi sempre justificara o governo autocrático em termos da manutenção da lei e da ordem. Diante da crescente desordem, os britânicos passaram a pressionar por um novo governo a fim de restaurar a confiança do público e refrear a violência política. A revolução de Sidqi havia chegado a um beco sem saída e agora estava se desfazendo. Em setembro de 1933, o rei o dispensou. Rebaixado, mas ainda dentro do jogo, Sidqi continuaria sendo um dos políticos mais influentes do Egito até sua morte, em 1950.

O rei Fuad fez uma breve tentativa de reinado absoluto. Por decreto, ele revogou a Constituição de 1930 — sem restaurar a anterior, de 1923 — e dissolveu o Parlamento eleito em 1931 — sem convocar novas eleições. Por um período de transição de duração indeterminada, ele assumiu o poder total sobre o Egito. De maneira previsível, essas medidas não foram capazes de restituir a confiança pública no governo, e o monarca foi pressionado pelos britânicos e pelo Wafd a restaurar a Constituição egípcia de 1923 e a organizar novas eleições. Em 12 de dezembro de 1935, ele admitiu a derrota e decretou a restauração da Constituição original.

O impasse político entre os britânicos, a monarquia e o Wafd finalmente se desfez em 1936. Em abril desse ano, o rei Fuad faleceu, sendo sucedido por seu elegante filho, Faruq. As eleições foram realizadas em maio e resultaram em maioria do partido nacionalista. Esses dois acontecimentos —

o retorno do Wafd ao poder e a coroação de Faruq — foram recebidos com uma grande sensação de otimismo, uma espécie de primavera do Cairo, acompanhada por uma nova abertura britânica para renegociar os termos de suas relações com o Egito. A ascensão do fascismo na Europa e a invasão da Etiópia por Mussolini em 1935 davam um novo caráter de urgência à obtenção do consentimento egípcio à posição da Grã-Bretanha. A propaganda alemã e italiana contra o colonialismo britânico começou a virar algumas cabeças no país. Novos partidos ultranacionalistas, como o Jovem Egito, defendiam ideologias abertamente fascistas.

Para combater esses perigos, o alto-comissário britânico, Sir Miles Lampson, abriu novas negociações no Cairo em março de 1936. Em agosto do mesmo ano, foi concluído e sancionado um novo tratado entre uma delegação representando todos os partidos egípcios e o governo britânico. O Tratado de Aliança Preferencial expandiu a soberania e a independência do Egito, embora, a exemplo do tratado iraquiano, desse à Grã-Bretanha posição preferencial entre as nações estrangeiras e o direito de manter bases militares em solo egípcio. Ele também mantinha o Sudão sob controle britânico. Os avanços foram suficientes para garantir a admissão do Egito na Liga das Nações em 1937, cinco anos após a entrada do Iraque, o único outro Estado árabe a fazer parte da organização. Mas os compromissos assumidos e o período de vigência do tratado, de vinte anos, empurravam as aspirações egípcias por independência completa para além do horizonte político.

As experiências da década de 1930 deixaram muitos egípcios desencantados com a política partidária da democracia liberal. Embora tivessem rejeitado a autocracia de Sidqi, eles nunca haviam ficado satisfeitos com os resultados obtidos pelo Wafd. Zaghloul prometera libertar o Egito do domínio britânico em 1922, e Nahhas fizera o mesmo em 1936, mas a ilusória promessa de independência permanecia a uma geração de distância.

* * *

O MANDATO BRITÂNICO NA PALESTINA estava condenado ao fracasso desde o início. Os termos da Declaração Balfour haviam sido escritos no preâm-

bulo do instrumento compulsório promulgado pela Liga das Nações para
formalizar a posição da Grã-Bretanha no local. Ao contrário de todos os
outros mandatos do pós-guerra, nos quais uma grande potência foi encarregada de estabelecer os instrumentos de autogoverno em um Estado
recém-emergente, na Palestina os britânicos foram obrigados a estabelecer
um Estado viável entre os povos nativos e um lar nacional para os judeus
de todo o mundo.

A Declaração Balfour era uma fórmula destinada a criar conflitos entre as comunidades. Dados os recursos muito limitados da região, não
havia como estabelecer um lar nacional para o povo judeu na Palestina
sem prejuízo dos direitos civis e religiosos das comunidades não judaicas
locais. Inevitavelmente, o mandato gerou conflitos entre nacionalismos
rivais — o movimento sionista altamente organizado e um novo nacionalismo palestino forjado pela dupla ameaça do imperialismo britânico e
do colonialismo sionista. A Palestina seria o mais grave fracasso imperial
da Grã-Bretanha no Oriente Médio, um fracasso que condenaria toda essa
região ao conflito e à violência que persistem até os dias de hoje.

A PALESTINA ERA UM NOVO PAÍS em uma terra antiga, um remendo de
várias partes diferentes de províncias otomanas produzido às pressas para
responder a conveniências imperiais. O mandato palestino originalmente
atravessava o rio Jordão e se estendia do Mediterrâneo até as fronteiras do
Iraque através de uma vasta e inóspita região desértica. Em 1923, as terras a
leste do Jordão foram formalmente destacadas do mandato para formar o
Estado independente da Transjordânia, sob o governo do emir Abdullah.
Os britânicos também cederam uma parte das colinas de Golã ao mandato
francês na Síria em 1923, momento em que a Palestina se tornou um país
menor do que a Bélgica.

A população da região já era bastante diversificada em 1923. A Palestina era uma terra sagrada para cristãos, muçulmanos e judeus, e durante
séculos atraíra peregrinos de todo o mundo. A partir de 1882, uma nova
onda de visitantes — colonos, em vez de peregrinos — começou a chegar.

Empurrados pelos pogroms do tzar Alexandre III e atraídos pelo apelo de uma nova e poderosa ideologia, o sionismo, milhares de judeus russos e da Europa Oriental buscaram refúgio na Palestina. Eles chegaram a uma sociedade que possuía uma maioria muçulmana (85% da população), uma minoria cristã (9%) e uma comunidade judaica autóctone. A Yishuv original (como era conhecida a comunidade judaica da região) não ultrapassava 3% da população da Palestina em 1882, e se dispersava pelas quatro cidades de estudos rabínicos: Jerusalém, Hebron, Tiberíades e Safad.[32]

Duas ondas distintas de colonos sionistas chegaram à Palestina antes da Primeira Guerra Mundial. A Primeira Aliya, ou onda de imigrantes, chegou à região entre 1882 e 1903 e dobrou o tamanho da Yishuv de 24 mil para 50 mil membros. A comunidade se expandiu ainda mais rápido durante a Segunda Aliya (1904-14); em 1914, a população judaica total da Palestina foi estimada em 85 mil pessoas.[33]

A população árabe local observara a expansão da imigração judaica depois de 1882 com preocupação crescente. A imprensa começou a condenar o sionismo durante a década de 1890, e os principais intelectuais árabes criticaram abertamente o movimento nos primeiros anos do século XX. Em 1909, foi redigido um projeto de lei para impedir a colonização judaica na Palestina, e a atividade sionista foi duas vezes debatida no Parlamento otomano em 1911, embora nenhuma lei tenha sido aprovada.[34]

Essas preocupações se intensificaram depois que o apoio ao sionismo se tornou uma política oficial britânica com a Declaração Balfour, em 1917. A Comissão King-Crane, que viajou por toda a Palestina em junho de 1919, recebeu uma enxurrada de petições contrárias ao sionismo. "O antissionismo era especialmente forte na Palestina", explicaram os comissários em seu relatório, "onde 222 (85,3%) das 260 petições se declararam contrárias ao programa sionista. Esta é a maior porcentagem na província para qualquer dos pontos pesquisados."

A mensagem da Palestina era clara: os povos árabes autóctones, que havia anos se opunham à imigração sionista, não aceitavam o compromisso da Grã-Bretanha de construir um lar nacional para o povo judeu em suas terras. No entanto, pareceu cair em ouvidos moucos, já que tanto a

Grã-Bretanha como a comunidade internacional estavam decididas a determinar o futuro da Palestina sem consulta nem consentimento de seus habitantes. E, quando os meios pacíficos falham, os mais desesperados logo se voltam para a violência.

A imigração e a compra de terras pelos judeus provocaram uma tensão crescente na Palestina desde o início do mandato britânico. Contrária ao domínio da Grã-Bretanha e à perspectiva de um lar nacional para o povo judeu em pleno coração da Palestina, a população árabe via a expansão da comunidade sionista como uma ameaça direta às suas aspirações políticas. Além disso, a compra de terras pelos judeus levou inevitavelmente ao deslocamento dos agricultores árabes, que se viram obrigados a abandonar terras que haviam cultivado como meeiros, muitas vezes por gerações.

Entre 1919 e 1921, a imigração judaica para a Palestina cresceu de forma dramática, quando mais de 18500 imigrantes sionistas chegaram ao país. Grandes tumultos eclodiram em Jerusalém (em 1920) e em Jaffa (em 1921), provocando a morte de 95 judeus e 64 árabes e deixando centenas de feridos. Cerca de 70 mil imigrantes sionistas chegaram à Palestina entre 1922 e 1929. No mesmo período, o Fundo Nacional Judaico comprou cerca de 100 mil hectares de terra no vale de Jezreel, no norte da Palestina. À combinação de elevadas taxas de imigração e vastas aquisições de terras foi atribuída a culpa pelos episódios de violência que irromperam em Jerusalém, Hebron, Safad e Jaffa em 1929, ceifando a vida de 133 judeus e 116 árabes.[35]

Após cada episódio de violência, as investigações britânicas levavam a novas políticas destinadas a amenizar os temores da maioria palestina. Em julho de 1922, após a primeira onda de tumultos, Winston Churchill publicou um Livro Branco que procurava acalmar os temores árabes de que a Palestina se tornaria "tão judaica quanto a Inglaterra é inglesa". Segundo ele, os termos da Declaração Balfour não "implicavam que a Palestina, como um todo, devesse ser convertida em um lar nacional para o povo judeu, mas que esse lar deveria ser fundado *na Palestina*".[36] Da mesma forma, a gravidade dos tumultos de 1929 levou a uma série de novos relatórios e recomendações. O Relatório Shaw de 1930 identificou a imigração judaica e a compra de terras pelos judeus como a causa primária da agitação palestina e recomendou a imposição de limites à imigração sionista a fim de evitar problemas futuros. A esse relatório se seguiu, em outubro de 1930, o Livro Branco de Passfield, que aconselhava o estabelecimento de restrições à compra de terras pelos judeus e à imigração judaica.

Após a publicação de cada Livro Branco britânico simpático às preocupações dos árabes palestinos, a Organização Sionista Mundial e a Agência Judaica da Palestina trabalhavam nos corredores do poder em Londres e em Jerusalém para derrubar políticas consideradas hostis aos seus objetivos. Ao fazer grande pressão sobre o governo minoritário do primeiro-ministro Ramsay MacDonald, os sionistas conseguiram que ele repudiasse o Livro Branco de Passfield. Chaim Weizmann e seus conselheiros praticamente redigiram a carta que MacDonald assinou em 13 de fevereiro de 1931. Nela, o primeiro-ministro confirmava que o governo britânico "não prescrevia nem contemplava qualquer paralisação ou proibição da imigração judaica", nem impediria que os judeus adquirissem mais terras na Palestina. As expectativas dos árabes por uma melhoria em sua situação foram frustradas pela missiva de MacDonald, que eles chamaram de "a Carta Negra" (em contraste com o Livro Branco).

Assim, o mandato palestino se viu arrastado em um ciclo vicioso de violência crônica: a crescente imigração sionista e a compra de terras pelos judeus provocavam conflitos comunitários, que por sua vez levavam a tentativas britânicas de introduzir limites à pátria judaica e a pressões políticas dos sionistas para reverter esses limites. Enquanto esse processo persistisse, nenhum progresso seria possível no estabelecimento de instituições de governo ou autogoverno. Os palestinos não desejavam legitimar o mandato britânico e seu compromisso de instituir um lar nacional para o povo judeu; os britânicos não desejavam conferir representação proporcional, e muito menos autogoverno, à maioria palestina que fosse hostil aos objetivos do mandato; e os sionistas cooperavam com todos os aspectos do mandato que atendessem seus objetivos nacionais. A cada rodada de violência, as dificuldades se tornavam mais profundas.

Os problemas da comunidade árabe da Palestina eram agravados por divisões dentro de sua própria liderança. As duas principais famílias de

Jerusalém — Husseini e Nashashibi — disputavam a ascendência sobre a política na região. Os britânicos desde o início jogavam com as divisões entre as duas. Em 1920, os notáveis da Palestina decidiram criar um Comitê Árabe chefiado por Musa Kazim al-Husseini para apresentar suas demandas às autoridades britânicas. Um segundo corpo representativo, o Supremo Conselho Muçulmano, era chefiado pelo háji Amin al-Husseini, o grande mufti de Jerusalém. Os Nashashibi boicotavam essas duas instituições dominadas pelos Husseini e buscavam se relacionar diretamente com os britânicos. Com sua liderança dividida, os palestinos ficavam prejudicados em suas relações tanto com os britânicos como com os sionistas.

Em 1929, as deficiências da liderança nacionalista palestina encorajaram uma série de novos atores a se apresentarem no cenário nacional. Como no Egito, em 1919, o nacionalismo forneceu às mulheres, pela primeira vez, uma oportunidade de acessar a vida pública. Mulheres da elite, inspiradas por Huda Shaarawi e pela Associação das Mulheres Wafdistas, responderam aos tumultos de 1929 convocando, em outubro do mesmo ano, o I Congresso das Mulheres Árabes em Jerusalém, ao qual compareceram duzentas mulheres das comunidades muçulmanas e cristãs palestinas. Elas aprovaram três resoluções: um apelo para a revogação da Declaração Balfour, uma afirmação do direito da Palestina a um governo nacional com representação proporcional para todas as comunidades e o desenvolvimento de indústrias palestinas. "O Congresso pede a todos os árabes que não comprem nada dos judeus, a não ser terras, e vendam tudo, menos terras."[37]

As delegadas começaram então a romper com a tradição. Contrariando o costume que desaprovava o encontro de mulheres com homens em lugares públicos, elas decidiram procurar o alto-comissário britânico, Sir John Chancellor, a fim de lhe apresentar as resoluções. Chancellor as recebeu e prometeu comunicar sua mensagem à Comissão de Inquérito do governo sobre os problemas na Palestina. Após a reunião com Chancellor, a delegação retornou ao Congresso, que ainda estava em sessão, e realizou uma manifestação pública, afastando-se ainda mais dos padrões aceitos de decoro feminino. A manifestação se transformou em uma comitiva de 120 carros que partiu do Portão de Damasco e percorreu as principais ruas de Jerusalém, distribuindo suas resoluções para todos os consulados estrangeiros na cidade.

Em seguida ao congresso, as delegadas criaram uma Associação das Mulheres Árabes com uma agenda ao mesmo tempo feminista e nacionalista: "Ajudar a mulher árabe em seus esforços para melhorar sua posição, ajudar os pobres e fragilizados e encorajar·e promover empresas nacionais árabes". A associação se dedicava a levantar fundos para ajudar as famílias dos palestinos que haviam sido presos ou executados por participar de ataques antibritânicos ou antissionistas. As mulheres enviavam repetidas petições e memorandos ao alto-comissário em busca de clemência para prisioneiros políticos, protestando contra a compra de armas pelos judeus e condenando os fracassos britânicos em chegar a um acordo político com os homens do Comitê Árabe — a quem estavam vinculadas por matrimônio e laços familiares.

A Associação das Mulheres Árabes era um estranho híbrido da política do nacionalismo palestino e da cultura de classe média alta das mulheres dos condados britânicos. Elas se dirigiam umas às outras pelos nomes dos maridos — sra. Kazem Paxá al-Husseini, sra. Awni Abd al-Hadi — e se reuniam para discutir estratégias durante o chá. No entanto, como no Egito em 1919, a participação feminina no movimento nacional tinha um poderoso valor simbólico. Essas mulheres eloquentes e bem-educadas acrescentaram uma voz audível ao nascente movimento nacionalista palestino. Tomemos, por exemplo, o discurso da sra. Awni Abd Hadi repreendendo Lord Allenby na segunda manifestação pública da associação, em 1933:

> Nos últimos quinze anos, as mulheres árabes viram até que ponto os britânicos violaram suas promessas, dividiram o país e impuseram ao povo uma política que, inevitavelmente, resultará na aniquilação dos árabes e na sua suplantação pelos judeus, por meio da admissão de imigrantes de todas as partes do mundo.[38]

Sua mensagem era clara: toda a nação palestina, e não apenas os homens, responsabilizava a Grã-Bretanha pelas políticas do mandato.

As ELITES ÁRABES DA PALESTINA eram eloquentes, mas falar era fácil. Apesar de toda a sua inflamada retórica nacionalista e das repetidas negociações com as autoridades britânicas, a imigração sionista continuou em ritmo acelerado, e os britânicos não davam nenhum sinal de que iriam conceder independência aos árabes palestinos. Após o Livro Branco de Passfield, entre 1929 e 1931, a imigração de judeus desacelerou para algo entre 5 mil e 6 mil ao ano. No entanto, a carta de MacDonald de 1931 reverteu a política britânica, e, com a tomada do poder pelos nazistas na Alemanha, um novo influxo maciço de imigrantes sionistas começou a inundar a Palestina. Em 1932, quase 10 mil judeus entraram na Palestina; em 1933, mais de 30 mil; em 1934, mais de 42 mil. O pico da imigração veio em 1935, quando quase 62 mil judeus entraram no país.

Entre 1922 e 1935, a população judaica da Palestina aumentou de 9% para quase 27% da população total.[39] As compras de terras pelos judeus começaram a deslocar um número significativo de camponeses palestinos — uma preocupação já abordada no Livro Branco de Passfield, quando a população judaica da região tinha metade do tamanho de 1935. Os fracassos da liderança palestina, composta exclusivamente por elites urbanas, caíam direto sobre os ombros dos moradores mais pobres das áreas rurais.

Em 1935, um homem decidiu canalizar a raiva das comunidades rurais para uma rebelião armada. No processo, forneceu a faísca que revelou a Palestina como o barril de pólvora que havia se tornado.

Izz al-Din al-Qassam, natural da Síria, escapara do mandato francês na década de 1920 refugiando-se na Palestina. Um clérigo muçulmano que se tornara pregador na popular mesquita Istiqlal ["independência"], no porto de Haifa, ao norte, ele também liderava a Associação Muçulmana de Moços, um grupo de jovens nacionalistas e antissionistas. O xeque Qassam usava o púlpito para fomentar oposição aos britânicos e ao sionismo. Sua popularidade cresceu rápido entre os palestinos mais pobres, mais diretamente afetados pela imigração judaica, que passaram a buscar nele a liderança que não encontravam mais nos notáveis urbanos frágeis e ineficazes.

Logo após a Carta Negra de MacDonald, em 1931, Qassam começou a promover a ideia de uma luta armada contra os britânicos e os sionistas.

O apelo encontrou uma resposta entusiasmada dos frequentadores de sua mesquita. Vários homens se ofereceram para lutar, e outros contribuíram com fundos para a compra de armas e munição. Então, sem aviso, Qassam desapareceu de repente no outono de 1935. Seus seguidores ficaram preocupados. Alguns temiam que seus planos houvessem fracassado; outros suspeitavam que ele tivesse fugido com o dinheiro recolhido. Em novembro de 1935, um jornalista chamado Akram Zuaytir discutia o misterioso desaparecimento de Qassam com um pedreiro que era amigo do xeque. Zuaytir alegou que as acusações que as pessoas estavam fazendo contra Qassam eram vergonhosas. "Eu concordo, irmão", respondeu o construtor, "mas por que então ele está se escondendo desse jeito?"[40]

A conversa foi interrompida quando um homem veio correndo até eles dizendo que havia ocorrido um grande embate entre um bando árabe e forças britânicas nas colinas de Jenin. Os corpos dos rebeldes e dos policiais que eles haviam matado estavam sendo levados para o forte britânico da cidade. O jovem Zuaytir percebeu que havia ali um furo de reportagem e entrou em contato com o chefe da agência de imprensa árabe em Jerusalém para alertá-lo. Este partiu imediatamente para Jenin, deixando Zuaytir encarregado da agência e de notificar os jornais palestinos de que uma grande história estava tomando forma.

Três horas depois, abalado, o chefe da agência retornou de Jenin, seu discurso reduzido a manchetes. "Eventos importantes", disse ele, sem fôlego. "Notícias muito perigosas. O xeque Izz Din Qassam e quatro irmãos de seu bando foram martirizados." Na delegacia de polícia de Jenin, o chefe da agência havia entrevistado um sobrevivente do bando de Qassam. Embora estivesse ferido e com muita dor, o homem conseguiu dar uma descrição concisa dos acontecimentos.

Qassam havia criado seu bando armado em 1933, explicou o ferido. Recrutara unicamente muçulmanos devotos, dispostos a morrer por seu país. Eles arrecadaram fundos para comprar rifles e munição e começaram a se preparar para uma luta armada, "para matar os ingleses e os judeus que estão ocupando nossa nação". Em outubro de 1935, Qassam e seus homens deixaram Haifa em segredo — o que deu origem aos rumores sobre os quais Zuaytir e o pedreiro haviam discutido mais cedo naquele dia.

O bando armado de Qassam se deparou com uma patrulha da polícia na planície de Baysan e acabou matando um sargento judeu. Os britânicos vasculharam as colinas e surpreenderam um dos homens de Qassam no caminho entre Nablus e Jenin. Eles abriram fogo e abateram o insurgente árabe. "Soubemos de seu martírio", explicou o sobrevivente do bando de Qassam, "e decidimos atacar a polícia na manhã seguinte." Os insurgentes se viram em desvantagem diante de uma força conjunta de policiais e soldados britânicos e se refugiaram nas cavernas próximas à aldeia de Ya'bad, perto de Jenin. Enquanto um avião da força aérea britânica sobrevoava a área, os britânicos enfrentaram os árabes em um tiroteio de duas horas no qual Izz Din Qassam e três outros homens foram mortos. Quatro sobreviventes foram feitos prisioneiros. Um soldado britânico foi morto e dois outros feridos.

Embora tivesse ficado abalado com o relato, os primeiros pensamentos de Zuaytir foram sobre o funeral. De acordo com a prática islâmica, Qassam e seus homens deveriam ser enterrados antes do pôr do sol. No entanto, os corpos dos "mártires" ainda estavam sob custódia da polícia. Zuaytir telefonou para um de seus colegas em Haifa a fim de negociar com os britânicos para que os corpos fossem entregues às famílias, que precisariam fazer os arranjos fúnebres. Os britânicos concordaram em cooperar, sob duas condições: o funeral deveria ser realizado às dez horas da manhã do dia seguinte e o cortejo teria de seguir direto da casa de Qassam para o leste até o cemitério, sem passar pelo centro de Haifa. Os britânicos estavam perfeitamente conscientes do caráter explosivo da situação e desejavam evitar qualquer surto de violência. Zuaytir, por sua vez, queria garantir que o funeral fosse um evento político, para incitar a oposição palestina contra o mandato britânico. No final do dia, ele publicou um artigo no jornal islâmico *al-Jamia al-Islamiyya* [Sociedade Islâmica] convocando todos os palestinos a se reunirem em Haifa para marchar no cortejo fúnebre, e desafiando diretamente a liderança nacionalista: "Os líderes da Palestina marcharão com seus jovens no cortejo de um grande erudito religioso, acompanhados pelos fiéis?".[41]

Zuaytir acordou cedo na manhã seguinte para verificar a cobertura na imprensa árabe e se preparar para a viagem a Haifa. "Quando li os jornais e as descrições da batalha, e vi meu chamado para a marcha no cortejo fúnebre, pensei que seria um dia de grande importância histórica em Haifa", escreveu. "O dia dos mártires." Ele estava certo — milhares de pessoas se dirigiram à cidade para participar de um dia de luto nacional. Ao contrário dos desejos britânicos, o funeral foi realizado na mesquita central de Haifa e o cortejo passou pelo centro da cidade.

> Com grande esforço, os mártires foram levados através da multidão da mesquita até a grande praça do lado de fora. Aqui a caneta não é capaz de descrever a cena. Milhares acompanharam a procissão, carregando os corpos nos ombros, gritando "Allahu Akbar, Allahu Akbar", enquanto as mulheres ululavam dos telhados e das janelas.

Os enlutados entoavam ousadas canções de resistência. "Então, enquanto os corpos eram levantados, uma voz gritou: Vingança! Vingança! Milhares responderam em uma única voz, como um rugido de trovão: Vingança! Vingança!"

A multidão enfurecida investiu contra a delegacia de Haifa, atirando pedras no edifício e destruindo carros da polícia estacionados do lado de fora. Ao longo do caminho, se lançou contra todos os soldados britânicos e policiais que encontraram, embora os britânicos tenham se retirado para evitar baixas de ambos os lados. A multidão também atacou a estação ferroviária como outro símbolo do odiado domínio da Grã-Bretanha.

A procissão durou um total de três horas e meia, ao cabo das quais Qassam e seus homens foram sepultados. "Imaginem o impacto que isso teve nas massas, ver os heroicos mártires serem enterrados em suas roupas manchadas do sangue da jihad", refletiu Zuaytir. Ele também observou que todas as cidades do norte da Palestina estavam representadas no funeral — Acre, Jenin, Baysan, Tulkarm, Nablus, Haifa —, e acrescentou que "não vi os líderes dos partidos [nacionalistas], pelo que devem ser vilipendiados".[42]

A curta revolta do xeque Izz Din Qassam mudou a política palestina para sempre. Os notáveis urbanos que vinham liderando o movimento nacionalista perderam a confiança da população. Eles haviam negociado com os britânicos por quinze anos e não tinham nada para mostrar como fruto de seus esforços. Os palestinos não estavam mais perto da independência ou do autogoverno, os britânicos permaneciam firmes no controle e a população judaica estava crescendo a um ritmo que logo a colocaria em paridade com a população árabe. Eles desejavam homens de ação que confrontassem diretamente as ameaças britânicas e sionistas. O resultado foi uma revolta de três anos que devastou as cidades e o interior da Palestina.

Logo após a revolta de Qassam, os chefes dos partidos políticos palestinos tentaram reafirmar sua liderança sobre o movimento nacionalista. Em abril de 1936, os principais partidos se uniram em uma nova organização chamada Alto-Comissariado Árabe. Foi convocada uma greve geral dos trabalhadores e funcionários do governo, bem como um boicote total às trocas econômicas com os Yishuv. A greve geral foi acompanhada por ataques violentos contra forças britânicas e colonos judeus.

A estratégia dos líderes nacionalistas saiu pela culatra. O boicote prejudicou muito mais a economia árabe palestina do que os Yishuv. A Grã-Bretanha inundou o país com 20 mil novos soldados para acabar com a rebelião e convocou seus aliados em Estados árabes vizinhos para persuadir a liderança palestina a cancelar a greve geral. Em 9 de outubro de 1936, os reis da Arábia Saudita e do Iraque se uniram aos governantes da Transjordânia e do Iêmen em uma declaração conjunta pedindo aos "nossos filhos, os árabes da Palestina", que se decidissem pela paz a fim de evitar mais derramamento de sangue. Ao fazer isso, os monarcas afirmavam, de forma implausível: "Confiamos nas boas intenções da Grã-Bretanha, uma nação amiga que declarou que fará justiça".[43]

Quando, em resposta à declaração dos reis, o Alto-Comissariado Árabe pediu o fim da greve, os palestinos se sentiram traídos por seus próprios líderes e irmãos árabes. Seus pontos de vista foram capturados pelo poeta nacionalista Abu Salman, cujos versos amargos acusavam tanto os líderes palestinos quanto os monarcas árabes apoiados pelos britânicos de vender o movimento árabe:

> *Você que ama a pátria*
>> *Revolte-se contra a opressão total*
> *Liberte a pátria dos reis*
>> *Liberte-a dos fantoches*
> *Eu acreditava que nossos reis eram capazes de liderar os homens.*[44]

Abu Salman falava pelas desencantadas massas palestinas ao afirmar que a libertação da Palestina viria de seu povo, não de seus líderes.

No rescaldo da greve geral, os britânicos responderam mais uma vez com uma comissão de inquérito. O relatório da Comissão Peel, publicado em 7 de julho de 1937, chocou toda a Palestina. Pela primeira vez, os britânicos reconheceram que os problemas na região eram o resultado de movimentos nacionais rivais e incompatíveis. "Um conflito irreprimível surgiu entre duas comunidades nacionais dentro dos estreitos limites de um pequeno país", reconhecia o relatório. "Cerca de 1 milhão de árabes estão em conflito, aberto ou latente, com cerca de 400 mil judeus. Não há nada em comum entre eles."

A solução proposta pela Comissão Peel foi a partição. Os judeus deveriam receber a condição de Estado em 20% do território da Palestina, incluindo a maior parte do litoral e algumas das terras agrícolas mais férteis do país, no vale de Jezreel e na Galileia. Os árabes receberiam as terras mais pobres, incluindo o deserto de Neguev e o vale do Arabá, bem como as colinas da Cisjordânia e a Faixa de Gaza.

A distribuição demográfica da Palestina não correspondia aos limites geográficos da partição. Isso era particularmente problemático, pois grandes cidades árabes haviam sido incluídas no Estado judeu proposto. Para eliminar tais anomalias, a Comissão Peel apontava a possibilidade de "transferências de população" para remover os árabes dos territórios alocados para o Estado dos sionistas — algo que no final do século xx viria a ser chamado de limpeza étnica. A recomendação britânica de transferência forçada conquistou a simpatia do presidente da Agência Judaica, David Ben-Gurion (1886-1973), para o plano de partição. "Isso nos dará algo que nunca tivemos, mesmo quando estávamos sob nossa própria autoridade" nos tempos antigos, ele se entusiasmou — a saber, um Estado "realmente judaico" com uma população judaica homogênea.[45]

Para piorar o ressentimento árabe, o plano de partição não previa um Estado palestino independente, mas definia que os territórios árabes fossem anexados à Transjordânia, sob o governo do emir Abdullah. O povo da Palestina foi ficando cada vez mais desconfiado do emir, vendo-o como um agente britânico ansioso por tomar as suas terras. Para os palestinos, as recomendações da Comissão Peel representavam o pior resultado possível para a luta nacional. Longe de garantir seu direito ao autogoverno, eles seriam dispersados e governados por estrangeiros hostis — os sionistas e o emir Abdullah.

A Agência Judaica aceitou os termos estipulados pela Comissão Peel, assim como Abdullah. Os palestinos, então, entraram em guerra contra os britânicos e os Yishuv.

A segunda fase da revolta árabe palestina durou dois anos, do outono de 1937 a 1939. Em 26 de setembro de 1937, extremistas palestinos assassinaram L. Y. Andrews, o comissário da região da Galileia. Os britânicos prenderam duzentos líderes nacionalistas, deportando muitos para as ilhas Seychelles, e declararam ilegal o Alto-Comissariado Árabe. Sem liderança central, a revolta degenerou em uma insurgência descoordenada que devastou a zona rural da região. Os insurgentes atacaram a polícia britânica e as patrulhas do exército, investiram contra os assentamentos judaicos, assassinaram autoridades britânicas e judias e mataram palestinos suspeitos de colaborar com as forças de ocupação. Além disso, sabotaram as ferrovias, as comunicações e os oleodutos que cruzavam a Palestina. Os aldeões se viram presos entre os insurgentes, que exigiam seu apoio, e os britânicos, que puniam todos os suspeitos de ajudar os rebeldes. Os efeitos sobre os palestinos foram devastadores.

Todos os ataques árabes contra os britânicos e os judeus provocaram grandes represálias. A Grã-Bretanha, determinada a reprimir a revolta pela força militar, enviou 25 mil soldados e policiais para a Palestina — a maior mobilização de forças britânicas no exterior desde o final da Primeira Guerra Mundial. Foram estabelecidos tribunais militares, operando sob "regulamentos de emergência" que davam ao mandato o aparato legal de uma ditadura. Sob a autoridade desses regulamentos, os britânicos destruíram as casas de todas as pessoas envolvidas em ataques ou suspeitas de ajudar os insurgentes. Estima-se que 2 mil casas tenham sido destruídas entre 1936 e 1940. Combatentes e civis inocentes foram mandados para campos de concentração — em 1939, mais de 9 mil palestinos eram mantidos em instalações superlotadas. Os suspeitos eram submetidos a interrogatórios violentos, que se valiam de táticas que iam da humilhação à tortura. Os infratores mais jovens, entre sete e dezesseis anos de idade, eram açoitados. Entre 1938 e 1939, mais de cem árabes foram condenados à morte, sendo mais de trinta de fato executados. Os palestinos, além disso, foram usados como escudos humanos para impedir que os insurgentes colocassem minas terrestres nas estradas usadas pelas forças britânicas.[46]

O uso excessivo da força e as punições coletivas degeneraram em abusos e atrocidades que manchariam para sempre o mandato britânico na memória dos palestinos. As atrocidades mais hediondas vinham em retaliação à morte de soldados britânicos pelos insurgentes. Em um caso bem documentado, soldados britânicos se vingaram de companheiros mortos por uma mina terrestre em setembro de 1938 colocando mais de vinte homens da aldeia de al-Bassa em um ônibus e forçando-os, sob a mira de armas, a dirigi-lo sobre uma enorme mina terrestre que os próprios britânicos tinham enterrado no meio da estrada de acesso à aldeia. Todos os ocupantes morreram na explosão, e seus corpos mutilados foram fotografados por um soldado britânico antes que os aldeões fossem obrigados a enterrá-los em uma vala comum.[47]

Os árabes palestinos haviam sofrido uma derrota total e, em 1939, não conseguiam mais lutar. Cerca de 5 mil homens foram mortos e 10 mil ficaram feridos — ao todo, mais de 10% da população masculina adulta foi morta, ferida, presa ou exilada. No entanto, os britânicos dificilmente poderiam reivindicar a vitória. O custo de reprimir a revolta era insustentável, e eles não haviam conseguido impor suas políticas aos árabes palestinos. Com a guerra iminente na Europa, Whitehall não podia mais dispor de tantos soldados para travar uma guerra colonial. A fim de restaurar a paz em seu conturbado mandato palestino, os britânicos arquivaram o plano de partição da Comissão Peel. Mais uma vez uma comissão foi convocada para reexaminar a situação na Palestina, e mais uma vez publicou um Livro Branco para considerar as queixas dos árabes.

O Livro Branco de 1939 seria o melhor acordo que a Grã-Bretanha jamais ofereceria aos árabes palestinos. A nova política limitava a imigração judaica a 15 mil pessoas por ano durante cinco anos, ou 75 mil no total. Isso aumentaria a proporção dos Yishuv para 35% da população total da Palestina — uma minoria grande o suficiente para cuidar de si mesma, mas não tão grande a ponto de assumir o controle do país como um todo. Não haveria novas ondas de imigração de judeus sem o consentimento da maioria árabe — o que todas as partes admitiam ser muito improvável. A compra de terras judaicas seria proibida ou severamente restringida, dependendo da região. Por fim, a Palestina conquistaria sua independência no prazo de dez anos sob um governo conjunto de árabes e judeus, "de forma a garantir que os interesses essenciais de cada comunidade sejam salvaguardados".[48]

O Livro Branco de 1939 se revelou insatisfatório tanto para os árabes como para os judeus. A comunidade árabe o rejeitou porque ele permitia o prosseguimento da imigração judaica, ainda que a uma taxa reduzida, preservava o statu quo político e retardava a independência da Palestina por mais dez anos. Já os Yishuv o rejeitaram porque ele fechava a Palestina à imigração judaica num momento em que aumentavam as atrocidades nazistas contra os judeus. (Em novembro de 1938, bandos nazistas haviam aterrorizado cidadãos judeus alemães no episódio conhecido como Noite dos Cristais, o pior pogrom da Europa até então.) O Livro Branco também descartava a criação de um Estado judeu na Palestina, relegando os Yishuv a um status minoritário em um futuro Estado árabe palestino.

A liderança da própria Yishuv ficou dividida pelo Livro Branco de 1939. David Ben-Gurion deixou clara sua oposição à proposta dos britânicos desde o início. No entanto, ele via a Alemanha nazista como a maior ameaça ao bem-estar do povo judeu e prometeu lutar ao lado da Grã-Bretanha contra o nazismo como se não houvesse um Livro Branco. Os braços extremistas do movimento sionista — o Irgun e o Lehi — responderam ao Livro Branco declarando a Grã-Bretanha como inimiga. Eles lutaram contra a sua presença na Palestina, vista como um Estado imperial ilegítimo que negava a independência ao povo judeu, e passaram a utilizar táticas de terror para concretizar a criação do Estado sionista. No final da Segunda Guerra Mundial, após a erradicação do nazismo, a Grã-Bretanha se veria combatendo uma revolta judaica de magnitude muito maior do que os árabes jamais haviam armado contra o domínio britânico.

* * *

No final da Primeira Guerra Mundial, o domínio da Grã-Bretanha sobre o Oriente Médio era incontestável. Suas tropas ocupavam o mundo árabe do Egito ao Iraque, e seu controle sobre o golfo Pérsico era inexpugnável. Embora poucos tivessem desejado o governo dos europeus, a maioria respeitava seus senhores coloniais, por mais relutantes que fossem. Os britânicos eram eficientes, enigmáticos, organizados, tecnologicamente avançados e possuíam uma enorme força militar. A Grã-Bretanha era mesmo grande, um colosso que se erguia sobre suas possessões.

Duas décadas de domínio colonial revelaram que o colosso tinha pés de barro. Em toda a região, os britânicos enfrentaram uma gama de oposições, desde a política nacionalista moderada até a insurgência armada radical. No Iraque, na Palestina e no Egito, foram forçados a negociar e renegociar os termos de sua presença indesejada. Cada concessão britânica à oposição árabe, cada inversão de política revelavam a falibilidade do poder imperial.

Foi a crescente ameaça do fascismo na Europa, no entanto, que transformou as possessões da Grã-Bretanha no Oriente Médio no ponto vulnerável do seu império. Às vezes, parecia que as colônias árabes conseguiriam escapar do seu controle. As ações britânicas no Iraque e no Egito durante a Segunda Guerra Mundial demonstraram a fraqueza de sua posição de uma forma que permitia antever o fim de seu domínio no Oriente Médio.

No IRAQUE, os britânicos tiveram de enfrentar um golpe de Estado pró--Eixo em 1º de abril de 1941. O país era governado então por um regente impopular, o príncipe Abd al-Ilah (g. 1939-53), que reinava em nome do monarca ainda criança, Faisal II (g. 1953-8). Quando Abd Ilah apoiou os pedidos britânicos para a renúncia do popular primeiro-ministro Rashid Ali al-Kaylani com base em suas tendências pró-Eixo, os principais oficiais iraquianos apoiaram o primeiro-ministro. O oficialato superior acreditava que a Alemanha e a Itália venceriam a guerra e que os interesses do Iraque dependiam das boas relações com o Eixo. O regente, temendo um golpe militar, fugiu para a Transjordânia, deixando Rashid Ali e as forças arma-das iraquianas no controle do país.

Na ausência do regente, o exercício da autoridade política por parte de Rashid Ali foi considerado pela Grã-Bretanha um golpe de Estado. Apesar dos esforços de Rashid Ali para demonstrar aos seus senhores coloniais que nenhuma mudança fundamental havia ocorrido, o tom nacionalista de seu novo gabinete (que incluía o líder palestino háji Amin Husseini, o grande mufti exilado por suas visões nacionalistas extremas, que era um conselheiro próximo de Rashid Ali) serviu apenas para exacerbar os medos britânicos. Invocando os termos do Tratado Anglo-Iraquiano de 1930, a Grã-Bretanha pediu permissão para desembarcar tropas no Iraque. Rashid Ali e os oficiais nacionalistas recusaram, desconfiando das intenções do governo imperial. Ousados, os britânicos começaram a desembarcar sol-dados mesmo assim. Os iraquianos ameaçaram então atirar contra aviões britânicos não autorizados, sendo advertidos de que isso daria motivos para uma guerra. Nessas circunstâncias, nenhum dos lados podia se dar ao luxo de recuar.

A Grã-Bretanha e o Iraque entraram em guerra em maio de 1941. Os combates começaram nas imediações da base britânica em Habbaniyya e duraram vários dias até que as forças iraquianas recuaram em Faluja, onde se reagruparam para defender Bagdá. Novas tropas britânicas foram enviadas da Índia e da Transjordânia. Rashid Ali procurou a Alemanha e a Itália para solicitar apoio contra os ingleses. As potências do Eixo conseguiram enviar trinta aeronaves e algumas armas de pequeno calibre, mas, em vista das limitações de tempo, não puderam intervir mais diretamente. Enquanto as forças britânicas se aproximavam de Bagdá, Rashid Ali e seus aliados políticos, inclusive o háji Amin Husseini, fugiram. Eles encarregaram o alcaide de Bagdá de negociar um armistício com os britânicos e deixaram todo o país em um estado caótico.

A comunidade judaica de Bagdá foi vitimada pelo caos após a queda do governo de Rashid Ali em 1941. O sentimento antibritânico se juntou com a hostilidade ao projeto sionista na Palestina e noções alemãs de antissemitismo para produzir um pogrom sem precedentes na história árabe, conhecido como *Farhud*. A comunidade judaica em Bagdá era grande e altamente assimilada em todos os níveis, das elites aos bazares e às salas de música, sendo judeus muitos dos artistas mais célebres do Iraque. No entanto, tudo isso foi esquecido ao longo de dois dias de violência e derramamento de sangue durante os quais duzentas vidas foram ceifadas e lojas e casas judaicas foram roubadas e destruídas, até que as autoridades britânicas decidissem entrar na cidade e restabelecer a ordem.

A queda do governo de Rashid Ali levou à restauração da monarquia hachemita no Iraque. O regente Abd Ilah e os políticos iraquianos mais simpáticos aos britânicos voltaram ao poder pelas mãos de seu antigo senhor colonial. Os nacionalistas iraquianos ficaram indignados, argumentando que Rashid Ali desfrutava de amplo apoio entre o povo. Claramente, os britânicos só permitiriam aos iraquianos uma liderança que contasse com a aprovação de Londres. Tendo ocorrido apenas nove anos após o Iraque ter alcançado sua independência nominal, essa intervenção serviu para desacreditar aos olhos do povo tanto a Grã-Bretanha quanto a monarquia hachemita.

A Grã-Bretanha, no entanto, foi quem mais perdeu com o episódio. Seu mandato no Iraque, que havia sido uma história de sucesso, agora dependia de uma monarquia abalada, um exército perigoso e uma população tão hostil ao papel britânico no Oriente Médio que preferia tentar a sorte com seus inimigos do Eixo.

O Eixo também tinha seus partidários no Egito. Os nacionalistas não estavam satisfeitos com a independência parcial alcançada no Tratado Anglo-Egípcio de 1936. A Grã-Bretanha continuara a exercer um controle desproporcional sobre os assuntos do país e controle total sobre o Sudão. Com a eclosão da Segunda Guerra, o Egito foi inundado por tropas britânicas, e o governo egípcio parecia mais subordinado à Grã-Bretanha desde a independência do que antes dela. A situação era intolerável para uma nova geração de nacionalistas egípcios, cuja inimizade com a Grã-Bretanha os fez preferir os países do Eixo, inimigos de seus senhores.

Os italianos e os alemães jogaram com o sentimento nacionalista para isolar os britânicos no Egito. Os italianos lançaram uma nova e poderosa estação de rádio para levar sua propaganda ao Egito e ao Mediterrâneo Oriental — a Rádio Bari, que anunciava os feitos do governo fascista de Benito Mussolini. A combinação de nacionalismo extremo, liderança forte e poder militar do fascismo atraía muito mais os nacionalistas egípcios do que as disputas mesquinhas da democracia multipartidária que a Grã-Bretanha impusera a seu país. Com a Alemanha e a Itália em guerra contra a Grã-Bretanha, muitos egípcios esperavam ver as potências do Eixo derrotarem os britânicos e forçá-los a sair do Egito de uma vez por todas.

Com o início da campanha norte-africana em 1940, alguns nacionalistas acreditavam que o momento da libertação estava próximo. Forças italianas partiram da Líbia para atacar posições britânicas no Egito. Forças alemãs se juntaram aos italianos no norte da África com um corpo especialmente bem treinado: o Afrika Korps, comandado pelo brilhante marechal de campo Erwin Rommel. No inverno de 1942, as forças do Eixo representavam uma ameaça real à posição da Grã-Bretanha no Egito. Alguns líderes políticos egípcios, inclusive o próprio rei Faruq, pareciam bastante receptivos à ideia de a Alemanha expulsar os britânicos do Egito em seu lugar.

A desconfiança de Whitehall em relação às tendências fascistas do primeiro-ministro egípcio, Ali Mahir, levou os britânicos a exigirem sua renúncia em junho de 1940. Esse tipo de intervenção revelava o desrespeito da Grã-Bretanha pela soberania e independência do Egito e piorou as relações entre os países. À medida que as forças alemãs e italianas ganhavam vantagem nos campos de batalha do norte da África, os britânicos tentaram esmagar o apoio ao Eixo dentro dos círculos políticos do Egito. Ironicamente, o único partido político egípcio com credenciais antifascistas confiáveis era o Wafd. Em 4 de fevereiro de 1942, o alto-comissário britânico, Sir Miles Lampson, apresentou um ultimato ao rei Faruq: ou ele nomeava Mustafa Nahhas para formar um governo totalmente wafdista ou deveria abdicar do trono. Para deixar clara a gravidade da situação, Lampson posicionou tanques britânicos em volta do Palácio de Abdin, no centro do Cairo.

O ultimato destruiu vinte anos de política anglo-egípcia, comprometendo os três pilares do sistema: a monarquia, o Wafd e os próprios britânicos. Ao sucumbir às ameaças britânicas e permitir que uma potência estrangeira lhe impusesse um governo, o rei Faruq havia traído seu país. Muitos nacionalistas acreditavam que ele deveria ter enfrentado os britânicos, mesmo correndo risco de morte. Quanto ao Wafd, o partido que conquistara o apoio do povo egípcio para lutar contra o imperialismo havia concordado em chegar ao poder pelas baionetas dos britânicos. No entanto, foi a histeria por trás do ultimato que revelou como os britânicos se sentiam fracos e ameaçados diante dos avanços do Eixo no deserto ocidental. Eles estavam na defensiva não só contra o Eixo mas também contra o nacionalismo egípcio, e haviam mostrado sua falibilidade. A tripla luta pelo poder entre os britânicos, a monarquia e o Wafd desmoronou em fevereiro de 1942. Uma década depois, as três partes seriam varridas pela agitação revolucionária dos anos 1950.

Os BRITÂNICOS ENTRARAM NO Oriente Médio com a intenção de integrar o mundo árabe em um império que eles imaginavam que duraria para sempre, mas, desde o início, encontraram forte oposição — no Egito, no Iraque e particularmente na Palestina. Com o aumento da oposição nacionalista e do custo de manter o império formal, a Grã-Bretanha tentou modificar os termos do império admitindo independências nominais e assegurando seus interesses estratégicos por meio de tratados. No entanto, nem mesmo essa concessão a seus oponentes nacionalistas foi capaz de reconciliar os árabes com a posição britânica no Oriente Médio. Ao longo da Segunda Guerra Mundial, a oposição interna em suas colônias árabes deixou a Grã--Bretanha altamente vulnerável. A Itália e a Alemanha se apressaram a explorar essa fragilidade e jogaram com as aspirações nacionalistas dos Estados árabes em benefício das potências do Eixo. À medida que o mundo árabe se desatrelava do controle da Grã-Bretanha, o Império Britânico no Oriente Médio se tornou mais um fardo do que um ativo.

O único consolo possível para os britânicos era o fato de a sua rival imperial, a França, não ter tido maior êxito em suas possessões árabes.

8. O Império Francês no Oriente Médio

HAVIA MUITO TEMPO QUE A França cobiçava a Grande Síria — um território que compreende os modernos Estados da Síria, do Líbano, da Palestina, de Israel e da Jordânia — para o seu império no mundo árabe. Em 1799, Napoleão a invadira a partir do Egito, tendo seu avanço freado em Acre pela obstinada resistência dos defensores otomanos, que o obrigaram a recuar. Na década de 1830, a França havia apoiado Muhammad Ali em sua invasão ao território vizinho, na esperança de ampliar a influência na Síria através de seu aliado egípcio. Quando o Egito se retirou do país, em 1840, os franceses aprofundaram seus laços com as comunidades católicas autóctones da região, particularmente os maronitas de Monte Líbano. Em 1860, com o massacre dos maronitas pelos drusos, a França despachou uma força de campanha de 6 mil homens à região em uma tentativa evidente de impor sua reivindicação à costa síria. Mais uma vez foram frustrados, visto que o governo otomano conseguiu reafirmar o controle sobre suas províncias árabes durante o meio século seguinte.

A Primeira Guerra Mundial finalmente ofereceu à França a oportuni-dade de garantir sua reivindicação. Em guerra com o Império Otomano, a França e seus aliados da Entente poderiam discutir abertamente a divi-são dos territórios turcos em caso de vitória. O governo francês obteve o apoio da Grã-Bretanha a suas ambições por meio de intensas negociações entre Sir Mark Sykes e François Georges-Picot ao longo dos anos 1915-6, que culminaram no Acordo Sykes-Picot. Tendo já colonizado a Argélia, a Tunísia e o Marrocos, a França estava confiante de que dispunha do conhe-cimento e da experiência necessários para governar os árabes com sucesso. O que havia funcionado no Marrocos, pensavam os franceses, funcionaria também na Síria. Além disso, a França conquistara, ao longo das décadas, a lealdade e o apoio da comunidade cristã maronita de Monte Líbano. De fato, até o final da Primeira Guerra Mundial, o Líbano foi provavelmente o único país do mundo com um eleitorado expressivo fazendo lobby ativo por um mandato francês.

O Líbano do período otomano tardio era um território estranhamente confuso. Depois dos massacres de 1860 às comunidades cristãs, os otomanos e as potências europeias concordaram em estabelecer a província especial de Monte Líbano na montanhosa região com vista para o Mediterrâneo a oeste e o vale do Beca a leste. O estratégico litoral, que abrigava as cidades portuárias de Tiro, Sídon, Beirute e Trípoli, foi mantido sob administração otomana direta. Em 1888, o litoral sírio passou a se chamar Província de Beirute. Monte Líbano era praticamente isolada do mar, e a Província de Beirute, em muitos pontos, não possuía mais do que alguns quilômetros de largura.

Uma das principais deficiências da província autônoma de Monte Líbano era a sua limitação geográfica. O território era muito pequeno e infértil para sustentar uma grande população, e muitos libaneses se viram obrigados a deixar sua terra natal em busca de melhores oportunidades nos últimos anos do domínio otomano. Entre 1900 e 1914, cerca de 100 mil libaneses — talvez um quarto da população total — partiram de Monte Líbano em direção ao Egito, à África Ocidental e às Américas.[1] Isso era um motivo de crescente inquietude para o Conselho de Administração que governava a província, cujos doze membros representavam proporcionalmente as diversas comunidades estabelecidas no território. Com o fim da Primeira Guerra Mundial, os membros do Conselho de Administração começaram a aspirar por um país maior e procuraram a França, sua patrona de longa data, para ajudá-los a alcançar suas ambições.

O Conselho de Administração de Monte Líbano se reuniu em 9 de dezembro de 1918 e acordou os termos que pretendia apresentar à Conferência de Paz de Paris. O conselho buscava a completa independência do Líbano, dentro de suas "fronteiras naturais", sob a tutela francesa. Por "fronteiras naturais", os membros do conselho previam a expansão

de Monte Líbano até as cidades costeiras de Trípoli, Beirute, Sídon e
Tiro, bem como o vale do Beca a leste até as encostas ocidentais da cordilheira do Antilíbano. Um Líbano dentro de suas "fronteiras naturais"
seria enquadrado entre os rios ao norte e ao sul, as montanhas a leste e
o Mediterrâneo a oeste.

O povo de Monte Líbano sabia que a França vinha defendendo esse
"Grande Líbano" desde a década de 1860, e esperava conseguir alcançar essas dimensões geográficas por intermédio de um mandato francês. Assim,
o Conselho de Administração da província foi formalmente convidado
pelo governo francês para apresentar seu caso à Conferência de Paz de
Paris — o que não aconteceu com Estados árabes inconvenientes como o
Egito ou a Síria, que foram desprezados ou excluídos por possuírem aspirações nacionalistas que entravam em conflito com as ambições imperiais
das potências reunidas.

O Conselho de Administração enviou a Paris uma delegação de cinco
homens chefiada por Daoud Ammoun, um importante político maronita.[2]
Em 15 de fevereiro de 1919, Ammoun expôs as aspirações de Monte Líbano
em seu discurso ao Conselho dos Dez na Conferência de Paz de Paris:

> Queremos um Líbano livre de toda servidão, um Líbano livre para perseguir
> seu destino nacional e restabelecido em suas fronteiras naturais — condições
> indispensáveis para que possa viver em liberdade e prosperar em paz.
>
> No entanto, sabemos que não é possível desenvolver nossa economia e
> organizar nossa liberdade sem o apoio de uma grande potência, pois não
> dispomos dos técnicos treinados no funcionamento da vida moderna e da
> civilização ocidental. No passado, a França sempre nos defendeu, nos deu
> apoio, orientação e instrução e garantiu nossa segurança. Temos uma rela-
> ção de longa amizade. Desejamos que ela nos ajude a nos organizar e que
> assegure a nossa independência.[3]

A delegação libanesa não estava procurando o colonialismo francês no
Líbano, mas o apoio da França no sentido de alcançar o seu objetivo final,
a independência. Os franceses, porém, pareciam ouvir apenas o que lhes

convinha, e ficaram contentes em usar a delegação libanesa para legitimar suas próprias reivindicações sobre o país.

Mas o Conselho de Administração não falava por todos os libaneses. Mais de 100 mil emigrantes libaneses viviam no exterior — na África, na Europa e nas Américas — e mostravam um interesse apaixonado pelo futuro político de sua terra natal. Muitos expatriados libaneses haviam passado a se ver como membros de um povo maior que compreendia emigrantes da Palestina, do interior sírio e da Transjordânia. Entre esses "sírios" estavam alguns dos mais famosos escritores libaneses, entre os quais Khalil Gibran, autor de *O profeta*, uma obra-prima do misticismo. Eles viam o Líbano como parte integrante, embora distinta, da Grande Síria e pressionavam pela independência da Síria como um todo, sob a tutela francesa. Dado o seu apoio ao domínio francês, os defensores libaneses da Grande Síria também foram convidados a expor suas aspirações na Conferência de Paz de Paris.

Um dos mais proeminentes expatriados libaneses era Shukri Ghanim. Presidente do Comitê Central Sírio, uma rede nacionalista com filiais no Brasil, nos Estados Unidos e no Egito, Ghanim compareceu perante o Conselho dos Dez em fevereiro de 1919 para defender uma federação de Estados sírios sob o mandato francês. "A Síria deve ser dividida em três partes", argumentou ele, "ou quatro, se a Palestina não for excluída. O Grande Líbano ou Fenícia, a região de Damasco e a de Alepo [devem ser] constituídos em Estados independentes e democráticos." Ghanim, no entanto, não acreditava que todos os sírios fossem iguais, e concluiu sinistramente: "O papel da França consiste em orientar, aconselhar e equilibrar as coisas — não devemos temer dizer isso aos nossos compatriotas, que são homens razoáveis —, dosando nossas liberdades de acordo com nossos diferentes níveis de saúde moral".[4] Embora possamos apenas conjecturar o que Ghanim quis dizer com "saúde moral", está claro que ele acreditava que o Líbano era muito mais avançado do que as outras partes da Síria e que estava mais bem preparado para desfrutar de liberdades políticas plenas sob a tutela francesa do que Damasco, Alepo e assim por diante. Em muitos aspectos, o apelo de Ghanim estava mais de acordo com o pensamento francês do que a apresentação de Daoud Ammoun em nome do Conselho de Administração de Monte Líbano.

Havia, no entanto, uma terceira tendência na política libanesa que era abertamente hostil à posição da França no Levante. Os muçulmanos sunitas e os cristãos ortodoxos gregos de cidades costeiras como Trípoli, Beirute, Sídon e Tiro não desejavam ficar isolados da corrente dominante da sociedade política síria e se descobrirem reduzidos de repente a uma minoria em um Estado libanês dominado pelos cristãos. Havia uma clara divisão entre a política francófila da administração de Monte Líbano e o arabismo da província costeira de Beirute. Depois de séculos de domínio otomano, os nacionalistas de Beirute queriam fazer parte de um império árabe mais amplo e apoiavam o governo do emir Faisal em Damasco. Faisal, que entre 1916 e 1918 havia liderado a revolta árabe contra o domínio otomano na região que ia do Hejaz a Damasco, falava em nome dos libaneses da planície costeira quando se dirigiu ao Conselho dos Dez em Paris, em fevereiro de 1919. O Líbano, argumentou ele, era parte do reino árabe prometido a seu pai, o xarife Hussein, pelo alto-comissário britânico, Sir Henry McMahon, e deveria estar sob o governo árabe de Faisal em Damasco, sem nenhum mandato.

O apelo de Faisal às grandes potências em Paris encontrou apoio generalizado entre os nacionalistas árabes em Beirute. Muhammad Jamil Bayhum era um jovem intelectual que se tornou um dos fervorosos defensores do emir. Em julho de 1919, Bayhum foi eleito para representar Beirute no Congresso Geral convocado em Damasco antes da chegada da Comissão King-Crane. "As autoridades francesas fizeram de tudo para impedir a eleição, pressionando tanto os eleitores quanto os candidatos", lembrou Bayhum. "No entanto, suas tentativas de persuadir e coagir foram em vão."[5] O Líbano estava bem representado no Congresso Geral da Síria, com 22 representantes de todas as partes do país.

Bayhum participou do congresso, que teve início em 6 de junho de 1919, com grande entusiasmo. Os representantes acreditavam firmemente terem se reunido com o objetivo de comunicar os desejos políticos do povo sírio, através da Comissão King-Crane, às grandes potências da

Conferência de Paz de Paris. Eles aspiravam a um Estado árabe em toda a Grande Síria sob o governo de Faisal em Damasco, com pouca ou nenhuma interferência estrangeira. Bayhum descreveu a atmosfera política em Damasco como carregada de otimismo e elevados ideais, comparando a cidade à revolucionária Paris de 1789. "Participamos do Congresso junto com os representantes da Palestina, da Jordânia, de Antioquia, Alexandreta e Damasco, todos nós esperando que os Estados aliados ouvissem nossos apelos e nos concedessem a liberdade e a independência que nos haviam sido prometidas."[6]

Bayhum permaneceu em Damasco para assistir às sessões do Congresso Geral bem depois que a Comissão King-Crane chegou e partiu, em julho de 1919. Consternado, ele viu quando a Grã-Bretanha retirou suas tropas da Síria, em outubro de 1919, e forças francesas começaram a tomar seu lugar. Durante o inverno de 1919-20, a França começou a impor termos cada vez mais rigorosos ao isolado Faisal, fragmentando a Grande Síria e despojando o governo do emir de sua independência. Em março de 1920, o Congresso declarou a independência da Grande Síria, numa última tentativa de impedir a imposição de mandatos, apresentando às potências europeias um *fait accompli*. O Congresso Geral reivindicou o Líbano como parte do território sírio, afirmando em sua declaração de independência: "Levaremos em consideração todos os desejos patrióticos dos libaneses com respeito à administração de seu país, dentro de seus limites anteriores à guerra, sob a condição de que o Líbano se distancie de todas as influências estrangeiras".

O Conselho de Administração de Monte Líbano se apressou a protestar contra a declaração do Congresso Geral, insistindo que o governo de Faisal não tinha o direito de falar em nome do Líbano, limitar suas fronteiras e proibir a colaboração da França.[7] No entanto, os líderes políticos libaneses estavam cada vez mais preocupados com as intenções francesas. Em abril de 1920, Grã-Bretanha e França confirmaram a distribuição final das províncias árabes do Império Otomano na Conferência de San Remo. O Líbano e a Síria foram concedidos aos franceses, e a Palestina e o Iraque transferidos ao domínio britânico. Embora muitos maronitas tivessem procurado assistência técnica e apoio político junto aos franceses, eles esperavam que a França agisse movida por altruísmo e não por interesses imperiais. À medida que se preparavam para iniciar seu mandato, os administradores militares franceses começaram a impor suas políticas ao Conselho de Administração em Monte Líbano. Os políticos libaneses, por sua vez, começaram a se perguntar se havia sido boa ideia buscar o apoio francês para a criação de seu Estado.

Em julho de 1920, sete dos onze membros do Conselho de Administração decidiram dar uma guinada espetacular em sua abordagem e tentaram chegar a um acordo com a administração do rei Faisal em Damasco. Eles elaboraram um memorando em que pediam uma ação conjunta entre a Síria e o Líbano com vistas à independência completa dos dois países e uma solução negociada para as diferenças territoriais e econômicas entre os dois lados. Os conselheiros libaneses dissidentes solicitavam a formação de uma delegação sírio-libanesa para apresentar suas reivindicações às potências europeias ainda reunidas em Paris. No entanto, quando os franceses souberam da iniciativa, prenderam os sete conselheiros enquanto estes se dirigiam a Damasco.

A prisão de alguns dos políticos mais respeitados do Líbano chocou toda a região. Bishara al-Khoury (1890-1964) era um jovem advogado maronita que havia trabalhado em estreita colaboração com os administradores militares franceses no Líbano (mais tarde ele se tornaria o primeiro presidente independente do país). No final da noite de 10 de julho de 1920, o alto-comissário francês, general Henri Gouraud, pediu a Khoury para ir à sua residência a fim de discutir um assunto urgente. Khoury encontrou Gouraud entre seus oficiais, andando inquieto de um lado para outro. O alto-comissário informou a Khoury que os franceses tinham acabado de prender os sete conselheiros dissidentes.

"Eles não passam de traidores. Estavam buscando uma aliança com o emir Faisal para anexar o Líbano à Síria", explicou Gouraud. "O Conselho de Administração foi dissolvido."

Khoury ficou estarrecido. "O que motivou esse ato de violência?"

Gouraud respondeu que os franceses haviam encontrado um memorando com os conselheiros, no qual eles definiam seus objetivos. "O senhor é um libanês antes de tudo", disse a Khoury. "Concorda com as ações deles?"

Khoury, que não tivera acesso ao texto do memorando, respondeu com cautela: "Concordo com todos os que buscam a independência, embora pessoalmente preferisse não recorrer a ninguém de fora do Líbano". "Então estamos de acordo", respondeu um dos oficiais franceses, e Gouraud informou a Khoury que os sete conselheiros seriam levados a um tribunal militar.

O julgamento dos conselheiros dissidentes suscitou críticas de alguns dos mais fortes defensores da França no Líbano. Advogado de formação, Khoury ficou espantado que um julgamento tão importante pudesse ser concluído em apenas dois dias, e observou que o processo ocorreu "em um clima de terrorismo". Sentiu-se ofendido ao ver as testemunhas libanesas forçadas a declarar "seu amor pela França" como parte de seu testemunho. Os réus foram multados, proibidos de trabalhar no Líbano e exilados na Córsega. Para piorar as coisas, quando Khoury finalmente leu o texto do memorando, viu-se de acordo com a maioria de seus objetivos.[8] Por meio de ações arbitrárias, os franceses estavam enfraquecendo seriamente sua base de apoio no Líbano.

Apesar de tudo, os planos franceses para o novo Estado libanês prosseguiram em ritmo acelerado. Em 31 de agosto de 1920, as fronteiras de Monte Líbano foram ampliadas de modo a englobar as fronteiras naturais a que os nacionalistas libaneses aspiravam, e o Estado "independente" do Grande Líbano foi estabelecido no dia seguinte com a ajuda francesa. No entanto, quanto maior a ajuda da França, menor era a independência de que o Líbano gozava. O extinto Conselho de Administração foi substituído por uma Comissão de Administração, chefiada por um governador francês que respondia diretamente ao alto-comissário Gouraud.

Ao impor uma nova estrutura administrativa ao Líbano, a França começou a delinear a cultura política do novo Estado de acordo com suas próprias opiniões sobre a sociedade libanesa. Os franceses viam o Líbano como uma mistura volátil de comunidades e não como uma comunidade nacional distinta, e moldaram as instituições políticas do país de acordo com essa ideia. Os cargos políticos dentro da nova Comissão de Administração foram distribuídos entre as diferentes comunidades religiosas libanesas segundo um sistema conhecido como confessionalismo, e idealmente em proporção ao seu peso demográfico. Devido à sua longa história como patrona dos católicos do Líbano, a França estava determinada a garantir que o Líbano fosse um Estado cristão.

O desafio para a França era expandir as fronteiras do Líbano sem fazer dos cristãos uma minoria em seu próprio país. Embora representassem 76% da população de Monte Líbano, os cristãos eram uma minoria distinta tanto nas cidades costeiras recém-anexadas como nos territórios a leste do vale do Beca e na cordilheira do Antilíbano. A proporção de cristãos no Grande Líbano era, portanto, de apenas 58% da população total e, dadas as diferenças nas taxas de fertilidade, estava em declínio.[9] Ignorando a nova realidade demográfica da população libanesa, os franceses favoreceram os cristãos e deram a eles uma representação desproporcional na Comissão de Administração: dez cristãos para quatro muçulmanos sunitas, dois muçulmanos xiitas e um representante druso.

Embora os especialistas franceses acreditassem que esse arcaico sistema de governo fosse o que melhor se encaixava na cultura política do país, muitos intelectuais libaneses estavam cada vez mais desconfortáveis com o confessionalismo e aspiravam a uma identidade nacional. No jornal *Le Réveil*, um articulista escreveu:

> Queremos nos tornar uma nação no sentido real e completo da palavra? Ou preferimos permanecer como uma mistura risível de comunidades, sempre separadas umas das outras como tribos hostis? Devemos adotar um mesmo símbolo unificador, isto é, uma nacionalidade. E esta é uma flor que não poderá jamais prosperar na sombra de campanários e minaretes, mas apenas sob uma bandeira.[10]

No entanto, a primeira bandeira que os franceses permitiram ao Líbano independente foi a tricolor francesa, com um cedro no centro. A França estava começando a mostrar suas verdadeiras cores.

Em março de 1922, Gouraud anunciou que a Comissão de Administração seria dissolvida e substituída por um Conselho de Representantes eleito. A medida irritou os políticos libaneses não só porque os franceses agiram de maneira unilateral, mas também porque a nova assembleia eleita teria menos responsabilidades do que a antiga comissão. Longe de ser uma legislatura eleita, o Conselho de Representantes estava impedido de discutir assuntos políticos e só podia se reunir durante três meses ao ano. O decreto conferia o poder legislativo ao alto-comissário francês, que tinha a prerrogativa de adiar ou dissolver o conselho a seu bel-prazer. Até mesmo os mais fervorosos defensores da França no Líbano ficaram indignados. "Este decreto de escravidão apresenta [a França] como uma potência conquistadora disposta a pisotear com as botas de seus soldados vitoriosos os tratados e a amizade que nos uniam a ela", escreveu um desiludido emigrado francófilo.[11]

Sem se deixar intimidar pela crescente oposição libanesa ao seu governo, os franceses procederam às eleições para o Conselho de Representantes, e não pouparam esforços para garantir que seus partidários fossem eleitos e seus oponentes, excluídos.

Muhammad Jamil Bayhum, o representante de Beirute no Congresso Geral de 1919, se opusera ao mandato por princípio e criticava de maneira aberta as medidas administrativas francesas no Líbano. Embora nunca tivesse considerado a possibilidade de concorrer ao cargo, amigos próximos o convenceram a participar de uma chapa de oposição. Bayhum se reuniu com o administrador francês responsável pela organização das eleições para saber se as autoridades tinham algo a objetar à sua candidatura. O oficial, monsieur Gauthier, assegurou-lhe que as eleições seriam livres e que as autoridades francesas não interviriam no processo. Incentivado pela resposta de Gauthier, Bayhum anunciou sua candidatura em uma forte chapa nacionalista, que rapidamente chegou ao topo das pesquisas.

Apesar das garantias de Gauthier, logo ficou claro que a França tinha toda a intenção de intervir no processo eleitoral. Quando perceberam o apelo eleitoral da chapa nacionalista, os franceses trabalharam para enfraquecer seus candidatos. Poucas semanas depois de sua primeira reunião,

Gauthier chamou Bayhum em seu escritório e lhe pediu que retirasse a candidatura, por "ordem da mais alta autoridade". Bayhum ficou indignado, pois passara um mês intenso em campanha. Gauthier foi direto: "O senhor sofrerá nossa oposição, e, se for eleito, será expulso à força do Conselho". Como se recusou a recuar, não demorou até que Bayhum se visse no tribunal, acusado de fraude. Durante a audiência, o juiz chamou o próprio Gauthier como testemunha.

"Então é verdade que o senhor recebeu muitas queixas contra monsieur Bayhum, confirmando que ele subornou os eleitores a fim de comprar seu voto?", perguntou o juiz.

"Sim, de fato", respondeu Gauthier.

O juiz se virou então para Bayhum e disse: "Eu tenho um enorme arquivo [sobre o senhor]". Ele apontou para uma pasta. "Está transbordando de reclamações contra o senhor por compra de votos, o que é proibido por lei."

Bayhum se defendeu, sem sucesso. As acusações de fraude eleitoral ficaram pairando a fim de pressioná-lo a retirar sua candidatura.

Após a audiência, Bayhum se retirou para discutir a estratégia com os demais integrantes da lista nacionalista. Um de seus amigos era o médico pessoal de Gauthier, que se ofereceu para procurar o administrador francês e tentar persuadi-lo a desistir das acusações. O médico voltou da entrevista rindo, para surpresa de todos. Gauthier havia rejeitado seus esforços em falar em nome de Bayhum, dizendo:

> O senhor, meu amigo, não tem experiência em política. Eu diria que foi o próprio monsieur Bayhum quem nos obrigou a mantê-lo fora da Assembleia. O que queremos é o seguinte: se colocarmos um copo no parapeito de uma janela, ele deve permanecer em seu lugar sem se mover um milímetro sequer.

O médico entendeu muito bem a mensagem de Gauthier: os franceses não tolerariam nenhum desafio às instituições que haviam posto em funcionamento. Um homem como Bayhum ameaçava derrubar o "copo" do domínio colonial francês pela janela do Líbano. Bayhum lembrou: "Todos nós rimos com o médico diante dessa política ridícula, imposta pelo poder mandatário. Era o mesmo país que havia prometido nos ajudar a conquistar a independência". Bayhum retirou sua candidatura e optou por não representar o conselho de nenhuma forma.[12]

As eleições confirmaram a intenção da França de governar o Líbano como uma colônia, em vez de ajudá-lo a alcançar a independência. Essas medidas convenceram alguns dos mais fortes defensores da França no Líbano a se juntarem ao crescente número de nacionalistas libaneses que lutavam contra o domínio europeu. Foi um começo agourento para o Império Francês no Oriente Médio no período entreguerras. Se a França não conseguia fazer as coisas funcionarem no Líbano, como se sairia em outros territórios árabes?

* * *

ENQUANTO OS FRANCESES ENFRENTAVAM as batalhas eleitorais no Líbano, os administradores coloniais no Marrocos eram confrontados por uma grande revolta armada que visava tanto o domínio espanhol quanto o francês. Entre 1921 e 1926, a Guerra do Rife representou o maior desafio até então para o colonialismo europeu no mundo árabe.

Em 1912, a França recebera sinal verde das potências europeias para acrescentar o Marrocos às suas possessões norte-africanas. O sultão marroquino, Mulai Abd Hafiz (g. 1907-12), assinou o Tratado de Fez em março de 1912, preservando o governo de sua família sobre o Marrocos, mas concedendo a maior parte da soberania do país à França sob um arranjo colonial conhecido como protetorado. Em princípio, isso significava que a França protegeria o governo marroquino contra ameaças externas, embora, na prática, os europeus governassem de maneira absoluta, ainda que indireta, por meio do sultão e de seus ministros.

A primeira coisa que os franceses não conseguiram proteger foi a integridade territorial do Marrocos. A Espanha tinha interesses imperiais na região que remontavam ao século XVI, suas fortalezas costeiras tendo havia muito evoluído para enclaves coloniais (Ceuta e Melilla permanecem sob domínio espanhol até hoje, fósseis de um império extinto). A França precisou negociar um pacto com os espanhóis para estabelecer seus respectivos "direitos" sobre o país, um processo concluído em novembro de 1912 com a assinatura do Tratado de Madri. Sob os termos do acordo, a Espanha reivindicava um protetorado nos extremos norte e sul do Marrocos. A zona ao norte compreendia cerca de 20 mil quilômetros quadrados de terras tanto no litoral atlântico e mediterrânico quanto no interior, e a zona ao sul cobria 23 mil quilômetros quadrados de um território desértico que veio a ser conhecido como Saara espanhol, ou Saara Ocidental. Além disso, a cidade portuária de Tânger, no estreito de Gibraltar, foi colocada sob controle internacional. A partir de 1912, o sultão marroquino passou a governar um Estado bastante truncado.

Embora o Marrocos tivesse desfrutado de séculos como Estado independente antes de se tornar um protetorado, seus governantes nunca haviam conseguido estender sua autoridade sobre todo o território nacional. O controle do sultão sempre foi mais forte nas cidades e mais fraco no campo. A situação foi exacerbada quando o Marrocos caiu sob o domínio imperial. Soldados se amotinaram, muitos retornando a suas tribos para fomentar a rebelião no interior. A zona rural do país estava em ebulição quando o primeiro governador francês chegou para ocupar seu cargo, em maio de 1912.

Durante seus treze anos em serviço no Marrocos, o marechal Hubert Lyautey (1854-1934) foi um dos grandes inovadores da administração imperial. Ele chegou a Fez no dia anterior a um ataque maciço de soldados rebeldes e seus partidários tribais, e pôde ver em primeira mão os limites do que os diplomatas franceses haviam conseguido ao garantir o consentimento europeu para o domínio francês no Marrocos.

Embora de formação militar, Lyautey não queria repetir os erros cometidos na Argélia, onde centenas de milhares de argelinos e franceses haviam perecido ao longo de décadas tentando "pacificar" o país à força. Em vez de impor formas europeias de administração, Lyautey esperava conquistar os marroquinos preservando as instituições locais e trabalhando com líderes nativos, a começar pelo sultão.

Os franceses procuraram controlar as cidades do Marrocos por meio das instituições que estruturavam o governo do sultão, conhecido como *Makhzan* (literalmente, "a terra do tesouro"). Lyautey dava grandes mostras de respeito pelos símbolos da soberania do sultão executando o hino marroquino em ocasiões de Estado e hasteando a bandeira nacional nos edifícios públicos. Mas tal respeito pelo *cargo* de sultão nem sempre se estendia ao seu ocupante. Um dos primeiros atos de Lyautey no Marrocos foi forçar a abdicação do sultão Mulai Abd Hafiz, considerado inconfiável, e substituí-lo por um governante mais complacente, Mulai Youssef (g. 1912-27).

Lyautey organizou seu controle sobre o interior marroquino em três pilares indígenas: os "grandes *qaids*", ou líderes tribais; as *tariqas*, ou irmandades místicas islâmicas, cuja rede de alojamentos abrangia todo o país; e o povo berbere autóctone. Os grandes *qaids* comandavam a lealdade de seus companheiros tribais e eram capazes de reunir centenas de homens armados. Tendo testemunhado um ataque tribal a Fez logo após sua chegada, Lyautey reconheceu a importância de garantir o apoio dos *qaids* ao domínio francês. As *tariqas* representavam uma rede de fé que transcendia os laços tribais, e seus alojamentos muitas vezes haviam abrigado dissidentes e mobilizado a oposição religiosa para repelir os invasores não muçulmanos. Lyautey sabia que as *tariqas* argelinas haviam desempenhado um papel importante na resistência de Abdel Kader aos franceses nas décadas de 1830 e 1840 e estava determinado a cooptar seu apoio ao governo. Os franceses procuraram jogar os berberes do norte da África contra seus vizinhos árabes em uma estratégia clássica de dividir para conquistar. Uma lei de setembro de 1914 decretou que as tribos berberes marroquinas seriam governadas de acordo com suas próprias leis e costumes, sob supervisão francesa, como uma espécie de protetorado dentro de um protetorado.

Esse sistema de Lyautey não era menos imperial por preservar as instituições locais. Administradores franceses governavam em todos os departamentos do governo "moderno": finanças, obras públicas, saúde, educação e justiça, entre outros. Assuntos religiosos, doações de caridade, tribunais islâmicos e afins estavam sob a autoridade marroquina. No entanto, o sistema de Lyautey fornecia incentivos aos líderes locais para colaborar com a administração colonial francesa, em vez de subvertê-la. Quanto mais notáveis marroquinos fossem envolvidos no domínio francês, menos ele precisaria "pacificar" o campo de batalha. Lyautey foi festejado como um grande inovador, cuja preocupação em preservar costumes e tradições locais era vista por seus contemporâneos como uma espécie de colonialismo sensível.

Mesmo sob o sistema de Lyautey, no entanto, restava uma grande parte do Marrocos a ser conquistada. Para reduzir o fardo do exército francês, Lyautey recrutou e treinou soldados marroquinos dispostos a entregar o próprio país ao domínio da França. Embora aspirasse à conquista total, Lyautey se concentrou no centro econômico do país, que ele apelidou de *le Maroc utile*, ou "Marrocos útil", e que compreendia as regiões com maiores recursos agrícolas, minerais e hídricos.

A conquista do Marrocos útil prosseguiu lentamente diante da resistência enfrentada no campo. Entre o estabelecimento do protetorado em 1912 e a eclosão da Primeira Guerra Mundial em 1914, o controle francês se estendeu de Fez a Marrakech, incluindo as cidades costeiras de Rabat, Casablanca e o novo porto de Kenitra, que foi rebatizado como Port Lyautey. A situação então ficou suspensa durante os anos de guerra, quando 34 mil soldados marroquinos foram chamados para lutar nas fileiras da França contra a Alemanha, sofrendo grandes baixas em nome de seu senhor imperial. O próprio Lyautey foi convocado entre 1916 e 1917 para servir como ministro da Guerra francês. Ainda assim, o sistema se manteve, com os grandes *qaids* se revelando os maiores apoiadores da França no Marrocos. Os notáveis rurais se reuniram em Marrakech em agosto de 1914 e reconheceram sua dependência dos europeus. "Somos amigos da França", declarou um dos principais homens do grupo, "e, até o final, vamos compartilhar sua sorte, seja ela boa ou má."[13]

NO RESCALDO DA GUERRA e da Conferência de Paz de Paris, Lyautey retomou a conquista do Marrocos — e enfrentou uma oposição mais forte do que nunca. Em 1923, mais de 21 mil tropas francesas estavam lutando contra cerca de 7 mil insurgentes marroquinos. No entanto, seu maior desafio viria de fora do território do protetorado francês, do povo berbere das montanhas do Rife, no norte da zona espanhola. Seu opositor seria o juiz de uma cidade pequena chamado Muhammad ibn Abd al-Karim al--Khattabi, mais conhecido como Abd al-Krim. Nascido nas montanhas do Rife, com vista para a costa do Mediterrâneo, Abd Krim organizou uma rebelião que se estendeu por cinco anos, de 1921 a 1926, e custou a vida de dezenas de milhares de soldados espanhóis, naquela que foi considerada a pior derrota de um exército colonial na África no século xx.[14]

O conflito entre o povo do Rife e os espanhóis eclodiu no verão de 1921. Inspirado por debates sobre a reforma social e religiosa islâmica, Abd Krim rejeitava o domínio dos europeus e desejava estabelecer um Estado independente no Rife, separado do Reino de Marrocos. "Eu queria fazer do Rife um país independente como a França e a Espanha, fundar um Estado livre com soberania total", explicou. "Independência que nos assegurasse total liberdade de autodeterminação e de tratar dos nossos assuntos, e de concluir tratados e alianças como julgássemos melhor."[15]

Líder carismático, Abd Krim recrutou milhares de rifenhos e formou um exército disciplinado e motivado. Eles tinham a dupla vantagem de lutar para proteger suas casas e famílias de invasores estrangeiros e travar esse combate em seu próprio e traiçoeiro terreno. Entre julho e agosto de 1921, as forças de Abd Krim dizimaram o exército espanhol no Marrocos, matando cerca de 10 mil soldados e fazendo centenas de prisioneiros. A Espanha enviou reforços e, no decorrer de 1922, conseguiu reocupar o território que havia perdido. No entanto, os rifenhos continuaram a marcar vitórias contra as tropas espanholas, conseguindo capturar mais de 20 mil rifles, quatrocentos canhões ligeiros e 125 peças de artilharia pesada, que foram rapidamente distribuídos entre seus combatentes.

O líder rifenho pedia resgates por seus prisioneiros para obrigar os espanhóis a subsidiar seu esforço de guerra. Em janeiro de 1923, Abd Krim conseguiu mais de 4 milhões de pesetas do governo espanhol para libertar soldados feitos prisioneiros desde o início da guerra. O enorme montante financiou os ambiciosos planos de Abd Krim para estruturar a revolta destinada a propiciar a formação de um Estado independente.

Em fevereiro de 1923, Abd Krim estabeleceu as bases de um Estado independente no Rife. Ele aceitou as promessas de lealdade das tribos rifenhas e assumiu a liderança política como emir da região. Os espanhóis responderam mobilizando outra força de campanha para reconquistar as montanhas. Entre 1923 e 1924, os rifenhos causaram uma série de derrotas aos ibéricos, coroadas pela conquista da cidade montanhosa de Chaouen, no outono de 1924. Os espanhóis perderam outros 10 mil soldados na batalha. Essas vitórias deram a Abd Krim e suas legiões do Rife mais confiança do que prudência. Se os espanhóis podiam ser derrotados tão facilmente, por que não os franceses?

A Guerra do Rife provocou grande preocupação na França. Em uma excursão pela fronteira norte do Marrocos em junho de 1924, Lyautey ficou alarmado ao ver como a derrota das forças espanholas deixara as posições francesas vulneráveis ao ataque dos rifenhos. O Rife era uma terra pobre e montanhosa imensamente dependente das importações de alimentos dos férteis vales da zona francesa. Lyautey precisava reforçar a região entre Fez e a zona espanhola a fim de impedir que os rifenhos a invadissem em busca de alimentos.

Lyautey retornou a Paris em agosto de 1924 para informar o primeiro-ministro Édouard Herriot e seu governo sobre a ameaça representada pelo Estado insurgente de Abd Krim. No entanto, os franceses estavam sobrecarregados com a ocupação da Renânia e o estabelecimento de sua administração na Síria e no Líbano, e não podiam dispor dos homens e do material que Lyautey julgava indispensáveis para preservar sua posição no Marrocos. Embora ele tenha pedido o envio imediato de quatro batalhões de infantaria, o governo conseguiu reunir apenas dois. Conservador de longa data, Lyautey sentiu que não tinha o apoio do governo radical de Herriot. Com setenta anos e problemas de saúde, ele retornou ao Marrocos sem força física ou política para conter os rifenhos.

Em abril de 1925, as forças de Abd Krim se dirigiram para o sul e invadiram a zona francesa. Elas procuraram o apoio das tribos locais que reivindicavam as terras agrícolas da região. Os comandantes de Abd Krim se reuniram com os líderes tribais para explicar como viam a situação. "A guerra santa havia sido proclamada por Abd Krim, o verdadeiro sultão do Marrocos, para expulsar os infiéis, e particularmente os franceses, em nome da glória maior do islã regenerado." A ocupação de todo o Marrocos pelas forças de Abd Krim, disseram eles, "era apenas uma questão de dias".[16] Abd Krim via cada vez mais seu movimento como uma guerra religiosa contra os não muçulmanos que ocupavam terras islâmicas, e reivindicava o sultanato do Marrocos como um todo, e não apenas sobre a pequena República do Rife.

Como Lyautey temia, os rifenhos varreram rapidamente as mal defendidas terras agrícolas do norte do país. Os franceses foram forçados a evacuar todos os cidadãos europeus e a retirar suas tropas do campo para a cidade de Fez, com pesadas baixas. Em apenas dois meses, eles haviam perdido 43 postos do exército e contado 1500 mortos e 4700 feridos ou desaparecidos em ação contra os rifenhos.

Em junho de 1925, com suas forças acampadas a apenas quarenta quilômetros de Fez, Abd Krim escreveu aos estudiosos islâmicos da famosa universidade-mesquita de Quaraouiyne para tentar fazê-los aderir à sua causa. "Queremos falar aos senhores e aos seus colegas [...], que são homens de boa-fé e não mantêm relações com hipócritas ou infiéis, sobre o estado de servidão em que afunda a nação desunida do Marrocos", explicou ele. Abd Krim acusava o sultão Mulai Youssef de ter traído a nação ao entregá-la aos franceses e de se cercar de autoridades corruptas, e pedia o apoio dos líderes religiosos de Fez como uma questão de dever religioso.[17]

Era um argumento convincente, apresentado em termos teológicos sólidos, respaldados por muitas citações do Alcorão sobre a necessidade da jihad. Mas os religiosos árabes de Fez não apoiaram os berberes rifenhos. Quando chegou aos arredores de Fez, o exército de Abd Krim teve de enfrentar o "Marrocos útil" criado pelo sistema de Lyautey e controlado com força pelos franceses. Diante da escolha entre o aspirante movimento de libertação nacional do Rife e os instrumentos solidamente estabelecidos do domínio imperial, os estudiosos muçulmanos da cidade acreditavam que o sistema de Lyautey era o mais forte.

Em junho de 1925, o movimento de Abd Krim parou nas muralhas de Fez. Se os três pilares do domínio francês no interior eram as irmandades místicas muçulmanas, os principais notáveis das tribos e os berberes, Lyautey havia assegurado dois deles. "A maior razão do meu fracasso", refletiu mais tarde Abd Krim, "foi o fanatismo religioso." A afirmação é incongruente diante do uso do islã feito por Abd Krim para obter apoio para uma guerra santa contra as potências imperiais. Mas o líder rifenho estava se referindo às irmandades místicas islâmicas. "Os xeques das *tariqas* foram meus inimigos mais amargos, e inimigos do progresso do meu país", disse. Ele não teve maior sucesso com os grandes *qaids*. "No começo, tentei conquistar as massas para o meu ponto de vista com exemplos e argumentações", escreveu Abd Krim, "mas encontrei grande oposição das principais famílias com poder de influência." Com uma única exceção, ele afirmou, "todas as outras eram minhas inimigas".[18] Em sua oposição a Abd Krim, os grandes *qaids* e os xeques das irmandades haviam apoiado o domínio francês no Marrocos, como pretendia Lyautey. E, quanto aos berberes, devemos lembrar que Abd Krim e seus combatentes do Rife eram eles próprios berberes. Eles levaram a política de separatismo berbere de Lyautey ainda mais adiante do que o próprio Lyautey pretendia. Não há dúvida de que a identidade berbere dos rifenhos em certa medida desencorajou os árabes marroquinos a se juntarem à sua campanha contra os franceses.

Apesar de seu sistema de governo colonial ter conseguido se sustentar, o próprio Lyautey caiu diante do desafio rifenho. Para seus críticos em Paris, o fato de a Guerra do Rife ter chegado ao protetorado francês provava o fracasso dos esforços de Lyautey em alcançar a submissão total do Marrocos. Enquanto grandes reforços vindos da França inundavam o país em julho de 1925, Lyautey — exausto por meses de campanha contra os rifenhos, a que se somavam seus problemas de saúde — solicitou o auxílio de outro comandante. O governo francês enviou então o marechal Philippe Pétain, herói da Batalha de Verdun da Primeira Guerra Mundial. Em agosto, Pétain assumiu o controle das operações militares francesas no Marrocos. No mês seguinte, Lyautey apresentou sua renúncia. Ele deixou o Marrocos definitivamente em outubro de 1925.

Abd Krim não sobreviveu por muito tempo a Lyautey. Franceses e espanhóis combinaram suas forças para esmagar a insurgência. Em setembro de 1925, o exército rifenho já havia se retirado de volta para sua terra natal, onde foi sitiado em duas frentes por enormes contingentes dos exércitos francês e espanhol. Em outubro, os europeus cercaram completamente as montanhas do Rife e impuseram um bloqueio total para subjugar os rifenhos pela fome. Os esforços de Abd Krim para negociar uma solução foram rejeitados, e em maio de 1926 as montanhas do Rife foram invadidas por uma força conjunta europeia de cerca de 123 mil soldados. A resistência do Rife desmoronou, e Abd Krim se rendeu aos franceses em 26 de maio. Em seguida, foi exilado para a ilha da Reunião, no oceano Índico, onde permaneceu até 1947.

Com o colapso da Guerra do Rife, França e Espanha retomaram a administração colonial do Marrocos sem sofrer oposição interna. Embora a guerra não tivesse gerado resistência duradoura aos europeus, Abd Krim e seu movimento despertaram a imaginação dos nacionalistas em todo o mundo árabe. Eles viam os rifenhos como um povo árabe (não como berberes) que tinha liderado uma resistência heroica ao domínio europeu e infligido numerosas derrotas aos exércitos modernos em defesa de sua terra e sua fé. Sua insurgência contra a Espanha e a França, que se estendera por cinco anos, inspirou alguns nacionalistas sírios a organizarem a sua própria revolta contra os franceses em 1925.

* * *

UM JOVEM OFICIAL DA CIDADE DE HAMA, no interior da Síria, seguia avidamente os relatos nos jornais sobre a Guerra do Rife. Fawzi al-Qawuqji já havia lutado contra os franceses. Natural da cidade de Trípoli, no que mais tarde viria a se tornar o Grande Líbano, ele havia se unido à causa do rei Faisal e participado do bando desorganizado que confrontara o exército colonial francês em Khan Maysalun, em julho de 1920. A magnitude da derrota sofrida na ocasião o convencera de que os sírios não podiam expulsar os franceses — pelo menos por enquanto.

Poucas semanas após a Batalha de Maysalun, Qawuqji deixou o idealismo de lado e adotou uma postura mais pragmática, aceitando um cargo
no novo exército sírio que os franceses estavam formando, chamado de
Troupes Spéciales, ou Legião Síria. No entanto, ele não se sentia confortável
no uniforme francês, colaborando com uma potência imperial estrangeira
para administrar seu país. Lendo o jornal no quartel de Hama, Qawuqji e
seus colegas nacionalistas foram inspirados pela Guerra do Rife e tomaram
Abd Krim como seu modelo. "O que vimos no heroísmo de sua luta nos
convenceu de que o caráter distinto dos árabes havia sobrevivido", escreveu Qawuqji em suas memórias, "e um sentimento de amor pelo sacrifício
se espalhou entre nós. Eu seguia obsessivamente os eventos no Marrocos
e procurava mapas dos campos de batalha."[19]

Se a Guerra do Rife inspirou nacionalistas na Síria, os administradores
imperiais se inspiraram nos métodos de Lyautey de domínio imperial no
Marrocos. Os oficiais franceses indicados para governar a Síria foram em
grande parte formados na "escola" de Lyautey: o general Henri Gouraud,
o primeiro alto-comissário sírio, fora assistente do marechal no Marrocos. Outros proeminentes oficiais coloniais nomeados para a Síria tinham
servido sob Lyautey, como o coronel Catroux, representante de Gouraud
em Damasco; o general De Lamothe, representante de Alepo; e os dois
coronéis que serviram como representantes dos territórios alauitas. Muitos
oficiais de menor escalão também vinham do Marrocos. Previsivelmente,
eles tentaram reproduzir na Síria um sistema parecido com o de Lyautey,
fazendo as adaptações necessárias.[20]

Os franceses enfrentaram a oposição nacionalista nas cidades e campos
da Síria desde o início da ocupação. Em 1919, uma revolta antifrancesa nas
montanhas do oeste da Síria, território dos alauitas, levou dois anos para ser
reprimida. Os alauitas, uma comunidade religiosa com origens no islamismo
xiita, desejavam apenas preservar sua autonomia, não tendo a intenção de lutar pela independência nacional. Os franceses, então, satisfizeram esse desejo
através da criação de um miniestado baseado na cidade portuária de Latakia
e na montanhosa região alauita, um miniestado governado pelos notáveis
locais em colaboração com os administradores franceses.

Em 1919, uma revolta nacionalista mais séria, encabeçada por um notável local chamado Ibrahim Hananu, eclodiu na zona rural dos arredores da cidade de Alepo, no norte do país. Um fazendeiro que havia servido na burocracia otomana antes da Primeira Guerra Mundial, Hananu ficara desencantado com a repressão dos turcos durante o confronto. Apresentou-se como voluntário ao exército do emir Faisal durante a revolta árabe de 1916-8 e participou do Congresso Geral da Síria de 1919. Homem de ação, Hananu via o Congresso Geral como pouco mais que um exercício de falação inútil e retornou a Alepo com o objetivo de mobilizar uma guerrilha que servisse de freio contra os franceses. Ele iniciou uma revolta rural contra a ameaça do domínio da França que logo se transformou em uma insurgência nacionalista depois que os franceses ocuparam a cidade, em 1920. O número de insurgentes se expandiu rápido entre o verão e o outono de 1920, de oitocentos para quase 5 mil voluntários.[21] Os nacionalistas sírios receberam armas e financiamento dos vizinhos turcos, que estavam lutando sua própria guerra contra uma ocupação francesa de curta duração na região costeira do sul da Anatólia. Os franceses rapidamente mobilizaram tropas e reafirmaram seu controle sobre Alepo, com receio de que a revolta de Hananu provocasse uma revolta nacionalista mais ampla em toda a Síria. No outono de 1921, Hananu fugiu para a Jordânia, onde foi capturado pelos britânicos e entregue à Justiça francesa. Os franceses o levaram a julgamento, mas tiveram a sabedoria de absolver o nacionalista em vez de transformá-lo em um mártir. Para Fawzi Qawuqji, que já estava inscrito na Legião Síria, o colapso da revolta de Hananu apenas confirmou sua opinião de que os sírios ainda não estavam prontos para resistir à França.

Os franceses estavam mais preocupados com sua vulnerabilidade à agitação nacionalista do que Fawzi Qawuqji imaginava. A fim de combater a ameaça de um movimento nacionalista unificado, eles optaram pela estratégia de dividir para conquistar, repartindo a Síria em quatro miniestados. Alepo e Damasco se tornaram as sedes de duas administrações separadas para impedir que os nacionalistas urbanos nas principais cidades da Síria se unissem. Os franceses também previram Estados separados para duas comunidades religiosas com um longo histórico de autonomia territorial na Síria — os alauitas no oeste e os drusos no sul. Tomando como modelo o sistema aplicado por Lyautey à política berbere, a França esperava, com essas medidas, dar a essas comunidades um interesse particular na conservação do mandato francês, isolando-as do nacionalismo urbano. O alto-comissário Gouraud justificou essa divisão da Síria em regiões autônomas com nomes locais designados para servir como governadores com base na doutrina que aprendera na escola do marechal Lyautey.[22]

Enquanto trabalhavam para assegurar a boa vontade das comunidades drusas e alauitas da Síria, as autoridades francesas não fizeram concessões aos líderes nacionalistas em Damasco. O mais influente nacionalista sírio no início da década de 1920 era Abd al-Rahman Shahbandar (1882-1940), médico formado na Universidade Americana de Beirute. Fluente em inglês, Shahbandar servira como guia e tradutor da Comissão King-Crane em 1919 e estabelecera uma relação pessoal de amizade com Charles Crane. Servira brevemente também como ministro das Relações Exteriores no último gabinete do rei Faisal, em maio de 1920, refugiando-se no Egito após a queda do governo em julho do mesmo ano. Ele só voltou a Damasco um ano depois, no verão de 1921, quando os franceses anunciaram uma anistia geral.

De volta à Síria, o dr. Shahbandar retomou suas atividades nacionalistas e fundou uma organização clandestina denominada Sociedade da Mão de Ferro, que reunia veteranos das sociedades secretas do movimento arabista da era otomana e defensores do governo árabe de Faisal em Damasco que tinham o objetivo comum de expulsar os franceses da Síria. As atividades da sociedade foram mantidas sob controle pela rígida vigilância francesa. Em 7 de abril de 1922, os franceses prenderam Shahbandar e quatro outros líderes do movimento, suspeitos de fomentar a rebelião.

As detenções só fizeram inflamar as chamas da dissidência síria. No dia seguinte, um grupo de nacionalistas usou as orações de sexta-feira na Mesquita dos Omíadas, no centro de Damasco, para despertar os 8 mil fiéis em uma manifestação de massa. Os membros da Sociedade da Mão de Ferro lideraram uma multidão heterogênea de líderes religiosos, chefes de bairro, comerciantes e estudantes. Eles marcharam pelos mercados centrais de Damasco em direção à cidadela, onde foram dispersados pelas forças de segurança francesas, que feriram dezenas de participantes e prenderam 46 damascenos.

As medidas repressivas adotadas pelo governo francês não conseguiram conter os protestos, pois cada vez mais damascenos respondiam ao apelo dos nacionalistas. Em 11 de abril, um grupo de quarenta mulheres lideradas pela esposa de Shahbandar organizou uma gigantesca manifestação. Soldados franceses atiraram contra a multidão, matando três pessoas e ferindo outras tantas, inclusive mulheres. Uma greve geral foi convocada, e os comerciantes de Damasco mantiveram suas portas fechadas durante duas semanas, enquanto os franceses julgavam Shahbandar e os outros líderes da oposição. Sentenças severas foram decretadas contra todos os homens; Shahbandar foi condenado a vinte anos de prisão, tendo os demais recebido penas de cinco a quinze anos. A Sociedade da Mão de Ferro foi desmobilizada, os nacionalistas silenciados e a calma prevaleceu — embora apenas pelos três anos seguintes.

Em 1925, após três anos de relativa calma, os franceses começaram a reconsiderar seus arranjos políticos na Síria. Administrar vários miniestados estava se mostrando caro. O alto-comissário Gouraud havia completado sua missão, e seus sucessores decretaram a união de Alepo e Damasco em um único Estado, marcando as eleições para uma nova Assembleia de Representantes a ser realizada em outubro de 1925.

Depois de três anos de tranquilidade política, os franceses relaxaram seu controle sobre a política síria. O general Maurice Sarrail, o novo alto-comissário, perdoou prisioneiros políticos e permitiu que os nacionalistas em Damasco formassem um partido antes das eleições para a Assembleia de Representantes. Em junho de 1925, Shahbandar, que havia cumprido dois anos de sua sentença antes de ser libertado como parte da anistia geral, criou um novo órgão nacionalista, o Partido do Povo, para o qual recrutou alguns dos mais proeminentes damascenos. As autoridades do mandato responderam patrocinando um partido pró-francês — o Partido da União Síria. Os sírios temiam que a França fraudasse os resultados das eleições, como havia feito no Líbano. No entanto, a interrupção do processo político veio de Jabal al-Druze, e não do Alto-Comissariado.

Havia um conflito em gestação entre franceses e drusos desde 1921. Nesse ano, seguindo o modelo da política berbere francesa no Marrocos, o general Georges Catroux, outro seguidor da escola de Lyautey, redigira o esboço do tratado entre franceses e drusos. De acordo com o tratado, Jabal al-Druze constituiria uma unidade administrativa especial, independente de Damasco, com um governador nativo eleito e um Conselho de Representantes. Em outras palavras, a administração local estaria teoricamente sob controle druso. Em troca, os drusos deveriam aceitar os termos do mandato francês e a instalação de conselheiros e uma guarnição de soldados franceses em seu território. Muitos drusos alimentavam sérias dúvidas em relação aos termos do tratado, temendo que ele desse espaço demais à França para interferir em seus assuntos. A maioria, porém, preferiu esperar para ver, e julgar os franceses pelos seus atos. Eles não ficariam nada tranquilizados com os acontecimentos dos anos que se seguiram.

Para começar, os franceses cometeram o erro de se indispor com o mais poderoso líder da região, Sultan al-Atrash. Em 1921, numa clara tentativa de enfraquecer sua autoridade, eles nomearam Salim al-Atrash, um parente subordinado, para o governo de Jabal al-Druze. Isso colocou os dois lados em rota de colisão. Em julho de 1922, quando os homens de Sultan Atrash decidiram libertar um homem que havia sido preso pelos franceses, estes responderam enviando tropas e aviões para destruir a casa de Sultan. Destemido, Atrash liderou uma campanha de guerrilha contra as posições francesas em Jabal al-Druze que durou nove meses, até ser forçado a se render, em abril de 1923. Os franceses conseguiram uma trégua com o líder druso e assim evitaram os perigos de levar um líder local tão poderoso a julgamento. No entanto, o governador nominal de Jabal al-Druze, Salim Paxá, já havia apresentado sua demissão, e nenhum outro líder druso aceitaria o cálice envenenado de se tornar governador tendo a oposição de Sultan Atrash.

Não tendo nenhum outro candidato druso viável, os franceses que-
braram uma das principais regras do sistema de Lyautey e os termos de
seu próprio tratado com os drusos ao nomear um oficial francês para o
governo de Jabal al-Druze. E, como se isso não fosse ruim o bastante, o
governador que escolheram, o capitão Gabriel Carbillet, era um zeloso
reformador que se mostrou decidido a destruir o que chamava de "antigo
sistema feudal" de Jabal al-Druze, que considerava "retrógrado". As queixas
drusas contra Carbillet se multiplicaram. Shahbandar observou ironicamente que muitos de seus compatriotas creditavam ao oficial francês a
promoção do nacionalismo sírio, uma vez que havia levado os drusos à
beira da revolta.[23]

Os líderes de Jabal al-Druze se recusavam a aceitar as violações francesas ao tratado de 1921 e decidiram apresentar suas queixas diretamente
às autoridades do mandato. Na primavera de 1925, eles reuniram uma
delegação e partiram para Beirute a fim de se reunir com o alto-comissário e apresentar uma queixa contra Carbillet. Em vez de aproveitar a
oportunidade para aplacar os drusos descontentes, Sarrail os humilhou,
recusando-se a encontrá-los. Furiosos, eles retornaram a Jabal al-Druze
determinados a se rebelar contra os europeus e à procura de parceiros.
Nessas circunstâncias, os nacionalistas urbanos eram os aliados naturais.

Em 1925, a atividade nacionalista estava ganhando terreno nas cidades
da Síria. Em Damasco, Abd Rahman Shahbandar reunira os principais
nacionalistas em seu recém-fundado Partido do Povo. Em Hama, Fawzi
Qawuqji havia criado o Partido de Alá, de orientação abertamente religiosa. Nisso, ele foi um dos primeiros a perceber o poder *político* do islã
para mobilizar as pessoas contra o domínio estrangeiro. Qawuqji deixou
crescer a barba e visitava as diferentes mesquitas de Hama todas as noites,
a fim de angariar apoio para uma rebelião. Ele estabeleceu boas relações
com os pregadores muçulmanos da cidade e os encorajou a apimentar seus
sermões de sexta-feira com referências do Alcorão à jihad. Além disso,
recebeu apoio financeiro de algumas das mais abastadas famílias de proprietários de terras de Hama. O Partido de Alá cresceu em recursos humanos e financeiros. No início de 1925, Qawuqji enviou emissários para

se encontrar com Shahbandar, em Damasco, a fim de encorajar uma melhor coordenação entre os partidos de ambos. Shahbandar desencorajou os emissários de Hama, advertindo-os de que "a ideia de uma rebelião nas atuais circunstâncias era um perigo evidente, prejudicial aos interesses da nação".[24] Em maio de 1925, com a adesão dos drusos à causa nacionalista, Shahbandar acreditava que movimento atingira a massa crítica para ter uma chance de sucesso.

Naquele mês, os líderes de Jabal al-Druze estabeleceram contato com Shahbandar e os nacionalistas de Damasco. O primeiro encontro foi realizado na casa de um jornalista veterano, e a conversa girou em torno dos meios necessários para lançar uma rebelião. Shahbandar informou os drusos sobre as atividades de Fawzi Qawuqji em Hama e discutiu a abertura de várias frentes contra os franceses em uma revolta síria em todo o país. As reuniões posteriores foram realizadas na casa de Shahbandar, com a presença de membros proeminentes do clã Atrash. Juramentos e pactos secretos foram feitos, e todos os participantes prometeram trabalhar em direção à unidade nacional e à independência.[25] Era uma aliança de conveniência para ambos os lados. Shahbandar e seus colegas ficaram satisfeitos ao ver que os drusos estavam dispostos a lançar uma ação armada na região sob seu controle, uma vez que estes não só desfrutavam de uma mobilidade muito maior do que os nacionalistas em Damasco como estavam fortemente armados; os drusos, por sua vez, estavam felizes por não terem de enfrentar os franceses sozinhos. Os nacionalistas de Damasco prometeram espalhar a revolta por todo o país, fornecendo aos drusos o apoio de que eles precisavam para dar o primeiro passo.

Os drusos lançaram a rebelião contra o domínio imperial francês em julho de 1925, quando Sultan Atrash liderou uma força de vários milhares de combatentes contra os franceses em Salkhad, a segunda maior cidade de Jabal al-Druze, ocupada em 20 de julho. No dia seguinte, o grupo sitiou Sueida, a capital administrativa, imobilizando um grande contingente de administradores e soldados franceses.

Pegos de surpresa, os franceses não tinham nem as forças nem a estratégia para conter a revolta. Nas semanas seguintes, o exército druso, composto por algo entre 8 mil e 10 mil voluntários, derrotou todas as forças enviadas para combatê-lo. O alto-comissário Sarrail estava determinado a suprimir a rebelião no início, a fim de evitar o cenário de pesadelo de uma revolta nacional, e deslocou as tropas francesas e as forças da Legião Síria do norte e do centro do país para enfrentar a revolta dos drusos ao sul. Em agosto, as autoridades tomaram medidas enérgicas em Damasco contra todos os nacionalistas habitualmente suspeitos, prendendo e deportando homens sem julgamento. Shahbandar e seus colaboradores mais próximos fugiram, indo se refugiar com o clã Atrash em Jabal al-Druze. E, apesar dos melhores esforços da França, a revolta começou a se espalhar. O surto seguinte se deu em Hama.

FAWZI QAWUQJI HAVIA PREPARADO o terreno para a revolta em Hama, esperando o momento certo para atacar. Tendo observado como as revoltas sírias anteriores contra os franceses tinham surgido e fracassado, ele acreditava que a situação era diferente em 1925. Havia um novo grau de coordenação entre os oponentes do domínio francês, entre os drusos, os damascenos e seu próprio partido em Hama. Os drusos haviam lançado sua rebelião com um efeito devastador sobre os franceses. Qawuqji ainda seguia as notícias da Guerra do Rife no Marrocos e sabia que a posição da França estava se deteriorando: "O exército francês estava enredado nos combates com as tribos do Rife sob a liderança de Abd Krim. Notícias de suas vitórias começaram a chegar até nós. Também começamos a receber notícias de reforços franceses enviados a Marrakech". Qawuqji percebeu que, com as tropas francesas sendo mandadas para o Marrocos, não haveria reforços disponíveis para o exército francês na Síria. "Meus preparativos estavam completos", concluiu ele. "Faltava apenas implementá-los."[26]

Em setembro de 1925, Qawuqji enviou emissários a Sultan Atrash em Jabal al-Druze. Ele sugeria que os drusos intensificassem seus ataques para atrair todos os soldados franceses disponíveis para o sul. Ele então lançaria um ataque em Hama no início de outubro. O líder druso estava disposto a expor seus soldados a pesados combates contra os franceses para garantir uma segunda frente contra eles em Hama, e concordou com o plano de Qawuqji.

Em 4 de outubro, Qawuqji liderou um motim da Legião Síria, assistido por combatentes das tribos beduínas vizinhas, com o apoio da população da cidade. Eles capturaram vários soldados franceses e sitiaram os administradores de Hama no palácio do governo. À meia-noite a cidade estava nas mãos dos insurgentes.

Os franceses responderam prontamente. Embora a maior parte de seus soldados estivesse em Jabal al-Druze, como previra Qawuqji, eles ainda podiam contar com sua força aérea. Assim, iniciaram um bombardeio que atingiu os bairros residenciais e arrasou partes dos mercados centrais da cidade, matando cerca de quatrocentos civis, muitos dos quais mulheres e crianças. Os notáveis da cidade, que de início haviam prometido seu apoio ao movimento de Qawuqji, foram os primeiros a voltar atrás e a fechar um acordo com os franceses para encerrar a revolta e o bombardeio. Três dias após o início da revolta, Qawuqji e seus homens tiveram que se retirar para o campo, enquanto os franceses retomavam Hama.

Não se deixando abalar pelo fracasso, Qawuqji e seus homens levaram a revolta para outras cidades em toda a Síria. "Os portões dos campos sírios se abriram diante de nós, mostrando-se acolhedores à revolta. Graças a esses artifícios", gabou-se Qawuqji, "a inteligência e a astúcia dos franceses tiveram de se render diante da inteligência e da astúcia dos árabes."[27]

Em questão de dias, a revolta se espalhara para as aldeias vizinhas de Damasco. Os franceses tentaram sufocar o movimento com demonstrações de extrema violência. Aldeias inteiras foram destruídas por ataques de artilharia ou bombardeio aéreo. Quase cem aldeões nas áreas periféricas da capital foram executados. Cadáveres foram levados de volta a Damasco como troféus terríveis para impedir que outras pessoas apoiassem os insurgentes. De maneira previsível, a violência gerou violência. Doze cadáveres mutilados de soldados locais a serviço dos franceses foram deixados junto aos portões da cidade de Damasco como uma advertência contra a colaboração com as autoridades coloniais.

Em 18 de outubro, a insurgência chegara à capital da Síria, onde homens e mulheres se juntaram à resistência. Os homens que lutavam dependiam de suas esposas e irmãs para contrabandear comida e armas para eles em seus esconderijos. Sob o olhar atento de um soldado francês, uma mulher damascena levava comida e armas para o marido fugitivo e seus amigos rebeldes. "Nunca ocorreu [à sentinela francesa] que as mulheres estavam ajudando os rebeldes a escapar pelos telhados ou entregando armas sob os mantos e pratos de comida, a fim de contribuir com a revolução", relembrou em suas memórias a jornalista Siham Tergeman.[28]

Para os líderes nacionalistas em Damasco, a revolta se tornou uma jihad sagrada, e os combatentes, guerreiros benditos. Cerca de quatrocentos voluntários entraram em Damasco e conseguiram conquistar os bairros de Shaghur e Maydan, levando os administradores franceses a buscarem refúgio na cidadela. Um destacamento de insurgentes se dirigiu então ao Palácio de Azm — o ostentoso edifício setecentista de Assad Paxá Azm do qual os franceses haviam se apropriado, convertendo-o na mansão do governador —, na tentativa de capturar o alto-comissário, o general Maurice Sarrail. Embora Sarrail já não estivesse mais ali, seguiu-se uma violenta batalha, que deixou o antigo palácio em chamas. Era apenas o começo.

Os franceses recorreram à *force majeure* para derrotar a revolta em Damasco. A partir de suas posições na cidadela, eles bombardearam com artilharia pesada os bairros damascenos, indiscriminadamente. "Na hora marcada", escreveu o dr. Shahbandar, líder nacionalista da cidade, "aqueles instrumentos infernais abriam suas bocas e arrotavam suas cinzas sobre os melhores bairros da cidade." Nas 24 horas seguintes, as bombas e granadas provocaram incêndios e destruíram mais de seiscentas das mais belas residências em Damasco. A esse ataque se seguiram vários dias de bombardeio aéreo. "As incursões dos aviões se estenderam do meio-dia de domingo até a noite de terça-feira. Nunca saberemos o número exato das pessoas que morreram sob os escombros", registrou Shahbandar em suas memórias.²⁹ Estimativas posteriores apontaram 1500 mortos em três dias de violência.

O impacto sobre a população civil levou os insurgentes a encerrar suas operações em Damasco. "Quando viram o terror que assolava as mulheres e crianças em meio ao contínuo bombardeio dos bairros, e o sobrevoo de aviões lançando bombas a esmo sobre as casas, os rebeldes deixaram a cidade", contou Shahbandar. Embora tivessem sido expulsos de Hama e Damasco, os insurgentes conseguiram dar fôlego a Jabal al-Druze, que há três meses vinha suportando o peso da repressão francesa. Se esperavam desestimular a propagação da revolta por meio da violência indiscriminada contra Hama e Damasco, os franceses ficariam desapontados. Suas tropas tiveram que ser enviadas para todos os cantos da Síria quando a revolta se espalhou pelo país, no inverno de 1925-6.

Os franceses só conseguiram retornar a Jabal al-Druze, onde Sultan Atrash ainda liderava um movimento ativo de resistência, depois de reprimirem as revoltas no norte e no centro da Síria. Em abril de 1926, eles retomaram Sueida, a capital da região. E, a partir de maio de 1926, quando Abd Krim finalmente se rendeu no Marrocos, conseguiram desviar um grande número de soldados para a Síria, elevando a força total da França para 95 mil homens, segundo Fawzi Qawuqji. A resistência síria foi esmagada pelos franceses e seus líderes foram para o exílio. Em 1º de outubro de 1926, Sultan Atrash e o dr. Abd Rahman Shahbandar cruzaram a fronteira para a vizinha Transjordânia.

Fawzi Qawuqji tentou continuar a luta muito depois de os outros líderes nacionalistas terem desistido. Entre outubro de 1926 e março de 1927, ele fez uma campanha incansável para retomar os confrontos, mas o espírito de combate do povo sírio, agora cauteloso diante da violenta retaliação francesa, havia desaparecido. Em sua última campanha, em março de 1927, Qawuqji conseguiu reunir um bando de 74 combatentes, dos quais apenas 27 possuíam cavalos. Eles contornaram Damasco e se dirigiram para o deserto, apenas para serem traídos por tribos da região que antes haviam apoiado o movimento rebelde. Recorrendo à astúcia e a manobras, eles conseguiram se retirar para a Transjordânia, escapando da captura, mas deixando a Síria segura em mãos francesas.[30]

A revolta síria não conseguiu libertar a nação do domínio francês. O movimento nacionalista passou às mãos de uma nova liderança composta por membros das elites urbanas, que preferiam evitar a luta armada e perseguir seus objetivos por meio de um processo político de negociação e protesto não violento. Até 1936, os nacionalistas sírios teriam pouco a mostrar como resultado de seus esforços.

★ ★ ★

EMBORA AS AUTORIDADES COLONIAIS francesas do Marrocos à Síria tivessem passado grande parte da década de 1920 reprimindo rebeliões, elas ao menos tinham na Argélia um partido com que esperavam poder contar.

Um século se passara desde que o dei de Argel selara o destino de seu país com um irascível golpe de mata-moscas em 1827. Desde o desembarque de suas primeiras tropas em Sidi Ferruch em junho de 1830, os franceses haviam expulsado os otomanos, derrotado o emir Abd Qadir e suprimido uma série de grandes rebeliões locais — a última em 1871-2. No início do século xx, eles haviam completado sua conquista do Mediterrâneo até o Saara.

Na década de 1920, mais de 800 mil colonos haviam se mudado da França para a Argélia.[31] Os franceses na Argélia não estavam mais em solo estrangeiro; desde 1848, quando a Argélia foi declarada território francês, as províncias de Orã, Argel e Constantina foram convertidas em *départements* da França, com representantes eleitos para a Câmara francesa em Paris. Os deputados "argelinos" — ou, mais precisamente, os deputados franceses argelinos, uma vez que os argelinos nativos não podiam votar nem concorrer a eleições para cargos nacionais — desfrutavam de uma influência desproporcional na Câmara e trabalhavam como um bloco para proteger os interesses dos colonos.

Com a aproximação do centenário em 1930, os franceses argelinos aproveitaram a oportunidade para enfatizar, tanto aos franceses metropolitanos quanto aos nativos argelinos, o triunfo e a permanência da presença francesa na Argélia. O planejamento das celebrações começou com anos de antecedência. O primeiro passo foi dado em dezembro de 1923 pelo governador-geral, que ordenou a criação de uma comissão a fim de preparar um programa comemorativo do centenário da tomada francesa de Argel em 1830. O Parlamento francês autorizou um orçamento de 40 milhões de francos e a convocação de uma comissão encarregada de organizar eventos. No final, as comemorações custaram mais de 100 milhões de francos.

A Argélia foi transformada para a ocasião. Artistas foram contratados para criar monumentos em celebração aos grandes marcos na história da Argélia francesa e decorar as cidades e o campo. Museus foram construídos nas grandes cidades — Argel, Constantina, Orã. Obras públicas se ergueram em todo o país — escolas, hospitais, orfanatos, asilos para os indigentes, escolas agrícolas e profissionalizantes, além da emissora de rádio mais potente do mundo, para garantir que as notícias dos eventos centenários alcançassem todo o país. Uma grande exposição foi organizada na cidade costeira de Orã, com toda a pompa de uma feira mundial. Mais de cinquenta conferências e congressos internacionais foram realizados sobre praticamente todos os assuntos existentes. Eventos esportivos, *rallies* transaarianos e regatas de iates marcaram o calendário. As cidades eram iluminadas à noite, com edifícios proeminentes delineados por fios de luzes elétricas e requintados fogos de artifício.

O simbolismo do centenário foi bem capturado nos monumentos encomendados para marcar o evento. Em Boufarik, poucos quilômetros ao sul de Argel, um gigantesco plinto de pedra de 45 metros de largura por nove de altura celebrava "a glória do gênio colonizador da França". O escultor Henri Bouchard (que havia projetado as esculturas do Muro dos Reformadores em Genebra) colocou no centro do monumento um grupo de franceses — "heróis pioneiros da civilização" — chefiados pelos generais Bugeaud e De Lamoricière, os comandantes militares que haviam incendiado a Argélia a fim de derrotar o emir Abd Qadir nas décadas de 1830 e 1840. Um grupo de nobres franceses, alcaides e "colonos-modelo" se erguia em orgulhosas fileiras atrás dos militares. Na retaguarda, olhando por cima dos ombros dos franceses em uniformes e ternos, o escultor incluiu alguns árabes vestidos em trajes nacionais, representantes dos "primeiros nativos cuja ativa lealdade tornou a tarefa [da colonização francesa] possível".³²

Os franceses conseguiram até mesmo insinuar uma presença simpática da Argélia no memorial militar de 1830. A imprensa francesa debatera acaloradamente se o monumento proposto para celebrar o desembarque das tropas francesas em Sidi Ferruch em 14 de junho de 1830 "ofenderia os nativos". "Todos aqueles que conhecem a Argélia", escreveu Mercier, o historiador oficial do centenário, "e todos que vivem em contato diário com sua população árabe-berbere estão tranquilos a esse respeito." Os verdadeiros sentimentos dos argelinos nativos, insistia Mercier, haviam sido expressos pelo líder tribal Bouaziz Ben Gana, que afirmara: "Se os nativos conhecessem os franceses em 1830, teriam carregado seus fuzis com flores em vez de balas para recebê-los". Esses sentimentos foram capturados na inscrição do monumento de dez metros de altura em que é representada a figura de Marianne, vestindo o tradicional barrete e olhando para baixo, para um obediente filho árabe: "Cem anos depois, a República Francesa tendo trazido prosperidade, civilização e justiça a este país, uma agradecida Argélia presta homenagem à sua imortal ligação com a Pátria Mãe". Era como se os franceses quisessem escalar os argelinos para o papel de coadjuvantes da colonização de seu próprio país.³³

As comemorações do centenário atingiram o clímax em Sidi Ferruch em 14 de junho de 1930. Mais uma vez, os organizadores procuraram apresentar a Argélia colonial como uma espécie de coprodução franco-árabe, oficialmente conhecida como "a celebração da união das populações francesa e indígena". Uma enorme multidão se reuniu em torno do novo monumento de Sidi Ferruch para assistir ao desfile militar e ouvir os discursos. O governador-geral liderou uma falange de autoridades coloniais, enquanto os aviões da força aérea fizeram voos rasantes, deixando cair pétalas de flores sobre a multidão em volta do memorial. Um grupo de pessoas segurando tochas, seguindo o exemplo olímpico, iniciou uma corrida partindo do monumento e terminando em Argel, cerca de trinta quilômetros a leste.

Os discursos proferidos pelos franceses foram previsivelmente triunfalistas, mas muito mais surpreendentes foram os comentários que vie-

ram dos dignitários argelinos que subiram ao pódio. Hadj Hamou, um
erudito religioso que falava em nome do corpo docente das madraças,
expressou sua gratidão pela liberdade de que desfrutava para ensinar o
islã sem interferência. Todos os fiéis que frequentavam as mesquitas,
afirmou, seguiam o exemplo dos imãs e "compartilhavam seu amor"
pela "sagrada República Francesa laica" (*la sainte République Française
laïque*) — um maravilhoso oximoro. O sr. Belhadj, falando em nome
dos intelectuais muçulmanos, referiu-se à "profunda união dos povos
franceses e nativos", que se transformara em "um povo único e singular,
vivendo em paz e concórdia, à sombra da mesma bandeira e com idêntico
amor pela Pátria Mãe". Monsieur Ourabah, um destacado notável árabe,
suplicou aos colonizadores: "Instruam-nos, elevem-nos ainda mais, elevem-nos ao seu nível. E permitam que nos unamos em uma só voz e em
um só coração para gritar: Viva a França, sempre maior! Viva a Argélia,
sempre francesa!".[34]

Em uma época de florescente nacionalismo árabe, a Argélia parecia
estar abraçando o imperialismo. Os argelinos, no entanto, não estavam
satisfeitos com a sua sorte. Muitos nas elites instruídas reconheciam que
não era possível derrotar os franceses, e por isso procuraram se unir a eles
— com os plenos direitos da cidadania francesa que, até 1930, lhes haviam
sido negados. Ao aceitar o domínio francês como inevitável, esses argelinos
optaram por um movimento pelos direitos civis em vez do nacionalismo.
Seu porta-voz era um estudante de farmacologia da Universidade de Argel
chamado Ferhat Abbas.

Ferhat Abbas (1899-1985) nasceu em uma pequena cidade no leste da
Argélia, em uma família de administradores provinciais e proprietários
de terras. Ele foi educado em escolas francesas e passou a compartilhar
valores republicanos. Mais do que tudo, o que ele desejava era poder desfrutar plenamente dos privilégios concedidos a qualquer francês. As leis da
França, porém, impunham limites severos aos direitos legais e políticos dos
muçulmanos argelinos, dividindo a Argélia entre áreas com populações
europeias relativamente elevadas, onde se aplicava a lei comum francesa;
comunas rurais com minorias europeias, onde se aplicava uma combinação

de regras militares e civis; e territórios árabes, que se encontravam sob plena administração militar.

As leis na Argélia também distinguiam claramente entre europeus e muçulmanos. Em 1865, o Senado francês decretou que todos os muçulmanos argelinos eram súditos franceses. Embora pudessem atuar no serviço militar e civil, eles não eram de fato *cidadãos* da França. Para obter a cidadania francesa, os argelinos nativos precisavam renunciar ao seu status civil muçulmano e concordar em viver sob as leis francesas de estatuto jurídico pessoal. Uma vez que o casamento, o direito de família e a transmissão patrimonial são todos precisamente regulados na lei islâmica, isso equivalia a pedir aos muçulmanos que abandonassem sua fé. Não surpreende que apenas 2 mil argelinos tenham solicitado a cidadania durante os oitenta anos em que a lei permaneceu em vigor.

Desprotegidos pela lei francesa, os muçulmanos argelinos estavam sujeitos a uma série de leis discriminatórias, conhecidas em seu conjunto como *Código do Indigenato*. Assim como as leis de Jim Crow aprovadas após a Guerra Civil Americana para manter os afro-americanos em um status segregado e subordinado, as leis do *Indigenato*, redigidas após a última grande revolta argelina contra o domínio francês, em 1871, permitiam que os argelinos nativos fossem processados por atos que os europeus podiam realizar legalmente, como criticar a República Francesa e seus funcionários. A maior parte dos crimes estabelecidos no *Indigenato* era de infrações menores, punidas com penas leves — não mais do que cinco dias de prisão, ou uma multa de quinze francos. No entanto, justamente por isso, por suas consequências serem tão triviais, o código era aplicado com imensa regularidade, lembrando aos argelinos que eles eram cidadãos de segunda classe em sua própria terra. Para uma pessoa como Ferhat Abbas, educada no pensamento republicano francês, a indignidade era insuportável.

Abbas respondeu às celebrações do centenário com um ensaio crítico, escrito em francês, que capturava a desilusão de um jovem argelino após um século de domínio da França. Intitulado *Le Jeune algérien: De la Colonie vers la province*, o livro de Abbas era um apelo eloquente para substituir o

colonialismo francês na Argélia pelos aspectos mais esclarecidos do republicanismo francês.

> O século que passou foi o século das lágrimas e do sangue. E fomos nós,
> os povos nativos, que mais choramos e sangramos. [...] As celebrações do
> centenário foram apenas uma lembrança canhestra de um passado doloroso,
> uma ostentação da riqueza de alguns diante da pobreza de outros [...]. O
> entendimento entre as nossas raças não passará de um amontoado de pala-
> vras vazias se o novo século não colocar os diferentes elementos deste país
> no mesmo plano social e der aos fracos os meios para elevar sua posição.[35]

Ouvimos no texto de Abbas os ecos dos notáveis muçulmanos que
discursaram nas comemorações do centenário em Sidi Ferruch — "Elevem-nos ainda mais, elevem-nos ao seu nível". No entanto, Abbas foi mais
assertivo em suas exigências.

Abbas afirmava que os argelinos haviam conquistado seus direitos de
cidadania ao servir no exército durante a guerra. A França havia colocado
um pesado fardo sobre os argelinos desde que o recrutamento foi introduzido na Argélia, em 1913. Mais de 200 mil muçulmanos argelinos foram
convocados durante a Primeira Guerra Mundial, e muitos nunca voltaram.
As estimativas de baixas argelinas durante o confronto variam de 25 mil
a 80 mil. O número de feridos é ainda maior.[36]

Mesmo depois da guerra, os argelinos continuaram sendo recrutados
para o exército francês. Abbas afirmava ter conquistado seus direitos de
cidadania durante seu próprio serviço, em 1922. A França não distinguia
soldados por raça e religião no serviço militar e não deveria fazê-lo por lei,
argumentou ele. "Somos muçulmanos e somos franceses. Somos indígenas
e somos franceses. Aqui na Argélia há europeus e povos indígenas, mas em
última instância somos todos franceses."[37] Os argelinos nativos, porém,
haviam sido reduzidos a uma subclasse em seu próprio país por meio da
sociedade colonial e de suas leis. "O que mais pode ser dito sobre os insultos diários que o indígena sofre em sua terra natal, na rua, nos cafés, na
menor transação da vida cotidiana? O barbeiro lhe fecha a porta na cara,
o hotel lhe recusa um quarto."[38]

Abbas criticava sobretudo as leis francesas de naturalização, que exigiam que os muçulmanos renunciassem ao seu status pessoal. "Por que um argelino deveria se naturalizar? Para ser francês? Ele já é, uma vez que seu país foi declarado solo francês." Ao escrever sobre os governantes franceses da Argélia, ele perguntava retoricamente: "Eles desejam elevar este país a um patamar mais alto ou dividir para conquistar?". Para Abbas, a resposta era evidente. "Se quisermos de fato conduzir a Argélia muçulmana a um nível mais alto de civilização, é preciso que seja aplicada a mesma lei a todos."[39] Ainda assim, ele defendia energicamente o direito cultural dos argelinos de preservarem sua religião e serem educados em sua própria língua — o árabe —, sem prejuízo de seus direitos como cidadãos franceses.

Ferhat Abbas não foi o primeiro a reivindicar direitos plenos de cidadania; o movimento Jovem Argélia vinha pressionando por essas reformas desde o início do século xx. Abbas também não falava por todos os argelinos. O movimento reformista islâmico, liderado por Abd al-Hamid Ben Badis (1889-1940), rejeitava completamente a ideia de assimilação de Abbas. As diferenças entre os dois foram captadas em uma troca de editoriais em 1936, quando Ferhat Abbas fez a sua famosa declaração de que não existia uma nação argelina: "A ideia de que a Argélia seja a nossa pátria não passa de um mito. Eu não a encontrei. Eu questionei a história; questionei os mortos e os vivos; visitei os cemitérios: ninguém me falou sobre ela". A Argélia, dizia ele, era a França, e os argelinos eram franceses. De fato, levado pela própria retórica, Abbas chegou a dizer que ele *era* a França ("*La France, c'est moi*").[40]

"Não, senhores!", retrucou Ben Badis:

Nós examinamos as páginas da história e a situação atual. E encontramos a nação muçulmana argelina [...]. Esta comunidade tem a sua história, cheia de grandes feitos. Tem a sua unidade religiosa e linguística. Tem a sua própria cultura, os seus hábitos e costumes, bons e ruins, como todas as nações. Além disso, esta nação argelina e muçulmana não é a França. Ela não saberia como ser a França e não deseja se tornar a França. Não poderia se tornar a França mesmo que quisesse.

No entanto, assim como Abbas, Ben Badis tampouco reivindicava a independência da Argélia. Enquanto Abbas buscava a igualdade com os franceses, Ben Badis desejava que os muçulmanos argelinos vivessem "separados dos franceses, mas em igualdade". Ele pedia aos franceses que garantissem aos argelinos nativos liberdade, justiça e igualdade, respeitando sua cultura distinta, sua língua árabe e a fé muçulmana. Ben Badis concluía seu artigo insistindo que "essa pátria muçulmana argelina é uma amiga fiel da França".[41] As diferenças entre os assimilacionistas laicos e os reformadores islâmicos não poderiam ser consideradas intransponíveis.

Ironicamente, os únicos ativistas que exigiam a independência total da Argélia faziam parte da comunidade de trabalhadores expatriados na França. Um punhado de homens politicamente engajados na força de trabalho argelina de 100 mil homens na França chegou ao nacionalismo através do Partido Comunista. Seu líder foi Messali Hadj (1898-1974), que fundou em 1926 a associação nacionalista operária L'Étoile Nord-Africaine [a Estrela Norte-Africana]. Messali apresentou o programa da nova organização no Congresso da Liga contra o Imperialismo e a Opressão Colonial, realizado em Bruxelas em fevereiro de 1927. Entre os pontos defendidos estavam a independência da Argélia, a retirada das forças de ocupação francesas do território argelino, a formação de um exército nacional, o confisco de plantações de colonos, a redistribuição das fazendas aos agricultores nativos e uma série de reformas sociais e econômicas para a Argélia independente.[42] As exigências da organização eram tão justas quanto irrealistas na época, e atraíram pouco apoio entre os argelinos tanto dentro quanto fora do país.

De todos os ativistas políticos argelinos nos anos 1930, Ferhat Abbas foi o mais influente. Seus escritos foram amplamente lidos por argelinos instruídos e por políticos franceses. "Li seu livro com grande interesse", escreveu a ele Maurice Viollette, ex-governador-geral da Argélia, em 1931. "Eu não o teria escrito da mesma maneira, e lamento certas passagens, mas diante de algumas verdadeiras provocações que o senhor enfrentou [...] reconheço e compreendo que é difícil manter a compostura." O tom era condescendente, mas Abbas claramente não se importava (ele usou a citação como um elogio na sobrecapa do livro). Ele sabia que, através de

Viollette, seus argumentos seriam discutidos nos altos escalões da administração francesa.

Maurice Viollette se tornara ainda mais influente desde o final de seu mandato como governador-geral da Argélia e seu retorno a Paris. Nomeado para o Senado francês, em março de 1935 ele iniciou um debate sobre a concessão de direitos de cidadania a um seleto grupo de argelinos com base na assimilação da cultura e dos valores franceses — um grupo que os franceses chamavam de évolués, ou "evoluídos". Isso não passava de darwinismo social, uma vez que concebia os argelinos como um povo inferior que, à medida que ia abandonando a cultura árabe em favor dos valores franceses "superiores", avançava para um estado mais elevado de civilização. Essa "missão civilizatória" era um dos principais argumentos que os franceses utilizavam para justificar seu projeto imperial. Agindo em função dos ideais da "missão civilizatória", Viollette argumentava perante o Senado que a emancipação dos progressistas muçulmanos argelinos impediria o nacionalismo e encorajaria a assimilação.

O lobby colonial francês (composto por representantes dos colonos e seus apoiadores em Paris) era muito poderoso, no entanto, e derrotou a moção de Viollette. Eles temiam que a concessão de direitos de cidadania plena, mesmo a um seleto grupo de argelinos, levasse apenas a uma emancipação mais ampla que acabaria por enfraquecer o domínio europeu no país.

Viollette teve uma audiência mais compreensiva a suas controversas opiniões quando foi nomeado, em 1936, para um cargo no gabinete do governo socialista da Frente Popular liderado por Léon Blum. A Frente Popular falava de uma relação totalmente nova entre a França e suas colônias, e as elites políticas da Argélia sabiam que Viollette era um aliado de sua causa. Os reformadores islâmicos liderados por Ben Badis decidiram somar forças com os assimilacionistas de Ferhat Abbas. Em junho de 1936, eles se reuniram no I Congresso Muçulmano Argelino na cidade de Argel e endossaram a proposta de Maurice Viollette de conceder cidadania plena a um seleto grupo de argelinos francófilos, sem exigir que renunciassem ao seu status civil muçulmano. O congresso enviou uma delegação a Paris a fim de apresentar suas demandas políticas ao governo. Os delegados foram recebidos por Blum e Viollette, que prometeram satisfazer boa parte das exigências dos argelinos.

No final de dezembro de 1936, Blum e Viollette elaboraram um projeto de lei sobre a Argélia e o submeteram ao Parlamento. O projeto, eles acreditavam, era uma legislação esclarecida que garantiria a posição da França na Argélia de uma vez por todas, através da cooperação das elites políticas e econômicas do país. "Depois de tantas promessas solenes feitas por tantos governos, sobretudo na época do centenário (1930), é verdadeiramente impossível não percebermos a urgência dessa necessária tarefa de assimilação que afeta no mais alto grau a saúde moral da Argélia", escreveram Blum e Viollette em seu preâmbulo.[43] O projeto de lei definia as categorias de muçulmanos argelinos nativos elegíveis para a cidadania. Nove grupos diferentes foram definidos, começando com os argelinos que haviam servido como oficiais ou sargentos de carreira no exército francês ou eram soldados condecorados por bravura. Os argelinos que haviam obtido diploma de ensino superior de academias francesas ou muçulmanas e os funcionários públicos recrutados por concurso também estavam aptos a se tornar cidadãos. Da mesma forma, nativos eleitos para câmaras de comércio ou agricultura, ou para cargos administrativos nos conselhos financeiros, municipais ou regionais, e notáveis que ocupassem cargos tradicionais, como os *aghas* e os *qaids*. Por fim, qualquer argelino premiado com honras francesas como a Legião de Honra ou a Medalha de Honra pelo Trabalho seria elegível para a plena emancipação. Ao todo, não mais do que 25 mil argelinos de uma população total de 4,5 milhões poderiam se qualificar para a cidadania sob os termos do projeto Blum-Viollette.

Dados os objetivos muito limitados do projeto de lei e a clara intenção de seus autores de perpetuar o domínio francês na Argélia, a oposição com que se depararam as reformas de Blum-Viollette foi impressionante. Mais uma vez, o lobby colonial entrou em ação para garantir que o projeto não fosse sequer debatido, quanto mais posto em votação. A imprensa colonial o criticou como uma abertura à islamização da França e o fim da Argélia francesa.

Os debates no Parlamento francês provocaram distúrbios nas ruas da Argélia entre os favoráveis e os contrários ao projeto. Argelinos nativos saíram às ruas em protestos e manifestações em massa para reivindicar seus direitos civis. A agitação no país apenas reforçou os argumentos dos conservadores e do lobby colonial, que alegaram que os tumultos tinham relação com as políticas desastrosas do governo Blum. Os alcaides franceses na Argélia entraram em greve como forma de protestar, assim como os políticos argelinos eleitos, uma vez que o projeto de lei passara de um comitê parlamentar a outro sem jamais chegar ao plenário para debate. No final, o lobby colonial prevaleceu. O projeto de lei Blum-Viollette foi abandonado em 1938 sem nunca ter sido discutido pelo plenário da Assembleia Nacional.

O centenário havia chegado ao fim. Apesar das muitas promessas solenes feitas, o governo francês não concordou com a urgente tarefa da assimilação. É difícil captar a profundidade da desilusão que se instalou entre as elites argelinas, cujas expectativas haviam sido elevadas a novos patamares apenas para serem frustradas pelo fracasso do governo Blum em cumprir suas promessas. A partir de então, a tendência dominante no movimento de oposição argelino seria nacionalista. A França não teria outro século na Argélia. Em dezesseis anos, os dois países estariam em guerra.

★ ★ ★

O GOVERNO DA FRENTE POPULAR de Léon Blum também havia esperado conseguir resolver as diferenças entre a França e seus mandatos na Síria e no Líbano. Depois de anos de oposição intercalados com negociações infrutíferas, nacionalistas em Beirute e Damasco responderam à mudança de governo em Paris com um renovado otimismo. O ano de 1936 parecia anunciar uma nova era de independência árabe mais ampla e controles imperiais reduzidos. A Grã-Bretanha, que concedera independência ao Iraque em 1930, estava prestes a concluir um acordo semelhante com o Egito em 1936. Nacionalistas na Síria e no Líbano tinham todas as razões para acreditar que o governo da Frente Popular, com suas visões esclarecidas sobre o império, seguiria o exemplo britânico e concluiria tratados que lhes permitiriam ingressar na Liga das Nações como Estados nominalmente soberanos.

No rescaldo da revolta de 1925-7, os nacionalistas sírios haviam buscado a libertação nacional por meios não violentos e através da diplomacia, em uma política conhecida como "cooperação honrosa". O Bloco Nacional, liderado por um grupo de abastados notáveis urbanos, se tornou a coalizão dominante de partidos e facções que trabalhavam pelo objetivo comum de garantir a independência da Síria, e redobrou seus esforços depois de o Iraque garantir sua autonomia em 1930. No entanto, diante da persistente oposição do conservador lobby colonial francês, não obteve ganhos com a cooperação. O primeiro tratado que os franceses ofereceram, em novembro de 1933, estava longe de garantir a independência e foi rejeitado pela Câmara síria. A cooperação honrosa começou a dar lugar a uma resistência sistemática, que culminou em uma greve geral de cinquenta dias convocada pelos nacionalistas no início de 1936.

O governo da Frente Popular de Léon Blum parecia simpatizar com as demandas dos nacionalistas sírios e estar determinado a restabelecer a paz e a estabilidade em seu conturbado mandato. Em junho de 1936, pouco depois de chegar ao poder, o governo Blum entrou em negociações com o Bloco Nacional da Síria. Os dois lados progrediram rapidamente em suas conversas, à medida que os negociadores franceses aceitavam boa parte das exigências dos nacionalistas. Um esboço de tratado de aliança preferencial foi concluído em setembro de 1936 e submetido aos Parlamentos francês e sírio para ratificação. A Síria acreditava estar à beira da independência.

À luz do sucesso sírio, os libaneses pressionaram a França a redigir um tratado semelhante que concedesse ao Líbano sua independência. As negociações foram abertas em outubro de 1936. Seguindo o modelo do documento sírio, um projeto de tratado franco-libanês foi concluído em apenas 25 dias e enviado para aprovação parlamentar em Paris e Beirute.

Os nacionalistas na Síria e no Líbano estavam muito satisfeitos com os termos negociados com a França, como ficou demonstrado pela facilidade com que transcorreram os processos de ratificação dos tratados em Beirute e Damasco. A Câmara libanesa aprovou o acordo com o franceses em novembro de 1936, e a Câmara síria no final de dezembro, por votação unânime em ambos os países. No entanto, como acontecera com o projeto de lei de Blum e Viollette, o lobby colonial na França conseguiu obstruir qualquer debate ou votação dos tratados na Assembleia Nacional até a queda do governo Blum, em junho de 1937. As esperanças libanesas e sírias de independência caíram com ele.

Em 1939, com a guerra iminente na Europa, a Assembleia francesa se recusou a ratificar os tratados. Para piorar as coisas, as autoridades coloniais francesas decidiram ceder o território de Alexandreta, no noroeste da Síria, à Turquia, que reivindicava a região em virtude de sua minoria turca de 38% da população, a fim de garantir a neutralidade dos turcos na iminente guerra europeia. Os nacionalistas sírios, indignados, organizaram grandes comícios e manifestações, provocando uma repressão maciça das autoridades francesas, que suspenderam a Constituição do país e dissolveram o Parlamento.

A França estava à beira de um grande confronto com seus dois mandatos no Oriente Médio quando a Alemanha nazista ocupou o país e derrubou a administração, em maio de 1940. Em seguida, o marechal Philippe Pétain, o "herói de Verdun" que havia substituído Lyautey no Marrocos no auge da Guerra do Rife, foi posto à frente de um governo colaboracionista francês — o regime de Vichy. Sob o novo regime, a Síria e o Líbano seriam governados por um alto-comissário de Vichy, o general Henri Dentz.

Os britânicos, já incomodados com as inclinações pró-Eixo dos nacionalistas árabes no Egito, no Iraque e na Palestina, viam o governo de Vichy na Síria e no Líbano como uma entidade hostil. Em maio de 1941, quando o comissário Dentz ofereceu à Alemanha o uso de bases aéreas sírias, a Grã-Bretanha se apressou em intervir. Nos meses de junho e julho de 1941, ao lado das Forças Francesas Livres contrárias ao regime de Vichy e lideradas pelo general Charles de Gaulle, os britânicos ocuparam a Síria e o Líbano.

Com a ocupação britânica da Síria, as Forças Francesas Livres prometeram plena independência à Síria e ao Líbano. Em uma proclamação lida logo após a invasão anglo-francesa, o general Georges Catroux, falando em nome do general De Gaulle, anunciou: "Venho pôr fim ao regime de mandato internacional e proclamar-vos livres e independentes".[44] A declaração de Catroux foi ratificada pelo governo da Grã-Bretanha, mas as celebrações nacionalistas na Síria e no Líbano se revelaram prematuras. A França Livre não havia abandonado a esperança de conservar seu império depois da guerra. Tanto a Síria quanto o Líbano enfrentariam uma longa e difícil batalha para garantir sua independência, diante de uma enorme oposição francesa.

Assim que as Forças Francesas Livres proclamaram o fim dos mandatos, os libaneses começaram a se preparar para a independência. Líderes nacionalistas das diferentes comunidades religiosas elaboraram um acordo tácito de compartilhamento de poder concluído em 1943 e conhecido como Pacto Nacional. Validado pela simples presença dos líderes de todas as comunidades envolvidas, que dessa forma atuaram como testemunhas, os libaneses apoiaram o Pacto Nacional sem que nunca fosse preciso gravar seus termos em um documento oficial. De acordo com o pacto, o presidente do Líbano seria dali em diante um cristão maronita, o primeiro-ministro um muçulmano sunita e o presidente do Parlamento um muçulmano xiita. Outros importantes cargos no gabinete seriam distribuídos entre drusos, cristãos ortodoxos e outras comunidades religiosas. Os assentos no Parlamento seriam distribuídos em uma proporção de seis assentos cristãos para cada cinco deputados muçulmanos (sunitas, xiitas e drusos, indistintamente).

O Pacto Nacional parecia ter resolvido as tensões entre as comunidades do Líbano e lhes conferido participação nas instituições políticas do país. No entanto, ele consagrava o mesmo princípio de "confessionalismo" apoiado pelos franceses, distribuindo cargos de maneira rígida com base nas comunidades religiosas, enfraquecendo a política libanesa e impedindo o país de alcançar uma integração genuína. Dessa forma, os franceses deixaram um legado de divisão que sobreviveu por muito tempo ao seu domínio no Líbano.

Em 1943, resolvidas suas diferenças políticas, os notáveis libaneses convocaram novas eleições parlamentares. De acordo com a Constituição do país, os 55 novos membros do Parlamento se reuniram para eleger o

presidente, e em 21 de setembro de 1943 designaram o advogado nacionalista Bishara Khoury para servir como o primeiro presidente independente do Líbano.

Khoury era o mesmo advogado que aconselhara o general Gouraud,
e fora um dos primeiros críticos do mandato francês no país. Ele havia alcançado proeminência nacional em 1934, ao fundar, junto com um grupo
de políticos de pensamento semelhante, o Bloco Constitucional, que buscava substituir o mandato da França por um tratado franco-libanês. Desde
então, ele havia trabalhado consistentemente para encerrar o domínio
francês no Líbano. Os deputados explodiram numa salva de palmas com
a nomeação de Khoury para a presidência, e pombas brancas foram soltas
na Câmara. O próprio Khoury lembrou:

> Quando o resultado foi anunciado e subi ao pódio para fazer meu discurso,
> mal podia ouvir minha própria voz sobre os gritos e disparos de canhão
> do lado de fora. No entanto, consegui me fazer ouvir e falei sobre como
> poderíamos cooperar com os Estados árabes para acabar com o isolamento
> do Líbano.[45]

Os libaneses se consideravam totalmente independentes e não viam
motivos para esperar qualquer resistência dos franceses. A França Livre
havia se comprometido a pôr fim ao mandato sobre o Líbano, e o regime
de Vichy fora expulso à força do Levante pelos britânicos. O Parlamento
libanês iniciou a afirmação de sua independência revisando a Constituição,
a fim de retirar da França qualquer papel ou direito privilegiado de intervir
nos assuntos libaneses. No entanto, quando os representantes da França Livre no Líbano souberam da agenda da sessão parlamentar de 9 de novembro
de 1943, exigiram uma reunião com Khoury. Eles advertiram o presidente
libanês de que o general De Gaulle não toleraria quaisquer medidas unilaterais para redefinir as relações franco-libanesas. Foi um encontro tenso
que terminou sem uma resolução das diferenças dos dois lados.

Os libaneses deram pouca atenção aos avisos franceses. A França Livre
era um governo fragmentado no exílio que os libaneses acreditavam não

estar em posição de suspender sua reivindicação legítima de independência — o que a Grã-Bretanha havia garantido. Os deputados libaneses se reuniram conforme planejado e revisaram o artigo 1 da Constituição, que definia as fronteiras do Líbano como aquelas que "o governo da República Francesa reconhecera oficialmente", para afirmar sua "completa soberania" dentro das fronteiras atuais e reconhecidas do país, redigidas com algum grau de detalhamento. Eles estabeleceram o árabe como a única língua nacional oficial, relegando o francês a segundo plano, e passaram a reconhecer a autoridade do presidente do Líbano, e não do governo da França, para concluir todos os acordos internacionais, com o devido consentimento do Parlamento. Todos os poderes e privilégios delegados à França pela Liga das Nações foram formalmente extirpados da Constituição. Por fim, os deputados votaram para mudar o artigo 5 do texto, que definia a bandeira nacional: duas bandas horizontais vermelhas separadas por uma branca substituíram as três cores francesas, com o símbolo nacional, o cedro, permanecendo estampado no centro. Legal e simbolicamente, o Líbano havia afirmado sua soberania. Restava assegurar a concordância francesa a essa nova ordem.

As autoridades francesas reagiram de imediato à revisão constitucional. Nas primeiras horas da manhã de 11 de novembro, o presidente Khoury foi acordado por fuzileiros navais franceses irrompendo violentamente em sua residência. Seu primeiro pensamento foi que eram renegados decididos a assassiná-lo. Ele gritou para os vizinhos, pedindo que chamassem a polícia, mas ninguém respondeu. Um capitão francês armado com uma pistola e segurando seu filho abriu com força a porta de seu quarto. "Não pretendo lhe fazer mal", disse ele, "mas tenho ordens do alto-comissário para prendê-lo."

"Eu sou presidente de uma república independente", respondeu Khoury. "O alto-comissário não tem autoridade para me dar ordens."

"Vou ler a ordem para o senhor", respondeu o capitão, pondo-se a ler uma declaração datilografada que acusava Khoury de conspiração contra o mandato. O oficial se recusou a entregar o documento a Khoury e lhe concedeu apenas dez minutos para arrumar suas coisas. Estava cercado por soldados "armados até os dentes". Khoury ficou perturbado ao ver que eram libaneses. Os franceses então o levaram de carro até a fortaleza da cidade de Rachaya, no sul. Eles foram alcançados, no caminho, por vários outros carros, que transportavam o primeiro-ministro, Riad al-Solh, e os principais membros de seu gabinete. Até o fim do dia, seis membros do governo libanês haviam sido levados para Rachaya.

Manifestações violentas irromperam em Beirute quando notícias das prisões se espalharam. A esposa de Khoury se juntou aos manifestantes, a fim de demonstrar solidariedade aos que protestavam contra a injustiça cometida contra seu marido e o governo libanês. Os libaneses apelaram para os britânicos, no seu papel de fiadores da declaração da independência do Líbano proclamada pelas Forças Francesas Livres em julho de 1941. Os britânicos, então, intervieram para forçar os vizinhos europeus a libertar Khoury e os demais políticos detidos em Rachaya. As mudanças na Constituição libanesa foram mantidas, e a França optou por tentar manter seu mandato através do controle de suas forças de segurança. Pelos três anos seguintes, o governo do Líbano continuaria a combater os franceses para garantir o comando de seu exército e suas forças policiais.[46]

Os síRIos foRAM MENos oTIMISTAS do que os libaneses em suas perspectivas de alcançar a independência após a proclamação das Forças Francesas Livres em julho de 1941. As autoridades da França Livre em Damasco haviam deixado claro para a liderança política síria que não pretendiam conceder independência nem à Síria nem ao Líbano até que fosse concluído um novo conjunto de tratados que garantisse os interesses franceses em ambos os países. O Bloco Nacional precisou se mobilizar para um grande confronto com os franceses a fim de impor suas exigências de independência.

O líder do Bloco Nacional era Shukri al-Quwatli, um abastado damasceno, membro de uma importante família proprietária de terras. Exilado em 1927 pelos franceses por conta de suas atividades nacionalistas, Quwatli havia retornado à Síria em setembro de 1942 e assumido a liderança do Bloco Nacional. Em 1943, com a convocação das eleições parlamentares, a chapa de Quwatli emergiu com uma ampla maioria, elegendo seu líder como presidente. O governo do Bloco Nacional buscou políticas conciliatórias com os franceses, na esperança de convencer a França Livre a afrouxar seu crescente controle até que a Síria fosse capaz de consolidar sua independência. No entanto, como no Líbano, os sírios se depararam com a relutância dos franceses em fazer concessões no que dizia respeito às forças de segurança do país — o exército nacional, conhecido como Legião Síria, e a polícia de segurança interna, a *Sureté Générale*.

O governo de Quwatli na Síria trabalhou em estreita colaboração com o governo de Khoury no Líbano, buscando apoio internacional para sua posição contra a França. Grandes manifestações antifrancesas foram realizadas no inverno de 1944 e na primavera de 1945. Quando a França anunciou que não renunciaria ao controle do exército nacional sírio até que o governo da Síria assinasse um tratado, os governos da Síria e do Líbano recusaram novas negociações.

Em maio de 1945, a intransigência francesa levou a manifestações generalizadas e protestos contra a França em toda a Síria. Damasco emergiu como o centro da oposição, a capital e sede da política nacional. Não dispondo de efetivo militar suficiente para lidar com uma situação que se deteriorava rapidamente além de seu controle, os franceses responderam com força letal, numa tentativa de decapitar o governo e bombardear seus cidadãos para garantir sua submissão.

O primeiro alvo do ataque francês foi o próprio governo sírio. Khalid al-Azm era um dos membros do Bloco Nacional que havia sido eleito para o Parlamento em 1943 e nomeado pouco tempo depois ministro das Finanças. Em 29 de maio de 1945, ele estava no Palácio do Governo, no centro de Damasco, discutindo a crise com um grupo de deputados, quando, às seis da tarde, ouviu o som das primeiras rodadas de artilharia.[47] Azm e seus colegas ficaram horrorizados com a escalada francesa da crise e a gravidade do bombardeio de artilharia. Eles tentaram pedir ajuda, mas descobriram que todas as linhas telefônicas nos escritórios do governo haviam sido cortadas. Por meio de mensageiros, Azm foi informado de que o prédio do Parlamento fora invadido e ocupado por tropas francesas, que haviam matado todos os guardas sírios responsáveis pela segurança do lugar. Pouco depois de terem capturado o Parlamento, os soldados franceses tomaram posições em torno do Palácio do Governo. Eles abriram fogo contra o edifício, estilhaçando suas janelas.

Os franceses haviam cortado o fornecimento de energia elétrica em Damasco, e a noite caiu sobre a cidade escura. Os políticos e seus guardas no Palácio do Governo trabalharam juntos para barricar a entrada do edifício com mesas e cadeiras, em uma vã tentativa de impedir a entrada dos franceses. Antes da meia-noite, Azm e seus colegas foram avisados de que os franceses planejavam ocupar o prédio, e saíram pela janela dos fundos. Eles percorreram as ruas secundárias da cidade, esquivando-se das forças francesas de segurança, e se refugiaram na espaçosa casa de Azm, no centro da Cidade Antiga de Damasco. Seu grande pátio logo ficou tomado por ministros de governo, deputados e guardas — mais de uma centena de refugiados. Os franceses acabaram descobrindo o paradeiro do grupo quando o primeiro-ministro, Jamil Mardam, numa atitude insensata, tentou usar o telefone de Azm, que estava grampeado. Imediatamente, eles apontaram sua artilharia para o bairro de Azm e desencadearam um ataque impiedoso. Os ministros e deputados do governo buscaram refúgio nas salas mais seguras da casa. O chão tremia sob seus pés com o impacto da artilharia e do bombardeio aéreo, cobrindo-os de gesso e alvenaria. Eles passaram a noite aterrorizados e cheios de incerteza, ao som da destruição da cidade.

No dia seguinte, os franceses redobraram seus esforços a fim de submeter o governo sírio. O presidente Quwatli se instalou no subúrbio de Salihiyya, na encosta de uma colina, onde a maioria dos ministros do governo foi se juntar a ele. Azm escolheu permanecer com a família em Damasco e compartilhar o destino da cidade. Os franceses recrudesceram seu ataque, lançando bombas incendiárias sobre os bairros residenciais e provocando labaredas que logo saíram de controle. "O terror se espalhou, entre os moradores, que temiam que toda a vizinhança fosse consumida pelas chamas", lembrou Azm. "As bombas continuavam a cair e não havia brigadas de incêndio dispostas ou capazes de combater o fogo, pois os soldados franceses não lhes permitiam cumprir seu dever." Depois de mais um dia sob a barragem de artilharia, Azm decidiu abandonar sua casa e levar a família para a relativa segurança do subúrbio, juntando-se a Shukri Quwatli e o resto do governo.

De seu refúgio em Salihiyya, o presidente Quwatli apelou aos oficiais britânicos para intervir. Invocando a garantia de 1941 da independência da Síria, ele solicitou formalmente à Grã-Bretanha que intercedesse junto aos franceses a fim de impedir o bombardeio de Damasco. O apelo do presidente deu aos britânicos motivos legítimos para interferir nos assuntos imperiais franceses, e eles se sobrepuseram a seu aliado de guerra para suspender o ataque à Síria. Quando as armas se calaram, contaram-se mais de quatrocentas baixas sírias e centenas de residências particulares destruídas. Além disso, o edifício que abrigava o Parlamento havia sido reduzido a escombros pela ferocidade do ataque. A desesperada tentativa da França de preservar seu império no Levante havia fracassado, e nada poderia convencer os amargurados sírios a negociar sua velha exigência de independência total.

EM JULHO DE 1945, os franceses finalmente admitiram a derrota e concordaram em transferir o controle das forças militares e de segurança para os governos independentes da Síria e do Líbano. Não havia como a França impor um tratado a qualquer um dos Estados. Em 24 de outubro, a comunidade internacional reconheceu a independência dos dois países árabes ao admiti-los como membros fundadores das Nações Unidas, em pé de igualdade com a França. Tudo que restou aos franceses foi retirar as suas tropas do Levante. Eles deixaram a Síria na primavera de 1946 e, em agosto, embarcaram em navios em Beirute a fim de voltar para casa.

Adolescente na época, a jornalista damascena Siham Tergeman recordou as celebrações em Damasco na "Noite da Evacuação", em abril de 1946, quando o último soldado francês se retirou da capital. Ela descreveu uma cidade exultante, celebrando sua primeira noite de verdadeira independência como um "casamento da liberdade", em que "a bela e feliz noiva" era a própria Damasco.

Os convidados vieram em carroças e carros, grandes e pequenos. Tochas iluminaram todos os telhados da cidade, os hotéis e as calçadas, os postes elétricos, os jardins da praça Marjeh e os postes da ferrovia do Hejaz, as grades de ferro do rio Barada e todas as vias e cruzamentos.

Tergeman e sua família celebraram a noite toda enquanto cantores e músicos entretinham as multidões que se aglomeravam ao redor da praça Marjeh, no centro da cidade. "E o casamento da independência com a Síria", recordou ela, "continuou até o amanhecer."[48]

A alegria síria teve seu contraponto na amargura francesa pelo final do mandato. Embora ainda detivesse suas possessões árabes no norte da África, a França lamentava a perda de influência no Mediterrâneo Oriental. Depois de 26 anos em Beirute e Damasco, os franceses não tinham nada que comprovasse seus esforços. Para piorar a situação, suspeitavam que a Grã-Bretanha, seu aliado de guerra e rival imperial, só oferecera assistência à Síria e ao Líbano para atrair os Estados do Levante à sua própria esfera de influência. Apesar disso, em 1946, o Império Britânico no Oriente Médio estava sob pressão e em retirada. De fato, os problemas da França na Síria e no Líbano pareciam benignos em comparação com a crise que os britânicos estavam enfrentando na Palestina.

9. O desastre palestino e suas consequências

EM JANEIRO DE 1944, extremistas judeus na Palestina declararam guerra à Grã-Bretanha. "Não há mais nenhum armistício entre o povo judeu e a administração britânica em Eretz Israel [isto é, a Terra de Israel], que entrega nossos irmãos a Hitler", afirmava o movimento de resistência clandestina. "Nosso povo está em guerra com este regime — guerra até o fim."[1]

Pode parecer incrível que os colonos judeus entrassem em guerra com o governo britânico, que transformara o sonho sionista de um lar nacional para o povo judeu na Palestina em realidade. No entanto, ao longo da Segunda Guerra Mundial, a Grã-Bretanha passara a sofrer um crescente ataque da comunidade judaica da Palestina. O Livro Branco de 1939, que impusera limites estritos à imigração dos judeus e advocava a independência palestina sob o governo da maioria (árabe) em 1949, enfurecera a liderança sionista.

Com a guerra iminente entre a Grã-Bretanha e a Alemanha nazista, David Ben-Gurion prometera ajudar o exército britânico a combater o fascismo como se não houvesse um Livro Branco, ao mesmo tempo que se opunha aos termos do Livro Branco como se não houvesse guerra. A maioria dos sionistas na Palestina estava alinhada com a política de Ben--Gurion e apoiava de má vontade os britânicos em sua guerra contra o regime nazista na Alemanha. Mas outros partidos sionistas mais radicais viam os britânicos como a maior ameaça, e lançaram uma insurgência armada com o objetivo declarado de expulsá-los da Palestina.

Duas organizações terroristas judaicas, o Irgun e o Lehi, foram responsáveis pelo pior da violência. O Irgun (abreviação de Irgun Zvai Leumi, ou Organização Militar Nacional) fora criado em 1937 para proteger assentamentos judaicos de ataques durante a revolta árabe de 1936-9. Em maio de 1939, depois que o Livro Branco foi aprovado pelo Parlamento britânico, seus integrantes passaram a ver a Inglaterra como o verdadeiro inimigo. O Irgun lançou uma série de ataques a bomba contra escritórios do governo britânico e delegacias de polícia na Palestina antes de suspender as hostilidades em junho de 1940. Com a Grã-Bretanha em guerra com a Alemanha, a liderança do Irgun decidiu seguir as políticas de Ben-Gurion para combater o nazismo.

Um grupo dentro da organização discordou e decidiu continuar seus ataques contra os britânicos. O grupo dissidente, que veio a ser conhecido em hebraico pela sigla Lehi (de Lohamei Herut Yisrael, ou Guerreiros pela Liberdade de Israel), também é conhecido no Ocidente como Stern Gang, em homenagem ao líder da facção, Abraham Stern. Stern e seus seguidores acreditavam que o povo judeu tinha um direito inalienável à terra de Israel e que era seu dever recuperá-la — pela mão armada, se necessário. Para Stern, o Livro Branco de 1939 colocava a Grã-Bretanha no papel de ocupante ilegítimo. Em vez de se aliar aos britânicos contra a Alemanha nazista, ele se aproximou ativamente dos nazistas para fazer causa comum contra os britânicos. Como alguns nacionalistas árabes, Stern esperava trabalhar com o governo de Hitler a fim de libertar a Palestina do domínio britânico — apesar do antissemitismo nazista. Para ele, a Alemanha nazista era apenas um perseguidor do povo judeu, enquanto a Grã-Bretanha era um inimigo que lhe negaria a condição de Estado na Palestina.

No final de 1940, Stern enviou um representante para se reunir com autoridades alemãs em Beirute a fim de defender uma convergência de interesses "entre os objetivos da 'Nova Ordem' na Europa, conforme interpretados pelos alemães, e as verdadeiras aspirações nacionais do povo judeu". Por intermédio de seu enviado, Stern se ofereceu para usar as forças judaicas para expulsar a Grã-Bretanha da Palestina em troca da emigração judaica irrestrita da Alemanha para a Palestina e do reconhecimento alemão do Estado judeu. Ele argumentou que essa aliança resolveria a questão judaica na Europa e as aspirações nacionais judaicas, ao mesmo tempo que daria a seu inimigo britânico comum uma derrota severa no Mediterrâneo Oriental.[2]

Stern nunca recebeu uma resposta do Terceiro Reich. Ele claramente havia calculado mal a natureza genocida do antissemitismo nazista. Por suas tratativas com os alemães, Stern foi condenado tanto pelo Irgun quanto pela Agência Judaica, que forneceu inteligência aos britânicos para auxiliá-los na repressão ao Lehi. As autoridades do mandato perseguiam o grupo por sua série de ataques e assaltos a bancos na Palestina. Em fevereiro de 1942, oficiais britânicos mataram Stern em um ataque a um apartamento em Tel Aviv. Com sua liderança em desordem após a morte de Stern, o Lehi caiu em inatividade. Uma trégua frágil prevaleceu entre os Yishuv e os britânicos entre 1942 e 1944, enquanto se intensificava a Segunda Guerra Mundial.

O Irgun começou a se reorganizar como um movimento de resistência contra o domínio britânico em 1943, liderado por um novo e dinâmico líder chamado Menachem Begin. Nascido na Polônia, Begin (1913-92) se juntou a um movimento jovem sionista antes de fugir do país durante a invasão alemã da Polônia em 1939. Mais tarde, ele se ofereceu para servir em uma unidade militar polonesa na União Soviética. Em 1942, sua unidade foi enviada para a Palestina, onde Begin foi recrutado para o Irgun. Ele subiu rapidamente na hierarquia e logo chegou à liderança da organização, travando contato com os novos líderes do Lehi, entre os quais Yitzhak Shamir. Os dois homens viriam a se tornar primeiros-ministros de Israel no final de suas vidas, embora tivessem iniciado suas carreiras políticas como terroristas. Restrições persistentes à imigração judaica na Palestina, aliadas a um conhecimento cada vez maior sobre os campos de concentração nazistas e o Holocausto, exacerbaram as tensões entre os movimentos sionistas radicais e as autoridades britânicas. Em 1944, o Irgun e o Lehi não estavam mais dispostos a se comprometer com a trégua geral e retomaram os ataques contra a presença da Grã-Bretanha na Palestina.

Os grupos usaram táticas muito diferentes em seu conflito comum contra os britânicos. O Irgun de Begin realizava ataques contra as sedes do mandato britânico e a infraestrutura de comunicações na Palestina. O Lehi de Shamir, por sua vez, promovia o assassinato de oficiais britânicos. Em 6 de novembro de 1944, a organização ganhou notoriedade especial quando dois de seus membros assassinaram o ministro residente britânico no Oriente Médio, Lord Moyne, em frente a sua casa no Cairo. Moyne era o mais alto dirigente britânico no Oriente Médio e havia concordado com as restrições impostas pelo Livro Branco à imigração judaica na Palestina. Seus assassinos foram capturados pela polícia egípcia e enforcados. A Agência Judaica e sua ala paramilitar, a Haganá, se distanciaram do Lehi e de seus atos, por medo de retaliação.

Foi só após o final da Segunda Guerra Mundial que o Irgun, o Lehi e a Haganá uniram forças para lutar contra os britânicos na Palestina. A libertação dos campos de concentração nazistas revelara o monstruoso crime do Holocausto. Os líderes da Yishuv estavam determinados a trazer para a Palestina sobreviventes judeus do genocídio instalados em campos de pessoas deslocadas na Europa. Eles se recusavam a respeitar os limites da imigração judaica impostos pelo Livro Branco de 1939 e declararam uma revolta contra o mandato britânico. Por um breve período em 1945-6, a Haganá secretamente coordenou as operações com o Lehi e o Irgun a fim de forçar uma mudança na política britânica por meio da violência.

Por dez meses, os três grupos cooperaram em uma série de assaltos a bancos, ataques a infraestruturas e sequestros de funcionários britânicos. A Agência Judaica, liderada por Ben-Gurion, negava consistentemente qualquer envolvimento nessas operações e mantinha a participação da Haganá em segredo. As autoridades britânicas, no entanto, suspeitavam da cumplicidade dos Yishuv na violência, e responderam com uma repressão maciça. Entre 29 de junho e 1º de julho de 1946, mais de 2700 membros da comunidade foram presos, incluindo vários líderes da Agência Judaica. As autoridades britânicas também apreenderam os documentos da Agência Judaica e os levaram para a secretaria do mandato, então alojada em uma ala do King David Hotel.

Para a Agência Judaica, a apreensão de seus documentos foi mais do que um problema administrativo. Entre os papéis havia itens que implicavam a agência e a Haganá em ataques aos britânicos.[3] Se as autoridades do mandato encontrassem evidências do envolvimento da Haganá e da Agência Judaica em atividades terroristas, isso apenas endureceria a determinação britânica de impedir o aumento da imigração judaica para a Palestina, tornando-os mais propensos a aceitar as demandas árabes na região. A partir do momento em que esses documentos incriminadores foram levados para a secretaria do mandato, o destino do King David Hotel foi selado. O Irgun já tinha planos detalhados para um ataque a esse alto edifício em Jerusalém Ocidental, sede das administrações civil e militar da Palestina, mas a Haganá até então havia impedido que eles fossem executados, argumentando que tal atrocidade iria "inflamar em excesso os britânicos". Em 1º de julho, imediatamente após a apreensão britânica dos arquivos da Agência Judaica, a Haganá deu ordem ao Irgun para que se realizasse a operação contra o King David Hotel o mais breve possível.

Os preparativos para o bombardeio do King David Hotel levaram três semanas. Em 22 de julho, um grupo de membros do Irgun entregou uma série de latas de leite contendo aproximadamente duzentos quilos de explosivos no porão do hotel. Os "leiteiros" foram surpreendidos por dois soldados britânicos e um tiroteio se seguiu. Mas os terroristas já haviam conseguido ajustar os temporizadores para detonar os explosivos trinta minutos depois.

"Cada minuto parecia um dia", escreveu Menachem Begin mais tarde. "Meio-dia e trinta e um, meio-dia e trinta e dois. A hora H se aproximava. A meia hora estava quase terminada. Meio-dia e trinta e sete... De repente, toda a cidade pareceu estremecer."[4]

As autoridades britânicas alegaram não ter recebido nenhum aviso prévio do ataque. O Irgun insistiu que dera avisos por telefone tanto ao hotel quanto a outras instituições. Qualquer que fosse a verdade, nenhuma tentativa havia sido feita para evacuar o King David Hotel. Os explosivos, detonados debaixo de um café público bem na hora do almoço, atingiram uma ala inteira do hotel e derrubaram todos os seis andares para dentro do porão. Noventa e uma pessoas morreram e mais de cem ficaram feridas na explosão — britânicos, árabes e judeus igualmente.

A atrocidade chocou o mundo e foi denunciada pela Agência Judaica como um "crime covarde perpetrado por um grupo de desesperados". No entanto, o governo britânico sabia muito bem que a Haganá estava envolvida na campanha de terrorismo, e apontou isso em um Livro Branco sobre terrorismo na Palestina publicado apenas dois dias após o atentado ao King David.

Os britânicos reconheceram que estavam enfrentando mais do que apenas uma banda radical. A Agência Judaica e a Haganá podiam diferir do Irgun e do Lehi em táticas e métodos, mas estavam unidas em um propósito: a expulsão dos britânicos para alcançar a condição de Estado judeu na Palestina.

No rescaldo da Segunda Guerra Mundial, a Grã-Bretanha não tinha os recursos nem a determinação de permanecer na Palestina. As diferenças entre judeus e árabes na região eram irreconciliáveis. Se fizessem concessões aos judeus, os britânicos temiam que os árabes começassem uma revolta como a de 1936-9. Se fizessem concessões aos árabes, agora estava claro do que os judeus seriam capazes. Em setembro de 1946, os esforços britânicos para convocar uma reunião de líderes árabes e judeus em Londres fracassaram quando ambos os lados se recusaram a comparecer. Reuniões bilaterais subsequentes na capital inglesa em fevereiro de 1947 tampouco obtiveram sucesso, sob o peso de demandas contraditórias árabes e judaicas por um Estado próprio.

Os britânicos haviam chegado a um impasse, e a falácia da Declaração Balfour era agora clara: a Grã-Bretanha não poderia oferecer um "lar nacional para o povo judeu" sem prejuízo dos "direitos das comunidades não judaicas da Palestina". O governo britânico não só não tinha soluções como deixara de ter influência sobre as partes em disputa. Assim, em 25 de fevereiro de 1947, o secretário das Relações Exteriores britânico, Ernest Bevin, encaminhou a questão palestina para a recém-criada ONU, na esperança de que a comunidade internacional pudesse ter mais sucesso na solução do problema.

Para estudá-lo, as Nações Unidas montaram um comitê especial de onze nações conhecido pela sigla UNSCOP. À exceção do Irã, nenhum dos membros do UNSCOP — Austrália, Canadá, Tchecoslováquia, Guatemala,

Índia, Irã, Holanda, Peru, Suécia, Uruguai e Iugoslávia — tinha qualquer interesse particular em assuntos do Oriente Médio. Os delegados passaram cinco semanas na Palestina em junho e julho de 1947. Líderes políticos árabes se recusaram a encontrá-los, enquanto a Agência Judaica aproveitou a oportunidade para tentar persuadir a comunidade internacional a apoiar a criação de um Estado judeu na Palestina.

Enquanto os delegados do UNSCOP estavam na Palestina, ondas de imigrantes judeus ilegais inundavam a região vindos da Europa, com assistência da Agência Judaica, em navios a vapor precários. As autoridades britânicas fizeram todos os esforços para impedir a entrada desses refugiados, a maioria dos quais era de sobreviventes do Holocausto. O mais famoso desses navios foi o *Exodus*, cujos 4500 passageiros chegaram ao porto de Haifa em 18 de julho. Seus passageiros foram impedidos de entrar na Palestina e enviados de volta à França no dia seguinte, sendo conduzidos posteriormente a campos de detenção ingleses na Alemanha. A Grã-Bretanha sofreu duras críticas internacionais por seu tratamento da crise dos refugiados judeus, e pelo caso do *Exodus* em particular.

A violência entre a Grã-Bretanha e a comunidade judaica se intensificou enquanto os delegados do UNSCOP conduziam sua investigação. Em julho de 1947, os britânicos haviam condenado três membros do Irgun à morte por terrorismo. Em 12 de julho, o Irgun sequestrou dois sargentos britânicos, Cliff Martin e Marvyn Paice, e os manteve como reféns a fim de impedir que os britânicos enforcassem seus homens. Tendo os britânicos realizado as execuções, o Irgun os enforcou em retaliação, em 29 de julho. Os executores pregaram uma lista de acusações nos corpos dos homens mortos na qual faziam uma paródia macabra do jargão jurídico britânico. Martin e Paice eram "espiões britânicos" condenados por "atividades criminosas anti-hebraicas", como "entrada ilegal na pátria hebraica" e "pertencimento a uma organização criminosa terrorista britânica conhecida como Exército de Ocupação".[5] Pior ainda, os corpos dos homens foram preparados para explodir quando fossem retirados. O ato foi concebido para provocar o máximo de indignação e enfraquecer a vontade dos britânicos de continuar a luta na Palestina.

O enforcamento dos sargentos foi notícia de primeira página em toda a Grã-Bretanha. Os tabloides incitaram sentimentos de hostilidade antijudaica com manchetes que berravam: "Britânicos enforcados: imagens que chocarão o mundo". Quase que de imediato, uma onda de manifestações antijudaicas levou a tumultos que se espalharam pela Inglaterra e a Escócia e se intensificaram na primeira semana de agosto. Os piores episódios de violência ocorreram na cidade portuária de Liverpool, onde, ao longo de cinco dias, mais de trezentas propriedades judaicas foram atacadas e cerca de 88 pessoas foram presas pela polícia. O *Jewish Chronicle* relatou ataques a sinagogas em Londres, Glasgow e Plymouth, e ameaças a templos em outras cidades. Apenas dois anos após a libertação dos campos de extermínio nazistas, suásticas e slogans como "Enforquem todos os judeus" e "Hitler estava certo" manchavam as cidades britânicas.[6]

Os delegados do UNSCOP, portanto, estavam muito conscientes da complexidade da situação na Palestina no momento em que elaboraram suas conclusões para as Nações Unidas em agosto de 1947. Eles foram unânimes em pedir o fim do mandato britânico, e, por uma maioria de oito a três, recomendaram a partição da Palestina em dois Estados, um judeu e outro árabe. Somente a Índia, o Irã e a Iugoslávia se opuseram à partição, preferindo um Estado unificado da Palestina.

Os britânicos nem sequer esperaram que as Nações Unidas debatessem as recomendações das propostas do UNSCOP. O escândalo do *Exodus*, o enforcamento dos sargentos britânicos, as revoltas antissemitas que se seguiram e o relatório do UNSCOP, tudo em rápida sucessão, derrotaram completamente a determinação da Grã-Bretanha de permanecer na Palestina. Em 26 de setembro de 1947, o governo britânico anunciou sua intenção de se retirar unilateralmente da região e confiar suas responsabilidades mandatárias às Nações Unidas. A data da retirada foi marcada para 14 de maio de 1948.

Os terroristas alcançaram seu primeiro objetivo: forçaram os britânicos a se retirar da Palestina. Embora seus métodos tenham sido publicamente denunciados pelos líderes da Agência Judaica, o Irgun e o Lehi desempenharam um papel fundamental na eliminação de um grande obstáculo para a criação de um Estado judeu. Usando táticas terroristas para alcançar objetivos políticos, eles também estabeleceram um perigoso precedente na história do Oriente Médio — e que assola a região até hoje.

O RELATÓRIO DO UNSCOP FOI APRESENTADO à Assembleia Geral para discussão em novembro de 1947. Os termos do debate foram moldados pela recomendação da maioria à divisão da Palestina em um Estado judeu e um Estado árabe. A resolução de partição dividia o território palestino em seis partes, três árabes e três judaicas, com Jerusalém sob tutela internacional. O plano destinou cerca de 55% da área da Palestina ao Estado judeu, incluindo toda a região da Galileia a nordeste do país, assim como a estratégica costa mediterrânica de Haifa a Jaffa, e o deserto de Arabá até o golfo de Ácaba.

Os ativistas sionistas pressionaram os membros da ONU com insistência a fim de garantir a maioria de dois terços necessária para fazer valer a resolução de partição e a promessa de um Estado judeu. Os sionistas americanos desempenharam um papel importante na garantia do apoio do governo Truman. Em suas memórias, Harry Truman lembrou mais tarde que nunca enfrentou "tanta pressão e propaganda dirigidas à Casa Branca como neste caso".[7] No último momento, os Estados Unidos modificaram sua posição inicial, de não intervenção, e pressionaram ativamente outros membros da ONU para darem seu apoio à divisão da Palestina. Em 29 de novembro de 1947, a resolução de partição foi aprovada com 33 votos a favor, treze contra e dez abstenções.

Tendo garantido autorização internacional para a criação de um Estado judaico em pelo menos uma parte da Palestina, os sionistas haviam dado mais um grande passo rumo à realização de sua meta. No entanto, o mundo árabe em geral, e os árabes palestinos em particular, permaneceram implacavelmente contrários à partição e à criação do Estado judeu.

Não é difícil entender a posição dos árabes palestinos. Em 1947, eles constituíam uma maioria de dois terços na região, contando mais de 1,2 milhão de pessoas, em comparação com 600 mil judeus. Muitas vilas e cidades com maiorias árabes palestinas, como Maifa, haviam sido designadas para o Estado judeu. Jaffa, embora em teoria fizesse parte do Estado árabe, era um enclave isolado cercado pelo Estado judeu. Além disso, os árabes possuíam 94% da área total da Palestina e cerca de 80% das terras aráveis do país.[8] Com base nesses fatos, eles se recusaram a conferir às Nações Unidas a autoridade para dividir seu país e doar metade dele.

Jamal al-Husseini, um notável de Jerusalém, capturou as frustrações palestinas em sua resposta às propostas do UNSCOP em setembro de 1947.

> O caso dos árabes da Palestina baseia-se nos princípios da justiça internacional; é o caso de um povo que deseja viver tranquilamente no país em que a Providência e a história o colocaram. Os árabes da Palestina não conseguem entender por que o direito de viver em liberdade e paz e desenvolver seu país de acordo com suas tradições deve ser questionado e constantemente submetido a investigação.

Husseini, dirigindo seus comentários ao comitê da ONU sobre a questão palestina, continuou: "Uma coisa é clara: é dever sagrado dos árabes da Palestina defender seu país contra qualquer agressão".[9]

Ninguém tinha ilusões de que a partição não seria contestada. Os judeus na Palestina teriam que lutar pelas terras atribuídas a eles pela ONU, e por quaisquer outros territórios designados para o Estado árabe aos quais pudessem ter aspirações. Os árabes, por sua vez, teriam que derrotar os judeus se esperavam impedi-los de tomar qualquer parte da Palestina.

Na manhã seguinte à divulgação da resolução de partição, árabes e judeus começaram a se preparar para uma guerra inevitável — uma guerra civil entre os pretendentes à Palestina.

★ ★ ★

DURANTE SEIS MESES, árabes e judeus lutaram por suas reivindicações conflitantes sobre a Palestina. A comunidade judaica estava bem preparada para a batalha. A Haganá havia adquirido uma boa formação tática e experiência de combate durante a Segunda Guerra Mundial. Seus integrantes também haviam estocado armas e munições. Os árabes palestinos não fizeram tais preparativos e confiavam na justiça de sua causa e no apoio dos Estados árabes vizinhos.

O polêmico líder da comunidade árabe palestina era o háji Amin Husseini, o grande mufti exilado de Jerusalém. O háji era uma figura contraditória, que provocava oposição tanto na Palestina quanto no exterior. Ele era criticado pelos britânicos e outras potências ocidentais por ter se aliado à Alemanha nazista durante a Segunda Guerra Mundial, e tampouco gozava da confiança dos chefes de Estado árabes. A liderança de Amin era contestada por vários notáveis palestinos, causando divisão na comunidade árabe no momento em que ela enfrentava seu maior desafio. Ao tentar liderar o movimento palestino de seu exílio no Egito, o háji enfraquecia as perspectivas de uma ação conjunta significativa entre os próprios árabes palestinos e entre estes e os demais Estados árabes.

Os Estados árabes, muitos dos quais recém-independentes do domínio colonial europeu, estavam igualmente divididos e desmoralizados. Eles haviam acabado de sofrer sua primeira derrota diplomática com a aprovação da resolução de partição da ONU, apesar de sua acalorada oposição. Diante da decisão de dividir a Palestina, as rivalidades entre eles vieram à tona.

O único país árabe a apoiar a ideia de partição desde que ela foi discutida pela primeira vez, em 1937, foi a Transjordânia. O rei Abdullah (em maio de 1946 o ex-emir havia sido coroado rei) acolheu de bom grado a oportunidade de anexar os territórios árabes da Palestina ao seu próprio reino, quase carente de acessos ao mar. O apoio de Abdullah à partilha provocou profundo ressentimento das elites políticas palestinas e o ódio do mufti, o háji Amin. O isolamento de Abdullah no mundo árabe se tornou quase completo, uma vez que ele só podia contar com o reduzido apoio de seus primos hachemitas no Iraque. Ele enfrentava a desconfiança do governo sírio, que temia suas ambições territoriais desde o início dos anos 1920; a velha hostilidade da família Saud, rival dos hachemitas na Arábia; e as suspeitas da monarquia egípcia, que temia qualquer desafio à autodeclarada primazia do Egito nos assuntos árabes.

Em vez de coordenar suas ações e comprometer seus exércitos nacionais, os Estados árabes vizinhos preferiram convocar voluntários irregulares — nacionalistas e membros da Irmandade Muçulmana determinados a salvar a Palestina árabe. Da mesma forma como americanos e europeus haviam respondido ao chamado para combater o fascismo na Guerra Civil Espanhola através da Brigada Abraham Lincoln, essas forças árabes voluntárias, designadas Exército de Libertação Árabe, se reuniram para derrotar o sionismo. Seu mais famoso comandante foi Fawzi Qawuqji.

FAWZI QAWUQJI NUNCA PERDERA a oportunidade de lutar contra o imperialismo europeu no mundo árabe, sempre sofrendo gloriosas derrotas a cada batalha que travava. Ele estava entre as forças que se retiraram de Maysalun no dia em que os franceses derrotaram o rei Faisal em 1920, destruindo seu incipiente Reino da Arábia. Havia liderado a revolta contra os franceses na cidade síria de Hama e desempenhado um importante papel na revolta síria de 1925-7. Era também um veterano da revolta árabe que se alastrara pela Palestina entre 1936 e 1939. Ele havia se aliado aos militares iraquianos contra os britânicos durante o golpe de Rashid Ali em 1941, e, com o fracasso do movimento, desertou para a Alemanha nazista, onde se casou com uma alemã e aguardou durante o resto dos anos da guerra.

Qawuqji estava impaciente para deixar a Europa e voltar à política árabe. Após a derrota da Alemanha, ele fugiu para a França, de onde embarcou com a esposa em um avião para o Cairo, em fevereiro de 1947, sob identidades e passaportes falsos. Em novembro, foi para Damasco, onde foi recebido pelo governo sírio e passou a receber um subsídio mensal.

Para o governo da Síria, Qawuqji era um presente dos céus. Não desejando comprometer seu pequeno exército com a guerra na Palestina, os sírios deram todo o seu apoio ao Exército de Libertação Árabe, que tinha em Qawuqji seu comandante ideal. Ele era considerado um herói em todo o mundo árabe e possuía vasta experiência em guerra de comandos. Aos 57 anos, o comandante grisalho montou acampamento em Damasco e ocupou-se em recrutar seu exército irregular.

Em fevereiro de 1948, um jornalista libanês chamado Samir Souqi publicou uma entrevista com Qawuqji em que se pode perceber o clima em seu quartel-general em Damasco durante os preparativos para a guerra:

> Este líder árabe, motivado pela mais firme determinação, fez de sua casa um quartel-general vigiado por voluntários irregulares vestindo uniforme militar americano. Não passa uma hora do dia sem que beduínos, camponeses e jovens em roupas modernas apareçam à sua porta, pedindo para se alistar no Exército de Libertação Árabe. Existe um outro quartel em Qatanah, onde os voluntários passam por treinamento militar antes de serem enviados à Palestina.[10]

Trabalhando juntos em uma nova organização regional conhecida como Liga Árabe, os Estados árabes esperavam poder contar com o Exército de Libertação para derrotar as forças judaicas na Palestina sem ter que comprometer seus exércitos regulares. Eles nomearam o general iraquiano Ismail Safwat como comandante em chefe do exército irregular voluntário e o encarregaram de implementar um plano de guerra. Safwat dividiu a Palestina em três frentes principais para coordenar as operações de acordo com um plano mestre. Qawuqji foi encarregado do comando da frente norte e da costa do Mediterrâneo; a frente meridional ficaria sob comando egípcio; e a frente central — chamada de Frente de Jerusalém — sob a autoridade do háji Amin Husseini, que nomeou o carismático Abd al-Qadir al-Husseini para liderar suas forças.

Embora fizesse parte da família do mufti Husseini, Abd Qadir transcendia a luta entre as facções e contava com o respeito dos palestinos de todas as classes sociais. Educado na Universidade Americana do Cairo, ele era um veterano da revolta árabe, onde ganhara fama de bravura e liderança e fora ferido duas vezes. Assim como Qawuqji, ele também havia lutado contra os britânicos no Iraque em 1941.

O maior problema enfrentado pelos comandantes árabes, tanto na Palestina quanto nos Estados árabes vizinhos, era a falta de armas e munições. Ao contrário dos soldados judeus da Haganá, que tinham desfrutado de treinamento britânico por mais de uma década e adquirido experiência em combate lutando ao lado da Grã-Bretanha na Segunda Guerra Mundial, os árabes palestinos não tiveram a oportunidade de construir uma milícia local. Além disso, enquanto a Agência Judaica vinha contrabandeando armas e munições para a Palestina, os árabes palestinos não contavam com nenhuma fonte independente de suprimento. Assim, não tardaria para que esgotassem a pouca munição que tinham.

As DEFICIÊNCIAS LOGÍSTICAS, no entanto, não impediram os combatentes palestinos. Os ataques esporádicos contra os assentamentos judaicos começaram em 30 de novembro de 1947 e se espalharam das cidades para o campo. As forças árabes tentaram bloquear as estradas que levavam a assentamentos e assim isolar as aldeias judaicas. Durante a maior parte dos meses do inverno de 1948, a Haganá se dedicou a cavar trincheiras e a fortificar suas posições, trabalhando para consolidar o território alocado ao Estado judeu pela resolução de partição antes mesmo da retirada britânica, prevista para meados de maio.

No final de março de 1948, as forças judaicas passaram à ofensiva. Seu primeiro alvo foi a estrada de Tel Aviv-Jerusalém. O bairro judeu de Jerusalém fora cercado e sitiado pelas forças árabes. A Haganá estava determinada a abrir uma linha de suprimentos e a aliviar as posições judaicas em Jerusalém.

A situação árabe na cidade era muito mais fraca do que os comandantes judeus pensavam. Os soldados palestinos sob o comando de Abd Qadir Husseini não dispunham do armamento necessário para conservar suas posições. Os árabes mantinham em seu poder a estratégica cidade de Al-Qastal, que desfrutava de uma posição vantajosa para o controle da estrada Tel Aviv-Jerusalém. Enquanto as forças judaicas avançavam em direção a Al-Qastal, Husseini fez uma visita emergencial a Damasco no início de abril para tentar conseguir as armas de que seus homens precisavam para manter sua posição.

As disputas entre os árabes prejudicaram sua missão desde o início. O governo sírio era hostil ao mufti Amin Husseini e recusou qualquer apoio a Abd Qadir, que era primo do mufti. Uma amarga rivalidade se desenvolveu entre o Exército de Libertação Árabe, apoiado pela Síria, e as forças palestinas locais, lideradas por Abd Qadir Husseini, o que só fez dividir ainda mais as fileiras árabes. Husseini viu-se imobilizado por essas diferenças políticas internas quando se encontrou com líderes da Síria e da Liga Árabe em Damasco.

Em 3 de abril, enquanto os comandantes e líderes árabes brigavam em Damasco, Al-Qastal foi capturada pelas unidades de elite da Haganá. As tentativas árabes de retomar a cidade fracassaram, e as forças judaicas começaram a consolidar suas defesas. Al-Qastal foi a primeira cidade a ser capturada pelas forças da Yishuv, e as notícias foram recebidas com espanto por todos aqueles que se reuniam em Damasco. A partir dessa posição estratégica, a Haganá representava uma ameaça real a Jerusalém. No entanto, os comandantes da Liga Árabe permaneceram incapazes de tomar ações significativas, aparentemente absortos em um mundo de fantasia.

O general Ismail Safwat, o comandante em chefe iraquiano do Exército de Libertação Árabe, virou-se para Abd Qadir Husseini e disse: "Então Al-Qastal caiu. É seu trabalho recuperá-la, Abd Qadir. Se não for capaz disso, diga-nos para que possamos confiar o trabalho a [Fawzi] Qawuqj".

Husseini ficou irritado. "Dê-nos as armas que pedi e vamos recuperar a cidade. Agora a situação se deteriorou e os judeus têm artilharia, aviões e homens. Não posso ocupar Al-Qastal sem artilharia. Me dê o que eu peço e garanto-lhe vitória."

"O que é isso, Abd Qadir, o senhor não tem canhões?", retrucou Ismail Safwat. A contragosto, ele prometeu ao comandante palestino qualquer sobra de armas e munição que tivessem disponível em Damasco — 105 rifles desatualizados, 21 metralhadoras, munição insuficiente e algumas minas —, acrescentando que o envio não seria imediato. Em essência, Husseni teria de voltar para casa de mãos vazias.

Husseini explodiu de raiva e saiu da sala: "Os senhores são traidores. São criminosos. A história registrará que perderam a Palestina. Eu ocuparei Al-Qastal e morrerei junto com meus irmãos, os mujahidin".[11]

ABD QADIR HUSSEINI PARTIU de Damasco naquela mesma noite, em 6 de abril, e chegou a Jerusalém na madrugada do dia seguinte, acompanhado por cinquenta voluntários do Exército de Libertação Árabe. Depois de um breve descanso, partiu para Al-Qastal à frente de uma força de cerca de trezentos palestinos e quatro soldados britânicos que haviam mudado de lado para lutar com os árabes.[12]

O contra-ataque em Al-Qastal começou às onze da noite do dia 7 de abril. As forças de Abd Qadir Husseini invadiram a periferia e se aproximaram da aldeia em um ataque em três frentes. Um dos destacamentos árabes sofreu pesadas baixas e quase ficou sem munição. Quando o líder ferido recuou, Husseini pôs-se à frente de um pequeno destacamento para ocupar o seu lugar e tentou atacar sob as defesas erguidas pelas forças da Yishuv. Mas ele e seus homens foram imobilizados por fogo pesado dos defensores e logo se viram cercados por reforços judaicos de assentamentos próximos.

No alvorecer de 8 de abril, espalhou-se como fogo entre os combatentes árabes a notícia de que Husseini e seus homens estavam cercados pelo inimigo; a Batalha de Al-Qastal dava indícios de que terminaria em derrota. No entanto, os reforços árabes atenderam ao chamado, e cerca de quinhentos homens se juntaram às tropas sitiadas. Eles lutaram durante todo o dia e conseguiram retomar Al-Qastal no final da tarde. Quando encontraram o corpo de Abd Qadir Husseini na periferia oriental da cidade, no entanto, sua alegria foi destruída. Para descarregar a raiva, eles mataram seus cinquenta prisioneiros judeus. De ambos os lados, a guerra civil seria uma guerra de atrocidades.

Abd Qadir Husseini foi enterrado no dia seguinte. Dez mil pessoas compareceram ao seu funeral na mesquita de Al-Aqsa, em Jerusalém. "O povo chorou por ele", lembrou Arif al-Arif, natural de Jerusalém e historiador dos eventos de 1948. "Eles o chamavam de o herói de Al-Qastal."[13] Os palestinos nunca se recuperaram totalmente da perda de Abd Qadir Husseini. Nenhum outro líder local surgiu para comandar uma resistência em grande escala às forças judaicas na Palestina, e sua morte foi um golpe tremendo para a moral pública. Pior ainda, revelou-se inteiramente em vão. Os defensores árabes desmoralizados deixaram apenas quarenta homens para manter Al-Qastal. Quarenta e oito horas depois, as forças judaicas a retomaram — dessa vez, para sempre.

A morte de Abd Qadir Husseini e a perda de Al-Qastal foram ofuscadas pelo massacre dos aldeões palestinos de Deir Yassin em 9 de abril. A carnificina, que aconteceu no mesmo dia do funeral de Husseini, encheu de temor toda a Palestina. Daquele dia em diante, os palestinos perderam a vontade de lutar.

Deir Yassin era uma pacífica aldeia árabe de cerca de 750 habitantes a oeste de Jerusalém. Sua população era heterogênea, composta por agricultores, pedreiros e comerciantes. Contava com duas mesquitas e duas escolas, uma para meninos e outra para meninas, além de um clube esportivo. Era a última aldeia na Palestina a esperar um ataque judeu, uma vez que seus moradores haviam concluído um pacto de não agressão com os comandantes da Yishuv em Jerusalém. O Irgun e o Lehi não deram nenhum motivo para o ataque gratuito a Deir Yassin. O historiador palestino Arif acreditava que as organizações terroristas judaicas haviam tomado a aldeia como alvo "para dar esperança à sua própria gente e para encher de terror o coração dos árabes".[14]

O ataque a Deir Yassin começou na madrugada de 9 de abril de 1948. O pânico se espalhou rapidamente entre os aldeões, que contavam com apenas 85 homens armados para enfrentar uma força judaica superior, apoiada por veículos blindados e aeronaves. Uma camponesa amamentava seu bebê quando os combates irromperam. "Ouvi os tanques e rifles, senti o cheiro da fumaça. Vi-os chegando. Todo mundo gritava para os vizinhos: 'Se você sabe como sair daqui, fuja!'. Quem quer que tivesse um tio tentou buscar o tio. Quem quer que tivesse uma esposa tentou buscar a esposa." Ela correu para salvar a própria vida, com o filho bebê nos braços, para a aldeia vizinha de Ayn Karam.[15]

Embora houvesse unidades do Exército de Libertação Árabe em Ayn Karam e a polícia britânica nas proximidades, ninguém acorreu em auxílio dos aldeões. Testemunhas oculares relataram que os atacantes judeus reuniram todos os defensores árabes armados e abriram fogo contra eles. Arif Arif, cronista palestino, entrevistou vários sobreviventes de Deir Yassin logo após os eventos e catalogou os horrores do dia, listando nomes e detalhando as mortes.

> Entre outras atrocidades, eles mataram o háji Jabir Mustafa, um homem de noventa anos, e jogaram seu corpo da varanda de casa para a rua. Fizeram o mesmo com o háji Ismail Atiyya, um velho de 95 anos, matando ainda sua esposa de oitenta anos e seu neto. Eles assassinaram também um jovem cego chamado Muhammad Ali Khalil Mustafa e sua esposa, que tentava protegê--lo, além do filho do casal, de dezoito meses. Para completar, assassinaram um professor da escola que cuidava dos feridos.[16]

No total, mais de 110 aldeões foram mortos em Deir Yassin.

De acordo com as fontes de Arif, a matança teria continuado se um comandante judeu mais velho não tivesse ordenado o cessar-fogo. No entanto, os sobreviventes foram forçados a marchar para o bairro judeu de Jerusalém, onde foram "publicamente insultados diante do povo judeu, como se fossem criminosos", antes de serem finalmente libertados perto do hospital italiano nos arredores de Hayy al-Mismara.[17] Pelo massacre de aldeões inocentes e a humilhação brutal dos sobreviventes, os eventos em Deir Yassin suscitaram condenação universal. A Agência Judaica denunciou a barbárie e desvinculou as forças da Haganá dos extremistas do Irgun e do Lehi.

A carnificina em Deir Yassin provocou um êxodo em massa de árabes palestinos que continuou até a retirada britânica em 15 de maio. Com a difusão das notícias sobre o massacre, explicou Arif, pessoas em toda a Palestina "começaram a fugir de suas casas, levando consigo diferentes relatos da barbárie judaica que deixavam as pessoas estremecidas de horror". Os líderes políticos apenas exacerbaram o medo entre a população ao publicar na imprensa árabe relatos das atrocidades cometidas em Deir Yassin e outros lugares. Embora os líderes palestinos esperassem forçar uma intervenção dos Estados árabes em função da crise humanitária, seus relatórios apenas serviram para alimentar o pavor e encorajar os moradores a abandonar seus lares.[18] Os relatos da época fazem repetidas referências a pessoas das cidades e aldeias em toda a Palestina reunindo seus entes queridos e abandonando suas casas e posses por medo de outro Deir Yassin.

Os palestinos já haviam começado a fugir do território no início da primavera. Entre fevereiro e março de 1948, cerca de 75 mil árabes deixaram suas casas nas cidades localizadas no centro dos combates, como Jerusalém, Jaffa e Haifa, pela relativa segurança da Cisjordânia ou de Estados árabes vizinhos.[19] Naquele mês de abril, depois de Deir Yassin, o fluxo de refugiados se tornou um dilúvio.

Alguns palestinos optaram por combater o horror com o horror. Quatro dias após o massacre de Deir Yassin, em 13 de abril, combatentes palestinos emboscaram um comboio médico judaico que se dirigia ao monte Scopus, na fronteira de Jerusalém. As duas ambulâncias estavam claramente identificadas como veículos médicos, e entre seus passageiros havia médicos e enfermeiras do Hospital Hadassah, além de funcionários da Universidade Hebraica. Eram 112 passageiros no total. Apenas 36 sobreviveram.

A brutalidade da emboscada foi capturada em uma série de terríveis fotografias em que os atacantes posavam em triunfo junto aos corpos das vítimas. Essas fotos atrozes chegaram a ser comercializadas em Jerusalém, como que para demonstrar aos árabes da Palestina que eles poderiam destruir a ameaça judaica. No entanto, não foram capazes de dissipar o ar de derrota que pairava sobre as cidades e o interior do país em abril de 1948.

O moral palestino havia sido solapado, e o massacre de civis judeus no monte Scopus apenas aumentou os temores de mais atrocidades e retaliação judaica. Sentindo o colapso do moral público, a Haganá intensificou suas operações de acordo com um plano militar conhecido como Plano D para o despovoamento e a destruição de cidades e aldeias palestinas consideradas necessárias para estabelecer um Estado judeu viável.

HAIFA FOI TOMADA PELAS FORÇAS JUDAICAS entre 21 e 23 de abril, enviando outra notícia chocante por toda a Palestina. Haifa era o coração econômico da região, graças a seu porto e a sua refinaria de petróleo. A população árabe total chegava a mais de 70 mil pessoas. Ela era também o centro administrativo do norte da Palestina.

Como Haifa havia sido alocada ao Estado judeu pela resolução de partição da ONU, as forças judaicas havia meses planejavam tomar a cidade. Haifa foi atacada pela primeira vez em meados de dezembro de 1947. "Os ataques desencadearam uma emigração assustadora", escreveu o líder municipal Rashid al-Haj Ibrahim. "Grande parte da população viu o perigo que a ameaçava, uma vez que a boa preparação dos judeus revelava as muitas deficiências que os árabes tinham para se defender, o que os levou a fugir de suas casas."[20] Ibrahim, presidente do Comitê Nacional de Haifa, trabalhou com seus colegas do município para restaurar a calma e restringir os ataques de irregulares locais e estrangeiros, muitos deles voluntários do Exército de Libertação Árabe. Mas seus esforços foram em vão. Violentos embates entre os irregulares árabes e os combatentes da Haganá prosseguiram durante os meses de inverno e até a primavera. No início de abril, entre 20 mil e 30 mil moradores haviam deixado Haifa.

O ataque final começou em 21 de abril. Aproveitando que as tropas britânicas estavam se retirando da cidade, a Haganá lançou um ataque maciço para tomá-la. Nas 48 horas seguintes, as forças judaicas assaltaram incansavelmente os bairros árabes com ataques de morteiros e artilharia. Na manhã de sexta-feira, 23 de abril, aeronaves judaicas atacaram a cidade, "provocando terror entre as mulheres e crianças", escreveu Ibrahim, "que haviam ficado muito impressionadas com os horrores de Deir Yassin".[21] A população civil aterrorizada inundou o porto de Haifa, onde navios esperavam para evacuá-la da cidade.

Ibrahim descreveu a tragédia que testemunhou na praia de Haifa:

> Milhares de mulheres, crianças e homens correram para o porto em um estado de caos e terror sem precedente na história da nação árabe. Eles fugiam de suas casas para a costa, descalços e nus, a fim de esperar a sua vez de partir para o

Líbano. Deixavam sua terra natal, suas casas, suas posses, seu dinheiro, seu bem-estar e seus ofícios para entregar sua dignidade e suas almas.[22]

No início de maio, apenas cerca de 3 mil a 4 mil árabes, de uma população original superior a 70 mil, permanecia em Haifa para viver sob o domínio judaico.

Uma vez garantida a posse de Haifa, as forças judaicas se concentraram no restante do litoral que havia sido concedido ao Estado judeu pelas Nações Unidas. O Irgun, trabalhando de forma independente da Haganá, iniciou as hostilidades para capturar Jaffa, a outra grande cidade portuária árabe — vizinha da cidade judaica de Tel Aviv. Sua ofensiva começou na madrugada de 25 de abril. Armado com três morteiros e vinte toneladas de bombas, o Irgun tomou o bairro de Manshiyya, ao norte de Jaffa, em 27 de abril. De sua nova posição, submeteu as áreas centrais da cidade a incansáveis bombardeios nos três dias seguintes.

Os ataques destruíram o moral público e a resistência dos habitantes de Jaffa. O fato de a ofensiva ter partido do Irgun aumentava os temores de outro massacre como o de Deir Yassin. A queda de Haifa apenas alguns dias antes deixara a maioria dos 50 mil moradores remanescentes (já em abril, cerca de 20 mil haviam buscado refúgio em outras partes) pouco esperançosos de que Jaffa suportasse o ataque. O pânico varreu a cidade e seus habitantes começaram a fugir em massa, num êxodo generalizado. Os líderes municipais trataram de arranjar navios para evacuá-los para o Líbano, e negociaram para que outros se retirassem da cidade para a Faixa de Gaza através de linhas judaicas. Em 13 de maio, restavam apenas cerca de 4 mil a 5 mil habitantes para entregar sua cidade às forças judaicas.

Com o tempo se esgotando antes que a retirada britânica fosse concluída, as forças judaicas concentraram seus ataques para assegurar os territórios do nordeste concedidos ao Estado judeu por meio da resolução de partição da ONU. Safad, uma cidade de 12 mil árabes e 1500 judeus, foi atacada por unidades de elite da Haganá e capturada em 11 de maio. Betsã, de 6 mil habitantes, foi conquistada no dia seguinte, e seus habitantes expulsos de Nazaré e da Transjordânia. Ao mesmo tempo, as operações da

Haganá levaram a evacuações em massa e expulsões de aldeões da região da Galileia, da planície costeira e da estrada Tel Aviv-Jerusalém. As estradas da Palestina estavam tomadas por fluxos de refugiados sem lar, levando apenas o que conseguiam carregar, fugindo dos terrores da guerra. Uma testemunha árabe descreveu a miséria humana dos refugiados:

> As pessoas deixavam seu país atordoadas e sem rumo, sem lar nem dinheiro, adoecendo e morrendo enquanto perambulavam de um lugar para outro, vivendo em nichos e cavernas, maltrapilhas ou desnudas, sem quase nada para comer e famintas. As montanhas tornavam-se mais frias e não havia ninguém para defendê-las.[23]

No final da guerra, os judeus da Palestina haviam assegurado as principais cidades da planície costeira e o enclave da Galileia. No processo, tinham expulsado entre 200 mil e 300 mil palestinos de suas casas. Os refugiados palestinos pretendiam retornar quando a paz fosse restaurada, mas seu retorno nunca foi autorizado. Como disse David Ben-Gurion ao seu gabinete, em junho de 1948, "devemos evitar a todo custo que eles voltem".[24]

A guerra civil terminou no último dia do mandato britânico. Os judeus da Palestina proclamaram seu Estado em 14 de maio de 1948 e seriam dali em diante conhecidos como israelenses. Os árabes derrotados não tinham um Estado para dar dignidade à sua identidade palestina. Eles depositaram sua confiança nos vizinhos, cujos exércitos se encontravam concentrados nas fronteiras da Palestina, aguardando a retirada final britânica.

Em 14 de maio, como haviam prometido, os britânicos fizeram soar sua corneta pela última vez, arriaram sua bandeira e embarcaram em seus navios, virando as costas para o desastre que haviam criado na Palestina.

★ ★ ★

NO DIA SEGUINTE À RETIRADA DA Grã-Bretanha da Palestina, os exércitos dos Estados árabes vizinhos invadiram a região. Em 15 de maio de 1948, a guerra civil entre árabes palestinos e judeus havia acabado para dar início à primeira guerra árabe-israelense. Os governos do Egito, da Transjordânia, do Iraque, da Síria e do Líbano empregaram seus exércitos sob o pretexto de defender a Palestina árabe e derrotar Israel. De fato, a Liga Árabe só decidiu usar os exércitos regulares de seus Estados-membros dois dias antes da retirada britânica, em 12 de maio de 1948. Se sua intervenção tivesse tido um mínimo de coordenação e planejamento antecipado, um vislumbre de confiança e interesses comuns, as forças árabes poderiam ter vencido. Em vez disso, porém, os árabes entraram na Palestina mais em guerra uns com os outros do que com o Estado judeu.

Os Estados árabes estavam em completa desordem às vésperas da primeira guerra árabe-israelense. O conflito na Palestina fora pior do que qualquer um previra. Apesar de toda a sua fanfarronice, Fawzi Qawuqji demonstrou-se um desastre no campo de batalha, com suas tropas mal treinadas e indisciplinadas sendo forçadas a se retirar a cada combate contra a Haganá. O Exército de Libertação Árabe era, em todos os aspectos, mais um fardo do que um alívio para os palestinos sitiados, e a estratégia de confiar nos voluntários árabes havia se mostrado um fracasso absoluto. À medida que se aproximava a data da retirada britânica, os Estados árabes vizinhos reconheceram que teriam que empenhar seus exércitos regulares a fim de impedir que as forças judaicas conquistassem toda a Palestina.

Os Estados árabes enfrentaram sem exceção um sério dilema. Eles viam o conflito na Palestina como uma causa árabe e sentiam-se na obrigação moral de intervir para proteger seus companheiros. O fato de terem se reunido sob a égide da Liga Árabe para coordenar a ação comum apenas reforçava isso. No entanto, cada um desses Estados tinha seus próprios interesses nacionais — eles entraram na guerra como egípcios, jordanianos e sírios, e não como árabes. E trouxeram suas rivalidades inter-arábicas para o campo de batalha.

A Liga Árabe convocou um ciclo de reuniões no outono de 1947 e no inverno de 1948 para enfrentar a crise na Palestina. O conflito de interesses entre os novos Estados árabes tornou-se cada vez mais evidente. Cada um deles tinha suas próprias preocupações e nenhum depositava grande confiança nos outros. O rei Abdullah da Transjordânia era quem provocava as maiores suspeitas entre seus irmãos árabes. Seu apoio à resolução de partição da ONU revelara sua ambição de anexar os territórios árabes da Palestina para aumentar seu próprio Estado. Isso lhe valeu o ódio do mufti palestino Amin Husseini, a rivalidade do rei egípcio Farouk e a suspeita dos sírios. Na Síria, o presidente Shukri Quwatli lutava para conter a ameaça do "movimento monarquista" entre alguns de seus oficiais, que apoiavam o rei Abdullah e seu apelo por uma Grande Síria que unisse a Síria e a Transjordânia sob o domínio hachemita. Muito do que a Síria fez durante a guerra foi calculado para conter as pretensões de Abdullah. Assim, os Estados árabes acabaram por se engajar no combate não para salvar a Palestina árabe, mas para evitar que seus vizinhos na região alterassem o equilíbrio de poder no mundo árabe.

O cinismo dos líderes árabes não foi percebido pelos cidadãos, que aplaudiram a intervenção de seus governos para proteger a Palestina da ameaça sionista. O público e os soldados que lutavam nos exércitos árabes eram comovidos pela retórica e acreditavam na justiça de sua causa. O desencantamento com seus políticos após a derrota levaria a uma grande reviravolta no mundo árabe, uma vez consumada a "perda" da Palestina.

EM MAIO DE 1948, os exércitos dos Estados árabes não estavam prontos para a guerra, em grande parte porque a maioria desses Estados tinha acabado de conseguir a independência de seus governantes coloniais. A França havia mantido o controle sobre as forças armadas da Síria e do Líbano até 1946 e deixara pouca coisa para trás em termos de armas e munição ao relutantemente retirar suas forças. A Grã-Bretanha detinha o monopólio do fornecimento de armas para as forças armadas do Egito, da Transjordânia e do Iraque, e controlava o fluxo de suprimentos para seus aliados semi-independentes a fim de garantir que seus exércitos nacionais jamais representassem uma ameaça às forças britânicas na região.

Os exércitos árabes, na época, também eram muito pequenos. Todo o exército libanês provavelmente não tinha mais que 3500 soldados, e suas armas estavam desesperadamente ultrapassadas. O exército sírio não excedia 6 mil homens e era mais uma ameaça do que um trunfo para o presidente Quwatli — dificilmente se passava um mês em 1947 sem que houvesse rumores de conspiração de um golpe militar. No fim das contas, os sírios empregaram menos da metade de sua força militar total — talvez 2500 homens — na luta contra os judeus na Palestina. O exército iraquiano contribuiu com 3 mil homens. A Legião Árabe da Transjordânia era o exército mais bem treinado e mais disciplinado da região, mas só se dispôs a comprometer 4500 de seus 6 mil homens no início da guerra. Os egípcios possuíam a maior força e enviaram 10 mil soldados para a Palestina. No entanto, apesar dessas restrições, os estrategistas árabes previam uma rápida vitória, em onze dias, sobre as forças judaicas. Se de fato sincera, essa previsão apenas confirma a escassa consciência que possuíam da gravidade do conflito que estava por vir.

De todos os Estados árabes, apenas a Transjordânia tinha uma política clara e interesses no conflito palestino. O rei Abdullah nunca ficara satisfeito com o território que os britânicos lhe haviam atribuído em 1921. Ele aspirava a restaurar o governo de sua família sobre Damasco (daí o chamado por uma "Grande Síria") e desde 1937 apoiava a ideia de uma partição da Palestina em que o território árabe seria anexado ao seu desértico reino (daí a animosidade entre ele e o mufti Amin Husseini).

Abdullah havia mantido extensos contatos com a Agência Judaica desde a década de 1920. Esses contatos se transformaram em negociações secretas durante o debate na onu sobre a divisão da Palestina. Em novembro de 1947, Abdullah se reuniu com Golda Meyerson (que mais tarde adotou o sobrenome Meir e se tornou primeira-ministra de Israel) e elaborou um pacto básico de não agressão duas semanas antes da aprovação da resolução de partição da onu. Abdullah não objetaria à criação de um Estado judeu no território autorizado pelas Nações Unidas; em troca, a Transjordânia anexaria as partes árabes da Palestina com que fazia fronteira — em essência, a Cisjordânia.[25]

A Transjordânia precisava da aprovação da Grã-Bretanha para prosseguir com seus planos de absorver as partes árabes da Palestina. Em fevereiro de 1948, Abdullah enviou a Londres seu primeiro-ministro, Tawfiq

Abu al-Huda, acompanhado pelo comandante britânico da Transjordânia, o general John Bagot Glubb (mais conhecido como Glubb Paxá), a fim de garantir o consentimento de Whitehall. Em 7 de fevereiro, o primeiro-ministro Abu Huda expôs seus planos ao secretário de Relações Exteriores da Grã-Bretanha, Ernest Bevin: após o término do mandato palestino, o governo da Transjordânia enviaria a Legião Árabe através do Jordão para ocupar os territórios árabes da Palestina contíguos às fronteiras do país.

"Parece a coisa mais óbvia a fazer", respondeu Bevin, "mas não vá invadir as áreas alocadas aos judeus."

"Não teríamos forças para isso, mesmo que o desejássemos", respondeu Abu Huda. Bevin lhe agradeceu e expressou total acordo com seus planos para a Palestina — essencialmente dando ao rei Abdullah o sinal verde para invadir e anexar a Cisjordânia.[26]

Assim, sozinha entre as nações árabes, a Transjordânia sabia exatamente por que estava entrando na arena de conflitos da Palestina e o que buscava obter. O problema era que os demais Estados árabes estavam perfeitamente cientes das ambições do rei Abdullah e dedicaram mais esforços para conter a Transjordânia do que para salvar a Palestina. Síria, Egito e Arábia Saudita constituíram um bloco não declarado contra as ambições jordanianas, e suas ações impediram ativamente a boa condução da guerra. Embora a Liga Árabe tivesse nomeado o rei Abdullah comandante em chefe das forças árabes, os comandantes dos exércitos de cada Estado se recusaram a se encontrar com ele e a aceitar qualquer de suas ordens. O próprio Abdullah questionou as intenções da Liga Árabe, perguntando a uma delegação militar egípcia às vésperas da guerra: "A Liga Árabe nomeou-me comandante em chefe dos exércitos árabes. Não deveria essa honra ser conferida ao Egito, o maior dos Estados árabes? Ou o verdadeiro propósito dessa nomeação é pôr a culpa e a responsabilidade sobre nós em caso de fracasso?".[27] Se os Estados árabes eram hostis às intenções de Abdullah, tampouco tinham maior simpatia pelos palestinos, dada a sua animosidade em relação a seu líder, o háji Amin Husseini. Os iraquianos se ressentiam de Husseini pelo apoio que ele oferecera ao golpe de Rashid Ali Kaylani contra a monarquia hachemita em 1941. O rei Abdullah da

Transjordânia havia muito se desentendera com o háji por conta de suas ambições rivais de governar a Palestina árabe. O Egito e a Síria deram a Husseini apenas um apoio morno, sobretudo após o colapso das defesas palestinas em abril e maio de 1948.

A coalizão árabe, assim, entrou na Guerra da Palestina com objetivos amplamente negativos: impedir o estabelecimento de um Estado judeu estrangeiro no meio deles, impedir que a Transjordânia se expandisse para a Palestina e impedir que o mufti formassse um Estado palestino viável. Tendo em vista esses objetivos, não surpreende que as forças árabes tenham sido dominadas pelas forças judaicas, impulsionadas por uma desesperada determinação de estabelecer seu Estado.

A superioridade judaica no campo de batalha era mais uma questão de número de homens e poder de fogo do que de força de vontade. A imagem de um Davi judeu cercado por um Golias árabe hostil não se reflete no tamanho relativo das forças árabes e judaicas. Quando cinco Estados árabes — Líbano, Síria, Iraque, Transjordânia e Egito — entraram em guerra em 15 de maio, seu contingente militar não ultrapassava 25 mil homens, enquanto as Forças de Defesa de Israel (como o exército do novo Estado foi designado) atingiam 35 mil. No curso da guerra, tanto os árabes quanto os israelenses reforçaram suas tropas, embora os primeiros nunca tenham chegado perto de igualar as forças dos últimos, que atingiram 65 mil homens em meados de julho e 96 mil em dezembro de 1948.[28]

Os israelenses precisavam da vantagem numérica. Na primeira fase da guerra, que se estendeu de 15 de maio até a trégua inicial de 11 de junho, eles foram forçados a travar uma batalha pela sobrevivência em múltiplas frentes. O exército da Transjordânia, conhecido como Legião Árabe, cruzou para a Cisjordânia na madrugada de 15 de maio. Apesar de inicialmente relutar em entrar em Jerusalém, que pelos termos da resolução de partição da onu fora declarada zona internacional, ele acabou por assumir posições nos bairros árabes de Jerusalém em 19 de maio a fim de impedir que as forças israelenses invadissem a cidade. Enquanto isso, em 22 de maio, o exército do Iraque assegurou não só a metade norte da Cisjordânia como suas posições em Nablus e Jenin, sem entrar na ofensiva contra as forças israelenses. Unidades egípcias subiram do Sinai para a Faixa de Gaza e o deserto de Neguev, seguindo rumo ao norte para se encontrar com a Legião Árabe. Forças sírias e libanesas invadiram a Palestina setentrional. Durante essa primeira fase do conflito, todos os lados sofreram pesadas baixas, embora a posição israelense fosse talvez a mais vulnerável de todas, pela necessidade de enfrentar múltiplos exércitos simultaneamente.

Com a eclosão dos combates entre Israel e os Estados árabes, a ONU se reuniu a fim de restaurar a paz. Em 29 de maio, as Nações Unidas pediram um cessar-fogo, que entrou em vigor em 11 de junho. O conde Folke Bernadotte, um diplomata sueco, foi apontado como mediador oficial do conflito e encarregado de restaurar a paz na Palestina. A primeira trégua seria de 28 dias, e foi imposto um embargo total às armas na região. Os Estados árabes tentaram garantir armamentos para suas forças esgotadas, mas encontraram britânicos, franceses e americanos cumprindo escrupulosamente os termos do embargo. Os israelenses, por sua vez, conseguiram assegurar embarques de armas essenciais através da Tchecoslováquia e aumentar seu efetivo para mais de 60 mil soldados. Quando o cessar-fogo chegou ao fim, em 9 de julho, Israel estava mais bem preparado do que seus adversários para a retomada das hostilidades.

Na segunda fase da guerra, os israelenses utilizaram sua superioridade no número de tropas e munições para virar a maré contra os exércitos árabes em todas as frentes. Eles derrotaram as forças sírias na Galileia e obrigaram os libaneses a recuar para as suas próprias fronteiras. Tomaram as cidades de Lida e Ramla da Legião Árabe e concentraram suas energias no ataque às posições egípcias no sul. As Nações Unidas, alarmadas com a crise humanitária na Palestina — dezenas de milhares de refugiados haviam começado a fugir dos combates —, retomaram com maior intensidade as iniciativas diplomáticas a fim de assegurar um novo cessar-fogo. Os diplomatas da ONU descobriram que os Estados árabes — muitos dos quais tinham ficado quase sem munição — estavam mais do que dispostos a apoiar uma trégua. O segundo cessar-fogo entrou em vigor em 19 de julho e durou até 14 de outubro.

Quaisquer que fossem as aspirações comuns que os países árabes pudessem ter antes de 15 de maio, elas haviam sido destruídas por dois meses desastrosos de guerra. As divisões entre esses Estados, já profundas antes do início da guerra, foram seriamente exacerbadas pelas perdas que seus exércitos sofreram nas duas primeiras rodadas do confronto. Em vez de uma rápida vitória, como haviam previsto seus estrategistas, com evidente excesso de otimismo, os Estados árabes acabaram por ver seus exércitos enredados em um conflito que parecia cada vez mais inviável. Nenhum deles tampouco via uma estratégia de saída clara. A opinião pública árabe assistia com incrédulo espanto enquanto seus exércitos eram subjugados por um inimigo até então menosprezado, considerado não mais do que um "bando de judeus".

Em vez de aceitar a responsabilidade por sua falta de preparação e coordenação, os Estados árabes começaram a culpar-se uns aos outros. Os egípcios e sírios atacaram a Transjordânia. O rei Abdullah não se encontrara em segredo com os judeus? Seu comandante britânico, Glubb Paxá, não cumprira a promessa britânica de criar um Estado judeu na Palestina? O fato de a Legião Árabe ter ocupado e defendido a Cisjordânia e Jerusalém Oriental contra os ataques israelenses passou a ser visto como uma prova da traição jordaniana e do conluio com os sionistas, e não como uma mostra de valor. Essas disputas tiveram consequências terríveis para o esforço de guerra árabe. Quanto mais os Estados árabes se afastavam uns dos outros e agiam isoladamente, mais fácil se tornava para as forças israelenses derrotar seus exércitos um a um.

O CONDE BERNADOTTE LIDEROU os esforços da ONU para encontrar uma solução para a crise árabe-israelense durante os três meses de cessar-fogo. Em 16 de setembro, ele propôs um plano de partição revisado para a Palestina, no qual os territórios árabes seriam anexados à Transjordânia, incluindo as cidades de Ramla e Lida, que haviam sido conquistadas pelos israelenses,

1. Abd al-Aziz ibn Abd al-Rahman al-Faisal Al Saud, mais conhecido no Ocidente como Ibn Saud, fundador do moderno Reino da Arábia Saudita, é retratado com seus conselheiros, em Jidá, em 1928 (ao centro). Após conquistar o reino hachemita do Hejaz, em 1925, Ibn Saud adotou o título de sultão do Najd e rei do Hejaz. Em 1932, Ibn Saud renomeou seu reino Arábia Saudita, fazendo dele o único Estado moderno a receber o nome de sua família governante.

2. Fawzi al-Qawuqji (ao centro) entre os comandantes da revolta árabe de 1936-9 na Palestina. Qawuqji participou das mais famosas revoltas árabes contra o domínio europeu, entre as quais a Batalha de Maysalun, na Síria (1920), a revolta síria (1925-7) e o golpe de Rashid Ali no Iraque (1941). Durante a Segunda Guerra Mundial, ele se refugiou dos britânicos na Alemanha nazista, antes de retornar à Palestina para liderar o Exército de Libertação Árabe em 1947-8.

3. Punição exemplar: o exército britânico destrói as casas de palestinos suspeitos de apoiar a revolta árabe de 1936-9. Essas punições coletivas, conduzidas sem o devido processo legal, foram legitimadas por uma série de regulamentos de emergência aprovados pelas autoridades britânicas para combater a insurgência árabe. Estima-se que 2 mil casas tenham sido destruídas entre 1936 e 1940.

4. Abertura do Parlamento da Síria, 1º de agosto de 1943. Após a declaração da independência da Síria e do Líbano pelas Forças Francesas Livres em julho de 1941, os sírios foram às urnas para eleger seu primeiro governo independente. A lista do Bloco Nacional obteve uma ampla maioria e, na primeira sessão parlamentar, seu líder Shukri al-Quwatli foi eleito presidente.

5. O Parlamento da Síria em desordem, 29 de maio de 1945. Apesar das garantias francesas, o governo De Gaulle não tinha intenção de conceder total independência à Síria e se recusou a transferir o controle das forças armadas do país para o governo do presidente Quwatli. Em maio de 1945, quando os sírios se levantaram em manifestações nacionalistas, os franceses invadiram o Parlamento do país, dispararam contra agências do governo e bombardearam residências em Damasco, em uma vã tentativa de impor sua autoridade. O último soldado francês se retirou da Síria em abril de 1946.

6. Esta foto posada de propaganda retrata um grupo misto de soldados regulares e irregulares defendendo os muros de Jerusalém do ataque judaico, sob o comando de um clérigo muçulmano, identificado por seu turbante.

7. Na realidade, em 1948, os combatentes palestinos estavam muito mal preparados para defender seu país. Mal armados e mal treinados, nenhum deles tinha experiência em combate comparável à das forças judaicas. Para piorar a situação, eles haviam subestimado o adversário, e sofreram uma derrota esmagadora para os judeus assim que os britânicos se retiraram da Palestina, em 14 de maio de 1948.

8. Os Oficiais Livres do Egito logo após assumirem o poder, em julho de 1952. Aos 51 anos, o general Muhammad Naguib (sentado atrás da mesa) era o respeitado líder dos jovens oficiais, cuja idade média era de 34 anos. Em 1954, o tenente-coronel Gamal Abdel Nasser (sentado à direita de Naguib) pôs Naguib em prisão domiciliar e assumiu a presidência. O braço direito de Nasser, o major Abd al-Hakim Amer, aparece em pé, à direita de Naguib. O terceiro presidente republicano do Egito, o tenente-coronel Anwar al-Sadat, é o quarto sentado a partir da esquerda.

9. Nesta fotografia, vemos a liderança da Frente de Libertação Nacional da Argélia antes de embarcar no avião marroquino que a levaria ao cativeiro. Em 22 de outubro de 1956, os aviões de guerra franceses interceptaram o DC-3 que se dirigia a Túnis e o obrigou a pousar na cidade argelina de Orã, onde (da esquerda para a direita) Ahmed Ben Bella, Muhammad Khider e Hocine Ait Ahmed foram presos pelo restante da Guerra da Argélia. O príncipe Mulai Hassan (mais tarde rei Hassan II, fotografado aqui de uniforme), filho do sultão Muhammad V do Marrocos, acompanhou a partida dos revolucionários argelinos.

10. Mulheres cristãs, defensoras do ex-presidente Camille Chamoun, provocam com vassouras os soldados do exército libanês, em manifestações populares contra o governo do primeiro-ministro Rashid Karami e o novo presidente, o general Fuad Shihab, em julho de 1958. Muitas delas acabariam feridas durante os protestos.

11. Em julho de 1958, o Líbano se tornou o único país árabe a invocar a Doutrina Eisenhower — quando, após a Revolução Iraquiana, o presidente Chamoun solicitou o apoio dos Estados Unidos contra a "subversão comunista". Em três dias, cerca de 6 mil fuzileiros navais americanos desembarcaram no litoral libanês, despertando a curiosidade dos moradores de Beirute. A força dos Estados Unidos chegou a um total de 15 mil homens, respaldados pela 6ª Frota e pela aviação naval americana, antes de se retirar, em 25 de outubro de 1958, sem disparar um único tiro.

12. O coronel Abd al-Salam Arif foi um dos líderes da Revolução Iraquiana que, em julho de 1958, derrubou a monarquia hachemita. Em 14 de julho, para o espanto da nação, Arif tomou a estação de rádio nacional e declarou o estabelecimento de uma república e a morte do rei Faisal II. O povo iraquiano deu todo o seu apoio à revolução. Nesta fotografia, vemos Arif se dirigindo a uma multidão de apoiadores na cidade xiita de Najaf, onde discorreu sobre os objetivos e as reformas do novo governo. Em 1963, Arif derrubaria o presidente Abd al-Karim Qasim para se tornar o segundo presidente da república iraquiana.

13. A força aérea de Israel iniciou a Guerra dos Seis Dias com uma série de ataques devastadores às bases aéreas egípcias, jordanianas e sírias na manhã de 5 de junho de 1967. Em menos de três horas, os israelenses destruíram 85% das aeronaves de combate do Egito e inutilizaram suas bases. Uma vez assegurada a superioridade aérea, as forças terrestres de Israel invadiram o Sinai, a Cisjordânia e Golã, infligindo uma derrota esmagadora aos exércitos do Egito, da Jordânia e da Síria. Nesta fotografia, soldados israelenses examinam aeronaves egípcias destruídas em uma base aérea do Sinai.

14. Em junho de 1967, a conquista israelense da Cisjordânia levou mais de 300 mil palestinos a buscar refúgio na margem leste do Jordão. A destruição de estradas e pontes entre as duas margens do rio tornava a viagem ainda mais perigosa. Muitos dos novos refugiados fugiram apenas com os pertences que podiam carregar.

15. Leila Khaled era um dos membros da Frente Popular para a Libertação da Palestina, que, em 1969, sequestrou com sucesso um avião da TWA que ia de Roma para Damasco — todos os passageiros e tripulantes foram libertados ilesos. Sua segunda operação, contra um avião israelense, foi frustrada por agentes de segurança da companhia aérea El Al, que mataram seu parceiro e a dominaram antes de fazerem um pouso de emergência em Londres, onde foi presa. Em 1º de outubro de 1970, como parte de uma troca de prisioneiros, Khaled foi libertada pelos britânicos.

16. A Frente Popular para a Libertação da Palestina assumiu o controle de uma pista de pouso desativada no deserto jordaniano a leste de Amã, conhecida como Campo de Dawson, e a rebatizou de Aeroporto da Revolução. Entre 6 e 9 de setembro de 1970, a FPLP sequestrou um avião americano da TWA, um jato britânico da BOAC e uma aeronave da Swissair e os levou para o Aeroporto da Revolução. Todos os 310 passageiros foram evacuados dos aviões, que foram destruídos em 12 de setembro de 1970. A operação conseguiu atrair atenção internacional para a causa palestina, mas levou o rei Hussein a expulsar o movimento palestino da Jordânia na violenta guerra do Setembro Negro de 1970-1.

e o deserto de Neguev, que fora alocado ao Estado judeu pela resolução original de partição da ONU. O Estado de Israel compreenderia a Galileia e a planície costeira, e Jerusalém permaneceria sob controle internacional. Embora tanto árabes quanto israelenses tenham se apressado a rejeitar o plano de Bernadotte, os esforços do diplomata sueco foram brutalmente interrompidos em 17 de setembro, com o seu assassinato por terroristas do Lehi. Sem perspectiva de solução diplomática, a guerra recomeçou após o término do cessar-fogo em 14 de outubro.

Na terceira rodada de combates, entre 15 de outubro e 5 de novembro de 1948, os israelenses completaram a conquista da região da Galileia, obrigando todas as forças da Síria, do Líbano e do Exército de Libertação Árabe a recuarem e retornarem aos territórios sírio e libanês. Depois disso, os israelenses concentraram seus esforços em derrotar as forças egípcias. Eles cercaram as unidades egípcias isoladas e por três semanas sua força aérea atacou posições egípcias.

As perdas egípcias na Palestina teriam sérias implicações políticas no Egito. Um grande destacamento de forças egípcias estava cercado no sul da Palestina, na aldeia de Faluja, cerca de trinta quilômetros a nordeste de Gaza. Imobilizados durante semanas e quase sem um momento de respiro, os soldados se sentiram traídos. Eles haviam sido enviados para a guerra com treinamento, armas e munição inadequados. Os oficiais mais politizados tiveram muito tempo para refletir sobre a falência política da monarquia e do governo do Egito. Entre os oficiais encurralados em Faluja estavam Gamal Abdel Nasser, Zakaria Mohi al-Din e Salah Salem — três dos militares que mais tarde constituiriam o Movimento dos Oficiais Livres para planejar a derrubada da monarquia egípcia. "Estávamos lutando na Palestina, mas nossos sonhos estavam no Egito", escreveu Nasser.[29] Como resultado de suas experiências na guerra árabe-israelense, os Oficiais Livres acabariam por transformar a derrota na Palestina em vitória no Egito, vencendo o próprio governo que os tinha traído.

Os Estados árabes continuavam a se reunir, em uma vã tentativa de ação coletiva para evitar o desastre. Em 23 de outubro, os líderes árabes se reuniram em Amã, a capital jordaniana, a fim de discutir um plano para socorrer as forças egípcias, mas a desconfiança mútua entre a Síria, a Transjordânia e o Iraque impediu qualquer colaboração significativa. Os egípcios, por sua vez, relutavam em admitir a seus irmãos árabes que haviam sido vencidos, e se recusavam a coordenar a ação militar, ainda que isso pudesse trazer algum alívio às suas próprias forças sitiadas.

A divisão árabe jogou a favor de Israel. Em dezembro, os israelenses não apenas conseguiram forçar uma retirada total do Egito da Palestina — à exceção das tropas egípcias ainda cercadas em Faluja —, mas invadiram o território egípcio no Sinai. O governo do rei Farouk não teve escolha a não ser invocar o Tratado Anglo-Egípcio de 1936 — desprezado pelos nacionalistas pelo modo como perpetuara a influência britânica no Egito — para solicitar a intervenção da Grã-Bretanha e desse modo impelir a retirada israelense do Sinai. Em 7 de janeiro de 1949, uma trégua foi negociada entre o Egito e Israel. A última ofensiva israelense ocorreu no deserto de Neguev, com a conquista de territórios que se estendiam até Um Rashrash, no golfo de Ácaba, onde o porto de Eilat seria mais tarde construído.

Com a conquista do Neguev, o novo Estado de Israel assumiu sua forma final, ocupando 78% do território original do mandato britânico da Palestina. A Transjordânia manteve a Cisjordânia e o Egito ocupou a Faixa de Gaza, mas estes foram os únicos territórios que permaneceram em mãos árabes. Com a derrota dos exércitos egípcio, sírio e libanês, e a contenção da Legião Árabe e do exército iraquiano, os israelenses obtiveram uma ampla vitória em 1948 e puderam impor seus termos aos Estados árabes. A ONU introduziu um novo cessar-fogo e abriu negociações de armistício entre Israel e seus vizinhos árabes na ilha mediterrânea de Rodes. Acordos bilaterais foram concluídos entre Israel e Egito (fevereiro), Líbano (março), Transjordânia (abril) e Síria (julho). A primeira guerra árabe-israelense havia chegado ao fim.

Para os palestinos, 1948 seria lembrado como *al-Nakba* — o Desastre. Entre a guerra civil e a guerra árabe-israelense, cerca de 750 mil palestinos haviam sido reduzidos à condição de refugiados. Eles inundaram o Líbano, a Síria, a Transjordânia e o Egito, bem como os territórios árabes remanescentes da Palestina. Apenas a Faixa de Gaza e a Cisjordânia, incluindo

Jerusalém Oriental, permaneceram em mãos árabes. A Faixa de Gaza ficou sob a tutela do Egito como um território nominalmente autônomo. A Cisjordânia foi anexada à Transjordânia, que agora, abrangendo as duas margens do rio Jordão, encurtou seu nome para Jordânia.

No final da primeira guerra árabe-israelense, não havia mais um país chamado Palestina, apenas um povo palestino disperso vivendo sob ocupação estrangeira ou na diáspora, que passaria o resto de sua história lutando pelo reconhecimento de seus direitos nacionais.

★ ★ ★

TODO O MUNDO ÁRABE FICOU em choque com a magnitude do desastre na Palestina. No entanto, nesse momento de crise, os intelectuais árabes mostraram-se notavelmente lúcidos sobre as causas e as consequências da perda da Palestina.

Duas obras importantes apareceram logo após a primeira guerra árabe-israelense e definiram os rumos tanto da autocrítica árabe quanto das reformas que se seguiram. A primeira foi escrita por Constantine Zurayk, um dos grandes intelectuais árabes do século xx. Nascido em Damasco em 1909, Zurayk havia se formado na Universidade Americana de Beirute, concluído o mestrado na Universidade de Chicago e o doutorado em Princeton — tudo isso aos 21 anos de idade. Ele passara a vida entre o serviço acadêmico e público no Líbano e na Síria, e escrevera uma série de obras que tiveram grande influência sobre o nacionalismo árabe. Foi Zurayk quem deu à guerra de 1948 seu nome em árabe, *al-Nakba*, ao escrever seu influente tratado *Ma'nat al-Nakba* [O significado do desastre], publicado em Beirute no auge dos confrontos, em agosto de 1948.[30]

O segundo livro foi escrito por um notável palestino chamado Musa Alami. Filho de um ex-alcaide de Jerusalém, Alami havia estudado direito em Cambridge antes de começar a trabalhar com o governo do mandato britânico na Palestina. Ele chegaria ao cargo de secretário árabe do Alto-Comissariado e conselheiro da Coroa antes de se demitir, em 1937, no auge da revolta árabe, para se dedicar ao exercício privado da advocacia e apoiar o movimento nacionalista. Alami representou as aspirações palestinas nas conferências de Londres de 1939 e 1946-7 e serviu como porta-voz palestino nas reuniões de fundação da Liga Árabe. Seu ensaio de março de 1949, intitulado *Ibrat Filastin* [A lição da Palestina], refletia sobre a derrota total dos árabes e o caminho para a regeneração nacional.[31]

Tanto Zurayk quanto Alami reconheciam que a perda da Palestina e a criação de Israel abriam um perigoso novo capítulo na história árabe. Zurayk advertiu:

> A derrota dos árabes na Palestina não é um simples revés nem um leve prejuízo passageiro. É um desastre em todos os sentidos da palavra e uma das mais graves provações e tribulações com que os árabes se depararam em sua longa história — uma história marcada por numerosas provações e tribulações.[32]

Se não conseguissem enfrentar esse novo perigo, os árabes estariam condenados a ser divididos e dominados, de modo que a independência que acabavam de conquistar poderia acabar não se revelando muito diferente da era colonial que haviam deixado para trás.

Considerando as semelhanças em seus diagnósticos dos males árabes, não surpreende que Alami e Zurayk recomendassem curas semelhantes. O espetáculo das divisões árabes convencera os dois homens da necessidade de união. Os acordos posteriores à Primeira Guerra Mundial e a divisão do mundo árabe entre a Grã-Bretanha e a França haviam fragmentado e enfraquecido a nação árabe. Os árabes, argumentavam Alami e Zurayk, só perceberiam seu potencial como povo superando as divisões da ordem imperial através da unidade. Eles reconheciam a existência de contradições entre o nacionalismo estreito dos Estados-nação (característico dos egípcios e sírios, por exemplo) e a nação árabe mais ampla à qual aspiravam. Zurayk acreditava que a união formal era impossível no curto prazo, devido aos interesses nacionais profundamente enraizados dos recém-criados Estados árabes independentes. Assim, num primeiro momento, Zurayk pedia "mudanças abrangentes e de longo alcance" aos Estados árabes existentes como medida prévia para a conquista da unidade a longo prazo.[33] Alami depositava suas esperanças em uma espécie de "Prússia árabe" capaz de alcançar a unidade desejada por meio da força das armas.[34] A perspectiva de uma Prússia árabe atrairia um bom número de nacionalistas nos altos escalões dos exércitos, à medida que os militares se preparavam para ocupar seu lugar no palco político após o desastre da Palestina.

Em sua resposta a esse desastre, Alami e Zurayk pediam nada menos que um renascimento árabe, como prelúdio para a unidade e como pré-requisito para a redenção da Palestina e para o restabelecimento da autoestima árabe no mundo moderno. Seus livros gozavam de ampla circulação e extrema influência precisamente porque suas análises refletiam o espírito da época. Os cidadãos árabes estavam profundamente desencantados com seus governantes. As velhas elites políticas, que haviam liderado a luta pela independência nacional, haviam se deixado macular pela associação com seus senhores imperiais. Elas haviam sido educadas em universidades europeias e falavam as línguas dos colonizadores, vestiam roupas ocidentais e trabalhavam nas instituições impostas pelo colonialismo — em suma, era fácil enxergá-las como colaboracionistas. Elas brigavam por ninharias, e sua visão de mundo fora reduzida às fronteiras dos Estados que os imperialistas lhes haviam imposto.

Os políticos no mundo árabe haviam perdido de vista a grande nação que ainda inspirava muitos de seus concidadãos. A inépcia de sua política havia ficado evidente com o desastroso desempenho na Palestina. Assim, os remédios propostos por Alami e Zurayk, de uma nação árabe mais ampla composta por cidadãos capacitados a enfrentar os desafios da era moderna com a força da unidade, pareceram a muitos a solução óbvia para a debilidade que enfrentavam. A lição da Palestina era que, divididos, os árabes certamente fracassariam, e somente unidos poderiam ter a esperança de enfrentar com sucesso os desafios do mundo moderno.

Os tempos estavam mudando. Os governantes árabes haviam ficado gravemente enfraquecidos por conta de seus fracassos na Palestina. Uma nova geração estava se apresentando ao chamado do nacionalismo árabe, e via os próprios governos como seus primeiros alvos.

★ ★ ★

A DERROTA NA PALESTINA E O SURGIMENTO do Estado de Israel desestabilizaram completamente os novos Estados árabes independentes. Os meses que se seguiram à *Nakba* foram marcados por assassinatos políticos e golpes no Egito, na Síria, no Líbano e na Jordânia.

Após o desastre da Palestina, o Egito foi lançado num caos político. Para uma nova organização religiosa, a perda de terras muçulmanas para a criação de um Estado judeu era nada menos que uma traição ao islã. A Irmandade Muçulmana egípcia foi fundada em março de 1928 por Hassan al-Banna, professor primário da cidade de Ismaília, no canal de Suez. Banna era um reformista carismático que lutava contra as influências ocidentais que segundo ele estavam deteriorando os valores islâmicos no Egito. Entre as reformas de inspiração europeia e o imperialismo britânico, argumentava Banna, o povo do Egito "se afastara dos objetivos de sua fé".[35] O que havia começado como um movimento para a renovação da fé dentro da sociedade egípcia evoluíra para uma poderosa força política que, no final da década de 1940, rivalizaria no poder com os partidos estabelecidos, até mesmo com o Wafd.

Ao irromper a Guerra da Palestina, a Irmandade Muçulmana havia declarado que se tratava de uma jihad e enviara batalhões de voluntários para a região a fim de lutar contra a criação de um Estado judeu. Assim como os voluntários árabes do Exército de Libertação, eles subestimaram a força e a organização dos adversários. Despreparados para a batalha, estavam igualmente despreparados para a derrota. Viram o fracasso árabe na Palestina como uma traição à religião e o atribuíram aos governos árabes em geral e ao governo egípcio em particular. Voltaram então ao Egito para organizar manifestações e acusaram o governo de responsabilidade pela derrota.

O governo egípcio agiu rápido para reprimir a Irmandade Muçulmana. Nos últimos meses de 1948, a organização foi acusada de fomentar tumultos e planejar a derrubada do governo. Em 8 de dezembro, o primeiro-ministro Mahmoud Fahmi al-Nuqrashi, que havia declarado lei marcial, aprovou um decreto para dissolvê-la. Os ativos da organização foram congelados, seus registros foram apreendidos e muitos de seus líderes foram presos.

O líder da Irmandade Muçulmana, Hassan Banna, foi deixado em liberdade e tentou reconciliar os extremistas do grupo com o governo. Seus esforços foram prejudicados pela intransigência de ambos os lados. O primeiro-ministro Nuqrashi recusou-se a se encontrar com Banna ou a fazer concessões à Irmandade. Extremistas dentro da organização recorreram à violência. Em 28 de dezembro, ao chegar ao Ministério do Interior, o primeiro-ministro egípcio foi abatido, baleado a curta distância por um estudante de veterinária que fazia parte da Irmandade desde 1944. Nuqrashi foi o primeiro líder árabe a cair no tenso rescaldo do desastre na Palestina.

O governo nunca prendeu Hassan Banna pelo assassinato de Nuqrashi. O líder da Irmandade Muçulmana teve pouco conforto em sua liberdade, sabendo que, enquanto estivesse livre, correria o risco de um assassinato por retaliação. Banna tentou negociar com o sucessor de Nuqrashi, mas encontrou as portas do governo fechadas. Ele alegou a inocência da Irmandade em todas as tentativas de derrubar o sistema político, sem sucesso.

Em 12 de fevereiro de 1949, Hassan Banna foi baleado e morto em frente à sede da Associação Muçulmana de Moços. Presumiu-se de maneira generalizada que o assassinato havia sido ordenado pelo governo com o apoio do palácio. Os dois assassinatos políticos no espaço de seis semanas aumentaram as tensões no Egito a níveis sem precedentes.

NA SÍRIA, o desastre na Palestina provocou um golpe de Estado militar. O presidente Shukri Quwatli havia muito temia ser derrubado pelas forças armadas, e, em 30 de março de 1949, seus temores se concretizaram. O coronel Hosni al-Zaim, chefe do estado-maior do exército, liderou um incruento golpe descrito pelo veterano político sírio Adil Arslan como "o evento mais significativo e mais estranho da história recente da Síria". Em seu diário, Arslan deu mais detalhes: "O público celebrou e a maioria dos estudantes aproveitou a oportunidade para realizar manifestações nas ruas. No entanto, as elites políticas silenciaram com a apreensão diante do destino do país".[36] A elite política da Síria tinha o forte desejo de preservar as instituições democráticas da jovem república. Temia a ditadura militar, e com boas razões. Embora o governo de Zaim tenha durado menos de 150 dias, seu golpe marcou a entrada dos militares na política síria. Com exceção de alguns breves hiatos, os militares permaneceriam no controle do país pelo resto do século.

Um dos aspectos mais estranhos do governo de Zaim, de acordo com seu ministro das Relações Exteriores, Adil Arslan, foi sua disposição em aceitar Israel logo após a derrota da Síria. O armistício entre a Síria e Israel foi concluído pelo governo em 20 de julho de 1949. Nos bastidores, Zaim estava disposto a ir muito além de um armistício, buscando um tratado de paz abrangente com Israel. Com apoio total do governo dos Estados Unidos, Zaim retransmitiu uma série de propostas ao primeiro-ministro israelense, David Ben-Gurion, por meio da equipe síria que participava das negociações do armistício. Zaim oferecia uma completa normalização das relações entre os dois países — com intercâmbio de embaixadores, fronteiras abertas e relações econômicas plenas com Israel.

A proposta de Zaim de acomodar 300 mil refugiados palestinos na Síria atraiu a atenção de autoridades americanas e da onu. Já estava claro que o problema dos refugiados seria a maior questão humanitária e um grande ponto de discórdia na resolução do conflito árabe-israelense. Zaim buscou a ajuda dos programas de desenvolvimento dos Estados Unidos para a região de Jazira, ao norte do rio Eufrates, onde propôs assentar os palestinos. Ele acreditava que a injeção de mão de obra palestina e os fundos americanos ajudariam a modernizar a Síria e desenvolver sua economia.[37]

O primeiro-ministro israelense não estava interessado na oferta de Zaim. Apesar dos esforços do governo Truman, do mediador da onu, dr. Ralph Bunche, e do ministro das Relações Exteriores de Israel, Moshe Sharett, Ben-Gurion recusou-se a se encontrar com Zaim ou mesmo discutir suas propostas, insistindo que os sírios assinassem primeiro um armistício. Ele sabia que Zaim queria ajustar os limites da Síria para dividir o lago de Tiberíades entre os dois Estados, algo que rejeitou de imediato. O primeiro-ministro israelense não estava com pressa de concluir acordos de paz com seus vizinhos árabes, e certamente não queria abrir o precedente de fazer concessões territoriais com vistas a garantir a paz. Na verdade, Ben-

-Gurion temia que as fronteiras de Israel, tal como definidas pelos acordos de armistício com seus vizinhos, estivessem bem aquém das necessidades do Estado judeu.

Com a recusa de Ben-Gurion em se encontrar com Zaim, o governo dos Estados Unidos sugeriu uma reunião entre os ministros das Relações Exteriores da Síria e de Israel. O embaixador dos Estados Unidos em Damasco, James Keeley, abordou o ministro das Relações Exteriores de Zaim, Adil Arslan, para propor a reunião. Arslan era o herdeiro de uma família drusa principesca que, com alguma hesitação, entrara no governo sob o comando de Zaim. Em seu diário, ele descreveu o coronel como um amigo e um louco, embora a proposta de Keeley, registrada por Arslan em seu diário em 6 de junho de 1949, o tenha convencido de que Zaim havia perdido o rumo.

"Por que o senhor imagina que concordarei em me reunir com [o ministro israelense das Relações Exteriores, Moshe] Shertok", Arslan perguntou ao embaixador americano, "quando sabe muito bem que nunca me deixei enganar pelos blefes dos judeus, e que sou, entre os árabes, o último disposto a lhes fazer concessões?"

"Sua pergunta me obriga a lhe dar uma resposta franca", respondeu Keeley, "embora eu não tenha a liberdade de discutir o assunto, que deve permanecer em segredo. No entanto, como sei que o senhor é um homem honrado, peço a sua palavra de que isso permanecerá entre nós."

Arslan deu sua palavra e Keeley continuou.

Foi Zaim quem sugeriu se encontrar com Ben-Gurion [...] que recusou, então nós [isto é, o governo dos Estados Unidos] pensamos que poderíamos realizar uma reunião entre os ministros das Relações Exteriores da Síria e de Israel. Shertok concordou e apresentou a sugestão que o senhor agora rejeitou.

O perplexo Arslan tentou esconder suas emoções enquanto Keeley expunha a diplomacia secreta de Zaim com os israelenses, e tentou rejeitar a proposta como uma manobra diplomática do presidente sírio. O americano não insistiu e se retirou, deixando Arslan decidir seu próximo passo.[38]

Arslan ficou em seu escritório até tarde aquela noite e conversou com um membro da delegação síria que participava nas negociações do armistício e estava convencido de que Zaim pretendia ele próprio se encontrar com Shertok. Arslan considerou a renúncia, mas decidiu permanecer no poder a fim de impedir que os israelenses alcançassem seu objetivo de fazer a Síria romper com os outros Estados árabes, concluindo um acordo de paz em separado. Ele começou a contatar outros governos árabes para avisá-los de "um grande perigo", embora tivesse o cuidado de não revelar o que seria.

A reação de Arslan indica o quanto Zaim se distanciara tanto da opinião pública síria quanto das opiniões da elite política. Após uma derrota contundente, os sírios não estavam dispostos a fazer as pazes com Israel — sobretudo o exército. Se Zaim tivesse tornado público seu plano de paz, teria enfrentado uma oposição insuperável dentro de casa. Ainda assim, muitas figuras internacionais respeitadas — incluindo Dean Acheson, secretário de Estado americano, o mediador da ONU, Ralph Bunche, e uma série de agentes políticos e dos serviços de inteligência israelenses — estavam suficientemente convencidas dos méritos do plano de Zaim para que o descartemos de maneira peremptória. O que está claro hoje é que, na verdade, foi Ben-Gurion quem descartou a primeira iniciativa de paz árabe. Diante de um plano de paz que contava com o apoio dos Estados Unidos e da ONU, Ben-Gurion disse não.

Zaim não liderou a Síria por tempo suficiente para dar uma chance à paz. Suas reformas (das quais as aberturas para a paz com Israel representavam apenas uma pequena parte) afastaram os diferentes grupos sociais que originalmente haviam apoiado sua ascensão ao poder, deixando-o isolado. Alguns dos oficiais que haviam apoiado seu golpe agora tramavam contra ele. Em 14 de agosto de 1949, eles repetiram as medidas adotadas no golpe de março, prendendo figuras importantes do governo e apoderando-se da estação de rádio. Um grupo de seis veículos blindados cercou a casa de Zaim e, após um breve tiroteio, prendeu o presidente, que foi na mesma hora deposto. Ele e seu primeiro-ministro foram levados para um centro de detenção, onde foram então sumariamente executados.

O HOMEM QUE PRENDEU E EXECUTOU Hosni Zaim era um seguidor de Antoun Saadeh, um dos líderes nacionalistas mais influentes do mundo árabe. Saadeh (1904-49) foi um intelectual cristão que retornou do Brasil ao seu país natal, o Líbano, em 1932, para fundar o Partido Socialista Nacional sírio. Professor da Universidade Americana de Beirute, ele se opôs ao mandato francês e aos esforços dos europeus para dividir a Grande Síria, militando por uma união dos Estados da Grande Síria. Seus pontos de vista políticos forneciam uma alternativa ao nacionalismo pan-árabe e, com seu apelo à separação entre religião e política, agradavam a uma ampla gama de grupos minoritários que temiam a dominação muçulmana sunita em um Estado pan-árabe.

Em julho de 1949, Antoun Saadeh lançou uma guerrilha para derrotar o governo libanês. Sua revolta teve curta duração; ele foi pego pelos sírios poucos dias depois de lançar sua campanha e entregue às autoridades libanesas, que prontamente julgaram e executaram o aspirante a revolucionário em 8 de julho de 1949.

Os zelosos seguidores de Saadeh se apressaram a buscar vingança. Em 16 de julho de 1951, um de seus partidários assassinou o ex-premiê libanês Riad Solh (cujo governo havia executado Saadeh) enquanto este visitava a capital jordaniana, Amã.

A política árabe estava ficando cada vez mais violenta à medida que golpes políticos, execuções e assassinatos marcavam a mudança de liderança nos Estados. Apenas quatro dias após o assassinato de Riad Solh, o rei Abdullah da Transjordânia foi assassinado ao entrar na mesquita de Al-Aqsa, em Jerusalém, para as orações de sexta-feira. Seu neto de quinze anos, Hussein, o futuro rei da Jordânia, estava com ele na ocasião. "Eu me pergunto agora", escreveu Hussein em sua autobiografia, "olhando para o passado, se meu avô tinha um íntimo conhecimento da tragédia que estava tão próxima." Hussein recordou uma conversa com o rei Abdullah na manhã de sua morte. O velho rei disse palavras "tão proféticas que eu hesitaria em repeti-las se não tivessem sido ouvidas por uma dezena de homens hoje vivos", registrou. "'Quando eu tiver que morrer, gostaria que fosse baleado na cabeça por um zé-ninguém', disse ele. 'Essa é a maneira mais simples de morrer. Eu preferiria isso a envelhecer e me tornar um fardo.'" O velho rei veria seu desejo realizado mais cedo do que esperava.

Abdullah sabia que corria risco de vida. Ele estava cercado por inimigos nos territórios palestinos recém-anexados ao seu reino. Muitos palestinos o acusavam de barganhar com os judeus para expandir seu país à custa deles, e o háji Amin Husseini afirmava que ele havia traído a Palestina. No entanto, ninguém poderia prever que a nova cultura da violência política árabe alcançasse diretamente um dos mais sagrados lugares de culto muçulmanos.

O "zé-ninguém" que atirou no rei Abdullah era um aprendiz de alfaiate de Jerusalém de 21 anos chamado Mustafa Ashu. Mais um assassino de aluguel do que um homem com motivações políticas, o próprio Ashu foi morto instantaneamente pela guarda do rei. Dezenas de prisões foram feitas e dez homens foram acusados de cumplicidade, embora o julgamento não tenha chegado a esclarecer quem estava por trás do assassinato do rei. Quatro dos dez acusados foram absolvidos, dois foram condenados à morte *in absentia* (ambos haviam desertado para o Egito) e quatro foram enforcados. Três dos executados eram comerciantes comuns — um vendedor de gado, um açougueiro e o dono de um café — com antecedentes criminais. O quarto, Musa al-Husseini, era um parente distante do mufti.[39] Suspeitava-se que o mufti e o rei Farouk do Egito tivessem financiado o assassinato, embora provavelmente jamais venhamos a saber a verdade. Em última análise, o rei Abdullah foi outra vítima do desastre da Palestina.

★ ★ ★

APÓS A PARTIÇÃO DO ORIENTE MÉDIO na sequência da Primeira Guerra Mundial, o desastre na Palestina é o ponto de inflexão mais importante na história árabe do século XX. Ainda hoje estamos vivendo suas consequências.

Entre os legados mais duradouros da guerra está o conflito árabe-israelense, que continua em curso. Entre a recusa dos árabes em aceitar a perda da Palestina e as aspirações israelenses por mais território, novas guerras tornaram-se inevitáveis e se repetiram com frequência mortal nas últimas seis décadas.

Os custos humanos do conflito foram devastadores. O problema dos refugiados palestinos continua sem solução. Os 750 mil deslocados de guerra originais excedem hoje os 4,3 milhões de refugiados registrados nas Nações Unidas, como resultado de novas perdas territoriais ocorridas em 1967 e do crescimento demográfico natural ao longo dos últimos sessenta anos. Durante as décadas que se seguiram, os palestinos criaram órgãos representativos para promover seu objetivo final, que é a constituição de um Estado próprio, mas também procuraram alcançá-lo por meio da luta armada, entregando-se a atividades que vão desde investidas na fronteira de Israel e ataques terroristas aos interesses israelenses no exterior, passando pela insurreição popular e a resistência armada, tanto na porção ocupada da Faixa de Gaza quanto na Cisjordânia, até ataques terroristas diretos contra Israel. Apesar dessas estratégias — ou precisamente por causa delas, argumentariam alguns —, as aspirações nacionais palestinas permanecem insatisfeitas.

O desastre na Palestina teve um impacto terrível na política árabe. As esperanças e aspirações dos novos Estados árabes independentes foram obscurecidas por seu fracasso em 1948. No rescaldo da derrota na Palestina, o mundo árabe testemunhou uma tremenda revolta política. Os quatro Estados que faziam fronteira com o mandato britânico na Palestina foram destruídos por assassinatos políticos, golpes e revoluções. Uma grande revolução social estava ocorrendo, com a derrubada das velhas elites por uma geração mais jovem de militares, muitos dos quais de origem rural, mais conectados com os anseios do povo do que as elites políticas educadas no exterior dos anos do entreguerras. Enquanto os políticos da velha guarda lutavam pela independência nacional dentro dos limites de seus próprios Estados, os apaixonados Oficiais Livres eram nacionalistas árabes que promoviam a unidade pan-árabe. O antigo regime falava línguas europeias; a nova vanguarda falava a língua da rua.

Em um sentido muito real, o desastre da Palestina significou o fim da influência europeia no mundo árabe. A Palestina era um problema que havia sido criado pela Europa, e a incapacidade dos europeus de resolvê-lo refletia sua própria fraqueza após a Segunda Guerra Mundial. A Grã-Bretanha e a França haviam emergido do conflito como potências de segunda categoria. A economia britânica estava em frangalhos após o esforço de guerra, e o moral francês fora destruído por anos de ocupação alemã. Essas nações tinham muito a reconstruir em casa antes de poderem pensar em investir no exterior. O Império estava em retirada, e novos poderes dominavam o sistema internacional.

Os jovens oficiais que chegaram ao poder na Síria em 1949, no Egito em 1952 e no Iraque em 1958 não tinham vínculos com a Grã-Bretanha ou a França e procuraram, em vez delas, as novas potências mundiais — os Estados Unidos e sua superpotência rival, a União Soviética. Era o fim dos tempos imperiais e o início da nova era da Guerra Fria. Os árabes teriam que se adaptar a um novo conjunto de regras.

10. A ascensão do nacionalismo árabe

O MUNDO ÁRABE ENTROU NA nova era da Guerra Fria em estado de agitação revolucionária. O anti-imperialismo do período entreguerras recobrou novo ímpeto terminada a Segunda Guerra Mundial. A hostilidade contra a Grã-Bretanha e a França era forte após a Guerra da Palestina. Isso complicou a posição dos britânicos no Egito, na Jordânia e no Iraque, onde eles ainda desfrutavam de alianças preferenciais com as monarquias que haviam criado.

Os velhos políticos nacionalistas e os reis que eles serviam foram desacreditados por não terem conseguido escapar do domínio imperial da Grã-Bretanha. Uma série de novos grupos radicais, que iam desde a Irmandade Muçulmana até o Partido Comunista, disputava a lealdade de uma nova geração de nacionalistas. Os jovens oficiais das forças armadas não estavam imunes à agitação política da época. A geração mais jovem questionava a legitimidade das monarquias árabes e dos Parlamentos multipartidários instalados pelos britânicos, demonstrando mais entusiasmo pelo republicanismo revolucionário.

A ideologia visionária da época era o nacionalismo árabe. A libertação do domínio colonial era o desejo comum de todos os povos árabes nos anos 1940, mas eles tinham aspirações políticas ainda mais elevadas. A maioria acreditava estar unida por uma língua comum, por uma história e uma cultura fundamentadas no passado islâmico, cultura essa compartilhada por muçulmanos e não muçulmanos. Eles queriam dissolver as fronteiras esboçadas pelas potências imperiais para dividir o povo árabe e construir uma nova comunidade baseada em seus profundos laços históricos e culturais. Acreditavam que a grandeza árabe nos

O MUNDO ÁRABE
HOJE

RÚSSIA

CAZAQUISTÃO

QUIRGUISTÃO

UZBEQUISTÃO

TADJIQUISTÃO

TURCOMENISTÃO

*Mar
Cáspio*

GEÓRGIA
TIBLISSI ⊛
BAKU ⊛
ARMÊNIA
AZERBAIJÃO

ASHGARAT

Vale de
Panjshir
CABUL ⊛
Peshawar ○

*Mar
Negro*

AFEGANISTÃO

TEERÃ ⊛

ARA

RQUIA

IRÃ

PAQUISTÃO

Rio Tigre

SÍRIA
BAGDÁ ⊛
Deserto
Sírio
Rio Eufrates

PRE
RUTE
LÍBANO
⊛ DAMASCO
IRAQUE

RAEL
VIV
AMÃ ⊛
Basra ○

*Canal
e Suez*
JORDÂNIA
O R I E N T E
M É D I O
CIDADE
DO KUWAIT ⊛
*Golfo
Pérsico*

KUWAIT
BAHREIN
MANAMA ⊛
CATAR
⊛ DOHA
ABU
DHABI ●
EMIRADOS ÁRABES
UNIDOS
MASCATE ●

ARÁBIA
SAUDITA
Deserto da Arábia
RIAD ⊛
OMÃ

P E N Í N S U L A
A R Á B I C A

Mar

Arábico

Mar

Vermelho

Rio Nilo

ERITREIA
ASMARA ⊛
IÊMEN
SANÁ ⊛

⊛ CARTUM

N

0   500 mi

0   500 km

ETIÓPIA

assuntos mundiais só poderia ser restaurada pela unidade, e foram às ruas, aos milhares, para protestar contra o imperialismo, criticar o fracasso de seus governos e exigir a unidade árabe.

O Egito estava em muitos aspectos à frente dessas transformações. A médica e intelectual feminista Nawal al-Saadawi ingressou na escola de medicina no Cairo em 1948. A atmosfera era carregada de tensão política. "Naqueles dias", ela lembra em sua autobiografia, "a universidade era palco de manifestações quase permanentes." Saadawi não era estranha à política nacionalista. Seu pai lia o jornal com ela e condenava a corrupção do rei, a classe militar e a ocupação britânica do Egito. "É uma miséria crônica tripla e não há solução para isso sem uma mudança no regime", ele dizia à filha. "As pessoas precisam acordar, precisam se rebelar."[1] A jovem Saadawi levou as palavras do pai a sério e, ainda no ensino médio, já havia começado a participar das manifestações em massa que paralisaram o Cairo no final da década de 1940.

As manifestações refletiam a impaciência do povo egípcio pela mudança. No rescaldo do desastre da Palestina, os egípcios estavam desencantados com os partidos políticos, desiludidos com o rei Farouk e cada vez mais intolerantes com a posição britânica em seu país. O pós-guerra foi uma época de descolonização, e os britânicos já abusavam havia muito tempo da hospitalidade do Egito.

Os egípcios foram às urnas em 1950 para eleger um novo governo após a turbulência da derrota na Palestina e o assassinato do primeiro-ministro Nuqrashi em dezembro de 1948. O Wafd garantiu a vitória e formou um governo que retomou as negociações com os britânicos para alcançar a plena independência que vinha iludindo os nacionalistas egípcios desde 1919. Entre março de 1950 e outubro de 1951, o Wafd conduziu conversas com a Grã-Bretanha. No entanto, após dezenove meses sem conseguir produzir resultados, decidiu revogar unilateralmente o Tratado Anglo-Egípcio de 1936. Os britânicos se recusaram a reconhecer a revogação, que teria transformado suas forças na zona do canal de Suez em um exército ilegal. E, embora o Império Britânico estivesse em retirada — havia deixado a Índia em 1947 —, a importância estratégica do canal de Suez continuava sendo a pedra angular da política externa britânica.

Não tendo conseguido atingir seus objetivos por meio de negociação, o Wafd aumentou a pressão sobre os britânicos por outros meios. Com a aprovação tácita do governo, uma série de jovens — sobretudo estudantes, membros da Irmandade Muçulmana, camponeses e trabalhadores — começaram a se oferecer como voluntários para participar de unidades de guerrilha, tornando-se conhecidos como *fedayin* (literalmente, "os que sacrificam a si mesmos"). Em outubro de 1951, os guerrilheiros começaram a atacar tropas e instalações britânicas na zona do canal. Os britânicos responderam aos ataques com força. Um dos colegas de Nawal Saadawi deixou seus estudos de medicina para se juntar aos fedayin e foi morto em ação contra os britânicos, tornando-se um mártir da causa.

A luta armada na zona do canal provocou intensos debates políticos no Cairo. Saadawi recordou um comício estudantil na universidade em novembro de 1951. Ela ouvia com crescente impaciência enquanto estudantes afiliados a distintas agremiações políticas — wafdistas, comunistas, membros da Irmandade Muçulmana — faziam poses heroicas e discursos retóricos. Então um dos fedayin, Ahmed Helmi, foi chamado ao púlpito. Ele havia participado dos ataques às tropas britânicas que ocupavam a zona do canal, e apelou a seus colegas exaltados em voz baixa: "Os combatentes da liberdade na zona do canal precisam de munição e víveres, sua retaguarda precisa ser estável para que possa protegê-los. Não há tempo nem espaço para lutas partidárias. Precisamos da união do povo".[2] Saadawi ficou fascinada por aquele jovem veemente com quem mais tarde se casaria.

Em janeiro de 1952, os britânicos haviam decidido usar a força militar para afirmar seu controle sobre a zona do canal de Suez. Suas forças começaram a ocupar as delegacias de polícia na região, a fim de impedir que os policiais prestassem auxílio aos fedayin. Em 24 de janeiro, sem disparar um único tiro, os britânicos conseguiram a rendição de 160 policiais da delegacia de uma das cidades na zona do canal. O governo egípcio ficou constrangido com a facilidade com que os britânicos haviam tomado a delegacia e, em resposta, pediu aos policiais na zona que resistissem aos britânicos "até a última bala". A oportunidade veio no dia seguinte, quando 1500 soldados britânicos cercaram a sede do governo em Ismaília e exigiram sua rendição. Os 250 policiais que guardavam as agências do governo se recusaram. Os britânicos atacaram as posições egípcias com tiros de tanque e artilharia por nove horas, enquanto os egípcios lutaram até que sua munição se esgotasse. Quando enfim se renderam, contavam 46 mortos e 72 feridos.

Notícias do ataque britânico provocaram indignação em todo o Egito. Uma greve geral foi declarada para o dia seguinte, sábado, 26 de janeiro de 1952. Trabalhadores e estudantes convergiram para o Cairo em dezenas de milhares. A cidade se preparou para um dia de manifestações em massa contra a ação britânica. No entanto, nada havia preparado o povo ou o governo do Egito para o Sábado Negro.

Forças obscuras estavam atuando no Cairo no Sábado Negro. O que havia começado como uma série de manifestações raivosas degenerou rapidamente em episódios de violência, nos quais mais de cinquenta egípcios e dezessete estrangeiros (incluindo nove britânicos) foram mortos pela multidão. Provocadores e incendiários misturados aos manifestantes esforçaram-se para gerar a máxima desordem. Anouar Abdel Malek, intelectual comunista que testemunhou os eventos, descreveu como os manifestantes se puseram de lado para assistir, fascinados, enquanto os incendiários colocavam fogo nos bairros mais ricos do Cairo. "Eles ficaram observando sem fazer nada porque a esplêndida capital não pertencia a eles, mas aos ricos cujos negócios ardiam em chamas. Então, deixaram acontecer."[3] No decorrer do dia, uma multidão incendiou um clube britânico, uma escola judaica, um escritório da Irmandade Muçulmana, quatro hotéis (incluindo o famoso Shepheard's Hotel), quatro casas noturnas, sete lojas de departamentos, dezessete cafés e restaurantes, dezoito cinemas e setenta outros estabelecimentos comerciais, incluindo bancos, salões de exibição de automóveis e agências de venda de bilhetes aéreos.[4]

Os terríveis acontecimentos de 25 e 26 de janeiro de 1952 significaram o fim da ordem política no Egito. Ficou claro para todos que os ataques incendiários, sem precedentes na história do país, haviam sido planejados. Boatos e teorias da conspiração varreram a capital. Os comunistas culparam os socialistas e os muçulmanos. Alguns argumentaram se tratar de uma conspiração para abalar a posição do rei Farouk (que organizou um banquete para celebrar o nascimento de seu filho na noite em que o Cairo pegava fogo). Outros sustentaram que o incêndio fora planejado pelo rei e pelos britânicos para derrubar o Wafd e nomear um governo interino mais sensível aos desejos do monarca.

Qualquer que tenha sido o seu papel no Sábado Negro, o rei Farouk demitiu o governo wafdista de Mustafa Nahhas em 27 de janeiro e nomeou uma série de políticos independentes leais ao trono para a chefia dos ministérios. O Parlamento foi dissolvido em 24 de março, e as eleições para uma nova assembleia foram adiadas indefinidamente. Parecia que Farouk seguia os passos do pai e repetia o experimento de 1930 de governo palaciano. A confiança pública no governo do Egito despencou.

Em última análise, pouco importa quem ordenou o incêndio do Cairo (nunca houve uma resposta conclusiva para a questão). Os rumores e as teorias conspiratórias revelaram uma crise de confiança tanto na monarquia quanto no governo que pressagiava a chegada da revolução no Egito.

Em 1952, embora muitos falassem sobre a revolução no Egito, apenas um pequeno grupo de oficiais do exército planejava ativamente a derrubada do governo. Eles se autodenominavam Oficiais Livres, e seu líder era um jovem coronel chamado Gamal Abdel Nasser. Os Oficiais Livres estavam unidos pelo patriotismo e pela firme crença de que a monarquia do Egito e o governo parlamentar haviam enganado o país. Nasser e seus colegas tinham ficado horrorizados com suas experiências na Guerra da Palestina, quando foram enviados para o combate sem armas adequadas e se viram sitiados pelos israelenses durante meses, sendo por fim derrotados. Os Oficiais Livres se reuniram inicialmente para fazer oposição ao imperialismo britânico no Egito. Com o tempo, passaram a ver o sistema político do país como o principal obstáculo para concretizar suas aspirações de total independência da Grã-Bretanha.

No rescaldo da Guerra da Palestina, Nasser recrutou alguns de seus colegas mais confiáveis para se juntar a uma célula política secreta de mi-

litares. Ele atraiu veteranos da Guerra da Palestina como Abd al-Hakim
Amer e Salah Salem; homens com conexões com a Irmandade Muçulmana,
como Anwar al-Sadat; e comunistas, como Khaled Mohi al-Din, em um
esforço para garantir o mais amplo apoio a suas ações. Eles realizaram sua
primeira reunião na sala de estar de Nasser no outono de 1949. À medida
que o Movimento dos Oficiais Livres crescia, novas células eram criadas, independentes umas das outras, de forma a dificultar sua detecção.
Membros de cada célula recrutavam oficiais com a mesma mentalidade
em diferentes ramos das forças armadas egípcias.[5] Eles publicaram seu
primeiro panfleto no outono de 1950, a fim de angariar apoio entre o corpo
de oficiais para sua causa anti-imperialista.[6]

Os eventos do Sábado Negro transformaram o Movimento dos Oficiais Livres. Até janeiro de 1952, seu foco era o combate ao imperialismo,
e eles restringiam suas críticas ao governo a questões de corrupção e
colaboração com os britânicos. A partir de então, começaram a discutir
abertamente a derrubada do rei Farouk e os governos monarquistas que
ele nomeava. Estabeleceram uma data para o seu golpe em novembro de
1952 e começaram a acelerar o recrutamento e a mobilização de oficiais
da oposição.

O confronto entre o governo e os Oficiais Livres chegou ao auge durante as aparentemente inócuas eleições para o executivo do Clube dos
Oficiais Egípcios em dezembro de 1951. Para Farouk, o Clube dos Oficiais
servia como um termômetro da lealdade das forças militares à monarquia.
Os Oficiais Livres decidiram usar as eleições como um meio de confrontar
o rei e seus partidários. Nasser e seus colegas convenceram o popular general Muhammad Naguib a concorrer à presidência do clube à frente de uma
chapa de oposição ao conselho de diretores. Quando Naguib e sua chapa
venceram as eleições, Farouk tentou por todos os meios reverter os resultados. Por fim, em julho de 1952, decidiu intervir pessoalmente para demitir
Naguib e dissolver a diretoria do clube. Os Oficiais Livres perceberam
que perderiam toda a credibilidade se não respondessem imediatamente
ao desafio do rei. Abd Hakim Amer, um dos colegas mais próximos de
Nasser, advertiu seus colegas oficiais: "O rei nos desferiu um duro golpe, e

a menos que respondamos da mesma maneira, nossa organização perderá credibilidade entre os oficiais e ninguém concordará em se juntar a nós".[7]

Os Oficiais Livres estavam de pleno acordo quanto a isso: se não agissem de forma rápida e decisiva, terminariam todos na cadeia. Nasser reuniu-se com o líder mais respeitado do movimento, o general Naguib, a fim de planejar um golpe imediato contra a monarquia. "Nós concordamos de maneira unânime que o Egito estava plenamente maduro para uma revolução", lembrou Naguib em suas memórias. O rei e seu gabinete estavam em suas residências de verão em Alexandria, o que deixava o Cairo para os militares. "Estava tão quente e abafado que ninguém além de nós estaria pensando em uma revolução", ponderou Naguib. "Era, portanto, o momento ideal para atacarmos." Eles resolveram agir antes que o rei tivesse tempo de nomear um novo gabinete "e antes que seus espiões tivessem tempo de descobrir quem éramos e o que tínhamos em mente".[8]

Os Oficiais Livres haviam chegado a um ponto sem volta. Os riscos de conspirar contra o regime eram altos. Eles sabiam que enfrentariam acusações de traição caso fracassassem, e revisaram seus planos com muito cuidado: precisavam ocupar simultaneamente a estação de rádio e o quartel-general do exército; mobilizar as unidades militares leais ao regime; adotar as medidas pertinentes para garantir a segurança pública e impedir a intervenção estrangeira. Havia muitos detalhes a resolver antes de 23 de julho de 1952, a data marcada para o golpe.

Os conspiradores encontravam-se sob forte vigilância por parte do governo, o que só fazia aumentar as já intensas pressões que estavam sofrendo nos dias que antecederam a revolta. O general Naguib foi avisado por um de seus oficiais na véspera do golpe de que estava prestes a ser preso por suspeita de liderar uma conspiração. "Fiz o melhor que pude para esconder meu sobressalto", confessou Naguib em suas memórias. Naquela noite, enquanto o golpe se desenrolava, ele decidiu ficar em casa, alegando estar sob vigilância e temendo comprometer os planos dos Oficiais Livres.[9] Também naquela noite, Anwar Sadat levou a esposa ao cinema, onde se envolveu em uma briga ruidosa com outro espectador que terminou com uma visita à delegacia de polícia para prestar uma queixa — um álibi tão bom quanto um conspirador poderia esperar em caso de fracasso.[10] Mesmo Gamal Abdel Nasser e Abd Hakim Amer surpreenderam seus partidários ao aparecer para o golpe em trajes civis (mais tarde eles vestiram o uniforme).[11]

Apesar de suas dúvidas e medos, os Oficiais Livres conseguiram orquestrar um golpe sem provocar praticamente nenhum derramamento de sangue. As unidades militares rebeldes cercaram o quartel-general do exército egípcio e encontraram pouca resistência para ocupar a instalação, às duas horas da manhã de 23 de julho. Uma vez garantido o quartel-general, as unidades militares que apoiavam o golpe receberam sinal verde para ocupar pontos estratégicos no Cairo enquanto a cidade dormia. Quando o exército havia tomado suas posições, Anwar Sadat foi à estação de rádio nacional e anunciou o golpe em nome do general Muhammad Naguib, como comandante em chefe das forças armadas, concluindo o que foi um clássico golpe de Estado.

Em 23 de julho, Nawal Saadawi estava trabalhando no Hospital Kasr al-Aini, no centro do Cairo. Em uma de suas obras, ela descreveu a exultação que se seguiu ao anúncio. "Nas enfermarias, os pacientes estavam ouvindo o rádio. De repente, a música foi interrompida por um importante anúncio que dizia que o exército havia assumido o controle do país e que Farouk não era mais o rei." Ela ficou surpresa com a reação espontânea dos pacientes.

> De repente, enquanto estávamos ali de pé, os pacientes começaram a sair das enfermarias e a gritar: "Viva a revolução!". Eu os vi de boca aberta, com os braços balançando no ar, as camisolas descompostas flutuando em torno dos corpos frágeis. Era como se os cadáveres da sala de dissecção tivessem de repente ressurgido dos mortos e gritassem: "Viva a revolução!".

De fato, até mesmo os mortos foram detidos em seu caminho. Saadawi testemunhou um cortejo fúnebre que deixava o hospital parar por causa das notícias.

Os homens que carregavam o caixão o colocaram na calçada e se misturaram à multidão aos gritos de "Viva a revolução!", e as mulheres que um segundo antes pranteavam o defunto começaram a gritar [em comemoração] em vez de se lamentar.[12]

No DIA 23 DE JULHO, o rei Farouk e seu governo caíram. No entanto, os Oficiais Livres tinham pouca ideia de como proceder agora que seu movimento havia sido bem-sucedido. "Era óbvio que, ao fazer nossa revolução, não tínhamos nos preparado para assumir cargos no governo", refletiu Sadat em suas memórias. "Não tínhamos ambição de ser ministros. Não tínhamos imaginado isso nem havíamos elaborado um programa de governo específico."[13] Assim, os Oficiais Livres decidiram pedir ao veterano político Ali Maher que formasse um novo governo. Eles não tinham ideia do que fazer com o próprio Farouk: prendê-lo? Executá-lo? Nasser tomou a sábia decisão de garantir a abdicação de Farouk e permitir que ele fosse para o exílio, em vez de arriscar ligar o novo governo a processos judiciais potencialmente divisores ou transformar um monarca impopular em mártir por meio de uma execução desastrada. Farouk abdicou em favor de seu filho menor, Ahmed Fuad II, sob o comando de um regente, e, em 26 de julho, foi despachado de Alexandria pelo general Naguib no iate real *Mahroussa*, com uma salva de 21 tiros.

"Eu o saudei e ele devolveu minha saudação", recordou Naguib em suas memórias:

Um longo e constrangedor silêncio se seguiu. Nenhum de nós sabia o que dizer.

"Foi o senhor, *effendim* [meu senhor], que nos obrigou a fazer o que fizemos."

A resposta de Farouk vai me desconcertar pelo resto da minha vida.

"Eu sei", disse ele. "Vocês fizeram o que eu mesmo sempre quis fazer."

Fiquei tão surpreso que não consegui pensar em mais nada a dizer. Apenas o saudei, e os outros fizeram o mesmo. Farouk devolveu nossas saudações e trocamos apertos de mão.

"Espero que o senhor cuide bem do exército", disse ele. "Como o senhor sabe, foi meu avô que o criou."

"O exército egípcio está em boas mãos", garanti.

"O senhor terá uma tarefa difícil. Não é fácil governar o Egito."[14]

O general Naguib, na verdade, não teria muita chance de governar o país. O verdadeiro líder do Egito era Nasser, como logo ficaria claro.

A REVOLUÇÃO DOS OFICIAIS LIVRES representou a chegada de uma geração mais nova à política egípcia. Naguib, aos 51 anos, era o veterano em um movimento cuja idade média era 34. Os novos mandatários eram todos naturais do Egito e de origem rural, tendo subido na hierarquia militar até alcançar posições de responsabilidade — situação bem semelhante à dos homens do grupo do coronel Ahmad Urabi na década de 1880.

Assim como Urabi, os Oficiais Livres viam com irritação os privilégios e as pretensões das elites turco-circassianas no entorno da família real. Um de seus primeiros decretos depois de tomar o poder foi abolir todos os títulos turcos, como bei e paxá, que eles acreditavam terem sido conferidos por "um rei anormal [...] a pessoas que não os mereciam".[15]

Despojada de seus títulos, a aristocracia foi a seguir privada de suas terras. Os Oficiais Livres iniciaram uma grande reforma agrária, aprovando leis que limitavam as propriedades individuais a oitenta hectares. As vastas plantações da família real foram confiscadas pelo Estado, e cerca de 1700 latifundiários viram suas terras expropriadas pelo governo, que os reembolsou em títulos de trinta anos. No total, foram apreendidos cerca de 150 mil hectares da elite do Egito. Essas terras foram então redistribuídas a pequenos agricultores com não mais que dois hectares de propriedade. O programa foi aprovado apesar da forte oposição do primeiro-ministro Ali Maher, que representava uma elite civil cuja riqueza repousava nas propriedades fundiárias. Os Oficiais Livres valorizavam o apoio do povo em detrimento dos desejos da elite proprietária e obtiveram a renúncia de Maher em setembro de 1952.

A decisão de empreender uma reforma agrária garantiu vantagens políticas tangíveis para os Oficiais Livres. Embora apenas uma fração da população campesina do Egito tenha efetivamente se beneficiado com as medidas de reforma agrária de 1952 — cerca de 146 mil famílias no total, de uma população total de 21,5 milhões —, ela gerou uma tremenda benevolência entre os cidadãos do Egito.[16] Com o apoio das massas, os militares foram encorajados a tomar as rédeas do poder e desempenhar um papel mais direto na política.

Uma vez que entraram na política, os Oficiais Livres se mostraram bastante decisivos. Em setembro de 1952, o general Naguib concordou em formar um novo governo, em grande parte civil. Nasser criou então o Conselho de Comando Revolucionário (CCR), um comitê militar para supervisionar os avanços da revolução, teoricamente em colaboração com o governo, mas cada vez mais em rivalidade com Naguib. Os militares se apressaram a limpar a política do pluralismo partidário. Em janeiro de 1953, em resposta às pressões do Wafd e da Irmandade Muçulmana, o CCR baniu todos os partidos políticos, expropriando seus ativos econômicos para o Tesouro do Estado. Trabalhando nos bastidores, o coronel Nasser introduziu um novo partido patrocinado pelo Estado, conhecido como União Libertadora. Ele argumentou que o sectarismo partidário era em grande parte responsável pela política de divisão do entreguerras e esperava que a União Libertadora servisse para mobilizar o apoio popular ao novo regime. Em 18 de junho de 1953, Nasser rompeu de vez com a velha ordem, com a abolição da monarquia pelo CCR. O Egito foi declarado uma república e Muhammad Naguib nomeado seu primeiro presidente. Pela primeira vez desde a era faraônica, o Egito era governado por egípcios nativos. Como disse Nawal Saadawi, Naguib foi "o primeiro egípcio a governar desde o rei Menes do Egito antigo".[17]

A república egípcia era agora um governo do povo, e gozava do total apoio da grande massa. "A atmosfera no país mudou", lembrou Saadawi.

As pessoas costumavam andar pelas ruas em silêncio, com uma expressão fechada. Agora as ruas mudaram. As pessoas [...] conversavam, sorriam, di-

ziam bom-dia, apertavam a mão de estranhos, perguntavam sobre a saúde
umas das outras, sobre eventos recentes, parabenizavam-se pela mudança
de regime, discutiam, tentavam prever eventos futuros, [e] continuavam esperando novas mudanças a cada dia.

O desafio do novo governo seria atender às elevadas expectativas de
um povo ávido por mudanças. Não seria fácil. O novo governo egípcio
herdou uma gama intimidante de problemas econômicos. O país era exces-
sivamente dependente da agricultura, e a produção agrícola era limitada
pelo ambiente desértico. Não havia como expandir as zonas de cultivo
sem os recursos hídricos para irrigar o deserto. A indústria permanecia
em grande parte subdesenvolvida. Enquanto a agricultura contribuiu com
35% do produto interno bruto do Egito em 1953, a indústria contribuiu com
apenas 13% (sendo o setor de serviços responsável pelos 52% restantes).[18]
O ritmo lento da industrialização devia-se, em grande parte, aos baixos
níveis de investimento público e privado. O crescimento geral da população superava em muito a taxa de criação de empregos, o que significava
que menos egípcios obteriam os empregos estáveis necessários para uma
melhoria significativa em seu padrão de vida.

Os oficiais do Conselho de Comando Revolucionário tinham uma
solução radical para todos os seus problemas: a construção de uma represa e de uma usina hidrelétrica no Nilo. Os engenheiros identificaram
o local ideal para a barragem no Alto Egito, perto da cidade de Assuã.
A nova Represa de Assuã armazenaria água suficiente para permitir a
expansão das zonas aráveis de 2,5 milhões para 3-4 milhões de hectares,
e geraria eletricidade suficiente para possibilitar a industrialização do
Egito e abastecer o país como um todo.[19] O projeto custaria centenas de
milhões de dólares — muito mais do que o Egito poderia levantar com
seus próprios recursos.

Para financiar a Represa de Assuã e garantir a independência econômica do país, os oficiais do governo teriam que se envolver com a comunidade internacional. No entanto, o Egito tinha grande orgulho de
sua independência e procurava a todo custo garantir seus objetivos sem

comprometer sua soberania. Os Oficiais Livres logo descobriram como era difícil se envolver com o resto do mundo sem fazer concessões.

★ ★ ★

Na arena internacional, a principal prioridade do novo governo era garantir a retirada completa da Grã-Bretanha do país. Essa era uma pendência do nacionalismo egípcio havia meio século.

Em abril de 1953, Nasser e seus homens entraram em negociações com os britânicos, tendo os Estados Unidos como intermediários, a fim de garantir a retirada completa da Grã-Bretanha do Egito. Havia muita coisa em jogo para ambos os lados. Nasser acreditava que o fracasso nas negociações provocaria a queda dos Oficiais Livres, e a Grã-Bretanha era muito sensível em relação a sua posição internacional em um mundo cada vez mais pós-colonial. O processo se arrastou por mais de dezesseis meses, uma vez que as negociações eram frequentemente interrompidas e retomadas. No final, britânicos e egípcios chegaram a um acordo pelo qual os primeiros retirariam todo o seu pessoal militar do Egito em até 24 meses, deixando cerca de 1200 especialistas civis na zona do canal para um período de transição de sete anos. Não foi uma retirada completa e incondicional: o prazo de dois anos para a retirada militar do país e as concessões para uma presença civil britânica de sete anos na zona do canal foram motivo de críticas em alguns círculos nacionalistas egípcios. No entanto, era independência suficiente para Nasser garantir a aprovação do Conselho de Comando Revolucionário em julho de 1954. O acordo foi concluído entre os dois governos em 19 de outubro de 1954, e o último soldado britânico deixou o Egito em 19 de junho de 1956.

O novo acordo com a Grã-Bretanha enfrentou críticas no Egito. O presidente Muhammad Naguib aproveitou as deficiências do tratado para atacar seu jovem rival Gamal Abdel Nasser. Não mais satisfeito com seu papel como líder decorativo, Naguib buscava os plenos poderes a que acre-

ditava fazer jus como presidente. Nasser, no controle do Conselho de Comando Revolucionário, estava invadindo suas prerrogativas presidenciais.
As relações entre Nasser e Naguib deterioraram-se no início de 1954 para o
que alguns contemporâneos descreveram como ódio, e, depois que Naguib
criticou a retirada britânica, Nasser empregou seus leais seguidores para
desacreditar o veterano e voltar a opinião pública contra um homem que
ela ainda reverenciava.

A Irmandade Muçulmana também aproveitou a retirada incompleta
da Grã-Bretanha para criticar o regime dos Oficiais Livres. A organização
islâmica, banida em 1953 junto com todos os outros partidos políticos, já
tinha seus próprios motivos de queixa contra o novo regime militar. No
início de 1954, a repressão de Nasser a suas atividades o transformou em
alvo de um grupo dissidente islâmico empenhado em assassiná-lo. Eles
até cogitaram enviar um homem-bomba perto o suficiente de Nasser para
matá-lo com a explosão — o que configuraria um dos primeiros atentados
suicidas na história do Oriente Médio. No entanto, a tática não atraiu os
islâmicos daquela época e não houve voluntários.[20]

Em 26 de outubro de 1954, um membro da Irmandade Muçulmana chamado Mahmoud Abd al-Latif tentou assassinar o coronel usando um método
mais tradicional. Ele disparou oito balas contra Nasser durante um discurso
para celebrar o acordo de evacuação com os britânicos. Abd Latif tinha péssima pontaria — nenhuma das balas atingiu o alvo. Mas, mesmo com balas
zunindo ao seu redor, Nasser se comportou de maneira heroica. Não vacilou
sob o fogo e apenas interrompeu brevemente seu discurso. Quando o retomou, com grande emoção, arrebatou uma plateia que o acompanhava pelo
rádio em todo o Egito e o mundo árabe: "Meus compatriotas", exclamou
Nasser ao microfone, "meu sangue corre por vocês e pelo Egito. Vou viver
para o seu bem, morrer em prol da sua liberdade e honra". A multidão rugiu
em aprovação. "Não me importo que me matem, contanto que eu tenha
incutido em vocês as ideias de orgulho, honra e liberdade. Se Gamal Abdel
Nasser morrer, cada um de vocês será Gamal Abdel Nasser."[21]

O momento não poderia ter sido mais dramático, e o público egípcio
declarou Nasser seu herói. Com sua recente popularidade, ele estabeleceu

sua primazia sobre a revolução e agora tinha liberdade para se livrar tanto do presidente Muhammad Naguib quanto da Irmandade Muçulmana — seus dois principais rivais pela lealdade do povo. Milhares de membros da Irmandade Muçulmana foram presos, e, em dezembro, seis deles foram enforcados por seu papel na tentativa de assassinato. Naguib foi implicado nos julgamentos e, embora nunca tenha sido acusado de atos ilícitos, em 15 de novembro foi removido da presidência e confinado a prisão domiciliar pelos vinte anos seguintes.

Os egípcios tinham agora um senhor indiscutível. Do final de 1954 até sua morte em 1970, Nasser foi presidente do Egito e comandante em chefe do mundo árabe. Nenhum líder exerceu tamanha influência na cena árabe antes ou depois, e poucos conseguiriam igualar o impacto que ele exerceu nos assuntos mundiais. O Egito estava prestes a iniciar uma notável aventura, vivendo anos de pura adrenalina em que tudo parecia possível.

ASSIM QUE O ACORDO de retirada foi concluído com os britânicos, o Egito passou ao item seguinte da sua agenda, que era a questão pendente com o novo Estado de Israel. As tensões estavam cada vez maiores ao longo da frágil fronteira entre o Egito e o Estado judeu. O primeiro-ministro David Ben-Gurion tentou repetidas vezes sondar as intenções dos Oficiais Livres, mas Nasser e seus homens evitavam contato direto com os israelenses (houve intercâmbios secretos entre diplomatas israelenses e egípcios em 1953, em Paris, mas sem resultado). Ben-Gurion chegou à conclusão de que o Egito, sob seus novos dirigentes militares, poderia se transformar na Prússia do mundo árabe, e, como tal, representava um perigo claro e imediato para Israel. Nasser, no entanto, sabia que seu país estava longe de dispor da força militar necessária para conter, que dirá enfrentar, seu novo e hostil vizinho. Para poder representar uma ameaça crível a Israel, o Egito precisava adquirir material do exterior. Nasser logo descobriu, porém, que, em troca de armas, os governos estrangeiros inevitavelmente estabeleceriam condições que comprometeriam a recém-conquistada independência do Egito.

Nasser voltou-se primeiro para os Estados Unidos, abordando os americanos em novembro de 1952. Em resposta, os Oficiais Livres foram convidados a enviar uma delegação aos Estados Unidos para declarar suas necessidades: aviões, tanques, artilharia e navios. Os americanos, a princípio, estavam dispostos a ajudar, mas queriam que o Egito se comprometesse com um pacto de defesa regional antes de tratar qualquer pedido de equipamento militar.

Em maio de 1953, o secretário de Estado americano John Foster Dulles visitou o Cairo com a dupla missão de promover um acordo de paz entre Israel e os Estados árabes e isolar a superpotência rival dos Estados Unidos, a União Soviética, no Oriente Médio. As discussões com o governo egípcio logo chegaram ao tema das armas. Dulles deixou claro que os americanos estavam dispostos a ajudar o Egito, contanto que ele se juntasse a um novo pacto de defesa regional chamado Organização de Defesa do Oriente Médio, que levaria o Egito a uma aliança formal com os Estados Unidos e a Grã-Bretanha contra a União Soviética.

Nasser rejeitou a sugestão de Dulles na mesma hora. A organização que o secretário americano propunha forneceria uma base para estender a presença militar britânica no Egito — algo que nenhum líder egípcio poderia permitir. O que Nasser não conseguiu fazer Dulles entender era que os egípcios não viam motivos para temer uma ameaça soviética. A verdadeira ameaça para o Egito era Israel. Muhammad Heikal (n. 1923), editor do influente diário egípcio *Al-Ahram* e um íntimo confidente de Nasser, recorda que o coronel perguntou a Dulles: "Como posso explicar ao meu povo que estou desconsiderando um assassino com uma pistola a cem quilômetros de mim no canal de Suez [isto é, Israel] e me preocupando em vez disso com alguém segurando uma faca a 8 mil quilômetros de distância?".[22]

As relações entre o Egito e Israel se deterioraram após a assinatura do Acordo de Retirada Anglo-Egípcio em 1954. Ben-Gurion via a presença da Grã-Bretanha na zona do canal de Suez como um amortecedor entre os dois países, e a iminente retirada das tropas britânicas prenunciava um desastre. Em julho de 1954, a inteligência militar israelense iniciou operações secretas no Egito, instalando dispositivos incendiários em instituições britânicas e americanas no Cairo e em Alexandria. Eles aparentemente esperavam provocar uma crise nas relações entre Egito, Estados Unidos e Grã-Bretanha, o que poderia levar esta última a reconsiderar sua retirada do canal de Suez.[23] Para grande embaraço de Israel, no entanto, um dos agentes israelenses foi capturado antes de plantar seu aparelho, e toda a rede foi exposta. Dois dos homens envolvidos no notório Caso Lavon (que recebeu esse nome em referência ao então ministro da Defesa israelense, Pinhas Lavon, que foi culpado pelo fiasco) foram executados posteriormente, um cometeu suicídio na prisão e os demais foram condenados a longas penas em regime fechado.

As tensões entre Egito e Israel atingiram um novo patamar após o Caso Lavon e a subsequente execução dos agentes israelenses. Ben-Gurion, que havia ficado fora do governo por pouco mais de um ano enquanto o pacifista Moshe Sharett comandava o país, retornou à presidência em fevereiro de 1955. Ele marcou seu retorno ao cargo com um ataque devastador contra as forças egípcias em Gaza em 28 de fevereiro de 1955.

A Faixa de Gaza era a única parte do mandato britânico da Palestina que havia permanecido sob controle do Egito no final da guerra de 1948, e estava tomada por centenas de milhares de refugiados palestinos. A fronteira entre Gaza e Israel era frequentemente atravessada por palestinos expropriados, alguns para recuperar objetos de sua propriedade em casas que haviam perdido dentro do que era agora Israel, outros para infligir danos ao Estado judeu que os havia desalojado. Em fevereiro de 1955, duas dessas travessias serviram como pretexto ao governo israelense para uma pesada retaliação. Nessa ocasião, duas companhias de paraquedistas israelenses entraram em Gaza e destruíram a sede local do exército egípcio, matando 37 soldados e ferindo 31. Israel havia mostrado sua superioridade militar, e Nasser sabia que seus dias estariam contados se não fornecesse ao seu exército armas melhores para enfrentar os vizinhos judeus.

As perdas egípcias em Gaza puseram Nasser em uma terrível situação. Ele precisava mais do que nunca de assistência militar estrangeira, mas não podia se dar ao luxo de fazer concessões para garanti-la. Os britânicos e os americanos continuaram a pressioná-lo a se juntar a uma aliança regional antes de considerarem o fornecimento de armas modernas ao Egito. As potências de língua inglesa estavam agora pedindo a Nasser que assinasse uma aliança patrocinada pela Organização do Tratado do Atlântico Norte (Otan) chamada Pacto de Bagdá. Turquia e Iraque haviam concluído um tratado em fevereiro de 1955 contra a expansão soviética, ao qual Grã-Bretanha, Paquistão e Irã aderiram ao longo do ano. Nasser se opôs fortemente ao tratado, vendo-o como uma conspiração britânica para perpetuar sua influência sobre o Oriente Médio e promover seus aliados hachemitas no Iraque em detrimento dos Oficiais Livres no Egito. Ele condenou o Pacto de Bagdá em termos inequívocos e conseguiu evitar que os demais Estados árabes aderissem a ele, apesar dos esforços que britânicos e americanos faziam para incitá-los.

O primeiro-ministro britânico Anthony Eden começou a ver a influência de Nasser por trás de cada revés na política britânica no Oriente Médio e endureceu sua linha contra a liderança egípcia. À luz do crescente antagonismo entre Nasser e Eden, não havia possibilidade de que a Grã-Bretanha fornecesse armas avançadas ao exército do Egito.

* * *

NASSER EM SEGUIDA pensou nos franceses como uma fonte alternativa de armamento militar. Mas os franceses também o viam com desconfiança em razão de seu apoio aos movimentos nacionalistas no norte da África. Nacionalistas na Tunísia, no Marrocos e na Argélia estavam se mobilizando para garantir total independência da França, e consideravam o Egito um modelo e um aliado. Nasser, por sua vez, simpatizava com os nacionalistas do norte da África e via sua luta contra o imperialismo como parte da resistência mais ampla do mundo árabe à dominação estrangeira. Embora tivesse poucos recursos financeiros ou militares para oferecer, ele de bom grado se dispunha a dar guarida aos nacionalistas exilados, e os deixava livres para mobilizar sua luta pela independência dentro das fronteiras do Egito.

Enquanto Nasser fornecesse refúgio aos nacionalistas do norte da África, os franceses se recusavam a lhe fornecer assistência militar. Quando confrontado com a escolha entre árabes e franceses, Nasser escolheu seu próprio povo. O fato de os franceses estarem travando uma batalha perdida com o nacionalismo árabe fez com que se ressentissem ainda mais da posição do coronel egípcio.

A AUTORIDADE FRANCESA NO norte da África havia sofrido um golpe fatal com a derrota da França para a Alemanha nazista no início da Segunda Guerra Mundial. Os desmoralizados funcionários coloniais do regime colaboracionista de Vichy eram pobres representantes de um império outrora grande. Movimentos nacionalistas na Tunísia, na Argélia e no Marrocos sentiram-se encorajados pela percepção da fraqueza francesa.

Em novembro de 1942, as tropas americanas derrotaram com facilidade as forças de Vichy no Marrocos. Dois meses depois, o presidente Franklin Roosevelt e o primeiro-ministro Winston Churchill se reuniram em Casablanca para planejar a campanha norte-africana. Eles convidaram o sultão do Marrocos, Muhammad V, para se juntar a eles em um jantar durante o qual Roosevelt foi sincero em suas críticas ao imperialismo francês. O filho do sultão Hassan, que mais tarde assumiria o trono marroquino como Hassan II, também estava presente. Segundo ele, Roosevelt teria dito que "o sistema colonial estava desatualizado e condenado". Churchill, primeiro-ministro de uma potência imperial, discordou, mas Roosevelt estava entusiasmado com o tema. Segundo Hassan, ele "previu que após a guerra — que esperava estar perto do fim — o Marrocos conquistaria sua independência, de acordo com os princípios da Carta do Atlântico". Roosevelt prometeu ajuda econômica dos Estados Unidos quando o Marrocos conseguisse sua independência.[24]

As palavras de Roosevelt ressoaram muito além da mesa de jantar. Duas semanas depois de sua visita, um grupo de nacionalistas redigiu um manifesto e escreveu ao presidente dos Estados Unidos para solicitar seu apoio à independência marroquina. O sultão se ofereceu para declarar guerra à Alemanha e à Itália e entrar na guerra do lado dos aliados. Mas tanto os britânicos quanto os americanos estavam comprometidos em apoiar a França Livre do general Charles de Gaulle, e assim, em vez de concordar com as demandas marroquinas por independência, entregaram o país a De Gaulle em junho de 1943. Os marroquinos teriam que conquistar sua independência sem intervenção estrangeira. E assim o fizeram.

A FORÇA DO MOVIMENTO DE independência marroquino derivou da parceria entre a monarquia e os nacionalistas. Em janeiro de 1944, uma nova organização nacionalista que se intitulava Istiqlal, ou Partido da Independência, publicou um manifesto pedindo a independência de Marrocos. O Istiqlal era abertamente monarquista, e seu manifesto propunha que o sultão negociasse com os franceses em nome da nação marroquina. A única condição do partido era que o sultão estabelecesse os instrumentos de um governo democrático.

Muhammad V deu seu total apoio ao Istiqlal, o que o colocou em rota de colisão com as autoridades coloniais francesas. Quando o movimento nacionalista se espalhou do estreito círculo de elites políticas para os sindicatos e as massas urbanas no final da década de 1940, começou a ficar cada vez mais claro para as autoridades coloniais que o sultão era a cabeça da cobra nacionalista que ameaçava o Império Francês no norte da África.

Em linhas gerais, o mundo árabe ofereceu apoio moral aos nacionalistas do Marrocos. Em 1947, militantes marroquinos exilados estabeleceram a Agência do Magreb Árabe no Cairo, onde podiam planejar ações políticas e difundir propaganda sem intervenção francesa. A Agência do Magreb ganhou as manchetes quando libertou o líder da Guerra do Rife de 1920 contra a Espanha e a França, Muhammad ibn Abd Karim Khattabi, também conhecido como Abd Krim, do navio francês que o estava trazendo de volta de seu exílio na ilha da Reunião para Paris. Abd Krim foi recebido como herói no Cairo e nomeado presidente do Comitê para a Libertação do Norte da África.

Os franceses estavam cada vez mais preocupados que a maré do nacionalismo árabe pudesse varrer suas possessões norte-africanas. Muhammad V começou a dar grande ênfase aos laços do Marrocos com o mundo árabe. Em abril de 1947, fez um discurso em Tânger no qual falou dos laços árabes do Marrocos sem fazer qualquer menção à França. Em 1951, um general residente francês de linha dura apresentou um ultimato ao sultão: ou renegava o Istiqlal ou teria de abdicar. Embora acabasse por ceder às pressões francesas, Muhammad v ainda mantinha o apoio total dos nacionalistas e do povo marroquino, que começaram a se mobilizar em manifestações de massa. A ordem pública no Marrocos se desfez quando os sindicatos convocaram greves e as manifestações nacionalistas se transformaram em tumultos.

Manifestações nacionalistas irromperam na Tunísia no mesmo momento. Em dezembro de 1952, os franceses assassinaram um líder trabalhista tunisiano chamado Farhat Hached. Seu assassinato provocou grandes protestos na Tunísia e no Marrocos. As autoridades francesas reprimiram os tumultos nas principais cidades do Marrocos com tanta violência que inadvertidamente encorajaram o movimento nacionalista. A escritora marroquina Leila Abouzeid capturou o intenso choque provocado pela violência em seu romance autobiográfico *Am Al-Fiil* [O ano do elefante]. Para Zahra, a narradora do livro, a violência de dezembro de 1952 marcou o momento em que ela decidiu se juntar ao movimento nacionalista clandestino.

Eu tomei uma posição anos antes de me juntar à resistência de fato. Lembro-me claramente do dia e da ocasião. O massacre daquele dia negro em Casablanca jamais poderá ser esquecido. Sempre que penso nisso, meu corpo fica dormente. Eu vejo os soldados [franceses] da Legião Estrangeira saindo de um quartel perto de nossa vizinhança, atirando nos transeuntes com suas metralhadoras.

Por quanto tempo vivi com aqueles tiros reverberando em meus ouvidos, vendo em minha mente as mulheres e crianças caindo. Mais tarde, eu veria muitos cadáveres caídos como sacos de lixo na calçada, mas eles nunca me afetaram como os eventos daquele dia horrível. [...] Naquele dia, perdi todo o apego à vida. [...] A situação precisava ser mudada, ou não valia a pena viver.²⁵

No rescaldo dos tumultos de dezembro de 1952, tanto o Istiqlal quanto o Partido Comunista foram banidos pelas autoridades francesas, e centenas de ativistas políticos foram exilados. O sultão, porém, continuava constituindo o principal ponto de convergência das aspirações nacionalistas marroquinas, e os franceses estavam determinados a fazê-lo abdicar. Agindo através de um grupo de notáveis marroquinos leais à França e contrários a Muhammad v, eles orquestraram um golpe interno contra o sultão. Um grupo de líderes religiosos e chefes de irmandades místicas muçulmanas, convencidos de que a política nacionalista de Muhammad v era de alguma forma contrária à sua religião, declarou sua lealdade a um membro da família real chamado Ben Arafa. Em 20 de agosto de 1953, as autoridades francesas exigiram que o sultão abdicasse e, como ele se recusou, foi preso pela polícia colonial e levado do país sob a mira de uma arma. Nos dois anos seguintes, Muhammad v foi mantido no exílio na ilha de Madagascar, na África Oriental.

O exílio de Muhammad v não ajudou a acalmar a situação no Marrocos. Os nacionalistas passaram à clandestinidade e começaram a utilizar táticas violentas, agora que seu direito à autoexpressão política havia sido negado. Eles tentaram assassinar autoridades coloniais francesas, notáveis colaboracionistas e até o sultão Ben Arafa, que viam como um usurpador. Em resposta, os colonos franceses estabeleceram sua própria organização terrorista, chamada Présence Française, para assassinar figuras nacionalistas de destaque e intimidar seus partidários. A polícia francesa instaurou assim um reinado do terror, prendendo suspeitos nacionalistas e torturando presos políticos.

É contra esse pano de fundo que Zahra, a protagonista do romance autobiográfico de Leila Abouzeid, entra na resistência. Sua primeira missão é ajudar um dos homens da célula secreta de seu marido a fugir da polícia francesa e escapar de Casablanca para a zona internacional de Tânger. A missão se mostra ainda mais irônica porque o fugitivo é um veterano da guerra francesa no Vietnã que perdera a perna em Dien Bien Phu. No entanto, Zahra consegue alcançar seu objetivo.

Depois de seu primeiro sucesso, os líderes da resistência dão a Zahra tarefas mais desafiadoras. Ela lidera um incêndio criminoso na loja de um colaboracionista no centro de Casablanca e foge para se salvar no mercado lotado, sendo perseguida pela polícia e por cães farejadores. Refugia-se em um pátio, onde encontra as mulheres da casa cozinhando. "Sou da resistência", anuncia, e elas lhe oferecem proteção sem fazer perguntas. Sob o amparo das mulheres marroquinas, Zahra reflete sobre como a política havia mudado a vida e a posição das mulheres em seu país. "Se minha avó tivesse retornado dos mortos e me visto incendiando lojas, transportando armas e atravessando homens clandestinamente pelas fronteiras, teria morrido de novo", pensa.[26]

O PONTO DE INFLEXÃO DO Império Francês no norte da África veio em 1954. Desde o final da década de 1940, havia protestos contra o domínio da França no Marrocos e na Tunísia, o que levou as autoridades francesas a reconsiderarem sua posição em ambos os protetorados. Os dois Estados eram nominalmente governados por dinastias locais — os sultões alauitas no Marrocos e os beis husseinitas na Tunísia. Os franceses acreditavam que poderiam proteger melhor seus interesses em ambos os países chegando a um acordo com os nacionalistas e admitindo a independência sob governos amigáveis. No entanto, a política imperial foi desorganizada por dois eventos que marcaram o fim do Império Francês: a perda da Indochina após a derrota decisiva na Batalha de Dien Bien Phu (março-maio de 1954) e a eclosão da guerra argelina pela independência em 2 de novembro de 1954.

Os franceses não consideravam a Argélia uma colônia. Ao contrário da Tunísia e do Marrocos, que eram governados como protetorados, o território da Argélia havia sido anexado ao Estado francês e dividido em *départements*, assim como o resto da França metropolitana. Um milhão de cidadãos franceses viviam em território argelino, tendo seus interesses ativamente protegidos por representantes eleitos no Parlamento francês. No que dizia respeito ao governo e ao povo da França, a Argélia era francesa. Assim, quando os nacionalistas argelinos declararam guerra, os franceses res-

ponderam rápido e com força total. Eles enviaram suas tropas, amargura-
das pela derrota no Vietnã e decididas a nunca mais aceitarem a rendição,
para "defender" a Argélia da ameaça do nacionalismo.

Diante de uma guerra na Argélia, o governo de Pierre Mendès-France
tomou medidas decisivas para reduzir suas perdas e resolver as relações
com a Tunísia e o Marrocos. O primeiro-ministro francês foi pessoalmente
a Túnis pedir ao governador Muhammad VIII al-Amin (g. 1943-56) que nomeasse um novo governo para negociar a independência da Tunísia. O bei,
que procurava preservar o próprio poder em detrimento dos nacionalistas, tentou excluir o partido nacionalista mais popular, o Neo-Destour, de
Habib Bourguiba. No entanto, em março de 1955, foi forçado pela pressão
popular a convidar Bourguiba para participar das negociações.

O carismático Bourguiba rapidamente assumiu a posição de liderança
da equipe de negociação da Tunísia e obteve um acordo de autonomia
em abril de 1955, antes de concluir o protocolo de 20 de março de 1956,
no qual a França reconhecia a independência da Tunísia. Afirmando o
princípio republicano de que a soberania estava no povo, Bourguiba agiu,
em julho de 1957, para abolir a monarquia na Tunísia, comprometida por
sua colaboração com o domínio colonial francês. A República da Tunísia
elegeu Bourguiba como seu primeiro presidente, cargo que ele ocupou
pelos trinta anos seguintes.

No Marrocos, os franceses tentaram acalmar a situação, permitindo
que o sultão Muhammad V voltasse de Madagascar para retomar o trono.
Em 16 de novembro de 1955, o sultão desembarcou no Marrocos, tendo uma
recepção arrebatadora. Dois dias depois, Muhammad V dirigiu-se à nação
do Palácio Real em Rabat por ocasião da Festa do Trono, o dia nacional
marroquino. "O que dizer para descrever aquele dia?", pergunta-se Zahra,
a nacionalista que luta pela liberdade no romance autobiográfico de Leila
Abouzeid. "Toda Casablanca explodiu em enorme celebração, unida por
palcos e alto-falantes. Canções e apresentações se misturavam a discursos,
e o aroma do chá sendo preparado nas calçadas impregnava o ar." Zahra,
sua família e amigos haviam tomado um ônibus de Casablanca para Rabat
a fim de ouvir o discurso do sultão. Ela recorda o "incrível rugido" com

que Muhammad v e seus dois filhos foram saudados quando apareceram na varanda do palácio. "Quantas vezes ouvi o discurso que ele proferiu naquele 18 de novembro! Que discurso! Eu o aprendi de cor e ainda hoje sou capaz de recitá-lo."

Zahra repete as palavras do sultão de memória:

> Neste dia feliz, Alá nos abençoou duas vezes. Deu-nos a bênção de retornar à nossa pátria tão amada, depois de uma longa e dolorosa ausência, e a de voltarmos a nos reunir com as pessoas de quem tanto sentimos falta, a quem fomos infalivelmente fiéis e que nos foram fiéis por sua vez.

A mensagem era clara: o Marrocos havia alcançado sua independência apenas porque o monarca e o povo haviam se apoiado mutuamente. Para Zahra, os eventos de 18 de novembro não revelavam nada mais do que o fracasso dos esforços franceses em afastar o monarca de seu povo através do exílio.

> Que fantástico efeito ele [o sultão] exercia em nossos corações! Seu exílio havia lhe conferido um halo sagrado, e em seu nome o povo aderiu à resistência, como se ele tivesse se tornado a encarnação de um ideal ou de um princípio. Se os franceses não o tivessem exilado, teriam permanecido no Marrocos por muito mais tempo; tenho certeza disso.[27]

Em 2 de março de 1956, o Marrocos conquistou sua independência da França.

Enquanto o Marrocos e a Tunísia alcançavam a independência, a Argélia havia entrado em uma guerra total. O que começara como uma insurgência mal organizada por um pequeno grupo de homens fracamente armados (eram, em 1º de novembro de 1954, entre novecentos e 3 mil combatentes, segundo as estimativas) se transformou em uma revolta popular em que civis desarmados — colonos e argelinos nativos — eram muitas vezes alvo de violência indiscriminada e assassina.

Em agosto de 1955, a Frente de Libertação Nacional da Argélia (FLN) atacou a aldeia de Philippeville, matando 123 homens, mulheres e crianças. Os franceses retaliaram com extraordinária brutalidade, matando milhares de argelinos (os números oficiais franceses acusam 1273 mortes, enquanto a FLN fala em 12 mil baixas argelinas).[28]

Os massacres de Philippeville intensificaram a determinação da FLN e fortaleceram a organização, atraindo um grande número de voluntários indignados com a desmedida das represálias francesas contra os cidadãos argelinos. Os massacres também serviram como um forte lembrete da debilidade estratégica da FLN em face do exército francês de ocupação, que contava com todos os recursos de uma potência industrial.

A agência da FLN no Cairo era uma base importante para as operações internacionais do movimento, e o governo egípcio sob Gamal Abdel Nasser dera total apoio público à causa da independência da Argélia. Foi para isolar os nacionalistas argelinos e forçar o Egito a abandonar seu apoio à FLN que a França impôs condições à venda de qualquer equipamento militar para o Egito de Nasser — condições que, como esperado, Nasser não estava disposto a aceitar.

★ ★ ★

EM 1955, Nasser havia feito alguns amigos influentes. Ele angariara o respeito dos líderes do Movimento dos Países Não Alinhados — homens como Josip Broz Tito, da Iugoslávia, Jawaharlal Nehru, da Índia, e Zhou Enlai, da China. O desalinhamento era uma linha natural para o Egito, dada a sua aversão à dominação estrangeira. Como os demais integrantes do movimento, o governo egípcio desejava preservar sua liberdade de ação e manter relações cordiais tanto com os Estados Unidos quanto com a União Soviética, sem se ver obrigado a tomar partido no âmbito da Guerra Fria. A organização também proporcionava um fórum para os países asiáticos e africanos promoverem seus objetivos de descolonização. Na conferência inaugural do movimento, realizada em Bandung, na Indonésia, Nasser, por exemplo, propôs uma resolução em apoio à independência argelina que passou por unanimidade — para grande desgosto da França.

O povo egípcio estava encantado com seu carismático jovem presidente sendo reconhecido como líder no cenário mundial. Os americanos, no entanto, ficaram muito menos satisfeitos. O presidente Dwight Eisenhower rejeitou a política de desalinhamento. Sua administração acreditava não haver uma posição intermediária entre os Estados Unidos e a União Soviética — só se podia estar a favor ou contra os americanos. A recusa de Nasser em unir-se a uma aliança regional contra a União Soviética despertou a ira dos Estados Unidos, embora muitos em Washington ainda esperassem poder trazer Nasser para seu lado. Eles ficariam desapontados.

A busca de Nasser pelas armas que o Ocidente lhe havia negado acabou por aproximá-lo do bloco comunista. Ele discutiu o problema de assegurar armas modernas para seu exército com o primeiro-ministro chinês, Zhou Enlai, que se ofereceu para levantar a questão com a União Soviética em nome do Egito. Em maio de 1955, o embaixador soviético no Cairo solicitou uma audiência com Nasser, iniciando negociações que vararam os meses do verão de 1955.

Mesmo enquanto se voltava para os soviéticos em busca de assistência militar, Nasser tentou manter os americanos do seu lado. Ele informou os Estados Unidos sobre suas comunicações com os soviéticos e disse ao embaixador americano no Cairo que tinha uma oferta formal de armas da União Soviética, mas que ainda preferiria receber assistência militar dos Estados Unidos. Na opinião de Muhammad Heikal, o secretário de Estado americano, John Foster Dulles, primeiro achou que Nasser estava blefando. Foi só depois de ser confrontado com provas irrefutáveis de que Nasser estava prestes a concluir um acordo com os soviéticos que Dulles enviou emissários para impedir que o acordo fosse aprovado.

Em setembro de 1955, Nasser apresentou aos americanos um fato consumado quando anunciou que o Egito obteria armas da União Soviética através de um de seus Estados-satélite, a Tchecoslováquia.[29] A magnitude do acordo mudou drasticamente o equilíbrio de poder no Oriente Médio, uma vez que o Egito adquiriu 275 modernos tanques T-34 e uma frota de

duzentos aviões de guerra, incluindo caças MiG-15 e MiG-17 e bombardeiros Ilyushin-28.[30]

Após esse primeiro movimento em direção ao bloco comunista, o governo egípcio afastou ainda mais a administração de Eisenhower em maio
de 1956, quando estendeu relações diplomáticas ao governo da República
Popular da China. O Egito solapou gravemente as tentativas dos Estados
Unidos de conter a difusão da influência comunista no Oriente Médio, e os
americanos estavam determinados a fazer com que os egípcios mudassem
as suas políticas.

Britânicos, franceses e israelenses eram ainda mais ambiciosos: queriam mudar completamente o governo do Egito. Eles viam Nasser como
o defensor de uma nova e perigosa força conhecida como nacionalismo
árabe, e acreditavam que ele poderia mobilizá-la contra seus interesses
vitais no Oriente Médio. Ben-Gurion temia que Nasser pudesse reunir os
Estados árabes e organizar um ataque fatal contra Israel. O primeiro-ministro Anthony Eden acreditava que ele empregava o nacionalismo árabe para
enfraquecer a influência da Grã-Bretanha no Oriente Médio. Os franceses
o viam encorajando os argelinos a intensificar sua guerra contra a França.
Cada um desses Estados tinha um motivo real para buscar a derrubada de
Nasser em função de seus próprios interesses nacionais.

Ao longo de 1956, esses três Estados conspiraram para declarar guerra
ao Egito, em um fiasco chamado de Crise de Suez (no Ocidente) e de
Agressão Tripartite (pelos árabes).

A ESTRADA PARA SUEZ começava em Assuã. Junto com o programa de
reforma agrária, a construção da Represa de Assuã continuava sendo uma
parte central da agenda de desenvolvimento nacional dos Oficiais Livres,
pois se esperava que suprisse as necessidades energéticas do país para a
industrialização e promovesse uma expansão significativa das zonas agrícolas com a irrigação.

O governo egípcio, no entanto, não conseguiria financiar a barragem por
conta própria. Tratava-se de um dos maiores projetos de engenharia civil do

mundo, com um custo de execução astronômico — estimado em 1 bilhão de dólares, dos quais 400 milhões teriam que ser pagos em moeda estrangeira. No final de 1955, o governo egípcio negociou um empréstimo de 200 milhões de dólares com o Banco Mundial, apoiado por um compromisso dos Estados Unidos e da Grã-Bretanha de fornecer os 200 milhões restantes.

Os governos britânico e americano esperavam usar o projeto da Represa de Assuã como um meio de exercer algum controle sobre a política do Egito de Nasser. Segundo Heikal, Estados Unidos e Grã-Bretanha nunca pretenderam dar ao Egito a quantia total de que o país precisava, comprometendo apenas um terço do valor solicitado — uma soma insuficiente para garantir a barragem, mas o bastante para permitir que exercessem influência sobre o país durante os anos que levaria para construí-la. Dulles teria dito ao rei saudita Saud, em janeiro de 1957, que "havia decidido ajudar o Egito com a barragem porque era um projeto de longo prazo", segundo Heikal. "Isso criaria um vínculo do Egito com os Estados Unidos por dez anos, e, nesse meio-tempo, Nasser teria aprendido sobre o perigo de cooperar com a União Soviética ou perdido o poder."[31]

O governo dos Estados Unidos também tentou subordinar o empréstimo a um compromisso do governo egípcio de não comprar mais armas dos soviéticos. O argumento, duvidoso, era de que as despesas militares prejudicariam a capacidade do Egito de honrar sua parte nos custos da construção da represa. Nasser não tinha intenção de romper com a União Soviética, a única potência disposta a auxiliar seus militares sem precondições.

O presidente egípcio logo se deu conta de que as regras da Guerra Fria impediam a cooperação com ambos, soviéticos e americanos. Em abril de 1956, suspeitou que os Estados Unidos retirariam seu apoio à Barragem de Assuã. Três meses depois, em 19 de julho de 1956, Eisenhower anunciou que estava retirando toda a ajuda financeira americana para o projeto.

Nasser soube do anúncio quando voava de volta ao Cairo, depois de uma reunião na Iugoslávia. Ele ficou enfurecido; Eisenhower anunciara a decisão de retirar o apoio financeiro à barragem sem dar ao governo egípcio a cortesia de um aviso prévio, que dirá uma explicação. "Não é uma

desistência", disse Nasser a Heikal, "é um ataque ao regime e um convite
ao povo do Egito para derrubá-lo."[32]

Nasser estava convencido de que precisava dar uma resposta rápida
e ousada ao ataque. Dentro de 24 horas ele tinha um plano, e apenas seis
dias para desferir seu golpe mais ambicioso até então.

NASSER TINHA UM IMPORTANTE discurso agendado para 26 de julho, em
Alexandria, em homenagem ao quarto aniversário da revolução. Seu tema
seria a Represa de Assuã. Se as potências ocidentais se recusavam a ajudar
os egípcios, ele planejava argumentar, então o Egito pagaria pela própria
barragem nacionalizando o canal de Suez e utilizando as receitas do canal
para cobrir o custo da barragem.

Em termos legais, o governo egípcio tinha todo o direito de nacionali-
zar o canal de Suez, contanto que pagasse aos acionistas da Companhia
do Canal de Suez uma compensação justa por suas ações. No entanto, por
se tratar de uma empresa pública registrada na França, tendo o governo
britânico como maior acionista, Nasser sabia que a nacionalização provocaria uma crise internacional. A Grã-Bretanha, em particular, estava
determinada a preservar sua influência no Oriente Médio e interpretaria a
nacionalização como mais uma medida hostil do governo egípcio. Nasser
estimou em 80% a probabilidade de intervenção estrangeira.

Caso optassem pela guerra, Nasser calculou que britânicos e franceses levariam pelo menos dois meses para reunir a força militar necessária
para intervir. Esses dois meses lhe dariam um tempo vital para negociar
um acordo diplomático. Era uma aposta arriscadíssima, mas que Nasser
julgava necessária para defender a independência do Egito da dominação
estrangeira.

Nasser encarregou um jovem engenheiro, o coronel Mahmoud Younes, de assumir o controle das agências da Companhia do Canal de Suez.
Na noite de 26 de julho, Younes deveria sintonizar o discurso de Nasser
no rádio e lançar a operação se e quando ouvisse o presidente mencionar
Ferdinand de Lesseps — o arquiteto do canal. Se Nasser não mencionasse

o nome de Lesseps durante o discurso, Younes não faria nada e aguardaria novas ordens.

Como de hábito, Nasser proferiu seu discurso a partir de anotações, e no contexto da crise da Represa de Assuã. Ele contou a história da exploração do Egito pelas potências imperiais, citou o caso do canal de Suez e mencionou — várias vezes — Ferdinand de Lesseps. Heikal lembrou:

> O presidente estava tão preocupado que [Mahmoud Younes] não percebesse a menção que continuou repetindo o nome do francês. Era Lesseps isto, Lesseps aquilo, até que no fim das contas havia repetido o nome umas dez vezes, e as pessoas começaram a se perguntar por que ele estava fazendo tanto caso com o arquiteto, pelo qual os egípcios não tinham nenhum afeto real.

Nasser não precisava se preocupar, pois o atento coronel Younes ouviu o nome na primeira menção, desligou o rádio e foi trabalhar. "Lamento", ele confessou mais tarde ao presidente, "mas perdi o resto do discurso."

As equipes de Younes ocuparam as agências da Companhia do Canal de Suez no Cairo, em Port Said e em Suez, e o coronel comandou pessoalmente a tomada da sede da empresa em Ismaília. Como lembrou um dos homens que o acompanhavam: "Nós entramos nos escritórios em Ismaília por volta das sete, e não havia ninguém ali àquela hora, exceto os funcionários do turno da noite. Chamamos os membros da diretoria, todos estrangeiros, é claro, porque não havia egípcios no nível de tomada de decisão [...] e os pegamos de surpresa".[33] A ocupação das três agências foi realizada por uma equipe de trinta oficiais e engenheiros civis.

Quando Nasser alcançou o clímax de seu discurso, o canal estava sob firme controle do Egito. "Não permitiremos que o canal de Suez seja um Estado dentro de um Estado", disse ele à plateia arrebatada. "Hoje, o canal de Suez é uma empresa egípcia." Depois de declarar a nacionalização do canal, Nasser prometeu que as receitas de 35 milhões de libras seriam aplicadas na construção da Barragem de Assuã. "As pessoas enlouqueceram de emoção", lembrou Heikal.[34]

As notícias da nacionalização do canal de Suez chocaram a comunidade internacional. A primeira coisa que Ben-Gurion pensou foi que o gesto de Nasser oferecia uma oportunidade para derrubá-lo. Ele insinuou essa possibilidade aos Estados Unidos, mas descobriu que o governo Eisenhower não desejava se envolver no assunto. Ele confidenciou em seu diário: "As potências ocidentais estão furiosas [...] mas receio que não vão fazer nada. A França não se atreverá a agir sozinha; [o primeiro-ministro britânico] Eden não é um homem de ação; e Washington evitará qualquer reação".[35] Ben-Gurion subestimou a magnitude da ira britânica e francesa.

Os franceses foram os primeiros a reagir. No dia seguinte à nacionalização, Maurice Bourgés-Maunoury, ministro da Defesa da França, ligou para Shimon Peres, então diretor-geral do Ministério da Defesa de Israel, para perguntar quanto tempo levaria para as Forças de Defesa de Israel conquistarem a península do Sinai até o canal de Suez. Peres deu um palpite: duas semanas. O ministro francês foi direto ao ponto: Israel concordaria em participar de um ataque tripartite ao Egito, no qual seu papel seria tomar o Sinai enquanto uma força conjunta anglo-francesa ocuparia a zona do canal de Suez? Peres não estava em posição de envolver o governo israelense em uma aliança de guerra, mas deu aos franceses uma resposta encorajadora e iniciou um conluio que resultaria na segunda guerra árabe-israelense.

Os franceses a seguir procuraram Sir Anthony Eden para lhe apresentar seu plano, no qual um ataque israelense ao Egito no Sinai forneceria o pretexto para uma intervenção conjunta anglo-francesa a fim de "restaurar a paz" na zona do canal. Supunha-se que o governo de Nasser seria incapaz de sobreviver ao ataque, que Israel consolidaria suas fronteiras com o Egito e que Grã-Bretanha e França poderiam, por meios tão improváveis, reafirmar seu controle sobre o canal. Todo esse insano plano não revela nada além de um erro de cálculo coletivo.

Para concluir a improvável aliança tripartite, foi convocada uma reunião em Sèvres, nos arredores de Paris, com a presença de Christian Pineau e Selwyn Lloyd — ministros das Relações Exteriores da França e da Grã-Bretanha — e do primeiro-ministro israelense David Ben-Gurion. Foi uma conversa desconfortável, marcada por uma profunda desconfiança entre israelenses e britânicos, que refletia a amargura do fim do mandato da Grã-Bretanha na Palestina. Mas os conspiradores estavam unidos pelo ódio em comum por Nasser e pela determinação de vê-lo destruído.

Depois de 48 horas de intensas negociações, as três partes assinaram um acordo secreto em 24 de outubro de 1956. Primeiro Israel invadiria o Egito, provocando um conflito árabe-israelense que colocaria em risco as comunicações marítimas através do canal de Suez. A Grã-Bretanha e a França insistiriam na cessação das hostilidades, o que obviamente seria ignorado. A aliança anglo-francesa iria então intervir com suas próprias tropas para ocupar a zona do canal. Os diplomatas israelenses confiavam tão pouco em seus colegas franceses e britânicos que insistiram que todas as partes assinassem um acordo por escrito, com receio de que os europeus tentassem retroceder após a invasão inicial de Israel.

Tanto a Grã-Bretanha quanto a França tinham bons motivos para reconsiderar seu conluio com Israel. A França havia angariado hostilidade generalizada no mundo árabe ao fornecer armas aos israelenses após 1948 e ao negar as exigências argelinas de independência; e o passado imperial da Grã-Bretanha continuava atormentando suas relações com os nacionalistas árabes. Para as antigas potências imperiais, ficar ao lado de Israel era um plano fadado a envenenar suas relações com o mundo árabe. E havia pouca chance de a conspiração permanecer em segredo por muito tempo.

No entanto, em 29 de outubro, o improvável plano foi posto em marcha quando Israel atacou o Egito, iniciando uma guerra no Sinai e uma corrida para o canal de Suez. No dia seguinte, Grã-Bretanha e França deram o ultimato combinado tanto aos egípcios quanto aos israelenses para que cessassem as hostilidades e retirassem suas forças a dezesseis quilômetros de suas respectivas margens do canal. Franceses e britânicos revelaram seu papel na crise ao calcular mal o momento de fazer o anúncio: exigiram a retirada de todos os beligerantes da zona quando Israel ainda estava a quilômetros do canal. Como raciocinou Muhammad Heikal, confidente de Nasser: "Que justificativa poderia haver na exigência de uma retirada mútua a dezesseis quilômetros do canal quando os israelenses, naquele estágio, tinham apenas um batalhão de paraquedistas levemente armados ainda a sessenta quilômetros da região?". Se a Grã-Bretanha e a França acreditavam que os israelenses já estavam na zona, isso só podia ser explicado por seu próprio papel no planejamento do ataque.

À medida que as evidências do conluio britânico no ataque de Israel tornavam-se mais claras — aviões de vigilância britânicos foram vistos sobrevoando o Sinai —, os egípcios foram obrigados a aceitar o impensável. Como Heikal recordou,

> Nasser simplesmente não conseguia acreditar que Eden, com todo o conhecimento que afirmava ter sobre o Oriente Médio, colocaria em risco a segurança de todos os aliados britânicos e da própria Grã-Bretanha no mundo árabe fazendo guerra ao lado de Israel contra uma nação árabe.[36]

Os Estados Unidos também observaram incrédulos os desdobramentos da Crise de Suez. Mas não era que também não recorressem a essas táticas — a própria CIA estava planejando um golpe contra o governo sírio, a ser desferido exatamente no dia em que os israelenses iniciaram seu ataque ao Egito.[37] Os sírios haviam aceitado a assistência econômica da União Soviética e os Estados Unidos desejavam conter a ameaça da expansão soviética no Oriente Médio. Operações desse tipo eram perfeitamente compatíveis com a visão de mundo dos Estados Unidos em 1956.

Para o governo Eisenhower, o conflito de Suez era incompreensível. A Grã-Bretanha e a França continuavam a agir como potências imperiais no auge da Guerra Fria. Para os americanos, conter a expansão soviética era o único jogo geoestratégico que importava, no Oriente Médio e em outras partes críticas do mundo. Eles não podiam conceber seus aliados da Otan em guerra por uma via marítima que já não possuía o mesmo valor estratégico de antes, quando permitia a comunicação com seus impérios, agora finados, no sul e no sudeste da Ásia. Eisenhower também ficou furioso com os aliados europeus por empreenderem uma operação militar tão importante sem consultá-lo. Se tivessem sido procurados, os americanos certamente teriam se mostrado contrários à guerra de Suez.

Os governos britânico e francês sabiam muito bem disso e optaram por deixar Washington no escuro.

Do ponto de vista americano, a Crise de Suez foi um desastre absoluto. A interrupção de uma operação secreta americana na Síria foi completamente ofuscada pelos eventos na Hungria. Em 23 de outubro, apenas seis dias antes do ataque israelense ao Egito, uma revolução eclodiu em território húngaro. Manifestações estudantis contra o regime stalinista em Budapeste levaram a protestos em todo o país. Em poucos dias, o governo apoiado pelos soviéticos caiu, e um novo gabinete foi formado sob a liderança do reformador Imre Nagy, que de imediato retirou a Hungria do Pacto de Varsóvia, encerrando efetivamente a cooperação militar com os soviéticos e seus aliados. Foi a primeira rachadura na Cortina de Ferro que separava a Europa Oriental, controlada pelos soviéticos, do Ocidente, e o acontecimento mais importante desde o início da Guerra Fria.

Trabalhando nos corredores das Nações Unidas para proteger o movimento na Hungria da retaliação soviética, o governo Eisenhower observou furioso o início das hostilidades britânicas e francesas no Egito. A intervenção dos europeus no Sinai proporcionou uma distração melhor do que qualquer coisa com que os soviéticos poderiam ter sonhado. Depois que seus bombardeiros explodiram as bases aéreas egípcias em 31 de outubro, britânicos e franceses lançaram paraquedistas na zona do canal no início de novembro. Os diplomatas soviéticos conseguiram se colocar em posição de vantagem moral na defesa do Egito de Nasser contra a agressão ocidental, ao mesmo tempo que empregavam suas próprias forças na Hungria para restaurar sua autoridade sobre a Europa Oriental. A solidariedade da Otan foi prejudicada no momento em que o Ocidente mais precisava fornecer uma frente sólida para conter a União Soviética. Eisenhower atribuiu à Grã-Bretanha e à França total responsabilidade pela perda da Hungria.

No Egito, Nasser se viu travando uma guerra que não podia vencer contra três inimigos mais bem armados. Nos primeiros dias, ele ordenou que suas tropas recuassem de Gaza e do Sinai, que caíram rapidamente para os israelenses, e se concentrassem em defender a zona do canal. Nawal Saadawi estava servindo como médica em uma aldeia no delta do Nilo e lembrou-se de ouvir o discurso de Nasser ecoando de milhares de rádios nas casas e nas ruas: "Continuaremos lutando até que os invasores saiam. Jamais nos renderemos". Sua atitude de desafio em face de um ataque injustificado por forças superiores voltou a arrebatar o povo egípcio, que se ofereceu em massa para ajudar no esforço nacional. "Tirei o meu avental de médica", lembrou Saadawi, "e vesti uma farda."

Saadawi, como muitos outros egípcios, estava pronta para ir ao front e ajudar na luta, mas, na desordem que se seguiu, nunca foi convocada; ela então seguiu os eventos de sua aldeia. Em 6 de novembro, quando paraquedistas britânicos e franceses sitiaram Port Said, ela — como todos os egípcios — ficou horrorizada. "Granadas e bombas foram lançadas aos milhares de aviões, navios da marinha bombardearam do mar, tanques rugiram pelas ruas e atiradores de elite desceram de paraquedas nos telhados das casas", escreveu Saadawi. Os egípcios montaram pelotões de resistência civil que lutaram ao lado do exército. "Grupos de guerrilheiros, na maioria muito jovens, foram formados e começaram a lutar com armas, granadas e coquetéis molotov."[38] No total, cerca de 1100 civis foram mortos nos combates na zona do canal.

Os Estados Unidos pressionaram a Grã-Bretanha e a França a abandonar a luta e retirar suas tropas do Sinai. Seus esforços no Conselho de Segurança da ONU, no entanto, foram anulados pela Grã-Bretanha e pela França, que exerceram seu poder de veto para impedir a aprovação de quaisquer resoluções que restringissem suas ações em Suez. Com os soviéticos e seus aliados ameaçando intervir no conflito do lado do Egito, o governo Eisenhower recorreu a ameaças diretas contra Grã-Bretanha e França para garantir o cumprimento imediato de suas exigências por um cessar-fogo. Ambos os países foram ameaçados de expulsão da Otan, e o Tesouro dos Estados Unidos alertou ainda que venderia parte de seus títulos em libras esterlinas para forçar uma desvalorização da moeda britânica, o que teria um impacto catastrófico na economia da ilha. As ameaças foram efetivas, e Grã-Bretanha e França concederam um cessar-fogo às Nações Unidas em 7 de novembro. Em 22 de dezembro de 1956, todas as tropas britânicas e francesas foram retiradas do Egito; as últimas forças israelenses deixaram o território em março de 1957, sendo substituídas por uma força de manutenção da paz das Nações Unidas.

Para o Egito, a Crise de Suez foi o exemplo clássico de derrota militar transformada em vitória política. A ousada retórica e a atitude de desafio de Nasser não foram acompanhadas por nenhuma conquista militar. O próprio ato de sobrevivência foi considerado uma grande vitória política, e os egípcios — e a massa que seguia Nasser no mundo árabe — comemoraram como se tivessem de fato derrotado os inimigos do Egito. Nasser soube então que a nacionalização do canal de Suez não enfrentaria mais obstáculos e que o Egito alcançara plena soberania sobre todo o seu território e recursos.

Para os israelenses, a guerra de Suez representou uma impressionante vitória militar e um revés político. Embora estivesse envergonhado por ter que se retirar do território que seus exércitos haviam ocupado pela força das armas, Ben-Gurion demonstrara mais uma vez a superioridade militar israelense a seus vizinhos árabes. No entanto, a participação de Israel na Agressão Tripartite reforçou a visão generalizada no mundo árabe de que Israel representava apenas um prolongamento das políticas imperiais levadas a cabo na região.

A associação de Israel ao imperialismo tornou ainda mais difícil para o mundo árabe aceitar o Estado judeu, que dirá reconhecê-lo ou estabelecer com ele relações de paz. Em vez disso, a derrota de Israel passou a ser associada à abolição do imperialismo no Oriente Médio, bem como à libertação da Palestina — poderosos impedimentos ideológicos para qualquer processo de paz na década de 1950.

A França perdeu muito na Crise de Suez. Sua posição na Argélia foi prejudicada e sua influência no mundo árabe diminuiu de maneira geral. Pelo restante da década de 1950, os franceses desistiram do mundo árabe e apoiaram Israel. De fato, logo após a Crise de Suez, os franceses armaram os israelenses e os ajudaram a estabelecer seu programa nuclear, fornecendo a eles, em 1957, um reator com o dobro da capacidade original prometida.

A Grã-Bretanha, que esperava preservar uma grande influência no mundo árabe, foi sem dúvida a maior perdedora da Crise de Suez. A decisão de ir à guerra gerou uma oposição interna tremenda no país e provocou várias renúncias no alto escalão, tanto entre funcionários do governo como do Ministério das Relações Exteriores. Em janeiro de 1957, depois do grande fracasso em Suez, Anthony Eden renunciou ao cargo de primeiro-ministro. O impacto de Suez na posição da Grã-Bretanha no Oriente Médio foi ainda mais devastador. Como concluiu Heikal, "depois de Suez, nenhum líder árabe poderia ser amigo da Grã-Bretanha e inimigo de Nasser. Suez custou para a Grã-Bretanha a perda da Arábia".[39]

★ ★ ★

A NOTÁVEL SÉRIE DE SUCESSOS de Nasser o alçou a uma posição de domínio no mundo árabe. Suas credenciais anti-imperiais e apelos à solidariedade árabe fizeram dele o herói dos nacionalistas em toda a região. Nasser levava sua mensagem às massas árabes através das ondas de rádio, impulsionado pelo aumento da potência da radiodifusão de longa distância e pela disseminação de rádios transistorizados baratos e portáteis no decorrer da década de 1950. Em uma era de analfabetismo adulto generalizado, Nasser foi capaz de alcançar uma audiência muito mais ampla via rádio do que jamais teria sido possível por meio dos jornais.

Na época, a emissora de rádio mais potente e ouvida no mundo árabe era a Sawt al-Arab, a Voz dos Árabes, com sede no Cairo. Estabelecida em 1953 para promover as ideias da revolução egípcia, a Voz dos Árabes combinava notícias, política e entretenimento. Conectava falantes do árabe através das fronteiras nacionais por meio de um idioma comum e promovia as ideias de ação pan-árabe e nacionalismo árabe. Ouvintes de todo o mundo árabe ficavam arrebatados: "As pessoas muitas vezes colavam os ouvidos ao rádio", lembrou um contemporâneo, "sobretudo quando eram transmitidas canções nacionalistas, conclamando os árabes a levantar a cabeça e defender sua dignidade e sua terra da ocupação estrangeira".[40]

Nasser conquistou o mundo árabe pelo rádio. Através da Voz dos Árabes, ele foi capaz de pressionar outros governantes da região a seguir a sua linha, ignorando os chefes de governo para se dirigir diretamente a seus cidadãos. Em um relatório político sobre a situação no Líbano em 1957, o diretor de inteligência libanês, emir Farid Chehab, escreveu:

> A propaganda política a favor de Nasser é o que mais toma o espírito das massas muçulmanas, que o consideram o único líder dos árabes. Elas não se importam com nenhum outro líder, exceto ele, graças à influência das estações de rádio egípcias e sírias e aos feitos de Nasser no Egito.[41]

Alguns nacionalistas árabes começaram a levar os apelos de Nasser pela unidade árabe mais a sério do que o presidente egípcio pretendia — na Síria mais do que em qualquer outro lugar.

A política na Síria havia sido implacavelmente volátil desde que Hosni Zaim derrubara o presidente Shukri Quwatli em 1949. Entre a queda de Quwatli em 1949 e seu retorno ao poder em 1955, a Síria havia testemunhado cinco mudanças de liderança e, no final do verão de 1957, estava à beira da completa desintegração política. Imprensado entre a União Soviética e os Estados Unidos (que estavam planejando a derrubada do governo de Quwatli em 1956) e entre rivalidades no seio dos próprios árabes em uma época de agitação revolucionária, o país também estava sendo dilacerado internamente por profundas divisões políticas.[42]

Os dois partidos mais influentes da Síria no final dos anos 1950 eram o Partido Comunista e o Partido Social Árabe, mais conhecido como Baath (literalmente, "Renascimento"). O Baath fora fundado por Michel Aflaq e Salah al-Din Bitar no início da década de 1940 como um partido nacionalista pan-árabe laico. Seu lema era "Uma nação árabe e uma mensagem eterna". Ele rejeitava o nacionalismo menor, baseado no modelo de Estado-nação, em favor de um nacionalismo árabe mais amplo, capaz de unir todo o povo árabe. Os ideólogos do Baath defendiam que os árabes só seriam capazes de alcançar total independência do domínio estrangeiro e justiça social por meio da plena unidade — uma visão utópica de um único Estado árabe livre das fronteiras imperiais impostas pelo Tratado de Versalhes de 1919. Ramificações do partido surgiram na Síria, no Líbano, na Jordânia e no Iraque no final da década de 1940.

Embora o baathismo tenha se tornado uma importante força política a partir da década de 1960, o partido ainda era bastante fraco na Síria nos anos 1950. Uma agremiação de intelectuais de classe média, o Baath não tinha a massa como base de apoio, e, nas eleições de 1955, conseguiu menos de 15% dos assentos no Parlamento sírio. O partido precisava muito de um poderoso aliado, e seus membros o encontraram em Nasser, no Egito. Eles o apoiaram tanto por convicção — o anti-imperialismo e a retórica pan--árabe de Nasser combinavam perfeitamente com a sua própria ideologia — quanto para tirar proveito da enorme popularidade de que o presidente egípcio gozava na Síria.

Já o Partido Comunista sírio não tinha tanta necessidade de Nasser, uma vez que seu alcance estava crescendo com a expansão da influência soviética no país. Além disso, os comunistas na Síria desconfiavam de Nasser, porque ele havia suprimido o Partido Comunista do Egito. No entanto, também tentavam tirar proveito da atração que o presidente egípcio exercia nas massas.

Em 1957, tanto os baathistas quanto os comunistas se aproximaram de Nasser com propostas para unir a Síria e o Egito, lançando mão de todos os seus esforços para cortejá-lo. Enquanto o Baath propunha uma união federal, os comunistas iam mais além, sugerindo a fusão completa dos dois países em um único Estado — e confiantes de que Nasser rejeitaria a oferta. Era tudo uma espécie de jogo, uma vez que nem os baathistas nem os comunistas tinham o poder de selar uma união com o Egito.

O jogo ficou sério, porém, quando o exército sírio se envolveu na aliança. O exército já havia dado três golpes contra o governo sírio, e muitos de seus oficiais eram baathistas declarados. Eles se sentiam atraídos pelo governo militar do Egito de Nasser e acreditavam que a união os favoreceria como o poder dominante na política síria. Em 12 de janeiro de 1958, sem aviso prévio ao seu próprio governo, o chefe do Estado-Maior do exército sírio e treze de seus principais oficiais foram ao Cairo para discutir uma união com Nasser. Um oficial sírio de alta patente convocou os ministros do gabinete — entre os quais Khalid Azm, então ministro das Finanças — para informá-los das ações do exército só depois que o chefe de gabinete já havia partido. "Não teria sido melhor os senhores informarem o governo da sua decisão e discutirem o assunto com o gabinete antes de irem ao Cairo?", Azm perguntou ao oficial.

"O que está feito está feito", respondeu o oficial, e retirou-se.

Azm era um dos políticos nacionalistas que haviam lutado pela independência da Síria do mandato francês e resistido ao terrível bombardeio de Damasco em 1945. Ele estava convencido de que os militares seriam um desastre para a Síria. "Se Abdel Nasser concordar com essa proposta", ele refletiu em seu diário, "a Síria vai desaparecer por completo, e, se recusar, o exército ocupará os cargos de Estado e derrubará tanto o governo quanto o Parlamento."[43]

O governo sírio decidiu então enviar ao Cairo o ministro das Relações Exteriores, Salah Din Bitar, também um dos cofundadores do Baath, a fim de ouvir as opiniões de Nasser e reportar ao gabinete. Uma vez no Egito, Bitar se deixou levar pela excitação do momento e trocou o status de observador pelo de negociador autodeclarado, entrando em discussões diretas com Nasser como representante oficial do governo sírio.

Nasser ficou confuso com o grande influxo de políticos e militares sírios que vinham ao Cairo lhe oferecer seu país. Embora sempre tivesse promovido a unidade árabe, ele entendia a expressão como *solidariedade* árabe, uma unidade de propósito e de objetivos. Nunca havia aspirado à união formal com outros Estados. O Egito, ele reconhecia, tinha uma história muito distinta do resto do mundo árabe. Antes da revolução, a maioria dos egípcios não se identificaria como árabe, reservando o termo para os residentes da península Arábica ou para os beduínos do deserto. A proposta era ainda mais improvável considerando que o Egito e a Síria não compartilhavam fronteiras, sendo separados pelo muro de ferro erguido por Israel.

No entanto, Nasser percebeu o quanto uma união com a Síria poderia promover seus interesses. Como chefe de uma união entre dois importantes Estados, ele poderia consolidar sua posição como líder incontestável do mundo árabe. A união seria muito popular entre as massas além do Egito e da Síria, reforçando sua maior lealdade a Nasser do que a seus próprios governantes nacionais. E também demonstraria às grandes potências — americanas e soviéticas, britânicas e francesas — que a nova ordem política no Oriente Médio estava sendo moldada pelo Egito. Tendo superado o imperialismo, Nasser estava agora contornando a Guerra Fria.

Nasser recebeu os visitantes sírios e impôs seus termos: união total, com a Síria governada do Cairo pelas mesmas instituições que governavam o Egito. O exército sírio ficaria sob o comando do Egito e teria de se manter afastado da política, voltando ao quartel. Todos os partidos políticos seriam desmantelados e substituídos por um único partido estatal a ser conhecido como União Nacional, sendo o pluralismo partidário considerado sectarismo.

Os termos de Nasser foram recebidos com espanto pelos convidados sírios. Os representantes do Baath ficaram estarrecidos com a perspectiva de dissolver o partido, mas Nasser garantiu que eles encabeçariam a União Nacional, concebida para ser o veículo responsável por moldar a cultura política da República Árabe Unida (RAU), como o novo Estado seria chamado. O nome tinha um caráter deliberadamente aberto, uma vez que a união da Síria e do Egito seria apenas o primeiro passo em direção a uma união árabe mais ampla e ao renascimento a que o Baath aspirava. Embora Nasser tivesse estabelecido termos que privavam de direitos políticos tanto o Baath quanto os militares, ambos os grupos saíram das discussões no Cairo iludidos com a perspectiva de que exerceriam influência predominante na Síria por meio da união com o Egito.

Após dez dias de discussão, Bitar e os oficiais voltaram do Cairo para informar o gabinete sírio sobre o esquema de união que haviam acordado com Nasser. Khalid Azm não se esforçou para esconder sua contrariedade a tais propostas, mas se viu em minoria. Consternado, ele assistiu enquanto os líderes eleitos da Síria entregavam alegremente a independência de seu país, conquistada a duras penas, a algo que via como um capricho nacionalista árabe. Ele zombou das observações iniciais do presidente Quwatli, que utilizou "palavras como 'arabismo' e 'os árabes' e 'glória' para preencher um discurso vazio". Quwatli então passou a palavra ao ministro das Relações Exteriores. Bitar disse a seus colegas que ele e Nasser haviam acordado uma completa união entre a Síria e o Egito em um único Estado, e que planejavam submeter a questão a um referendo público em ambos os países — sabendo muito bem que a medida teria apoio público maciço.

Quando Bitar terminou, muitos de seus colegas de gabinete afirmaram seu apoio. "Quando todos haviam emitido a própria opinião", disse Azm,

pedi que a sessão fosse adiada para dar aos presentes a oportunidade de estudar a proposta. Todos pareceram surpresos com a sugestão. Agora era a minha vez de me surpreender. Eu não podia acreditar que o gabinete receberia uma proposta tão significativa, que implicava nada menos que a dissolução da entidade síria, sem permitir aos ministros tempo suficiente para estudar o assunto e considerar os pontos de vista de seus partidos, membros do Parlamento e estrategistas políticos do país.[44]

Ele conseguiu garantir um adiamento de apenas 24 horas.

Azm preparou uma extensa resposta e apresentou um plano de compromisso de união baseado em uma federação de dois Estados. Sua proposta ganhou apoio suficiente no gabinete sírio para ser enviada ao Cairo, mas Nasser não queria saber daquilo: ou era união total ou nada. O exército sírio voltou a intervir, preparando um avião para levar o gabinete ao Cairo a fim de concluir o acordo. O chefe de gabinete esclareceu a questão para os políticos indecisos. "Há duas estradas abertas para os senhores", ele teria dito. "Uma leva a Mezze [a notória prisão política nos arredores de Damasco]; a outra leva ao Cairo."[45] O governo sírio tomou o caminho para o Cairo e concluiu o acordo de unificação com o Egito em 1º de fevereiro de 1958.

Foi o começo de um ano revolucionário. A união do Egito e da Síria anunciava uma nova era de unidade, gerando apoio público maciço em todo o mundo árabe. A posição de Nasser alcançou nova proeminência, para grande consternação dos demais chefes de Estado árabes.

Talvez o líder árabe mais vulnerável em 1958 tenha sido o jovem rei Hussein, da Jordânia, que comemoraria seu 23º aniversário em novembro daquele ano. Dado o histórico das relações da Jordânia com a Grã-Bretanha, Hussein havia sido um alvo particular da máquina de propaganda nasserista. A Voz dos Árabes transmitia críticas condenatórias a ele e incentivava o povo jordaniano a derrubar a monarquia e se juntar às fileiras progressistas das repúblicas árabes modernas.

Em resposta a essas pressões externas, o rei Hussein fez tudo que pôde para se distanciar da Grã-Bretanha. Ele enfrentou as pressões britânicas e não participou do Pacto de Bagdá. Em março de 1956, demitiu os oficiais britânicos que ainda comandavam seu exército, entre os quais se incluía o influente comandante Glubb Paxá. Ele até mesmo negociou o término do Tratado Anglo-Jordaniano em março de 1957 — efetivamente ponto fim à influência britânica sobre o reino hachemita. Essas medidas foram seguidas por esforços conciliatórios em relação ao Egito e à Síria e por esforços para demonstrar o compromisso da Jordânia com o nacionalismo árabe.

A concessão mais ousada de Hussein foi abrir seu governo às forças pró-nasseristas. Em novembro de 1956, ele realizou eleições livres e abertas pela primeira vez na história da Jordânia, o que deu aos nacionalistas árabes de esquerda uma clara maioria no Parlamento jordaniano. Hussein assumiu o risco e convidou o líder do maior partido, Sulayman al-Nabulsi, para formar um governo de oposição leal. A experiência durou menos de seis meses.

O governo reformista de Nabulsi teve dificuldade em conciliar as contradições entre lealdade e oposição. Além disso, Nabulsi desfrutava de maior apoio público e lealdade dos elementos nasseristas dos Oficiais Livres nas Forças Armadas da Jordânia do que o rei. Hussein começou a pensar que um prolongamento do governo de Nabulsi colocava em risco a monarquia e decidiu agir. Em abril de 1957, exigiu a renúncia de Nabulsi, sob o pretexto das simpatias do governo pelo comunismo. Pouco depois, tomou medidas vigorosas para reafirmar seu domínio sobre o país e suas Forças Armadas. Em meados de abril, o rei Hussein havia orquestrado a prisão ou o exílio dos principais Oficiais Livres da Jordânia que ameaçavam seu governo e garantido que suas tropas lhe jurassem lealdade.

As pressões sobre a Jordânia se intensificaram após a união da Síria e do Egito em 1958.⁴⁶ Os nacionalistas árabes redobraram seus apelos para que o governo hachemita renunciasse e que a Jordânia se juntasse às fileiras árabes progressistas por meio da união com a República Árabe Unida. A visão de Hussein do nacionalismo árabe era mais dinástica do que ideológica, e ele se voltou para o Iraque, governado por seu primo rei Faisal II, para sustentar a posição vulnerável da Jordânia. Em duas semanas ele concluiu um plano de integração com o Iraque chamado União Árabe, lançado em Amã em 14 de fevereiro de 1958.

A União Árabe era um acordo federal que preservava o status de cada país, mas estabelecia um comando militar e uma política externa conjuntos. A capital do novo Estado deveria alternar entre Amã e Bagdá a cada seis meses. As duas monarquias hachemitas estavam ligadas por laços de sangue, uma história compartilhada sob a tutela britânica e tinham até uma fronteira em comum.

A União Árabe não era páreo para a República Árabe Unida, no entanto. A união do Iraque e da Jordânia era vista como uma ação defensiva contra a ameaça do nasserismo. Ao tentar a sorte com o Iraque, anfitrião do Pacto de Bagdá, cujo primeiro-ministro, Nuri al-Said, era criticado como o político árabe mais anglófilo da época, Hussein havia exposto seu reino a pressões ainda maiores por parte dos nasseristas.

O LÍBANO ERA OUTRO ESTADO pró-ocidental que estava sob intensa pressão da união da Síria e do Egito. A divisão sectária de poder acordada no Pacto Nacional de 1943 começava a se desfazer. Os muçulmanos libaneses (denominação sob a qual eram agrupados sunitas, xiitas e drusos) ficaram particularmente preocupados. Eles não aprovavam as políticas pró-ocidentais adotadas pelo presidente cristão maronita Camille Chamoun e desejavam alinhar o Líbano com políticas nacionalistas mais abertamente árabes. Os muçulmanos libaneses em 1958 tinham motivos para acreditar que superavam em número os cristãos. O fato de o governo não autorizar um novo censo desde 1932 apenas confirmava suas suspeitas de que os cristãos se recusavam a reconhecer a realidade demográfica. Os muçulmanos libaneses começaram a questionar a distribuição política do poder que os deixava com menos voz política do que seus números justificariam sob um sistema mais proporcional. Eles sabiam que, sob o verdadeiro domínio da maioria, o Líbano adotaria políticas alinhadas com a visão nasserista dominante da época.

Os muçulmanos libaneses viam Nasser como a solução para todos os seus problemas, um líder forte e muçulmano que uniria o mundo árabe e acabaria com a percepção de subordinação dos muçulmanos libaneses no Estado libanês dominado pelos cristãos. O presidente Chamoun, no entanto, acreditava que Nasser representava uma ameaça direta à independência do Líbano e buscou garantias estrangeiras contra movimentos subversivos orquestrados a partir do exterior.

Após a Crise de Suez, Chamoun sabia que não podia contar com o apoio da França ou da Grã-Bretanha. Assim, voltou-se para os Estados Unidos. Em março de 1957, ele se declarou de acordo com a Doutrina Eisenhower. Apresentada pela primeira vez no Congresso dos Estados Unidos em janeiro de 1957, a doutrina foi um marco importante da Guerra Fria no Oriente Médio. Concebida para conter a influência soviética na região, oferecia ajuda americana ao desenvolvimento e assistência militar aos Estados do Oriente Médio para a defesa de sua independência. Mais importante, ela autorizava "o emprego das forças armadas dos Estados Unidos para garantir e proteger a integridade territorial e a independência política" dos Estados da região "contra agressões armadas manifestas de qualquer nação controlada pelo comunismo internacional".

Considerando-se o estreitamento das relações soviético-egípcias desde o acordo de armas tcheco e a Crise de Suez, a Doutrina Eisenhower parecia a muitos uma política concebida para conter não só a influência soviética sobre o mundo árabe, mas também a egípcia. O Egito rejeitou a nova política americana, que considerou uma espécie de reedição do Pacto de Bagdá — outra tentativa das potências ocidentais de impor suas prioridades antissoviéticas na região, ignorando as preocupações árabes em relação a Israel. Assim, ao aceitar formalmente a Doutrina Eisenhower, o presidente libanês entrou em rota de colisão com o governo de Nasser e com os muitos nasseristas no Líbano.

A questão chegou ao ápice nas eleições parlamentares libanesas, realizadas no verão de 1957. No Líbano, o Parlamento elege o presidente da República para um mandato de seis anos. Assim, o Parlamento resultante das eleições de 1957 elegeria o próximo presidente libanês em 1958, de modo que as apostas eram altas.

No período que antecedeu as eleições, os oponentes de Chamoun — muçulmanos, drusos e cristãos, igualmente — formaram um bloco chamado Frente Nacional. A frente reuniu um formidável grupo de políticos: o líder sunita de Trípoli, Rashid Karami; o político druso mais poderoso, Kamal Jumblatt; e até os maronitas hostis ao governo de Camille Chamoun, como o Bloco Constitucional de Bishara Khoury. A Frente Nacional representava uma parcela muito maior do público libanês do que aqueles que apoiavam o presidente Chamoun.

O Líbano se tornou um campo de batalha entre os americanos, que tentavam promover regimes simpáticos ao Ocidente, e os nasseristas, que tentavam unir fileiras árabes contra a intervenção estrangeira. À medida que as eleições parlamentares se aproximavam, o governo dos Estados Unidos temia que o Egito e a Síria promovessem a Frente Nacional e solapassem a posição pró-ocidental de Chamoun. Assim, os próprios americanos decidiram subverter as eleições. A CIA disponibilizou vultosos fundos para financiar a campanha eleitoral dos candidatos filiados ao bloco de Chamoun, em uma operação supervisionada pessoalmente pelo embaixador americano no Líbano, que estava determinado a alcançar "um Parlamento nada menos que 99,9% pró-Estados Unidos". Wilbur Crane Eveland, o agente da CIA que entregou o dinheiro a Chamoun em seu bastante identificável conversível dourado Chrysler DeSoto, tinha sérias dúvidas sobre a operação. "O uso de fundos estrangeiros pelo presidente e pelo primeiro-ministro [libaneses] era tão óbvio que os dois ministros pró-governo nomeados para observar o processo renunciaram no meio do período eleitoral."[47] As tensões deram origem a confrontos em larga escala no norte do Líbano, onde muitos civis foram mortos e feridos durante a votação.

Chamoun venceu por uma ampla maioria de votos. Mais que um endosso à Doutrina Eisenhower, a vitória era uma evidência da corrupção de seu governo. A imprensa da oposição interpretou os resultados das eleições como uma prova de que Chamoun havia tentado desonestamente eleger um Parlamento favorável, a fim de alterar a Constituição libanesa para se permitir um segundo mandato como presidente, o que até então era ilegal.

Com a oposição excluída do Parlamento, alguns de seus líderes usaram de violência para impedir que Chamoun obtivesse um segundo mandato. De fevereiro a maio de 1958, bombardeios e assassinatos destruíram a capital Beirute e o interior. O colapso da ordem se acelerou após a unificação da Síria e do Egito, quando as manifestações pró-Nasser deram lugar à violência.

Em 8 de maio de 1958, Nasib Matni, um jornalista pró-Nasser, foi assassinado. A Frente Nacional responsabilizou o governo de Chamoun pelo assassinato e convocou greves em todo o país em protesto. O primeiro confronto armado estourou em Trípoli em 10 de maio. Em 12 de maio, as milícias armadas já estavam lutando em Beirute, enquanto o Líbano mergulhava em uma guerra civil.

O comandante das forças armadas libanesas, general Fuad Shihab, recusou-se a enviar o exército para sustentar o desacreditado governo de Chamoun. Os americanos se prepararam para intervir no Líbano quando a situação se deteriorou e o governo pró-ocidental de Chamoun corria o risco de cair sob domínio dos nasseristas.

* * *

No AUGE DOS CONFRONTOS no Líbano, o jornalista iraquiano Yunis Bahri sugeriu à esposa que deixassem o tumulto de Beirute pela relativa calma de Bagdá. Bahri, natural de Mossul, no norte do Iraque, era um crítico aberto do imperialismo britânico no Oriente Médio e fora um dos muitos nacionalistas atraídos pela Alemanha de Hitler. Ele era renomado no mundo árabe como a voz do serviço árabe da Rádio Berlim na Segunda Guerra Mundial. "*Heil*, amigos árabes, aqui é Berlim" era a sua famosa frase de abertura. Após a guerra, Bahri vivia entre Beirute e Bagdá, escrevendo para os principais jornais e trabalhando como locutor de rádio. Em 1958, fatidicamente, ele aceitara um encargo do primeiro-ministro iraquiano Nuri Said que consistia em transmitir uma série de relatórios críticos a Nasser. Quando a guerra eclodiu no Líbano, a casa de Bahri em Beirute foi tomada pelas forças de resistência populares. Ele disse então à esposa que eles deveriam ir para Bagdá, a fim de se refugiar dos bombardeios e tiroteios.

"Mas Bagdá é um inferno nesta época do verão", respondeu ela.

"As chamas do Iraque são mais confortáveis do que as balas de Beirute", Bahri insistiu.[48] Mal sabia ele.

Bahri e a esposa chegaram a Bagdá em 13 de julho de 1958, encontrando uma calorosa recepção. A imprensa local cobriu o retorno do casal, e sua primeira noite na cidade foi passada em uma série de compromissos em sua homenagem. Eles acordaram na manhã seguinte com uma revolução.

UM GRUPO DE CONSPIRADORES MILITARES liderados pelo brigadeiro Abd al-Karim Qasim e pelo coronel Abd al-Salam Arif vinha tramando desde 1956 para derrubar a monarquia no Iraque e estabelecer uma república militar. Eles se intitulavam Oficiais Livres, inspirados no exemplo de Nasser e seus colegas no Egito. Impulsionados pelo nacionalismo árabe e pelo anti-imperialismo, os Oficiais Livres iraquianos condenavam a monarquia hachemita e o governo de Nuri Said por serem demasiado pró-britânicos — uma acusação particularmente séria após a Crise de Suez. Os Oficiais Livres desejavam varrer a velha ordem instalada pelos britânicos nos anos 1920 e instalar um novo governo criado pelo próprio povo iraquiano. Eles acreditavam que a monarquia só poderia ser superada por um ato único de violência revolucionária.

Sua oportunidade veio na noite de 13 de julho, quando o governo iraquiano ordenou o envio de unidades do exército à fronteira com a Jordânia a fim de reforçar o Estado parceiro da União Árabe contra ameaças da Síria e do Egito. A rota da base central do exército até a fronteira com a

Jordânia obrigava os oficiais rebeldes a passarem pela capital. Os conspiradores decidiram desviar suas tropas para o centro de Bagdá e tomar o poder naquela mesma noite.

Depois que os Oficiais Livres deram instruções aos soldados que lhes eram leais para desviar seus caminhões da rodovia em direção à capital, os soldados rebeldes assumiram posições em pontos-chave da cidade. Um destacamento seguiu na direção do Palácio Real para executar o rei Faisal II e todos os membros da família hachemita no poder. Outros seguiram para as residências de altos funcionários do governo. Ordens para a execução sumária do primeiro-ministro Nuri Said foram dadas. O coronel Abd Salam Arif liderou um pequeno destacamento para assumir a estação de rádio, transmitir a notícia da revolução e declarar o controle dos Oficiais Livres sobre o Iraque.

"Aqui é Bagdá", entoou Arif nas ondas do rádio nas primeiras horas da manhã de 14 de julho de 1958, "Serviço de Rádio da República do Iraque." Para o público ouvinte, essa foi a primeira indicação do fim da monarquia. O nervoso Arif dava voltas pela sala entre as transmissões, ansioso por notícias de seus companheiros conspiradores sobre o sucesso da revolução. Por volta das sete da manhã, um oficial com o uniforme manchado de sangue entrou segurando uma metralhadora na mão direita e confirmou a morte do rei e da família real. Arif começou a gritar o mais alto que pôde: "Allahu Akbar! Allahu Akbar!". Ele então se sentou, escreveu algumas linhas e desapareceu no estúdio de transmissão, repetindo para si mesmo: "Allahu Akbar, a revolução venceu!".[49]

Yunis Bahri acompanhou os primeiros relatórios da revolução através das transmissões de Arif. "Não sabíamos o que estava acontecendo dentro ou fora da capital", lembrou Bahri. "O povo de Bagdá protegeu-se em suas casas, confuso com o repentino choque dos acontecimentos." Então, Arif chamou o povo às ruas para apoiar a revolução e localizar os esconderijos de seus inimigos.

Embora soubesse que a família real já havia sido morta, Arif pediu aos iraquianos que atacassem o Palácio Real, como se para envolver o povo iraquiano no crime de regicídio. Ele também ofereceu uma recompensa de 10 mil dinares iraquianos pela captura de Nuri Said, que conseguiu escapar de seus agressores ao amanhecer — apenas para ser pego disfarçado de mulher e linchado no dia seguinte. "Quando ouviram o incitamento para atacar o Palácio Real e o palácio de Nuri Said, os habitantes de Bagdá deixaram suas casas dominados pelo desejo de matar, roubar e saquear", lembrou Bahri. Os bagdalis pobres aproveitaram a oportunidade para saquear as lendárias riquezas dos palácios de Bagdá e matar qualquer um que atravessasse seu caminho.

Yunis Bahri foi às ruas para testemunhar em primeira mão a Revolução Iraquiana. Ele ficou horrorizado com a carnificina que presenciou.

O sangue corria como um rio violento pela rua al-Rashid. As pessoas aplaudiam e gritavam ao ver homens sendo arrastados por carros até a morte. Vi a multidão arrastar os restos mortais de Abd Ilah depois de fazer dele um exemplo e saciar com ele a sua sede de vingança. Eles então penduraram o corpo do príncipe no portão do Ministério da Defesa.

A multidão derrubou as estátuas do rei Faisal 1 e do general Maude, o primeiro comandante britânico a ocupar a capital iraquiana em 1917, e incendiou a chancelaria britânica em Bagdá.

Na atmosfera de histeria em massa, qualquer um poderia ser confundido com um homem do antigo regime e linchado.

Bastava alguém apontar um dedo, dizendo "Aquele é Fadhil al-Jamali [o ministro do gabinete]!", para que a multidão agarrasse e amarrasse as pernas do homem e o arrastasse até a morte sem hesitação ou misericórdia, enquanto ele gritava em vão e apelava a Alá, aos profetas e a todos os anjos e demônios protestando [a identidade equivocada].

Bagdá estava irreconhecível, "ardendo em chamas e ensopada em sangue, os cadáveres das vítimas espalhados pelas ruas".[50]

Enquanto a violência irrompia nas ruas da capital, o coronel Arif continuava a emitir declarações e ordens ao longo do dia pela estação de rádio. Ele ordenou a prisão de todos os ex-ministros, bem como dos ministros da União Árabe, tanto iraquianos como jordanianos. À medida que o dia passava, figuras de mais baixo escalão iam sendo presas, do alcaide de Bagdá ao chefe de polícia. Ao meio-dia, os militares estavam no encalço de locutores e jornalistas simpáticos à monarquia. Yunis Bahri, que havia colaborado com Nuri Said, foi apontado como simpatizante do governo caído e preso no dia seguinte. Ele chegou ao Ministério da Defesa no momento que o cadáver mutilado de Said era trazido na parte de trás de um jipe.

Os homens da antiga ordem foram reunidos como ovelhas e levados a uma nova prisão, improvisada a partir de um antigo hospital em um subúrbio de Bagdá conhecido como Abu Ghraib — que ganharia notoriedade como a câmara de tortura de Saddam Hussein e, depois, das forças americanas após a invasão do Iraque em 2003. Bahri foi detido em Abu Ghraib por sete meses antes de ser libertado sem acusação formal. No início de 1959, ele e a esposa retornaram a Beirute, onde encontraram um novo governo e a guerra civil em seu final.

★ ★ ★

No Líbano, os opositores comemoraram a queda da monarquia no Iraque. Eles acreditavam que a monarquia hachemita era um Estado fantoche britânico e que os Oficiais Livres eram nacionalistas árabes nos moldes de Nasser. Aliviados com a queda do governo pró-ocidental no Iraque, eles redobraram seus esforços contra o governo de Chamoun, que registrou em suas memórias:

> Nos bairros rebeldes, homens e mulheres foram às ruas, lotaram cafés e lugares públicos, felizes, dançando com uma alegria frenética, ameaçando as autoridades legais com o destino que havia sido dado aos líderes de Bagdá. Por outro lado, um grande medo se espalhou entre os libaneses comprometidos com um Líbano pacífico e independente.[51]

O Estado libanês, abalado pela guerra civil, estava agora ameaçado de colapso. Chamoun invocou a Doutrina Eisenhower duas horas depois de receber notícias da violenta revolução no Iraque (o Líbano teve a particularidade de ser o único país a invocar a Doutrina). Estando a 6ª Frota americana disponível no Mediterrâneo Oriental, os fuzileiros desembarcaram em Beirute no dia seguinte.

Os Estados Unidos intervieram no Líbano a fim de impedir a queda de um governo pró-ocidental para os nasseristas. A demonstração de força que os americanos realizaram em solo libanês incluiu 15 mil soldados em terra, dezenas de navios na costa e 11 mil voos de reconhecimento sobre Beirute, que partiam de porta-aviões e tinham a intenção de intimidar os opositores. As tropas permaneceram apenas três meses em Beirute (os últimos soldados deixaram o país em 25 de outubro) e se retiraram sem disparar um tiro.

A estabilidade política retornou ao Líbano sob a breve ocupação americana. Em 31 de julho de 1958, o comandante do exército libanês, general Fuad Shihab, foi eleito presidente, acalmando as preocupações da oposição quanto a uma extensão inconstitucional do governo de Chamoun. O mandato de Chamoun terminou no prazo previsto, em 22 de setembro. Em outubro, o presidente Shihab supervisionou a criação de um governo de coalizão que combinava partidários leais ao antigo presidente e membros da oposição. As esperanças dos nacionalistas, de que o Líbano se juntasse ao Egito e à Síria na República Árabe Unida, foram frustradas, uma vez que o novo governo pediu a reconciliação nacional sob o lema "nem vencido nem vencedor".

A Revolução Iraquiana deixou a Jordânia totalmente isolada e ameaçada pelas mesmas forças nacionalistas árabes que haviam varrido a monarquia em Bagdá, muito mais forte. A primeira reação do rei Hussein foi despachar seu exército para acabar com a revolução e restaurar o governo de sua família no Iraque. Era uma resposta emotiva, e não um cálculo racional. Mesmo que suas forças sobrecarregadas e desarmadas tivessem conseguido dominar o exército iraquiano, muito mais poderoso, não havia sobreviventes hachemitas no Iraque para restaurar o trono (o único sobrevivente da família, o príncipe Zeid, servia então como embaixador do Iraque na Grã-Bretanha e morava em Londres com a família).

Hussein logo reconheceu a vulnerabilidade de sua própria posição e como seria fácil para seus inimigos na República Árabe Unida derrubá-lo, agora que não tinha mais o apoio do Iraque. Em 16 de julho, depois de chamar de volta seu exército, que penetrara 150 quilômetros em território iraquiano, Hussein decidiu solicitar assistência militar à Grã-Bretanha e aos Estados Unidos. Como no Líbano, as tropas estrangeiras foram vistas como essenciais para evitar a intervenção externa na Jordânia. Para Hussein, recorrer à velha potência imperial, tão desacreditada pela Crise de Suez, constituía um grande risco. No entanto, os riscos de enfrentar a situação sozinho eram ainda piores. Em 17 de julho, paraquedistas e aviões britânicos começaram a chegar à Jordânia para conter os danos da Revolução Iraquiana.

No auge da Guerra Fria, quando analistas políticos concebiam regiões inteiras do mundo como dominós sob risco de cair, autoridades em Washington, Londres e Moscou acreditavam que a Revolução Iraquiana desencadearia uma onda nacionalista árabe. Elas estavam convencidas de que o golpe iraquiano havia sido planejado por Nasser e de que ele estava decidido a ter todo o Crescente Fértil sob seu domínio na República Árabe Unida. Isso explica, em parte, a rapidez com que americanos e britânicos intervieram para apoiar os Estados pró-ocidentais no Líbano e na Jordânia.

Todos os olhares agora se voltavam para o Egito — para ouvir as opiniões de Nasser sobre os acontecimentos recentes — e para o Iraque — para ver o que o brigadeiro Abd Karim Qasim pretendia fazer. Ele levaria o Iraque à união com a Síria e o Egito, criando o superestado árabe que iria restabelecer o equilíbrio de poder na região? Ou a tradicional rivalidade entre Cairo e Bagdá prosseguiria na era republicana?

De acordo com Muhammad Heikal, confidente de Nasser, o presidente egípcio tinha dúvidas sobre a Revolução Iraquiana desde o início. Considerando a extraordinária volatilidade do mundo árabe em 1958 e as tensões entre soviéticos e americanos, a existência de um novo elemento de instabilidade regional só poderia representar uma responsabilidade para o Egito.

Nasser estava reunido com Tito na Iugoslávia quando soube do golpe em Bagdá e voou diretamente para Moscou a fim de se encontrar com o líder soviético, Nikita Khruschóv, em 17 de julho. Os soviéticos estavam convencidos de que Nasser havia orquestrado os eventos no Iraque e preocupados com a reação dos Estados Unidos. Khruschóv advertiu o presidente egípcio, dizendo: "Francamente, não estamos prontos para um confronto. Não estamos prontos para a Terceira Guerra Mundial".[52]

Nasser tentou convencer o aliado soviético de que não tinha nenhuma participação nos eventos em Bagdá, e tentou assegurar o apoio soviético em caso de retaliação americana. O máximo que Khruschóv se dispôs a oferecer foi a realização de manobras militares conjuntas entre soviéticos e búlgaros na fronteira da Turquia, a fim de demover os Estados Unidos da ideia de utilizar tropas turcas na Síria ou no Iraque. "Mas estou lhe dizendo francamente, o senhor não deve contar com nada além disso", Khruschóv avisou ao presidente egípcio. Nasser assegurou o líder soviético de que não tinha intenção de buscar a adesão do Iraque à República Árabe Unida.

O novo governo iraquiano estava ele próprio dividido entre buscar a união com Nasser ou preservar a independência do país. O novo líder do Iraque, o brigadeiro Abd Karim Qasim, estava determinado a governar um Estado independente e não tinha intenção de entregar seu país a um governo estrangeiro. Ele trabalhou em estreita colaboração com o Partido Comunista iraquiano, buscando estreitar laços com a União Soviética, e agiu com frieza em relação ao regime do Cairo, que havia reprimido o Partido Comunista egípcio. O subcomandante de Qasim, o coronel Arif, era partidário dos nacionalistas árabes que desejavam que o Iraque se juntasse ao Egito e à Síria na República Árabe Unida. Por fim, Qasim prendeu o companheiro e o condenou à morte, cancelando a punição em seguida (em 1963, Arif lideraria o golpe que derrubaria e executaria Qasim).

Nos cinco anos seguintes, Qasim levou o Iraque pelo caminho da rivalidade, em vez da unidade, com o Egito, e as relações entre o Iraque e a

República Árabe Unida degeneraram em recriminações mútuas. O fracasso do Iraque em se juntar à República Árabe Unida foi uma grande decepção para os nacionalistas árabes do Oriente Médio, que viam na sangrenta revolução a possibilidade de unir os três grandes centros do arabismo — Cairo, Damasco e Bagdá.

★ ★ ★

O MUNDO ÁRABE HAVIA SIDO totalmente transformado pela Revolução Egípcia. Ao longo da década de 1950, o Egito tinha emergido como o Estado mais poderoso da região, e Nasser como o líder indiscutível.

Nasser chegou ao auge de seu poder em 1958 com a união do Egito e da Síria na República Árabe Unida. A unificação chocou todo o mundo árabe e quase derrubou os frágeis governos do vizinho Líbano e da Jordânia. Os nacionalistas árabes receberam de braços abertos a perspectiva do colapso da monarquia hachemita na Jordânia e do Estado pró-ocidental cristão no Líbano na expectativa de que ambos se unissem à República Árabe Unida. A Revolução Iraquiana de 1958, que derrubou a monarquia hachemita em Bagdá, parecia anunciar uma nova ordem, unindo o Egito e o Crescente Fértil e satisfazendo as esperanças dos nacionalistas num superestado árabe unido e progressista. Por um breve e inebriante momento, parecia que o mundo árabe poderia quebrar o ciclo de dominação estrangeira que marcara as eras otomana, imperial e da Guerra Fria para desfrutar de uma era de verdadeira independência.

A decisão do Iraque de não aderir à República Árabe Unida foi um grande ponto de virada. Sem a paixão e o ímpeto que a ascensão do Iraque, ou mesmo da Jordânia ou do Líbano, poderia ter trazido à República Árabe Unida, o Egito e a Síria tiveram de se contentar com a tarefa menor de fazer funcionar seu Estado híbrido. Eles não teriam êxito. O nacionalismo árabe mudou de rumo, e Nasser, tendo atingido o auge do sucesso nos anos 1950, sofreu uma série de contratempos e descalabros que transformaram a década de 1960 em uma década de derrotas.

11. O declínio do nacionalismo árabe

Ao longo da década de 1950, Gamal Abdel Nasser e os Oficiais Livres haviam guiado o Egito e o mundo árabe por uma série de triunfos improváveis. O "nasserismo" tornou-se a expressão dominante do nacionalismo árabe. Homens e mulheres em todo o mundo árabe acreditavam que o presidente egípcio tinha um grande plano para unificar o povo árabe e levá-lo a uma nova era de independência e poder. Eles viram suas esperanças realizadas na união da Síria e do Egito.

A notável série de sucessos de Nasser chegou ao fim na década de 1960. A união com a Síria se desfez em 1961. O exército egípcio ficou atolado na guerra civil do Iêmen. Além disso, Nasser liderou sua nação e seus aliados árabes em uma guerra desastrosa com Israel em 1967. A prometida libertação da Palestina foi adiada para um futuro ainda mais longínquo com a ocupação israelense dos territórios palestinos restantes, além da península do Sinai, no Egito, e das colinas de Golã, na Síria. As esperanças do mundo árabe em 1960 haviam degenerado em desilusão e pessimismo quando da morte de Nasser, em 1970.

Os eventos da década de 1960 tiveram um impacto radical no mundo árabe. Com o imperialismo britânico e francês cada vez mais distante no passado, os árabes se viram envolvidos pela política da Guerra Fria. Nos anos 1960, os Estados árabes haviam se dividido em blocos pró-ocidentais e pró-soviéticos. A influência da Guerra Fria foi mais pronunciada no conflito árabe-israelense, que se transformou em uma guerra por procuração entre forças soviéticas e americanas. Parecia que a experiência árabe continuaria sendo a de dividir para conquistar.

★ ★ ★

A República Árabe Unida foi um desafio maior do que Nasser jamais havia previsto. Shukri Quwatli, ex-presidente sírio deposto em duas ocasiões, alertou o colega egípcio de que a Síria era "um país difícil de governar". Ele explicou: "50% dos sírios se consideram líderes nacionais, 25% pensam que são profetas e 10% imaginam que são deuses".[1]

Os sírios ficaram irritados sob o governo egípcio. O exército sírio, que de início demonstrara grande entusiasmo com a unificação, odiava receber ordens de oficiais do Egito. As elites proprietárias de terra ficaram indignadas quando o programa de reforma agrária egípcio foi aplicado à Síria. Em janeiro de 1959, mais de 400 mil hectares de terras agrícolas haviam sido confiscados de grandes proprietários para serem redistribuídos aos camponeses. Os empresários sírios viram sua posição prejudicada por decretos socialistas que transferiam a propriedade de suas empresas para o Estado, à medida que o governo ampliava seu papel no planejamento econômico. O cidadão sírio comum foi esmagado pelo peso da notória papelada da burocracia egípcia.

Os egípcios afastaram as elites políticas da Síria ao excluí-las do governo. A sociedade síria era intensamente política, e os políticos se ressentiram com a dissolução de seus partidos e sua subordinação ao esquema egípcio, de um único partido estatal. Para o governo regional da Síria, Nasser nomeou como vice-rei seu braço direito, o marechal de campo Abd Hakim Amer, relegando seus apoiadores do Baath a postos de segunda importância. No final de 1959, os principais baathistas haviam renunciado ao gabinete da República Árabe Unida em protesto — entre eles alguns dos arquitetos da unificação, como Salah Din Bitar. Em agosto de 1961, Nasser decidiu dispensar completamente o governo regional da Síria e governar o país a partir de um gabinete ampliado com sede no Cairo.

Tendo levado a Síria à união com o Egito em fevereiro de 1958, o exército agora organizava um golpe para romper os laços e voltar a recuperar o país. Na manhã de 28 de setembro de 1961, as unidades do exército sírio rumaram para Damasco antes do amanhecer, prenderam o marechal de campo Amer e tomaram a estação de rádio. O governo interino da Síria, um gabinete inteiramente civil, expulsou Amer e ordenou a deportação de todos os egípcios do território sírio em 30 de setembro — cerca de 6 mil soldados, 5 mil funcionários públicos e 10 mil a 20 mil trabalhadores temporários.

Nasser ficou perplexo com a tentativa de secessão da Síria. Sua primeira reação foi despachar o exército egípcio para reprimir o golpe. Ele cedeu horas depois e chamou de volta suas forças, aceitando a separação síria "para que nenhum sangue árabe seja derramado". "Nasser ficou atormentado com o fracasso da República Árabe Unida", lembrou o jornalista Muhammad Heikal. "Ela havia sido a primeira expressão internacional de seu sonho da unidade árabe, e não foi revivida em sua vida."[2]

Após o golpe sírio, Nasser a princípio atribuiu a culpa pelo colapso da República Árabe Unida a seus oponentes — jordanianos, sauditas e até americanos. No entanto, a secessão síria o forçou a fazer perguntas difíceis sobre suas próprias diretrizes políticas e o caminho que a revolução egípcia havia tomado. Ele nunca reconheceu o problema óbvio da República Árabe Unida — que o Egito havia governado os orgulhosos sírios de maneira quase imperial. Em vez disso, Nasser concluiu que o Egito e a Síria haviam fracassado em alcançar o grau necessário de reformas sociais para que um ambicioso esquema de unidade árabe pudesse funcionar. Sua resposta ao rompimento da República Árabe Unida foi a introdução de uma agenda de reformas radicais para eliminar os elementos "reacionários" da sociedade e abrir caminho para uma futura união "progressista" do povo árabe.

A partir de 1962, Nasser levou a revolução egípcia para o caminho do socialismo árabe — uma agenda ambiciosa, embora quixotesca, de reformas que aliavam nacionalismo árabe e socialismo de inspiração soviética. O governo egípcio acelerou a nacionalização da iniciativa privada, iniciada em 1956, após a Crise de Suez, a fim de criar uma economia inteiramente liderada pelo Estado. Já em 1960, o governo da República Árabe Unida havia introduzido seu primeiro plano quinquenal ao estilo soviético (1960-5), com metas ambiciosas demais para a expansão econômica na indústria e na produção agrícola. No campo, as medidas de reforma agrária iniciadas em 1952 foram intensificadas, conforme novas leis reduziam a posse fundiária máxima de oitenta para quarenta hectares, sendo as terras desapropriadas redistribuídas a camponeses sem terra e pequenos agricultores. Desse modo, as instituições estatais conferiram aos trabalhadores industriais e camponeses egípcios uma relevância até então sem precedentes.

A nova orientação política do Egito foi consagrada na Carta Nacional de 1962, que buscava entrelaçar islã, nacionalismo árabe e socialismo em um projeto político coerente. Não apenas a Carta Nacional vislumbrava uma nova cultura política para o Egito como também estabelecia ideais para remodelar a sociedade árabe em geral. E a orientação ideológica do país foi confiada ao partido oficial do Estado, a União Nacional, renomeado União Socialista Árabe.

Ao optar pelo socialismo árabe, Nasser desistiu de tentar subverter as regras da Guerra Fria e se aproximou definitivamente da União Soviética, seguindo seu modelo de economia liderada pelo Estado. Deixando a porta aberta para futuros esquemas de unidade, ele manteve o nome do país como República Árabe Unida. Foi somente em 1971 que a designação foi descartada e seu sucessor renomeou o país como República Árabe do Egito.

O socialismo exerceria grande influência no Egito e dividiria o mundo árabe. A linguagem da política no Egito se tornou muito mais doutrinária. O alvo final da crítica de Nasser após o colapso da República Árabe Unida foram os "reacionários", os homens abastados que colocavam seu interesse pessoal acima dos interesses da nação árabe. Por extensão, os Estados árabes apoiados pelo Ocidente — monarquias conservadoras como Marrocos, Jordânia e Arábia Saudita e repúblicas liberais como Tunísia e Líbano — também seriam considerados Estados "reacionários" (no Ocidente eram conhecidos como "moderados"). Todos os Estados árabes revolucionários se alinharam com Moscou e seguiram seu modelo social e econômico. Eles eram conhecidos no mundo árabe como Estados "progressistas" (e rejeitados no Ocidente como "radicais"). A lista de Estados progressistas era de início bastante pequena — Egito, Síria e Iraque —, embora suas fileiras viessem a se expandir com a conclusão de revoluções bem-sucedidas na Argélia, no Iêmen e na Líbia.

O Egito estava bastante isolado nessa nova divisão da região, pois tinha relações precárias com os outros países árabes "progressistas" emergentes — sobretudo o Iraque. No entanto, em 1962, Nasser acabara de ganhar um

importante aliado. Após a mais sangrenta guerra anticolonial da história
da região, a Argélia enfim conquistara sua independência da França.

★ ★ ★

A GUERRA DE INDEPENDÊNCIA da Argélia durou quase oito anos, desde
o primeiro levante de 1º de novembro de 1954 até o estabelecimento da
República Argelina Democrática e Popular em setembro de 1962. O conflito não poupou nenhuma parte do país, espalhando-se das cidades para
o campo. No final da guerra, mais de 1 milhão de argelinos e franceses
haviam perdido a vida.

Quando iniciaram sua tentativa de independência, os argelinos tinham
todos os motivos para esperar grandes baixas. Em 1945, a repressão francesa aos nacionalistas moderados na cidade-mercado oriental de Sétif (os
nacionalistas desejavam carregar bandeiras da Argélia ao lado de bandeiras
francesas no desfile local para celebrar a vitória na Europa) resultou em tumultos que deixaram quarenta mortos argelinos e europeus. A exagerada
reação francesa às manifestações de Sétif provocou protestos em toda a Argélia em maio de 1945. Os franceses enviaram navios de guerra, aeronaves
e cerca de 10 mil soldados para reprimir a insurreição. Enquanto cerca de
cem homens, mulheres e crianças europeus foram mortos por insurgentes
argelinos, um número muito maior de argelinos morreu em consequência
das medidas francesas de retaliação. O governo francês reconheceu oficialmente cerca de 1500 baixas argelinas, embora o exército tenha calculado
essa cifra entre 6 mil e 8 mil. Já os cálculos argelinos dão conta de 45 mil
mortos. Os franceses pretendiam fazer de Sétif um exemplo, um aviso
contra outras atividades nacionalistas. Mas, previsivelmente, sua reação
exagerada e assassina teve o efeito oposto, levando muitos argelinos a
abraçar a causa da independência. Em 1954, quando se levantaram contra
os franceses, os nacionalistas argelinos ainda estavam assombrados pela
memória de Sétif.

As pesadas baixas da Guerra da Argélia de 1954-62 refletiram uma
lógica implacável de retaliação violenta. Os nacionalistas argelinos da

Frente de Libertação Nacional acreditavam que era preciso infligir terror aos franceses, o que provocaria uma terrível retaliação, que por sua vez obrigaria a potência colonial a sair do país por pressão da opinião pública. Os franceses, por sua vez, não pretendiam se retirar de sua mais antiga e mais arraigada possessão norte-africana. "A Argélia é a França", insistiram os franceses — e de fato pensavam assim. Eles acreditavam que os nacionalistas eram uma força marginal que poderia ser suplantada, permitindo assim que a silenciosa maioria de complacentes argelinos continuasse sob o domínio francês. A guerra selvagem que daí resultou, de horrores indescritíveis, despedaçou tanto a Argélia quanto a França.

As atrocidades contra civis começaram em agosto de 1955, com ataques da FLN a colonos franceses em Philippeville. Nessa ocasião, combatentes argelinos mataram 123 homens, mulheres e crianças. Após a experiência de Sétif, a FLN sabia que os franceses retaliariam com uma vingança que geraria ódio argelino generalizado aos europeus. Eles estavam certos. Os franceses reconheceram terem matado mais de 1200 civis argelinos em retaliação ao massacre de Philippeville. A FLN alegou que as baixas chegavam a 12 mil, e o resultado foi que milhares de argelinos se ofereceram à FLN como voluntários para lutar. Dessa maneira, a pequena insurgência da FLN em 1954 havia se transformado em uma guerra completa no final de 1955.

À medida que milhares de argelinos se ofereceram para participar da luta de libertação nacional, a FLN conseguiu consolidar seu domínio sobre a política argelina por meio de uma combinação de convicção e intimidação. As táticas agressivas dos militares franceses incentivaram vários partidos e movimentos políticos argelinos a fazerem causa comum com a FLN. Nacionalistas pioneiros como Ferhat Abbas, assim como os partidos de esquerda, como o comunista, entrelaçaram suas próprias organizações à Frente de Libertação Nacional. A FLN foi implacável com seus oponentes internos. Nos primeiros três anos da guerra de independência, estima-se que ela tenha matado seis vezes mais argelinos que franceses em suas operações. Em julho de 1956, a FLN havia garantido o comando indiscutível da luta de libertação nacional, que ela definiu tanto como uma guerra de independência como uma revolução social.

A LIDERANÇA DA FLN ESTAVA dividida entre seis comandantes internos, que organizavam a resistência em cinco províncias insurgentes, ou vilaietes, e três líderes externos que operavam a partir do Cairo. Com a eclosão da insurreição nacionalista em novembro de 1954, os franceses usaram sua extensa rede de inteligência para reprimir a liderança interna. Durante os primeiros seis meses de operações, eles mataram o comandante do vilaiete II e prenderam os líderes dos vilaietes I e IV. Com a liderança interna em desordem, o comando passou para a liderança externa.

Dos três líderes externos da FLN — Ahmed Ben Bella, Hocine Ait Ahmed e Muhammad Khider —, Ben Bella acabou tendo mais destaque (ele mais tarde se tornaria o primeiro presidente da Argélia independente). Nascido em 1918 em uma vila no oeste da Argélia, Ben Bella era, em todos os sentidos, filho da Argélia francesa. Sua primeira língua era o francês, ele havia sido voluntário no exército francês em 1936 e até jogara em um time francês de futebol no final dos anos 1930. Sua conversão à política nacionalista foi provocada pela repressão francesa à revolta de Sétif em 1945. Ele foi preso pelos franceses em 1951, mas escapou da prisão e se escondeu na Tunísia e no Cairo, onde estabeleceu uma agência da FLN. Após o início da guerra, Ben Bella circulava entre capitais árabes, arrecadando fundos e apoio político para a independência da Argélia.

Em outubro de 1956, os franceses conseguiram decapitar a liderança da FLN. Utilizando informações confiáveis, a força aérea francesa interceptou um DC-3 marroquino que transportava Ben Bella, Ait Ahmed e Khider, além do comandante supremo da liderança interna, Muhammad Boudiaf, e forçou o avião a pousar na cidade argelina ocidental de Orã. Os líderes da FLN foram presos e enviados para a prisão na França, onde permaneceram pelos anos restantes da Guerra da Argélia.

O público francês comemorou a prisão da liderança da FLN como se o acontecimento marcasse o fim da Guerra da Argélia. Mouloud Feraoun, um célebre autor e membro da comunidade berbere da Argélia, refletiu amargamente que a captura dos líderes do movimento nada faria para restaurar a paz entre argelinos e franceses. "Eles apresentam a prisão [dos líderes da FLN] como uma grande vitória, prelúdio da vitória final", escreveu Feraoun em seu diário. "Que vitória final? A supressão da revolta, o aniquilamento da rebelião, o renascimento da amizade franco-argelina, da confiança e da paz?"[3] Escrito com amarga ironia, o texto de Feraoun reconhecia que fosse lá o que os franceses esperassem, a prisão de Ben Bella e seus companheiros era o prelúdio de mais, não menos, violência.

No momento da prisão de Ben Bella, a violência já havia se mudado do campo para as cidades. Numa noite de domingo em setembro de 1956, a relativa paz da capital, Argel, foi perturbada por três bombas que explodiram nos bairros europeus da cidade. Foi o início de uma campanha violenta conhecida como Batalha de Argel. A FLN levou a guerra à capital em uma tentativa calculada de provocar uma reação francesa que aumentaria o apoio à Frente de Libertação Nacional dentro do país e geraria uma condenação internacional tão forte à França que esta terminaria isolada. Durante o outono de 1956 e o inverno de 1957, a FLN organizou uma série de ataques terroristas assassinos. Os franceses retaliaram com prisões em massa e tortura generalizada para expor a rede da FLN na capital. A Batalha de Argel atraiu ampla atenção internacional e a França foi condenada. Mas os argelinos pagaram um preço terrível por esses ganhos.

Mouloud Feraoun observou horrorizado a violência em Argel e condenou tanto os franceses quanto a FLN pelo assassinato de inocentes. "Os ataques nas cidades estão se multiplicando", ele escreveu em seu diário em outubro de 1956, "estúpidos, atrozes. Inocentes são despedaçados. Mas quais inocentes? Quem é inocente? As dezenas de europeus pacíficos bebendo em um bar? As dezenas de árabes que lotavam a estrada perto de um ônibus destruído? Terrorismo, contraterrorismo", ele refletiu com irônica amargura, "gritos desesperados, gritos terríveis de dor, agonia. Nada mais. Paz."[4]

A FLN MOBILIZOU TODOS os segmentos da sociedade na Batalha de Argel. As mulheres, em particular, desempenharam um papel fundamental, carregando bombas, entregando armas, servindo como mensageiras entre líderes escondidos e proporcionando refúgio seguro para ativistas procurados pelos franceses. O papel de Djamila Bouhired e de outras mulheres no movimento foi capturado em 1965 com um realismo arrojado no filme de Gillo Pontecorvo *A Batalha de Argel*.

Fatiha Bouhired e sua sobrinha de 22 anos, Djamila, desempenharam papéis centrais na Batalha de Argel. O marido de Fatiha Bouhired foi um dos primeiros homens da Casbah, a cidade antiga de Argel, a se juntar ao movimento de independência. Ele foi preso pelos franceses no início de 1957 e morto enquanto tentava escapar. A morte do marido redobrou o compromisso de Bouhired com a luta de libertação, e ela permitiu que a FLN operasse uma fábrica de bombas clandestinas em seu sótão. Sua sobrinha Djamila transportava as bombas e se encarregava da troca de correspondência entre ativistas da FLN escondidos na Casbah. Tanto Fatiha quanto Djamila mostraram notável presença de espírito sob pressão. Certa vez, elas foram alertadas de que soldados franceses estavam prestes a revistar sua casa. Elas fizeram café, colocaram música clássica no gramofone e se vestiram. Quando os soldados chegaram, foram recebidos como convidados bem-vindos por mulheres atraentes com café fresco.

"Estou muito curioso em saber o que há por trás desses lindos olhos", murmurou sugestivamente para Djamila Bouhired o capitão da patrulha.

"Atrás dos meus olhos", respondeu ela, girando a cabeça de maneira sedutora, "está o meu cabelo."[5]

Os policiais desistiram de levar a revista da casa adiante.

A polícia logo descobriria a outra face de Djamila Bouhired. Em 9 de abril de 1957, Djamila foi baleada no ombro enquanto fugia de uma patrulha francesa na Casbah. Ela fora encontrada em posse de correspondência endereçada a Saadi Yacef e Ali la Pointe, altos dirigentes da FLN que eram na época dois dos homens mais procurados em Argel. Ela foi levada a um hospital para tratar o ferimento e depois transferida diretamente da mesa de operações para a sala de interrogatório.

Nos dezessete dias que se seguiram, ela foi submetida às mais horríveis torturas, descritas com precisão clínica em seu depoimento ao tribunal de fachada que terminaria por condená-la à morte. Ela nunca se dobrou. Seu único comentário no tribunal foi que "aqueles que me torturaram não tinham o direito de infligir tanta humilhação a um ser humano: nem o sofrimento físico que me causaram, nem a indignidade moral sobre si mesmos".⁶ Sua sentença de morte foi posteriormente comutada em prisão perpétua.

Fatiha Bouhired continuou a servir a FLN depois que a sobrinha foi presa. Ela comprou uma casa na Casbah para oferecer um novo refúgio a Saadi Yacef e Ali la Pointe. Eles não podiam confiar em mais ninguém. "Eles estavam em casa na minha casa, e não se escondendo entre outras pessoas", explicou Bouhired. A Casbah estava tomada pela desconfiança, uma vez que os franceses haviam se infiltrado na FLN por meio de colaboradores e informações obtidas pela tortura de detidos. "Eu tinha medo daqueles que não haviam resistido", confidenciou Fatiha Bouhired a um entrevistador, "e preferia fazer tudo sozinha: cuidava das compras, servia de intermediário para eles, ajudava-os a se movimentar. Fazia tudo, mas dessa maneira me sentia mais à vontade."

Os franceses foram incansáveis em sua busca pela liderança remanescente da FLN em Argel. Em julho de 1957, a irmã de Yacef foi presa. Sob tortura, ela revelou o papel de Fatiha Bouhired no movimento e suas conexões com Saadi Yacef e uma terrorista chamada Hassiba. As autoridades francesas imediatamente a prenderam. "Eles me levaram e me torturaram a noite toda", lembrou Fatiha Bouhired. "Onde está Yacef? Onde está Yacef?", eles exigiam saber. Fatiha negou ter qualquer conhecimento de Saadi Yacef, e disse que Hassiba só fora a sua casa para prestar assistência financeira em nome da FLN, devido à morte de seu marido. Ela sustentou sua história ao longo de repetidas sessões de tortura e por fim convenceu os franceses, que concordaram em plantar agentes em sua casa para capturar Hassiba quando ela fosse procurar Fatiha de novo.

Mesmo com agentes franceses na casa de Fatiha Bouhired, Ali la Pointe e Saadi Yacef permaneceram no local. Isso levou à situação irônica de os franceses fornecerem segurança ao centro de comando secreto da FLN, com Ali la Pointe em segurança no sótão e soldados franceses no térreo. Fatiha preparava o cuscuz, o prato tradicional argelino, para os agentes franceses no andar de baixo, sempre permitindo que Saadi Yacef cuspisse na comida antes de servi-la aos convidados indesejados. "Desta vez, sirva a eles o cuscuz. Da próxima, enviaremos uma bomba bem temperada", resmungava Yacef.[7]

Fatiha estava perturbada com seu novo papel de falsa informante para os franceses, mas sua atuação teatral terminou de repente quando os franceses descobriram o esconderijo de Yacef e o prenderam, junto com ela, em setembro de 1957. Fatiha passou meses na prisão — recusando-se depois a falar sobre as torturas a que foi submetida — antes de ser posta em prisão domiciliar.

Com todos os principais líderes da FLN na capital mortos ou presos, a Batalha de Argel chegou ao fim no outono de 1957. Mas a Guerra da Argélia continuava brutal.

ENCORAJADO PELA DIFÍCIL VITÓRIA sobre a insurgência em Argel, o exército francês renovou seus esforços para derrotar a Frente de Libertação Nacional no campo. No final de 1956, os franceses iniciaram uma política centrada em retirar os camponeses argelinos de suas casas e fazendas e confiná-los em campos de internamento. O reassentamento forçado de argelinos das zonas rurais ganhou ímpeto depois da Batalha de Argel. Centenas de milhares de homens, mulheres e crianças foram presos e obrigados a viver em campos sob vigilância francesa, sem poder cultivar suas terras ou trabalhar. Em vez de se submeterem a essas medidas, muitos trabalhadores rurais fugiram para as cidades, onde se amontoaram em favelas. Outros buscaram refúgio na Tunísia ou no Marrocos. No final da guerra, em 1962, cerca de 3 milhões de camponeses argelinos haviam sido deslocados de suas casas, e muitos jamais voltariam.

Os franceses isolaram ainda mais a FLN fechando as fronteiras entre a Argélia e seus vizinhos com cercas eletrificadas e campos minados, impedindo assim a migração de armas, combatentes e suprimentos do Marrocos e da Tunísia.

Em termos militares, os franceses haviam contido e derrotado a insurgência na Argélia em 1958. No entanto, a FLN abriu novas frentes de atuação, levando a causa da independência argelina à atenção da comunidade internacional. Com o apoio do Egito e de outros Estados do Movimento dos Países Não Alinhados, ela conseguiu colocar a questão argelina na agenda da Assembleia Geral das Nações Unidas em 1957. No ano seguinte, declarou um governo provisório no exílio com sede em sua filial do Cairo, sob a presidência do veterano líder nacionalista Ferhat Abbas. Em dezembro de 1958, o governo provisório da Argélia foi convidado a enviar uma delegação à República Popular da China. Os nacionalistas argelinos estavam ganhando atenção e apoio internacional e isolando a França politicamente, mesmo que ela parecesse ter vencido a guerra do ponto de vista militar.

A própria França, em 1958, estava cada vez mais dividida com a questão da Argélia. Os contribuintes franceses estavam começando a sentir o enorme custo da guerra. O contingente francês na Argélia, de apenas 60 mil homens em 1954, havia aumentado nove vezes, para mais de 500 mil em 1956.[8] Essa imensa força de ocupação só poderia ser sustentada por meio de recrutamento obrigatório e serviço militar prolongado — medidas sempre impopulares. Os jovens recrutas se viram envolvidos em uma guerra de horror indescritível. Muitos voltaram para casa chocados com o que testemunharam e traumatizados com o que haviam feito: violações dos direitos humanos, reassentamento forçado, demolição de casas e, pior de tudo, o uso sistemático da tortura contra homens e mulheres.[9] A opinião pública francesa ficou chocada com relatos de seus soldados empregando métodos associados à brutal repressão nazista à resistência durante a Segunda Guerra Mundial. Os principais intelectuais o país, como Jean-Paul Sartre, se tornaram cada vez mais abertamente contrários ao conflito, enquanto a França se viu isolada no cenário internacional pela violência de uma guerra imperial durante uma era de descolonização.

O exército e a comunidade de colonos na Argélia ficaram alarmados com o vacilante apoio francês à colônia argelina. Em maio de 1958, um grupo de colonos se rebelou contra o governo anêmico do primeiro-ministro francês Pierre Pflimlin, suspeito de buscar um acordo com a inimiga FLN. Seu slogan era: "O exército no poder!". Em 13 de maio, eles invadiram os escritórios do governador-geral em Argel e declararam um autogoverno organizado em torno de um "comitê de segurança pública" revolucionário presidido pelo general Jacques Massu, comandante das unidades de para-quedistas de elite.

O exército francês na Argélia tinha declarada simpatia pelo movimento dos colonos. Em 9 de maio, o general Raoul Salan, comandante em chefe das forças francesas na Argélia, havia enviado um longo telegrama a seus superiores em Paris. Salan transmitia a preocupação de seus oficiais de que "processos diplomáticos" pudessem levar ao "abandono da Argélia". Ele continuava: "O exército na Argélia está preocupado com o reconheci-mento de sua responsabilidade para com os homens que estão lutando e se arriscando a um sacrifício inútil se os representantes da nação não estão determinados a manter o caráter francês da Argélia".[10] Salan alertava que apenas ações governamentais determinadas a preservar o caráter francês da Argélia impediriam um golpe militar — não apenas na Argélia, mas também na França metropolitana. A crise argelina ameaçava derrubar a própria república francesa.

A insurreição dos colonos chocou Argel. Em 14 de maio, Mouloud Feraoun capturou o medo e a incerteza em seu diário:

> Atmosfera de revolução. Pessoas barricadas em suas casas. Os manifestantes marcham para cima e para baixo nas principais artérias da cidade, as lojas fechadas. A rádio fala de um comitê de segurança pública que assumiu o poder depois de ocupar os escritórios do governo-geral e tomar o controle das transmissões.

Os muçulmanos de Argel reconheceram que essa era uma luta en-tre os franceses que não os envolvia. Feraoun questionou a capacidade da Quarta República de suportar a pressão. "Basicamente, a Guerra da Argélia será um duro golpe para a França, talvez um golpe mortal para a República. Depois disso, sem dúvida, trará o remédio para a Argélia e os argelinos."[11]

POUCO TEMPO DEPOIS, o governo de Pflimlin caiu e o herói da resistência francesa na Segunda Guerra Mundial, o general Charles de Gaulle, foi reconduzido ao poder por aclamação pública em junho de 1958. Em três meses, De Gaulle submeteu uma nova Constituição a plebiscito e em setembro de 1958 lançou a Quinta República.

Um dos primeiros atos de De Gaulle foi ir à Argélia enfrentar a comunidade rebelde de colonos. Em um famoso discurso proferido em Argel, De Gaulle acalmou o exército e os colonos rebeldes prometendo que a Argélia continuaria sendo francesa. "Eu entendi vocês!", De Gaulle tranquilizou as multidões enlevadas. Em seguida, apresentou um ambicioso conjunto de reformas para desenvolver a Argélia e integrar seus cidadãos árabes à comunidade francesa por meio do desenvolvimento industrial, da distribuição de terras e da criação de 400 mil novos empregos.

As propostas de De Gaulle visavam claramente a tranquilizar o exército e os colonos na Argélia e pôr fim ao comitê de segurança pública do general Salan. No entanto, suas palavras demonstravam a pouca compreensão que ele tinha do movimento nacionalista por trás da guerra da FLN. Refletindo sobre os pronunciamentos de De Gaulle, Mouloud Feraoun escreveu amargamente: "Nacionalismo argelino? Isso não existe. Integração? Já a temos". Era como se De Gaulle estivesse voltando à ideia de assimilação, tal como apresentada por Blum-Viollette em 1930. A assimilação pode ter sido uma ideia atraente até 1945, mas em 1958 era irrelevante. Para Feraoun, era como se De Gaulle estivesse dizendo: "O senhor é francês, meu velho. Nada mais. Não nos dê mais dores de cabeça".

Diante da obstinada resistência da FLN, De Gaulle foi forçado a chegar a um acordo em relação às exigências argelinas de independência total. Apesar de suas promessas iniciais, ele reviu sua posição e começou a preparar seus compatriotas para a separação. Em setembro de 1959, De Gaulle falou pela primeira vez em autodeterminação argelina, provocando uma série de manifestações violentas de colonos na Argélia em janeiro de 1960. De Gaulle persistiu, e em junho de 1960 convocou as primeiras negociações diretas com o governo provisório da República da Argélia em Évian.

Os elementos mais radicais dentro do movimento dos colonos e seus aliados no exército começaram a ver De Gaulle como um traidor. Eles formaram organizações terroristas, como a Frente da Argélia Francesa e a notória Organização Armada Secreta, mais conhecida pelo seu acrônimo, OAS, e planejaram ativamente o assassinato de De Gaulle. A OAS também desencadeou uma violenta campanha terrorista na Argélia que infligiu violência indiscriminada a civis árabes.

As negociações de Évian, somadas ao colapso da segurança pública, provocaram uma crise política entre os colonos e militares argelinos. Em janeiro de 1961, o governo francês realizou um referendo sobre a autodeterminação na Argélia, que obteve uma votação retumbante de 75% a favor. Em abril de 1961, o regimento de paraquedistas da Legião Estrangeira em Argel se amotinou em protesto contra as medidas do governo francês de conceder a independência à Argélia. No entanto, o motim não obteve maior apoio entre os militares, que permaneceram fiéis a De Gaulle, e os líderes do golpe foram forçados a se render depois de apenas quatro dias.

À medida que a posição dos colonos na Argélia se tornava mais fraca em 1961 e no início de 1962, a OAS intensificou a violência de seus atos terroristas. "Agora parece que a OAS não avisa ninguém", observou Mouloud Feraoun em um dos últimos registros de seu diário em fevereiro de 1962. "Eles matam em carros, em motocicletas, com granadas, com metralhadoras, com facas. Atacam caixas em bancos, correios, empresas [...] com a cumplicidade de alguns e a covardia de todos."[12] A corajosa voz da razão de Feraoun foi silenciada pelas armas da OAS em 15 de março, apenas três dias antes da assinatura dos Acordos de Évian.

Enquanto a violência continuava a devastar o país, a FLN e o governo de De Gaulle fizeram progressos em suas negociações em Évian. Em 18 de março de 1962, os dois lados assinaram os Acordos de Évian, conferindo total independência à Argélia. Os termos dos acordos foram submetidos à votação do público em um plebiscito realizado na Argélia em 1º de julho. Os argelinos votaram pela independência de forma quase unânime (5,9 milhões a favor, 16 mil contra). Em 3 de julho, De Gaulle proclamou a independência da Argélia. As celebrações em Argel foram adiadas por dois dias para coincidir com o aniversário da ocupação francesa da cidade em 5 de julho de 1830. Após 132 anos, os argelinos finalmente expulsavam os franceses de suas terras.

O terror permanente e a incerteza quanto ao futuro levaram a comunidade francesa a abandonar o país em ondas maciças — 300 mil partiram apenas em junho de 1962. Muitas famílias de colonos viviam havia gerações no norte da África. Até o final do ano, apenas cerca de 30 mil colonos europeus permaneceram na Argélia.

O episódio mais destrutivo, porém, foi o triste enfrentamento que rapidamente opôs os dirigentes internos e externos da Frente de Libertação Nacional numa corrida desesperada pelo poder do país pelo qual tanto haviam lutado e que tanto sacrifício havia exigido. Para o povo argelino, cansado de lutar, aquilo era demais. As mulheres de Argel saíram às ruas para protestar contra as disputas entre os combatentes argelinos, cantando: "Sete anos, já basta!".

Não foi até Ahmed Ben Bella e Houari Boumédiène garantirem o controle de Argel em setembro de 1962 que a luta chegou ao fim. Ben Bella assumiu seu lugar na chefia do governo; um ano depois, após a ratificação da Constituição, em setembro de 1963, foi eleito presidente. Três anos depois, Boumédiène tomaria o seu lugar em um golpe sem derramamento de sangue, que refletia as permanentes disputas entre facções dentro da liderança da FLN.

Para muitos, a independência da Argélia não passou de uma vitória vazia — principalmente para as mulheres. Após seus atos de coragem e sacrifício, elas ficaram horrorizadas ao ouvirem o líder da FLN, Muhammad Khider, insistir para que "voltassem ao seu cuscuz". Baya Hocine, uma das veteranas da Batalha de Argel, que fora submetida a torturas e anos de prisão, refletiu sobre as emoções conflitantes que sentia diante da independência:

O ano de 1962 foi um buraco negro. Antes disso, foi tudo uma grande aventura, mas depois [...] nos vimos completamente sozinhas. Não sei o que pensavam as outras irmãs, mas eu não tinha objetivos políticos imediatos. O ano de 1962 trouxe o grande conforto, o fim da guerra, mas ao mesmo tempo um grande medo. Na prisão, acreditávamos que iríamos [...] ser libertadas e que construiríamos uma Argélia socialista. [...] E então vimos uma Argélia feita praticamente sem nós [...] sem que ninguém pensasse em nós. Para nós, foi pior do que antes, porque havíamos rompido as barreiras e era muito difícil voltar atrás. Em 1962, todas as barreiras foram restauradas, mas de uma maneira terrível para nós. Elas foram colocadas de volta no lugar para nos excluir.[13]

A Argélia havia conseguido a independência, mas a um preço muito alto. Sua população tinha sido morta e deslocada em uma escala sem precedentes na história árabe. Sua economia foi arrasada pela guerra e deliberadamente destruída pelos colonos que partiam. Sua liderança política foi dividida pelo sectarismo. E sua sociedade foi rachada pelas diferentes expectativas em relação aos papéis que homens e mulheres deveriam desempenhar na construção da Argélia independente. No entanto, a Argélia rapidamente começou a formar um governo e ocupar seu lugar entre os Estados árabes progressistas como uma república nascida da luta revolucionária contra o imperialismo.

COM O SUCESSO DA REVOLUÇÃO ARGELINA, Nasser passou a ter um novo aliado em sua luta contra o "reacionarismo" árabe. O Egito, ainda conhecido como República Árabe Unida após a secessão síria, tinha como objetivo a reforma geral do mundo árabe como prelúdio para alcançar a unidade. A Argélia revolucionária, com sua ênfase no anti-imperialismo, em uma política de identidade árabe e nas reformas socialistas, era um parceiro natural. O novo partido estatal de Nasser, a União Socialista Árabe, elaborou um comunicado conjunto com a FLN em junho de 1964 para afirmar sua unidade de propósito em promover o socialismo árabe.[14]

Nasser recebeu algum crédito por ter apoiado a revolução argelina desde o início até a independência. Ele estava se afastando do papel de porta-voz do nacionalismo árabe e agora procurava se apresentar como defensor dos valores revolucionários progressistas. Levado pela retórica,

Nasser se viu oferecendo apoio inquestionável aos movimentos revolucionários árabes onde quer que ocorressem. Quando um grupo de oficiais derrubou a monarquia no Iêmen, Nasser lhes deu seu apoio imediato — em suas próprias palavras: "Tivemos que apoiar a revolução iemenita mesmo sem saber quem estava por trás dela".[15]

* * *

O Iêmen, havia muito tempo autônomo dentro do Império Otomano, tinha garantido sua independência como reino em 1918. O primeiro governante do Iêmen independente foi o imã Yahya (1869-1948), que, como chefe da seita zaidi, uma pequena comunidade xiita encontrada apenas no Iêmen, havia fornecido tanto liderança religiosa quanto política ao país. Nas décadas de 1920 e 1930, Yahya ampliou seu domínio com a conquista de terras tribais no norte, muitas das quais habitadas por muçulmanos sunitas.

Ao longo de seu reinado, Yahya enfrentou pressões ao norte, da Arábia Saudita — que tomou a província de Asir e a cidade de Najran daquilo que Yahya considerava parte do "Iêmen histórico" —, e ao sul, dos britânicos — que desde a década de 1830 ocupavam a cidade portuária de Áden e seu interior, como se fossem uma colônia. As contínuas conquistas militares de Yahya, no entanto, conseguiam dar uma ilusão de unidade a uma sociedade profundamente dividida por fissuras regionais, tribais e sectárias. Sob o governo de Yahya, o Iêmen tinha muito pouco intercâmbio com o mundo exterior, permanecendo concentrado em buscar políticas que preservassem o isolamento do país.

O isolamento do Iêmen foi rompido com o término do governo de Yahya. Em 1948, o imã foi assassinado por um xeque tribal e sucedido pelo filho, o imã Ahmad (g. 1948-62). Ahmad era conhecido por ser um homem cruel, e sua crueldade foi comprovada quando ele subiu ao trono e mandou prender e executar seus rivais. Ele abandonou a xenofobia de Yahya e estabeleceu relações diplomáticas com a União Soviética e a República Popular da China, em busca de assistência ao desenvolvimento e auxílio militar.

Ahmad, porém, não estava seguro em seu trono. Em 1955, uma tentativa de golpe o deixou cada vez mais desconfiado de rivais internos e de ameaças do exterior — sobretudo de Nasser e seus implacáveis apelos para a derrubada de regimes "feudais". As ondas da Voz dos Árabes, vindas do Egito, alcançavam o Iêmen, transmitindo sua eletrizante mensagem de nacionalismo árabe e anti-imperialismo.[16] No Iêmen, assim como em todo o mundo árabe, o apelo direto de Nasser ao povo pelo rádio colocava o imã Ahmad sob pressão, o que foi uma fonte de tensão entre os dois países.

Nasser, porém, não era consistentemente hostil aos iemenitas. Em 1956, o Iêmen, o Egito e a Arábia Saudita concluíram um pacto antibritânico em Jidá, e em 1958 o imã Ahmad deu seu total apoio à união do Egito e da Síria, ingressando em um esquema de federação com a República Árabe Unida conhecido como Estados Árabes Unidos. Ahmad, no entanto, opunha-se à visão de Nasser do socialismo árabe, com sua proposta de uma economia liderada pelo Estado e a nacionalização de empresas privadas. Em um discurso, ele afirmou que isso equivalia a "obter propriedades por meios ilegítimos", o que representava "um crime contra a lei islâmica".[17]

Em 1961, logo após a saída da Síria da República Árabe Unida, o discurso de Ahmad sobre a lei islâmica enfureceu Nasser. O Egito cortou os laços com o Iêmen e a Voz dos Árabes intensificou sua retórica, pressionando os iemenitas a derrubar sua monarquia "reacionária".

A oportunidade surgiu no ano seguinte. Em setembro de 1962, o imã Ahmad morreu enquanto dormia, deixando o reino nas mãos de seu filho e sucessor, o imã Badr. Uma semana depois, Badr foi derrubado por um golpe militar e foi declarada a República Árabe do Iêmen.

Os apoiadores da família real iemenita desafiaram o golpe, apoiados pelo vizinho Reino da Arábia Saudita. O Egito respaldou com todas as suas forças tanto a nova república como seus governantes militares, naquela que Nasser via como a maior batalha entre progressistas e reacionários no mundo árabe.

A revolução iemenita logo se transformou não só em uma guerra civil no próprio Iêmen, mas também em uma guerra entre árabes egípcios e sauditas, entre a ordem republicana "progressista" e as monarquias "conservadoras", na qual o que estava em disputa era o futuro do mundo árabe. Não havia interesses egípcios em jogo, apenas uma confusão entre retórica e realpolitik. Esta foi a primeira guerra que Nasser escolheu travar, e foi o seu Vietnã.

Tropas egípcias começaram a inundar o Iêmen após o golpe de setembro de 1962. Nos três anos seguintes, o efetivo aumentou de 30 mil soldados, no final de 1963, para um pico de 70 mil em 1965 — quase metade do exército egípcio.

Desde o início, a guerra no Iêmen mostrou-se impossível de vencer. Os egípcios enfrentaram guerrilheiros tribais lutando em seu próprio terreno e perderam mais de 10 mil soldados e oficiais ao longo de cinco anos de combates. Muitas mortes e poucos sucessos afetaram o moral das tropas, uma vez que os egípcios não conseguiam avançar muito além da capital, Saná. Enquanto os sauditas financiavam os monarquistas e os britânicos lhes davam assistência secreta, os egípcios não dispunham dos recursos para sustentar as enormes despesas de uma guerra no exterior. No entanto, essas preocupações de ordem prática não afetavam Nasser, cegamente determinado a promover uma reforma revolucionária no mundo árabe. "A retirada é impossível", ele disse a seu comandante. "Significaria o fim da revolução no Iêmen."[18]

Nasser reconheceu prontamente que a Guerra do Iêmen era "uma operação mais política do que militar". O que não percebeu foi o impacto que ela teria na capacidade militar do Egito para enfrentar uma ameaça mais premente: Israel.

★ ★ ★

Na década transcorrida desde a Crise de Suez, Israel e seus vizinhos árabes haviam participado de uma corrida armamentista em preparação para um inevitável próximo round. Os Estados Unidos começaram a superar a França como principais fornecedores de equipamento militar a Israel, a Grã-Bretanha abastecia os jordanianos e os soviéticos armavam a Síria e o Egito. Os soviéticos estavam prontos para usar sua posição no

Egito e na Síria para pressionar os Estados Unidos em uma área de interesse estratégico para as duas superpotências.

A guerra era inevitável porque Israel e os Estados árabes vizinhos estavam insatisfeitos com o statu quo e não se mostravam dispostos a considerar a paz nesses termos. Os árabes estavam tão inconformados com Israel que se recusavam a se referir ao país pelo nome, preferindo falar da "entidade sionista". Tendo perdido as guerras contra o exército israelense em 1948 e 1956, eles estavam determinados a acertar as contas. Os refugiados palestinos no Líbano, na Síria, na Jordânia e na Faixa de Gaza serviam como um lembrete diário do fracasso dos árabes em cumprir suas promessas de libertação da Palestina.

Os israelenses também estavam predispostos à guerra. Eles temiam que o estreito cinturão do país entre o litoral e a Cisjordânia — que em alguns pontos não tinha mais que doze quilômetros de largura — deixasse Israel vulnerável a uma investida hostil que dividiria o país em dois, separando o norte do sul. Além disso, eles não tinham acesso ao Muro das Lamentações e ao bairro judeu da Cidade Antiga de Jerusalém, que se encontravam nas mãos da Jordânia. E a Síria mantinha as estratégicas colinas de Golã, com vista para a Galileia. Por último, os israelenses acreditavam que sua vantagem estratégica — o fato de possuírem mais armas que seus vizinhos árabes, e de melhor qualidade — diminuiria com o tempo, à medida que os soviéticos fornecessem aos egípcios e sírios sistemas de armas com tecnologia de ponta. Eles precisavam de uma boa guerra para assegurar fronteiras defensáveis e infligir uma derrota decisiva aos árabes, o que lhes permitiria impor um tratado de paz em termos com os quais Israel poderia viver.

Na primavera de 1967, os israelenses começaram a reclamar de palestinos que atravessavam a fronteira com a Síria para atacar Israel, e as tensões entre os dois países aumentaram. Israelenses e sírios colocaram suas forças armadas em estado de alerta. O primeiro-ministro Levi Eshkol ameaçou ações ofensivas contra Damasco se as provocações sírias não cessassem. As ameaças deram lugar às hostilidades em abril, quando jatos israelenses travaram combates com a força aérea síria no espaço aéreo da Síria, abatendo seis caças MiG dos vizinhos. Dois dos aviões caíram nos subúrbios de Damasco. Como lembrou o jornalista egípcio Muhammad Heikal: "A situação entre a Síria e Israel se tornou muito perigosa".[19] A súbita escalada de hostilidades colocou toda a região em pé de guerra.

Nesse momento de tensão crescente, a União Soviética optou por vazar um falso relatório de inteligência para as autoridades egípcias, alegando uma concentração de tropas israelenses na fronteira síria. Os soviéticos, sem dúvida, estavam penalizados com a facilidade com que os israelenses, com seus aviões franceses Mirage, haviam derrubado os MiG 21 de última geração que a União Soviética havia fornecido à força aérea síria. O Egito possuía um pacto de defesa mútua com a Síria, o que significava que teria de entrar em guerra se os israelenses iniciassem hostilidades com os sírios. Talvez os soviéticos esperassem mobilizar os egípcios com informação falsa e, ao mesmo tempo, conter os israelenses com a perspectiva de um conflito em duas frentes.

Embora contasse com boas informações de seu próprio serviço de inteligência, inclusive fotografias aéreas que sugeriam que os israelenses não estavam na verdade se mobilizando na fronteira, Nasser continuou agindo publicamente como se houvesse uma ameaça iminente de guerra. Talvez ele esperasse reivindicar uma vitória sobre Israel sem precisar disparar um único tiro: primeiro, circulando a informação da inteligência soviética de uma ameaça israelense à Síria, em seguida distribuindo suas tropas nas fronteiras israelenses como um elemento de dissuasão, e por último alegando que a ausência de tropas israelenses na fronteira síria era uma prova de que os judeus haviam se retirado diante da pressão egípcia. Qualquer que tenha sido seu raciocínio, Nasser continuou agindo com base no falso relatório soviético e despachou seu exército através do canal de Suez em 16 de maio para se concentrar no Sinai, perto da fronteira com Israel. Esse erro de cálculo seria o passo inicial para a guerra.

O primeiro desafio que Nasser enfrentou foi o de organizar uma ameaça plausível aos israelenses. Com 50 mil de seus melhores soldados ainda presos na Guerra do Iêmen, ele se viu obrigado a convocar todos os seus reservistas para reunir a força necessária. E era preciso fazer seus soldados parecerem mais formidáveis do que de fato eram, não só para gerar entusiasmo entre o povo egípcio como para impor uma ameaça factível aos israelenses. Nasser fez então uma apresentação dramática do seu destacamento de tropas, desfilando soldados e tanques pelo centro do Cairo, provocando os aplausos da multidão e o interesse da imprensa internacional. "Nossas tropas marcharam deliberadamente pelas ruas do Cairo a caminho do Sinai", protestou o general Abd al-Ghani al-Gamasy, "à luz do dia e à vista de todos — cidadãos e estrangeiros. Os meios de comunicação cobriram cada movimento nosso, o que contraria todos os princípios e medidas de segurança concebíveis."[20]

O fluxo constante de soldados a caminho do front elevou as expectativas do público quanto a uma guerra iminente que poderia resgatar a honra árabe e libertar a Palestina. Nenhum dos milhões de apoiadores de Nasser duvidou por um momento de que o exército egípcio levaria seus aliados árabes à vitória sobre Israel. No entanto, as forças egípcias foram enviadas ao Sinai sem nenhum objetivo militar claro, como se o seu simples volume fosse capaz de intimidar os israelenses. Enquanto isso, Gamasy refletiu, "Israel se preparava silenciosamente para a guerra, em circunstâncias perfeitas". Seus estrategistas tinham pleno conhecimento dos números e dos equipamentos da missão egípcia. Não apenas haviam passado os meses anteriores reunindo informações detalhadas como tinham visto tudo na TV.

Ao chegarem ao Sinai, as unidades egípcias se viram cara a cara com a Força de Emergência das Nações Unidas. Ela havia sido enviada à região após a Crise de Suez de 1956 com o objetivo de manter a paz entre o Egito e Israel. Era composta por 4500 soldados internacionais posicionados em 41 pontos de observação na Faixa de Gaza, ao longo da fronteira israelense-egípcia e em Sharm al-Shaykh, no extremo sul do Sinai.

As forças da ONU eram agora um inconveniente, situando-se entre as tropas egípcias e as fronteiras israelenses. Como o exército egípcio poderia representar uma ameaça aos israelenses se havia uma força tampão entre eles? O chefe do Estado-Maior egípcio escreveu ao comandante da Força de Emergência para solicitar a retirada das tropas da ONU das fronteiras orientais entre o Egito e Israel. O comandante da ONU transmitiu o pedido ao secretário-geral U Thant, que respondeu que estava dentro dos direitos soberanos do Egito solicitar a retirada das tropas das Nações Unidas de seu território, mas que aprovaria apenas uma retirada total. A Força de Emergência, argumentou U Thant, era uma unidade indivisível, de modo que não fazia sentido retirar parte dela da fronteira oriental e ao mesmo tempo manter efetivos na Faixa de Gaza e no estreito de Tiran. O Egito refletiu sobre a resposta do secretário-geral e, em 18 de maio, solicitou a retirada total das tropas. A última unidade da Força de Emergência deixou a região em 31 de maio. De repente, não havia nenhum amortecedor entre os egípcios e os israelenses, o que elevou as tensões entre os dois países a um ponto febril. Esse foi o segundo erro de cálculo de Nasser, que o deixou muito mais perto da guerra.

A retirada das forças da ONU criou um problema diplomático imprevisto para Nasser. Desde 1957, a ONU mantinha o estreito de Tiran aberto a todas as embarcações, independente da bandeira ou do destino dos navios. Isso proporcionara a Israel uma década de livre acesso ao mar Vermelho a partir do porto de Eilat. Uma vez retiradas as forças da ONU, o estreito voltou à soberania do Egito, que sofria uma pressão tremenda de seus vizinhos árabes para fechá-lo aos navios israelenses, bem como aos destinados a Eilat. Como lembrou Anwar Sadat: "Muitos irmãos árabes criticaram o Egito por deixar o estreito de Tiran [...] aberto à navegação internacional, sobretudo israelense".

No clima quente de maio de 1967, Nasser sucumbiu à pressão. Ele convocou uma reunião do Comitê Executivo Supremo, que contava com o comandante em chefe das forças armadas, marechal de campo Abd Hakim Amer, o primeiro-ministro Sidqi Sulayman, o presidente da Assembleia Nacional, Anwar Sadat, e outros líderes dos Oficiais Livres. "No momento, considerando a concentração de forças que temos no Sinai", refletiu Nasser, "as chances de guerra são de 50%. Mas, se fecharmos o estreito [de Tiran], podemos ter 100% de certeza quanto à guerra." Nasser virou-se para o comandante de suas forças armadas e perguntou: "As forças armadas estão prontas, Abd Hakim [Amer]?". Amer foi positivo: "Sob minha responsabilidade, chefe! Está tudo em perfeita ordem".[21]

Em 22 de maio, o Egito declarou o fechamento do estreito de Tiran aos navios israelenses e a todos os navios petroleiros destinados a Eilat. Nasser estava correto em sua avaliação da probabilidade de conflito. Para Israel, essa ameaça às suas rotas marítimas era motivo de guerra.

No final de maio, o mundo árabe havia abandonado qualquer esforço para evitar o confronto. A opinião pública, ainda sofrendo com o resultado das guerras de 1948 e 1956 e de uma série de ataques menores, estava impaciente para ver Israel sofrer uma derrota decisiva. A mobilização das tropas egípcias, exibida com destaque pela TV, havia aumentado as expectativas de que o momento do acerto de contas estava próximo. E a cooperação entre os árabes significava que Israel enfrentaria ataques em três frentes. A Síria e o Egito já estavam vinculados por um pacto de defesa mútua, e, em 30 de maio, o rei Hussein, da Jordânia, voou para o Cairo a fim de se unir a Nasser. Armas modernas, unidade de propósito, liderança forte: certamente os árabes tinham tudo que era preciso para infligir aos israelenses uma grande derrota. No entanto, por trás de todas as bravatas, eles estavam menos preparados para a guerra do que nunca.

O Egito e os demais Estados árabes não haviam aprendido as lições de 1948. Eles não tinham empreendido nenhum planejamento de guerra significativo, e, apesar de seus pactos mútuos de defesa, não havia coordenação militar entre Egito, Síria e Jordânia, muito menos uma estratégia para derrotar um inimigo tão determinado quanto Israel. Para piorar a situação, o Egito havia desperdiçado dinheiro e recursos militares em uma guerra impossível de ser vencida no Iêmen, onde, em maio de 1967, um terço de suas forças permanecia imobilizado. Era como se o Egito entrasse em guerra com um braço amarrado atrás das costas.

A guerra com Israel deve ter sido a última coisa que Nasser desejava em 1967, mas ele era refém do próprio sucesso. O povo do Egito e o mundo árabe como um todo responderam à sua propaganda e acreditaram nele. Eles confiavam em seu comando e acreditavam que cumpriria o prometido. A credibilidade de Nasser e sua liderança no mundo árabe estavam em jogo. Como cada um de seus erros de cálculo o havia levado para mais perto da guerra, ele tinha menos espaço de manobra para evitar o conflito.

A MOBILIZAÇÃO MILITAR NO EGITO provocou uma profunda crise em Israel. Os israelenses, cada vez mais temerosos de se verem cercados por inimigos árabes, voltaram-se para o governo em busca de segurança — e ficaram ainda mais apreensivos. O primeiro-ministro israelense, Levi Eshkol, pretendia esgotar todos os meios diplomáticos antes de arriscar uma guerra total. Seus generais, sob a liderança de Yitzhak Rabin, chefe do Estado-Maior, discordavam. Eles estavam confiantes de que poderiam vencer cada um dos exércitos árabes se agissem rápido, antes que os adversários tivessem tempo de estabelecer posições seguras e coordenar um plano de ataque. As reuniões ministeriais tornaram-se cada vez mais divididas. Eshkol temia entrar em uma guerra em três frentes contra o Egito, a Síria e a Jordânia. Até o implacável ex-primeiro-ministro David Ben-Gurion, agora aposentado, expressou reservas a Rabin sobre a mobilização para a guerra. "O senhor levou o Estado a uma situação grave", ele advertiu Rabin. "Não devemos entrar em guerra. Estamos isolados. A responsabilidade é toda sua."[22]

As duas semanas transcorridas entre o fechamento do estreito de Tiran e o início do conflito foram um período de grande tensão, conhecido em Israel como o "período de espera". Os israelenses temiam pela própria existência de seu Estado e não confiavam em seu primeiro-ministro, a quem julgavam indeciso.

O ponto de inflexão chegou no final de maio. Isolado em seu próprio governo de coalizão, Eshkol foi forçado a trazer o beligerante general aposentado Moshe Dayan a seu gabinete como ministro da Defesa. A entrada de Dayan no governo fez pender a balança a favor da guerra. Com a garantia de apoio dos Estados Unidos em caso de confronto armado, o gabinete israelense se reuniu em 4 de junho e tomou a decisão de entrar em guerra. Os generais se puseram imediatamente em ação.

Às oito horas da manhã do dia 5 de junho de 1967, um posto avançado de vigilância por radar em Ajlun, na Jordânia, detectou a movimentação de aeronaves partindo das bases aéreas de Israel em direção ao sudoeste. O operador jordaniano imediatamente transmitiu um aviso tanto ao centro de operações da defesa aérea no Cairo quanto ao Ministério da Guerra do Egito. O aviso não obteve resposta. O cabo que estava de serviço na estação principal de recepção da defesa aérea havia sintonizado o rádio na frequência errada, e o oficial de serviço no ministério deixou de informar ao ministro. Israel começou com a vantagem da surpresa total.

Enquanto uma sucessão de bombardeiros israelenses se dirigia para o espaço aéreo do Egito, o comandante em chefe das forças egípcias, o marechal de campo Abd Hakim Amer, estava em um avião de transporte acompanhado de vários oficiais de alta patente, voando para o Sinai a fim de rever as posições da força aérea e da infantaria. O chefe do centro de comando avançado no Sinai, o general Abd al-Muhsin Murtagi, estava à espera do alto-comando egípcio na base aérea de Tamada. "Às 8h45", ele recorda, "os aviões israelenses atacaram o aeroporto, destruindo todas as aeronaves e bombardeando pistas para torná-las inoperantes." Impossibilitado de pousar, o avião de Amer foi obrigado a retornar ao Cairo, uma vez que todas as bases aéreas do Sinai estavam sob ataque simultâneo.[23]

No mesmo exato instante, o vice-presidente do Egito, Hussein al-Shafi, conduzia o primeiro-ministro iraquiano, Tahir Yahya, em uma excursão pela zona do canal de Suez. Eles aterrissaram no aeroporto de Fayed às 8h45, exatamente quando a primeira onda de aviões israelenses atacou. Shafi registrou o momento.

> Nosso avião conseguiu pousar, e logo explodiram duas bombas perto de nós. Descemos, nos dispersamos e buscamos refúgio em terra, de onde pudemos acompanhar o desdobramento dos eventos minuto a minuto. Os aviões inimigos surgiam em grupos de três ou quatro em intervalos de dez a quinze minutos, visando especificamente as aeronaves estacionadas na pista, suas asas quase se tocando, como se cuidadosamente arranjadas para serem destruídas no menor tempo possível, sem nenhum grande esforço ou contratempo. Cada ataque terminava com um ou dois aviões em chamas.[24]

Enquanto a delegação voltava de carro ao Cairo, viam-se colunas de fumaça elevando-se de cada uma das bases aéreas pelo caminho.

Em menos de três horas, a força aérea israelense havia alcançado supremacia aérea sobre o Egito, eliminando todos os seus bombardeiros, 85% de suas aeronaves de combate e infligindo danos às pistas e aos sistemas de radar a fim de impedir que outros aviões usassem o espaço aéreo egípcio. Na verdade, Nasser chegou a pedir ao governo argelino que emprestasse seus MiGs à força aérea antes de perceber que a extensão dos danos às bases impedia seu uso.

Com a força aérea egípcia fora de serviço, os israelenses voltaram-se para a Jordânia e a Síria. O rei Hussein havia colocado suas forças armadas sob comando egípcio, em conformidade com o acordo de defesa que selara com Nasser seis dias antes. O comandante egípcio ordenou então que a artilharia e a força aérea jordaniana atacassem as bases aéreas israelenses. A diminuta força aérea jordaniana fez suas primeiras incursões e voltou à base para reabastecer quando foi atingida por jatos israelenses logo após o meio-dia. Em duas investidas, os israelenses eliminaram toda a força aérea da Jordânia — aviões, pistas e bases. Eles se voltaram então para atacar os sírios, eliminando dois terços da força aérea da Síria no decorrer da tarde.

Tendo conquistado os céus, os israelenses despacharam suas forças terrestres em uma tentativa de eliminar seus adversários — Egito, Jordânia e Síria — em rápida sucessão, a fim de evitar combates simultâneos em mais de uma frente. Eles começaram pelo Sinai, mobilizando cerca de 70 mil soldados de infantaria e setecentos tanques contra uma força egípcia total de 100 mil homens. Em 5 de junho, após intensos combates, os israelenses capturaram grandes partes da Faixa de Gaza, atravessaram as linhas egípcias na costa do Mediterrâneo e, ao cair da noite, tomaram as estratégicas encruzilhadas de Abu Uwigla, no leste do Sinai.

Na manhã seguinte, os comandantes egípcios reagiram e ordenaram que uma de suas divisões blindadas retomasse Abu Uwigla. O general Gamasy testemunhou a operação. "Vi nossos blindados sendo atacados. Foi de partir o coração. Os aviões israelenses tinham total liberdade nos céus. Os tanques se moviam pelo deserto à luz do dia, o que os tornava alvos fáceis, sem meios efetivos de defesa."[25] À tarde, o ataque egípcio foi suspenso. O marechal de campo Amer, sem consultar seus oficiais no terreno, deu ordens para uma retirada geral do Sinai a fim de reagrupar suas forças na margem oeste do canal de Suez. Desorganizada e sem nenhuma coordenação, essa retirada transformou a derrota do Egito em uma debandada. Gamasy observou enquanto as tropas "se retiravam da maneira mais patética [...] sob contínuo fogo aéreo inimigo, que fez do passo de Mitla um enorme cemitério de cadáveres dispersos, equipamentos em chamas e munição explodindo".[26]

Agora que as forças armadas egípcias haviam sido neutralizadas, os israelenses voltaram-se para a frente jordaniana. Após os bem-sucedidos ataques aéreos de 5 de junho, eles tiraram o máximo proveito de sua supremacia aérea, bombardeando as divisões de blindados da Jordânia. Durante toda a noite, continuaram realizando ataques coordenados contra as posições jordanianas em Jerusalém e Jenin antes de retomar os bombardeios com a força aérea, já pela manhã. Em 6 de junho, as forças terrestres da Jordânia foram sitiadas na Cidade Antiga de Jerusalém e obrigadas a se retirar de Jenin. O rei Hussein foi até o front avaliar pessoalmente a situação. Ele lembrou:

> Jamais esquecerei a visão alucinante dessa derrota, as estradas repletas de caminhões, jipes e veículos retorcidos, estripados, amassados, ainda fumegando. No meio desse cemitério havia homens. Em grupos de trinta ou de dois, feridos, exaustos, eles tentavam abrir caminho sob o monstruoso golpe de misericórdia que lhes desferia uma horda de Mirages israelenses zunindo no céu azul sem nuvens, abrasado pelo sol.[27]

Hussein continuou a resistir, não só para não ser acusado de abandonar a luta como pela esperança de que a ONU decretasse um cessar-fogo, o que lhe permitiria conservar sua posição em Jerusalém e na Cisjordânia. Mas o cessar-fogo chegou tarde demais. A Cidade Antiga de Jerusalém caiu na manhã de 7 de junho, e as posições da Jordânia no resto da Cisjordânia desmoronaram antes que os israelenses acordassem um cessar-fogo com os jordanianos. Em 8 de junho, a Síria e o Egito também negociaram um cessar-fogo com Israel, mas os israelenses aproveitaram a vantagem que

tinham e atacaram os sírios, ocupando as colinas de Golã antes de pôr fim
à Guerra dos Seis Dias, em 10 de junho de 1967.

ATORDOADOS POR SUAS PERDAS, os comandantes egípcios recorreram à
fantasia para ganhar tempo. No primeiro dia de combate, o Cairo relatou
a derrubada de 161 aviões israelenses.[28] Os sírios seguiram o exemplo do
Egito, afirmando ter abatido 61 aeronaves israelenses nas primeiras horas
da guerra. Foi o início de uma campanha coordenada de desinformação
transmitida pelo rádio e reproduzida nos jornais controlados pelo Estado
que levou o mundo árabe a acreditar que Israel estava à beira da derrota
total. "Sabíamos da guerra pelo rádio", lembrou um oficial de inteligência
egípcio. "O mundo inteiro pensava que nossas forças estavam nos arredores de Tel Aviv."[29]

Na medida em que era necessário reconhecer os contratempos sofridos, os líderes árabes decidiram pôr a culpa de seus reveses em um
conluio dos americanos com os israelenses. No primeiro dia da guerra,
a Voz dos Árabes acusou os Estados Unidos de serem o inimigo. "Os
Estados Unidos são a força hostil por trás de Israel. Os Estados Unidos
são inimigos de todos os povos, assassinos da vida, derramadores de
sangue, aqueles que nos impedem de aniquilar Israel."[30] Nasser de fato
entrou em contato com o rei Hussein da Jordânia, notório nos círculos
árabes progressistas por suas relações de proximidade tanto com a Grã-
-Bretanha quanto com os Estados Unidos, para coordenar declarações
culpando um conluio anglo-americano pela vitória de Israel. Em uma
indiscreta conversa telefônica interceptada pela inteligência israelense,
Nasser se mostra encantado com a aquiescência de Hussein. "Farei uma
declaração", explicou Nasser, "e o senhor também, e trataremos para que
os sírios declarem igualmente que aeronaves americanas e britânicas
estão lançando ataques contra nós a partir de porta-aviões. Vamos enfatizar este ponto."[31] O fato de a Grã-Bretanha e a França terem entrado
na guerra ao lado de Israel contra o Egito em 1956 apenas dava crédito
aos rumores de conspiração.

A campanha de desinformação perpetrada pelos dirigentes árabes nada mais fez do que adiar o terrível dia de acerto de contas, quando eles teriam que revelar aos cidadãos a magnitude de suas perdas: a derrota total dos exércitos e das forças aéreas do Egito, da Jordânia e da Síria e a ocupação de um vasto território árabe: toda a península egípcia do Sinai; a Faixa de Gaza palestina; a Cisjordânia, incluindo Jerusalém Oriental; e as colinas sírias de Golã.

No entanto, durante a primeira semana de junho, as massas árabes iludidas ainda comemoravam. Multidões esfuziantes organizaram celebrações de vitória em todo o mundo árabe, sem desconfiar em nenhum momento de que seus líderes estivessem mentindo. Anwar Sadat recordou seu sentimento de desespero enquanto observava a alegria das pessoas,

> aplaudindo os falsos relatos de vitória que nossos meios de comunicação divulgavam a cada hora. O fato de estarem se regozijando com uma vitória imaginária — com o que de fato era uma *derrota* — me fez sentir pena delas, lamentar por elas e odiar profundamente aqueles que as haviam enganado e o Egito como um todo.

Sadat temia o momento inevitável da verdade, quando o povo egípcio perceberia "que a vitória que lhes havia sido vendida era na verdade um terrível desastre".[32]

Esse momento chegou no dia 9 de junho, quando Nasser foi ao rádio assumir total responsabilidade pelo "revés" — ele deu à guerra o seu nome árabe, *al-Naksa* — e apresentar sua renúncia. Ele sustentou a acusação de conluio anglo-americano com Israel e argumentou que a guerra era apenas o capítulo mais recente de uma longa história de dominação imperialista do Egito e do mundo árabe, agora com o protagonismo dos Estados Unidos. Como lembrou Sadat, Nasser argumentou que os americanos "queriam estar no controle exclusivo do mundo e 'governar' também o Egito. Como Nasser não podia concordar com isso, não tinha alternativa a não ser renunciar e entregar o poder".[33]

Imediatamente após essa transmissão, as ruas do Cairo se encheram de manifestantes, "homens, mulheres e crianças de todas as classes e condições sociais", lembrou Sadat em suas memórias, "unidos pelo sentimento de crise em uma massa compacta, movendo-se em conjunto e falando com uma só voz, pedindo a Nasser que permanecesse". Foi o suficiente para o povo do Egito aceitar o choque da derrota. Eles não queriam fazer isso sem Nasser. Para os egípcios, manter seu líder fazia parte da resistência à derrota e à dominação estrangeira — "desta vez os Estados Unidos, não a Grã-Bretanha". Por dezessete horas, afirmou Sadat, o povo se recusou a sair das ruas, até Nasser concordar em desistir de sua renúncia.[34] Embora tenha concordado em permanecer no cargo, Nasser nunca se recuperou do "revés".

As PERDAS DE 1967 DERAM INÍCIO a uma nova era radical da política árabe. A magnitude da derrota, aliada ao engano deliberado do público árabe, desencadeou uma crise de confiança nos líderes políticos da região. Nem mesmo Nasser, respaldado pelo povo, foi poupado do escárnio público. Sadat, nem sempre generoso com seu antecessor, lembrou que, após a derrota de 1967, "pessoas no mundo todo zombavam [de Nasser] e faziam dele motivo de chacota". Os demais líderes árabes desfrutaram de um momento de respiro depois que Nasser, o colosso, foi derrubado de seu pedestal. Eles já não precisavam temer os ataques da máquina de propaganda nasserista transmitidos pela Voz dos Árabes quando não conseguissem seguir os desmandos do Egito. Esse momento de respiro, porém, não durou muito. Após o "revés", logo surgiram ameaças internas contra os líderes árabes.

O desencanto público desencadeou uma onda de golpes e revoluções contra governos em todo o mundo árabe, exatamente como havia acontecido após a guerra de 1948. O presidente Abd al-Rahman al-Arif, do Iraque, foi deposto em 1968 por um golpe liderado pelo Baath. Em 1969, o rei Idris, da Líbia, foi destronado por um golpe dos Oficiais Livres encabeçado pelo coronel Muamar Kadafi, e Jaafar al-Numayri destituiu o presidente sudanês. Em 1970, o presidente sírio Nur al-Din Atassi foi vítima de um golpe militar que levou Hafez Assad ao poder. Cada um desses novos governos adotou uma plataforma nacionalista árabe radical como base de sua legitimidade, defendendo a destruição de Israel, a libertação da Palestina e o triunfo sobre o imperialismo — dessa vez simbolizado pelos Estados Unidos.

A guerra de 1967 transformaria completamente a posição dos Estados Unidos no Oriente Médio. Foi nesse momento que se iniciou o relacionamento especial entre os americanos e Israel, proporcional ao antagonismo árabe em relação aos Estados Unidos. Era uma divisão fadada a acontecer em algum momento, considerando as diferenças em suas respectivas prioridades geoestratégicas. Os americanos não haviam conseguido convencer os árabes a ficarem a seu lado contra a ameaça soviética, e os árabes não haviam conseguido fazer com que os americanos respeitassem suas opiniões sobre a ameaça sionista.

Durante a guerra de 1967, o governo do presidente americano Lyndon Johnson abandonou a neutralidade no conflito árabe-israelense e inclinou-se a favor de Israel. Acreditando que Nasser e seu socialismo estavam levando o mundo árabe para o campo soviético, os americanos ficaram satisfeitos em vê-lo desacreditado na derrota. Nasser, por sua vez, passou a crer em sua própria desinformação. O que havia começado como uma cortina de fumaça para desviar as críticas internas — a alegação de que os Estados Unidos participaram da guerra ao lado de Israel — transformou-se em uma convicção: a de que os Estados Unidos estavam usando Israel para promover seu próprio domínio sobre a região em uma nova onda de imperialismo. Em todo o mundo árabe, o suposto conluio entre israelenses e americanos serviu para explicar uma derrota que ninguém poderia ter imaginado. Todos os países árabes, com quatro exceções (Tunísia, Líbano, Kuwait e Arábia Saudita), romperam relações com os Estados Unidos por seu suposto papel na guerra de 1967.

Em retrospecto, sabemos que as alegações de Nasser de uma participação dos Estados Unidos na guerra do lado de Israel eram infundadas. Na verdade, aconteceu exatamente o contrário. No quarto dia da guerra, as forças aéreas e navais israelenses atacaram um navio de vigilância americano, o USS *Liberty*, matando 34 militares e ferindo 171. Os israelenses nunca deram uma explicação pública para o ataque, embora seja evidente que sua intenção era inutilizar o navio para impedir que os americanos monitorassem as comunicações israelenses a partir do campo de batalha. O fato de que um ataque gratuito, com tantas baixas americanas, pudesse ser perdoado com tal facilidade refletia a natureza do novo relacionamento especial entre Israel e os Estados Unidos.

A atitude dos árabes em relação a Israel também sofreu um endurecimento significativo após a Guerra dos Seis Dias. Nas duas décadas transcorridas desde a criação do Estado judeu em 1948, houvera algumas iniciativas de aproximação por parte dos Estados árabes, e alguma diplomacia secreta entre líderes árabes e israelenses. Nasser havia se envolvido em comunicações secretas com os israelenses em 1954, e o rei Hussein abrira canais diretos com o Estado judeu em 1963.[35] A derrota árabe em 1967 pôs fim a todas as negociações secretas com Israel. Nasser e Hussein, que haviam sido os maiores perdedores da guerra, esperavam recuperar ao menos parte de seus territórios por meio de algum tipo de acordo com Israel no pós-guerra. No entanto, foram relegados a uma posição marginal pela linha dura adotada durante a reunião dos chefes de Estado árabes no final de agosto e início de setembro de 1967. Realizada no Sudão, a Cúpula de Cartum é célebre pela adoção dos "três nãos" da diplomacia árabe: o não reconhecimento do Estado judeu, a não negociação com autoridades israelenses e o não estabelecimento de qualquer acordo de paz entre os Estados árabes e Israel. A partir de então, o nível moral da política árabe seria definido em termos da adesão às resoluções dessa reunião.

A comunidade internacional ainda esperava poder reunir Israel e os Estados árabes para selar uma paz justa e duradoura. Quando as Nações Unidas debateram a questão em novembro de 1967, descobriram que o mundo árabe estava dividido quanto à possibilidade de uma solução diplomática. A Resolução 242, aprovada por unanimidade pelo Conselho de Segurança da ONU em 22 de novembro de 1967, fornecia a estrutura legal para uma resolução do conflito árabe-israelense com base na troca de territórios por paz. A resolução pedia a "retirada das forças armadas de Israel dos territórios ocupados no recente conflito" em troca de "respeito e reconhecimento da soberania, integridade territorial e independência política de todos os Estados da região e seu direito de viver em paz dentro de fronteiras seguras e reconhecidas". A Resolução 242 tem sido a base de todas as iniciativas subsequentes de solucionar o conflito árabe-israelense calcadas na ideia de "territórios em troca de paz".

A resolução obteve o apoio do Egito e da Jordânia, mas não da Síria e dos demais Estados árabes. Para eles, os três nãos de Cartum impediam a solução diplomática implícita na Resolução 242. Era uma postura intransigente, mas, depois de perder três guerras para Israel — em 1948, 1956 e 1967 —, a maioria dos líderes árabes só estava disposta a negociar com o Estado judeu em uma posição de força. Depois de 1967, esses líderes tinham a convicção de que os árabes não estavam em condições de negociar.

O povo palestino foi quem mais perdeu com a diplomacia do pós-guerra. Duas décadas depois de terem sido expulsos de sua terra natal, os palestinos nunca obtiveram reconhecimento internacional como um povo distinto com direitos nacionais. Desde a época do mandato britânico eles eram chamados de árabes da Palestina, e não de palestinos. Em 1948, os judeus da Palestina assumiram a identidade nacional de israelenses, enquanto os árabes palestinos permaneceram sendo apenas "árabes" — "árabes israelenses", no caso da minoria que permaneceu em suas casas após a criação do Estado de Israel, ou "refugiados árabes", no caso dos que se refugiaram nos Estados árabes vizinhos. Aos olhos da opinião pública ocidental, os árabes deslocados da Palestina não eram diferentes dos árabes do Líbano, da Síria, da Jordânia ou do Egito e seriam absorvidos por esses países no devido tempo.

Entre 1948 e 1967, os palestinos desapareceram como comunidade política. Quando a premiê israelense Golda Meir afirmou que não havia palestinos, poucos na comunidade internacional contestaram sua afirmação, que ela mesma admitia ser de interesse próprio. Essa falta de percepção das aspirações nacionais palestinas se refletiu nos debates da ONU no outono de 1967. Embora a Resolução 242 possa nos parecer razoável hoje, na época ela representava o fim de todas as aspirações nacionais palestinas. O princípio de "territórios em troca de paz" confirmaria a permanência de

Israel entre a comunidade das nações, restituindo uma pequena parte do território da Palestina árabe à administração egípcia ou jordaniana. O país antes conhecido como Palestina desapareceria para sempre do mapa e não haveria Estado para todos os palestinos expulsos de seus lares durante as guerras de 1948 e 1967. Para os palestinos, não bastava rejeitar a Resolução 242. Eles precisavam levar a justiça de sua causa à atenção da comunidade internacional por todos os meios possíveis.

Durante vinte anos, os palestinos haviam confiado sua causa a seus irmãos árabes, na esperança de que uma ação árabe coordenada alcançasse a libertação de sua terra natal perdida. A derrota coletiva dos árabes em 1967 convenceu os nacionalistas palestinos a tomar o assunto em suas próprias mãos. Inspirados pelos revolucionários do Terceiro Mundo, os grupos nacionais palestinos lançaram sua própria luta armada não apenas contra Israel, mas também contra os países árabes que se colocassem em seu caminho.

* * *

OS FUNDADORES DA LUTA ARMADA palestina se conheceram no Cairo no início dos anos 1950. Em 1952, um estudante de engenharia palestino chamado Yasser Arafat (1929-2004), um veterano da guerra de 1948, foi eleito presidente da União dos Estudantes Palestinos na capital egípcia. Ele usou sua posição para motivar uma geração de jovens palestinos a dedicar suas vidas à libertação da terra natal.

Um dos colaboradores mais próximos de Arafat foi Salah Khalaf, conhecido por seu codinome, Abu Iyad. Durante a guerra árabe-israelense de 1948, Khalaf, então com quinze anos de idade, havia sido forçado a deixar sua cidade natal, Jaffa, para se refugiar em Gaza. Ele continuou seus estudos no Cairo, na faculdade de formação de professores Dar al-Ulum, onde, no outono de 1951, conheceu Arafat, em uma reunião da União dos Estudantes Palestinos. "Ele era quatro anos mais velho do que eu", lembrou Khalaf, "e fui imediatamente contagiado por sua energia, entusiasmo e espírito empreendedor." Khalaf e Arafat se uniram por sua desconfiança dos regimes árabes após o desastre de 1948, embora, com o advento de Nasser e dos Oficiais Livres, lembrou Khalaf, "tudo parecesse possível, até a libertação da Palestina".[36]

O Egito revolucionário era um lugar difícil para a política palestina. Embora Nasser tivesse prometido restaurar os direitos nacionais palestinos, seu governo mantinha a atividade nacionalista palestina sob rígido controle. Com o passar dos anos, os estudantes palestinos se dispersaram pelo mundo árabe, estabelecendo bases em várias nações que acabariam por se tornar células organizadas. Arafat se mudou para o Kuwait em 1957, onde Khalaf se juntou a ele dois anos depois. Outros, como Mahmoud Abbas, atual presidente da Autoridade Palestina, encontraram emprego no Catar. Os palestinos, já formados, tiveram sucesso em seus novos empregos e canalizaram seus recursos para a causa nacional — a libertação da Palestina.

Os palestinos só começaram a criar órgãos políticos bem definidos no final dos anos 1950. Em outubro de 1959, Arafat e Khalaf convocaram uma série de reuniões com outros vinte ativistas palestinos no Kuwait para estabelecer o Fatah. O nome da organização é duplamente significativo. Fatah é tanto a palavra árabe para "conquista" como um acrônimo reverso para *Harakat Tahrir Watani Filastin* — Movimento de Libertação Nacional da Palestina. A organização defendia a luta armada como forma de transcender o sectarismo e conquistar os direitos nacionais palestinos, e recrutaria e treinaria agressivamente novos membros nos cinco anos seguintes. O Fatah começou a publicar uma revista — *Filastinuna*, ou "Nossa Palestina" — para divulgar suas opiniões. Seu editor, Khalil al-Wazir (Abu Jihad), surgiria como porta-voz oficial do grupo.

Os Estados árabes decidiram criar um órgão oficial para representar as aspirações palestinas. Em 1964, a primeira cúpula de líderes árabes se reuniu no Cairo e clamou pela criação de uma nova organização destinada a permitir que o povo palestino "tivesse um papel ativo tanto na libertação de seu país como em sua autodeterminação". Arafat e seus colegas nutriam sérias dúvidas sobre o novo órgão, chamado de Organização para a Libertação da Palestina (OLP). Os palestinos não haviam sido consultados sobre o estabelecimento da organização, e Nasser indicara um advogado chamado Ahmad Shuqayri para dirigi-la. As credenciais palestinas de Shuqayri eram exíguas, na melhor das hipóteses. Nascido no Líbano de ascendência mista egípcia, hejazi e turca, o eloquente Shuqayri servira até 1963 como representante saudita nas Nações Unidas. Arafat e os ativistas do Fatah estavam convencidos de que a OLP havia sido criada pelos regimes árabes para controlar os palestinos, e não para envolvê-los na libertação de sua terra natal.

A princípio, o Fatah tentou cooperar com a OLP. Arafat e Khalaf se encontraram com Shuqayri quando ele visitou o Kuwait, e enviaram delegados ao I Congresso Nacional Palestino, realizado em Jerusalém em maio de 1964, ocasião em que a OLP foi formalmente estabelecida. Os 422 delegados convidados, oriundos principalmente de famílias de elite, constituíram então o Conselho Nacional da Palestina (CNP), uma espécie de Parlamento no exílio, e ratificaram um conjunto de objetivos consagrados na Carta Nacional Palestina. A nova organização pediu inclusive a criação de um exército nacional palestino, que passaria a ser chamado de Exército de Libertação da Palestina. O Fatah foi marginalizado no congresso e deixou Jerusalém determinado a superar o novo órgão oficial. A fim de tomar a iniciativa, decidiu iniciar uma luta armada contra Israel.

A primeira operação do Fatah contra Israel foi um fracasso militar, mas um sucesso de propaganda. Três comandos coordenados deveriam atacar Israel a partir de Gaza, da Jordânia e do Líbano em 31 de dezembro de 1964. No entanto, os governos do Egito, do Líbano e da Jordânia estavam empenhados em impedir que os palestinos antagonizassem os israelenses, sabendo que enfrentariam severas represálias em seu próprio território. As autoridades egípcias prenderam o esquadrão do Fatah em Gaza uma semana antes da realização da operação. As forças de segurança libanesas prenderam o segundo grupo antes que este chegasse à fronteira do Líbano com Israel. O terceiro grupo atravessou Israel a partir da Cisjordânia em 3 de janeiro de 1965 e instalou cargas de dinamite em uma estação de bombeamento de água para irrigação, embora os israelenses tenham encontrado os explosivos e os desarmado antes que pudessem ser detonados. Quando os comandos palestinos retornaram ao território jordaniano, foram presos pelas autoridades da Jordânia, e um guerrilheiro foi morto ao resistir à prisão. O Fatah teve então seu primeiro mártir, embora ele tivesse sido abatido por colegas árabes.

O simbolismo dos ataques, ainda que malsucedidos, foi muito mais significativo do que os objetivos militares do Fatah. No dia de Ano-Novo de 1965, o Fatah emitiu um comunicado militar sob um nome falso — *al--Asifa*, ou "a Tempestade" — afirmando que

> nossas vanguardas revolucionárias entraram em cena, convencidas de que a revolução armada é o caminho para o Retorno [à Palestina] e [a conquista da] Liberdade, e para deixar claro aos colonialistas e seus capangas, e ao sionismo mundial e seus financiadores, que o povo palestino segue lutando; que não morreu e não vai morrer.[37]

Palestinos ao redor do mundo ficaram arrebatados com as notícias. "Em 1º de janeiro de 1965, o Fatah abriu uma nova era na história palestina moderna", escreveu Leila Khaled, uma combatente cuja família havia sido expulsa de Haifa em 1948. Para ela, os ataques representavam o início da revolução palestina e o primeiro passo em direção à libertação de sua pátria natal. "O povo palestino passou dezessete anos no exílio vivendo à base de esperanças promovidas pelos líderes árabes. Em 1965, eles compreenderam que, em vez de esperar pela ajuda de Alá, cabia a eles próprios lutar pela libertação."[38]

Nos primeiros dezoito meses, a luta armada palestina não passou de um movimento marginal que podia ser facilmente contido por Israel e seus vizinhos. Segundo Salah Khalaf, o Fatah realizou "cerca de duzentas incursões" entre janeiro de 1965 e junho de 1967, embora de "alcance limitado e incapazes de pôr em risco a segurança ou a estabilidade do Estado de Israel".

Ironicamente, a derrota árabe em 1967 foi um momento de libertação para a luta armada palestina. Agora que Gaza e a Cisjordânia se encontravam sob ocupação israelense, e não sob domínio egípcio e jordaniano, como havia ocorrido entre 1948 e 1967, o Fatah poderia reivindicar pela primeira vez falar em nome dos palestinos nos territórios ocupados. Além disso, o movimento conquistou sua liberdade dos Estados árabes derrotados. Nasser e os demais líderes árabes haviam imposto restrições rigorosas ao Fatah e às demais facções palestinas. O subjugado presidente egípcio já não podia impedir o movimento, e usou o que restava de sua autoridade para pressionar os demais Estados árabes que faziam fronteira com Israel a permitir que os palestinos lançassem ataques de seu território.

A Jordânia se tornou o principal centro das operações palestinas logo após a Guerra dos Seis Dias. Enfraquecido pela destruição de suas forças armadas e pela perda da Cisjordânia, o rei Hussein fechou os olhos às operações do Fatah contra Israel. As facções palestinas armadas estabeleceram sua sede no vale do Jordão, na vila de Karamah. Os israelenses perceberam a movimentação do Fatah. Em março de 1968, o grupo foi alertado pelas autoridades jordanianas sobre um ataque iminente de Israel a sua base em Karamah. Os palestinos decidiram manter sua posição e resistir, em vez de recuar ante a superioridade das forças israelenses. Os jordanianos concordaram em fornecer apoio de artilharia a partir das montanhas que dominavam o vale do Jordão.

Em 21 de março, uma grande força expedicionária israelense atravessou o rio Jordão, na tentativa de destruir a sede do Fatah. Cerca de 15 mil soldados de infantaria e blindados israelenses atacaram a vila de Karamah e os campos de treinamento da organização. Mahmoud Issa, que havia se refugiado na Jordânia em 1948 depois de ser obrigado a abandonar Acre, estava lá. "Recebemos ordens para não intervir na primeira parte da operação", lembrou Issa. "Abu Amar [codinome de Yasser Arafat] veio pessoalmente nos explicar que a única maneira de sobreviver a uma situação tão desesperada era recorrendo à astúcia. Ele não teve dificuldade em nos convencer. Éramos materialmente incapazes de defender Karamah." De fato, estima-se hoje que havia na época, em Karamah, apenas 250 guerrilheiros e funcionários administrativos do Fatah, e talvez oitenta membros do Exército de Libertação da Palestina. "Nossa única opção", continuou Issa, "era escolher o momento certo e emboscar os israelenses."[39]

Issa e seus companheiros assumiram posições fora do acampamento para organizar seu contra-ataque, previsto para o pôr do sol. "O dia foi passando", relatou Issa em suas memórias. "Não havia mais vestígios de Karamah. Apenas ruínas. Mulheres, homens e crianças foram presos. Havia também muitos mortos." Depois de concluir sua missão sob intenso fogo de artilharia jordaniana, os israelenses começaram a se retirar. Era o momento pelo qual Issa e seus camaradas estavam esperando.

No momento em que os tanques passavam pelas nossas posições, o sinal de ataque foi dado. Foi um grande alívio para mim e meus companheiros. Era como se tivéssemos passado muito tempo prendendo a respiração. Corremos em direção ao alvo, e queríamos correr mais rápido ainda. Podíamos imaginar a surpresa dos israelenses, vendo comandos que eles acreditavam estar enterrados sob os escombros indo em sua direção. A luz acabou. As pontes sobre o Jordão haviam sido explodidas. Os tanques ficaram parados no caminho, e, protegidos pela cobertura da artilharia [jordaniana], começamos uma nova batalha.

Os palestinos inutilizaram uma série de veículos israelenses com lança-granadas e infligiram várias baixas com artilharia ligeira antes que os israelenses concluíssem sua retirada pelo Jordão.

Para os palestinos, a Batalha de Karamah representou uma vitória da sobrevivência contra forças superiores e um momento de dignidade (de maneira significativa, a palavra *karama* significa "dignidade" ou "respeito" em árabe), uma vez que os israelenses haviam sido forçados a se retirar debaixo de fogo. A dignidade, porém, cobrou um preço alto. Embora números inflacionados de baixas tenham sido relatados na imprensa árabe, pelo menos 28 israelenses, 61 jordanianos e 116 combatentes palestinos foram mortos em ação.[40] No entanto, a Batalha de Karamah foi tratada como uma vitória absoluta dos palestinos no mundo árabe. Pela primeira vez desde 1948, um exército árabe havia enfrentado os israelenses e mostrado que o inimigo não era invencível.

O Fatah foi o principal beneficiário da batalha. Como lembrou Leila Khaled, com certo distanciamento crítico:

Os meios de comunicação árabes exageraram a magnitude do incidente para fazer parecer que a libertação da Palestina estava logo ali na esquina. Milhares de voluntários se apresentaram; ouro foi coletado em quilos, armas chegaram às toneladas. O Fatah, um movimento de algumas centenas de guerrilheiros sem grande treinamento, surgiu repentinamente para os árabes como o exército de libertação chinês na véspera de outubro de 1949. Até o rei Hussein declarou que também era um guerrilheiro![41]

Salah Khalaf, um dos fundadores do Fatah, informou que suas sedes estavam inundadas de voluntários — cerca de 5 mil nas primeiras 48 horas após a batalha. E as operações do grupo contra Israel expandiram-se em função disso: de 55, em 1968, passaram a 199, em 1969, e atingiram um pico de 279 nos primeiros oito meses de 1970.[42]

O APOIO PÚBLICO à luta armada palestina, e ao Fatah em particular, mascarou as divisões e as profundas fissuras políticas que fragmentavam o movimento nacional palestino. As diferenças ideológicas deram origem a uma variedade de táticas que levariam a luta armada palestina da guerra de guerrilha ao terrorismo.

A Organização para a Libertação da Palestina sofreu uma grande transformação após a guerra de 1967. Ahmad Shuqayri, que nunca conseguira estabelecer sua liderança sobre o movimento palestino como um todo, apresentou sua renúncia como presidente da OLP em dezembro de 1967. Embora o Fatah de Arafat estivesse em uma posição forte para assumir a OLP, seus seguidores optaram por preservar a organização como uma frente para todas as facções palestinas. No entanto, o Fatah emergiu como o partido dominante sob a égide da OLP, e, em fevereiro de 1969, Yasser Arafat foi eleito seu presidente, posição que manteria até sua morte em 2004.

Nem todos os grupos palestinos aceitavam a liderança do Fatah. A Frente Popular para a Libertação da Palestina (FPLP), liderada pelo médico George Habash (1926-2008), tinha profundas diferenças ideológicas com a organização. A FPLP acreditava que, de acordo com os modelos chinês e vietnamita, a luta armada pela libertação nacional só poderia ocorrer após uma revolução social; o Fatah, no entanto, colocava a luta pela libertação em primeiro lugar. Habash rejeitava o Fatah, acreditando que a organização estava ideologicamente falida e contaminada pela associação com governos árabes que ele considerava corruptos.

Quando o Fatah assumiu o controle da OLP, a liderança da Frente Popular decidiu seguir seu próprio caminho para a revolução e aumentar a conscientização internacional sobre a causa palestina. Eles deixaram que o Fatah prosseguisse na luta armada em guerrilhas no território israelense — uma estratégia que parecia cada vez mais quixotesca, devido às altas baixas sofridas (1350 combatentes palestinos mortos e 2800 presos no final de 1969, segundo registros israelenses)[43] — e optaram por operações de vulto contra alvos israelenses e americanos no exterior, projetadas para aumentar a conscientização internacional sobre a questão palestina.

A Frente Popular foi a primeira organização palestina a se envolver em pirataria aérea. Em julho de 1968, três comandos da FPLP sequestraram um avião de passageiros da companhia aérea israelense El Al e ordenaram que o piloto pousasse a aeronave em Argel. Os sequestradores libertaram todos os passageiros, preferindo fazer uma coletiva de imprensa em vez de reféns. Em dezembro de 1968, Mahmoud Issa, veterano de Karamah, evacuou e sabotou outro avião da El Al em Atenas. Ele havia sido instruído por seus superiores a se render às autoridades gregas, na expectativa de que seu julgamento gerasse interesse da imprensa e servisse de plataforma para levar a causa palestina a uma audiência global. Issa cumpriu a missão ao pé da letra, tomando e evacuando o avião antes de detonar granadas na aeronave vazia e se render às intrigadas autoridades gregas.

Os israelenses responderam aos ataques palestinos a seus aviões bombardeando o Aeroporto Internacional de Beirute, onde destruíram treze aeronaves Boeing da companhia aérea libanesa Middle East Airlines. "Agradecemos os israelenses por angariarem o apoio libanês à revolução [palestina]", observou ironicamente Leila Khaled, "e admiramos sua audácia em explodir aviões que eram de 70% a 80% de propriedade dos americanos!"[44]

A FPLP acreditava que sua estratégia estava produzindo resultados e que havia chamado a atenção internacional para a causa palestina. "O mundo foi finalmente forçado a tomar conhecimento das ações palestinas. A imprensa árabe não podia ignorá-las, nem os sionistas podiam ocultá-las", concluiu Khaled.[45] Na imprensa internacional, no entanto, os palestinos estavam começando a ser associados a práticas terroristas, o que enfraqueceria a legitimidade de seu movimento diante da opinião pública ocidental.

Assim como na revolução da Argélia, as mulheres tiveram um papel importante na luta armada palestina. Amina Dhahbour se tornou a primeira palestina a participar de uma operação de sequestro aéreo ao se apoderar de um jato da El Al em Zurique em fevereiro de 1969. O envolvimento de Dhahbour foi uma inspiração para as mulheres no movimento. Leila Khaled ouviu a notícia no Serviço Mundial da BBC e imediatamente transmitiu a informação a suas companheiras. "Poucos minutos depois, estávamos todas comemorando a libertação da Palestina e a libertação das mulheres", ela recordou mais tarde.[46]

Khaled, que havia acabado de se juntar à Frente Popular, se ofereceu para integrar o Esquadrão de Operações Especiais e foi enviada a Amã para treinamento. Em agosto de 1969, recebeu sua primeira missão. "Leila", disseram seus superiores, "você vai sequestrar um avião da TWA." Ela ficou emocionada com a tarefa, que considerou uma missão contra o imperialismo americano[47] — estava firmemente convencida de que o sequestro de aeronaves israelenses e americanas promovia os objetivos estratégicos do movimento para libertar a Palestina. "Via de regra", escreveu Khaled,

agimos não com o objetivo de prejudicar o inimigo — porque não temos esse poder —, mas de disseminar propaganda revolucionária, semeando o terror entre nossos adversários, mobilizando nossas massas, repercutindo internacionalmente a nossa causa, reunindo as forças do progresso ao nosso lado e salientando nossas queixas perante uma opinião pública ocidental insensível, que busca sua inspiração e sua informação no sionismo.[48]

O sequestro do avião da TWA foi marcado para coincidir com um discurso do presidente Richard Nixon na reunião anual da Organização Sionista dos Estados Unidos em Los Angeles, na Califórnia, em 29 de agosto de 1969.

Tendo em vista as exaustivas medidas de segurança adotadas pelos aeroportos hoje, parece incrível a facilidade com que Leila Khaled e seus companheiros contrabandearam pistolas e granadas de mão para o voo 840 da TWA no aeroporto Fiumicino, em Roma. Logo após a decolagem, seu cúmplice forçou a porta da cabine de comando e anunciou que o voo tinha um "novo capitão". Leila então assumiu o comando da aeronave.

> Para demonstrar que aquilo era sério, ofereci imediatamente ao capitão Carter [o piloto], como uma lembrança, o pino de segurança da granada que eu trazia na mão. Ele respeitosamente recusou. Deixei a granada cair a seus pés e fiz meu discurso: "Se o senhor obedecer às minhas ordens, vai terminar tudo bem; caso contrário, será responsabilizado pela segurança dos passageiros e da aeronave".[49]

Depois de assegurar o controle do avião, Khaled desfrutou imensamente de seu comando. Ela ordenou que o piloto voasse para Israel. Ela se comunicou diretamente com os controladores de tráfego aéreo durante o percurso e teve enorme prazer em obrigar as autoridades israelenses a se dirigir à aeronave não como "Voo TWA 840", mas como "Frente Popular da Palestina Árabe Livre". Ela fez o piloto voar em círculos sobre sua cidade natal, Haifa, que viu pela primeira vez desde 1948, escoltada por três caças israelenses. Por fim, instruiu o piloto a pousar em Damasco, onde todos os passageiros foram libertados sãos e salvos. Leila e seu cúmplice foram mantidos em prisão domiciliar pelas autoridades sírias por 45 dias antes de serem autorizados a retornar ao Líbano. Eles tiveram êxito total em sua missão e escaparam impunes.

A ATIVIDADE DOS COMANDOS PALESTINOS teria o seu auge no final da década de 1960. As operações do Fatah em Israel e os sequestros da Frente Popular haviam chamado a atenção do mundo para a causa palestina e dado esperança aos palestinos exilados. No entanto, as relações entre os países árabes que acolhiam os refugiados e os membros da revolução palestina logo começaram a se deteriorar. As tensões foram mais pronunciadas no Líbano e na Jordânia.

Os guerrilheiros palestinos desfrutavam de apoio público significativo no Líbano, particularmente entre grupos de esquerda e muçulmanos desencantados com a ordem política conservadora imposta pelos maronitas. O governo libanês, no entanto, via o movimento como uma ameaça direta à sua soberania e um risco à segurança do país. Quando comandos israelenses atacaram o aeroporto de Beirute em 1968, as autoridades libanesas tentaram reprimir os palestinos. Em 1969, eclodiram confrontos entre as forças de segurança libanesas e os guerrilheiros. Nasser interveio para intermediar um acordo entre o governo libanês e as facções palestinas. O Acordo do Cairo de novembro de 1969 estabeleceu as regras básicas para a condução do movimento palestino em território libanês. Ele permitia que os guerrilheiros operassem no Líbano e dava às facções palestinas controle total sobre os 300 mil palestinos que viviam em campos de refugiados no país. O Acordo do Cairo proporcionou uma trégua sutil entre o governo libanês e o movimento palestino, que seria esticada até o ponto de ruptura nos seis anos seguintes.

As relações com o Reino da Jordânia eram ainda mais instáveis. Algumas facções palestinas pediam abertamente a derrubada da monarquia hachemita "reacionária" a fim de mobilizar as massas palestinas e árabes para uma revolução social, vista como o imprescindível primeiro passo para a libertação da Palestina. Salah Khalaf reconheceu que os guerrilheiros eram em parte os culpados pelo colapso das relações. "É verdade que o nosso comportamento não era terrivelmente coerente", ele escreveu.

Orgulhosos de sua força e de suas proezas, os fedayin [comandos palestinos] muitas vezes exibiam um senso de superioridade, às vezes até de arrogância, sem levar em consideração as sensibilidades ou interesses dos jordanianos nativos. Ainda mais grave era sua atitude em relação ao exército jordaniano, tratado mais como um inimigo do que como um aliado em potencial.[50]

No entanto, todas as facções palestinas concordavam que o rei Hussein se comportava de maneira ambígua em relação a elas e que havia se envolvido com os americanos e até com os israelenses contra a causa.

Em 1970, jordanianos e palestinos estavam em rota de colisão. Em junho, a Frente Popular tomou o primeiro-secretário da embaixada americana na Jordânia como refém e ocupou os dois maiores hotéis de Amã — o Intercontinental e o Philadelphia —, fazendo reféns mais de oitenta hóspedes. O rei Hussein respondeu enviando seu exército para atacar posições palestinas nos campos de refugiados de Amã. Os combates se estenderam durante uma semana antes que uma trégua fosse acertada e todos os reféns fossem libertados. Leila Khaled lamentou que a Frente Popular não tivesse continuado a lutar. "Perdemos a oportunidade de depor Hussein num momento em que tínhamos a confiança do povo e o poder de derrotar suas forças fragmentadas", ponderou.[51]

A Frente Popular voltou a atacar em setembro de 1970, quando sequestrou outro avião com destino a Atenas e exigiu a libertação de Mahmoud Issa. Desde seu próprio ataque a um avião de passageiros da El Al em dezembro de 1968, Issa estava preso em uma esquálida cela grega, esquecido pelo mundo. O julgamento que ele esperava na Grécia, destinado a chamar a atenção internacional para a causa palestina, jamais se concretizou. Como resultado de seu sequestro ousado e bem-sucedido, a FPLP conseguiu aproveitar as manchetes e forçou o governo grego a libertar Issa.

Mahmoud Issa retornou à Jordânia aclamado como um herói. Dois meses depois, já tinha uma nova missão: preparar uma pista de pouso para uma operação espetacular da FPLP — um sequestro sincronizado de três aviões que levaria aeronaves israelenses e ocidentais aos desertos da Jordânia. Com esse movimento, a Frente Popular esperava garantir as primeiras páginas da imprensa mundial e afirmar a autoridade da revolução palestina sobre a Jordânia. Era uma provocação deliberada, um desafio ao rei Hussein e seu exército. Issa começou a trabalhar em uma pista de pouso em desuso a leste de Amã conhecida como Campo de Dawson — rebatizada de Aeroporto da Revolução para o evento.

Em 6 de setembro de 1970, comandos da Frente Popular embarcaram em um voo da TWA que ia de Frankfurt para Nova York e em um voo da Swissair de Zurique também para Nova York e forçaram as duas aeronaves a pousar na Jordânia.

A FPLP também designou quatro comandos para apreender um avião de passageiros israelense no mesmo dia. A equipe de terra da El Al recusou os cartões de embarque de dois dos potenciais sequestradores, que decidiram então sequestrar um avião americano da Pan Am. O piloto da Pan Am se negou a pousar sua aeronave no Campo de Dawson, alegando que a pista não era longa o suficiente para acomodar seu enorme Boeing 747. Ele voou então para Beirute, onde membros da Frente Popular instalaram explosivos na cabine de primeira classe e depois conduziram o avião até o Cairo. Os sequestradores disseram aos passageiros e à tripulação que teriam apenas oito minutos para evacuar a aeronave quando o avião pousasse. Na realidade, a explosão se deu apenas três minutos depois que o avião aterrissou. Surpreendentemente, todos os 175 passageiros e tripulantes conseguiram sair em segurança.

Os outros dois agentes da FPLP conseguiram embarcar num voo da El Al de Amsterdã para Nova York. No comando estava Leila Khaled, a sequestradora do voo 840 da TWA. Tendo sofrido uma série de ataques desde 1968, a El Al intensificara suas medidas de segurança: as portas da cabine de comando haviam sido reforçadas e marechais da aeronáutica eram colocados em todos os voos. Logo após a decolagem, Leila e seu companheiro tentaram assumir o controle da aeronave, mas encontraram forte resistência dos oficiais da força área e tripulantes israelenses. Cerca de catorze tiros foram disparados, deixando um comissário israelense gravemente ferido e provocando a morte do sequestrador Patrick Arguello (Leila Khaled afirmou que ele foi sumariamente executado no avião). Khaled foi dominada e desarmada. O piloto fez um pouso de emergência em Londres para desembarcar o comissário ferido. As autoridades britânicas tiraram o moribundo Arguello do avião e prenderam Leila Khaled. A Frente Popular respondeu prontamente, sequestrando um avião britânico da BOAC no Bahrein, em 9 de setembro, e ordenando que o piloto seguisse para o

Aeroporto da Revolução na Jordânia, onde ele se juntaria às aeronaves da Swissair e da TWA.

Os vários sequestros, somados à destruição da aeronave da Pan Am no Cairo, chamaram a atenção da mídia internacional. Em termos de pirataria aérea, os eventos de setembro de 1970 não seriam superados até setembro de 2001. Com três aeronaves na Jordânia ainda sob seu controle, a FPLP começou a fazer suas exigências: a libertação de Leila Khaled, de três guerrilheiros presos na Alemanha Ocidental, de outros três combatentes encarcerados na Suíça e de um número não especificado de palestinos detidos em Israel. Se suas demandas não fossem atendidas em três dias, todas as aeronaves sequestradas — com seus 310 passageiros e tripulantes — seriam destruídas. Mas a Frente Popular ainda relutava em afastar a opinião pública internacional matando reféns e começou a libertar mulheres e crianças. Relatos das experiências dos reféns dominavam as primeiras páginas da imprensa mundial. Em 12 de setembro, os passageiros restantes foram retirados das aeronaves por guardas armados da FPLP e mantidos reféns em um hotel comandado pela Frente Popular no centro de Amã. Uma vez esvaziados, os aviões receberam cargas explosivas e foram destruídos em uma série de explosões espetaculares, capturadas pelas câmeras de televisão da imprensa mundial.

Uma explosão maior aconteceria cinco dias depois, quando o exército jordaniano declarou guerra à revolução palestina. Para o rei Hussein e seu exército, os palestinos haviam abusado de sua hospitalidade. A euforia de Karamah deu então lugar ao Setembro Negro (como passou a ser chamada a guerra para expulsar a revolução palestina do território jordaniano). A Frente Popular não havia feito nenhum esforço para ocultar seu desejo de derrubar a monarquia hachemita e transformar a Jordânia na plataforma de lançamento da libertação da Palestina, mas sua decisão de utilizar o deserto jordaniano como cenário daquele sequestro ultrajante fora a gota d'água. O Fatah denunciou as ações da Frente Popular, mas os jordanianos não faziam mais distinção entre as facções palestinas. Não havia espaço para a revolução palestina e a monarquia hachemita na Jordânia.

Tanto o rei Hussein quanto seu exército ficaram indignados com a audácia da FPLP em utilizar o território jordaniano para suas operações terroristas. Quando destacamentos do exército da Jordânia tentaram intervir nos sequestros no Campo de Dawson, os guerrilheiros palestinos reagiram com ameaças aos reféns. Os soldados jordanianos se retiraram e seguraram o fogo, esperando que a crise dos reféns fosse resolvida antes de agir. Essa inação diante das ameaças palestinas parecia despojar os soldados jordanianos de seu senso de masculinidade, levando-os à beira de um motim contra o monarca. Segundo uma anedota que ganhou ampla circulação na época, quando o rei Hussein passou em revista suas divisões de blindados, os soldados, em protesto, afixaram peças de lingerie feminina nas antenas de rádio de seus tanques. "Agora somos nós as mulheres", disse ao monarca o comandante de um dos blindados.[52] Em 17 de setembro, Hussein colocou seu exército em ação. O Setembro Negro foi uma guerra total. Por dez dias, os guerrilheiros palestinos lutaram contra o exército jordaniano, em um conflito que ameaçava se estender por toda a região. Como chefe de uma monarquia conservadora em um Oriente Médio dividido, Hussein foi ameaçado por seus vizinhos árabes "progressistas", que desejavam intervir em nome dos palestinos. Ele enfrentou uma séria ameaça das tropas iraquianas que haviam sido enviadas para a Jordânia desde a Guerra dos Seis Dias e uma invasão real de suas províncias do norte por tanques sírios que exibiam as cores do Exército de Libertação da Palestina.

Com seu exército sobrecarregado pelo que era agora uma guerra em duas frentes — contra os palestinos e os invasores sírios —, Hussein invocou sua amizade com os Estados Unidos e a Grã-Bretanha e chegou a procurar assistência de Israel para proteger o espaço aéreo da Jordânia de ataques externos. A intervenção ocidental, no entanto, arriscava provocar uma resposta soviética em defesa de seus próprios aliados regionais. Nasser pediu aos demais Estados árabes que encontrassem uma solução para o conflito antes que ele saísse de controle.

Foi necessária a autoridade de Nasser para que Arafat e Hussein concordassem em se encontrar no Cairo em 28 de setembro a fim de resolver suas diferenças. Em um acordo negociado pelos chefes de Estado árabes, jordanianos e palestinos concordaram com um cessar-fogo total. Os reféns ocidentais foram enfim libertados do hotel e das diferentes habitações para as quais haviam sido levados pela FPLP. As autoridades britânicas libertaram Leila Khaled e vários guerrilheiros palestinos em uma operação secreta. Mas o dano causado não podia ser reparado — nem mesmo por Gamal Abdel Nasser. Estima-se que 3 mil combatentes e civis palestinos tenham sido mortos no Setembro Negro; os jordanianos também sofreram centenas de baixas. A cidade de Amã havia sido destruída pelos dez dias de luta, e os campos de refugiados palestinos na cidade foram reduzidos a escombros.

Os DIAS DE INTENSA NEGOCIAÇÃO haviam afetado o presidente egípcio. Em 28 de setembro de 1970, depois de se encontrar com Hussein e Arafat, Nasser voltou para casa e sofreu um infarto fulminante, morrendo às cinco horas daquela mesma tarde.

A Rádio Cairo interrompeu sua programação regular para transmitir um recital solene de versículos do Alcorão. Após um atraso adequado, o vice-presidente Anwar Sadat anunciou a morte de Gamal Abdel Nasser. "O efeito da notícia foi ao mesmo tempo instantâneo e fantástico", lembrou Muhammad Heikal.

As pessoas saíram de suas casas durante a noite e seguiram para a estação de rádio, que ficava nas margens do Nilo, a fim de averiguar se o que haviam ouvido era verdade. [...] A princípio havia pequenos grupos nas ruas, depois centenas, depois milhares, depois dezenas de milhares, e depois as ruas estavam lotadas e era impossível se mover. Um grupo de mulheres do lado de fora da emissora estava aos gritos. "O leão está morto", exclamavam, "o leão está morto." Foi um grito que ecoou pelo Cairo e se espalhou pelas aldeias até chegar a todo o Egito. Naquela noite e nos dias que se seguiram, a morte de Nasser foi pranteada com uma dor selvagem e apaixonada. Logo as pessoas começaram a chegar ao Cairo de todas as partes do país, até que havia 10 milhões de pessoas na cidade. As autoridades tiveram que suspender a circulação de trens, pois não havia alojamentos para todos e os víveres começavam a escassear. Mas ainda assim eles vieram, de carro, no lombo de burros ou a pé.[53]

A dor transbordou as fronteiras do Egito e se espalhou por todo o norte da África e o Oriente Médio. Manifestações de massa tomaram as principais cidades do mundo árabe. Nasser, mais do que qualquer outro líder antes ou depois, havia personificado as esperanças e aspirações dos nacionalistas árabes em todo o Oriente Médio. O nacionalismo árabe, porém, já havia morrido antes dele. A saída da síria da República Árabe Unida, a guerra entre árabes no Iêmen, a estrondosa derrota de 1967 e a perda de todo o território palestino para Israel haviam infligido sucessivos golpes às aspirações pan-árabes, dos quais era impossível se recuperar. Os eventos do Setembro Negro criaram profundas fissuras entre os países árabes. Somente Nasser parecia transcender as rachaduras que cresciam entre os Estados da região, cada vez mais divididos ao longo das linhas da Guerra Fria em aliados dos Estados Unidos e partidários da União Soviética.

Em 1970, o mundo árabe estava solidamente fragmentado em Estados distintos com interesses próprios a defender. Haveria outros importantes esquemas de unidade entre os Estados árabes depois de 1970, mas nenhum deles jamais desafiou a integridade dos Estados envolvidos e nenhum perdurou. Os esquemas de unidade das décadas de 1970 e 1980 eram exercícios de relações públicas concebidos para conferir legitimidade aos governos que sabiam que o nacionalismo árabe ainda exercia um forte apelo entre seus cidadãos. Os governos continuaram se manifestando a favor de temas árabes comuns, como o combate ao inimigo sionista e a libertação da pátria palestina. Mas estavam todos cuidando de seus próprios interesses. Além disso, uma nova força começou a tomar conta do Oriente Médio, à medida que os recursos petrolíferos da região passaram a gerar uma enorme riqueza e a conferir aos árabes uma notável influência sobre a economia mundial.

12. A era do petróleo

O MUNDO ÁRABE FOI MOLDADO pelo poder do petróleo nos turbulentos anos da década de 1970.

A natureza espalhou o petróleo de maneira desigual entre os Estados árabes. Com exceção do Iraque, onde os caudalosos rios Tigre e Eufrates permitiram a manutenção de grandes populações agrárias ao longo de milênios, as maiores reservas de petróleo encontram-se nos países menos densamente povoados da região: Arábia Saudita, Kuwait e os outros Estados do golfo Pérsico, além da Líbia e da Argélia no norte da África. Descobertas menores foram feitas no Egito, na Síria e na Jordânia, insuficientes para atender à demanda local.

O petróleo foi descoberto pela primeira vez no mundo árabe no final dos anos 1920 e no início dos anos 1930. Por quatro décadas, as empresas de petróleo ocidentais desfrutaram de um controle irrestrito sobre a produção e a comercialização dos hidrocarbonetos árabes. Os governantes dos Estados produtores enriqueceram e, nas décadas de 1950 e 1960, começaram a conceber planos de desenvolvimento para levar os benefícios da riqueza do petróleo a suas populações empobrecidas.

Foi apenas na década de 1970, no entanto, que uma convergência de fatores transformou o petróleo em uma fonte de poder para o mundo árabe. A crescente dependência global do combustível, o declínio da produção americana e as crises políticas que colocavam em risco a exportação do petróleo do Oriente Médio para o mundo industrial combinaram-se, ocasionando uma alta sem precedentes no preço do petróleo bruto. Ao longo da década, cada vez mais, os Estados árabes tiraram das empresas ocidentais o controle sobre o petróleo extraído em seu território e o poder que advinha dele.

O petróleo, mais do que qualquer outra commodity, passou a definir a riqueza e o poder árabes na era moderna. No entanto, é um tipo ilusório de poder. A grande riqueza que o petróleo confere a um Estado também o torna mais vulnerável a ameaças externas. A riqueza do petróleo pode ser usada para o desenvolvimento, mas também pode impulsionar corridas armamentistas e conflitos regionais, provocando destruição. Em última instância, o petróleo trouxe pouca segurança aos Estados árabes e ao mundo árabe de maneira geral ao longo dos conturbados anos 1970, sendo portanto uma bênção ambígua.

Desde o início do século XX, quando começou a sério a exploração de petróleo no Oriente Médio, as relações entre empresas petrolíferas e Estados produtores eram geridas pelo sistema de concessões — licenças concedidas a empresas pelos governos mediante as quais se permitia a exploração de recursos em troca do pagamento de uma taxa. Grandes quantidades de petróleo foram descobertas no Irã (1908) e no Iraque (1927); a partir de 1931, os petroleiros ocidentais se voltaram para as costas árabes do golfo Pérsico. A princípio, os desabastecidos governantes locais vendiam os direitos de exploração a empresas britânicas e americanas, que assumiam o risco e as despesas totais da prospecção.

Os riscos eram altíssimos para os pioneiros do negócio. Algumas empresas perfuraram por anos sem encontrar sequer uma gota de petróleo no golfo Pérsico. No entanto, a partir dos anos 1930, os petroleiros passaram a ter cada vez mais sorte na Arábia. Em 1932, a Standard Oil da Califórnia descobriu petróleo no Bahrein. Em 1938, a CalTex encontrou grandes reservas no Kuwait, e a Standard Oil teve seu primeiro sucesso após seis anos de decepção na Província Oriental da Arábia Saudita.

Quando encontravam petróleo, as empresas pagavam royalties ao país anfitrião e embolsavam o resto dos lucros. Os governantes árabes não se queixavam, pois era um dinheiro vindo sem nenhum esforço. As receitas do petróleo logo excederam todas as demais fontes de renda nos Estados do golfo, enquanto as empresas petrolíferas arcavam com os altíssimos custos de transporte e refino. A extração na península Arábica era um empreendimento extremamente caro, sobretudo nos primeiros anos: era preciso construir oleodutos e frotas de navios-tanques para transporte, além de refinarias para converter o petróleo bruto em produtos vendáveis. Parecia perfeitamente justo às petrolíferas que elas gozassem de controle total sobre a produção (quanto petróleo extrair) e a venda (estabelecendo o preço em um mercado cada vez mais competitivo) de um recurso que haviam obtido com grande risco, custo e esforço.

Em 1950, no entanto, os Estados produtores de petróleo estavam cada vez mais insatisfeitos com os termos das concessões originais. Agora que a infraestrutura para extração, transporte e refino estava instalada, as petrolíferas obtinham enormes lucros. A Aramco, um consórcio de quatro empresas americanas (Exxon, Mobil, Chevron e Texaco) que gozava dos direitos exclusivos sobre a exploração do petróleo saudita, colheu três vezes os lucros do governo do país em 1949. Para piorar as coisas, os impostos que a Aramco pagava ao governo federal americano excediam o valor pago aos sauditas em cerca de 4 milhões de dólares — isto é, o governo dos Estados Unidos recebia mais pelo petróleo saudita do que a própria Arábia Saudita.[1]

Os Estados do golfo começaram a exigir uma parcela maior dos lucros. Afinal, tratava-se do *seu* petróleo, a principal fonte de riqueza de suas economias em crescimento. As petrolíferas haviam recuperado seus investimentos originais e sido generosamente recompensadas. Agora, os líderes árabes sentiam que era hora de os Estados produtores obterem a sua parte justa dos lucros — tanto para levar adiante seus cada vez mais ambiciosos planos de desenvolvimento como para estabelecer uma reserva para o futuro, já prevendo o dia em que o petróleo acabaria. Havia precedentes para as demandas: na América do Sul, em 1943, a Venezuela conseguira assegurar uma divisão 50/50 dos lucros sobre o petróleo com seus concessionários. Os Estados árabes estavam determinados a alcançar a mesma divisão de receitas. Em dezembro de 1950, os sauditas negociaram um acordo nesses termos com a Aramco, e os demais Estados produtores da região rapidamente seguiram o exemplo. Havia uma certa justiça nessa repartição dos royalties, que sugeria a existência de uma parceria em pé de igualdade que ambos os lados estavam dispostos a aceitar. Mas as companhias petrolíferas resistiram a qualquer esforço para alterar o esquema de divisão 50/50, por medo de que os países produtores adquirissem controle sobre elas.

Os Estados produtores de petróleo do mundo árabe se tornariam cada vez mais poderosos em virtude de suas enormes reservas. Nas décadas de 1950 e 1960, o golfo Pérsico eclipsou os Estados Unidos como a maior região produtora de petróleo do mundo. Entre 1948 e 1972, a produção diária do Oriente Médio aumentou de 1,1 milhão para 18,2 milhões de barris.[2] Embora os Estados produtores agora desfrutassem de uma parcela igual de lucros, as petrolíferas continuavam soberanas em todas as questões relacionadas a produção e preços. No início da exploração de petróleo, os petroleiros ocidentais podiam afirmar, com razão, que entendiam melhor a geologia, a química e a economia do petróleo do que seus interlocutores árabes. Na década de 1960, porém, isso já não era mais verdade. Os Estados petrolíferos estavam enviando seus melhores e mais brilhantes jovens para estudar geologia, engenharia e administração nas principais universidades ocidentais. Uma nova geração de tecnocratas árabes com excelente formação universitária começou a retornar a seus países para assumir cargos nos governos e a expressar irritação com o poder exercido pelas empresas estrangeiras sobre seus recursos naturais e economia nacional.

Abdullah al-Turayqi foi um dos primeiros especialistas árabes em petróleo. Nascido na Arábia Saudita em 1920, Turayqi estudou durante doze anos no Egito de Nasser, onde também entrou em contato com as ideias do nacionalismo árabe. Mais tarde, foi para a Universidade do Texas estudar química e geologia, retornando à Arábia Saudita em 1948. Sete anos depois, Turayqi foi encarregado do Ministério do Petróleo e da Mineração, tornando-se o mais alto funcionário saudita na indústria petrolífera. Graças a seu cargo, ele tinha acesso privilegiado aos tomadores de decisão de outros Estados produtores do Oriente Médio, e pressionou seus companheiros árabes a proteger seus interesses por meio de ações coletivas.[3]

A maioria dos demais ministros árabes relutava em alterar o statu quo. Eles enfrentavam um problema de excesso de petróleo desde a década de

1950, quando o petróleo soviético começou a inundar o mercado. Se os produtores árabes exigissem demais das petrolíferas, elas talvez simplesmente optassem por extrair seu petróleo em outro lugar. Afinal, as principais companhias eram gigantes globais com extensas reservas nas Américas, na África e no Oriente Médio. Tendo conseguido recentemente assegurar uma divisão de lucros num esquema 50/50, a maioria dos Estados árabes via com cautela a ideia de aumentar as pressões por um acordo mais vantajoso.

Em 1959, porém, os produtores de petróleo do Oriente Médio se viram obrigados a abandonar sua atitude complacente quando a British Petroleum (BP) tomou a fatídica decisão de reduzir o preço do petróleo em 10%. O excesso de petróleo soviético havia pressionado o preço internacional do combustível, e a decisão da BP apenas refletia a realidade do mercado. O problema era que a BP não havia notificado com antecedência os Estados produtores de sua decisão aparentemente racional. E, uma vez que os lucros obtidos tanto pelas empresas como pelos Estados produtores estavam atrelados ao preço do petróleo, essa decisão unilateral significava um corte na receita e no orçamento dos Estados árabes — sem que estes tivessem sido previamente consultados ou dado seu consentimento à medida. Sem querer, a BP acabou mostrando como era desigual a parceria entre as empresas e os Estados.

Os Estados produtores ficaram furiosos. Após o corte nos preços, Abdullah Turayqi viu seus colegas ministros em outros países mais abertos à ideia de uma ação coletiva. Em abril de 1959, paralelamente ao primeiro congresso dos países árabes produtores de petróleo, Turayqi se encontrou em segredo com representantes dos governos do Kuwait, do Irã e do Iraque em um clube de vela no bairro residencial de Maadi, no Cairo. Os petroleiros árabes selaram um "acordo de cavalheiros" para formar uma comissão a fim de defender os preços do petróleo e estabelecer petrolíferas nacionais. Seu objetivo era romper a barreira 50/50 para obter uma divisão dos lucros num esquema 60/40 em detrimento das empresas ocidentais, assegurando o princípio da soberania nacional sobre os recursos petrolíferos.

A determinação dos produtores árabes de petróleo foi endurecida em agosto de 1960, quando a Standard Oil de Nova Jersey repetiu o erro da BP e reduziu unilateralmente o preço do petróleo em 7%. A medida provocou indignação entre os Estados produtores e convenceu até os mais cautelosos de que os árabes seriam controlados pelas petrolíferas estrangeiras até afirmarem o domínio sobre seus próprios recursos. Turayqi foi ao Iraque para sugerir a seus dirigentes que fizessem causa comum com a Venezuela contra as companhias de petróleo. O ministro saudita sugeriu a criação de um cartel internacional para proteger os direitos dos Estados produtores de petróleo contra ações arbitrárias das companhias ocidentais. Muhammad Hadid, então ministro das Finanças do Iraque, lembrou a visita de Turayqi: "O governo iraquiano acolheu a sugestão e convocou uma reunião dos Estados produtores em Bagdá, na qual ficou acordado o estabelecimento dessa organização". Em 14 de setembro de 1960, Irã, Iraque, Kuwait, Arábia Saudita e Venezuela anunciaram a formação da Organização dos Países Exportadores de Petróleo, mais conhecida como Opep.[4]

Em 1960, haviam surgido no norte da África dois novos Estados produtores. Em 1956, na Argélia, e em 1959, na Líbia, foram descobertas grandes quantidades de petróleo. Uma das vantagens dessa descoberta tardia foi que esses Estados puderam aprender com as experiências de seus colegas árabes no golfo Pérsico e assegurar melhores termos para a exploração e exportação de seus recursos.

A Líbia era um reino pobre e subdesenvolvido quando o petróleo foi encontrado. Sob administração colonial italiana até 1943, as províncias líbias passaram ao domínio conjunto britânico e francês após a ocupação aliada da Itália. Os territórios da Tripolitânia, da Cirenaica e de Fezã foram consolidados no Reino Unido da Líbia, que conquistou sua independência em 1951. Por seus serviços na guerra contra as forças do Eixo, os britânicos recompensaram Sayyid Muhammad Idris al-Sanussi (1889-1983), líder da poderosa ordem religiosa Sanussi, com o trono do país. Ele governou como rei Idris I de 1951 até 1969, e viu seu país passar da pobreza à riqueza com a descoberta do petróleo.

Mesmo na fase de prospecção, antes que o petróleo fosse de fato encontrado, os líbios desejavam aproveitar ao máximo seus recursos. Ao contrário dos demais Estados árabes, que concederam vastas extensões de território a grandes petrolíferas, o governo do rei Idris decidiu dividir as áreas de exploração em uma série de pequenas concessões e favorecer empresas independentes. Os líbios acreditavam que empresas menores, com menos fontes alternativas, se empenhariam mais em descobrir e introduzir petróleo líbio no mercado do que as principais empresas mundiais. A estratégia deu certo. Em 1965, apenas seis anos após a descoberta do petróleo, a Líbia já era o sexto maior exportador do mundo não soviético, responsável por 10% de todas as exportações. Em 1969, as exportações de petróleo do país haviam atingido paridade com a Arábia Saudita.[5]

Embora governasse um país de recém-descoberta prosperidade, o rei Idris enfrentava fortes críticas internas, sendo considerado um monarca conservador e pró-ocidental. Um grupo de oficiais nacionalistas árabes do exército líbio, chefiado por um jovem capitão chamado Muamar Kadafi (nascido em 1942), via o rei como um agente britânico e acreditava que era preciso derrubá-lo para que a Líbia alcançasse sua total independência do domínio estrangeiro. Assim, nas primeiras horas da manhã de 1º de setembro de 1969, a monarquia foi derrubada em um golpe sem sangue, enquanto o velho rei estava no exterior sob tratamento médico.

Em seu primeiro comunicado à nação líbia, transmitido por rádio às seis e meia da manhã, Kadafi anunciou a queda da monarquia e declarou o estabelecimento da República Árabe da Líbia. "Povo da Líbia! Nossas forças armadas derrubaram o regime corrupto, cujo fedor enojava e horrorizava a todos nós." A mensagem era repleta de alusões históricas. "Com um único golpe, [o exército] pôs fim à longa noite escura que estávamos vivendo, em que o domínio turco foi seguido primeiro pelo domínio italiano, depois por esse regime reacionário e decadente, que não passava de um ninho de extorsão, sectarismo, deslealdade e traição." Ele prometeu ao povo uma nova era "onde todos serão livres, irmãos em uma sociedade na qual, com a ajuda de Alá, hão de imperar a prosperidade e a igualdade".[6]

O novo governante da Líbia era um admirador dedicado de Gamal Abdel Nasser. Ao assumir a liderança do país, Kadafi assumiu o posto de coronel (como Nasser na época da revolução de 1952 no Egito) e, seguindo o modelo egípcio, estabeleceu um Conselho de Comando Revolucionário para supervisionar o governo na nova República Líbia. "Diga ao presidente Nasser que fizemos essa revolução para ele", declarou Kadafi a Muhammad Heikal logo após o golpe.[7]

Após a morte de Nasser, em setembro de 1970, Kadafi se declarou seu sucessor ideológico. A partir de então, o anti-imperialismo e a unidade árabe seriam a marca registrada da política externa da Líbia. O novo governo promoveu o idioma árabe (nomes de ruas estrangeiros foram arabizados), impôs restrições islâmicas (o álcool foi proibido e as igrejas foram fechadas) e avançou na nacionalização da economia, expropriando propriedades estrangeiras em nome do povo líbio. As bases militares da Grã-Bretanha e dos Estados Unidos foram fechadas e todas as tropas estrangeiras foram expulsas. Foi nesse espírito que o novo regime assumiu as companhias de petróleo ocidentais, acreditando que o controle que elas exerciam sobre a produção e a venda de petróleo representava a maior ameaça à soberania e à independência do país.

Para se aconselhar sobre as melhores políticas a adotar em relação ao petróleo, o coronel Kadafi recorreu a Abdullah Turayqi (que havia perdido o emprego como ministro saudita do petróleo para um brilhante novo tecnocrata chamado Ahmed Zaki al-Yamani após a sucessão do rei Faisal ao trono, em 1962). Turayqi, que argumentara, em 1967, que "é justo que os países que dependem do petróleo como sua principal fonte de receita tenham o direito de fixar o preço justo por seu principal recurso natural", compartilhava a determinação de Kadafi de acabar com o poder das companhias estrangeiras de petróleo sobre os Estados árabes.[8] Em 1970, Kadafi adotou uma série de políticas a fim de garantir a total soberania da Líbia sobre seus recursos petrolíferos — às custas das empresas de petróleo.

Em janeiro de 1970, Kadafi convocou os chefes das 21 companhias petrolíferas que atuavam na Líbia para uma reunião a fim de renegociar os termos de seus contratos. Os petroleiros ocidentais estavam inquietos em suas cadeiras, ainda no processo de aceitação dos novos governantes militares do país, e se declararam contrários a quaisquer mudanças na maneira de fazer negócios. Kadafi encarou os executivos e deixou claro que preferia interromper totalmente a produção de petróleo a permitir que seu país fosse explorado pelos interesses ocidentais. "Um povo que durante 5 mil anos viveu sem petróleo", alertou, "pode voltar a viver sem ele por mais alguns anos a fim de alcançar seus direitos legítimos." Os petroleiros ocidentais se agitaram desconfortáveis sob o olhar ameaçador de Kadafi.[9]

Kadafi decidiu forçar as coisas e impor seu preço às companhias de petróleo. Em abril, o governo da Líbia solicitou um aumento sem precedentes de 20% (43 centavos de dólar americano) no preço do barril de petróleo, então negociado a 2,20 dólares. A Esso (afiliada europeia da Exxon) respondeu com uma oferta de aumento de apenas cinco centavos e se manteve firme. Contando com várias fontes alternativas de petróleo, a Esso e a Exxon estavam imunes às ameaças de Kadafi.

Em resposta, os líbios pressionaram as pequenas empresas independentes. Assim recordou o especialista em petróleo Ali Attiga: "O governo da Líbia aprendeu a usar os independentes — e muito bem — para aumentar o preço do petróleo". Os líbios escolheram seu alvo com cuidado. A Occidental Petroleum emergira da obscuridade total para se tornar uma das maiores petrolíferas do Ocidente após suas descobertas no deserto da Líbia. O único problema para a Occidental era que ela não tinha outra fonte de petróleo fora do país e, portanto, dependia inteiramente do petróleo da Líbia para cumprir seus contratos. Os líbios impuseram enormes cortes de produção à Occidental. Quando as condições impostas pelo governo entraram em vigor, a empresa se esforçou para encontrar fontes alternativas a fim de honrar seus compromissos com clientes europeus. No entanto, nenhuma das principais empresas de petróleo ajudaria os vulneráveis independentes, uma vez que sua produção fora reduzida pelas autoridades líbias de 845 mil para 465 mil barris por dia. Os cortes também foram impostos a outras petrolíferas, mas nenhuma foi tão afetada quanto a Occidental. "Assim, o corte na produção teve duas consequências", afirmou Attiga. "Não só obrigou os independentes, que não dispunham de fontes alternativas para honrar seus compromissos, a aceitarem o aumento de preço, como contribuiu para o início de uma escassez no fornecimento" que exerceu uma pressão ascendente sobre o preço do petróleo.[10]

A estratégia da Líbia obteve sucesso total, e o jovem regime de Kadafi acabou por vencer as empresas de petróleo. No final, o presidente da Occidental Petroleum, Armand Hammer, foi obrigado a aceitar os termos da Líbia em um acordo histórico celebrado em setembro de 1970. A Occidental concordou em aumentar o preço do petróleo líbio em inéditos trinta centavos, para 2,53 de dólares por barril, e a conceder a maior parte dos lucros à Líbia, rompendo os acordos do tipo 50/50 que haviam prevalecido nos últimos vinte anos e introduzindo uma nova proporção de 55% de lucros para o Estado produtor e apenas 45% para as empresas concessionárias. Pela primeira vez na história, um Estado produtor ficaria com a maior parte das receitas oriundas do petróleo.

O precedente da Occidental foi aplicado a todas as empresas que atuavam na Líbia e seguido pelo Irã e pelos demais países árabes produtores de petróleo. Em fevereiro de 1971, Irã, Iraque e Arábia Saudita celebraram o Acordo de Teerã, que garantia um mínimo de 55% dos lucros para os Estados petrolíferos e elevava o preço do petróleo em mais 35 centavos de dólar. Em abril de 1971, inspirados pelo Acordo de Teerã, líbios e argelinos negociaram uma nova alta dos preços nos mercados mediterrâneos, em noventa centavos de dólar por barril. Esses acordos puseram em movimento duas tendências: aumentos regulares dos Estados produtores sobre o preço do petróleo e diminuições regulares da participação das petrolíferas nos lucros. Era o fim da era dos barões ocidentais do petróleo e o começo da era dos xeques árabes.

O ANO DE 1971 MARCOU a independência do último dos Estados do golfo ainda sob protetorado britânico. Os Estados Truciais haviam preservado seu relacionamento especial com a Grã-Bretanha durante todo o conturbado período da descolonização e do nacionalismo árabe. A independência do Bahrein e do Catar e o estabelecimento dos Emirados Árabes Unidos representaram o fim do Império Britânico no Oriente Médio, iniciado no golfo Pérsico em 1820 e concluído na mesma região um século e meio depois.

Os emirados do golfo não eram tecnicamente colônias, mas miniestados independentes cujas relações com a Grã-Bretanha eram regidas por
tratados do século XIX. As relações exteriores dos emirados permaneceram
sob controle britânico em troca da proteção da Grã-Bretanha contra ameaças externas — sobretudo do Império Otomano, que buscava estender sua
influência sobre os Estados do golfo Pérsico no final do século XIX.

Em 1968, restavam nove Estados do golfo sob protetorado britânico:
Bahrein — que desde 1946 servia como sede da residência política britânica no golfo —, Catar, Abu Dhabi, Dubai, Xarja, Ras al-Khaimah, Umm
al-Quwain, Fujeira e Ajmã. A Grã-Bretanha havia se valido de sua posição
privilegiada no golfo para garantir valiosas concessões de petróleo para
empresas suas, sobretudo em Abu Dhabi e Dubai, e continuou exercendo
influência na região, transcendendo sua reduzida influência global. Os
governantes dos Estados do golfo estavam perfeitamente satisfeitos com
o acordo, que lhes permitia sobreviver como miniestados contra a ameaça
de vizinhos poderosos como a Arábia Saudita e o Irã, os quais nutriam
ambições sobre suas terras ricas em petróleo.

Foram os britânicos, e não os xeques dos Estados Truciais, que iniciaram o processo de descolonização no golfo. Em janeiro de 1968, o governo
trabalhista de Harold Wilson pegou os governantes do golfo completamente de surpresa ao anunciar sua intenção de se retirar do leste de Suez
até o final de 1971. A decisão foi motivada por problemas econômicos internos. Em novembro de 1967, Wilson foi obrigado a desvalorizar a libra para
enfrentar déficits comerciais e da balança de pagamentos. Uma vez tomadas essas medidas de austeridade, o governo não tinha como justificar o
custo de manutenção de bases militares no golfo Pérsico. As preocupações
econômicas foram acentuadas pela cultura do Partido Trabalhista, abertamente hostil a práticas imperialistas vinte anos após a retirada da Índia.

A primeira reação dos xeques foi recusar a saída dos britânicos — mais
precisamente, eles se negaram a dispensar a Grã-Bretanha dos compromissos firmados de proteger a região contra agressões externas. E eles
tinham bons motivos para se preocupar. A Arábia Saudita reivindicava a
maior parte de Abu Dhabi, rica em petróleo, e o Irã declarara soberania

sobre o Estado insular do Bahrein e várias ilhas menores situadas nos principais campos de petróleo offshore. Nos três anos seguintes, a Grã-Bretanha aplicou toda a sua hábil diplomacia para resolver as diferentes reivindicações nos territórios do golfo e incentivar uma união dos Estados Truciais que lhes daria a massa crítica necessária para sobreviver às águas traiçoeiras do golfo.

Em 1970, o xá do Irã desistiu de reivindicar o Bahrein. O xeque Isa bin Salman, governante do Bahrein, retirou-se das discussões de unificação com os outros Estados Truciais e declarou a independência de seu país em 14 de agosto de 1971. Em 3 de setembro, o vizinho e rival de longa data do Bahrein, o Estado peninsular do Catar, seguiu o exemplo. As diferenças entre os sete Estados restantes eram significativas, mas não intransponíveis, e, à medida que o prazo para a retirada britânica se aproximava, seis deles chegaram a um acordo para formar uma União dos Emirados Árabes (mais tarde Emirados Árabes Unidos) em 25 de novembro de 1971.

O país problemático era Ras al-Khaimah, que se recusava a fazer parte da união em protesto contra reivindicações iranianas a duas de suas ilhas (Grande Tunb e Pequena Tunb), e resistia a liberar a Grã-Bretanha do dever de preservar aquilo que considerava ser território soberano seu. A Grã-Bretanha, por sua vez, estava convencida de que precisava da boa vontade iraniana para preservar a integridade territorial dos Estados do golfo, e mostrava-se disposta a sacrificar duas das ilhas menores de Ras al-Khaimah a fim de preservar a independência da união como um todo. Os britânicos haviam intermediado um acordo entre Xarja e o Irã para a divisão de Abu Musa, outra ilha sob disputa, e viam tais concessões como um mal necessário a fim de impedir que o xá tomasse atitudes mais drásticas. No fim das contas, Ras al-Khaimah acabou por ingressar nos Emirados Árabes Unidos, que foram admitidos na Liga Árabe em 6 de dezembro e nas Nações Unidas em 9 de dezembro de 1971.

Ironicamente, a retirada da Grã-Bretanha do golfo abalou suas relações com dois dos Estados mais comprometidos com os ideais do nacionalismo árabe e do anti-imperialismo. O Iraque cortou relações com a Grã-Bretanha em protesto contra a cumplicidade britânica na ocupação iraniana de território árabe — Abu Musa e as ilhas Tunb. A Líbia deu um passo além e, em 7 de dezembro, nacionalizou as empresas de petróleo britânicas, a fim de punir a Grã-Bretanha pela entrega de territórios árabes ao domínio iraniano. A crescente dependência do Ocidente em relação ao petróleo árabe o tornou vulnerável a essas ações punitivas, e os árabes começaram a ver o petróleo como uma arma para atingir seus objetivos políticos. Não demorou muito para que o mundo árabe começasse a considerar maneiras de usar essa arma em sua luta contra Israel e seus aliados ocidentais.

★ ★ ★

ABDULLAH TURAYQI, ASSESSOR DO coronel Kadafi em questões relacionadas ao petróleo, logo percebeu como a commodity poderia ser útil na reformulação da geopolítica. Meses após a Guerra dos Seis Dias, em 1967, ele publicou um ensaio junto com o centro de pesquisa da OLP em Beirute no qual descrevia o petróleo árabe como "uma arma na batalha". Estabelecendo os justos motivos para a utilização estratégica do petróleo contra os aliados de Israel, Turayqi argumentou: "É de ampla aceitação a ideia de que todo Estado tem o direito de usar quaisquer meios disponíveis para pressionar seus inimigos. E os Estados árabes possuem uma das armas econômicas mais poderosas que existem". Os árabes, ele afirmava, detinham nada menos que 58,5% das jazidas internacionais de petróleo conhecidas, e o mundo industrial era cada vez mais dependente desse suprimento de energia. Por que os árabes deveriam continuar a abastecer o Ocidente enquanto Estados Unidos, Grã-Bretanha, Alemanha, Itália e Holanda apoiavam seu inimigo, Israel? "Os povos árabes clamam pelo uso do petróleo como arma, e cabe a cada governo satisfazer a vontade de seu povo", concluía Turayqi.[11]

Mas uma coisa era afirmar que se devia usar o petróleo como arma, e outra muito diferente era fazer isso. Turayqi sabia muito bem a que ponto o petróleo como arma se mostrara ineficaz na Guerra dos Seis Dias, em 1967. Os ministros árabes haviam se reunido em 6 de junho, dia em que a guerra estourou, e concordado em proibir remessas para Estados Unidos, Grã-Bretanha e Alemanha Ocidental devido a seu apoio a Israel. Em 48 horas, a Arábia Saudita e a Líbia haviam encerrado sua produção completamente. A produção árabe foi reduzida em 60%, o que causou uma enorme pressão nos mercados ocidentais.

O mundo industrial, porém, resistiu a esse primeiro uso do petróleo como arma. É quase impossível rastrear o petróleo depois que ele entra no mercado internacional, o que permite que os Estados embargados contornem a proibição de vendas diretas comprando o combustível por meio de intermediários não afetados pelo embargo. Os Estados Unidos e outros produtores não árabes expandiram sua produção para compensar a diferença, e os japoneses começaram a operar frotas de um novo tipo de embarcação, os "superpetroleiros", a fim de transportar petróleo para os mercados globais. Em um mês, os Estados industriais estavam outra vez completamente abastecidos, o que demonstrou a futilidade de um gesto que, entretanto, privou os produtores árabes de receitas vitais. No final de agosto de 1967, os Estados árabes derrotados — Egito, Síria e Jordânia — pediram a seus irmãos produtores que retomassem a produção a fim de ajudá-los a enfrentar o terrível fardo da reconstrução pós-guerra.

Não apenas o petróleo como arma se mostrou ineficaz na guerra de 1967 mas também prejudicou as economias árabes muito tempo após o fim dos confrontos. O retorno do petróleo árabe aos mercados internacionais produziu um excesso que derrubou os preços. O uso do petróleo como arma fora um tiro pela culatra e atingira os Estados árabes muito mais do que Israel e seus apoiadores ocidentais. Após a derrota de 1967, no entanto, tal era a falta de confiança nos exércitos árabes que muitos estrategistas políticos ainda acreditavam que o mundo árabe tinha mais chances de alcançar seus objetivos contra Israel por meios econômicos do que militares.

O MAL-ESTAR PÓS-1967 AFETOU o Egito mais do que qualquer outro Estado árabe. A derrota esmagadora de seu exército e a perda total da península do Sinai foram agravadas pelos efeitos econômicos da guerra. O Egito enfrentou um enorme custo de reconstrução, exacerbado pelo fechamento do canal de Suez e pelo colapso do turismo, as duas mais importantes fontes de receita externa do país.

As perspectivas de uma solução pacífica para o conflito árabe-israelense eram mais remotas após a guerra de 1967 do que em qualquer outro momento desde a criação do Estado de Israel. Os esforços internacionais para intermediar uma resolução entre egípcios e israelenses foram prejudicados pelas posições adotadas pelos dois antagonistas: Israel queria ficar com o Sinai como moeda de troca para forçar o Egito a concluir um tratado de paz completo, enquanto o governo egípcio exigia a devolução do Sinai como condição prévia para qualquer negociação de paz.

Para o Egito, quanto mais tempo Israel permanecesse no Sinai, maior o risco de a comunidade internacional aceitar a ocupação. O presidente Gamal Abdel Nasser estava determinado a impedir que os israelenses transformassem o canal de Suez em uma fronteira de fato entre os dois Estados, e engajou Israel em uma guerra de atrito não declarada que se estendeu de março de 1969 a agosto de 1970. Os egípcios fizeram incursões de infantaria, uso de artilharia pesada e ataques aéreos em uma tentativa de derrubar as posições israelenses ao longo do canal de Suez. Os israelenses responderam construindo uma série de fortificações ao longo do canal — apelidada de Linha Bar-Lev, em homenagem ao chefe de gabinete, o general Chaim Bar-Lev — e desferindo ataques aéreos sobre o território egípcio.

Durante os meses da guerra de atrito, Israel provou mais uma vez sua superioridade militar em relação ao Egito. Os egípcios não possuíam uma defesa aérea eficiente, e os aviões israelenses, portanto, viam-se livres para atacar os subúrbios do Cairo e as cidades do delta do Nilo. "O objetivo era colocar o povo egípcio sob forte pressão psicológica e fazer com que a liderança política parecesse fraca, forçando-a a interromper a guerra de atrito", argumentou o general Abd Ghani Gamasy. "Os ataques transmitiam uma mensagem implícita: a de que, uma vez que as forças armadas egípcias pareciam incapazes de compreender a futilidade daqueles combates, isso seria demonstrado diretamente ao povo do Egito."[12]

Embora as incursões israelenses não tenham conseguido fazer o povo egípcio voltar-se contra seu governo, a guerra de atrito estava prejudicando o Egito muito mais do que Israel. Nasser estava cada vez mais aberto à mediação americana e, em agosto de 1970, concordou com um cessar-fogo como parte de um plano de paz natimorto, mediado pelo então secretário de Estado dos Estados Unidos, William Rogers. Nasser morreu no mês seguinte, deixando o Egito e Israel longe de resolver suas diferenças.

O SUCESSOR DE NASSER FOI seu vice-presidente, Anwar Sadat. Embora tivesse sido um dos fundadores do movimento dos Oficiais Livres, participado da revolução de 1952 e estivesse entre os membros originais do Conselho de Comando Revolucionário, Sadat permanecia uma incógnita no Egito e no exterior. Ele não possuía nada do encanto ou do apelo público de Nasser, e precisava demonstrar seu valor se tivesse esperanças de permanecer no poder.

Sadat enfrentou um cenário internacional pouco favorável quando assumiu o cargo. O governo Nixon seguia uma política de distensão com o aliado do Egito, a União Soviética. À medida que as tensões entre as superpotências diminuíam, disputas regionais como o conflito árabe-israelense passavam a ter menos urgência em Moscou e Washington. Soviéticos e americanos estavam dispostos a se conformar com o statu quo alcançado, uma situação de ausência de guerra ou de paz, até que árabes e israelenses mostrassem uma atitude mais pragmática no tocante à resolução de suas diferenças. Sadat sabia que o statu quo favorecia Israel. Com o passar dos anos, a comunidade internacional passaria a aceitar o domínio israelense sobre os territórios árabes ocupados em 1967.

Para romper o impasse, Sadat teve que tomar a iniciativa. Ele precisava forçar os Estados Unidos a se envolverem novamente no conflito árabe--israelense, pressionar os soviéticos a fornecer armamentos de ponta para as forças armadas egípcias e apresentar aos israelenses uma ameaça real de recuperar o Sinai. Para atingir seus objetivos, ele precisaria declarar guerra — uma guerra limitada para alcançar objetivos políticos específicos.

Sadat deu o primeiro passo para a guerra em julho de 1972, expulsando todos os 21 mil conselheiros militares soviéticos do Egito. Era uma medida

contraintuitiva, mas destinada a forçar americanos e soviéticos a se envolverem novamente no conflito árabe-israelense. Os americanos começaram
a questionar os laços do Egito com a União Soviética e a possibilidade de
trazer o mais poderoso Estado árabe para a esfera de influência ocidental.
Foi exatamente essa ameaça que fez os soviéticos abandonarem sua atitude
complacente em relação ao Egito. Sadat havia pressionado a liderança soviética para reequipar as forças armadas devastadas do país nos anos que se
seguiram à Guerra dos Seis Dias e à guerra de atrito. Moscou prevaricou,
adiando a entrega dos equipamentos e retendo suas armas mais sofisticadas, necessárias para fazer frente aos armamentos de alta tecnologia que
os Estados Unidos vinham fornecendo a Israel. Embora tivesse expulsado
os conselheiros militares soviéticos, Sadat teve o cuidado de não cortar
relações com a União Soviética. Em vez disso, ele preservou o tratado de
amizade do Egito com o país e continuou concedendo privilégios básicos
às forças comunistas, demonstrando assim sua aliança. A estratégia de
Sadat teve um resultado brilhante: entre dezembro de 1972 e junho de
1973, os soviéticos exportaram mais armas avançadas para o Egito do que
nos dois anos anteriores.

O objetivo seguinte de Sadat era preparar seus militares para a guerra.
Em 24 de outubro de 1972, ele convocou os chefes das forças armadas
egípcias para uma reunião em sua casa a fim de comunicar sua decisão
de iniciar uma guerra contra Israel. Ele alertou o Alto-Comando: "Não
pretendo seguir o seu conselho no que diz respeito a este assunto".

Os generais ficaram horrorizados. Eles acreditavam que Israel estava
muito mais bem preparado para uma guerra do que os Estados árabes. O
Egito dependia inteiramente da União Soviética para o suprimento de armas avançadas, e os soviéticos ainda estavam muito atrás dos americanos
em termos de fornecimento. Para os militares, não era hora de falar em
guerra. O general Gamasy, que participou da reunião, descreveu a atmosfera como "excepcionalmente tempestuosa e agitada". Sadat teria ficado
cada vez mais irritado com as refutações de seus generais. "No final da
reunião, ficou claro que o presidente não estava satisfeito com o que havia
acontecido — nem com os relatórios apresentados, nem com as opiniões

expressas, nem com as previsões feitas."¹³ Mas Sadat não mudou de ideia. Após a reunião, ele decidiu reorganizar a cúpula militar e diminuir o poder daqueles que hesitavam em seguir suas ordens. Gamasy foi nomeado chefe de operações e encarregado de planejar a guerra.

O general Gamasy estava determinado a não repetir os erros da Guerra dos Seis Dias. Ele sabia por experiência própria como o Egito estava despreparado em 1967 e como os exércitos árabes haviam coordenado mal seus esforços de guerra. A primeira prioridade dos egípcios era concluir um acordo com a Síria para lançar um ataque em duas frentes contra Israel. Os sírios estavam tão determinados a resgatar as colinas de Golã quanto os egípcios o Sinai, e, em janeiro de 1973, chegaram a um acordo secreto com o Egito para unificar o comando de suas forças armadas.

Em seguida, os planejadores puseram-se a decidir a data ideal para o ataque, a fim de obter o maior grau de surpresa possível. Gamasy e seus colegas estudaram detalhadamente seus almanaques, buscando as condições ideais de visibilidade noturna e a maré mais favorável para atravessar o canal de Suez. Eles levaram em conta os feriados religiosos judaicos, bem como o calendário político, para identificar o momento em que tanto os militares como o povo estariam mais desprevenidos.

> Descobrimos que o Yom Kippur caía num sábado, e, mais importante, que era o único dia do ano em que a rádio e a televisão israelenses não faziam transmissões, como parte da observância religiosa e das tradições da festividade. Em outras palavras, não era possível fazer uma convocação rápida das forças da reserva utilizando meios públicos.¹⁴

Levando todos esses fatores em consideração, Gamasy e seus oficiais recomendaram que as operações fossem iniciadas no sábado, 6 de outubro de 1973.

Enquanto o general preparava as forças armadas do Egito para a guerra, Sadat viajou para Riad a fim de convencer os sauditas a usar uma arma completamente diferente: o petróleo. No final de agosto de 1973, sem aviso prévio, Sadat fez uma visita à Arábia Saudita para informar o rei Faisal sobre seus planos secretos de guerra e pedir apoio e cooperação saudita. Ele precisava ser persuasivo, pois os sauditas recusavam consistentemente os pedidos árabes para usar o petróleo como arma desde a desastrosa experiência de 1967.

Felizmente para Sadat, o mundo estava muito mais dependente do petróleo árabe em 1973 do que em 1967. A produção americana atingira seu pico em 1970 e agora caía a cada ano. A Arábia Saudita havia substituído o Texas como produtor pendular capaz de suprir deficiências no fornecimento global. Como resultado, os Estados Unidos e as potências industriais estavam mais vulneráveis do que nunca à arma do petróleo. Em 1973, analistas árabes estimavam que os Estados Unidos importavam cerca de 28% de seu petróleo do mundo árabe — a dependência do Japão era de 44%, e a dos Estados europeus de 70% a 75%.[15] O rei saudita, um nacionalista árabe convicto, acreditava que poderia usar seus recursos com eficiência e prometeu seu apoio a Sadat caso o Egito entrasse em guerra com Israel. "Mas precisamos de tempo", disse ao presidente egípcio. "Não queremos usar nosso petróleo como arma em uma batalha que dure apenas dois ou três dias. Queremos um confronto que se prolongue por tempo suficiente para mobilizar a opinião mundial."[16] Não havia sentido em usar o petróleo como arma depois que a guerra tivesse terminado, como os sauditas aprenderam em 1967. Faisal queria ter certeza de que a próxima guerra duraria o suficiente para que o uso do petróleo como arma fosse eficaz.

A GUERRA COMEÇOU POUCOS MINUTOS depois das duas da tarde do sábado, 6 de outubro de 1973, quando os exércitos sírio e egípcio atacaram Israel simultaneamente ao norte e ao sul. Apesar das precauções egípcias para manter o sigilo, a inteligência israelense estava convencida de que um ataque era iminente, embora esperasse uma investida mais limitada ao pôr do sol. Uma guerra total em duas frentes foi apenas a primeira surpresa para os militares judeus.

Protegidas por uma cortina de fogo de artilharia — Gamasy declarou que os egípcios dispararam mais de 10 mil vezes nos primeiros minutos de conflito —, ondas de comandos egípcios atravessaram o canal de Suez em botes e invadiram as muralhas de areia da Linha Bar-Lev aos gritos de "Allahu Akbar". As tropas egípcias sofreram poucas baixas ao tomar as posições israelenses, consideradas inexpugnáveis. "Às duas e cinco, as primeiras notícias da batalha começaram a chegar ao centro número dez [comando central]", lembrou o jornalista Muhammad Heikal. "O presidente Sadat e [o comandante em chefe] Ahmad Ismail ouviram tudo com espanto. Parecia que estavam assistindo a um exercício de treinamento: 'Missão cumprida... missão cumprida'. Tudo parecia bom demais para ser verdade."[17]

A incredulidade dos comandantes israelenses não era menor que a dos egípcios. Seus soldados nas fortificações de Bar-Lev, que haviam relaxado a guarda durante a observância do Yom Kippur, soaram o alerta e declararam suas posições insustentáveis diante da superioridade das forças inimigas. Os tanques sírios invadiram as posições israelenses e pressionaram violentamente as colinas de Golã. As forças aéreas egípcia e síria penetraram no coração de Israel e atacaram posições militares importantes.

Quando os israelenses por fim conseguiram lançar sua própria força aérea, os caças eram interceptados por mísseis soviéticos SAM 6 assim que chegavam às linhas de frente. A supremacia aérea de 1967 já não era uma realidade. Nas primeiras horas da guerra, Israel perdeu 27 aviões só na frente egípcia, sendo forçado a manter suas aeronaves 24 quilômetros atrás da zona do canal. Os tanques enviados em auxílio das tropas ao longo da Linha Bar-Lev enfrentaram um choque semelhante, encontrando soldados de infantaria egípcios armados com mísseis antitanque soviéticos guiados por rádio que destruíram dezenas de blindados israelenses.

Uma vez controladas as forças israelenses de ar e terra, os engenheiros militares egípcios montaram bombas d'água de alta pressão que literalmente lavaram as muralhas de areia da Linha Bar-Lev, abrindo passagem para as forças do Egito. Pontes de pontão foram instaladas ao longo do canal para que as tropas e tanques egípcios pudessem cruzar a margem leste e entrar no Sinai.

No final do primeiro dia de combates, cerca de 80 mil soldados egípcios haviam atravessado a Linha Bar-Lev e penetrado até quatro quilômetros dentro da península do Sinai. No front norte, tropas sírias romperam as defesas israelenses nas colinas de Golã, provocando graves perdas em tanques e aeronaves num ataque concentrado cujo objetivo era estabelecer uma posição no lago Tiberíades. Contando com a vantagem da surpresa quase total, a iniciativa esteve inteiramente nas mãos do Egito e da Síria nas primeiras horas da guerra, enquanto os israelenses se esforçavam para responder à ameaça mais grave que o Estado judeu jamais havia enfrentado.

O exército israelense se reagrupou e partiu para a ofensiva. Em 48 horas, as forças de reserva haviam sido convocadas e distribuídas, mantendo algumas posições no Sinai e concentrando sua ofensiva nas colinas de Golã, na esperança de derrotar a Síria antes de se dedicar ao enfrentamento contra o exército egípcio, em número maior. Em resposta ao contra-ataque israelense, divisões de infantaria e blindados iraquianas, sauditas e jordanianas foram despachadas para a Síria. Israelenses e árabes estavam sofrendo pesadas baixas e esgotando suas reservas de armas e munições nos combates mais violentos já testemunhados no conflito árabe-israelense.

No final da primeira semana de guerra, ambos os lados precisavam se reabastecer.[18] Em 10 de outubro, os soviéticos começaram a transportar armas para a Síria e o Egito, e em 14 de outubro os americanos iniciaram seu próprio transporte aéreo secreto de armas e munição aos israelenses. Armados com novos tanques e artilharia americana, os israelenses montaram um contra-ataque bem-sucedido que, em 16 de outubro, dominou o front da Síria e cercou as forças egípcias na margem oeste do canal de Suez. A situação militar estava se transformando em um impasse, com as tropas israelenses consolidando sua vantagem sobre os adversários árabes.

Foi nesse momento que os Estados árabes decidiram usar o petróleo como arma. Em 16 de outubro, os ministros árabes do Petróleo se reuniram no Kuwait. Eles tinham um novo senso de confiança e autoestima em virtude das vitórias egípcias e sírias nos primeiros dias de guerra. Os líderes dos Estados produtores também se sentiam encorajados por saber que o mundo industrial dependia deles. Isso significava que, no momento em que aumentassem o preço do petróleo, infligiriam uma punição imediata aos países industrializados que apoiavam Israel.

No primeiro dia de reunião no Kuwait, os ministros impuseram um aumento de 17% nos preços, sem sequer telefonar para as agora impotentes companhias de petróleo ocidentais. "Este é um momento pelo qual venho esperando há muito tempo", disse a um dos delegados o ministro do Petróleo saudita, o xeque Ahmed Zaki Yamani. "Chegou a hora. Somos donos de nossos próprios recursos."[19] O impacto que a medida teve no mercado petrolífero foi imediato e provocou pânico generalizado. Ao final do dia, as empresas vendedoras de petróleo haviam aumentado o preço do barril para 5,11 dólares, uma alta de 70% em relação ao preço de junho de 1973, 2,90 dólares.

O aumento dos preços foi apenas a primeira chicotada para chamar a atenção do planeta. No dia seguinte, os ministros árabes do Petróleo divulgaram um comunicado descrevendo uma série de cortes de produção e embargos para forçar as potências industriais a modificar suas políticas em relação ao conflito árabe-israelense.

> Todos os países árabes exportadores de petróleo reduzirão imediatamente sua produção em não menos que 5% em relação aos valores de setembro, e manterão a mesma taxa de redução a cada mês depois disso até que as forças israelenses sejam completamente retiradas de todos os territórios árabes ocupados durante a guerra de junho de 1967 e os direitos legítimos do povo palestino sejam restaurados.[20]

Os ministros do Petróleo tranquilizaram os Estados amigos de que eles não seriam afetados por essas medidas. Somente "os países que demonstram apoio moral e material ao inimigo israelense", explicaram, "serão submetidos a uma redução severa e progressiva do suprimento de petróleo árabe, até a interrupção total". Os Estados Unidos e a Holanda, tradicionais amigos de Israel, foram ameaçados com um embargo completo até que seus governos, ou os de "qualquer outro país que apoie ativamente os agressores israelenses, revertam suas posições e somem-se ao consenso da comunidade mundial para pôr fim à ocupação israelense de territórios árabes e restaurar integralmente os direitos legítimos do povo palestino".

Depois de demonstrar sua força no campo de batalha e nos mercados de petróleo, os Estados árabes abriram uma frente diplomática. No mesmo dia em que enviaram seu comunicado, os ministros das Relações Exteriores da Arábia Saudita, do Kuwait, do Marrocos e da Argélia se reuniram com o presidente Nixon e seu secretário de Estado, Henry Kissinger, na Casa Branca. Os ministros árabes descobriram que o governo americano se mostrava favorável à implementação da Resolução 242 do Conselho de Segurança da ONU, que pedia a retirada de Israel do território árabe ocupado em junho de 1967 em troca da paz total entre Israel e os países árabes. O ministro das Relações Exteriores da Argélia perguntou por que a resolução nunca havia sido implementada. "Kissinger, com muita franqueza, disse que isso se devia à ampla superioridade militar de Israel. Os fracos, ele afirmou, não negociam. Os árabes eram fracos; agora, eram fortes. Eles haviam conseguido mais do que qualquer um, inclusive eles próprios, acreditava ser possível."[21] Para os árabes, parecia que os americanos só entendiam a linguagem da força.

O governo Nixon se viu em uma posição singularmente difícil. Ele desejava aplacar o mundo árabe, mas não à custa da segurança de Israel. A questão ia além da lealdade americana ao Estado judeu. No âmbito da Guerra Fria, os americanos estavam determinados que Israel, com suas armas americanas, sobrepujasse os árabes, com suas armas soviéticas. Quando Israel se voltou para os Estados Unidos, solicitando o envio emergencial de armas a fim de restaurar seu arsenal esgotado, o presidente Nixon conseguiu que fossem aprovadas, em 18 de outubro, as leis necessárias para um pacote de armas no valor de 2,2 bilhões de dólares para o Estado judeu.

O flagrante apoio americano ao esforço de guerra israelense indignou o mundo árabe. Um a um, os Estados árabes produtores impuseram um embargo completo aos Estados Unidos. A produção de petróleo árabe caiu 25%, e os preços da commodity subiram, chegando a um pico de 11,65 dólares por barril em dezembro de 1973. Em seis meses, esse valor quadruplicou, perturbando radicalmente as economias ocidentais e prejudicando os consumidores. À medida que as reservas diminuíam, os motoristas enfrentavam longas filas nos postos de gasolina e racionamento de combustível.

Os governos ocidentais enfrentavam uma pressão cada vez maior de seus cidadãos para que o embargo do petróleo chegasse ao fim. A única maneira de resolver a crise era encarar o conflito árabe-israelense. Sadat havia cumprido seus objetivos estratégicos e forçado os Estados Unidos a se envolverem novamente com a diplomacia regional. Com as forças egípcias ainda entrincheiradas na margem leste do canal de Suez, a comunidade internacional não teria mais problemas em aceitar o canal como a fronteira de fato entre Egito e Israel. O líder egípcio, agora, procurava o momento oportuno para encerrar a guerra e consolidar seus ganhos.

A posição militar de Sadat ia ficando cada vez mais fraca à medida que a guerra prosseguia. Na terceira semana de outubro, Israel havia partido para a ofensiva, penetrando profundamente o território árabe até chegar a cem quilômetros do Cairo e a apenas trinta quilômetros de Damasco. Esses ganhos vieram a um enorme custo, com mais de 2800 israelenses mortos e 8800 feridos — baixas muito maiores em proporção à população de Israel do que os 8500 soldados árabes mortos e quase 20 mil feridos durante a guerra.[22]

O contra-ataque israelense fez surgir novas tensões entre as superpotências. Enquanto os israelenses ameaçavam o 3º Exército egípcio cercado na margem oeste do canal de Suez, o primeiro-ministro soviético Leonid Brejnev enviou uma carta ao presidente dos Estados Unidos, Richard Nixon, pedindo uma ação diplomática conjunta. Brejnev alertava que a União Soviética poderia ser forçada a intervir unilateralmente para proteger seus aliados egípcios. Com o Exército Vermelho e a marinha soviética em alerta, a inteligência dos Estados Unidos temia que a União Soviética pudesse introduzir um elemento de dissuasão nuclear na zona de conflito. As autoridades de segurança americanas responderam colocando seus militares em estado de alerta nuclear pela primeira vez desde a crise dos mísseis cubanos. Depois de algumas horas de crescente tensão, as superpotências concordaram em somar forças para buscar um fim diplomático para a Guerra do Yom Kippur.

Egípcios e israelenses também estavam impacientes para pôr fim ao devastador conflito armado. Após dezesseis dias de intensos combates, ambos os lados estavam prontos para depor as armas. Em 22 de outubro, o Conselho de Segurança da ONU negociou um cessar-fogo. Nesse mesmo dia, aprovou ainda a Resolução 338, que reafirmava a Resolução 242, pedindo a convocação de uma conferência de paz e uma resolução das diferenças entre árabes e israelenses por meio de uma troca de territórios por concórdia. Em dezembro, as Nações Unidas convocaram uma conferência internacional em Genebra para tratar da questão dos territórios árabes ocupados por Israel em 1967 como primeiro passo rumo a uma solução justa e duradoura para o conflito árabe-israelense.

Em 21 de dezembro de 1973 Kurt Waldheim, secretário-geral da ONU, abriu a conferência. Patrocinada pelos Estados Unidos e pela União Soviética, ela contou com a presença de delegações de Israel, do Egito e da Jordânia. O presidente Hafez Assad, da Síria, não obtendo a garantia de que todo o território ocupado por Israel seria restaurado aos Estados árabes, recusou-se a participar. Não houve representação palestina. Os israelenses vetaram a participação da OLP, e os jordanianos não desejavam ter um rival representando os palestinos na Cisjordânia ocupada.

A conferência em Genebra mostrou-se inconclusiva. As delegações árabes não conseguiram se coordenar antes do encontro e suas exposições revelaram profundas divisões internas. Os egípcios se referiam à Cisjordânia como território palestino, enfraquecendo a posição da Jordânia, que se sentia punida por sua não participação na guerra de 1973. O ministro jordaniano das Relações Exteriores, Samir al-Rifai, pediu uma retirada israelense completa de todos os territórios árabes ocupados, incluindo Jerusalém Oriental. Abba Eban, ministro das Relações Exteriores de Israel, insistiu que Israel jamais retornaria às linhas de 1967 e declarou Jerusalém a capital indivisa do Estado judeu. O único resultado significativo da conferência foi a criação de um grupo de trabalho militar egípcio-israelense para negociar a retirada das forças egípcia e israelense do Sinai.

Após o fracasso de Genebra, o secretário de Estado dos Estados Unidos, Henry Kissinger, embarcou em várias rodadas de intensa diplomacia para garantir acordos de retirada entre Israel e seus vizinhos árabes. O acordo com o Egito foi concluído em 18 de janeiro de 1974, e o acordo com a Síria em maio do mesmo ano. Por esses acordos, o Egito recuperou toda a margem oriental do canal de Suez, com uma zona tampão entre as linhas egípcias e israelenses no Sinai controlada pela ONU. Os sírios também recuperaram uma fatia das colinas de Golã perdidas na Guerra dos Seis Dias, em 1967, novamente com uma força tampão da ONU entre as linhas sírias e israelenses na região. Em 18 de março de 1974, com a guerra e a diplomacia em pleno curso, os produtores árabes de petróleo declararam seus objetivos atingidos e encerraram o embargo.

Nem todos os analistas árabes, porém, viram os eventos de 1973 como um sucesso total. Muhammad Heikal acreditava que o Egito e os Estados produtores haviam cedido demais, e rápido demais. Tendo imposto um embargo com objetivos políticos específicos — a evacuação israelense de todos os territórios árabes ocupados em junho de 1967 —, os árabes o haviam suspendido antes que qualquer um deles fosse realmente atingido. "Tudo que se pode dizer a nosso favor", concluiu Heikal, "é que o mundo viu os árabes agindo pela primeira vez em conjunto e o petróleo sendo usado, mesmo que desajeitadamente, como arma política."[23]

Seja como for, o mundo árabe obteve ganhos significativos em 1973. A demonstração de disciplina e unidade de propósito impressionou a comunidade internacional e forçou as superpotências a considerarem o mundo árabe de maneira mais séria. No nível econômico, os eventos de 1973 levaram os árabes à total independência das companhias de petróleo ocidentais. Nas palavras do xeque Yamani, os Estados árabes produtores afirmaram domínio sobre seus próprios recursos e saíram da crise imensamente mais ricos. O petróleo, negociado a menos de três dólares por barril antes da crise de 1973, estabilizou-se a preços que variavam de onze a treze dólares na maior parte da década de 1970. Se os cartunistas ocidentais retratavam o xeque do petróleo como um personagem ganancioso, com o nariz em forma de gancho e segurando o mundo como refém, os empresários do Ocidente se lançaram sem demora a um mercado emergente de recursos aparentemente ilimitados. Até as companhias de petróleo ocidentais obtiveram enormes lucros com a crise, à medida que suas vastas reservas se valorizaram com o aumento dos preços. No entanto, os eventos de outubro de 1973 deram o golpe final nas concessões de petróleo que regiam as relações entre as empresas ocidentais e os Estados árabes produtores. Em 1976, o Kuwait e a Arábia Saudita seguiram o exemplo do Iraque e da Líbia e compraram os ativos das petrolíferas ocidentais, incorporando o patrimônio a suas próprias indústrias e pondo fim à era da influência ocidental sobre o petróleo árabe.

A Guerra do Yom Kippur também foi um sucesso diplomático. Sadat conseguiu usá-la para romper o impasse com Israel. A ação militar árabe combinada provou ser uma ameaça factível, e a guerra levantou tensões perigosas entre soviéticos e americanos. A comunidade internacional agora dava alta prioridade à solução do conflito árabe-israelense por meio de diplomacia baseada nas Resoluções 242 e 338 do Conselho de Segurança da ONU.

Com sua ousada iniciativa, Anwar Sadat havia garantido os interesses do Egito — e colocado em risco as aspirações nacionais palestinas. Embora assegurassem a integridade territorial de todos os Estados da região, as resoluções da ONU não faziam menção aos palestinos apátridas, prometendo apenas "uma solução justa para o problema dos refugiados". A Organização para a Libertação da Palestina, o efetivo governo no exílio do povo palestino, se deparou com uma difícil decisão: ou iniciava uma nova rodada de negociações diplomáticas ou se resignava a aceitar que a Jordânia e o Egito recuperassem a Cisjordânia e a Faixa de Gaza por meio de um grande acordo de paz que significaria o fim das esperanças palestinas de um Estado independente.

★ ★ ★

POUCO ANTES DO AMANHECER, um helicóptero cortou veloz a escuridão ao longo do East River até a sede das Nações Unidas em Manhattan. Às quatro da manhã de 13 de novembro de 1974, o helicóptero pousou, e seguranças apreensivos levaram o presidente da OLP, Yasser Arafat, até um local seguro dentro do prédio da ONU. Chegando sem aviso na escuridão da madrugada, Arafat foi poupado da indignidade de passar por milhares de manifestantes que se reuniriam mais tarde naquela manhã em torno do complexo da ONU para protestar contra sua presença, empunhando cartazes com dizeres como "A OLP é um sindicato internacional de homicidas" e "A ONU se tornou um fórum de terrorismo". Ele foi também protegido de assassinos.

A visita de Arafat às Nações Unidas foi o ponto máximo de um ano notável para a política palestina. A União Soviética, os Estados do bloco oriental, as nações do Movimento dos Países Não Alinhados e o mundo árabe haviam unido forças para garantir um convite ao chefe da OLP para abrir o debate da ONU sobre "A questão da Palestina". Era a oportunidade para Arafat apresentar as aspirações palestinas à comunidade das nações.

A aparição na ONU também marcou a transição de Arafat de líder guerrilheiro para estadista — um papel para o qual ele tinha pouco preparo. "Por que não vai o senhor?", ele perguntou a Khalid al-Hassan, presidente do Comitê de Relações Exteriores do Conselho Nacional da Palestina, o Parlamento palestino no exílio. Hassan descartou a sugestão de imediato, insistindo que apenas Arafat poderia falar em nome da causa. "O senhor é o nosso presidente, o nosso símbolo. A própria encarnação da Palestina. Sem o senhor, não há show."[24]

O show havia mudado drasticamente ao longo de 1974.

Logo após a Guerra do Yom Kippur, o líder guerrilheiro tomara a decisão estratégica de se afastar da luta armada, e das táticas de terror que esta implicava, a fim de negociar uma solução de dois Estados para o conflito palestino-israelense. Por duas décadas e meia, o movimento nacional palestino havia sido mais ou menos unânime em sua busca pela libertação da Palestina histórica e a destruição do Estado de Israel. Após a Guerra do Yom Kippur, Arafat reconheceu que o Estado judeu, então com 25 anos, era a superpotência militar da região, desfrutando do total apoio dos Estados Unidos e do reconhecimento de quase toda a comunidade internacional. Israel estava ali para ficar.

Na diplomacia do pós-guerra, previu corretamente Arafat, os Estados árabes vizinhos acabariam por aceitar essa realidade e negociariam tratados de paz com Israel sob o patrocínio dos Estados Unidos e da União Soviética com base na Resolução 242. Os palestinos seriam deixados de lado. "O que a Resolução 242 oferece aos palestinos?", perguntou Arafat a um jornalista britânico na década de 1980.

> Alguma compensação para os refugiados e talvez, digo apenas talvez, o retorno de uns poucos para suas casas na Palestina. Mas o que mais? Nada. Seria o nosso fim. A chance de voltarmos a ser uma nação, mesmo em uma pequena parte de nossa terra natal, teria passado. Acabado. Não haveria mais um povo palestino. Fim da história.[25]

A solução de Arafat era estabelecer um miniestado na Faixa de Gaza e na Cisjordânia. Havia, no entanto, uma série de barreiras que ele precisaria superar antes que pudesse conseguir até mesmo um miniestado para os palestinos.

O primeiro obstáculo era a opinião pública palestina. Arafat reconhecia que era necessário persuadir o povo palestino a abandonar sua reivindicação a 78% dos territórios perdidos em 1948. "Quando um povo está reivindicando o retorno de 100% de suas terras", explicou Arafat, "não é tão fácil para a liderança dizer: 'Não, você só pode ter 30%.'"[26]

E nem mesmo a pretensão de Arafat a 30% da Palestina era universalmente reconhecida. A Faixa de Gaza estava sob administração egípcia desde 1948 até ser ocupada por Israel na Guerra dos Seis Dias em 1967, e a Cisjordânia foi formalmente anexada ao Reino Hachemita da Jordânia em 1950. Embora os egípcios não tivessem interesse em absorver a Faixa de Gaza, o rei Hussein da Jordânia estava determinado a recuperar a Cisjordânia e os bairros árabes de Jerusalém Oriental, a terceira cidade mais sagrada do islã, para o domínio jordaniano. Arafat precisava arrancar a Cisjordânia das garras do rei Hussein.

As facções mais radicais dentro da OLP não estavam dispostas a reconhecer Israel, o que significava que Arafat teria que superar sua oposição a uma solução de dois Estados. A Frente Democrática para a Libertação da Palestina e a Frente Popular, cujos notórios sequestros haviam precipitado a guerra do Setembro Negro na Jordânia em 1970, continuavam comprometidas com a luta armada pela libertação de toda a Palestina. Se Arafat reconhecesse abertamente o compromisso que estava disposto a assumir para alcançar um Estado limitado para os palestinos, as facções mais radicais exigiriam sua cabeça.

Por fim, Arafat teria que superar a aversão internacional à OLP e à sua liderança. Os dias de terrorismo "humanizado", em que aviões eram destruídos e reféns libertados ilesos, faziam parte do passado. Em 1974, a OLP estava associada a uma série de crimes hediondos contra civis na Europa e em Israel: um ataque aos escritórios da El Al em Atenas, em novembro de 1969, que deixou uma criança morta e 31 feridos; uma bomba detonada em pleno voo que destruiu um jato suíço em fevereiro de 1970, matando todas as 47 pessoas a bordo; e o notório ataque durante as Olimpíadas de Munique em 1972, que vitimou onze atletas israelenses. Israel e seus apoiadores ocidentais viam a OLP como uma organização terrorista e se recusavam a se reunir com seus líderes; Arafat precisava convencer os estrategistas políticos do Ocidente de que a OLP renunciaria à violência em favor da diplomacia para alcançar a autodeterminação palestina.

Arafat havia estabelecido metas ambiciosas para 1974: garantir o apoio público palestino a uma solução de dois Estados, conter as facções mais radicais da OLP, superar a reivindicação do rei Hussein à Cisjordânia e obter reconhecimento internacional em um único ano não seria uma tarefa fácil.

Dadas as restrições que enfrentava, Arafat precisava agir com cautela e garantir o respaldo popular antes de propor uma mudança na política. Ele não podia se manifestar abertamente a favor de uma solução de dois Estados, pois isso implicaria o fim da luta armada, que contava com amplo apoio palestino. Negociar uma solução de dois Estados significaria conferir algum grau de reconhecimento a Israel, o que a maioria dos palestinos teria rejeitado. Assim, Arafat optou por formular da maneira mais obscura possível os fundamentos de sua nova política, publicada pela primeira vez em fevereiro de 1974 em um documento de trabalho que falava em estabelecer uma "autoridade nacional [...] em quaisquer terras que possam ser arrancadas da ocupação sionista".

Em seguida, ele precisava obter o apoio do Conselho Nacional da Palestina, o Parlamento no exílio, para sua nova política. Em junho de 1974, quando o CNP se reuniu no Cairo, Arafat apresentou uma plataforma de dez pontos que comprometia a OLP com a estrutura da "autoridade nacional". No entanto, para superar as facções mais radicais da organização, a plataforma reafirmava o papel da luta armada e o direito à autodeterminação nacional e descartava qualquer reconhecimento de Israel. O CNP adotou a plataforma de Arafat, mas os palestinos sabiam que a mudança estava em andamento. No entanto, para o resto do mundo, a OLP ainda parecia uma organização guerrilheira comprometida com a luta armada.

A Organização para a Libertação da Palestina claramente precisava apresentar uma nova face à comunidade internacional para ser reconhecida como governo no exílio. Em 1973, Arafat nomeou Said Hammami como representante da OLP em Londres. Natural da cidade costeira de Jaffa, Hammami fora expulso da Palestina com a família em 1948 e crescera na Síria, formando-se em literatura inglesa na Universidade de Damasco. Hammami era um nacionalista palestino comprometido e um político moderado que logo estabeleceu boas relações com jornalistas e estrategistas políticos em Londres.

Em novembro de 1973, Hammami publicou um artigo no *Times* londrino pedindo uma solução de dois Estados para o conflito entre Israel e a Palestina. "Muitos palestinos", escreveu ele, "acreditam que um Estado palestino na Faixa de Gaza e na Cisjordânia [...] é fundamental para qualquer iniciativa de paz." Ele foi o primeiro representante da OLP a fazer tal proposta. "Não é pouca coisa para um povo que foi tão injustiçado quanto nós dar o primeiro passo em direção à reconciliação em prol de uma paz justa que satisfaça todas as partes" — uma afirmação que, implicitamente, incluía Israel. O editor do jornal acrescentou uma nota enfatizando que Hammami era "conhecido pela proximidade com o presidente da OLP, o sr. Yasser Arafat", e que sua decisão de tornar públicos tais pontos de vista era, portanto, "consideravelmente significativa".[27] Através de seu representante de Londres, Arafat conseguira abrir um canal não apenas com o Ocidente, mas também com Israel.

Um jornalista israelense e ativista da paz chamado Uri Avnery ficou eletrizado com o artigo de Hammami. Avnery havia imigrado para a Palestina durante o mandato britânico e ingressado no Irgun no final da década de 1930, ainda adolescente. Mais tarde, ele calou aqueles que o criticaram por dialogar com os "terroristas" palestinos, dizendo: "Não venham me falar de terrorismo, porque eu mesmo fui terrorista". Avnery foi ferido na guerra de 1948 e cumpriu três mandatos no Knesset como político independente. Embora fosse um sionista comprometido, sempre defendera uma solução de dois Estados, muito antes que qualquer um no mundo árabe apoiasse a ideia. Menachem Begin costumava ridicularizá-lo nos debates do Knesset, perguntando: "Onde está o árabe Avnery?".[28] Ao ler o artigo de Hammami, Uri Avnery reconheceu de imediato que havia encontrado sua contraparte palestina.

Em dezembro de 1973, Hammami escreveu uma segunda coluna para o *Times*, dessa vez pedindo reconhecimento mútuo entre Israel e os palestinos.

> Os judeus israelenses e os árabes palestinos devem se reconhecer como povos, com todos os direitos a que os povos têm direito. Este reconhecimento deve ser seguido pela constituição de [...] um Estado palestino, um Estado membro independente e de pleno direito das Nações Unidas.[29]

Com este segundo artigo, Avnery percebeu que as opiniões de Hammami deveriam refletir uma mudança consciente de política na OLP. Um diplomata pode cometer uma indiscrição e manter seu emprego, mas um transgressor reincidente certamente seria expulso. Hammami só poderia sugerir coisas como reconhecimento mútuo entre israelenses e palestinos se tivesse o apoio de Yasser Arafat.

Avnery estava determinado a fazer contato com Said Hammami. Em dezembro de 1973, enquanto participava da Conferência de Paz de Genebra, ele encontrou um jornalista do *Times* e pediu que ele organizasse uma reunião com o representante da OLP. A reunião implicava grandes riscos para os dois homens. No clima de violência terrorista do início dos anos 1970, tanto as facções palestinas quanto o Mossad, o serviço secreto israelense, estavam ativamente assassinando seus inimigos. Hammami e Avnery estavam dispostos a correr o risco de se encontrar, pois estavam convencidos de que uma solução de dois Estados era a única chance de uma solução pacífica para o conflito árabe-israelense.

Eles se encontraram pela primeira vez em Londres, em 27 de janeiro de 1974, no quarto de hotel de Avnery, oportunidade na qual Hammami expôs suas opiniões. Avnery assim as resumiu:

Os dois povos, o palestino e o israelense, existem.

Ele não gosta da maneira como a nação israelense surgiu na Palestina, e rejeita o sionismo. Mas aceita o fato de que a nação israelense existe.

Como a nação israelense existe, ela tem o direito à autodeterminação nacional, assim como os palestinos. Atualmente, a única solução realista é permitir que cada um dos povos tenha o seu próprio Estado.

Ele não gosta de Itzhak Rabin e entende que os israelenses não gostem de Yasser Arafat. Cada povo deve aceitar os líderes escolhidos pelo outro lado.

Devemos construir a paz sem a intervenção de qualquer uma das super-potências. A paz deve vir dos povos da própria região.[30]

Avnery deixou claro para Hammami que Israel era uma democracia composta por cidadãos judeus e que, para mudar a política do governo israelense, seria preciso mudar a opinião pública. "Não se muda a opinião pública por palavras, declarações, fórmulas diplomáticas", ele se lembrou mais tarde de ter dito a Hammami. "Muda-se a opinião pública com o impacto de eventos dramáticos, que falam diretamente ao coração de todos, eventos que uma pessoa pode ver com os próprios olhos na televisão, ouvir no rádio, ler nas manchetes do jornal."[31]

No momento, nem Arafat nem Hammami poderiam ir mais longe para conquistar a opinião pública israelense do que argumentar a favor da solução de dois Estados na imprensa ocidental. No clima da época, isso representava uma mudança mais radical na política do que a liderança da OLP ousara expressar. Enquanto as reuniões entre Avnery e o representante da OLP em Londres continuavam sendo mantidas em sigilo, a mensagem moderada de Hammami, sem dúvida, colaborou para o convite das Nações Unidas a Arafat. Com seus artigos no *Times*, Hammami havia mostrado ao mundo ocidental que a OLP estava pronta para entrar em um acordo negociado com os israelenses. O discurso de Arafat proporcionaria a oportunidade para o tipo de "evento dramático" que Avnery considerava necessário para forçar uma mudança na política israelense.

O GRANDE AVANÇO SEGUINTE para Arafat em 1974 ocorreu na arena interárabe. Na cúpula dos líderes árabes em Rabat, ele derrotou seu antigo rival, o rei Hussein da Jordânia, ao garantir o reconhecimento da OLP como o único representante legítimo do povo palestino. Em 29 de outubro de 1974, a reunião de chefes de Estado árabes deu seu apoio unânime à OLP e afirmou o direito do povo palestino de estabelecer uma "autoridade nacional" em "qualquer terra palestina libertada" sob a liderança da OLP. A resolução foi um golpe terrível para as aspirações do rei Hussein de representar os palestinos e para a soberania da Jordânia sobre a Cisjordânia. Ao deixar Rabat, Arafat viu fortalecidas as reivindicações da OLP por um governo de facto no exílio.

Quinze dias após o triunfo em Rabat, Arafat desembarcou nas Nações Unidas para garantir apoio internacional à autodeterminação palestina. Lina Tabbara, uma diplomata libanesa de ascendência palestina, estava na comitiva para ajudar na tradução de seu discurso para o inglês e o francês. Tabbara ficou impressionada com a força daquele momento. "Entrei pela porta principal do prédio logo atrás de Yasser Arafat, que teve a mesma recepção concedida aos chefes de Estado, exceto por alguns detalhes do protocolo", lembrou. "Foi o clímax do movimento de resistência [palestino], um momento de triunfo para os deserdados e um dos dias mais bonitos da minha vida." Ao ver Arafat subir na tribuna e receber uma ovação de pé da Assembleia Geral, Tabbara sentiu dentro de si um "orgulho por ter sangue palestino".[32]

Arafat fez um longo discurso — 101 minutos no total. "Foi um ver-dadeiro trabalho de comitê", lembrou Khalid Hassan mais tarde. "Ras-cunhos, rascunhos e mais rascunhos. Quando nos demos por satisfeitos com o texto, pedimos a um de nossos mais célebres poetas que desse o toque final."[33] Foi um discurso arrebatador, um apelo à justiça, mas, na realidade, uma fala dirigida ao público palestino e àqueles que apoiavam a luta revolucionária. Ele não pretendia influenciar o povo israelense e forçar uma mudança na política do governo de Israel. De fato, Arafat não tinha apoio suficiente dentro de seu próprio movimento para sugerir qualquer acomodação com o Estado judeu. E os israelenses não estavam ouvindo: sua delegação havia boicotado o discurso de Arafat em protesto contra a presença na ONU do presidente da OLP.

Em vez de reforçar o apelo de Hammami por uma solução de dois Estados, Arafat voltou ao seu antigo "sonho revolucionário" de "um Es-tado democrático em que cristãos, judeus e muçulmanos viveriam com justiça, igualdade, fraternidade e progresso" em toda a Palestina. Para os israelenses e seus apoiadores americanos, isso ainda parecia o velho e familiar chamado para a destruição do Estado judeu. Pior ainda, em vez de usar o púlpito da ONU para estender a mão aos israelenses, Arafat terminou com uma ameaça retórica. "Hoje, venho aqui com um ramo de oliveira em uma das mãos e o fuzil dos que combatem pela liberdade na outra. Não deixem que o ramo de oliveira caia da minha mão. Repito: não deixem que o ramo de oliveira caia da minha mão."[34]

Arafat deixou o salão aplaudido de pé. O apelo do presidente da OLP por justiça e um Estado para o povo palestino encontrou amplo apoio na comunidade internacional. Arafat precisava mais de apoiadores do que de gestos ousados. Quando Lina Tabbara voltou a vê-lo, apenas dois anos depois, o presidente da OLP lutava por sua sobrevivência política na guerra civil do Líbano.

Em 1974, o movimento palestino conseguiu muitos avanços. Khalid Hassan, presidente do Comitê de Relações Exteriores do CNP, diria mais tarde que 1974 foi "um ano importantíssimo", em que a liderança da OLP se mostrou "comprometida a chegar a um acordo com Israel". Mas nenhum progresso adicional foi feito nas negociações entre israelenses e palestinos após discurso de Arafat na onu. Hammami e Avnery continuaram a se encontrar em segredo em Londres, cada um deles informando seus respectivos líderes sobre o conteúdo das conversas. "É impossível exagerar a importância do trabalho de Said Hammami", insistiu Khalid Hassan. "Se o governo israelense de Yitzhak Rabin tivesse respondido aos sinais que estávamos enviando através de Hammami, poderíamos ter alcançado uma paz justa em poucos anos."[35] Mas Arafat não se atreveu a fazer concessões a Israel, e Rabin não queria fazer nada que pudesse encorajar a criação de um Estado palestino, ao qual se opunha firmemente.

Com o endurecimento das posições palestinas e israelenses após 1974, Hammami e Avnery se viram cada vez mais expostos a atentados por parte de extremistas dentro de suas próprias sociedades. Em dezembro de 1975, um israelense desequilibrado atacou Avnery com uma faca e o feriu gravemente perto de sua casa em Tel Aviv. E, em janeiro de 1978, Hammami foi abatido em seu escritório em Londres por um membro do grupo palestino dissidente Abu Nidal, por conta de suas reuniões com os israelenses. O atirador disparou um único tiro na cabeça de Hammami, cuspiu no representante da olp e o chamou de traidor antes de fugir impune pelas ruas de Londres.[36]

A janela de oportunidade para a paz entre israelenses e palestinos estava agora fechada. Em 13 de abril de 1975, milicianos cristãos emboscaram um ônibus cheio de palestinos no bairro cristão de Ain Rummaneh, em Beirute, matando todas as 28 pessoas a bordo. Foi o início de uma guerra civil que, durante os quinze anos seguintes, devastaria o Líbano e levaria o movimento palestino à beira do extermínio.

★ ★ ★

A estabilidade política no Líbano começou a sofrer pressões à medida que o equilíbrio demográfico do país se modificava. Os franceses haviam aproveitado seu mandato na Síria para ampliar o máximo possível o território libanês e criar um Estado no qual seus protegidos cristãos representariam a maioria. No entanto, as comunidades muçulmanas do país (entre as quais figuravam os drusos, além de sunitas e xiitas) viveram uma maior taxa de crescimento populacional e, nos anos 1950, começaram a ultrapassar os cristãos (que incluíam os maronitas dominantes, bem como ortodoxos gregos, armênios, protestantes e várias seitas menores) em números absolutos. O censo de 1932, que mostrava os cristãos com uma pequena maioria sobre os muçulmanos, seria a última contagem formal de cabeças: ainda hoje não existem números precisos do desequilíbrio demográfico do Líbano.

Em 1943, quando o Líbano conquistou a independência, a população muçulmana se dispôs a conceder predominância política aos cristãos em troca de um compromisso de integração do país no mundo árabe e do distanciamento de sua potência colonial, a França. A fórmula de divisão de poder adotada no Pacto Nacional de 1943 era um sistema "confessional", ou sectário, no qual os principais cargos do governo eram distribuídos entre as comunidades do país — por exemplo, um presidente maronita, um primeiro-ministro sunita, um líder de Parlamento xiita. Os assentos parlamentares eram distribuídos entre cristãos e muçulmanos em uma proporção que favorecia ligeiramente os cristãos em 6 por 5.

Este acordo de divisão de poder foi desafiado pela primeira vez durante a guerra civil de 1958. A intervenção militar dos Estados Unidos e a eleição de um presidente reformista, Fuad Chehab, em setembro de 1958 restauraram o statu quo no país e preservaram o sistema confessional por mais uma década. A revolução palestina em solo libanês no final da década de 1960 catalisou o ataque seguinte ao sistema confessional.

Os palestinos perturbaram o equilíbrio político e demográfico do Líbano de maneiras específicas. O número de refugiados palestinos registrados havia aumentado de 127600 em 1950 para 197 mil em 1975, embora, neste ano, a verdadeira presença palestina estivesse mais próxima de 350 mil.[37] Os refugiados eram majoritariamente muçulmanos, e, embora nunca tenham sido integrados à população ou obtido cidadania libanesa, sua presença em solo libanês significava um grande aumento na população islamita do país. Eles permaneceram politicamente inativos até 1969,

quando o presidente egípcio Gamal Abdel Nasser negociou com o governo libanês a permissão para que os guerrilheiros palestinos pudessem
operar em solo libanês contra o norte de Israel. O Líbano se tornou a sede
operacional da OLP após a expulsão das milícias palestinas da Jordânia
na sequência do Setembro Negro. Os campos de refugiados palestinos
tornaram-se cada vez mais militarizados e politicamente militantes. Eles
desafiaram a soberania do governo libanês a ponto de serem acusados de
constituir um Estado dentro de um Estado.

MUITOS NO LÍBANO ATRIBUÍRAM diretamente aos palestinos a culpa pela
guerra civil de 1975. Para o ex-presidente Camille Chamoun, ainda um dos
líderes maronitas mais influentes em meados da década de 1970, o conflito
nunca chegou a ser uma guerra civil: "Começou e continuou sendo uma
guerra entre libaneses e palestinos", que, segundo ele, os muçulmanos
libaneses aproveitaram para "tomar a autoridade suprema sobre todo o
país".[38] Chamoun estava sendo parcimonioso com a verdade. As diferenças entre os libaneses haviam se tornado tão profundas que os palestinos
não passavam do catalisador de um conflito desencadeado pelo desejo de
redefinir a política no país.

No início da década de 1970, muçulmanos, drusos, pan-arabistas e organizações de esquerda, inclusive alguns cristãos, formaram uma coalizão
política chamada Movimento Nacional. Seu objetivo era derrubar o sistema sectário ultrapassado do Líbano e substituí-lo por uma democracia
laica baseada no princípio um cidadão, um voto. O chefe dessa coalizão era
o líder druso Kamal Jumblatt. Nascido em 1917 no reduto de sua família no
vilarejo de Moukhtara, Jumblatt estudou direito e filosofia em Paris e na
Universidade Jesuíta de Beirute antes de ingressar no Parlamento libanês
em 1946, aos 29 anos. "Apenas um Líbano laico e progressista, livre de confessionalismo", sustentava ele, "pode ter esperanças de sobreviver."[39] Para
seus críticos, o pedido de Jumblatt por um Líbano laico não representava
senão uma tentativa de domínio da maioria muçulmana — em meados
da década de 1970, estima-se que os muçulmanos libaneses superavam os

cristãos em uma proporção de 55/45 — e o fim da identidade do Líbano como um Estado cristão no Oriente Médio.

Os palestinos, na visão de Jumblatt, eram apenas um fator que teria contribuído para uma guerra travada fundamentalmente entre os libaneses. "Se os libaneses não estivessem prontos para explodir", argumentava, "não teria havido uma explosão." As diferenças entre as visões de Chamoun e Jumblatt sobre o Líbano não poderiam ser mais profundas. O líder maronita estava empenhado em preservar a distribuição de poder consagrada pelo Pacto Nacional — e, através dele, a posição privilegiada dos cristãos no Líbano. Jumblatt e o Movimento Nacional pediam uma nova ordem baseada em direitos iguais de cidadania que beneficiariam a maioria muçulmana. Na raiz, havia uma luta pelo poder sobre quem governaria o Líbano, na qual cada lado reivindicava sua própria moral como a mais elevada. Um contemporâneo descreveu Chamoun e Jumblatt como "modelos para seus apoiadores e monstros para seus opositores", homens que "se detestam e se ignoram friamente, ambos entrincheirados em seus palácios e em suas certezas".[40]

O conflito entre os defensores do statu quo e os defensores da revolução social emergiu na primavera de 1975. Naquele mês de março, pescadores muçulmanos da cidade de Sídon, no sul do país, entraram em greve a fim de protestar contra um novo monopólio pesqueiro que, segundo eles, ameaçava destruir seus meios de subsistência. O consórcio era dirigido por Camille Chamoun e vários outros maronitas, tornando sectária uma questão que, na verdade, tinha caráter industrial. Os pescadores organizaram manifestações, que o exército libanês comandado pelos maronitas foi enviado para reprimir. O Movimento Nacional condenou a intervenção militar, acusando o exército de defender os grandes negócios maronitas. Em 6 de março de 1975, o exército abriu fogo contra os manifestantes e matou Maruf Saad, um líder muçulmano sunita de um partido nasserista de esquerda. A morte de Saad desencadeou uma revolta popular em Sídon, na qual comandos palestinos uniram forças com milicianos libaneses de esquerda em batalhas campais contra o exército libanês.

Num domingo, 13 de abril, o conflito se espalhou de Sídon para Beirute quando, sem ser provocado, um carro cheio de homens armados atacou o líder maronita Pierre Gemayel no momento em que ele saía da igreja. Gemayel era o fundador do Partido Falangista Maronita, uma agremiação política de direita que possuía a maior milícia do Líbano, com cerca de 15 mil membros armados. Os pistoleiros mataram três pessoas, entre as quais um dos guarda-costas de Gemayel. Naquele mesmo dia, dispostos à vingança, os ultrajados falangistas emboscaram um ônibus lotado de palestinos quando este atravessava o bairro cristão de Ain Rummaneh, matando todas as 28 pessoas a bordo. Quando as notícias do massacre se espalharam, a população libanesa soube imediatamente que a repentina escalada da violência representava o início da guerra. No dia seguinte, ninguém foi trabalhar, as escolas fecharam e as ruas ficaram vazias, enquanto o povo de Beirute, apreensivo, acompanhava os acontecimentos de casa, lendo jornais, ouvindo rádio e transmitindo notícias locais por telefone com o espocar de tiros ao fundo.

Lina Tabbara estava trabalhando em Beirute quando a guerra civil irrompeu. Depois do trabalho nas Nações Unidas, quando assistira Yasser Arafat em seu discurso de 1974, ela havia retornado ao Líbano para atuar no Ministério das Relações Exteriores. De muitas formas, Lina Tabbara era uma personificação dos libaneses ricos e cosmopolitas: bem-educada, fluente em inglês, francês e árabe, casada com um arquiteto e moradora de um dos bairros mais elegantes do centro de Beirute. No início da guerra, ela tinha 34 anos e duas filhas pequenas, com dois e quatro anos de idade.

Com seus cabelos castanhos e olhos azuis, Tabbara podia se passar por cristã, embora na verdade fosse muçulmana de origem mista palestina e libanesa. Ela tinha orgulho de sua identidade mista, e nos primeiros meses da guerra se recusou a tomar partido enquanto observava a sociedade ao seu redor se dividir em dois campos profundamente opostos. Não era uma posição fácil de manter. Desde seus primeiros momentos, a guerra civil libanesa foi marcada por assassinatos sectários e pela reciprocidade brutal de mortes por vingança.

Em 31 de maio, depois de sete semanas de combates entre milícias, Beirute testemunhou os primeiros massacres em que civis desarmados foram mortos simplesmente por causa de sua religião. Um amigo ligou para Tabbara para lhe dizer que os muçulmanos estavam cercando cristãos no bairro de Bashoura, no oeste da capital. "Eles montaram uma barricada e um ponto de verificação de identidade", exclamou. "Os cristãos são abatidos e arrastados para o cemitério." Dez cristãos foram executados em Beirute naquele dia. Os jornais o chamaram de sexta-feira negra. Coisas muito piores aconteceriam depois.[41]

DURANTE O VERÃO DE 1975, a vida em Beirute assumiu uma normalidade não natural à medida que os moradores da cidade se adaptavam às restrições impostas pela guerra. Um dos programas de rádio mais populares atualizava regularmente os ouvintes sobre rotas seguras e zonas proibidas. "Caros ouvintes", anunciava o locutor, num tom de voz tranquilo, "aconselhamos que evitem esta área e sigam por outro caminho." Ao longo do verão e do outono de 1975, à medida que o conflito se aprofundava, seu tom se tornava cada vez mais urgente. "Senhoras e senhores, boa noite. Hoje, domingo, 20 de outubro, todos se divertiram, não é? Agora é preciso que voltem depressa para casa!"[42] O alerta no rádio anunciava o início de uma nova batalha no centro de Beirute, na qual milícias rivais lutavam a partir dos edifícios mais altos, usados como plataformas de observação e bombardeio de inimigos. A estrutura inacabada da Murr Tower, um arranha-céu com vista para o centro comercial de Beirute, tornou-se um reduto dos mourabitouns, uma milícia sunita de esquerda. O prédio do Holiday Inn, no coração do distrito hoteleiro de Beirute, foi tomado pela milícia falangista maronita.

Mísseis e projéteis de artilharia eram trocados entre as duas torres em batalhas noturnas, causando destruição maciça nas áreas ao redor. Forças do Movimento Nacional — Tabbara as chamou de "islamo-progressistas" — sitiaram o distrito hoteleiro e isolaram as forças maronitas em outubro de 1975. Os milicianos cristãos foram resgatados por Camille Chamoun, que, como ministro do Interior, enviou 2 mil soldados do exército libanês para cercar a região e agir como uma força dissuasiva entre os grupos combatentes. Um novo cessar-fogo se seguiu em novembro, mas ninguém tinha ilusões de que a luta havia terminado.

Em dezembro, as barricadas voltaram a se erguer e a matança sem sentido de inocentes recomeçou. Quatro falangistas foram sequestrados e mais tarde encontrados mortos. Milicianos maronitas retaliaram matando entre trezentos e quatrocentos civis muçulmanos. Milicianos muçulmanos, por sua vez, responderam da mesma forma, matando centenas de cristãos. O dia ficou conhecido como Sábado Negro. Para Lina Tabbara, foi nesse dia que ela finalmente tomou partido. "Não é mais possível ignorar o abismo que separa cristãos e muçulmanos; as coisas foram longe demais neste Sábado Negro." A partir de então, Lina passou a se identificar com a causa muçulmana. "Sinto as sementes do ódio e o desejo de vingança se enraizando em minhas profundezas. Neste momento, quero que os mourabitouns — ou quem quer que seja — devolvam aos falangistas o dobro do que recebemos."[43]

No início de 1976, as potências estrangeiras começaram a desempenhar um papel ativo na guerra entre os libaneses. Durante os meses de intensos combates fora consumida uma grande quantidade de armas e munições, jipes e uniformes, granadas e morteiros, tudo isso a um altíssimo custo. As milícias libanesas buscavam armas nos países vizinhos, que as tinham em abundância. Uma das consequências do aumento dos preços do petróleo foi a rápida expansão das vendas de armas para o Oriente Médio, e os Estados vizinhos aproveitaram a guerra civil no Líbano para fortalecer sua influência sobre o país, armando suas milícias.

Os soviéticos e os americanos havia muito tempo já forneciam sistemas de armas para seus aliados na região. Outros Estados se apressaram a entrar no lucrativo mercado, e produtores europeus passaram a competir com os americanos pela venda de armas pesadas para países árabes "moderados" pró-ocidentais. Os gastos com defesa na Arábia Saudita, por exemplo, aumentaram de 171 milhões de dólares em 1968 para mais de 13 bilhões de dólares em 1978.[44] O excedente de armas começou a abrir caminho para suprir as milícias libanesas em guerra, enquanto as potências regionais procuravam influenciar os acontecimentos no Líbano. Lina Tabbara relatou rumores de apoio saudita às milícias cristãs, "uma vez que o regime de Riad prefere apoiar os oponentes do islã por medo de um suposto domínio pelos comunistas".[45] Os maronitas também receberam armas e munições dos israelenses, para ajudar em sua luta contra milícias palestinas. O Movimento Nacional, de viés esquerdista, obtinha armas soviéticas através de Estados clientes da União Soviética, como o Iraque e a Líbia. O conflito interno entre os libaneses estava sendo arrastado para dentro da Guerra Fria, do conflito árabe-israelense e da luta entre regimes revolucionários e conservadores no mundo árabe.

Ao longo de 1976, o conflito libanês degenerou em uma guerra de extermínio, na qual cada massacre gerava massacres de retaliação. Em janeiro de 1976, as forças cristãs invadiram o bairro pobre muçulmano de Karantina, matando centenas de pessoas e usando escavadeiras para sumir com a favela do mapa. O Movimento Nacional e as forças palestinas revidaram sitiando o reduto de Camille Chamoun em Damour, uma importante cidade cristã no litoral ao sul de Beirute. Em 20 de janeiro de 1976, quinhentos maronitas foram mortos com a queda de Damour para as milícias palestinas e muçulmanas. Cinco meses depois, as forças maronitas sitiaram o campo de refugiados palestinos em Tal al-Zatar, localizado no meio de bairros cristãos. Os 30 mil habitantes do campo sofreram uma campanha de 53 dias de violência implacável antes de se renderem, após semanas sem assistência médica, água potável e suprimentos de comida. Não existem números confiáveis de vítimas do cerco, mas se estima algo em torno de 3 mil.[46] No total, foram cerca de 30 mil mortos e quase 70 mil feridos entre o início da guerra em abril de 1975 e o fim das hostilidades em outubro de 1976 — um estrago enorme em uma população de 3,25 milhões de pessoas.[47]

O fim da primeira etapa da guerra civil libanesa, em outubro de 1976, veio como resultado de uma crise política. Em março de 1976, o Parlamento libanês aprovou uma moção de desconfiança ao presidente da República, Suleiman Franjieh, e pediu sua renúncia. Diante da recusa de Franjieh, Kamal Jumblatt ameaçou uma guerra, e unidades dissidentes do exército começaram a bombardear o palácio presidencial em Beirute. O presidente sírio, Hafez Assad, enviou suas tropas ao Líbano a fim de proteger Franjieh e garantir um cessar-fogo.

O Parlamento libanês voltou a se reunir sob proteção síria e concordou em realizar eleições antecipadas para resolver o impasse político. O presidente libanês era — e ainda é — eleito indiretamente pelos membros do Parlamento, que se reuniram em maio de 1976 para votar em um novo líder. Havia dois candidatos — Elias Sarkis, apoiado por cristãos conservadores e pelas milícias maronitas, e Raymond Eddé, a escolha preferida dos reformistas e do Movimento Nacional. Para surpresa das forças muçulmanas no Líbano, Assad, da Síria, apoiou Elias Sarkis e garantiu sua vitória sobre Eddé. Foi um momento decisivo, pois a partir de então a Síria passou a intervir diretamente na política libanesa e a garantir sua influência sobre o país, mobilizando suas tropas em pontos estratégicos em Beirute e em todo o Líbano.

Ao apoiar Elias Sarkis, os sírios estavam de fato tomando partido contra o Movimento Nacional de Jumblatt e os palestinos. Era uma surpreendente inversão de posições, pois os sírios sempre haviam apoiado o pan-arabismo e a causa palestina. No entanto, ali estavam eles em defesa dos maronitas de tendência ocidental, contrários aos interesses árabes. Lina Tabbara só compreendeu a situação ao ver as forças sírias no aeroporto de Beirute "usando mísseis Grad terra-terra comprados com ajuda da União Soviética para bombardear campos de refugiados palestinos e as áreas de Beirute mantidas pelos [muçulmanos] progressistas".[48] Lina logo reconheceu que os sírios não estavam apoiando os maronitas por uma questão de ideologia, mas usando-os como um meio de estender seu próprio domínio sobre o Líbano.

A intervenção da Síria no Líbano gerou preocupação entre os demais Estados árabes, que não desejavam ver Damasco aproveitar o conflito para absorver seu vizinho outrora próspero. O rei Khalid (g. 1975-82), da Arábia Saudita, convocou uma reunião de líderes árabes em Riad com a presença do presidente libanês Sarkis, do presidente da OLP Yasser Arafat e de representantes do Kuwait, do Egito e da Síria.

Em 18 de outubro de 1976, os líderes árabes anunciaram seus planos para o Líbano, com um apelo à retirada de todos os elementos armados do país e um cessar-fogo permanente programado para entrar em vigor dali a dez dias. Os Estados árabes deveriam estabelecer uma força de manutenção da paz de 30 mil homens a ser colocada sob o comando do presidente libanês. Os mantenedores da paz teriam autoridade para desarmar combatentes e confiscar armas de todos que violassem o cessar-fogo. A cúpula de Riad pediu à OLP que respeitasse a soberania libanesa e se retirasse para as áreas designadas aos combatentes palestinos no Acordo do Cairo de 1969. A resolução da cúpula se encerrou com um apelo ao diálogo político entre todas as partes no Líbano a fim de alcançar a reconciliação nacional.

Apesar das preocupações quanto às intenções da Síria, as resoluções de Riad pouco fizeram para diminuir o domínio de Damasco sobre o Líbano. Uma vez que os Estados árabes não estavam dispostos a comprometer um número significativo de tropas no Líbano, o exército sírio dominou a força multinacional árabe: dos 30 mil soldados enviados para manter a paz no Líbano, cerca de 26500 eram sírios. Os contingentes simbólicos da Arábia Saudita, do Sudão e da Líbia não permaneceram em território libanês por muito tempo e logo delegaram sua tarefa. Em meados de novembro, cerca de 6 mil soldados sírios ocuparam Beirute, reforçados por duzentos tanques. As resoluções da cúpula de Riad mostraram-se pouco mais que uma fórmula para legitimar a ocupação síria do Líbano.

Embora o presidente Sarkis tenha conclamado os libaneses a receberem os sírios com "amor e irmandade", os partidos muçulmanos e progressistas nutriam sérias dúvidas. Em suas memórias, Kamal Jumblatt registrou uma de suas conversas com Hafez Assad: "Peço ao senhor que retire as tropas que enviou ao Líbano. Continue com seus trabalhos de intervenção política, mediação, arbitragem [...]. Mas devo aconselhá-lo contra meios militares. Não queremos ser um Estado-satélite".[49] Lina Tabbara ficou horrorizada ao ver o exército sírio se espalhar por toda a capital, mas o que mais a chocava era o fato de "quase todo mundo estar aparentemente satisfeito com esse estado de coisas".

Após a cúpula de Riad, o 56º cessar-fogo desde o início da guerra entrou em vigor. Se o povo libanês esperava que a ocupação síria lhes trouxesse paz após quase dois anos de guerra, não tardaria a se decepcionar. Logo após a entrada dos sírios em Beirute, Tabbara testemunhou um dos primeiros atentados com carros-bomba que se tornariam uma marca registrada da violência no Líbano. "Clamores e gritos podem ser ouvidos por toda parte", relatou ela, ao descrever a carnificina diante de seus olhos. "Cuidado, foi uma armadilha, pode haver outra, alguém exclama. Esse tipo de ataque aumentou nos últimos dias, mas ninguém sabe quem está por trás deles. Muitas pessoas gravemente feridas estão deitadas na rua." Tabbara sentiu uma sombria satisfação ao ver "a triunfante placidez dos libaneses diante da paz síria destruída".[50] Tendo testemunhado sangue e destruição suficientes, ela e sua família decidiram deixar Beirute para os sírios e se juntaram às centenas de milhares de libaneses no exílio.

No tocante à comunidade internacional, porém, o conflito no Líbano havia sido resolvido — pelo menos por ora. O foco da mídia internacional mudara do Líbano, devastado pela guerra, para Jerusalém, onde no domingo 20 de novembro de 1977 o presidente egípcio Anwar Sadat se dirigiria ao Knesset, o Parlamento de Israel, para propor um fim ao conflito árabe-israelense.

★ ★ ★

EM JANEIRO DE 1977, Sadat estava sendo entrevistado por uma jornalista libanesa em sua casa de férias na cidade de Assuã, no alto Nilo. A jornalista interrompeu suas perguntas ao ver uma espessa coluna de fumaça subindo do centro da cidade. "Presidente", disse ela, "há alguma coisa estranha acontecendo atrás do senhor." Sadat virou-se e viu incêndios em Assuã e uma multidão atravessando a ponte sobre o Nilo em direção a sua casa. Ele acabara de ordenar ao falido governo egípcio que suspendesse uma série de subsídios cruciais para o pão e outros produtos básicos. A população pobre do país vira sua subsistência ameaçada e se mobilizara em distúrbios por todo o país que deixaram 171 mortos e centenas de feridos antes que os subsídios e a calma fossem restaurados.[51]

Alguma coisa estranha estava de fato acontecendo às costas de Sadat. O povo egípcio, que um dia o saudara como o "Herói da Travessia" pelos sucessos do país no canal de Suez durante a Guerra do Yom Kippur, estava perdendo a confiança em seu presidente. Sadat não tinha o carisma nem exercia o mesmo apelo de Nasser sobre as massas. Ele precisava cumprir suas promessas de prosperidade ou enfrentar a deposição, e estava cada vez mais convencido de que a prosperidade só poderia ser alcançada através do apoio americano — e da paz com Israel.

Logo após a guerra de 1973, Sadat havia angariado respeito pelo desempenho militar do Egito e o uso bem-sucedido do petróleo como arma árabe a fim de garantir o apoio americano a uma retirada parcial de Israel do Sinai. O secretário de Estado americano, Henry Kissinger, iniciou sua característica diplomacia de vaivém, fazendo frequentes viagens entre o Cairo e Jerusalém a fim de negociar os dois acordos de retirada do Sinai (janeiro de 1974 e setembro de 1975) que restauraram o canal de Suez e alguns dos campos de petróleo da península do Sinai ao Egito.

A recuperação do canal de Suez foi uma grande conquista para Sadat, primeiro porque ele venceu onde Nasser havia falhado — em garantir que o canal não se tornasse a fronteira de fato entre o Egito e Israel —, e, segundo, porque o canal era uma importante fonte de receita para o falido Estado egípcio. Com ajuda americana, os egípcios retiraram do canal os destroços de navios destruídos no curso da guerra árabe-israelense de 1967 e, em 5 de junho de 1975, reabriram a estratégica hidrovia ao transporte internacional. As primeiras embarcações a deixar o canal faziam parte da esquadra de catorze navios da chamada "Frota Amarela": um grupo de vapores internacionais que, imobilizados nos Lagos Amargos durante a guerra de 1967, haviam passado oito anos juntando o pó amarelo ferruginoso pelo qual a frota ficou conhecida. Embora o Egito tenha celebrado esses ganhos, os acordos do Sinai deixaram Israel no controle da maior parte da península (ocupada por Israel durante a Guerra dos Seis Dias) e o Tesouro egípcio ainda lutando para se equilibrar.

Sadat estava ficando cada vez mais desesperado em sua busca por novos fundos, e mostrou-se disposto a se voltar contra seus vizinhos árabes para reforçar sua própria posição. No verão de 1977, em sua ânsia de aumentar as receitas do Egito, ele tentou se apossar de campos de petróleo líbios. Segundo estimativas da época, a Líbia gerava cerca de 5 bilhões de dólares anuais em receitas de petróleo, uma grande soma para uma população que correspondia a uma fração da população do Egito — e protegida por um exército que também correspondia a uma fração do exército egípcio. Em um momento de insano oportunismo, Sadat considerou invadir seu rico vizinho sob o pretexto de um forte influxo de armas soviéticas no país — como se o arsenal da Líbia representasse uma ameaça à segurança do Egito.

Em 16 de julho, Sadat retirou suas forças do front israelense no Sinai para atacar os líbios no deserto ocidental. A força aérea egípcia bombardeou bases líbias e forneceu cobertura aérea para a invasão do país. "Na mesma hora ficou claro que Sadat havia cometido um erro de cálculo", recordou Muhammad Heikal, o experiente analista. "Nem o povo [egípcio] nem o exército viram sentido em retirar forças que faziam face a Israel, um inimigo, apenas para atacar um vizinho árabe."

O ataque do Egito à Líbia durou nove dias. Os egípcios não estavam entusiasmados, e Washington foi abertamente hostil à agressão gratuita. O embaixador dos Estados Unidos no Cairo deixou clara a oposição de Washington a qualquer invasão da Líbia, e Sadat foi forçado a recuar. Em 25 de julho, as tropas egípcias se retiraram do território líbio, encerrando o conflito. "Assim", concluiu Heikal, "os tumultos por comida em janeiro e uma aventura estrangeira malsucedida [...] levaram Sadat a concluir, em meados de 1977, que o Egito precisaria negociar um novo relacionamento com Israel."[52] Se Sadat não conseguisse aumentar as receitas do país, a escassez de alimentos o obrigaria a enfrentar novas rebeliões. Ele não havia conseguido financiamentos junto a seus irmãos árabes — nem pela persuasão nem pela coerção. No entanto, se fosse o primeiro Estado árabe a conseguir a paz com Israel, o Egito poderia atrair ajuda substancial dos Estados Unidos, além de investimento estrangeiro. Era uma estratégia de alto risco, dada a intransigência árabe em relação ao Estado judeu. Mas Sadat já havia assumido riscos altos antes com grande sucesso.

Os obstáculos à paz com Israel nunca pareceram maiores. Em maio de 1977, Menachem Begin havia levado o Likud — um partido de direita — à vitória, rompendo o monopólio do governo do Partido Trabalhista desde a fundação do Estado judeu. Sob a liderança de Begin, o Likud se comprometera a estabelecer assentamentos judaicos nos territórios árabes que Israel havia ocupado na Guerra dos Seis Dias, dez anos antes. Seria difícil imaginar um parceiro de negociação mais intransigente do que o ex-terrorista que se propunha a criar um Grande Israel. E, no entanto, foi Begin quem fez o primeiro contato, enviando mensagens conciliadoras ao presidente egípcio através do rei Hassan II do Marrocos e do presidente romeno Nicolae Ceauşescu. Este último convenceu Sadat de que "um tratado de paz seria impossível com o Partido Trabalhista no poder e Begin na oposição, mas, com os papéis revertidos, as perspectivas eram melhores", pois era menos provável que o Partido Trabalhista impedisse um acordo de paz.[53]

Sadat voltou ao Egito e começou a contemplar o impensável: negociações diretas com os israelenses a fim de garantir um tratado de paz árabe--israelense. Ele havia demonstrado a liderança militar do Egito na Guerra do Yom Kippur e garantiria a liderança egípcia sobre o mundo árabe ao encabeçar as negociações de paz. Da mesma forma que ele sabia que encontraria resistência entre seus generais ao expor seus planos de guerra contra Israel pela primeira vez, em 1972, ele sabia também agora que os políticos egípcios resistiriam a seus planos de paz com o Estado judeu. Ele precisaria reorganizar sua equipe política e atrair novos talentos, menos resistentes à mudança. E escolheu um completo desconhecido para ajudar a planejar sua campanha.

BOUTROS BOUTROS-GHALI (NASCIDO EM 1922) era um professor de ciência política na Universidade do Cairo. Seu avô havia sido primeiro-ministro e seu tio fora ministro das Relações Exteriores sob a monarquia egípcia. Integrante da aristocracia fundiária, a família Boutros-Ghali tivera suas propriedades confiscadas com as medidas de reforma agrária empreendidas pelo novo governo após a revolução de 1952.

Em um país predominantemente muçulmano, Boutros-Ghali era um cristão copta, e sua esposa pertencia a uma importante família judia. Essas peculiaridades, que o haviam deixado de fora da política egípcia desde a revolução de 1952, agora o recomendavam para o serviço do governo, quando Sadat decidiu tentar um acordo de paz com Israel. Em 25 de outubro de 1977, o professor que mais tarde se tornaria secretário-geral das Nações Unidas ficou surpreso ao saber que havia sido nomeado ministro de Estado em uma reforma do gabinete.

No dia 9 de novembro, pouco depois de entrar no governo, Boutros--Ghali assistiu ao discurso de Sadat na Assembleia Popular em que o presidente sugeriu sua disposição de cooperar com Israel. "Estou pronto para viajar para os confins da Terra, se isso de alguma forma proteger um garoto, soldado ou oficial egípcio de ser morto ou ferido", disse Sadat aos legisladores. Falando dos israelenses, ele continuou: "Estou pronto para ir ao seu país, até o Knesset, e conversar com eles".

Boutros-Ghali recordou que o presidente da OLP, Yasser Arafat, que participou da sessão para ouvir o discurso de Sadat, "foi o primeiro a aplaudir essas palavras. Nem Arafat nem meus colegas nem eu entendemos as implicações do que o presidente dissera". Nenhum deles fazia ideia de que Sadat realmente acalentava planos de uma viagem iminente a Israel.[54] Uma semana depois, no entanto, Boutros-Ghali entendeu o pleno significado das palavras de Sadat, quando o então vice-presidente Hosni Mubarak pediu que ele esboçasse o rascunho de um discurso "que o presidente fará no próximo domingo — em Israel!". Boutros-Ghali estava extasiado por encontrar-se "no centro desse evento histórico".

Como Sadat esperava, muitos políticos rejeitaram seus planos. Ismail Fahmi, ministro das Relações Exteriores, e Muhammad Riad, ministro de Estado dos Negócios Estrangeiros, preferiram renunciar a acompanhar Sadat a Jerusalém. Dois dias antes da partida do presidente egípcio, Boutros-Ghali foi nomeado ministro interino das Relações Exteriores e convidado a se juntar à delegação presidencial em Jerusalém. Seus amigos o aconselharam a declinar do convite. "O medo no ar era palpável", lembrou Boutros-Ghali. A imprensa árabe era cruel. Os jornais declararam que nenhum muçulmano concordaria em acompanhar Sadat, então ele escolhera o cristão Boutros-Ghali, que tinha uma esposa judia.[55] No entanto, o novo ministro das Relações Exteriores em exercício se sentiu "atraído pelo extraordinário desafio" de quebrar os tabus estabelecidos na Cúpula de Cartum de 1967, quando os Estados árabes decidiram não reconhecer o Estado judeu, não negociar com autoridades israelenses nem promover acordos de paz com Israel.

O presidente egípcio causou irritação em seus colegas chefes de Estado árabes ao primeiro anunciar seus planos e só depois buscar o apoio deles para a iniciativa. Ansioso para evitar uma ruptura com a Síria, Sadat voou para Damasco a fim de informar o presidente Hafez Assad sobre seus planos de visita a Israel. Assad se apressou a lembrá-lo da posição árabe comum. "Irmão Anwar, o senhor está sempre com pressa", disse Assad. "Entendo sua impaciência, mas por favor entenda que o senhor não pode ir a Jerusalém. Isso é traição", avisou. "O povo egípcio não vai aceitar. A nação árabe jamais irá perdoá-lo."[56]

Sadat, no entanto, não se deixou intimidar, e, em 19 de novembro, na companhia de Boutros-Ghali, embarcou em um avião do governo para o voo de 45 minutos até Tel Aviv. "Eu não sabia que a distância era tão curta!", exclamou Boutros-Ghali. "Israel parecia-me tão estranho quanto um planeta no espaço sideral."[57] Depois de tantos anos de guerra e inimizade, era como se o povo egípcio estivesse olhando Israel como um país real pela primeira vez. Eles tinham sentimentos muito confusos. O veterano jornalista egípcio Muhammad Heikal capturou o momento em que Sadat desembarcou de seu avião no aeroporto de Lod:

> Enquanto as câmeras de televisão o seguiam escada abaixo, a culpa sentida por milhões de egípcios foi substituída por um senso de reciprocidade. Certo ou errado, o gesto de coragem política e física de Sadat era incontestável. Sua chegada ao território proibido encantou muitos egípcios e chocou o resto do mundo árabe.[58]

No dia seguinte, um domingo, 20 de novembro de 1977, o presidente do Egito, Anwar Sadat, se dirigiu ao Knesset de Israel em árabe (para grande desgosto de Boutros-Ghali, o texto em inglês no qual ele havia trabalhado por tanto tempo não foi usado). Esse era exatamente o gesto ousado que

Uri Avnery sempre pressionara a OLP a fazer — um gesto calculado para convencer o público israelense de que havia um parceiro árabe pela paz. "Permita-me dirigir meu apelo desta tribuna ao povo de Israel", disse Sadat às câmeras de televisão. "Eu transmito a vocês a mensagem de paz do povo egípcio", declarou, "uma mensagem de segurança, proteção e paz para todo homem, mulher e criança em Israel." Sadat superou as expectativas dos legisladores israelenses ao exortar o eleitorado israelense a "incentivar seus líderes a lutarem pela paz".

"Sejamos francos uns com os outros", continuou Sadat para seu público dentro e fora do Knesset. "Como podemos alcançar a paz permanente com base na justiça?" Sadat deixou claro que, da maneira como via as coisas, era impossível alcançar uma paz duradoura sem que se apresentasse uma solução justa para o problema palestino. "Não há ninguém no mundo hoje que poderia aceitar os slogans difundidos em Israel, que ignoram a existência do povo palestino e questionam até mesmo o seu paradeiro", ele repreendeu seus anfitriões. A paz também era incompatível com a ocupação de terras de outros países, prosseguiu Sadat, pedindo a restauração de todo o território árabe ocupado em 1967 — inclusive Jerusalém Oriental. Em troca, Israel desfrutaria da total aceitação e reconhecimento de seus vizinhos árabes. "Como de fato e verdadeiramente buscamos a paz, de fato e verdadeiramente os recebemos para viver entre nós em paz e segurança", insistiu o presidente egípcio.

A visita de Sadat a Jerusalém foi um notável golpe diplomático — pôs em marcha o primeiro processo sério de paz entre Israel e seus vizinhos árabes. No entanto, o caminho se mostrou longo, árduo e cheio de perigos. Egípcios e israelenses chegaram à mesa de negociações com expectativas muito diferentes. Sadat esperava levar o resto do mundo árabe a consumar a paz com Israel com base na retirada israelense completa de todos os territórios ocupados em 1967 e no estabelecimento de um Estado palestino em Jerusalém Oriental, na Cisjordânia e na Faixa de Gaza. Begin não tinha intenção de fazer tais concessões e solapou a credibilidade de Sadat no mundo árabe quando, em sua resposta ao presidente egípcio no Knesset, afirmou: "O presidente Sadat sabe, *como sabia de nossa parte antes de vir a Jerusalém*, que nossa posição em relação às fronteiras permanentes entre nós e nossos vizinhos é diferente da dele".[59] No curso de suas negociações subsequentes, Begin mostrou-se disposto a restaurar a maior parte da península do Sinai ao Egito e a maior parte das colinas de Golã à Síria em troca de uma total normalização das relações, mas recusou-se categoricamente a fazer concessões aos palestinos.

A posição de Israel em um acordo de paz árabe-israelense abrangente era restritiva demais para atrair um envolvimento árabe amplo. Begin pretendia preservar os assentamentos judaicos e reter partes dos territórios ocupados da Síria e do Egito por razões estratégicas. O máximo que os israelenses estavam dispostos a conceder aos palestinos era um grau de autogoverno em Gaza e na Cisjordânia, a que Begin se referia constantemente pelos nomes bíblicos Judeia e Samaria. Os israelenses se recusavam a se reunir com a OLP, não consideravam em absoluto a independência palestina ou a constituição de um Estado palestino nem a ideia de devolver qualquer parte de Jerusalém, que o Knesset havia declarado a capital eterna e indivisível do Estado judeu (pretensão que ainda não obteve reconhecimento internacional).

Tendo embarcado em sua ousada iniciativa de paz, Sadat se viu preso entre as intransigências tanto do lado árabe quanto do israelense. Nenhum dos governantes árabes estava inclinado a seguir a liderança egípcia, e o primeiro-ministro Begin lhes deu pouco incentivo para isso. Ele estava convencido de que a paz com o Egito era do interesse estratégico de Israel, pois nenhum outro país árabe seria capaz de organizar uma ameaça real ao Estado judeu sem o Egito. A paz com os demais Estados árabes era uma prioridade secundária, e ele não estava disposto a fazer concessões. Sadat ficou sozinho na negociação com Israel contra a hostilidade árabe generalizada.

O presidente dos Estados Unidos, Jimmy Carter, fez todos os esforços para levar a bom termo a complicada iniciativa de paz entre egípcios e israelenses. Em setembro de 1978, ele convocou uma reunião na casa de campo presidencial de Camp David, em Maryland. Mais uma vez, Boutros Boutros-Ghali fez parte da delegação egípcia. No voo com Sadat para a reunião em Camp David, Boutros-Ghali ouviu o plano de ação do presidente egípcio com crescente preocupação. Sadat acreditava, ingenuamente, que poderia conquistar a opinião pública americana para a posição de negociação do Egito, que o presidente Carter tomaria seu lado e forçaria as concessões necessárias de Israel para atender seus desejos. Boutros-Ghali não achava que seria assim tão simples. "Eu temia que os americanos não pressionassem Israel e que Sadat fizesse concessões."[60]

Sadat não estava totalmente errado. A posição do Egito teve amplo apoio nos Estados Unidos, e o presidente Carter fez um tremendo esforço para forçar concessões do primeiro-ministro Begin. Foram necessários treze dias de amargas negociações e 22 rascunhos antes que Carter levasse os dois lados a um acordo. Begin concordou em se retirar de todo o Sinai (onde planejara passar sua aposentadoria); Sadat, no entanto, também foi forçado a fazer concessões. De maneira crucial, o acordo não garantia o direito palestino à autodeterminação. O documento-base previa um período de transição de cinco anos na Cisjordânia e na Faixa de Gaza, uma retirada militar de Israel e uma autoridade autônoma livremente eleita nos territórios palestinos. No entanto, deixava em aberto o status final dos territórios palestinos ocupados para futuras negociações entre Egito, Israel, Jordânia e os representantes eleitos dos territórios palestinos. E não penalizava os israelenses caso não cumprissem esses compromissos.

Em protesto à traição de Sadat aos direitos palestinos, o novo ministro das Relações Exteriores do Egito, Muhammad Ibrahim Kamil, ofereceu sua renúncia. Sadat, no entanto, não se deixou intimidar, e, em 17 de setembro de 1978, foi a Washington assinar a "Base para a Conclusão de um Tratado de Paz no Oriente Médio" em uma cerimônia formal na Casa Branca.

O mundo árabe ficou horrorizado com a decisão de Sadat de romper fileiras e buscar uma paz separada com Israel. Em novembro de 1978, os chefes de Estado da região convocaram uma conferência em Bagdá para enfrentar a crise. Os Estados petrolíferos se comprometeram a fornecer anualmente 5 bilhões de dólares aos egípcios, por um período de dez anos, a fim de diminuir qualquer incentivo material que Sadat pudesse ter tido em sua busca de paz com Israel. Eles também ameaçaram o Egito com a expulsão da Liga Árabe e a mudança da sede da liga do Cairo para Túnis, caso Sadat assinasse a paz com os israelenses.

Sadat, no entanto, havia ido longe demais para ser dissuadido por ameaças. Em 26 de março de 1979, após seis meses de negociações adicionais, Carter, Begin e Sadat retornaram ao gramado da Casa Branca para assinar o tratado final de paz entre Egito e Israel. Depois de cinco guerras travadas contra os israelenses, o mais poderoso Estado árabe abaixava sua espada. Sem o Egito, os árabes jamais poderiam prevalecer sobre Israel do ponto de vista militar. Os palestinos e os demais Estados árabes teriam que garantir suas ambições nacionais e territoriais por meio da negociação, mas jamais desfrutariam da influência necessária para pressionar um Israel intransigente a devolver suas terras, nem perdoariam o Egito por romper fileiras árabes a fim de assegurar seu próprio território. Através de ações coletivas, argumentaram eles, os árabes poderiam ter conseguido um acordo de paz melhor para todos.

Imediatamente após a assinatura do tratado em março de 1979, os Estados árabes concretizaram suas ameaças e romperam laços com o Egito. Seriam necessários mais de vinte anos para o Egito retornar totalmente ao rebanho. Sadat fingiu indiferença, mas o povo egípcio, orgulhoso da liderança de seu país nos assuntos árabes, ficou abalado com o isolamento. Em 1979, eles assistiram consternados enquanto as bandeiras dos Estados árabes eram arriadas dos mastros da sede da Liga Árabe e dos edifícios das embaixadas no centro do Cairo, e viram com não menos preocupação a estrela de Davi sendo hasteada na nova embaixada de Israel após o estabelecimento de relações diplomáticas formais entre os dois países em fevereiro de 1980.

O povo egípcio não era avesso à paz com Israel, mas não a desejava em detrimento dos laços do Egito com o mundo árabe. Egito e Israel agora estavam em paz, mas isso não trouxe muita alegria aos povos de nenhum desses países.

No FINAL DA DÉCADA DE 1970, a paz árabe-israelense foi superada por um dos eventos mais importantes da história moderna do Oriente Médio. Embora o Irã não pertença ao mundo árabe, o impacto da Revolução Islâmica iraniana foi sentido em todos os países árabes do Oriente Médio.

Em janeiro de 1979, o xá do Irã, apoiado pelos Estados Unidos, foi derrubado por uma revolução popular liderada por clérigos islâmicos. A Revolução Islâmica foi um dos eventos mais significativos da era da Guerra Fria, tendo alterado profundamente o equilíbrio de poder no Oriente Médio, uma vez que os Estados Unidos perderam um de seus pilares de influência na região. A revolução iraniana também teve um impacto profundo nos preços do petróleo. Na turbulência da revolução, a produção de petróleo iraniana — a segunda maior do mundo — foi praticamente interrompida. No pânico que se seguiu à queda do xá, os mercados globais sofreram o segundo choque dos preços do petróleo da década — eles quase triplicaram, passando de treze dólares para 34 dólares por barril.

Enquanto os consumidores de todo o planeta sofriam, os Estados produtores de petróleo desfrutavam de uma nova era de prosperidade. A Arábia Saudita, o maior exportador de hidrocarbonetos do mundo, era o Estado rico em petróleo por excelência. Suas receitas com o combustível haviam aumentado de 1,2 bilhão de dólares em 1970 para 22,5 bilhões no auge do embargo ao petróleo de 1973-4. Após o segundo choque provocado pela revolução do Irã, as receitas sauditas saltaram para 70 bilhões de dólares em 1979 — ou seja, multiplicaram-se por sessenta ao longo da década de 1970. Os demais produtores árabes de petróleo, como a Líbia, o Kuwait, o Catar e os Emirados Árabes Unidos, tiveram taxas de crescimento semelhantes. Os sauditas responderam a essa nova situação lançando o programa de gastos públicos mais ambicioso do mundo árabe, aumentando os investimentos anuais em desenvolvimento de 2,5 bilhões de dólares em 1970 para 57 bilhões em 1980.[61]

A Arábia Saudita, no entanto, assim como os demais Estados petrolíferos da região, carecia de mão de obra para atingir seus objetivos de desenvolvimento por conta própria, e foi forçada a recrutá-la em outros países do mundo árabe. O Egito era o principal Estado exportador de força de trabalho, embora a Tunísia, a Jordânia, o Líbano, a Síria e o Iêmen, bem como os palestinos apátridas, também contribuíssem. Ao longo da década de 1970, o número de trabalhadores árabes migrantes nos Estados petrolíferos passou de cerca de 680 mil, em 1970, para 1,3 milhão, no final do embargo ao petróleo de 1973, e cerca de 3 milhões em 1980. Esses imigrantes davam uma enorme contribuição para suas economias nacionais. Trabalhadores egípcios nos Estados petrolíferos enviavam para casa 10 milhões de dólares em 1970, 189 milhões em 1974 e cerca de 2 bilhões em 1980 — um aumento de duzentas vezes no decorrer de uma década.

O sociólogo egípcio Saad Eddin Ibrahim identificou uma "nova ordem social árabe" que resultou dessa troca de mão de obra e capital entre Estados ricos e pobres em petróleo. Em um momento de profundas divisões políticas, os árabes desfrutavam de crescente interdependência no nível econômico. A nova ordem era sólida o suficiente para resistir às hostilidades interárabes: no verão de 1977, quando o Egito entrou em guerra com os líbios, nenhum dos 400 mil trabalhadores egípcios na Líbia foi expulso em retaliação. Esse pragmatismo prevaleceu mesmo quando Sadat rompeu fileiras árabes para assinar o tratado de paz com Israel; a demanda por mão de obra egípcia nos Estados petrolíferos apenas aumentou nos anos seguintes aos Acordos de Camp David. No final da década de 1970, como concluiu Ibrahim, o petróleo havia estabelecido no mundo árabe vínculos socioeconômicos mais estreitos do que em qualquer outro momento de sua história moderna.[62]

O impacto da revolução iraniana foi muito além do mercado de petróleo. A queda de um dos autocratas mais antigos do Oriente Médio, apoiado por uma das forças armadas mais poderosas da região e contando com o apoio total dos Estados Unidos, fez com que os políticos árabes parassem por um momento e prestassem atenção. Aflitos, eles começaram a considerar os partidos islâmicos dentro de suas próprias fronteiras com crescente preocupação. "Será que existe o risco de a revolução iraniana se espalhar para o Egito?", Boutros Boutros-Ghali perguntou na ocasião a um jornalista egípcio. "A revolução iraniana é uma doença que não pode se espalhar para o Egito", assegurou o jornalista.[63] O Irã é um Estado xiita, argumentou ele, enquanto no Egito e nos demais países árabes predominavam os muçulmanos sunitas. E o Egito estava protegido do contágio do Irã por outro Estado islâmico — o Reino da Arábia Saudita. Os acontecimentos logo provariam que o jornalista estava errado. A política islâmica cresceria e viria a desafiar todas as lideranças políticas do mundo árabe na década seguinte — a começar pela Arábia Saudita.

O desafio islâmico ao Reino da Arábia Saudita ocorreu em 20 de novembro de 1979, quando um grupo pouco conhecido, denominado Organização para a Revolução Islâmica na Península Arábica, ocupou a Grande Mesquita de Meca, o centro nervoso do islã. O líder do movimento pedia a purificação do islã, a rejeição dos valores ocidentais e a libertação do país da monarquia saudita, que ele acusava de hipocrisia e corrupção. O impasse durou mais de duas semanas, com cerca de mil rebeldes mantendo o santuário mais sagrado do islã como refém. Os sauditas foram obrigados a enviar sua guarda nacional para reprimir a rebelião. Dados oficiais apontam o número de mortos na casa das dezenas; observadores não oficiais afirmaram ter havido centenas de baixas. O líder da organização foi capturado e executado, assim como 63 de seus seguidores, muitos dos quais vinham do Egito, do Iêmen, do Kuwait e de outros países árabes.

Em 27 de novembro, enquanto a Grande Mesquita permanecia sitiada, a comunidade xiita da Província Oriental da Arábia Saudita se mobilizou em manifestações violentas, carregando retratos do líder espiritual da revolução do Irã, o aiatolá Khomeini, e distribuindo panfletos que pediam a derrubada do "despótico" regime saudita. A sobrecarregada guarda nacional do país levou três dias para reprimir as manifestações pró-iranianas, deixando dezenas de mortos e feridos.[64]

De repente, mesmo o Estado petrolífero mais rico e poderoso do mundo parecia vulnerável à força cada vez maior do islamismo político. Surgia uma nova geração que não acreditava mais na retórica do nacionalismo árabe — pessoas desencantadas com seus líderes políticos, que viam reis e presidentes construindo palácios graças à corrupção e colocando seu poder pessoal acima do bem árabe comum. Elas não apreciavam o comunismo e o ateísmo da União Soviética, e acreditavam que os Estados

Unidos eram uma nova potência imperial que adotava a política de dividir para conquistar em relação aos países árabes e promovia os interesses de Israel em detrimento dos direitos palestinos. A lição que elas haviam tirado da revolução do Irã era que o islã era mais forte do que todos os seus inimigos juntos. Unidos pela eterna verdade da religião, os muçulmanos seriam capazes de derrubar autocratas e enfrentar superpotências. O mundo árabe estava entrando em uma nova era de mudanças políticas e sociais inspiradas pelo poder do islã.

13. O poder do islã

A CADA ANO, as forças armadas egípcias realizam um desfile no dia 6 de outubro, feriado nacional que marca o aniversário da guerra de 1973. O campo de paradas no Cairo tem como pano de fundo dramático uma pirâmide moderna encomendada pelo presidente Anwar Sadat para homenagear os mortos da Guerra do Yom Kippur. O monumento também serve como o túmulo do soldado desconhecido do Egito.

O desfile do Dia das Forças Armadas celebra o ponto alto da presidência de Sadat, quando ele se tornou o Herói da Travessia do canal de Suez. Comemora também a liderança militar do Egito no mundo árabe contra Israel em 1973, antes que a paz selada com o Estado judeu comprometesse severamente sua posição.

Sadat esforçou-se ao máximo para concentrar a atenção do público no desfile do Dia das Forças Armadas, ao qual sempre comparecia, sob o olhar da imprensa egípcia e internacional. Pelo menos por um dia, ele poderia ignorar o isolamento do país: em resposta aos Acordos de Camp David, os demais Estados árabes haviam rompido relações com o Egito, e a Liga Árabe mudara sua sede do Cairo para Túnis. Essas medidas apenas reforçaram a determinação do governo egípcio de celebrar as realizações da guerra de 1973 como uma questão de honra nacional.

Em 6 de outubro de 1981, com pompa de Estado, vestido em seu uniforme de gala, Sadat sentou-se na tribuna presidencial para passar as tropas em revista, cercado por ministros, clérigos, dignitários estrangeiros e o Alto-Comando militar. Uma atrás da outra, foram passando entre o memorial em forma de pirâmide e a tribuna presidencial fileiras e mais fileiras de tanques, veículos blindados e lançadores de mísseis. Caças da força aérea em formação cerrada rugiam nos céus, deixando rastros de fumaça colorida. "Agora vem a artilharia", anunciou o comentarista, enquanto se aproximavam da tribuna os caminhões de tom pardo com seu séquito de obuses.

Um dos caminhões fez um desvio brusco e parou de repente. Um soldado saltou da cabine e lançou várias granadas de atordoamento na tribuna, enquanto seus três cúmplices na traseira do veículo abriram fogo contra os dignitários. Valendo-se da surpresa total, os soldados desfrutaram de trinta segundos de carnificina desimpedida. É provável que tenham abatido Sadat logo nos primeiros tiros.

O líder do grupo correu até a tribuna e atirou à queima-roupa contra o corpo de Sadat, até que por fim um dos guardas presidenciais revidou os tiros e o feriu. "Eu sou Khalid al-Islambuli", gritou o assassino em meio ao caos na tribuna. "Matei o faraó e não tenho medo da morte."[1]

O assassinato de Sadat, transmitido ao vivo pela televisão, chocou o mundo. Um islamita obscuro, agindo quase inteiramente sozinho, havia assassinado o presidente do Egito, o mais poderoso Estado árabe. A perspectiva de uma Revolução Islâmica não podia mais se circunscrever ao Irã, à medida que movimentos islâmicos surgiam em todo o mundo árabe para desafiar governos laicos.

AO GRITAR "MATEI O FARAÓ", Khalid Islambuli estava condenando Sadat por ser um governante laico que havia colocado a lei do homem acima da religião. Os islamitas estavam unidos pela crença de que as sociedades muçulmanas deviam ser governadas de acordo com a lei de Alá — o corpo da lei islâmica derivada do Alcorão, da sabedoria do profeta Maomé e da jurisprudência dos teólogos islamitas, coletivamente conhecidos como sharia. Eles viam seus próprios governos laicos como inimigos e se referiam a seus governantes como "faraós". O Alcorão, como a Bíblia hebraica, é muito crítico em relação aos faraós do Egito antigo, retratando-os como déspotas que promoveram a lei do homem sobre os mandamentos de Alá. Existem nada menos que 79 versículos do Alcorão condenando os faraós. Os islamitas mais extremos defendem a violência contra os faraós modernos que governam o mundo árabe como uma medida necessária para derrubar governos laicos e substituí-los por Estados religiosos. Khalid Islambuli fazia parte desse grupo, e declarou legítimo o assassinato de Sadat, denunciando o presidente caído como faraó.

Os islamitas não eram os únicos críticos de Sadat. O presidente foi sepultado em 10 de outubro de 1981, em um funeral de Estado ao qual compareceram vários líderes internacionais, mas poucos representantes do mundo árabe. Entre os participantes estavam Richard Nixon, Gerald Ford e Jimmy Carter, os três presidentes americanos com quem Sadat havia trabalhado em estreita colaboração. O primeiro-ministro Menachem Begin, que dividira com Sadat o prêmio Nobel da Paz de 1978 pelo tratado de paz Egito-Israel, liderou uma imponente delegação israelense. Entre os membros da Liga Árabe, apenas Sudão, Omã e Somália enviaram representantes.

Mais impressionante, talvez, foi a escassez de egípcios proeminentes no funeral de seu líder. Muhammad Heikal, o veterano jornalista e analista político que tinha seus próprios motivos de queixa contra Sadat (ele havia sido encarcerado com um grupo de figuras da oposição um mês antes do assassinato), refletiu sobre a circunstância de "um homem que havia sido pranteado no Ocidente, considerado um estadista heroico com grande visão de futuro, quase não ter encontrado quem o pranteasse entre os próprios compatriotas".[2]

No entanto, tanto seus críticos quanto seus admiradores ficaram satisfeitos com a escolha do local de seu descanso final. Para aqueles que honravam o Herói da Travessia, era bastante apropriado que Sadat fosse enterrado no memorial de guerra de 1973, de frente para a tribuna onde havia sido morto a tiros. Já os inimigos islamitas de Sadat ficaram satisfeitos com o fato de o faraó ter sido enterrado à sombra de sua pirâmide.

Os islamitas haviam conseguido matar o presidente do Egito, mas não dispunham dos recursos nem da capacidade de planejamento para derrubar o governo. O vice-presidente Hosni Mubarak, que havia sido retirado do campo de paradas com ferimentos leves, foi declarado presidente logo após o anúncio da morte de Sadat. As forças de segurança egípcias detiveram centenas de suspeitos e supostamente submeteram muitos deles a tortura.

Seis meses depois do atentado, em abril de 1982, cinco dos réus foram condenados à morte por seu papel no assassinato de Sadat: Khalid Islambuli, seus três cúmplices e seu guia ideológico, um eletricista chamado Abd al-Salam Faraj, que havia escrito um tratado defendendo a jihad contra governantes árabes "não islamitas" (isto é, laicos). Suas execuções os transformaram em mártires, e, durante a década de 1980, os grupos islamitas continuaram travando uma violenta campanha contra o governo em sua tentativa de transformar a nacionalista e laica República Árabe do Egito em República Islâmica do Egito.

★ ★ ★

DADA A PROEMINÊNCIA DO ISLÃ na vida pública de grande parte do mundo árabe de hoje, é fácil esquecer quão laico o Oriente Médio era em 1981. Em todos os países da região, exceto nos Estados mais conservadores do golfo Pérsico, a moda ocidental era preferida às indumentárias tradicionais. Muitos ingeriam bebidas alcoólicas sem nenhuma reserva, desconsiderando a proibição islâmica. Homens e mulheres se misturavam livremente tanto em público como no local de trabalho, à medida que cada vez mais mulheres ingressavam no ensino superior e na vida profissional. Para alguns, as liberdades da era moderna marcavam um ponto alto no progresso árabe. Outros viam esses desdobramentos com inquietação, temendo que o ritmo acelerado da mudança estivesse levando o mundo árabe a abandonar sua própria cultura e valores.

Os debates sobre o islã e a modernidade têm raízes profundas no mundo árabe. Hassan Banna havia criado a Irmandade Muçulmana em 1928 para combater as influências ocidentais e o enfraquecimento dos valores islamitas no Egito. Ao longo das décadas, a Irmandade enfrentou uma crescente repressão, tendo sido banida pela monarquia egípcia em dezembro de 1948 e depois pelo regime de Nasser em 1954. Ao longo das décadas de 1950 e 1960, a política islâmica foi levada à clandestinidade em todo o mundo árabe, e os valores islâmicos foram minados por Estados laicos cada vez mais inspirados no socialismo soviético ou na democracia ocidental de livre mercado. No entanto, a repressão apenas fortaleceu a vontade da Irmandade Muçulmana de combater o laicismo e promover sua própria visão dos valores islâmicos.

Na década de 1960, surgiu na Irmandade Muçulmana uma nova tendência radical, liderada pelo carismático pensador egípcio Sayyid Qutb, um dos reformadores islâmicos mais influentes do século. Nascido em uma aldeia do Alto Egito em 1906, Qutb se mudou para o Cairo na década de 1920 a fim de cursar a faculdade de formação de professores Dar al-Ulum. Após a formatura, trabalhou para o Ministério da Educação como professor e inspetor. Além disso, atuou nos círculos literários das décadas de 1930 e 1940 como autor e crítico.

Em 1948, Qutb recebeu uma bolsa bianual do governo para estudar nos Estados Unidos. Fez mestrado em educação na Universidade do Norte do Colorado, com períodos de estudo na capital americana, Washington, e na Universidade Stanford, na Califórnia. Embora tenha cruzado os Estados Unidos de leste a oeste, Qutb deixou a América sem nenhuma afeição pelo país, como costumava acontecer com estudantes de intercâmbio. Em 1951, ele publicou em uma revista islâmica suas reflexões, "Os Estados Unidos que eu vi". Condenando o materialismo e a escassez de valores espirituais que havia encontrado no país, Qutb mostrou-se horrorizado com o que via como a frouxidão moral e a concorrência desenfreada da sociedade americana. Ele ficou particularmente chocado ao encontrar esses vícios nas igrejas. "Na maioria das igrejas", escreveu Qutb, "existem clubes que juntam os dois sexos, e os pastores tentam atrair para sua congregação o maior número possível de pessoas, sobretudo porque existe uma enorme competição entre igrejas de diferentes denominações." Qutb considerava esse comportamento, de tentar reunir a multidão, mais apropriado a um gerente de teatro que a um líder espiritual.

Em seu ensaio, Qutb conta que, certa noite, assistiu a um culto na igreja seguido de um baile. Ele ficou horrorizado ao ver até que ponto o pastor fez o salão da igreja parecer "mais romântico e apaixonado". Ele chegou inclusive a escolher um disco sensual para criar um clima. A descrição que Qutb faz da música — "uma famosa canção americana chamada 'But Baby, It's Cold Outside'" — mostra o abismo que o separava da cultura popular americana.

[A canção] consiste num diálogo entre um garoto e uma garota voltando de um encontro romântico. O garoto leva a garota para a casa dele e a está impedindo de ir embora. Ela tenta convencê-lo a deixá-la voltar para casa, já que está ficando tarde e sua mãe está esperando, mas toda vez que ela dá uma desculpa, ele responde com esta frase: *mas querida, está frio lá fora!*[3]

Qutb sem dúvida não gostava da música, mas o que mais o chocava era o fato de um pastor escolher uma canção tão inapropriada para seus jovens paroquianos. Nada poderia estar mais longe do papel social das mesquitas, nas quais os sexos são separados e o recato é a regra no vestuário e no comportamento.

Qutb voltou ao Egito determinado a salvar seus compatriotas da admiração complacente pelos valores modernos dos Estados Unidos. "Receio que não exista um equilíbrio entre a grandeza material dos Estados Unidos e a qualidade de seu povo", argumentou. "E receio que a roda da vida dê um giro completo e o livro do tempo se feche sem que os Estados Unidos tenham acrescentado nada, ou praticamente nada, ao relato da moral que distingue o homem do objeto e, com efeito, os seres humanos dos animais."[4] Qutb não queria mudar os Estados Unidos; queria apenas proteger o Egito e o mundo islâmico como um todo da degeneração moral que havia testemunhado lá.

Em 1952, logo após seu retorno, Sayyid Qutb ingressou na Irmandade Muçulmana. Por conta de sua experiência editorial, foi encarregado do departamento de imprensa e publicações da sociedade. Com seus ensaios provocativos, o fervoroso islâmico conquistou um amplo número de leitores. Após a revolução do Egito em 1952, Qutb passou a desfrutar de boas relações com os Oficiais Livres. Conta-se que Nasser o teria convidado a redigir o esboço da Constituição do novo partido oficial, a União Liberta-

dora. Presumivelmente, Nasser o fez menos por admiração pelo reformador islâmico do que por uma tentativa calculada de angariar o apoio de
Qutb ao novo órgão oficial ao qual se integrariam todos os demais partidos
políticos — inclusive a Irmandade Muçulmana.

A boa vontade do novo regime em relação à Irmandade Muçulmana
teve vida curta. Qutb foi preso durante a repressão geral à organização,
depois que um de seus membros tentou assassinar Nasser em outubro
de 1954. Como muitos outros membros da Irmandade Muçulmana, Qutb
afirmou ter sido submetido a torturas e interrogatórios terríveis enquanto
estava preso. Acusado de atividades subversivas, foi condenado a quinze
anos de trabalhos forçados.

Da prisão, Qutb continuou a inspirar companheiros islamitas. Problemas de saúde muitas vezes o levaram à enfermaria, onde ele escreveu
algumas das obras mais influentes do século xx sobre o islã e a política,
textos entre os quais cabe destacar um comentário radical sobre o Alcorão
e seu apelo à promoção de uma sociedade islâmica genuína, intitulado
Normas no caminho do islã.

Normas no caminho do islã representa o apogeu das visões de Qutb sobre
a falência do materialismo ocidental e o autoritarismo do nacionalismo
árabe laico. Os sistemas sociais e políticos que definiram a era moderna,
argumentava ele, haviam sido criados pelo homem e fracassado exatamente por isso. Em vez de abrir uma nova era de ciência e conhecimento,
eles haviam resultado na ignorância da orientação divina, ou *jahiliyya*. A
palavra tem ressonância particular no islã, pois faz referência à idade das
trevas pré-islâmica. A *jahiliyya* do século xx, argumentou Qutb, "consiste
em reivindicar que o direito de criar valores, estabelecer regras de comportamento coletivo e eleger modos de vida cabe aos homens, em descon-
sideração aos preceitos de Alá". Em decorrência disso, os notáveis avanços
da ciência e da tecnologia do século xx não haviam levado a humanidade à
era moderna; na verdade, o abandono da mensagem eterna de Alá a levara
de volta ao século vii. Isso era tão verdadeiro para o Ocidente não islâmico
como para o mundo árabe, acreditava Qutb. O resultado, argumentava ele,
era a tirania. Os regimes árabes não haviam trazido liberdade e direitos

humanos a seus cidadãos, mas repressão e tortura — como Qutb sabia por dolorosa experiência própria.

Qutb acreditava que o islã, por ser a perfeita declaração da ordem de Alá para a humanidade, era o único caminho para a liberdade humana, uma verdadeira teologia da libertação. Assim, as únicas leis válidas e legítimas eram as leis de Alá, consagradas na sharia islâmica. Ele acreditava ser necessário instaurar uma vanguarda muçulmana para recolocar o islã no "papel de líder da humanidade". Essa vanguarda se valeria da "pregação e da persuasão para reformar ideias e crenças" e da "força física e da jihad para abolir as organizações e autoridades do sistema *jahili* que impede as pessoas de reverem suas ideias e crenças, obrigando-as a seguir caminhos equivocados e servir a senhores humanos em vez de ao Senhor Todo-Poderoso". Qutb escreveu seu livro para guiar a vanguarda que lideraria o renascimento dos valores islâmicos através do qual os muçulmanos mais uma vez alcançariam liberdade pessoal e liderança mundial.[5]

O poder da mensagem de Qutb estava em sua simplicidade e franqueza. Ele havia identificado um problema — a *jahiliyya* — e uma solução islâmica clara, fundamentada em valores caros a muitos muçulmanos. Sua crítica se aplicava igualmente às potências imperiais e aos governos árabes autocráticos, e sua resposta era uma mensagem de esperança fundamentada na suposição da superioridade muçulmana:

> As condições mudam, o muçulmano perde seu poderio físico e é conquistado; no entanto, a consciência de que é um homem superior não o abandona. Se ele conserva a sua fé, contempla seu conquistador de uma posição de superioridade. Ele permanece convicto de que a situação é temporária e logo passará, e de que a fé mudará as coisas, sem que haja escapatória. Ainda que a morte lhe esteja destinada, ele jamais abaixará a cabeça. A morte chega para todos, mas para ele existe o martírio. Ele irá para o Jardim [isto é, o céu], enquanto seus conquistadores irão para o Fogo [isto é, o inferno].[6]

Por mais que Qutb desaprovasse as potências imperiais do Ocidente, seu primeiro alvo sempre foram os regimes autoritários do mundo árabe,

e em particular o governo de Nasser. Em sua exegese dos versos do Alcorão sobre os "donos do fosso", Qutb desenha uma alegoria pouco velada
da luta entre a Irmandade Muçulmana e os Oficiais Livres. Na história do
Alcorão, uma comunidade de crentes é condenada por sua fé e queimada
viva dentro de um fosso por tiranos que se reúnem para ver a morte de
suas vítimas, pessoas justas. "Malditos sejam os donos do fosso", relata o
Alcorão (85,1-16). No comentário de Qutb, os perseguidores — "pessoas
arrogantes, maliciosas, criminosas e degradadas" — experimentam um
prazer sádico ao testemunhar a dor dos mártires. "E quando algum rapaz
ou moça, criança ou ancião dentre esses justos crentes era jogado no fogo",
escreve Qutb, "seu prazer diabólico alcançava novas alturas, e eles pror-
rompiam em gritos de insano júbilo diante da visão de sangue e pedaços de
carne" — temos aqui descrições explícitas que não aparecem na narrativa
do Alcorão, mas talvez sejam inspiradas nas torturas sofridas por Qutb e
seus correligionários no cárcere. "A luta entre os crentes e seus inimigos",
conclui ele, era em essência "uma luta entre duas crenças — isto é, uma
luta entre a descrença e a fé, entre a *jahiliyya* e o islã". A mensagem de
Qutb era clara: o governo do Egito era incompatível com sua visão de um
Estado islâmico. Um dos dois teria que sair de cena.

Qutb deixou a prisão em 1964, ano em que publicou suas *Normas no
caminho do islã*. Com seu prestígio reforçado pelos escritos do cárcere,
ele logo restabeleceu contato com os camaradas da proibida Irmandade
Muçulmana. Mas Qutb sem dúvida devia saber que seus movimentos seriam monitorados pela polícia secreta nasserista. Ele havia alcançado uma
proeminência tão grande no mundo muçulmano por conta de suas ideias
radicais que constituiria um perigo para o Estado egípcio tanto em casa
como no exterior.

Os seguidores de Qutb enfrentaram a mesma vigilância e os mesmos
riscos que o próprio reformador. Um de seus discípulos mais influentes foi
Zaynab al-Ghazali (1917-2005), pioneira do movimento de mulheres islâ-
micas. Quando tinha apenas vinte anos, Ghazali fundou a Associação das
Mulheres Muçulmanas. Suas atividades chamaram a atenção de Hassan
Banna, o fundador da Irmandade Muçulmana, que tentou convencê-la a

1. Em 1969, o jovem capitão Muamar Kadafi liderou um golpe militar que derrubou a monarquia líbia e instituiu em seu lugar uma nova "república de massas". Em 1970, ele nacionalizou a indústria petrolífera e assegurou o controle do governo sobre a produção, os preços e os lucros do petróleo. Os demais produtores árabes seguiram o exemplo, aumentando seu poder econômico global.

2. Na tarde de 6 de outubro de 1973, as tropas egípcias atravessaram o canal de Suez e superaram as defesas de Israel ao longo das formidáveis muralhas de areia da Linha Bar-Lev. Ao lançar seu ataque em pleno feriado judaico do Yom Kippur, eles pegaram os israelenses de surpresa e, poucos minutos após o início da investida, conseguiram fincar sua bandeira no Sinai, território que haviam perdido em 1967, na Guerra dos Seis Dias. Foi a primeira vitória armada do mundo árabe contra o Estado judeu em duas décadas de guerra.

3. Depois de uma semana de intensos combates, os israelenses conseguiram se reagrupar e partiram para a ofensiva contra a Síria e o Egito. Em 6 de outubro, eles utilizaram as mesmas brechas abertas nas muralhas da Linha Bar-Lev pelos canhões de água egípcios para atravessar o canal de Suez e sitiar as forças do Egito na margem oeste do canal. A guerra terminou em um impasse militar que o presidente egípcio Anwar al-Sadat usou como vantagem política.

4. Em outubro de 1973, no auge da Guerra do Yom Kippur, os Estados árabes decidiram usar o petróleo como arma, com consequências devastadoras para a economia mundial. Os Estados Unidos, por conta de seu apoio ao esforço de guerra de Israel, enfrentaram um embargo total do petróleo árabe. Em dezembro de 1973, durante um giro pelas capitais árabes, o secretário de Estado americano, Henry Kissinger, fez uma visita ao rei Faisal, da Arábia Saudita, em uma tentativa frustrada de convencer os sauditas a suspenderem o embargo aos embarques de petróleo para os Estados Unidos. Os Estados árabes só levantariam o embargo em março de 1974.

5. Em 13 de novembro de 1974 o presidente da Organização para a Libertação da Palestina, Yasser Arafat, recebeu tratamento de chefe de Estado ao ser convidado a discursar para a Assembleia Geral das Nações Unidas. Em protesto ao convite, a delegação israelense deixou seus assentos na primeira fila vazios. "Hoje, venho aqui com um ramo de oliveira em uma das mãos e o fuzil dos que combatem pela liberdade na outra", disse ele ao salão lotado. "Não deixem que o ramo de oliveira caia da minha mão."

6. Bairros inteiros de Beirute foram devastados pela violência da guerra civil em 1975-6. No entanto, esse foi apenas o primeiro estágio de um conflito que se prolongaria por quinze anos, durante os quais nenhum bairro seria poupado.

7. Em 6 de outubro de 1981, o presidente egípcio Anwar Sadat foi assassinado. Sadat fazia questão de participar do desfile militar anual de 6 de outubro vestido em uniforme de gala, a fim comemorar o ponto alto de sua presidência — a guerra de 1973 contra os israelenses. Com o país isolado pelos demais Estados árabes após concluir um tratado de paz em separado com Israel, o desfile militar passara a ter um significado adicional para Sadat a partir de 1979. Nesta fotografia, ele sai em carro aberto naquele que seria seu último desfile.

8. O desfile militar foi subitamente interrompido quando um caminhão da divisão de artilharia saiu de formação e homens armados abriram fogo contra a tribuna presidencial. Sadat foi morto quase instantaneamente. Seu assassino era um islamita chamado Khalid al-Islambuli. "Matei o faraó", ele gritou, "e não tenho medo da morte".

9. O cerco israelense a Beirute Ocidental, em julho de 1982, destinado a expulsar combatentes da OLP da capital libanesa, introduziu um nível sem precedentes de violência em Beirute, devastada pela guerra. Os israelenses só levantaram o cerco em agosto, após uma intervenção do presidente dos Estados Unidos, Ronald Reagan, que negociou a retirada dos combatentes da OLP de Beirute sob a supervisão de uma força multinacional de pacificação composta por tropas americanas, francesas e italianas.

10. Em 22 de agosto de 1982, os combatentes palestinos embarcaram em caminhões para fazer a pequena viagem até o porto de Beirute, de onde partiram para o exílio. Beirute servira como o centro da luta armada palestina contra Israel desde que a OLP fora expulsa da Jordânia, em 1970-1. Os combatentes da OLP reivindicaram a vitória por terem sobrevivido ao cerco de Israel e se retiraram da cidade empunhando suas armas sob bandeiras palestinas e retratos de Arafat.

11. Os refugiados palestinos da guerra de 1948, ainda vivendo em campos, estavam expostos às milícias cristãs libanesas, que os culparam por alguns dos piores episódios de violência da guerra civil. Em setembro de 1982, após a retirada da força multinacional de pacificação e o assassinato do presidente maronita, Bashir Gemayel, milicianos cristãos invadiram os campos palestinos de Sabra e Chatila, sob guarda israelense, e massacraram os civis desarmados. Nesta fotografia, uma sobrevivente caminha entre os escombros do campo de Sabra imediatamente após o massacre.

12. As atrocidades em Sabra e Chatila forçaram o retorno das forças americanas, francesas e italianas ao Líbano. Elas haviam entrado no país com o objetivo de manter a paz, mas logo se viram envolvidas nos combates, em uma tentativa de defender o governo libanês do presidente Amin Gemayel. Em 23 de outubro de 1983, atentados suicidas coordenados atingiram instalações militares da França e dos Estados Unidos na capital, matando instantaneamente 241 militares americanos e 58 paraquedistas franceses. Nesta fotografia, fuzileiros navais dos Estados Unidos ajudam na operação de resgate entre os escombros do que havia sido o seu quartel-general, localizado nas imediações do Aeroporto Internacional de Beirute.

13. Na década de 1980, os xiitas do Líbano emergiram como uma nova força política. Eles foram vinculados aos ataques contra os quartéis da França e dos Estados Unidos em 1983 e a uma série de ataques devastadores às forças israelenses no Líbano. Em 1985, surgiria no país uma nova organização, chamada Hezbollah, apoiada pelo Irã. As milícias do Hezbollah tornaram a posição de Israel no sul do Líbano insustentável, forçando, em 2000, uma retirada unilateral. Nesta fotografia, tirada em Beirute Ocidental em 1989, um grupo de clérigos lidera uma marcha de membros do Hezbollah nas festividades da Ashura, o dia em que se celebra a morte do imã Hussein ibn Ali.

14. A invasão iraquiana do Kuwait em 1990 foi repelida pela Operação Tempestade no Deserto, desencadeada em 1991 no âmbito da Guerra do Golfo. Depois de semanas sob bombardeio aéreo, e diante do iminente início dos combates terrestres, as forças iraquianas detonaram cargas de explosivos em setecentos poços de petróleo kuwaitianos, em um ato de guerra econômica e ambiental contra o Kuwait e seus apoiadores.

15. A fim de escapar da brutalidade dos combates terrestres, as tropas iraquianas requisitaram caminhões e carros, em uma tentativa desesperada de fugir do Kuwait. Milhares de veículos foram destruídos por aeronaves americanas em um trecho desprotegido da Rodovia 80, que liga o norte do Kuwait ao Iraque, e que ficou conhecida como Rodovia da Morte. A matança desproporcional provocou repúdio generalizado e pressionou o presidente americano, George H. W. Bush, a pôr fim à Operação Tempestade no Deserto, encerrada definitivamente em 28 de fevereiro de 1991.

16. Manifestantes em Túnis segurando um cartaz com a foto de Muhammad Bouazizi, cuja autoimolação inspirou o movimento revolucionário na Tunísia que desencadeou a Primavera Árabe de 2011. A legenda em árabe diz: "O mártir da dignidade e da liberdade".

17. Tahrir, a praça central do Cairo, tornou-se o ponto focal das manifestações egípcias exigindo a derrubada do regime de Mubarak e um símbolo poderoso para os movimentos de protesto globais de 2011. Como explicou um ativista do Occupy Wall Street: "A Primavera Árabe inspirou a tática. Ocupe um espaço público e o mantenha ocupado pelo tempo que for necessário".

18. O movimento de oposição da Líbia empunhou a velha bandeira monárquica em seu esforço de oito meses para derrubar o governo do coronel Muamar Kadafi.

unir forças com a Irmandade das Mulheres Muçulmanas, que ele havia acabado de formar. Embora os dois movimentos tenham seguido caminhos distintos, Ghazali se tornou uma seguidora leal de Hassan Banna.

Na década de 1950, Ghazali conheceu as irmãs do prisioneiro Sayyid Qutb, que lhe entregaram capítulos preliminares das *Normas* antes que o livro fosse publicado. Inspirada pela leitura, Ghazali decidiu se dedicar ao papel de vanguarda previsto pelo manifesto — preparando a sociedade egípcia para adotar a lei islâmica. Assim como o profeta Maomé havia passado treze anos em Meca antes de se mudar para Medina a fim de fundar a primeira comunidade islâmica, os seguidores de Qutb se concederam treze anos para transformar a sociedade egípcia em uma sociedade islâmica ideal. "Decidimos que, após treze anos de instrução na fé islâmica de nossos jovens, anciãos, mulheres e crianças", escreveu Ghazali,

> faremos uma exaustiva pesquisa sobre a situação do Estado egípcio. Se essa pesquisa revelar que pelo menos 75% dos nossos seguidores acreditam que o islã é um modo de vida pleno e estão convencidos sobre a pertinência de estabelecer um Estado islâmico, então pediremos o estabelecimento desse Estado.

Se os resultados da pesquisa sugerissem um menor nível de apoio, Ghazali e seus colegas trabalhariam por mais treze anos para tentar converter a sociedade egípcia.[7] A longo prazo, seu objetivo era nada menos que a derrubada do regime dos Oficiais Livres e sua substituição por uma verdadeira política islâmica de Estado. Nasser e seu governo estavam determinados a eliminar essa ameaça antes que ela ganhasse terreno.

As autoridades egípcias libertaram Sayyid Qutb no final de 1964, após uma década de cárcere. Zaynab Ghazali e os demais apoiadores comemoraram a libertação e passaram a se encontrar com ele frequentemente, sob o olhar atento da polícia. Muitos acreditavam que Qutb havia sido libertado apenas para levar as autoridades a islamitas com ideias semelhantes. Em agosto de 1965, depois de apenas oito meses de liberdade, Qutb voltou a ser preso, junto com Ghazali e todos os seus associados. Eles foram acusados de conspiração para assassinar o presidente e derrubar o governo egípcio.

Embora seu objetivo a longo prazo fosse sem dúvida substituir o governo por um sistema islâmico, os réus insistiam que eram inocentes de qualquer conspiração contra a vida de Nasser.

Ghazali passou os seis anos seguintes encarcerada e escreveu um relato de sua provação, capturando com vivo horror as torturas às quais os islamitas, homens e mulheres, eram submetidos pelo Estado nasserista. Ela foi confrontada com a violência desde seu primeiro dia na prisão.

> Quase incapaz de acreditar no que meus olhos viam, e não querendo aceitar tamanha desumanidade, observei silenciosamente enquanto os Ikhwan [isto é, membros da Irmandade Muçulmana] eram suspensos no ar e tinham seus corpos nus ferozmente açoitados. Alguns foram deixados à mercê de cães selvagens, que rasgavam sua carne. Outros, com o rosto virado para a parede, aguardavam sua vez.[8]

Ghazali não foi poupada dessas atrocidades; enfrentou açoites, espancamentos, ataques com cães, isolamento, privação de sono e ameaças constantes de morte, tudo em uma vã tentativa de extrair dela uma declaração que envolvesse Qutb e os demais líderes da Irmandade Muçulmana na suposta conspiração para assassinar Nasser. Quando duas jovens recém-presas foram enviadas à cela de Ghazali, que havia acabado de sofrer dezoito dias de abuso, esta não conseguiu transmitir com suas próprias palavras os horrores que havia vivido, preferindo ler para as companheiras de cela, em vez disso, os versículos do Alcorão sobre "os donos do fosso". Ao ouvir esses versículos, uma das mulheres começou a chorar em silêncio; a outra perguntou, incrédula: "Isso realmente acontece com mulheres?".[9]

O julgamento contra Sayyid Qutb e seus seguidores teve início em abril de 1966. Ao todo, 43 islamitas — entre os quais Qutb e Ghazali — foram formalmente acusados de conspiração contra o Estado egípcio. Os promotores utilizaram os escritos de Qutb como prova contra ele e o acusaram de promover a derrubada violenta do governo. Em agosto de 1966, Qutb e outros dois acusados foram considerados culpados e sentenciados à morte. Zaynab Ghazali foi condenada a 25 anos de trabalhos forçados.

Ao executar Qutb, as autoridades egípcias não apenas fizeram dele um mártir da causa islâmica mas confirmaram para muitos a verdade de seus escritos, que se tornaram ainda mais influentes após sua morte. Seus comentários sobre o Alcorão e suas *Normas no caminho do islã* — o manifesto em que conclamava os islamitas à ação política — foram reimpressos e distribuídos por todo o mundo muçulmano. Uma nova geração, que atingiu a maioridade nas décadas de 1960 e 1970, foi tomada pela mensagem de Qutb de regeneração e justiça islâmicas, e se dedicou a pôr em prática essas ideias — por todos os meios possíveis, fossem pacíficos ou violentos.

★ ★ ★

O DESAFIO ISLÂMICO SE ESPALHOU do Egito para a Síria na década de 1960. A influência da Irmandade Muçulmana e a crítica radical de Sayyid Qutb ao governo laico combinaram-se para dar forma a um movimento revolucionário voltado para a derrubada da tirânica república da Síria. O conflito levou a Síria à beira da guerra civil e ceifou dezenas de milhares de vidas antes de atingir seu clímax brutal na cidade de Hama.

O fundador do ramo sírio da Irmandade Muçulmana foi Mustafa al-Sibai (1915-64), um nativo de Homs. Ele havia estudado no Egito na década de 1930, sendo influenciado por Hassan Banna. Após seu retorno à Síria, Sibai reuniu uma rede de associações de jovens para criar a Irmandade Muçulmana no país, e utilizou a rede da Irmandade Muçulmana para conquistar um assento no Parlamento nas eleições de 1943. Desse ponto em diante, os Ikhwan sírios tornaram-se fortes demais para serem ignorados pela elite política, ainda que não tivessem poder suficiente para exercer grande influência no discurso político cada vez mais laico e nacionalista árabe do país nas décadas de 1940 e 1950.

Em 1963, quando o Baath tomou o poder na Síria, a Irmandade Muçulmana partiu para a ofensiva. A política do Baath era intensamente laica, exigindo uma estrita separação entre religião e Estado. Isso era natural, considerando a diversidade sectária do partido. Enquanto a população da

Síria era predominantemente muçulmana sunita (cerca de 70% do total), o Baath também atraíra muitos cristãos e árabes laicos, e contara ainda com um apoio substancial entre os alauitas. Um ramo do islamismo xiita, os alauitas eram o maior dos grupos minoritários da Síria, representando cerca de 12% da população. Após anos sendo marginalizados pela maioria sunita do país, os alauitas haviam conseguido ascender, por meio do exército e da participação no Baath, alcançando uma posição de destaque na política na década de 1960.

Como tendia a adotar posturas laicas, até mesmo ateístas, o Baath provocou crescente oposição da Irmandade Muçulmana, que dizia constituir a "maioria moral" da Síria. Os Ikhwan viam a ascensão política dos alauitas como uma ameaça à cultura muçulmana sunita da Síria, e estavam determinados a arruinar seu governo por meios violentos, se necessário.

Em meados da década de 1960, a Irmandade Muçulmana estabeleceu um movimento de resistência clandestino em Hama e na cidade de Alepo, no norte do país. Os militantes islamitas começaram a armazenar armas e a treinar jovens recrutados em escolas e universidades. Um dos imãs mais carismáticos de Hama, o xeque Marwan Hadid, foi particularmente bem-sucedido no recrutamento de estudantes para o movimento islâmico clandestino. Para muitos jovens islamitas, Hadid foi uma inspiração e um modelo de ativismo.[10]

O confronto entre o movimento islâmico clandestino e o governo sírio se tornou inevitável quando o comandante baathista da força aérea, o general Hafez Assad, chegou ao poder no golpe de 16 de novembro de 1970. Como membro da minoria alauita, Assad foi o primeiro líder muçulmano não sunita da Síria. Em seus primeiros anos no cargo, ele fez esforços para aplacar as sensibilidades dos muçulmanos sunitas, mas sem sucesso. Em 1973, a promulgação de uma nova Constituição, que pela primeira vez não estipulava que o presidente da Síria deveria ser muçulmano, trouxe novamente à tona debates sobre religião e Estado. A Carta Constitucional provocou violentas manifestações no centro muçulmano sunita de Hama. Em abril de 1976, irromperam novos episódios de violência, depois que Assad decidiu intervir na guerra civil libanesa ao lado dos cristãos maronitas contra as forças muçulmanas progressistas e o movimento palestino.

A intervenção de Assad na guerra do Líbano levantou sérias preocupações entre a maioria muçulmana da Síria. Muitos sunitas, insatisfeitos com a marginalização que sofriam desde a chegada de Assad ao poder em 1970, começaram a suspeitar que o novo regime estava promovendo uma "aliança minoritária" entre os alauitas sírios e os maronitas libaneses com o objetivo de subjugar a maioria muçulmana da Síria e do Líbano. Com o aumento das tensões entre o governo e a comunidade sunita, Assad ordenou a repressão dos sírios que faziam parte da Irmandade Muçulmana. Em 1976, as autoridades prenderam o imã radical de Hama, o xeque Marwan Hadid. O recrutador islâmico imediatamente entrou em greve de fome, morrendo em junho do mesmo ano. As autoridades insistiram que Hadid havia tirado a própria vida ao se recusar a comer, mas os islamitas acusaram o governo de seu assassinato e prometeram vingança.

Foram necessários três anos para que eles organizassem sua retaliação ao regime de Assad. Em junho de 1979, os guerrilheiros islamitas atacaram uma academia militar em Alepo onde a maioria dos estudantes — cerca de 260 dos 320 cadetes — pertencia à comunidade alauita. Os terroristas mataram 83 cadetes, todos alauitas.

O ataque à academia militar marcou o início de uma guerra entre a Irmandade Muçulmana e o regime de Hafez Assad que se desenrolou com intensa fúria pelos dois anos e meio seguintes, arrastando a Síria para um cotidiano infernal de atentados terroristas e contraterroristas.

Na Síria, os membros da Irmandade Muçulmana, convencidos da justiça de sua causa, recusaram qualquer negociação ou compromisso com o regime de Assad. "Rejeitamos todas as formas de despotismo por respeito aos princípios do islã, e não buscamos a queda do faraó para que outro possa tomar o seu lugar", anunciaram em um panfleto distribuído pelas aldeias e cidades da Síria em meados de 1979.[11] Sua linguagem refletia a dos militantes islamitas no Egito, que estavam igualmente determinados a derrubar o governo de Sadat pela violência e deram total apoio moral a seus irmãos em Hama em sua revolta contra o faraó da Síria.

Sem margem para reconciliação, os membros mais intransigentes do governo sírio, liderados pelo irmão do presidente, Rifaat al-Assad, receberam sinal verde para suprimir a insurgência islâmica pela força. Em março de 1980, comandos sírios desceram de helicóptero em um vilarejo rebelde entre Alepo e Latakia e impuseram a lei marcial sobre a população. Segundo dados oficiais, mais de duzentos moradores foram mortos durante a operação.

Encorajado por seu sucesso na zona rural, o governo sírio enviou 25 mil soldados para invadir a cidade de Alepo, cenário do massacre de cadetes um ano antes. Os soldados revistaram todas as casas dos bairros conhecidos por apoiar a insurgência islâmica e prenderam mais de 8 mil suspeitos. Da torre de comando de seu tanque de guerra, Rifaat Assad avisou os habitantes da cidade de que estava pronto a executar mil pessoas por dia até a Irmandade Muçulmana ser varrida da cidade.

A Irmandade Muçulmana revidou com um atentado contra o presidente Assad em 26 de junho de 1980. Os militantes lançaram granadas de mão e dispararam metralhadoras na direção do presidente sírio enquanto ele recebia a visita de um dignitário africano. Assad foi protegido por seus guarda-costas e escapou por pouco da morte. No dia seguinte, Rifaat Assad enviou seus comandos à notória prisão de Tadmur, onde estavam detidos os membros da Irmandade Muçulmana, para executar uma terrível vingança.

Isa Ibrahim Fayyad, um jovem soldado alauita que recebeu ordem de massacrar prisioneiros desarmados em Tadmur, jamais esqueceria sua primeira missão. Os soldados sírios foram levados de helicóptero para a prisão às seis e meia da manhã. Havia talvez setenta comandos no total, divididos em sete pelotões, cada um enviado para um bloco de celas diferente. Fayyad e seus homens assumiram suas posições e partiram para o trabalho. "Eles abriram os portões de um bloco de celas para que entrássemos. Seis ou sete de nós entramos e matamos todos que vimos lá dentro, cerca de sessenta ou setenta pessoas no total. Eu mesmo devo ter matado uns quinze." As celas retumbaram com os tiros de metralhadora e os gritos

dos moribundos, exclamando "Allahu Akbar". Fayyad não teve compaixão
por suas vítimas. "No total, acho que matamos cerca de 550 desgraçados
da Irmandade Muçulmana", refletiu sombriamente. Outros participantes
da operação estimaram as baixas entre setecentos e 1100. Os prisioneiros
desarmados empreenderam ataques desesperados aos comandos, matando
um e ferindo outros dois na confusão. Quando os soldados terminaram,
tiveram que lavar o sangue das mãos e dos pés.¹²

Depois de exterminar os Ikhwan na prisão de Tadmur, Assad tomou
a iniciativa de eliminar a Irmandade Muçulmana da sociedade síria. Em
7 de julho de 1980, o governo sírio aprovou uma lei que tornava a filiação à organização uma ofensa punível com a morte. Destemido, o movimento de oposição islâmico embarcou em uma série de assassinatos
contra importantes autoridades sírias, que incluíam amigos pessoais do
presidente Assad.

O governo sírio respondeu em abril de 1981 enviando o exército para o
reduto da Irmandade Muçulmana em Hama. Quarta maior cidade da Síria,
com uma população de cerca de 180 mil habitantes, Hama era o centro da
oposição islâmica desde a década de 1960. Quando as tropas chegaram, os
habitantes da cidade não ofereceram resistência, imaginando que aquela
seria uma batida policial como tantas outras pelas quais haviam passado,
nas quais as pessoas eram detidas para interrogatório e intimidadas pelos
soldados antes de serem libertadas. Eles estavam errados.

O exército sírio decidiu usar os civis de Hama como exemplo, matando
indiscriminadamente crianças e adultos. Uma testemunha ocular descreveu a carnificina a um jornalista ocidental:

Andei alguns passos antes de me deparar com uma pilha de corpos, depois
outra. Talvez dez ou quinze. Passei por elas, uma após a outra. Olhei para elas
por um longo tempo, sem acreditar no que estava vendo. [...] Em cada pilha
havia quinze, 25, trinta corpos. Os rostos estavam totalmente desfigurados
[...]. Havia corpos de todas as idades, de catorze anos ou mais, de pijama,
gelebiyehs [mantos nativos], sandálias ou com os pés descalços.¹³

As estimativas variam de 150 a várias centenas de mortos no ataque. O número total de mortos em dois anos de hostilidades entre as forças do governo e islamitas já ultrapassava 2500.

A Irmandade Muçulmana respondeu à atrocidade do exército em Hama na mesma moeda, iniciando uma campanha de terror contra civis inocentes nas principais cidades da Síria. Os islamitas transferiram o campo de batalha das cidades do norte — Alepo, Latakia e Hama — para a capital Damasco. Entre agosto e novembro de 1981, eles plantaram uma série de artefatos explosivos que abalaram a cidade, culminando, em 29 de novembro, num atentado com um enorme carro-bomba no centro de Damasco que matou duzentas pessoas e feriu quase quinhentas — o maior número de vítimas de uma única bomba registrado até então no mundo árabe.

O assassinato de Anwar Sadat em outubro de 1981 coincidiu com o 51º aniversário do presidente Assad; os islamitas sírios distribuíram panfletos ameaçando-o com o mesmo destino. Assad autorizou seu irmão Rifaat a conduzir uma campanha de extermínio contra os Ikhwan em seu reduto em Hama, a fim de derrotar o movimento de uma vez por todas.

O governo sírio entrou em guerra contra a Irmandade Muçulmana em Hama nas primeiras horas da manhã de 2 de fevereiro de 1982. Os helicópteros transportaram pelotões de comandos para as colinas nos arredores da cidade. Após o ataque assassino do governo em abril de 1981, os moradores da cidade estavam em alerta máximo e os islamitas vigilantes reagiram depressa ao ouvir a aproximação dos helicópteros. Aos gritos de "Allahu Akbar", os membros da Irmandade Muçulmana se insurgiram contra o Estado sírio. A convocação para a jihad, ou guerra santa, foi feita pelos alto-falantes das mesquitas da cidade, normalmente usados para as chamadas diárias à oração. O líder da Irmandade Muçulmana instou o povo da cidade a expulsar o regime "infiel" de Assad do poder de uma vez por todas.

Ao amanhecer, a primeira onda de soldados se viu obrigada a bater em retirada enquanto os guerrilheiros islamitas atacavam, matando funcionários do governo e filiados do Baath na cidade. O sucesso inicial deu aos insurgentes uma falsa esperança de vitória. Na retaguarda da primeira onda de comandos do exército estavam dezenas de milhares de soldados, apoiados por tanques e aeronaves. Era uma batalha que o governo não podia perder e que os insurgentes não tinham como vencer.

Durante a primeira semana, a Irmandade Muçulmana conseguiu combater o ataque do exército sírio. No entanto, o poder de fogo do governo, muito superior, levou um grande número de vítimas, à medida que as divisões de tanque e artilharia arrasavam quarteirões inteiros da cidade, enterrando seus defensores sob os escombros. Quando a cidade finalmente se rendeu, os agentes do governo cobraram um pedágio sangrento dos sobreviventes, prendendo, torturando e matando arbitrariamente os habitantes de Hama à menor suspeita de apoio à Irmandade Muçulmana. Thomas Friedman, correspondente do *New York Times* que entrou em Hama dois meses após os episódios de violência, encontrou uma cidade em que bairros inteiros haviam sido destruídos e aplainados por escavadeiras e rolos compressores. As perdas humanas foram ainda mais terríveis, segundo seu relato.

> Praticamente todos os líderes muçulmanos de Hama — desde os xeques aos professores, passando pelos zeladores das mesquitas — que sobreviveram à batalha foram liquidados posteriormente de uma maneira ou de outra; a maioria dos líderes sindicais que se opunham ao governo teve o mesmo destino.[14]

Até hoje, ninguém sabe quantas pessoas morreram em Hama em fevereiro de 1982. Jornalistas e analistas estimaram as baixas entre 10 mil e 20 mil, mas Rifaat Assad se gabou de ter matado 38 mil pessoas. Os irmãos Assad queriam que o mundo soubesse que haviam esmagado seus adversários e desferido um golpe na Irmandade Muçulmana na Síria do qual ela jamais se recuperaria.

As apostas agora eram mais altas do que nunca no conflito entre islamitas e faraós. Enquanto as autoridades egípcias haviam recorrido à tortura generalizada e à execução seletiva de seus oponentes, o regime sírio optara pelo extermínio em massa. Era necessário um maior grau

de treinamento, planejamento e disciplina para que os islamitas derru-
bassem adversários tão poderosos.

Os experimentos da Irmandade Muçulmana na Síria e no Egito mostraram que os países árabes eram sólidos demais para ser derrubados por
assassinatos ou ataques subversivos. Os islamitas que ainda tinham esperanças de derrubar o laicismo e estabelecer Estados islâmicos teriam que
voltar os olhos para outras partes. O conflito na guerra civil do Líbano
proporcionou uma oportunidade para que os partidos islâmicos promovessem sua visão ideal de uma sociedade islâmica. O Afeganistão, após a
invasão soviética de 1979, apresentava uma opção diferente. Em ambos os
casos, os partidos islâmicos levaram sua luta para a arena internacional,
ampliando o escopo de sua batalha para combater superpotências regionais
e globais como Israel, Estados Unidos e União Soviética. O que havia começado como uma luta destinada a manter a segurança interna de Estados
individuais se tornava agora uma questão de segurança mundial.

*   *   *

NA MANHÃ DE DOMINGO, 23 de outubro de 1983, a explosão quase simultâ-
nea de duas bombas abalou as fundações de Beirute. Em segundos, mais
de trezentas pessoas haviam morrido: 241 militares americanos, 58 paraquedistas franceses, seis civis libaneses e dois homens-bomba. Os fuzileiros
navais dos Estados Unidos enfrentaram o maior número de baixas em
um único dia desde a Batalha de Iwo Jima, os franceses desde a guerra de
independência da Argélia, e os homens-bomba transformaram o conflito
no Líbano.

Os homens-bomba dirigiram-se a seus alvos em caminhões carregados
com toneladas de explosivos. Às seis e vinte da manhã, através de uma
entrada de serviço, um deles se aproximou do quartel dos fuzileiros navais
dos Estados Unidos, um edifício de concreto situado no complexo de instalações do Aeroporto Internacional de Beirute. Ao chegar à entrada, ele
acelerou e derrubou os portões de metal. As sentinelas, perplexas, não tiveram sequer tempo de carregar suas armas para detê-lo. Um sobrevivente

observou o caminhão passar. Tudo de que conseguiu se lembrar depois foi que "o homem estava sorrindo".[15] O motorista estava claramente extasiado por ter penetrado no complexo americano, sem dúvida acreditando que sua morte violenta lhe abriria os Portões do Paraíso.

A explosão foi tão forte que separou o edifício de sua fundação; o complexo desabou como um castelo de cartas. As ruínas foram abaladas por explosões secundárias quando os depósitos de munição dos fuzileiros no porão foram detonados pelo calor.

Cinco quilômetros ao norte, outro homem-bomba dirigiu seu caminhão até a garagem subterrânea do prédio que servia de quartel-general para os paraquedistas franceses. Ao detonar sua bomba, ele arrasou o prédio e provocou a morte de 58 soldados franceses. O jornalista Robert Fisk, que chegou às ruínas do complexo momentos após a explosão, não foi capaz de compreender a enormidade da destruição.

> Corro até uma cratera fumegante, com seis metros de profundidade e doze de largura. Empilhados a seu lado, como um obsceno sanduíche, estão os nove andares do edifício. [...] *A bomba suspendeu o edifício de nove andares no ar e o moveu cerca de seis metros. O edifício inteiro foi suspenso. A cratera é onde estava o prédio.* Como isso pôde ser feito?[16]

Mesmo em Beirute, despedaçada pela guerra, a devastação causada pelos ataques de 23 de outubro de 1983 foi chocante. As operações também revelaram um grau sem precedentes e profundamente inquietante de planejamento e disciplina. Hoje, diríamos que tinha a marca de uma operação da Al-Qaeda — uma década antes dos primeiros ataques do grupo.

Ninguém sabe exatamente quem foi o responsável pelos ataques contra os fuzileiros navais americanos e os paraquedistas franceses em Beirute, mas o principal suspeito era um novo grupo pouco conhecido chamado Jihad Islâmica. Em uma de suas primeiras operações, em julho de 1982, membros da Jihad Islâmica sequestraram o reitor em exercício da Universidade Americana de Beirute, um acadêmico chamado David Dodge. Eles também assumiram a responsabilidade pelo enorme carro-bomba que devastou uma ala da Embaixada dos Estados Unidos no centro de Beirute em abril de 1983, matando 63 pessoas e ferindo mais de cem.

Novas forças radicais estavam em ação na guerra civil libanesa. A Jihad Islâmica revelou-se uma organização xiita que colaborava com o Irã. Em um telefonema anônimo para uma agência de notícias estrangeira, a Jihad Islâmica afirmou que o bombardeio à Embaixada dos Estados Unidos em Beirute era "parte da campanha da revolução iraniana contra a presença imperialista no mundo". Ao que parecia, o Irã tinha amigos perigosos no Líbano. "Continuaremos a atacar a presença imperialista no Líbano", prosseguiu o porta-voz da Jihad Islâmica, "inclusive a força multinacional." Após os atentados de outubro, a Jihad Islâmica assumiu novamente a responsabilidade. "Somos soldados de Alá e gostamos da morte. Não somos iranianos, nem sírios, nem palestinos", insistiram. "Somos muçulmanos libaneses que seguem os princípios do Alcorão."[17]

O conflito no Líbano tornou-se infinitamente mais complexo nos seis anos entre a intervenção síria em 1977 e os atentados suicidas de 1983. Embora tivesse começado em 1975 como um embate interno entre facções libanesas com envolvimento palestino, a guerra em 1983 era um conflito regional que envolvia diretamente Síria, Israel, Irã, Europa e Estados Unidos — e, indiretamente, muitos outros países, como Iraque, Líbia, Arábia Saudita e União Soviética, que financiavam e forneciam armas a milícias diferentes.

A guerra também levou a mudanças significativas no equilíbrio de poder entre as diferentes comunidades libanesas. O exército sírio, que entrou no Líbano em 1976 como parte de uma força de manutenção da paz da Liga Árabe, a princípio ficou do lado dos cristãos maronitas sitiados, a fim de impedir a vitória das facções muçulmanas de esquerda lideradas por Kamal Jumblatt. As autoridades sírias invejavam a posição dominante dessas facções no Líbano e agiram depressa para impedir que qualquer uma delas conseguisse uma clara vitória na guerra civil do país. Isso levou a Síria a mudar suas alianças com alguma frequência. Assim que derrotou as milícias esquerdistas muçulmanas, a Síria voltou-se contra os maronitas e passou a apoiar a comunidade muçulmana xiita do Líbano, um novo grupo de poder em ascensão.

Por muito tempo marginalizados pelas elites políticas libanesas, os xiitas só emergiram como uma comunidade política distinta depois de iniciada a guerra civil. Na década de 1970, os xiitas haviam se tornado a maior comunidade libanesa em termos numéricos, embora continuassem sendo a seita mais pobre do país, e a menos favorecida politicamente. Os centros tradicionais das comunidades xiitas ficavam nas partes mais pobres do país — no sul do Líbano e no norte do vale do Beca. Por isso, cada vez mais, os xiitas fugiam da relativa penúria do campo, optando por se mudar para os bairros pobres do sul de Beirute em busca de emprego.

Nas décadas de 1960 e 1970, muitos xiitas libaneses foram atraídos por partidos laicos que prometiam reformas sociais, como o Baath, o Partido Comunista Libanês e o Partido Social Nacionalista Sírio. Foi apenas na década de 1970 que um clérigo iraniano carismático de ascendência libanesa chamado Musa al-Sadr reuniu os xiitas em um partido comunitário conhecido como Movimento dos Despossuídos (Harakat al-Mahrumin) e começou a competir com os partidos de esquerda pela lealdade dos xiitas libaneses. Após o início da guerra civil em 1975, o Movimento dos Despossuídos criou sua própria milícia, conhecida como Amal.

Nos primeiros estágios da guerra civil libanesa, o Amal ficou do lado dos partidos muçulmanos de esquerda do Movimento Nacional, liderados por Kamal Jumblatt. Mas Musa Sadr logo se desencantou com a liderança de Jumblatt, acusando o líder druso de usar os xiitas como buchas de canhão — nas palavras de Sadr, "para combater os cristãos até o último dos xiitas".[18] Também surgiram tensões entre o Amal e o movimento palestino, que desde 1969 usava o sul do Líbano como base para suas operações contra Israel. A comunidade xiita não apenas ficou em grandes dificuldades após os ataques de retaliação israelenses provocados pelas operações palestinas no sul do Líbano como também se ressentia do controle que os palestinos exerciam sobre a região.

Em 1976, o Amal rompeu com a coalizão de Jumblatt e o movimento palestino para se pôr ao lado dos sírios, que seus seguidores viam como o único contrapeso à influência palestina no sul. Foi o começo de uma aliança duradoura entre a Síria e os xiitas do Líbano que sobrevive até hoje.

A revolução iraniana e a criação da República Islâmica do Irã em 1979 transformaram a política xiita no Líbano. Os xiitas libaneses estavam ligados ao Irã por laços religiosos e culturais que atravessavam os séculos. Musa Sadr era ele próprio um iraniano de origem libanesa, e promovia seu ativismo político em conformidade com o pensamento dos revolucionários islamitas no Irã.

Sadr não viveu para ver a revolução iraniana. Ele desapareceu em uma viagem à Líbia em 1978 e acredita-se que tenha sido assassinado. A revolução de 1979 ofereceu um grande estímulo para os xiitas do sul do Líbano, dando a eles uma série de novos líderes a quem seguir num momento crucial, quando eles ainda assimilavam o recente desaparecimento de seu líder. Retratos do aiatolá Khomeini ladeavam os de Musa Sadr nos bairros pobres do sul de Beirute e nas ruínas romanas de Baalbek. Os iranianos fizeram todo o possível para incentivar o entusiasmo dos xiitas libaneses, como parte de sua tentativa inicial de exportar a Revolução Islâmica e estender sua influência aos centros tradicionais da cultura árabe xiita no sul do Iraque, na Província Oriental da Arábia Saudita, no Bahrein e no Líbano. Por meio dessa rede, o Irã poderia fazer pressão sobre seus rivais e inimigos — particularmente Estados Unidos, Israel e Iraque.

As relações entre o Irã e os Estados Unidos se deterioraram rápido após a Revolução Islâmica em 1979. O novo governo iraniano desconfiava dos Estados Unidos por conta de seu apoio ao xá Muhammad Reza Pahlevi. Quando o governo americano permitiu que o xá deposto entrasse no país para se submeter a tratamento médico (ele estava com câncer em estado terminal), um grupo de estudantes iranianos invadiu a Embaixada dos Estados Unidos em Teerã e, em 4 de novembro de 1979, tomou 52 diplomatas americanos como reféns. Diante disso, o presidente Jimmy Carter congelou os bens iranianos nos Estados Unidos, aplicou sanções econômicas e políticas à República Islâmica e chegou a tentar, sem sucesso, pôr em curso uma missão de resgate para aliviar a crise dos reféns. O governo americano viu-se impotente e humilhado com a manutenção de seus diplomatas em cativeiro por 444 dias. Em um golpe calculado contra Jimmy Carter, cuja campanha de reeleição foi prejudicada pela crise dos reféns, os diplomatas americanos foram libertados só depois que Ronald Reagan assumiu a presidência, em janeiro de 1981. O gesto não tornou o governo iraniano simpático à administração Reagan, e os danos causados pela crise dos reféns têm perturbado as relações entre os dois países desde então. O novo regime iraniano denunciou os Estados Unidos como o Grande Satanás e inimigo de todos os muçulmanos. O governo Reagan — e os que se seguiram — classificou a República Islâmica como um Estado desonesto e recorreu a todos os meios para isolar o Irã e derrubar seu governo.

A eclosão da Guerra Irã-Iraque em 1980 exacerbou o antagonismo entre a República Islâmica e os Estados Unidos, com consequências terríveis para o Líbano. Liderado desde 1978 pelo presidente Saddam Hussein, o Iraque invadiu seu vizinho do norte sem aviso prévio em 22 de setembro de 1980. Hussein tentou tirar proveito da turbulência política no Irã revolucionário e do isolamento internacional do país durante a crise dos reféns para se apossar de hidrovias e valiosos campos de petróleo em território iraniano. De longe o conflito mais violento da história do moderno Oriente Médio, a Guerra Irã-Iraque se estendeu por oito anos (1980-8) e ceifou algo entre 500 mil e 1 milhão de vidas empregando táticas que não eram vistas desde os dois grandes confrontos mundiais — guerra de trincheiras, utilização de gases tóxicos e armas químicas, bombardeio aéreo e ataques com mísseis sobre centros urbanos.

Os iranianos levaram dois anos para expulsar os iraquianos de suas terras e passar à ofensiva. Quando começaram a ter vantagem na guerra, os Estados Unidos ofereceram seu apoio aberto ao Iraque, apesar dos laços estreitos do país com a União Soviética. A partir de 1982, o governo Reagan começou a fornecer armas, inteligência e assistência econômica a Saddam Hussein para sua guerra contra o Irã. Isso agravou a hostilidade iraniana em relação aos Estados Unidos, e os iranianos aproveitaram todas as oportunidades para atacar os interesses americanos na região. O Líbano logo emergiu como uma arena para o confronto Irã-Estados Unidos.

O Irã tinha dois aliados no Líbano — a comunidade xiita e as autoridades sírias. A aliança iraniano-síria era, sob muitos aspectos, contraintuitiva. Sendo um Estado árabe de caráter abertamente nacionalista e laico envolvido em um violento confronto com o movimento islâmico em seu próprio território, a Síria era um aliado improvável para o Irã, uma república islâmica, mas não árabe. O que uniu os dois países foram interesses pragmáticos — sobretudo o antagonismo mútuo com Iraque, Israel e Estados Unidos.

Na década de 1970, o Iraque e a Síria estavam envolvidos em uma intensa competição pela liderança do mundo árabe. Ambos eram Estados unipartidários governados por variantes rivais do Baath. Em consequência disso, o baathismo na verdade só contribuía para enfraquecer uma unidade de ação ou um objetivo comum entre os dois países. O antagonismo entre o Iraque e a Síria era tão profundo que esta última rompeu fileiras com os demais países árabes para ficar do lado do Irã em sua guerra contra o Iraque. Em troca, o Irã forneceu armas e ajuda econômica à Síria, além de reforços no conflito da Síria com Israel. Por último, a aliança sírio-iraniana acabaria por completar uma relação triangular, ao unir a Síria e o Irã à comunidade xiita libanesa. O catalisador para ativar esse fatídico triângulo foi a invasão israelense do Líbano no verão de 1982.

★ ★ ★

A invasão de Israel em 1982 abriu uma nova fase no conflito do Líbano. A violência e a destruição atingiram níveis sem precedentes. Além disso, ao invadir o território libanês, Israel acabaria sendo arrastado para a política faccionista que vinha se desenrolando no país, tornando-se um participante direto do conflito. Os israelenses permaneceriam no Líbano por mais de dezoito anos, com consequências duradouras para os dois países.

A invasão israelense do Líbano foi desencadeada por um ataque em solo britânico. Em 3 de junho de 1982, o grupo terrorista Abu Nidal — o mesmo que em 1978 havia assassinado o diplomata Said Hammami, da Organização para a Libertação da Palestina, em Londres — tentou assassinar o embaixador israelense Shlomo Argov à porta de um hotel na capital inglesa. Embora o Abu Nidal fosse um grupo renegado que se opunha violentamente a Yasser Arafat e à OLP, e apesar de a OLP estar há um ano respeitando o cessar-fogo com Israel, o governo israelense tomou o atentado contra seu diplomata em Londres como motivo para declarar guerra à OLP no Líbano.

O primeiro-ministro de Israel, Menachem Begin, e seu ministro da Defesa, o general Ariel Sharon, tinham planos ambiciosos para reformular o Oriente Médio, expulsando a OLP e os sírios do Líbano. Begin acreditava que os cristãos do Líbano eram um aliado natural do Estado judeu, e, desde que chegara ao poder, em 1977, seu governo, composto por membros do Likud, havia desenvolvido uma aliança cada vez mais aberta com o Partido Falangista Maronita libanês (com consequências previsivelmente adversas para as relações entre sírios e maronitas).[19] Milicianos falangistas foram levados a Israel para receber treinamento militar, e os israelenses forneceram aos combatentes cristãos mais de 100 milhões de dólares em armas, munições e uniformes.

Begin acreditava que Israel poderia garantir um tratado de paz completo com o Líbano se a OLP e os sírios fossem expulsos do país e Bashir Gemayel, filho de Pierre Gemayel, fundador do Partido Falangista, se tornasse presidente. A paz com o Líbano, após a paz com o Egito, isolaria a Síria e deixaria Israel livre para anexar os territórios palestinos da Cisjordânia, ocupada durante a Guerra dos Seis Dias, em 1967. Por razões estratégicas e ideológicas, o governo do Likud estava determinado a integrar a Cisjordânia ao moderno Estado de Israel, motivo pelo qual se referia consistentemente à região pelos nomes bíblicos Judeia e Samaria. No entanto, embora desejasse incorporar o território da Cisjordânia, o governo israelense não pretendia absorver sua população árabe. A solução de Sharon era expulsar os palestinos da Cisjordânia e incentivá-los a concretizar suas aspirações nacionais derrubando o rei Hussein e conquistando a Jordânia, um país cuja população já era 60% palestina. Nisso consistia o que Sharon gostava de chamar de "opção jordaniana".[20]

Esses eram planos ambiciosos que só podiam ser alcançados por meios militares e uma cruel indiferença à vida humana. O primeiro passo seria destruir a presença da OLP no Líbano, e o Likud usou a tentativa de assassinato a seu diplomata em Londres como pretexto para iniciar as hostilidades. No dia seguinte, 4 de junho de 1982, aeronaves e navios israelenses deram início a um bombardeio assassino no sul do Líbano e em Beirute Ocidental. Em 6 de junho, forças terrestres israelenses invadiram a fronteira libanesa em uma campanha chamada "Operação Paz para a Galileia". Passadas dez semanas, segundo informes da ONU, a invasão israelense havia provocado a morte de mais de 17 mil libaneses e palestinos e 30 mil feridos, a maioria civis.

Os israelenses empregaram toda sua força militar no Líbano. Enquanto cidades e vilarejos libaneses sofriam bombardeios aéreos e navais, o exército israelense avançou rapidamente pelo sul do Líbano para cercar Beirute — a OLP tinha sua sede em Fakhani, um bairro na zona sul da cidade. Assim, os moradores da capital tornaram-se vítimas indefesas de um conflito entre Israel, palestinos e sírios. Os israelenses concentraram seus ataques na liderança da OLP, na esperança de decapitar o movimento matando Yasser Arafat e seus principais colaboradores. Arafat se viu obrigado a mudar de residência todos os dias a fim de evitar ser assassinado. Os prédios nos quais havia suspeita de que ele estivesse refugiado eram logo atingidos por bombardeiros israelenses.

Lina Tabbara, que havia ajudado Arafat em seu discurso de 1974 na Assembleia Geral da ONU, sobreviveu à primeira fase da guerra civil libanesa com a família em Beirute Ocidental, predominantemente muçulmana. Seu casamento, no entanto, não resistiu, e ela voltou a usar seu nome de solteira, Lina Mikdadi. Morando em Beirute Ocidental durante o cerco de 1982, Mikdadi testemunhou a destruição de um prédio que Arafat havia deixado poucos minutos antes. "Notei um espaço vazio onde costumava haver um prédio, logo atrás dos jardins públicos. [...] Corri até o local. Um prédio de oito andares havia desaparecido. As pessoas corriam enlouquecidas, as mulheres gritavam os nomes dos filhos."[21] A destruição daquele prédio em que Arafat se refugiara custou a vida de 250 civis, segundo

Mikdadi. Um dos comandantes de Arafat disse que o ataque o deixou trans-
tornado. "Que crime cometeram essas crianças, agora enterradas sob os
escombros?", perguntou ele. "Todas elas são culpadas de terem estado em
um prédio que visitei algumas vezes." Depois do episódio, Arafat passou
a dormir no carro, longe de zonas habitadas.[22]

O cerco continuou durante dez semanas de violência indescritível. Os
sobreviventes relataram centenas de ataques realizados em um único dia.
Não havia lugar seguro, nenhum lugar onde se refugiar. À medida que o
número de vítimas subia para a casa de dezenas de milhares, cresceu a
pressão internacional sobre Israel para encerrar o cerco a Beirute. A violência atingiu seu pico em agosto de 1982. Em 12 de agosto, os israelenses
realizaram ataques aéreos durante onze horas ininterruptas, lançando
milhares de toneladas de bombas sobre Beirute Ocidental. Estima-se que
oitocentas casas tenham sido destruídas, somando quinhentas vítimas.
Em Washington, o presidente Ronald Reagan telefonou para o primeiro-ministro Begin em Israel e o convenceu a interromper os combates.
"Presidente Reagan", perguntou Mikdadi retoricamente, "por que o senhor
não telefonou antes?"[23]

Begin cedeu sob pressão dos Estados Unidos, e o governo Reagan in-
termediou um complexo acordo de cessar-fogo entre israelenses e palestinos. Os combatentes da OLP se retirariam de Beirute por via marítima
e uma força multinacional composta por tropas dos Estados Unidos, da
França e da Itália seria destacada para assumir as posições abandonadas
pelos israelenses.

A primeira etapa do plano de cessar-fogo correu muito bem. Em 21 de
agosto, as tropas francesas chegaram para assumir o controle do Aeroporto
Internacional de Beirute. No dia seguinte, a primeiro contingente da OLP
iniciou sua retirada pelo porto da capital. Havia muita preocupação com
a segurança dos palestinos que deixavam o país. Muitos libaneses se tornaram hostis ao movimento, culpando a OLP por provocar não só a guerra
civil como as invasões israelenses de 1978 e 1982. Mas quando Lina Mikdadi,
de ascendência em parte palestina, se dirigiu ao ponto de encontro estabelecido para se despedir dos palestinos, descobriu que muitos cidadãos de

Beirute Ocidental haviam feito o mesmo. "As mulheres se debruçam nas janelas sem vidros para jogar arroz; acenam das varandas semidestruídas. Muitas choram enquanto observam os caminhões passarem. Os palestinos já se despediram de seus filhos, esposas e pais no estádio municipal."[24]

Os combatentes palestinos que partiam foram obrigados a se espalhar por vários países árabes — Iêmen, Iraque, Argélia, Sudão e Tunísia, onde a OLP estabeleceu sua nova sede. Sua expulsão de Beirute marcou o fim da OLP como uma força de combate coerente. Yasser Arafat foi o último a sair, em 30 de agosto, e com a sua partida o cerco a Beirute efetivamente chegou ao fim. Todo o processo foi tão tranquilo que as forças internacionais, originalmente destacadas para permanecer na capital por trinta dias, se retiraram dez dias antes, acreditando ter cumprido sua missão. O último contingente francês deixou o Líbano em 13 de setembro.

Os combatentes palestinos em retirada deixaram para trás esposas, pais e filhos. Os civis que permaneceram se viram completamente indefesos. Uma das principais tarefas da força multinacional era garantir a segurança das famílias dos combatentes palestinos, vulneráveis em um país hostil. À medida que essa força começou a se retirar, não restou ninguém para proteger os campos de refugiados de seus muitos inimigos.

Ao mesmo tempo que a OLP se retirava do Líbano, o Parlamento libanês tinha uma reunião programada para 23 de agosto a fim de eleger um novo presidente. Por conta da guerra civil, não havia eleições parlamentares desde 1972, e, devido às baixas da guerra, o número de parlamentares havia sido reduzido de 99 para 92, dos quais apenas 45 permaneciam efetivamente no Líbano. Só um candidato declarou sua intenção de concorrer ao cargo: Bashir Gemayel, do partido falangista maronita de direita, aliado de Israel. A isso havia sido reduzida a elogiada democracia do Líbano. No entanto, para os libaneses pragmáticos e cansados de guerra, Gemayel era um candidato de consenso. Suas conexões com Israel e o Ocidente poderiam dar aos libaneses um pouco da paz necessária. Houve uma celebração genuína em todo o Líbano quando sua eleição foi confirmada.

A presidência de Bashir Gemayel teve vida curta — assim como a paz no Líbano. Em 14 de setembro, uma bomba destruiu a sede do Partido Falangista no leste de Beirute, matando o presidente recém-eleito. Não existem evidências de envolvimento palestino no assassinato; na verdade, um jovem maronita chamado Habib Shartouni, membro do Partido Nacional Socialista Sírio, pró-Damasco, foi preso dois dias depois e confessou o crime, denunciando Gemayel como traidor por suas relações com Israel. Os milicianos falangistas, porém, alimentavam um ódio profundo pelos palestinos, cultivado ao longo de sete anos de guerra civil, e procuraram se vingar do assassinato de seu líder nos campos de refugiados.

Se as tropas americanas, francesas e italianas da força multinacional tivessem cumprido seu mandato completo de trinta dias, talvez tivessem sido capazes de oferecer a proteção necessária aos refugiados palestinos desarmados. Em vez disso, os campos ficaram sob a proteção do exército israelense, que imediatamente reocupou Beirute após a notícia do assassinato de Gemayel. Na noite de 16 de setembro, o ministro da Defesa de Israel, Ariel Sharon, e o chefe do Estado-Maior das forças armadas, Raphael Eitan, autorizaram o envio de milicianos falangistas aos campos de refugiados. O que se seguiu foi um massacre de civis inocentes e desarmados — um crime contra a humanidade.

Embora os massacres em Sabra e Chatila tenham sido conduzidos por milicianos maronitas, seu acesso livre aos campos foi franqueado pelas forças israelenses, que controlavam todos os pontos de entrada. Os israelenses conheciam seus aliados maronitas bem o suficiente para saber o perigo que eles representavam para os palestinos. Quaisquer dúvidas que pairassem sobre as intenções maronitas foram dissipadas quando oficiais israelenses ouviram as comunicações de rádio entre os falangistas logo após sua entrada nos campos. Um tenente israelense seguiu uma conversa entre um miliciano falangista e o comandante maronita Elie Hobeika. Hobeika havia perdido a noiva e vários parentes no cerco palestino ao reduto cristão de Damour em janeiro de 1976, e seu ódio pelos palestinos era notório. Em árabe, o miliciano informou a Hobeika que havia encontrado cinquenta mulheres e crianças e perguntou o que deveria fazer com elas. Segundo o

tenente israelense, Hobeika respondeu: "Esta é a última vez que você me
fará uma pergunta como essa. Você sabe exatamente o que fazer". Risos
estridentes ressoaram entre os milicianos falangistas após a mensagem
de rádio. O tenente israelense confirmou que "havia entendido implicitamente que deveria matar as mulheres e crianças".[25] Por conta de sua
cumplicidade no massacre, as forças armadas israelenses — e o general
Ariel Sharon em particular — ficaram manchadas pelos crimes maronitas
cometidos contra os palestinos de Sabra e Chatila.

Ao longo de 36 horas, os falangistas assassinaram sistematicamente
centenas de palestinos. Milicianos maronitas percorreram os becos fétidos
dos campos e exterminaram todos os homens, mulheres e crianças que
encontraram pela frente. Jamal, um jovem de 28 anos que fazia parte do
Fatah, o movimento fundado por Arafat, permaneceu em Beirute após a
retirada da OLP e foi testemunha dos massacres.

> Na quinta-feira, às cinco e meia da tarde, começaram as explosões sobre o
> acampamento [...]. Havia também aeronaves que lançavam bombas ligeiras.
> Fez-se dia em plena noite. As horas seguintes foram terríveis. Vi pessoas
> correndo em pânico para a pequena mesquita de Chatila. Elas estavam se
> abrigando lá porque, além de ser um santuário, fora construída com uma
> forte estrutura de aço. Dentro da mesquita havia 26 mulheres e crianças —
> algumas tinham ferimentos horríveis.

Esses podem muito bem ter sido os refugiados que Hobeika condenou
pelo rádio.

Enquanto era perpetrada a matança, os falangistas começaram a trabalhar no nivelamento do campo com escavadeiras, muitas vezes matando as
pessoas abrigadas dentro das casas. "Eles matavam todos que encontravam,
mas a questão é o modo como faziam isso", contou Jamal. Os idosos eram
abatidos sem mais, os jovens eram estuprados e assassinados, as famílias
eram obrigadas a testemunhar o assassinato de seus entes queridos. Os
israelenses estimaram um total de oitocentas baixas, mas a Cruz Vermelha palestina contabilizou mais de 2 mil. "Eles deviam estar loucos para

fazer coisas assim", concluiu Jamal. Ele se referiu a esses eventos com certo distanciamento, vendo o massacre como parte de um plano maior. "Do ponto de vista psicológico, fica claro o que eles estavam tentando fazer com a gente. Estávamos presos como animais naquele campo, e era assim que eles sempre tentavam nos mostrar ao mundo. Eles queriam que nós mesmos acreditássemos nisso."[26]

O massacre nos campos de Sabra e Chatila provocou condenação generalizada em todo o mundo — e também em Israel, onde a oposição à guerra do Líbano se tornou cada vez mais forte ao longo do verão. Em 25 de setembro, cerca de 300 mil israelenses, representando 10% da população total do país, se reuniram em uma manifestação em massa em Tel Aviv a fim de protestar contra o papel de Israel nas atrocidades, e o governo do Likud foi forçado a instaurar uma comissão oficial de inquérito — a Comissão Kahan — que, em 1983, responsabilizou pelo massacre as mais elevadas autoridades israelenses envolvidas — o primeiro-ministro, Menachem Begin, o ministro das Relações Exteriores, Yitzhak Shamir, e o chefe do Estado-Maior das forças armadas, Raphael Eitan. A comissão também pediu a renúncia do ministro da Defesa, Ariel Sharon.

De imediato, o clamor internacional levou ao retorno da força multinacional e ao envolvimento americano na resolução da crise no Líbano. Fuzileiros navais dos Estados Unidos, paraquedistas franceses e soldados italianos retornaram a Beirute em 29 de setembro, tarde demais para fornecer a segurança que haviam prometido às famílias dos combatentes deportados da OLP.

Se a princípio havia sido enviada ao Líbano para conter os combatentes palestinos, agora a força multinacional voltava ao país para amortecer a retirada israelense de Beirute. Os israelenses, por sua vez, não queriam deixar suas posições até a conclusão de um acordo político com o Líbano. Primeiro, um presidente substituto teria de ser eleito. Em 23 de setembro, dia em que Bashir Gemayel deveria assumir o cargo, o Parlamento do Líbano voltou a se reunir para eleger presidente seu irmão mais velho, Amin. Enquanto Bashir havia trabalhado em estreita colaboração com os israelenses, Amin Gemayel tinha melhores relações com Damasco e não demonstrava o entusiasmo do irmão por uma cooperação estreita com Tel Aviv. No entanto, tendo quase metade do país sob ocupação israelense, o novo presidente não teve escolha a não ser entrar em tratativas com o governo de Begin. As negociações, iniciadas em 28 de dezembro de 1982, foram realizados entre as cidades de Khalde, no Líbano ocupado, e Qiryat-Chemoná, no norte de Israel. Ao longo dos cinco meses seguintes, foram conduzidas 35 rodadas de intensas negociações, facilitadas por autoridades americanas. George Schultz, secretário de Estado dos Estados Unidos, passou dez dias em idas e vindas diplomáticas a fim de ajudar a concluir o Acordo Israelense-Libanês em 17 de maio de 1983.

O Acordo de 17 de Maio foi condenado em todo o mundo árabe como uma farsa judiciária, pela qual os americanos forçavam os impotentes libaneses a recompensar Israel por invadir e destruir seu país. Embora não fosse o tratado de paz que os israelenses esperavam obter inicialmente, o acordo consagrava uma situação de normalização com Israel que a maioria dos libaneses não estava disposta a aceitar. O acordo encerrava a guerra entre o Líbano e Israel e colocava o governo libanês na difícil posição de garantir a segurança da fronteira norte de Israel contra os muitos inimigos do Estado judeu. O exército do Líbano seria mobilizado no sul para estabelecer uma "zona de segurança" cobrindo aproximadamente um terço do território do Líbano, estendendo-se da cidade de Sídon, no sul, até a fronteira com Israel. O governo libanês também concordava em integrar ao exército do país o exército do sul do Líbano, uma milícia cristã financiada por Israel e tida como colaboracionista. Era, nas palavras de um oficial xiita, de um "acordo humilhante", concluído "sob a baioneta de Israel".[27]

O governo sírio ficou particularmente ofendido com os termos do Acordo de 17 de Maio, que apenas isolaria a Síria e alteraria o equilíbrio de poder regional a favor de Israel. No curso das tratativas, os Estados Unidos haviam ignorado deliberadamente o presidente sírio, Hafez Assad, sabendo que ele apenas obstruiria as negociações. O Acordo de 17 de Maio tampouco fazia concessões aos sírios. Seu artigo 6 exigia a retirada total das tropas sírias do Líbano como condição prévia para a retirada de Israel. A Síria havia investido muito capital político no Líbano nos seis anos transcorridos desde a sua primeira intervenção na guerra civil para permitir que o país passasse à esfera de influência de Israel sob os auspícios dos Estados Unidos.

A Síria rapidamente mobilizou seus aliados no Líbano para rejeitar o Acordo de 17 de Maio. Os combates reiniciaram à medida que as forças da oposição começaram a bombardear áreas cristãs de Beirute, tornando evidente a debilidade do governo Gemayel. Elas também abriram fogo contra os soldados americanos da força multinacional, cujo papel como força de pacificação desinteressada havia sido fatalmente comprometido pela política regional dos Estados Unidos. Quando as forças americanas revidaram o ataque — com fogo muitas vezes pesado dos enormes canhões de seus navios de guerra —, passaram de intermediários acima da disputa a participantes ativos no conflito do Líbano.

Embora fossem uma superpotência, os Estados Unidos estavam em desvantagem no Líbano. Seus aliados locais — o governo isolado de Amin Gemayel e as forças de ocupação israelenses — eram mais vulneráveis que seus inimigos: a Síria, o Irã e os movimentos xiitas de resistência islâmica, apoiados pelos soviéticos. Assim como os israelenses, os americanos acreditavam poder alcançar seus objetivos no Líbano através do uso esmagador da força. Eles logo descobririam, porém, como a utilização de seu exército no Líbano os deixava expostos e vulneráveis a seus muitos inimigos na região.

MAIS DO QUE QUALQUER OUTRO EVENTO nos anos de conflito, foi a invasão israelense que levou o movimento islâmico para dentro do Líbano. Por conta de suas ações contra seus próprios governos e sociedades, os partidos islâmicos enfrentavam isolamento e condenação no Egito e na Síria. No Líbano, porém, o conflito oferecia inimigos externos a combater. Qualquer partido que infligisse dor e humilhação aos Estados Unidos e Israel obteria forte apoio entre os libaneses e no mundo árabe em geral. Essas eram as condições perfeitas para o surgimento de um novo movimento islâmico xiita que viria a se tornar o flagelo de Israel e dos Estados Unidos — uma milícia que se autodenominava o Partido de Alá, ou Hezbollah.

O Hezbollah nasceu nos campos de treinamento criados pela Guarda Revolucionária Iraniana na cidade xiita de Baalbek, no vale central do Beca, no início dos anos 1980. Centenas de jovens xiitas libaneses foram a Baalbek para receber educação religiosa e política e treinamento militar avançado. Eles passaram a compartilhar a ideologia da Revolução Islâmica e a odiar os inimigos do Irã como se fossem seus próprios inimigos.

Ironicamente, o Hezbollah deve sua criação tanto a Israel quanto ao Irã. Em junho de 1982, os xiitas do sul do Líbano não eram particularmente hostis a Israel. As operações da OLP contra Israel iniciadas a partir de 1969 haviam trazido um sofrimento incalculável aos habitantes do sul do país, e, em 1982, os xiitas do sul do Líbano estavam contentes em ver os combatentes da OLP pelas costas, e a princípio receberam as forças israelenses invasoras como libertadores. "Em um gesto de reação à hostilidade que alguns habitantes do sul do Líbano haviam desenvolvido pelos palestinos", lembrou Naim Qassem, subsecretário geral do Hezbollah, "os invasores [israelenses] foram recebidos com gritos de alegria e chuva de arroz."[28]

No entanto, em resposta ao cerco a Beirute, ao enorme número de vítimas e à arrogância das tropas de ocupação israelenses no sul do Líbano, a oposição xiita a Israel se intensificou. A propaganda iraniana exacerbou essa hostilidade emergente, alimentando a raiva contra Israel e os Estados Unidos e seu projeto comum no Líbano, o Acordo de 17 de Maio.

Desde a sua criação, o Hezbollah se distinguia pela coragem de suas convicções. Seus membros estavam unidos em sua fé inabalável na mensagem do islã e em sua disposição de fazer qualquer sacrifício para concretizar a vontade de Alá na Terra. Seu modelo era o imã Hussein, neto do profeta Maomé, cuja morte na cidade iraquiana de Karbala, lutando contra a dinastia omíada dominante em 680, ainda hoje representa para os muçulmanos xiitas o melhor exemplo de martírio contra a tirania. O feito do imã Hussein deu origem a uma cultura de martírio dentro do Hezbollah, que se transformou em uma arma letal contra seus inimigos. O prolífico uso de homens-bomba levou muitos analistas a tentarem vincular a Jihad Islâmica, a obscura organização que assumiu a responsabilidade pelo atentado suicida dos quartéis americanos e franceses, ao movimento embrionário do Hezbollah que tomou forma entre 1982 e 1985 — embora o próprio Hezbollah sempre tivesse negado qualquer envolvimento nesses ataques.

A luta contra Israel e os Estados Unidos era apenas o meio para um fim maior. Em última instância, o objetivo do Hezbollah era criar um Estado islâmico no Líbano. No entanto, o partido sempre relutou em impor esse governo contra a vontade da diversificada população libanesa. "Não queremos que o islã governe no Líbano pela força, como acontece atualmente com o maronismo", afirmaram os líderes do Hezbollah em sua Carta Aberta de fevereiro de 1985, na qual declaravam o estabelecimento do partido. "Mas queremos ressaltar que estamos convencidos de que o islã é uma fé, um sistema, um pensamento e uma norma de governo, e pedimos a todos que o reconheçam e vivam de acordo com a sua lei."[29] Assim como a Irmandade Muçulmana no Egito e na Síria, o Hezbollah esperava substituir a lei dos homens pela lei de Alá. Seus líderes estavam convencidos de que a maior parte do povo do Líbano — mesmo as grandes comunidades cristãs do país — optaria voluntariamente pela maior justiça da lei de Alá uma vez que o sistema de governo islâmico provasse sua superioridade ao nacionalismo laico. E acreditavam que nada poderia demonstrar melhor a superioridade do governo islâmico do que uma vitória sobre Israel e os Estados Unidos. Para alcançar esse objetivo, os jovens xiitas estavam dispostos a sacrificar suas vidas, a exemplo do imã Hussein.

O primeiro atentado suicida xiita no Líbano foi organizado pela Resistência Islâmica, uma organização precursora do Hezbollah, em novembro de 1982. Um jovem chamado Ahmad Qasir conduziu a primeira "operação de martírio" ao dirigir um carro carregado de explosivos contra a sede do exército israelense na cidade de Tiro, no sul do Líbano, matando 75 israelenses e ferindo muitos outros. O jornalista Robert Fisk foi a Tiro cobrir o atentado. Ele ficou chocado com o número de baixas israelenses retiradas dos destroços do prédio de oito andares, mas foi o método utilizado que ele achou mais inacreditável. "Um homem-bomba? A ideia parecia inconcebível."[30] Vários ataques realizados após aquele confirmaram o atentado suicida como uma nova e perigosa arma no arsenal dos inimigos dos Estados Unidos e de Israel: o bombardeio da Embaixada americana em abril de 1983, os ataques aos quartéis americano e francês em outubro de 1983, e um segundo ataque à sede israelense em Tiro em novembro de 1983, que matou mais sessenta pessoas.

A inteligência de Israel foi rápida em identificar a ameaça representada pela Resistência Islâmica e reagiu com assassinatos seletivos a clérigos xiitas. Longe de subjugar a resistência, os assassinatos serviram apenas para aumentar a violência. "Em 1984", observou um analista, "o ritmo dos ataques [xiitas] era tão intenso que um soldado israelense morria a cada três dias" no Líbano.[31] No decorrer daquele ano, as milícias xiitas também diversificaram suas táticas e começaram a sequestrar ocidentais em uma tentativa de expulsar os estrangeiros do país. Em 1985, quando o Hezbollah surgiu, seus inimigos já estavam em retirada.

A primeira derrota que a insurgência xiita infligiu a Israel foi a destruição do Acordo de 17 de Maio. O governo sitiado de Amin Gemayel não conseguiu implementar nenhuma das cláusulas do pacto, e, um ano depois de sua assinatura, o Conselho de Ministros libanês revogou o tratado. A vitória seguinte da Resistência Islâmica foi expulsar os exércitos dos Estados Unidos e da Europa do Líbano. À medida que as baixas americanas no Líbano aumentavam, o presidente Reagan foi pressionado a retirar seus soldados. Tropas italianas e americanas evacuaram o território libanês em fevereiro de 1984, e os últimos soldados franceses deixaram o país no final de março. Os israelenses também começaram a julgar sua posição no Líbano cada vez mais insustentável, e, em janeiro de 1985, o gabinete do primeiro-ministro Yitzhak Shamir concordou em se retirar dos centros urbanos do sul do Líbano para uma zona de segurança também no sul do país, uma faixa de terra ao longo da fronteira israelense-libanesa que variava de cinco a 25 quilômetros de largura.

A zona de segurança seria o legado mais persistente da invasão israelense do Líbano em 1982. A ideia por trás do estabelecimento dessa zona era criar um amortecedor a fim de proteger o norte de Israel de ataques. Em vez disso, ela acabou por se converter em uma zona de tiro a partir da qual o Hezbollah e outras milícias libanesas podiam continuar sua luta contra os israelenses. Nos quinze anos seguintes, o Hezbollah angariou o apoio de libaneses de todas as religiões, se não para a materialização de um Estado islâmico, ao menos como um movimento nacional de resistência contra uma odiada ocupação.

Para Israel, a invasão de 1982 acabou substituindo um inimigo — a OLP — por um adversário ainda mais determinado. Ao contrário dos combatentes palestinos no Líbano, o Hezbollah e os xiitas do sul estavam lutando por sua própria terra.

No âmbito da Guerra Fria, o conflito no Líbano havia se mostrado uma grande derrota para os Estados Unidos em sua rivalidade com União Soviética. Os soviéticos, no entanto, não estavam em posição de comemorar. A invasão do Afeganistão em 1979 provocara uma insurgência duradoura, que atraía um número cada vez maior de muçulmanos devotos para as fileiras dos mujahidin afegãos que lutavam para expulsar os "comunistas ateus". Se o Líbano fora a escola xiita da jihad, o Afeganistão se transformou no campo de treinamento para uma nova geração de militantes sunitas muçulmanos.

★   ★   ★

Em 1983, um argelino de 24 anos chamado Abdullah Anas pegou o ônibus de sua aldeia natal de Ben Badis para a cidade-mercado de Sidi Bel Abbès, onde havia uma banca de jornal de onde ele poderia acompanhar os eventos mundiais.[32] Anas era um dos fundadores do movimento islâmico no oeste da Argélia, e acompanhava com grande interesse os acontecimentos políticos no mundo islâmico.

Naquele dia, Anas lembra-se de ter comprado um exemplar de uma revista do Kuwait que chamara sua atenção por uma *fatwa* (opinião legal de estudiosos islamitas) assinada por vários eruditos religiosos. Ela declarava que o apoio à jihad no Afeganistão era um dever pessoal de todos os muçulmanos. Anas foi até um café próximo e se acomodou para ler a *fatwa* com calma. Ele ficou impressionado com a longa lista de clérigos famosos que haviam assinado a declaração, que incluía os principais muftis dos Estados do golfo Pérsico e do Egito. Um nome em particular se destacava:

o do xeque Abdullah Azzam, cujas publicações e sermões gravados em fita circulavam amplamente nos círculos islâmicos.

Nascido em uma família religiosa conservadora em um vilarejo próximo à cidade palestina de Jeni em 1941, Abdullah Azzam ingressou na Irmandade Muçulmana quando adolescente, em meados da década de 1950.[33] Depois de concluir o ensino médio, foi para a Universidade de Damasco estudar a lei islâmica. Após a Guerra dos Seis Dias, em 1967, Azzam passou um ano e meio lutando contra a ocupação israelense na Cisjordânia, no que chamou de sua "jihad palestina". Depois, mudou-se para o Cairo, onde concluiu seu mestrado e doutorado na Universidade de al-Azhar. Enquanto estava no Egito, conheceu Muhammad e Amina Qutb, irmãos do falecido Sayyid Qutb, que havia sido executado pelo governo de Nasser em 1966. Os escritos de Qutb exerceriam enorme influência sobre ele.

Com suas credenciais acadêmicas, Azzam ingressou na faculdade de estudos islâmicos da Universidade da Jordânia, em Amã, onde lecionou por sete anos antes de suas publicações e sermões incendiários lhe criarem problemas com as autoridades locais. Em 1980, ele deixou a Jordânia e seguiu para a Arábia Saudita, onde ocupou um cargo na Universidade King Abdulaziz, em Jidá.

Pouco antes de Azzam se mudar para Jidá, os soviéticos invadiram o Afeganistão. O governo comunista no Afeganistão e seu aliado soviético haviam demonstrado hostilidade ao islã, e os afegãos estavam lutando "por Alá". Azzam deu à causa afegã seu apoio total, confiante de que a vitória no país asiático reviveria o espírito da jihad no islamismo.

Como atestam seus escritos posteriores, Azzam viu a vitória no Afeganistão como uma maneira de mobilizar os muçulmanos para a ação em outras zonas de conflito. Natural da Palestina, ele via o Afeganistão como o campo de treinamento para futuras ações contra Israel. "Não pensem que esquecemos a Palestina", ele escreveu.

Libertar a Palestina é uma parte essencial da nossa religião. Está no nosso sangue. Nós jamais esquecemos a Palestina. Mas tenho certeza de que trabalhar no Afeganistão ajudará a reanimar o espírito da jihad e a renovar a lealdade a Alá, por maiores que sejam os sacrifícios. Fomos privados de travar a jihad na Palestina por causa das fronteiras, restrições e prisões. Mas isso não significa que a abandonamos. Também não significa que esquecemos nosso país. Precisamos nos preparar para a jihad em qualquer parte do mundo em que isso for possível.[34]

A mensagem de jihad e sacrifício de Azzam ganhou ampla circulação tanto através de seus escritos quanto de gravações de seus inflamados sermões. Ele despertou o espírito da jihad em muçulmanos de todo o mundo, chegando a cidades remotas como Sidi Bel Abbès, na Argélia.

Quanto mais Anas lia o texto da *fatwa* que Azzam assinara, e refletia sobre seus argumentos, mais se convencia de que a luta do Afeganistão contra a ocupação soviética era de responsabilidade de todos os muçulmanos. "Se um pedaço de território muçulmano é atacado, a jihad é um dever individual daqueles que habitam esse território e de seus vizinhos", afirmava a *fatwa*. "Se o seu número for muito reduzido, ou se eles se mostrarem incapazes ou reticentes, então esse dever recai sobre todos aqueles que estão por perto, e assim por diante, até se espalhar por todo o mundo."[35] Considerando a gravidade da situação no Afeganistão, Anas sentia que o dever da jihad o alcançara na zona rural da Argélia. O que era ainda mais notável, confessou Anas, é que na época ele não sabia nada sobre o Afeganistão — nem mesmo onde situá-lo no mapa.

Como Anas logo aprenderia, o Afeganistão é um país com uma rica diversidade cultural e uma trágica história moderna. Sua população é composta por sete grupos étnicos, dos quais os maiores são os pachtos (aproximadamente 40% da população) e os tadjiques (30%), havendo no país uma maioria muçulmana sunita, uma grande minoria xiita e duas línguas oficiais (persa e pachto). A diversidade do país reflete a sua localização geográfica — ele está situado entre o Irã, a oeste, o Paquistão, ao sul e a leste, e a China e as repúblicas da Ásia Central — Turcomenistão, Uzbequistão e Tadjiquistão (então soviéticas) — ao norte. Nem a diversidade nem a geografia proporcionam muita estabilidade ao Afeganistão, que não conta com acesso ao litoral e desde 1973 era assolado por turbulências políticas e conflitos armados.

As origens da guerra soviético-afegã datam do golpe militar de 1973 que derrubou a monarquia do xá Zahir e levou um governo de esquerda ao poder. O regime republicano do presidente Muhammad Daoud Khan, por sua vez, foi derrubado por um violento golpe comunista em abril de 1978. Os comunistas declararam instituída a República Democrática do Afeganistão, um Estado de partido único aliado à União Soviética que logo se empenhou em realizar reformas sociais e econômicas. O novo governo afegão era declaradamente hostil ao islã e promovia o ateísmo estatal, o que provocou oposição generalizada na população afegã fortemente religiosa.

Com apoio soviético, o regime comunista instaurou um reino de terror contra seus oponentes, prendendo e executando milhares de presos políticos. Os próprios comunistas, porém, estavam divididos em facções, e acabaram sucumbindo às lutas internas. Após uma série de assassinatos, a União Soviética interveio no Afeganistão na véspera de Natal de 1979, enviando uma força de invasão de 25 mil homens para proteger a capital Cabul e instalar na presidência seu aliado afegão, Babrak Karmal.

A invasão soviética do Afeganistão provocou condenação internacional, mas nenhum país estava em posição de intervir diretamente para forçar uma retirada. Coube aos movimentos de resistência afegãos repelir o Exército Vermelho, e os partidos islâmicos lideraram a luta. Eles receberam ampla assistência secreta dos Estados Unidos, que viam o conflito estritamente nos termos da Guerra Fria — e, em razão do anticomunismo dos islamitas, os consideravam aliados naturais na luta contra os soviéticos. Através do Paquistão, os Estados Unidos forneceram à resistência afegã suprimentos militares e sofisticados mísseis antiaéreos. Além disso, durante o governo Carter, deram cerca de 200 milhões de dólares em ajuda aos afegãos resistentes. Ronald Reagan intensificou o apoio americano, oferecendo à resistência islâmica 250 milhões de dólares em assistência apenas em 1985.[36]

O governo do Paquistão serviu como intermediário entre os americanos e a resistência afegã e ajudou com serviços de inteligência e treinamento para os mujahidin (literalmente "guerreiros", ou "guerreiros santos" numa acepção mais ampla). O mundo islâmico prestou assistência financeira significativa e, a partir de 1983, começou a recrutar voluntários para lutar na jihad afegã.

Abdullah Azzam liderou a convocação de voluntários árabes para lutar no Afeganistão, e Abdullah Anas foi um dos primeiros a responder. Os dois se encontraram por acaso durante uma peregrinação a Meca em 1983. Entre os milhões que se reuniam para os rituais da peregrinação, Anas reconheceu a fisionomia peculiar de Abdullah Azzam, com sua longa barba e rosto largo, e aproximou-se a fim de se apresentar.

"Li a *fatwa* que o senhor e um grupo de clérigos publicaram sobre o dever de empreender a jihad no Afeganistão, e estou de acordo com isso, mas não sei como chegar ao Afeganistão", disse Anas.

"É muito simples", respondeu Azzam. "Este é o meu número de telefone em Islamabad. Voltarei ao Paquistão no final da peregrinação. Se o senhor conseguir ir até lá, ligue para mim e eu o levarei aos nossos colegas afegãos em Peshawar."[37]

Em duas semanas, Anas estava em um avião para Islamabad. Jamais tendo saído do mundo árabe, o jovem argelino estava desorientado no Paquistão. Ele logo procurou um telefone público, e ficou aliviado quando Azzam respondeu e o convidou para jantar. "Ele me recebeu com um calor humano que me tocou", lembrou Anas. Dando as boas-vindas a Anas em sua casa, Azzam o apresentou aos outros convidados.

Sua casa estava cheia de estudantes, os mesmos para os quais ele dava aulas na Universidade Islâmica Internacional de Islamabad. Ele me pediu que ficasse com ele até partir para Peshawar, uma vez que eu não seria capaz de encontrar seus colegas afegãos se fosse até lá sozinho.

Anas passou três dias como hóspede na casa de Azzam. Foi o começo de uma profunda amizade e parceria política, selada quando Anas mais tarde se casou com a filha de seu mentor. Enquanto estavam na casa de Azzam, Anas encontrou o primeiro homem árabe a responder à convocação para a jihad afegã. Em 1983, quando Anas chegou ao Paquistão, não havia mais que uma dezena de voluntários árabes dispostos a participar da jihad. Antes de partirem para Peshawar, Azzam apresentou Anas a outro voluntário.

"Apresento-lhe o irmão Osama bin Laden", disse Azzam. "Ele é um dos jovens sauditas apaixonados pela jihad afegã."

"Ele me pareceu muito tímido, um homem de poucas palavras", lembrou Anas. "O xeque Abdullah explicou que Osama o visitava de vez em quando em Islamabad." Anas não chegou a conhecer Bin Laden muito bem, pois eles serviam em diferentes partes do Afeganistão. Mas nunca se esqueceu daquele primeiro encontro.[38]

Ainda no Paquistão, Anas foi enviado com outros dois voluntários árabes para um campo de treinamento. Tendo prestado serviço militar na Argélia, ele já sabia como usar uma submetralhadora Kalashnikov. Dois meses depois, os voluntários tiveram sua primeira oportunidade de entrar no Afeganistão.

Antes que deixassem o acampamento no Paquistão para se reunir aos mujahidin, Azzam explicou a seus protegidos árabes que a resistência afegã estava dividida em sete facções. As duas maiores eram o Hezb-e Islami (o partido islâmico) de Gulbuddin Hekmatyar, dominado pelos pachtos, e o Jamiat-e Islami (a associação islâmica), liderado pelo tadjique Burhanuddin Rabbani. Azzam alertou os voluntários para evitar tomar partido nas questões sectárias do país, dizendo que deviam se considerar "convidados do povo afegão".

No entanto, ao se voluntariarem para servir nas diferentes províncias afegãs, os árabes ficavam sob o comando de partidos específicos e inevitavelmente conferiam sua lealdade aos homens com quem conviviam. Anas se ofereceu para servir na província de Mazar-e Sharif, no norte, sob o comando dos homens do Jamiat-e Islami, de Rabbani. O pequeno grupo de voluntários árabes partiu com seus comandantes afegãos em pleno inverno, atravessando territórios sob controle soviético em uma caravana de trezentos homens armados, todos a pé. A perigosa jornada durou quarenta dias.

Ao chegar a Mazar-e Sharif, Anas sentiu-se desencorajado com suas primeiras experiências na jihad afegã. O comandante local havia acabado de morrer em uma operação suicida contra os soviéticos, e três de seus subordinados disputavam o controle das forças de resistência na estratégica cidade. Anas reconheceu que não estava preparado para a situação. "Éramos jovens sem informação, treinamento ou dinheiro", escreveu, referindo-se a si próprio e aos dois outros árabes que o acompanharam na jornada. "Percebi que participar na jihad exigia um nível [de preparação] muito mais alto do que havíamos alcançado."

Um mês após sua chegada a Mazar-e Sharif, Anas decidiu abandonar aquela "situação explosiva" e retornar a Peshawar o mais rápido possível. Sua primeira impressão do Afeganistão foi que seus problemas eram grandes demais para serem resolvidos por um punhado de voluntários bem-intencionados. Inevitavelmente, o mundo islâmico deveria ser chamado a assumir sua responsabilidade. "O problema afegão é maior que cinco homens árabes, ou 25, ou cinquenta." Ele acreditava que era essencial informar Abdullah Azzam da situação política no Afeganistão "para que ele pudesse expor o cenário ao mundo árabe e islâmico e solicitar mais ajuda para resolver a questão".³⁹

A CIDADE FRONTEIRIÇA DE PESHAWAR tinha sofrido mudanças significativas ao longo dos meses que Anas passara no Afeganistão. Agora havia muito mais voluntários árabes — de cerca de uma dezena, quando Anas chegou, eles haviam passado a setenta ou oitenta no início de 1985. Abdullah Azzam criara um serviço de recepção para atender ao crescente número de árabes que respondiam ao seu chamado. "Enquanto o senhor esteve fora", explicou-lhe Azzam, "Osama bin Laden e eu criamos a Direção de Serviços [Maktab al-Khadamat] com um grupo de irmãos a fim de organizar a participação árabe na jihad afegã."⁴⁰ Azzam via a Direção de Serviços como um centro independente onde os voluntários árabes podiam se reunir e receber treinamento sem o risco de se envolver nas divisões políticas afegãs. A organização tinha três objetivos — oferecer assistência, ajudar na realização de reformas e promover o islã —, e começou a abrir escolas e institutos no Afeganistão e em campos de refugiados afegãos no Paquistão, cada vez mais populosos.

Além disso, fornecia ajuda a órfãos e viúvas do conflito e se engajava em propaganda ativa para atrair novos recrutas para a jihad afegã.

Como parte de seu esforço de propaganda, a Direção de Serviços publicava uma revista popular, distribuída em todo o mundo árabe, chamada *al-Jihad*. As páginas da *al-Jihad* estavam repletas de histórias de heroísmo e sacrifício, destinadas a inspirar muçulmanos jovens e idosos. Os principais pensadores islamitas contribuíam com artigos. Zaynab Ghazali, que havia sido presa por Nasser na década de 1960 por suas atividades islâmicas, concedera uma entrevista à *al-Jihad* durante uma visita ao Paquistão. Agora com setenta anos, Ghazali não havia abandonado seu empenho pela causa islâmica. "O tempo que passei na prisão não equivale a um só instante passado no terreno em apoio à jihad no Afeganistão", disse ela ao entrevistador. "Eu gostaria de poder viver com as mulheres que combatem no Afeganistão, e peço a Alá que coroe os mujahidin com a vitória e nos perdoe [isto é, a comunidade internacional do islã] por nosso fracasso em levar justiça ao povo afegão."[41] Ghazali idealizava a jihad afegã como "um retorno à era dos companheiros do profeta — que a paz esteja com ele —, um retorno à era dos califas bem guiados".

A *al-Jihad* reforçava essa narrativa heroica da guerra afegã contra os soviéticos publicando relatos de milagres que lembravam os tempos do profeta Maomé. Entre os relatos, havia artigos que falavam de um grupo de mujahidin que tinha matado setecentos soviéticos, perdendo apenas sete homens para o martírio; textos sobre um jovem que, sozinho, abatera cinco aeronaves soviéticas; e inclusive narrativas sobre bandos de pássaros celestiais que haviam criado uma cortina de aves para proteger os mujahidin do inimigo. A revista procurava convencer os leitores da intervenção divina, de que Alá recompensava a fé de seus valentes guerreiros com a vitória mesmo em condições de terrível adversidade.

Abdullah Anas, no entanto, era um homem pragmático, e tinha visto com seus próprios olhos a situação no Afeganistão. Não havia milagres em seu relato realista da guerra. Em 1985, ele retornou a Mazar-e Sharif, onde serviu sob o comando das forças de Ahmad Shah Massoud, do Jamiat-e Islami, na região norte do vale de Panjshir. Massoud era um líder nato, um carismático comandante guerrilheiro nos moldes de Che Guevara. Ele costumava se retirar com suas forças para o proibitivo terreno do Hindu Kush a fim de organizar bases nas profundas cavernas das montanhas, de onde podia resistir a semanas de bombardeios de retaliação, emergindo depois dos escombros para infligir pesadas baixas às forças soviéticas. No entanto, seus homens também sofriam. Em uma ocasião, Massoud estava recuando por um vale estreito com uma de suas unidades quando eles foram surpreendidos por um ataque de mísseis. "Em menos de cinco minutos, mais de dez de nossos homens haviam tombado como mártires", lembrou Anas. "Foi uma visão inimaginável."⁴² Anas descreveu outra batalha, na qual Massoud levou trezentos de seus homens (entre os quais quinze voluntários árabes) à vitória sobre os soviéticos. O combate durou um dia e uma noite inteiros, e Massoud sofreu dezoito baixas (incluindo quatro árabes) e um grande número de feridos.⁴³

Os mujahidin afegãos e os voluntários árabes que os apoiavam travaram uma batalha desesperada — e, ao final, bem-sucedida — contra forças superiores. Depois de uma década de ocupação, o custo havia sido altíssimo para a União Soviética, tanto em homens como em equipamentos. Pelo menos 15 mil soldados do Exército Vermelho morreram no Afeganistão e 50 mil foram feridos. A resistência afegã conseguiu abater mais de cem aeronaves e trezentos helicópteros soviéticos usando mísseis antiaéreos fornecidos pelos Estados Unidos. No final de 1988, a União Soviética reconheceu que era impossível impor sua vontade ao Afeganistão, ainda que contasse com um exército de invasão de 100 mil homens. O Kremlin decidiu pôr fim a suas perdas e se retirar. Em 15 de fevereiro de 1989, as últimas unidades soviéticas deixaram o Afeganistão. No entanto, essa grande vitória dos grupos armados muçulmanos sobre uma superpotência nuclear foi, em última análise, uma decepção para os homens que haviam se oferecido para lutar no Afeganistão.

A vitória da resistência afegã sobre os soviéticos não levou ao objetivo islâmico final — a criação de um Estado islâmico. Uma vez que o inimigo havia deixado seu território, as facções afegãs se entregaram a uma luta pelo poder que logo degenerou em guerra civil. Apesar dos melhores esforços de Abdullah Azzam, muitos voluntários árabes apoiaram facções

afegãs, associando-se aos partidos que conheciam. Outros escolheram deixar o país. Os violentos embates entre caudilhos rivais não tinham relação
com a jihad, e eles não desejavam lutar contra muçulmanos.

Os voluntários árabes não exerceram grande impacto na guerra do
Afeganistão contra a União Soviética. Em retrospecto, Abdullah Anas declarou que a contribuição árabe para a guerra não passava de "uma gota
no oceano". O grupo de voluntários que se tornou conhecido como "afegãos árabes" provavelmente nunca excedeu um máximo de 2 mil homens,
e desse contingente "apenas uma proporção muito pequena entrou no
Afeganistão e participou dos combates ao lado dos mujahidin", afirmou.
A maioria permaneceu em Peshawar, oferecendo seus serviços "como médicos, motoristas, cozinheiros, contadores e engenheiros".[44]

A jihad afegã, no entanto, teve uma influência duradoura sobre o
mundo árabe. Muitos dos que responderam ao seu chamado voltaram
para suas terras natais com a intenção de pôr em prática a ordem islâmica
ideal que lhes havia escapado no Afeganistão. Anas estimou que cerca de
trezentos voluntários argelinos tenham servido no Afeganistão; muitos
deles voltariam para casa e participariam ativamente de um novo partido
político islâmico, a Frente Islâmica de Salvação. Outros se reuniriam em
torno de Osama bin Laden, que criou uma instituição para rivalizar com
a Direção de Serviços de Abdullah Azzam. Bin Laden chamou sua nova
organização de Al-Qaeda, A Base, em árabe. Alguns dos combatentes árabes que serviram com Anas no vale de Panjshir optaram por permanecer
no Paquistão e se tornaram membros fundadores da Al-Qaeda.

O homem que havia inspirado os "afegãos árabes" descansaria para
sempre no Paquistão. Abdullah Azzam foi morto em 24 de novembro de
1989, com dois de seus filhos, durante a explosão de um carro-bomba,
quando se aproximava de uma mesquita em Peshawar para as orações
de sexta-feira. Existem muitas teorias, nenhuma delas conclusiva, sobre
quem poderia ter encomendado sua morte: facções afegãs rivais; o círculo
de Osama bin Laden; e até mesmo os israelenses, que o viam como o líder
espiritual de um novo movimento islâmico palestino chamado Hamas.

★　★　★

EM DEZEMBRO DE 1987, o povo de Gaza completou vinte anos sob ocupação israelense. A Faixa de Gaza é uma estreita faixa de terra junto ao litoral com aproximadamente quarenta quilômetros de comprimento por dez de largura, e era habitada na época por cerca de 625 mil palestinos. Os habitantes de Gaza, três quartos dos quais refugiados de territórios palestinos conquistados pelo novo Estado de Israel em 1948, haviam sofrido um grande isolamento entre 1948 e 1967. Confinados em seu enclave costeiro pelas autoridades egípcias, eles estavam separados de sua pátria perdida pela fronteira hostil com Israel.

Com a ocupação israelense resultante da Guerra dos Seis Dias, os habitantes de Gaza passaram a poder cruzar para o restante da Palestina histórica e visitar os palestinos que haviam permanecido na região — nas cidades e aldeias de Israel e na Cisjordânia ocupada. Gaza também viveu uma espécie de boom econômico depois de 1967. Sob a ocupação israelense, seus habitantes conseguiram empregos em Israel e atravessavam a fronteira com facilidade. Já os israelenses faziam compras em Gaza para aproveitar vantagens fiscais. De muitas formas, a vida dos moradores de Gaza havia melhorado sob o domínio israelense.

No entanto, nenhum povo é feliz sob ocupação, e os palestinos aspiravam à independência em sua própria terra. Suas esperanças de libertação pelos demais Estados árabes, porém, foram frustradas quando o Egito decidiu concluir o tratado de paz com Israel em 1979, e suas esperanças de libertação pela OLP foram igualmente frustradas depois que a invasão israelense do Líbano em 1982 dispersou as unidades de combate palestinas pelo mundo árabe.

Cada vez mais, ao longo do final da década de 1970 e início da década de 1980, os palestinos de Gaza e da Cisjordânia começaram a enfrentar eles próprios a ocupação. Só na Cisjordânia, o governo israelense registrou uma escalada de "atos ilegais" de 656 "distúrbios" em 1977 para 1556 em 1981 e 2663 em 1984.[45]

A resistência no território ocupado provocou duras represálias israelenses: prisões em massa, atos de intimidação, tortura e humilhação. Para os palestinos, um povo orgulhoso, as humilhações foram o mais difícil de suportar. A perda da dignidade e do amor-próprio era agravada pelo conhecimento de que o invasor os via, nas palavras do intelectual islâmico Azzam Tamimi, como "sub-humanos e indignos de respeito".[46]

Para piorar as coisas, os palestinos se sentiam cúmplices de sua própria subjugação ao cooperar com a ocupação israelense. O fato de palestinos em Gaza e na Cisjordânia aceitarem empregos em Israel e atraírem clientes israelenses para suas lojas os implicava na ocupação. Uma vez que os israelenses se dedicavam a confiscar terras e estabelecer assentamentos em terras palestinas ocupadas, a cooperação se assemelhava mais a uma colaboração. Como explicou o acadêmico e ativista palestino Sari Nusseibeh: "A contradição de usar tinta israelense para fazer nossos grafites contra a ocupação estava se tornando tão insuportável que era inevitável explodir em algum momento".[47]

Em dezembro de 1987, a explosão finalmente ocorreu, provocada por um acidente de trânsito próximo ao posto de controle de Erez, no norte de Gaza. Em 8 de dezembro, um caminhão do exército israelense colidiu com duas vans que transportavam trabalhadores palestinos de Israel, matando quatro pessoas e ferindo sete. Rumores de que as mortes haviam sido propositais começaram a se espalhar na comunidade palestina, aumentando a tensão nos territórios. Os funerais foram realizados no dia seguinte e seguidos por grandes protestos, que as tropas israelenses dispersaram a tiros, matando manifestantes.

Os assassinatos de 9 de dezembro de 1987 provocaram tumultos que logo se espalharam para Gaza e para a Cisjordânia, transformando-se em um levante popular contra vinte anos de ocupação israelense. Os palestinos chamaram seu movimento de Intifada, palavra árabe que significa tanto "insurgir-se" quanto "espanar o pó". Era como se os palestinos estivessem espanando as décadas de humilhação acumulada através do confronto direto com seus ocupantes.

A Intifada começou como uma série de embates descoordenados com as autoridades israelenses. Os manifestantes descartaram o uso de armas e declararam o caráter não violento de seu movimento, embora tenham atirado pedras. As forças israelenses responderam com balas de borracha e gás lacrimogêneo. Antes que o mês de dezembro chegasse ao fim, já haviam matado 22 manifestantes. Em vez de controlar a violência, a repressão israelense serviu apenas para acelerar o ciclo de protestos e confrontos.

Nas primeiras semanas da Intifada, não havia uma liderança central. Ao contrário, o movimento se desdobrou em uma série de manifestações espontâneas na Faixa de Gaza e na Cisjordânia. Como lembrou Sari Nusseibeh, era um movimento popular no qual "cada manifestante fazia o que julgava melhor e os líderes mais reconhecidos corriam para acompanhar".[48]

Duas organizações clandestinas surgiram para dar rumo à Intifada. Na Cisjordânia, os ramos locais das facções da OLP — entre as quais o Fatah, de Yasser Arafat —, a Frente Popular, a Frente Democrática para a Libertação da Palestina e os comunistas aliaram-se para estabelecer uma liderança clandestina denominada Comando Nacional Unificado (CNU). Em Gaza, os islamitas associados à Irmandade Muçulmana criaram o Movimento de Resistência Islâmica, mais conhecido por seu acrônimo em árabe, Hamas. A força da repressão israelense impedia que essas lideranças clandestinas se encontrassem ou exercessem sua autoridade em campo aberto. Em vez disso, cada uma publicava panfletos periódicos — havia uma série de panfletos do Hamas e comunicados do CNU completamente independentes — para definir seus objetivos e orientar a ação pública. Os panfletos do Comando Nacional Unificado e do Hamas traziam apelos à ação e notícias. Eles também retratavam o embate cada vez mais acirrado entre as forças nacionalistas laicas da OLP e o crescente movimento islâmico pelo controle do movimento nacional palestino nos territórios ocupados.

A Irmandade Muçulmana era o movimento político mais bem organizado na Faixa de Gaza e foi o primeiro a responder ao levante popular. Seu líder era o xeque Ahmad Yassin, um ativista paraplégico na casa dos cinquenta anos. Como muitos de seus moradores, Yassin havia chegado a Gaza como refugiado, em 1948. Paraplégico em razão de um acidente de trabalho nos tempos de adolescência, ele prosseguiu seus estudos para se tornar professor e líder religioso. Na década de 1960, ingressou na Irmandade Muçulmana, tornando-se um grande admirador de Sayyid Qutb, cujas obras reimprimiu e fez circular em Gaza, num esforço para alcançar o maior número possível de leitores. Em meados da década de 1970, Yassin criou uma instituição de caridade chamada Centro Islâmico, através da qual fundou novas mesquitas, escolas e clínicas em toda a Faixa de Gaza, fornecendo uma rede para a difusão dos valores islâmicos.

Em 9 de dezembro de 1987, na noite em que os distúrbios começaram, Yassin convocou uma reunião dos líderes da Irmandade Muçulmana para coordenar a ação. Eles decidiram transformar a Irmandade Muçulmana em Gaza em um movimento de resistência, criando assim o Hamas, lançado em 14 de dezembro de 1987 com a publicação de seu primeiro panfleto.

A novidade do Hamas consistia em articular as aspirações palestinas em termos estritamente islâmicos. Desde o seu primeiro comunicado, o movimento expunha uma mensagem rígida que combinava confronto com o Estado judeu e rejeição ao nacionalismo árabe laico. "Só o islã pode acabar com os judeus e destruir seu sonho", insistia o Hamas. Seguindo os argumentos de Abdullah Azzam, defensor da jihad no Afeganistão e na Palestina, os islamitas palestinos declararam sua resistência contra os ocupantes estrangeiros de terras islâmicas, e não contra líderes árabes autoritários, como defendia Sayyid Qutb. "Quando um inimigo ocupa territórios muçulmanos", afirmava o Hamas em sua Carta de 1988, "a jihad se torna obrigatória para todos os muçulmanos. Na luta contra a ocupação judaica da Palestina, a bandeira da jihad deve ser erguida."[49]

Embora fosse formado por nacionalistas laicos, que dominavam a política palestina desde a década de 1960, havia também algo novo no Comando Nacional Unificado. Pela primeira vez, ativistas locais na Cisjordânia apresentavam seus pontos de vista sem consultar Arafat e a liderança no exílio. Na Cisjordânia, o CNU emitiu seu primeiro comunicado logo após a publicação do panfleto do Hamas. Sari Nusseibeh lembrou que esse primeiro panfleto foi escrito por "dois ativistas locais da OLP" que "já estavam na prisão quando seus textos chegaram às ruas". Eles haviam sido presos pelas autoridades israelenses em uma forte campanha de repressão contra os rebeldes palestinos. O panfleto convocava uma greve geral de três dias — um fechamento econômico total dos territórios ocupados — e alertava contra tentativas de romper a paralisação ou de cooperar com os israelenses.

O CNU continuou a emitir boletins a cada duas semanas (foram 31 no primeiro ano da Intifada), passando a articular uma série de demandas: o fim da expropriação de terras e da criação de assentamentos israelenses em territórios ocupados, a libertação de palestinos das prisões israelenses e a retirada do exército israelense das cidades e vilas palestinas. Os panfletos incentivavam as pessoas a desfraldar a bandeira palestina, proibida pelos israelenses, e a entoar lemas como "Abaixo a ocupação!" e "Viva a Palestina árabe livre!". O objetivo final do CNU era um Estado palestino independente, com sua capital em Jerusalém Oriental.[50] A Intifada estava rapidamente se transformando em um movimento de independência.

A deflagração da Intifada pegou a liderança da OLP em Túnis completamente de surpresa. Reconhecida por todos os palestinos como seu "único representante legítimo", a OLP havia muito monopolizava o movimento nacional. Agora, a iniciativa havia passado da liderança "externa" em Túnis para ativistas "internos" da OLP operando nos territórios palestinos ocupados. A distinção entre "os de dentro" e "os de fora" colocava a liderança da OLP em clara desvantagem. Quando os moradores de Gaza e da Cisjordânia fizeram sua própria tentativa de alcançar um Estado palestino independente, Arafat e seus assessores pareceram subitamente redundantes.

Em janeiro de 1988, Arafat se movimentou para colocar a Intifada sob a autoridade da OLP, enviando um dos comandantes de mais alto escalão do Fatah, Khalil Wazir (mais conhecido pelo codinome Abu Jihad), para coordenar as ações entre Túnis e a Cisjordânia. O terceiro panfleto do CNU, de 18 de janeiro de 1988, foi o primeiro a ser autorizado pela liderança do Fatah em Túnis. Em questão de horas, mais de 100 mil cópias do texto foram distribuídas em Gaza e na Cisjordânia. Os moradores dos territórios ocupados responderam com entusiasmo à voz abalizada da máquina política de Arafat. Como observou Sari Nusseibeh, "era como ver músicos recebendo conselhos de um maestro".[51] A partir desse momento, a Intifada seria gerida por Arafat e seus delegados.

O governo de Israel estava determinado a impedir que a OLP aproveitasse a Intifada para obter ganhos políticos às suas custas. A missão de Abu Jihad foi interrompida por assassinos israelenses, que mataram o oficial da OLP em sua casa na Tunísia em 16 de abril de 1988. No entanto, uma vez que o vínculo entre o CNU e a OLP havia sido estabelecido, Túnis conseguiu preservar seu controle sobre as forças laicas da Intifada.

O ciclo de greves e manifestações, convocado em resposta a panfletos emitidos pelo CNU e pelo Hamas, continuou inabalável. As autoridades israelenses esperavam que o movimento se esgotasse. Em vez disso, ele parecia estar ganhando força, o que impunha um genuíno desafio ao controle israelense nos territórios ocupados. Quando a Intifada entrou no seu terceiro mês, as autoridades israelenses recorreram a meios extralegais para reprimir a insurreição. Tomando como base o regulamento de emergência elaborado pelas autoridades britânicas muito antes que as Convenções de Genebra estabelecessem normas legais internacionais para o tratamento de civis submetidos a ocupação, o exército israelense começou a aplicar punições coletivas, como prisões em massa, detenções sem acusação e demolição de casas.

A opinião pública internacional ficou horrorizada com a imagem de soldados fortemente armados respondendo com fogo real a manifestantes que atiravam pedras, o que levou o então ministro da Defesa israelense, Yitzhak Rabin, a ordenar a utilização de "força, violência e espancamentos" em vez de fogo letal. A brutalidade dessa política aparentemente benigna foi exposta quando, em fevereiro de 1988, a rede americana de televisão CBS transmitiu imagens de soldados israelenses espancando terrivelmente jovens palestinos perto de Nablus. Em uma cena que falava por si só, um soldado era visto esticando o braço de um prisioneiro e o atingindo repetidas vezes com uma grande pedra para quebrar o osso.[52] O procurador-geral de Israel exortou Rabin a alertar seus soldados da ilegalidade de tais atos, mas o exército israelense continuou sujeitando os manifestantes a violência física. Mais de trinta palestinos foram espancados até a morte no primeiro ano da Intifada.[53]

Nesse contexto de selvageria, é notável que os palestinos tenham preservado sua tática de resistência não violenta. As reivindicações palestinas de não violência foram contestadas pelas forças de Israel, que se diziam atacadas por barras de ferro, coquetéis molotov e pedras — capazes de causar ferimentos graves e até mesmo morte. No entanto, os palestinos jamais recorreram a armas de fogo em seus confrontos com os israelenses, o que contribuiu notavelmente para reverter a opinião pública ocidental que havia décadas via os palestinos como terroristas e Israel como um Davi acossado. Assim, Israel se viu na posição incomum de ter que desfazer o claro perfil de Golias que oferecia aos olhos da imprensa internacional.

A não violência fez da Intifada o mais inclusivo dos movimentos palestinos. Em vez de privilegiar os jovens com formação militar, as manifestações e a desobediência civil mobilizaram toda a população dos territórios ocupados — homens e mulheres, jovens e idosos — em uma luta de libertação comum. Os panfletos clandestinos do Hamas e do CNU forneciam uma ampla gama de estratégias de resistência — greves, boicotes a produtos israelenses, ensino doméstico para contornar o fechamento de escolas, cultivo de hortas para aumentar a autossuficiência alimentar — que fortaleciam os palestinos sob ocupação e incutiam um profundo senso de propósito comum que manteve a Intifada viva apesar da forte repressão.

No ENTANTO, durante a primavera e o verão de 1988, a Intifada começou a provocar tensões entre o Comando Nacional Unificado laico e o Hamas. Ambas as organizações afirmavam representar a resistência palestina. Nos panfletos, o Hamas referia-se a si mesmo como o "seu movimento [dos palestinos], o Movimento de Resistência Islâmico, Hamas", e o CNU reivindicava a liderança das massas palestinas, "esse povo que atendeu ao chamado da OLP e do Comando Nacional Unificado para a insurreição".[54] Os rivais laicos e islâmicos liam os panfletos uns dos outros e disputavam o controle das ações populares nas ruas. Quando, em seu panfleto de 18 de agosto de 1988, o Hamas convocou uma greve nacional — uma prerrogativa reivindicada pela OLP nos territórios ocupados —, o CNU emitiu sua primeira crítica direta à organização islâmica, afirmando que "todo golpe contra a unidade de fileiras equivale a prestar um serviço significativo ao inimigo e prejudicar a insurreição".

Essas disputas por primazia mascaravam as diferenças fundamentais que separavam o Hamas da OLP: enquanto o Hamas buscava a destruição do Estado judeu, a OLP e o CNU desejavam estabelecer um Estado palestino ao lado de Israel. O Hamas via toda a Palestina como uma terra muçulmana inalienável que precisava ser libertada do domínio não muçulmano através da jihad. Seu confronto com Israel seria de longo prazo, pois seu objetivo final era a criação de um Estado islâmico em toda a Palestina. A OLP, por sua vez, caminhava desde 1974 em direção a uma solução de dois Estados. Yasser Arafat via a Intifada como um veículo para alcançar um Estado independente para os palestinos na Faixa de Gaza e na Cisjordânia, com sua capital em Jerusalém Oriental — mesmo que isso significasse conferir reconhecimento a Israel e conceder ao Estado judeu os 78% da Palestina perdidos em 1948. As posições dos dois grupos não podiam ser conciliadas, e a OLP seguiu o caminho da solução de dois Estados sem considerar as visões do Hamas.

A resistência palestina e a repressão israelense haviam colocado a Intifada nas primeiras páginas da imprensa internacional — e sobretudo no mundo árabe. Em junho de 1988, a Liga Árabe convocou uma cúpula de emergência em Argel para abordar a questão. A OLP aproveitou a oportunidade para apresentar um documento no qual pedia que fosse reconhecido o direito mútuo de palestinos e israelenses de viver em paz e segurança. O Hamas rechaçou a posição da OLP e reiterou sua reivindicação de que os muçulmanos tinham direito a toda a Palestina. Seus líderes expuseram seus pontos de vista no panfleto de 18 de agosto de 1988, no qual insistiram que "os muçulmanos possuem direito total — e não apenas parcial — à Palestina, pois assim tem sido há gerações, e assim deve continuar a ser no presente e no futuro".

Sem se deixar abalar pela oposição islâmica, a OLP passou a usar a Intifada para legitimar seu apelo por uma solução de dois Estados para o conflito israelense-palestino. Em setembro de 1988, a OLP anunciou planos de convocar uma reunião do Conselho Nacional da Palestina, o Parlamento palestino no exílio, a fim de consolidar os ganhos da Intifada e assegurar "os direitos nacionais do povo palestino a regressar a suas terras, à autodeterminação e ao estabelecimento de um Estado independente sob a liderança da OLP".[55] Mais uma vez, o Hamas rechaçou e condenou o posicionamento da OLP. Em 5 de outubro de 1988, o panfleto do Movimento de Resistência Islâmica dizia: "Recusamos a ideia de conceder um centímetro que seja da nossa terra, regada pelo sangue dos companheiros do profeta e de seus seguidores". O Hamas insistia que continuaria "a insurreição a fim de libertar toda a nossa terra da contaminação dos judeus (com a ajuda de Alá)". As linhas de confronto entre a OLP e a Resistência Islâmica não poderiam ser mais claras.

A agenda de Arafat para a reunião do Conselho Nacional da Palestina, marcada para novembro de 1988, consistia em declarar a soberania dos palestinos sobre os territórios ocupados. Para muitos em Gaza e na Cisjordânia, desgastados após onze meses de Intifada e violenta repressão israelense, a declaração de soberania preservava a promessa de independência e do fim da ocupação, ganhos que pareciam recompensar suficientemente seus sacrifícios. Portanto, a reunião do Conselho Nacional da Palestina no mês de novembro era aguardada com crescente expectativa.

Embora tivesse algumas reservas sobre as políticas da OLP, Sari Nusseibeh via a iminente declaração de independência como "um marco importante, e, assim como todos, eu estava ansioso". Nusseibeh, que recebera uma cópia antecipada do texto de Arafat, desejava que a declaração palestina de independência fosse um momento memorável, e esperava ler o texto para "dezenas de milhares de pessoas" no Haram al-Sharif, o complexo de mesquitas no topo do Monte do Templo, na Cidade Antiga de Jerusalém. "Eu queria ver o povo sob ocupação, o povo da Intifada, reunido no centro do nosso universo para celebrar nossa independência."

Não seria assim. Em 15 de novembro de 1988, o dia em que Arafat se dirigiu ao Conselho Nacional da Palestina, Israel impôs um toque de recolher draconiano sobre os territórios e Jerusalém Oriental, proibindo carros e civis nas ruas. Nusseibeh optou por ignorar a proibição e caminhou por ruas secundárias até a mesquita de Al-Aqsa, onde um grupo de ativistas políticos e religiosos se reuniu. "Juntos, entramos na mesquita de Al-Aqsa. Na hora marcada, quando os sinos [da igreja] do Santo Sepulcro soaram e os minaretes lançaram chamamentos à oração, lemos solenemente, todos nós, nossa declaração de independência."[56]

A declaração, que Arafat leu para a 19ª sessão do Conselho Nacional da Palestina em Argel, representava um afastamento radical das políticas anteriores da OLP. Ela endossava o plano de partição da ONU de 1947, que previa a criação de Estados árabes e judeus na Palestina, e aprovava as Resoluções 242 e 338 do Conselho de Segurança da ONU, elaboradas após as guerras de 1967 e 1973, que estabeleciam o princípio da devolução das terras ocupadas em troca da paz. A declaração obrigava a convivência pacífica entre a OLP e Israel.

A OLP havia percorrido um longo caminho desde 1974, quando Said Hammami, seu representante em Londres, abordara pela primeira vez a solução de dois Estados. Tendo deixado de ser uma organização guerrilheira — Arafat agora renunciava categoricamente a "todas as formas de terrorismo, seja individual, coletivo ou de Estado" —, a OLP se apresentava à comunidade internacional como o governo provisório de um Estado em espera.

O reconhecimento internacional não tardaria a chegar. Oitenta e quatro países concederam pleno reconhecimento ao novo Estado da Palestina, entre os quais a maioria dos países árabes, vários países europeus, africanos e asiáticos e apoiadores tradicionais do movimento de libertação palestino como a China e a União Soviética. A maioria dos Estados da Europa Ocidental concedeu à Palestina um status diplomático que ficava pouco aquém do pleno reconhecimento, mas os Estados Unidos e o Canadá o negaram por completo. Em meados de janeiro de 1989, a OLP conseguiu outra vitória simbólica ao obter o direito de se dirigir ao Conselho de Segurança da ONU em pé de igualdade com os Estados-membros.[57]

A declaração do Conselho Nacional da Palestina não obteve a aprovação do governo de Israel. Em 15 de novembro, em um comunicado escrito, o primeiro-ministro Yitzhak Shamir denunciou a declaração como "um exercício enganoso de propaganda, destinado a criar uma impressão de moderação e realizações para aqueles que praticam atos violentos nos territórios da Judeia e Samaria", e o gabinete israelense disse que tudo não passava de uma campanha de "desinformação para enganar a opinião pública internacional".[58]

O Hamas também não ficou impressionado com a declaração. O Movimento de Resistência Islâmica emitiu um comunicado no qual ressaltava "o direito do povo palestino de estabelecer um Estado independente em todo o território da Palestina", e não apenas nos territórios ocupados: "Não aceitamos as resoluções da ONU que tentam legitimar a presença da entidade sionista sobre qualquer parte do solo da Palestina [...] pois ele é propriedade da nação islâmica e não da ONU".[59]

APESAR DE TODO O ENTUSIASMO que cercou a declaração de independência, a iniciativa não trouxe benefícios tangíveis para os moradores de Gaza e da Cisjordânia. Israel não mostrou nenhuma vontade ou intenção de renunciar aos territórios ocupados. Após um ano de grande euforia e altas expectativas, parecia que nada havia mudado. E, no entanto, os palestinos haviam pagado um preço altíssimo por ganhos exíguos. No primeiro aniversário da Intifada, em dezembro de 1988, o saldo era de cerca de 626 mortos, 37 mil feridos e mais de 35 mil palestinos encarcerados — muitos deles ainda atrás das grades no início do segundo ano da revolta.[60]

Em 1989, o idealismo que marcara o início da Intifada dera lugar ao cinismo, e a unidade de propósito ao sectarismo. Os partidários do Hamas começaram a brigar abertamente com os membros do Fatah. Espiões dentro da sociedade palestina começaram a intimidar, espancar e até assassinar colegas suspeitos de colaboração com as autoridades israelenses. E, no entanto, comunicados continuaram a ser divulgados, manifestações continuaram a ser realizadas, pedras continuaram a ser atiradas e as vítimas continuaram a aumentar, enquanto a Intifada se arrastava sem nenhuma perspectiva de acabar, a última fase de um conflito árabe-israelense de décadas para o qual a comunidade internacional parecia não encontrar solução.

★ ★ ★

Ao longo da década de 1980, vários movimentos islâmicos iniciaram lutas armadas para derrubar governantes laicos ou repelir invasores estrangeiros. Os islamitas, inspirados no sucesso da revolução iraniana de 1979 e no estabelecimento da República Islâmica do Irã, esperavam formar um Estado islâmico árabe regido de acordo com a sharia, a lei de Alá. No Egito, um movimento dissidente conseguira assassinar o presidente do país, Anwar Sadat. Na Síria, a Irmandade Muçulmana havia organizado uma guerra civil contra o governo baathista de Hafez Assad. O Hezbollah, movimento paramilitar xiita libanês, fortemente influenciado pela República Islâmica do Irã, via os Estados Unidos e Israel como dois lados da mesma moeda e tratara de infligir aos inimigos uma derrota avassaladora no Líbano. A jihad no Afeganistão era dirigida a inimigos internos e externos, tendo como alvo as forças de ocupação soviéticas e o governo comunista no Afeganistão, abertamente hostil ao islã. Os islamitas em Gaza e na Cisjordânia pediam uma jihad de longo prazo contra o Estado judeu a fim de restaurar a Palestina ao mundo islâmico sob um governo islâmico. Os sucessos militares do Hezbollah — que forçaram uma retirada total dos Estados Unidos e uma realocação israelense no Líbano — e dos mujahidin afegãos — que acarretaram a evacuação da União Soviética do Afeganistão em 1989 — não resultaram nos Estados islâmicos ideais imaginados por seus ideólogos. O Líbano e o Afeganistão continuaram atolados em guerras civis muito depois de seus inimigos externos terem sido obrigados a recuar.

Os islamitas em todo o mundo árabe adotaram uma abordagem de longo prazo para o objetivo final de um Estado islâmico. A islamita egípcia Zaynab Ghazali falou em um ciclo de preparação de treze anos, a ser repetido até que a maioria significativa dos cidadãos apoiasse um governo islâmico. O Hamas prometeu lutar pela libertação de toda a Palestina "por quanto tempo for necessário". O triunfo do Estado islâmico era um projeto de longo prazo e exigia paciência.

Ainda que tivessem perdido algumas batalhas em sua "guerra por Alá", os islamitas permaneciam confiantes de que acabariam prevalecendo. Enquanto isso, grupos islâmicos obtinham alguns sucessos na reformulação da sociedade árabe. Ao longo das décadas de 1980 e 1990, distintas organizações islâmicas surgiram por todo o mundo árabe, atraindo um número cada vez maior de adeptos. Os valores islâmicos começaram a se espalhar, à medida que um número cada vez maior de homens jovens começava a deixar crescer a barba, e as mulheres cada vez mais usavam lenços na cabeça e indumentárias que cobriam o corpo. As publicações islâmicas dominavam as livrarias. A cultura laica foi levada a recuar diante de um ressurgimento islâmico que continua cada vez mais forte.

Os islamitas se sentiram encorajados pelas grandes mudanças ocorridas na política mundial no final de 1989. As certezas da Guerra Fria estavam desmoronando tão rápido quanto o Muro de Berlim, que caiu em 9 de novembro, marcando o fim da rivalidade Estados Unidos-União Soviética e inaugurando uma nova ordem mundial. Muitos islamitas interpretaram o colapso do poder soviético como prova da falência do comunismo ateu e o prenúncio de uma nova era islâmica. Em vez disso, eles se viram diante de um mundo unipolar dominado pela última superpotência remanescente, os Estados Unidos da América.

14. Após a Guerra Fria

EM 1989, após quase meio século de rivalidade entre as superpotências, a Guerra Fria chegou a um fim abrupto. Em meados da década de 1980, as políticas do presidente soviético Mikhail Gorbatchóv de maior abertura (*glasnost*) e reforma interna (*perestroika*) geraram mudanças permanentes na cultura política da União Soviética. No momento da queda formal do muro de Berlim, em novembro de 1989, a Cortina de Ferro que separava Europa Oriental e Ocidental já estava em frangalhos. A começar pela derrota do Partido Comunista nas eleições polonesas em junho de 1989, os governos do bloco soviético caíram um a um: na Hungria, Tchecoslováquia, Bulgária. O outrora todo-poderoso ditador da Alemanha Oriental, Erich Honecker, apresentou sua renúncia naquele outono, e Nicolae Ceauşescu, que havia governado a Romênia com mão de ferro por mais de 22 anos, foi sumariamente executado por revolucionários no dia de Natal.

O sistema internacional foi transformado quando a política de equilíbrio de poder das duas superpotências deu lugar a uma era unipolar de domínio americano. Gorbatchóv e o presidente dos Estados Unidos, George H. W. Bush, incorporaram o sentimento de esperança gerado pelo fim do antagonismo soviético-americano, prometendo uma "nova ordem mundial". Para o mundo árabe, um dos teatros centrais da Guerra Fria, a nova era de primazia americana apresentava grandes incertezas. Mais uma vez, os líderes árabes foram forçados a aceitar novas regras na arena internacional.

As monarquias árabes conservadoras ficaram desconcertadas com o leque de movimentos populares derrubando governos de longa data, mas não lamentaram o colapso do comunismo: Marrocos, Jordânia, Arábia Saudita e outros países do golfo haviam depositado sua confiança no Ocidente, e, felizmente para eles, o Ocidente havia saído vitorioso da Guerra Fria.

O mesmo não aconteceu com as repúblicas árabes de esquerda, como Síria, Iraque, Líbia e Argélia, que guardavam maiores semelhanças com os regimes comunistas da Europa Oriental: unipartidários, esses Estados eram governados por ditadores havia muito no poder, e possuíam grandes exércitos e economias planificadas. As imagens em vídeo do cadáver de Ceaușescu transmitidas em todo o mundo provocaram profunda inquietação em algumas capitais árabes. Se eventos desse tipo podiam acontecer na Romênia, o que impediria que acontecessem em Bagdá ou Damasco?

Estava claro que não era mais possível contar com a União Soviética para defender seus aliados árabes. Nas últimas quatro décadas, as repúblicas árabes haviam recorrido à potência soviética em busca de equipamentos militares, assistência ao desenvolvimento e apoio diplomático para contrabalançar as forças de dominação ocidental. Esses dias haviam terminado. No outono de 1989, o presidente da Síria, Hafez Assad, pressionou Gorbatchóv por armas mais avançadas para ajudar a Síria a alcançar paridade estratégica com Israel. O presidente soviético rejeitou o pedido: "Nenhuma dessas estratégias vai resolver seus problemas — e, de qualquer forma, não estamos mais nesse jogo". Assad voltou devastado para Damasco.

As facções da OLP também estavam preocupadas. George Habash, líder da Frente Popular para a Libertação da Palestina, criticou as políticas de Gorbatchóv em uma visita a Moscou em outubro de 1989. "Se o senhor continuar agindo assim, vai prejudicar todos nós", alertou. O analista Muhammad Heikal testemunhou a confusão entre a liderança árabe. "Todos sentiam que as relações internacionais estavam mudando, mas continuavam apegados às velhas regras. Ninguém em parte alguma conseguia prever para onde as coisas estavam se encaminhando."[1]

Os velhos conflitos árabes da era da Guerra Fria vieram à tona na nova era unipolar de domínio americano. O Iraque, enfraquecido economicamente pela guerra de oito anos contra o Irã (1980-8), ainda dispunha de recursos militares suficientes para afirmar sua tentativa de ascensão regional. A invasão iraquiana do Kuwait em 1990 causou a primeira crise do mundo pós-Guerra Fria. A invasão de um Estado árabe por outro polarizou todo o mundo árabe — alguns países se mostraram contrários à intervenção estrangeira, enquanto outros optaram por participar de uma coalizão liderada pelos Estados Unidos para libertar o Kuwait do domínio iraquiano. A crise do Kuwait também abriu uma brecha entre os cidadãos e seus governos, quando o presidente iraquiano Saddam Hussein emergiu como um herói popular em todo o mundo árabe, tanto por enfrentar os Estados Unidos como por suas cínicas promessas de libertar a Palestina do domínio israelense.

Não bastou expulsar o Iraque do Kuwait para que a ordem no mundo árabe fosse restaurada. Saddam Hussein havia relacionado a ocupação do Kuwait com a presença da Síria no Líbano e a ocupação de longa data do território palestino por Israel. Após a guerra para libertar o Kuwait, o mundo árabe foi forçado a enfrentar a guerra civil libanesa, então em seu 15º ano. Os Estados Unidos, por sua vez, convocaram em Madri a primeira reunião entre árabes e israelenses para tratar de suas diferenças desde a Conferência de Paz de Genebra de 1973. Não ficou claro para os observadores da época se a invasão do Iraque e sua subsequente expulsão do Kuwait prenunciavam uma nova era de solução de conflitos ou apenas mais uma escalada na longa história de disputas regionais.

★ ★ ★

UM DOS PRIMEIROS LÍDERES ÁRABES a reconhecer a nova realidade do mundo após o fim da Guerra Fria foi o presidente do Iraque, Saddam Hussein. Já em março de 1990, Hussein havia alertado seus colegas árabes de que "pelos próximos cinco anos haverá apenas uma verdadeira superpotência" — os Estados Unidos.[2]

De muitas formas, o Iraque estava em melhor posição do que as demais repúblicas árabes para fazer a transição das antigas rivalidades da Guerra Fria para a nova realidade do predomínio americano. Embora os iraquianos tivessem mantido relações particularmente estreitas com a União Soviética, confirmadas no Tratado de Amizade e Cooperação de 1972, os oito anos da Guerra Irã-Iraque (1980-8) haviam conduzido o país a um degelo com os Estados Unidos. A hostilidade americana à República Islâmica do Irã levara o governo Reagan a apoiar o Iraque a fim de impedir uma vitória dos iranianos. E mesmo depois que a guerra terminou, sem um vencedor claro, Washington continuou sua reaproximação com Bagdá.

Ao assumir o cargo em janeiro de 1989, o novo presidente americano, George H. W. Bush, estava plenamente disposto a construir melhores relações com o Iraque. Em outubro daquele ano, seu governo promulgou uma diretriz de segurança nacional que estabelecia políticas dos Estados Unidos em relação ao golfo Pérsico privilegiando laços mais estreitos com o Iraque. "A normalização das relações entre os Estados Unidos e o Iraque contribuirá a longo prazo para promover tanto os nossos interesses quanto a estabilidade no golfo e no Oriente Médio", dizia o texto. "Os Estados Unidos devem propor incentivos econômicos e políticos ao Iraque para moderar seu comportamento e aumentar nossa influência no país." A diretriz também incentivava a abertura do mercado iraquiano às empresas americanas. "Devemos buscar e facilitar oportunidades para que nossas empresas possam participar da reconstrução da economia iraquiana." Isso incluía "formas não letais de assistência militar" a fim de aprimorar a influência dos Estados Unidos sobre as autoridades de defesa iraquianas.[3] Saddam Hussein podia ser perdoado por acreditar que havia conduzido bem seu país durante os distúrbios que se seguiram ao fim da Guerra Fria.

No entanto, o ditador iraquiano ainda enfrentava desafios assustadores para governar — desafios decorrentes de decisões desastrosas tomadas desde que havia chegado ao poder, em 1978. Sua guerra gratuita e ao final infrutífera contra o Irã causara um impacto terrível no país — e em sua própria base de apoio interno. Meio milhão de iraquianos morreram ao longo dos oito anos de conflito, o que gerou oposição interna ao governo de Hussein. À medida que a guerra se arrastava, a oposição a ele se tornou violenta. Em 1982, Hussein sobreviveu a um atentado na aldeia de Dujail, ao norte de Bagdá. Ele respondeu com violência esmagadora, ordenando que suas forças de segurança matassem quase 150 aldeões em retaliação.

No norte do Iraque, as facções curdas aproveitaram a guerra com o Irã para empreender uma tentativa de autonomia. O governo iraquiano respondeu com uma campanha de extermínio chamada de *al-Anfal*, ou "os despojos". Entre 1986 e 1989, milhares de curdos iraquianos foram reassentados à força, 2 mil aldeias foram destruídas e cerca de 100 mil homens, mulheres e crianças foram mortos. Em um dos episódios mais tristemente célebres, ocorrido em março de 1988, o governo iraquiano usou gás nervoso contra a aldeia de Halabja, matando 5 mil civis curdos.[4]

Além dos curdos, as comunidades sunita e xiita do Iraque também enfrentaram intensa repressão — prisões arbitrárias, tortura generalizada e execuções sumárias — para sufocar a dissidência. No Iraque de Saddam Hussein, apenas membros confirmados do Baath, o partido governante, podiam se sentir seguros e usufruir de uma situação melhor. Outrora celebrado pelos valores laicos, as altas taxas de alfabetização e a igualdade de gênero, em 1989 o Iraque havia degenerado em uma república do medo.[5]

Além de uma população inquieta, o desafio mais imediato que Saddam Hussein teve que enfrentar no final da Guerra Irã-Iraque foi a reconstrução da economia do país, que estava destruída. A riqueza do Iraque provinha de seus vastos recursos petrolíferos. Durante oito anos, a linha vital de petróleo do país fora cortada por ataques a oleodutos e instalações portuárias, além de uma implacável estratégia de destruição de petroleiros que acabaria por afetar as rotas de navegação internacional que atravessavam o golfo. Privado das receitas do petróleo, o Iraque foi obrigado a pegar emprestado bilhões de dólares de seus vizinhos do golfo Pérsico para sustentar seu esforço bélico. No final da guerra, em 1988, o país devia cerca de 40 bilhões de dólares a seus credores. Em 1990, o pagamento da dívida consumia mais de 50% das receitas geradas pelo petróleo iraquiano.[6]

Para agravar as dificuldades, o preço do petróleo não parava de cair. A fim de pagar as dívidas do país, Saddam Hussein precisava que os preços permanecessem na faixa de 25 dólares por barril (no auge da Guerra Irã-Iraque, eles haviam chegado a 35 dólares por barril). Assim, foi com grande desespero que ele viu o preço internacional do combustível cair para catorze dólares em julho de 1990. O golfo, agora em paz, era capaz de exportar todo o petróleo de que o mundo precisava. Para piorar a situação, alguns Estados da região estavam produzindo muito além das cotas definidas pela Opep. O Kuwait era um dos piores transgressores.

O Kuwait tinha suas próprias razões para romper com a Opep em relação às cotas de produção. No início da década de 1980, o governo do país havia diversificado sua economia, investindo pesadamente em refinarias ocidentais e abrindo milhares de postos de gasolina em toda a Europa sob a nova marca "Q-8" (que evoca a pronúncia da palavra "Kuwait" em inglês). As exportações do petróleo bruto kuwaitiano eram dirigidas cada vez mais para suas próprias instalações no Ocidente. Quanto mais petróleo bruto o Kuwait vendia para suas refinarias ocidentais, maiores os seus lucros na Europa.[7] Esses estabelecimentos de refino e comercialização proporcionavam margens de lucro mais altas do que a exportação de petróleo bruto e protegiam o país das variações no preço da commodity. O Kuwait estava mais interessado em produzir na capacidade máxima do que buscar o preço mais alto por barril, seguindo as diretrizes da Opep.

O Iraque, por outro lado, não possuía essas vias de comercialização externas, tendo suas receitas indissociavelmente ligadas ao preço do petróleo bruto. A cada vez que o preço do barril baixava um dólar, o país perdia 1 bilhão de dólares em receitas líquidas anuais. Nas reuniões da Opep, Iraque e Kuwait ocupavam lados opostos da mesa de negociação, uma vez que o primeiro pressionava pela redução das cotas de produção, e o consequente aumento dos preços do barril, enquanto o segundo defendia o aumento da produção. Os kuwaitianos deram pouca atenção às preocupações iraquianas. Em junho de 1989, simplesmente se recusaram a seguir as cotas definidas pela Opep. Tendo apoiado o esforço de guerra do Iraque contra o Irã com empréstimos cujo valor chegava a 14 bilhões de dólares, eles consideravam justo colocar seus próprios interesses econômicos em primeiro lugar agora que a guerra havia acabado.

Saddam Hussein começou então a atribuir ao Kuwait a culpa pelos problemas econômicos do Iraque, e fez pressões e ameaças ao pequeno emirado do golfo. Ele pediu ao Kuwait não apenas o perdão de sua dívida de 14 bilhões de dólares como um empréstimo adicional de 10 bilhões para a reconstrução do país. Além disso, acusou o Kuwait de roubar petróleo iraquiano de seu campo compartilhado em Rumaila e, alegando que o Kuwait havia tomado território iraquiano durante a Guerra Irã-Iraque, exigiu a "devolução" das estratégicas ilhas de Warba e Bubiyan, no extremo continental do golfo, a fim de estabelecer ali instalações militares e garantir ao Iraque um porto de águas profundas.

As declarações de Hussein, embora infundadas, reabriam a velha disputa do Iraque em relação às fronteiras e à independência do Kuwait. O Iraque já havia reivindicado o Kuwait como parte de seu território duas vezes no século xx — em 1937 e logo após a independência do Kuwait, em 1961. Para os vizinhos árabes do Iraque, porém, essas novas reclamações e ameaças não passavam de retórica vazia.

Os Estados árabes estavam enganados: em julho de 1990, Hussein concretizou suas ameaças ao enviar um grande número de tropas e tanques para a fronteira do Iraque com o Kuwait. Os demais países da região foram forçados a agir, agora cientes de que uma grave crise estava se formando.

O Egito e a Arábia Saudita responderam à crescente tensão tentando intermediar uma solução diplomática. O rei Fahd e o presidente Mubarak organizaram uma reunião entre as autoridades kuwaitianas e iraquianas no porto de Jidá, na costa do mar Vermelho, na Arábia Saudita. Antes do encontro, marcado para 1º de agosto, Saddam Hussein prometeu aos dirigentes árabes que todas as diferenças entre o Iraque e seus vizinhos seriam resolvidas de maneira "fraternal".

Mas ele já havia se decidido a invadir o Kuwait. Antes de enviar seu vice-presidente para se encontrar com o príncipe herdeiro do Kuwait em Jidá, Hussein solicitou uma reunião em 25 de julho com a embaixadora dos Estados Unidos em Bagdá, April Glaspie, para sondar a posição de Washington sobre a crise. Glaspie assegurou ao presidente iraquiano que os Estados Unidos "não tinham opinião sobre os conflitos interárabes, como sua divergência quanto à fronteira com o Kuwait".[8] Hussein, ao que parece, interpretou as observações da embaixadora como um sinal de que os Estados Unidos não interviriam em um conflito interárabe e, logo após o encontro com Glaspie, mudou o escopo de seus planos de invasão.

Inicialmente, ele planejara uma incursão limitada para capturar as duas ilhas e o campo de petróleo de Rumaila. Agora, pretendia uma ocupação total do país. Em uma reunião com o Conselho de Comando Revolucionário do governo, Hussein argumentou que, se deixasse a família Sabah no comando de parte do Kuwait, ela mobilizaria a comunidade internacional — sobretudo os americanos — para forçar a retirada iraquiana. Uma invasão rápida e decisiva que derrubasse os Sabah antes que eles tivessem oportunidade de solicitar intervenção americana dava ao Iraque mais chances de sucesso. Além disso, se o Iraque absorvesse completamente o vizinho, rico em petróleo, poderia resolver de imediato todos os seus problemas econômicos.

Em 1º de agosto, ao enviar seu vice-presidente para a reunião em Jidá com o príncipe herdeiro do Kuwait, Saddam Hussein estava usando a diplomacia para que seus planos militares obtivessem o maior efeito surpresa possível. A reunião entre Ezzat Ibrahim e o xeque Saad al-Sabah foi realizada de forma amigável, sem qualquer sinal de ameaça. Os dois se despediram em bons termos e concordaram em realizar sua próxima reunião em Bagdá. Quando deixaram Jidá, à meia-noite, as tropas iraquianas já estavam atravessando a fronteira com o Kuwait.

NAS PRIMEIRAS HORAS DA MANHÃ de 2 de agosto, dezenas de milhares de tropas iraquianas entraram no Kuwait em uma arrancada para ocupar seu valioso território. Os assustados moradores do país foram os primeiros a perceber o que estava acontecendo. Jehan Rajab, diretora de uma escola na Cidade do Kuwait, recordou:

> Às seis horas da manhã do dia 2 de agosto, saí da cama como sempre, abri a janela e olhei para fora. Para minha consternação, ouvi o som cortante de tiros. Não era um tiro ou dois, mas rajadas contínuas que eram respondidas com outros tiros. Os sons reverberavam nas paredes da mesquita que fica lado da nossa casa, e logo, para nosso horror, tornou-se evidente o que estava acontecendo. O Kuwait estava sendo invadido pelo Iraque.[9]

Os telefones começaram a tocar nas capitais árabes. O rei Fahd foi despertado com as notícias às cinco da manhã. Tendo se reunido com os negociadores do Iraque e do Kuwait em Jidá na noite anterior, ele mal podia acreditar que as tropas iraquianas haviam invadido o Kuwait, e imediatamente tentou entrar em contato com Saddam Hussein, sem sucesso. Seu telefonema seguinte foi para o rei Hussein, da Jordânia, conhecido por sua proximidade com o líder iraquiano.

Uma hora depois, assessores acordaram o presidente egípcio, Hosni Mubarak, para relatar que as tropas iraquianas haviam ocupado o palácio do emir e os principais ministérios na capital do Kuwait. Os líderes árabes tiveram que esperar até o meio da manhã pela primeira explicação de Bagdá: "Isso é apenas parte do Iraque retornando ao Iraque", explicou o enviado político de Saddam aos incrédulos chefes de Estado.[10]

A comunidade internacional enfrentava agora a primeira crise da era pós-Guerra Fria. As notícias da invasão chegaram à Casa Branca às nove da noite do dia 1º de agosto; nessa mesma noite, o governo Bush emitiu um comunicado condenando duramente a invasão iraquiana. Na manhã seguinte, a questão foi encaminhada ao Conselho de Segurança da ONU, que rapidamente aprovou a Resolução 660, conclamando uma retirada imediata e incondicional do exército do Iraque.

Destemidas, as forças iraquianas aceleraram para a capital, a Cidade do Kuwait, numa tentativa de capturar o emir, o xeque Jabar al-Ahmad al-Sabah, e sua família. Se tivessem conseguido prender a família governante, os iraquianos teriam obtido um controle muito maior sobre o país, uma vez que poderiam fazê-los reféns para assegurar seus objetivos. O emir, porém, fora avisado da chegada dos iraquianos e partira com a família para a vizinha Arábia Saudita.

O príncipe herdeiro do Kuwait, o xeque Saad, retornou de sua reunião em Jidá com o vice-presidente iraquiano e descobriu que a invasão já estava em andamento. Ele imediatamente convocou o embaixador dos Estados Unidos no Kuwait e solicitou oficialmente o apoio militar americano para repelir a invasão, antes de se juntar ao resto da família real no exílio na Arábia Saudita. Com esses dois atos simples — o pedido de assistência americana e o exílio —, os Sabah conseguiram frustrar a invasão de Saddam logo no início. O povo do Kuwait, no entanto, enfrentaria sete meses de horror antes que a provação terminasse.

DADO O AUTORITARISMO E A AMBIGUIDADE da política do regime baathista, os primeiros dias da ocupação pareciam ter saído diretamente das páginas de *1984*, de George Orwell. De maneira absurda, os iraquianos alegavam ter entrado no Kuwait a pedido de uma revolução popular para derrubar a família Sabah, que governava o país. "Alá ajudou o povo livre das fileiras puras do Kuwait", declarava um comunicado divulgado pelo governo iraquiano. "Eles varreram a velha ordem, introduziram uma ordem nova e pediram a ajuda fraternal do grande povo do Iraque."[11] O regime iraquiano instalou então o que chamou de governo provisório do Kuwait Livre.

No entanto, não havendo revolucionários no Kuwait para legitimar as declarações do Iraque, o governo de Saddam Hussein logo abandonou o discurso de libertação e anunciou a anexação do país. Em 8 de agosto, o Kuwait foi declarado a 19ª província do Iraque. Os iraquianos começaram a apagar o Kuwait dos mapas e até mudaram o nome da capital — Cidade do Kuwait — para um nome escolhido por eles — Kazimah.

Em outubro, foram promulgados novos decretos exigindo que os kuwaitianos mudassem seus documentos de identidade e as placas de seus veículos para os padrões usados no Iraque. Os iraquianos tentaram impor o cumprimento dessas normas negando serviços aos kuwaitianos que não portassem documentos iraquianos. Cartões de racionamento para alimentos básicos como leite, açúcar, arroz, farinha e óleo de cozinha eram emitidos apenas para quem tivesse documentos iraquianos, e somente apresentando identificação iraquiana era possível obter atendimento médico. Os postos de gasolina só abasteciam carros com placas iraquianas. No entanto, a maioria dos kuwaitianos resistiu a essas pressões e se recusou a assumir a cidadania iraquiana, preferindo negociar itens essenciais no mercado paralelo.[12]

A invasão do Kuwait foi acompanhada de saques a lojas, escritórios e residências, e em muitos casos as forças iraquianas enviavam o fruto das pilhagens a Bagdá. Observando os caminhões de cargas roubadas partirem, um oficial do Kuwait questionou um oficial iraquiano:

"Se o senhor diz que o Kuwait faz parte do Iraque, por que está levando tudo embora?"

"Porque nenhuma província pode ser melhor que a capital", respondeu o oficial.[13]

A brutalidade da ocupação aumentava a cada dia. No final de agosto, Saddam Hussein nomeou governador militar do Kuwait seu primo Ali Hassan al-Majid, apelidado de "Ali Químico" por conta de seu ataque a gás contra os curdos durante a campanha de *al-Anfal*. "Após a chegada ao Kuwait de Ali Hassan Majid", observou Jehan Rajab em seu diário, "o reino de terror se intensificou, assim como os rumores de possíveis ataques químicos." Aqueles que puderam, fugiram. "Todo mundo pensava em fugir", refletiu o banqueiro kuwaitiano Muhammad al-Yahya. Ele descreveu carros do Kuwait, em filas de quatro, lado a lado na fronteira com a Arábia Saudita, formando engarrafamentos que chegavam a trinta quilômetros de extensão. Yahya, no entanto, decidiu permanecer no Kuwait.[14]

À medida que a repressão do sistema político iraquiano se enraizava com força no Kuwait, sua população começou a organizar movimentos de resistência não violenta. "Na primeira semana da invasão", escreveu Jehan Rajab, "as mulheres decidiram se manifestar nas ruas contra o que havia acontecido." O primeiro protesto foi realizado em 6 de agosto, apenas quatro dias após a invasão. "Havia um sentimento de tensão e expectativa: era quase como se a multidão soubesse, de maneira subconsciente, que os iraquianos não permitiriam nem mesmo manifestações pacíficas." Cerca de trezentas pessoas participaram da marcha, carregando cartazes e pôsteres do emir e do príncipe herdeiro exilados e bandeiras do Kuwait.

Os manifestantes intercalavam cânticos em homenagem ao Kuwait e ao emir com palavras de ordem condenando Saddam Hussein: "Morte a Saddam", diziam, acrescentando, de maneira incongruente: "Saddam é sionista". As duas primeiras manifestações não provocaram reação iraquiana, mas, no terceiro dia consecutivo de protestos, os manifestantes se viram cara a cara com soldados armados que abriram fogo contra a multidão. "Foi um pandemônio", registrou Rajab. "Ouvia-se o rugido do motor dos carros, que tentavam dar meia-volta e fugir feito loucos pela estrada; as pessoas gritavam e os tiros prosseguiam." Manifestantes mortos e feridos espalhavam-se pela rua diante da delegacia no centro da Cidade do Kuwait. "Essa foi a última manifestação que fizemos em nosso bairro, e provavelmente a última que foi feita em qualquer lugar, porque os iraquianos atiravam para matar ou ferir gravemente. Os kuwaitianos estavam apenas começando a entender até que ponto os invasores podiam ser implacáveis."[15]

No entanto, as atividades de resistência não violenta continuaram a acontecer durante toda a ocupação. O movimento de resistência mudou de tática para evitar o risco de fogo iraquiano. Em 2 de setembro, os kuwaitianos decidiram assinalar o primeiro mês de ocupação com um ato de desafio. O plano se espalhou de boca em boca: à meia-noite, todos os residentes da Cidade do Kuwait deveriam subir aos telhados e gritar "Allahu Akbar". Na hora marcada, milhares de kuwaitianos se uniram em um coro de protesto contra a ocupação. Para Jehan Rajab, aquele era um grito de "desafio e fúria diante de tudo que havia acontecido — a invasão, a brutalidade que se seguira, os assassinatos e os centros de tortura estabelecidos em vários lugares no país". Os soldados iraquianos dispararam tiros de advertência em direção aos telhados numa tentativa de silenciar o protesto, mas por uma hora o povo do Kuwait desafiou a ocupação com sucesso. "Alguns dizem que o Kuwait renasceu naquela noite", afirmou o banqueiro Yahya.[16]

Muitos kuwaitianos também organizaram grupos de resistência armada contra os iraquianos, liderados por ex-policiais e soldados treinados no uso de armas de fogo. Sua tática era emboscar tropas iraquianas e depósitos de munição. A estrada que passava pela escola onde Jehan Rajab trabalhava era uma importante via de passagem para os veículos militares iraquianos, e se tornou foco de muitos ataques. No final de agosto, Rajab ouviu uma enorme explosão na estrada principal, seguida por uma salva aleatória de artilharia. Ela logo compreendeu que a resistência havia atingido caminhões de munição iraquianos e detonado a munição que eles carregavam. Rajab só se atreveu a sair de seu apartamento quando as explosões haviam cessado.

Ela encontrou carros de bombeiros apagando os destroços em chamas dos caminhões do exército iraquiano. "Não havia muita coisa para ver, a não ser carcaças de metal dispersas e enegrecidas", observou ela em seu diário. "Qualquer coisa humana deve ter sido pulverizada."

Os atentados colocaram os moradores do bairro de Rajab em sério risco, tanto pelas consequências dos ataques como pela possível retaliação dos iraquianos. "Depois desse incidente", observou ela, "em que algumas casas foram atingidas e, pior, os iraquianos ameaçaram matar todos na região se algo semelhante voltasse a acontecer, a resistência buscou proteger os civis comuns, restringindo seus ataques a zonas mais afastadas dos bairros residenciais."[17]

Os moradores do Kuwait levaram as ameaças iraquianas a sério. O cheiro da morte pairava sobre o país ocupado. A morte havia literalmente chegado às portas de muitos kuwaitianos, uma vez que uma das táticas dos iraquianos consistia em levar os detidos à porta de casa e matá-los diante de suas famílias. Para agravar o horror, as autoridades ameaçavam matar todos os membros da família se movessem o corpo de lugar. Os mortos com frequência permaneciam expostos por dois ou três dias sob o calor do verão, para servir como um terrível aviso a quem quer que pensasse em resistir.

Mas, apesar dos esforços de intimidação, a resistência prosseguiu inabalável ao longo dos sete meses de ocupação. Jehan Rajab afirma em seu diário ter havido "resistência contínua", afirmação corroborada por documentos do serviço de inteligência iraquiano apreendidos após a libertação do Kuwait.[18]

No começo da ocupação, não havia razão para acreditar que o Iraque restringiria suas ambições ao Kuwait. Nenhum dos países do golfo Pérsico tinha força militar suficiente para repelir uma invasão iraquiana, e, após a queda do Kuwait, americanos e sauditas ficaram preocupados que Saddam Hussein tentasse ocupar campos de petróleo sauditas.

O governo Bush acreditava que uma grande presença americana na região era a única coisa capaz de conter as ambições de Saddam Hussein.

Por isso, queria assegurar o direito de estabelecer bases militares em território saudita, caso fosse necessário dispor de suas tropas para expulsar os iraquianos. O governo americano, porém, precisava que o governo saudita fizesse um pedido formal de assistência militar antes de enviar seus soldados. O rei Fahd não concordou, temendo uma reação interna negativa. Como berço do islã, a Arábia Saudita sempre se sentira particularmente desconfortável com presença não muçulmana em seu território. Além disso, jamais tendo sido sujeitos a controle imperial estrangeiro, os sauditas mantinham zelosamente sua independência do Ocidente.

A perspectiva de tropas americanas inundando a Arábia Saudita levou os islamitas do país à ação. Veteranos do conflito afegão, encorajados por seus sucessos contra os soviéticos, faziam firme oposição a uma intervenção americana no Kuwait. Osama bin Laden havia retornado da jihad afegã e fora colocado em prisão domiciliar pelo governo saudita por seus discursos políticos incontidos, que circulavam amplamente em fitas cassete.

Quando as forças de Saddam Hussein invadiram o Kuwait, Bin Laden escreveu ao ministro do Interior saudita, o príncipe Nawwaf bin Abdul Aziz, sugerindo a mobilização da rede mujahidin que ele acreditava ter sido extremamente eficaz na expulsão dos soviéticos do Afeganistão. "Ele afirmava poder reunir um exército de 100 mil homens", lembrou Abdul Bari Atwan, um dos poucos jornalistas a entrevistar Bin Laden em seu esconderijo nas montanhas de Tora Bora, no Afeganistão. "A carta foi ignorada."

No fim das contas, os sauditas julgaram que os iraquianos representavam uma grande ameaça à estabilidade do país e optaram pela proteção americana, apesar da oposição interna. Bin Laden denunciou a medida como uma traição ao islã. "Bin Laden me disse que a decisão do governo saudita de convidar tropas dos Estados Unidos para defender o reino e libertar o Kuwait foi o maior choque de toda a sua vida", registrou Atwan.

Ele não podia acreditar que a casa de Al Saud pudesse ver com bons olhos o emprego de forças "infiéis" na península Arábica, nas proximidades dos Lugares Sagrados [Meca e Medina], pela primeira vez desde o início do islã. Bin Laden também temia que, ao receber tropas americanas em território árabe, o governo saudita sujeitasse o país à ocupação estrangeira — em uma repetição exata do curso dos eventos no Afeganistão, quando o governo comunista em Cabul convidara tropas russas ao país. Assim como havia pegado em armas para combater as tropas soviéticas no Afeganistão, Bin Laden pegaria em armas agora para enfrentar as tropas americanas na península Arábica.[19]

Com seu passaporte confiscado pelas autoridades sauditas, Bin Laden precisou lançar mão dos estreitos laços de sua família com a monarquia para garantir documentos de viagem e se exilar em caráter permanente. Em 1996, ele declarou a jihad contra os Estados Unidos e a "expulsão" da monarquia saudita da comunidade religiosa por "atos contra o islã".[20] No entanto, sua inimizade em relação aos Estados Unidos e à monarquia saudita, seus ex-aliados na jihad afegã, datava dos eventos de agosto de 1990.

A CRISE DO KUWAIT ABRIU um novo capítulo da cooperação soviético-americana na diplomacia internacional. Pela primeira vez na história, o Conselho de Segurança da ONU conseguiu tomar uma ação decisiva sem ser prejudicado pela política da Guerra Fria. Nos quatro meses que se seguiram à rápida aprovação da Resolução 660, em 2 de agosto, o Conselho de Segurança aprovou um total de doze resoluções, à medida que a crise se aprofundava, sem correr o risco de veto de uma das superpotências. Em 6 de agosto, o conselho impôs sanções comerciais e econômicas ao Iraque e congelou todos os ativos iraquianos no exterior (Resolução 661); em 25 de setembro, o regime de sanções foi reforçado (Resolução 670). Em 9 de agosto, o Conselho de Segurança declarou a anexação iraquiana do Kuwait "nula e sem efeito" (Resolução 662). Várias resoluções condenaram as violações iraquianas da imunidade diplomática no Kuwait e mantiveram os direitos de cidadãos de outros países de deixar o Iraque e o Kuwait. Quando, em 29 de novembro, os soviéticos se uniram aos americanos na aprovação da Resolução 678, autorizando os Estados-membros da ONU a "usar todos os meios necessários" contra o Iraque, a menos que houvesse sua retirada total do Kuwait até 15 de janeiro de 1991, a Guerra Fria no Oriente Médio chegou formalmente ao fim.

O que mais surpreendeu os estadistas árabes — e os iraquianos em particular — foi a posição soviética. Como lembrou o analista egípcio Muhammad Heikal,

> muitos no mundo árabe presumiam que, mesmo que se recusasse a ajudar o Iraque após a invasão, Moscou permaneceria no mínimo neutra; assim, eles ficaram surpresos quando a União Soviética ajudou os americanos a aprovar, uma atrás da outra, uma sequência de resoluções no Conselho de Segurança da ONU.

O que o mundo árabe não havia percebido era o estado de debilidade da União Soviética e sua preocupação em preservar boas relações com Washington. Considerando os interesses geoestratégicos dos americanos no golfo, os soviéticos sabiam que podiam apoiar os Estados Unidos ou enfrentá-los, mas não podiam impedi-los de agir. Não tendo nada a ganhar com o confronto, eles optaram pela cooperação e deixaram o ex-aliado árabe totalmente exposto.

O mundo árabe demorou a reconhecer a nova orientação das políticas de Moscou na era pós-Guerra Fria. Quando o Iraque decidiu ignorar a ONU e os Estados Unidos começaram a mobilizar uma coalizão de guerra, o mundo árabe ainda esperava que a União Soviética impedisse os americanos de tomar medidas militares contra seu aliado iraquiano. No entanto, o ministro das Relações Exteriores soviético, Eduard Chevardnadze, trabalhou em estreita colaboração com o secretário de Estado dos Estados Unidos, James Baker, na elaboração da resolução que autorizava a ação militar. "Para surpresa das delegações árabes", afirmou Heikal, "ficou claro que Moscou daria a Washington licença para agir."[21]

ENQUANTO AMERICANOS E SOVIÉTICOS VIVIAM um momento de cooperação sem precedentes durante a crise do Kuwait, o mundo árabe nunca estivera tão fragmentado. A invasão de um Estado árabe por outro e a ameaça de intervenção externa provocaram profundas divisões entre os líderes da região.

O Egito, recém-reabilitado após uma década de isolamento por conta de seu tratado de paz com Israel, assumiu a liderança na organização de uma resposta árabe à crise do Kuwait. Em 10 de agosto, o presidente Mubarak convocou uma repentina cúpula árabe, a primeira realizada no Cairo desde os Acordos de Camp David. Iraquianos e kuwaitianos se enfrentaram pela primeira vez desde a invasão. Foi um momento tenso. O emir do Kuwait fez um discurso conciliatório, tentando acalmar os iraquianos e avançar com uma resolução diplomática para a crise. Ele esperava voltar ao ponto em que as negociações haviam terminado na reunião de 1º de agosto, em Jidá. Os iraquianos, no entanto, adotaram uma linha inflexível. Quando o emir terminou seu discurso e retornou a seu lugar, o delegado iraquiano Taha Yassin Ramadan declarou: "Não sei com que fundamento o xeque se dirige a nós. O Kuwait não existe mais".[22] O emir saiu da sala em protesto.

Para alguns líderes árabes, a ameaça de intervenção americana era ainda mais grave do que a invasão iraquiana do Kuwait. O presidente Chadli Benjedid, da Argélia, advertiu a assembleia: "Lutamos a vida toda para nos livrar do imperialismo e das forças imperialistas, mas vemos agora nossos esforços desperdiçados, uma vez que a nação árabe [...] volta a convidar a intervenção estrangeira".[23] Os líderes da Líbia, do Sudão, da Jordânia, do Iêmen e da OLP compartilhavam as preocupações de Benjedid e pressionaram por uma ação árabe conjunta para resolver a crise. Eles esperavam negociar uma retirada do Iraque do Kuwait em termos que ambos os lados pudessem aceitar, sem mais conflitos armados ou intervenção estrangeira.

No momento da votação da resolução final da cúpula do Cairo, porém, as divisões no mundo árabe tornaram-se aparentes. A resolução condenava a invasão, negava a anexação do Iraque e pedia a retirada imediata de todas as forças iraquianas do Kuwait. Também endossava o pedido da Arábia Saudita de apoio militar árabe contra as ameaças iraquianas ao seu território. Mubarak interrompeu o debate sobre a resolução passadas apenas duas horas e colocou em votação o texto que dividiu o mundo árabe em dois campos profundamente opostos, com dez países a favor e nove contra a resolução final. "Foram necessárias menos de duas horas para instituir as divisões mais profundas que o mundo árabe já havia visto", escreveu Muhammad Heikal. A última chance de uma solução árabe havia sido perdida.[24]

O governo americano acreditava que somente uma ameaça respeitável poderia forçar os iraquianos a se retirar do Kuwait e, sem confiar na diplomacia dos Estados da região, começou a recrutar aliados árabes para a ação militar. Em 8 de agosto, as primeiras forças americanas já haviam desembarcado na Arábia Saudita, reunindo-se a elas unidades egípcias e marroquinas. Os sírios, inimigos de longa data do Iraque e interessados em uma aproximação com os Estados Unidos desde a perda do apoio soviético, estavam inclinados a ingressar na coalizão e confirmaram sua participação em 12 de setembro. Os demais Estados do golfo — Catar, Emirados Árabes Unidos e Omã — também ficaram do lado dos sauditas e ofereceram tropas e instalações à coalizão liderada pelos americanos.

Depois de dividir os Estados árabes em campos irreconciliáveis por ações suas, Saddam Hussein manipulou a opinião pública árabe para virar os cidadãos contra seus governos. Ele se apresentava como um homem de ação disposto a enfrentar americanos e israelenses. Condenava os Estados Unidos por sua moral ambígua, por defenderem as resoluções do Conselho de Segurança da ONU no que dizia respeito ao Kuwait, rico em petróleo, e fecharem os olhos às repetidas violações de Israel às resoluções da ONU que pediam a retirada dos judeus do territórios árabes ocupados. Com suas ações, Saddam Hussein pressionou ainda mais os regimes, apresentando-os como lacaios das potências ocidentais que sacrificavam os interesses árabes a fim de preservar boas relações com os Estados Unidos. Hussein acusava abertamente seus colegas de seguirem as regras americanas na nova era pós-Guerra Fria. E as massas árabes se uniram ao único homem que se recusava a ceder à pressão americana. Manifestações violentas eclodiram no Marrocos, no Egito e na Síria em protesto à decisão de seus líderes de ingressar na coalizão. Grandes protestos em apoio aos iraquianos foram realizados na Jordânia e nos territórios palestinos — para grande desgosto dos kuwaitianos exilados, que durante anos haviam prestado generoso apoio à monarquia hachemita e à OLP.

O rei Hussein da Jordânia e o presidente da OLP, Yasser Arafat, que já haviam tido relações cordiais com o regime iraquiano, agora se viam apanhados entre a opinião pública árabe em apoio a Saddam Hussein e a exigência da comunidade internacional de apoiar a coalizão liderada pelos Estados Unidos contra a invasão iraquiana do Kuwait. Arafat escolheu abertamente Saddam Hussein, enquanto o monarca da Jordânia se limitou a se recusar a condenar os iraquianos enquanto perseguia uma cada vez mais improvável "solução árabe" para a crise do Kuwait. Por não condenar os iraquianos, o rei Hussein foi acusado pelo governo Bush e pelos líderes do golfo Pérsico de apoiar a invasão do Kuwait. Após a crise, a Jordânia enfrentou isolamento por parte dos países do golfo Pérsico e do Ocidente. No entanto, o rei Hussein continuou tendo o apoio do povo jordaniano, evitando uma crise que poderia muito bem ter lhe custado a coroa.

Com o tempo, Saddam Hussein tornou-se prisioneiro de sua popularidade nas ruas árabes. Tendo reivindicado condições elevadas em questões como a ocupação israelense da Palestina e a resistência à pressão americana, ele já não tinha nenhuma margem de manobra para concessões. E os argumentos com que angariava o apoio público árabe não surtiam nenhum efeito com o governo americano. O governo Bush se recusava a ampliar o escopo da discussão, insistindo em limitá-la ao contexto imediato da invasão iraquiana do Kuwait. E Saddam Hussein não podia se dar ao luxo de se retirar do Kuwait sem conseguir alguma concessão na questão do conflito israelense-palestino que lhe permitisse salvar as aparências, concessão que os americanos não estavam dispostos a lhe fazer. Não se dispondo a aceitar as regras americanas, Saddam Hussein tornou-se cada vez mais fatalista quanto à perspectiva da guerra.

QUANDO VENCEU O PRAZO de 15 de janeiro de 1991, estabelecido pela Resolução 678 do Conselho de Segurança da ONU, os Estados Unidos haviam mobilizado uma gigantesca coalizão internacional para obrigar o Iraque a sair do Kuwait. As forças americanas representavam mais de dois terços do total, com 650 mil soldados. O mundo árabe contribuiu com quase 185 mil homens: 100 mil sauditas reforçados por contingentes do Egito, Síria, Marrocos, Kuwait, Omã, Emirados Árabes Unidos, Catar e Bahrein. Grã--Bretanha e França lideraram a contribuição europeia, embora a Itália e outros oito Estados europeus também tenham enviado forças. No total, cerca de 34 países de seis continentes se uniram para travar uma guerra mundial contra o Iraque.

O mundo prendeu a respiração quando o dia 15 de janeiro transcorreu sem incidentes. No dia seguinte, os Estados Unidos lançaram a Operação Tempestade no Deserto, com um bombardeio aéreo maciço de Bagdá e de posições do exército iraquiano no Kuwait e no Iraque. Saddam Hussein permaneceu desafiador, ameaçando seus adversários com a "mãe de todas as batalhas". A maior incerteza enfrentada pela coalizão era se o Iraque recorreria a armas químicas ou biológicas, como havia feito contra os curdos na campanha de *al-Anfal*. Os comandantes americanos esperavam derrotar o Iraque com ataques aéreos, sem expor suas forças de infantaria ao risco de uma guerra de gases letais.

Os iraquianos reagiram à guerra aérea disparando mísseis Scud de longo alcance contra Israel e posições americanas na Arábia Saudita. Sem aviso, oito Scuds atingiram Haifa e Tel Aviv nas primeiras horas da manhã de 18 de janeiro, causando danos materiais, mas sem fatalidades. Enquanto as sirenes soavam, as estações de rádio israelenses aconselhavam os cidadãos a usarem máscaras de gás e a se abrigarem em ambientes vedados, por medo de que os iraquianos pudessem ter instalado ogivas químicas nos Scuds.

O governo de Yitzhak Shamir se reuniu em uma sessão de emergência a fim de decidir a melhor forma de retaliar, mas o governo Bush conseguiu convencer os israelenses a ficarem fora da guerra. Estava claro que Saddam Hussein esperava transformar a Guerra do Kuwait em um conflito árabe--israelense mais amplo para confundir a coalizão liderada pelos americanos. Muhammad Heikal contou que o lançamento de mísseis iraquianos contra Israel causou confusão nos soldados árabes que participavam da coalizão, que já não sabiam a quem se manter leais. Quando descobriu que o Iraque havia disparado mísseis Scud contra Israel, um grupo de soldados egípcios e sírios acampados na Arábia Saudita comemorou aos gritos de "Allahu Akbar" — "lembrando-se um instante depois que deveriam estar contra o Iraque. Mas era tarde demais. Sete egípcios e vários sírios receberam penas disciplinares".[25]

Ao todo, 42 mísseis foram disparados contra Israel, alguns errando a trajetória e atingindo a Jordânia e a Cisjordânia, outros sendo interceptados por antimísseis Patriot. Os Scuds provocavam mais medo do que baixas. Muitos palestinos nos territórios ocupados aplaudiram os ataques de Saddam Hussein contra Israel. Frustrados com o impasse das políticas da Intifada e a mão de ferro com que Israel suprimia a revolta popular, e agora confinados em casa por um rígido toque de recolher de 24 horas, eles ficaram exultantes ao ver os israelenses sendo atacados. Filmados por jornalistas dançando em seus telhados, aplaudindo os Scuds, sua reação foi explicada a um jornal britânico pelo acadêmico palestino Sari Nusseibeh: "Se os palestinos ficam felizes ao ver um míssil voando de leste a oeste, é porque, figurativamente falando, viram mísseis voando de oeste a leste durante os últimos quarenta anos". Nusseibeh pagaria caro por seus comentários sobre os mísseis; alguns dias depois, ele seria preso sob o falso pretexto de ter ajudado os iraquianos a guiar seus Scuds contra alvos israelenses, sendo condenado a três meses na prisão de Ramle.[26]

Os iraquianos dispararam 46 Scuds contra a Arábia Saudita. A maioria foi interceptada por antimísseis Patriot, embora um Scud tenha atingido um armazém em Dhahran usado como quartel americano, matando 28 soldados e ferindo mais de cem, o maior número de vítimas sofrido pelas forças americanas em um único incidente na guerra.

A análise dos destroços dos mísseis tranquilizou os comandantes americanos de que os iraquianos não estavam usando agentes biológicos ou químicos, e incentivou as forças de coalizão a levarem a guerra do ar para o solo. Em 22 de fevereiro, o presidente George H. W. Bush deu a Saddam Hussein um ultimato para se retirar do Kuwait ao meio-dia do dia seguinte ou enfrentar uma guerra terrestre.

Em fevereiro, o Iraque e seu exército haviam sofrido mais de cinco semanas de bombardeios aéreos sem precedentes, o que tornava muito pequeno o impacto de seus precários Scuds em Israel e na Arábia Saudita. As aeronaves das forças de coalizão realizavam cerca de mil missões contra alvos iraquianos a cada dia, valendo-se de armas de precisão guiadas a laser com alto poder explosivo e mísseis de cruzeiro. Bagdá e as cidades do sul do Iraque sofreram extensos bombardeios, que destruíram centrais elétricas, linhas de comunicação, estradas, pontes, fábricas e bairros residenciais.

Embora não haja estatísticas oficiais de mortes de civis na Operação Tempestade no Deserto — as estimativas variam de 5 mil a 200 mil —, não há dúvida de que milhares de civis iraquianos foram mortos e feridos pelo intenso bombardeio. No pior incidente isolado da guerra, a força aérea dos Estados Unidos jogou duas "bombas inteligentes" de novecentos quilos em um abrigo antiaéreo no bairro de Amiriya, em Bagdá, matando mais de quatrocentos civis, a maioria mulheres e crianças. O exército iraquiano também sofreu pesadas baixas com o ataque contínuo, e o moral estava reduzido na terceira semana de fevereiro.

Diante da iminente expulsão do Kuwait, o governo iraquiano respondeu com atos de guerra ambiental destinados a punir o Kuwait e os países vizinhos. No final de janeiro, as forças iraquianas lançaram deliberadamente 4 milhões de barris de petróleo nas águas do golfo Pérsico, criando a maior mancha de petróleo do mundo, uma massa letal de 56 quilômetros de comprimento por 24 de largura. Dada a fragilidade do golfo como ecossistema, e depois de anos de danos infligidos pela Guerra Irã-Iraque, a mancha de petróleo foi uma catástrofe ambiental em escala sem precedentes.

Na véspera do início dos combates terrestres, os iraquianos também detonaram cargas em setecentos poços de petróleo do Kuwait, criando um verdadeiro inferno. Jehan Rajab testemunhou as explosões do telhado de sua casa. "Podemos ouvir perfeitamente a explosão das cargas de dinamite que os iraquianos colocam na boca dos poços", registrou ela em seu diário.

O céu, de um vermelho ardente, parece vibrar. Algumas chamas sobem e descem ritmadamente, enquanto outras se erguem a grandes alturas e, imagino, soltam um rugido poderoso, de proporções dramáticas. Outras parecem ter vida própria: explodem em uma bola de fogo que pulsa com uma intensidade maligna.

Na manhã seguinte, o céu azul do Kuwait estava coberto pela fumaça de setecentos poços em chamas. "O céu inteiro estava preto esta manhã. A fumaça apagou o sol."[27]

A guerra ambiental dos iraquianos aumentou a urgência da campanha terrestre, que foi iniciada nas primeiras horas da manhã de domingo, 24 de fevereiro de 1991. A guerra terrestre se mostrou breve e brutalmente decisiva. As forças de coalizão invadiram o Kuwait e forçaram uma retirada total do Iraque em cem horas. Os intensos combates foram aterrorizantes para os kuwaitianos e para os invasores. Jehan Rajab descreveu enormes explosões e incêndios em toda a Cidade do Kuwait, tendo como pano de fundo poços de petróleo em chamas e centenas de aeronaves coalhando os céus. "Que noite inacreditável!", escreveu ela em 26 de fevereiro, dois dias após o início do ataque de infantaria. "A cortina de fogo iluminava o horizonte com uma luz branca ofuscante e flashes de vermelho-sangue."

As forças iraquianas, em pânico, começaram a se retirar desorganizadamente. Os soldados pegavam carona em caminhões e jipes que seguiam para o norte, na direção da fronteira com o Iraque, e confiscavam todos os veículos que ainda tivessem condições de trafegar (os kuwaitianos haviam sabotado seus próprios carros para impedir que fossem roubados). Muitos dos que conseguiram ajuda para sair do Kuwait morreram na Rodovia 80, que corre em paralelo à cordilheira de Mutla e liga o norte do país ao Iraque. Milhares de soldados iraquianos em caminhões, ônibus e veículos civis roubados causaram um grande congestionamento na rodovia. Aeronaves da coalizão bombardearam os dois extremos da coluna em retirada, imobilizando milhares de veículos no meio. Cerca de 2 mil deles foram destruídos na carnificina que se seguiu. Não se sabe quantos iraquianos conseguiram fugir e quantos foram mortos. No entanto, as imagens da Rodovia da Morte levaram a coalizão liderada pelos Estados Unidos a ser acusada de uso desproporcional de força, e mesmo de crimes de guerra. Preocupado com o risco de tais atrocidades comprometerem o apoio internacional que havia angariado para a campanha, o governo Bush pressionou por um cessar-fogo completo em 28 de fevereiro, encerrando a Guerra do Golfo.

A LIBERTAÇÃO CUSTOU CARO. Os kuwaitianos expressaram profunda alegria pela restauração de sua independência, mas o país havia sido totalmente destruído. Centenas de poços de petróleo seguiam ardendo fora de controle, a infraestrutura fora destruída e grande parte do país teria que ser reconstruída do zero. A população havia ficado profundamente traumatizada com a ocupação e a guerra, que deixara um saldo de milhares de mortos, deslocados ou desaparecidos.

O mundo árabe em geral também saiu do conflito dividido e traumatizado. Os cidadãos haviam se mostrado abertamente contrários à decisão de seus governos de apoiar a coalizão e lutar contra um Estado árabe. Os governos que se uniram à coalizão repeliram os que não o fizeram. Jordânia, Iêmen e OLP foram condenados pela excessiva leniência ao regime de Saddam Hussein. Todos tinham grande dependência financeira em relação aos países do golfo e sofreram economicamente pela posição que adotaram. Muitos analistas árabes expressaram profunda desconfiança dos Estados Unidos e preocupação com as intenções americanas no novo mundo unipolar. A busca obstinada dos Estados Unidos por uma solução militar para a crise do golfo e sua deliberada obstrução aos esforços para garantir uma solução diplomática levaram muitos a acreditar que o país havia usado a guerra para estabelecer sua presença militar no golfo e dominar as fontes de petróleo da região. O fato de milhares de tropas americanas terem permanecido na Arábia Saudita e nos demais Estados do golfo anos após a libertação do Kuwait apenas intensificou essas preocupações.

A retirada do Kuwait não trouxe trégua ao Iraque. O governo Bush, acreditando ter destruído o prestígio de Saddam Hussein junto com seu exército, incentivou os iraquianos a se insurgirem e derrubarem o ditador no início de fevereiro de 1991. As estações de rádio americanas transmitiam mensagens ao Iraque prometendo apoio dos Estados Unidos aos levantes populares. Essas mensagens encontraram boa recepção nas regiões curdas do norte do Iraque e nas áreas xiitas do sul do país, as que mais haviam sofrido sob o domínio do ditador. No início de março de 1991, revoltas eclodiram em ambas as regiões.

Não era esse o resultado que a propaganda dos Estados Unidos havia esperado. Os americanos desejavam um golpe militar em Bagdá a fim de derrubar Saddam Hussein. Os levantes curdos e xiitas ameaçavam seus interesses. A Turquia, aliada dos Estados Unidos na Otan, vinha combatendo desde 1984 uma dura insurgência separatista liderada pelo Partido dos Trabalhadores do Curdistão (conhecido pelo acrônimo curdo, o PKK) e se opunha a qualquer medida que pudesse dar origem a um Estado curdo iraquiano em sua fronteira oriental. Os americanos, por sua vez, temiam que o sucesso de uma revolta xiita apenas reforçasse a influência regional da República Islâmica do Irã.

Os americanos não ofereceram apoio aos xiitas ou curdos, apesar de terem incentivado os iraquianos a se mobilizar. Em vez disso, o governo Bush fez vista grossa enquanto Saddam Hussein reagrupava o que restava de suas forças para reprimir as rebeliões com brutalidade implacável. Acredita-se que dezenas de milhares de xiitas iraquianos tenham sido mortos e centenas de milhares de curdos tenham fugido para a Turquia e o Irã a fim de escapar da retaliação de Hussein.

Diante de uma enorme catástrofe humanitária de sua própria autoria, os Estados Unidos responderam impondo uma zona de exclusão aérea sobre o norte do Iraque. Aviões americanos patrulhavam a região ao norte do 36º paralelo a fim de proteger os curdos das forças de Saddam Hussein, enquanto aviões britânicos impunham uma zona de exclusão aérea sobre o sul do Iraque. Ironicamente, a zona de exclusão aérea criou precisamente o tipo de enclave curdo autônomo ao qual a Turquia mais se opunha. As eleições para uma assembleia regional independente do país de Saddam Hussein foram realizadas em maio de 1992, iniciando a criação do que se tornaria o Governo Regional do Curdistão no Iraque.

Tendo falhado em derrubar Hussein por meios militares ou pela insurreição interna, o governo Bush recorreu às Nações Unidas a fim de garantir uma resolução que despojasse o Iraque de suas armas de destruição em massa, estabelecesse a responsabilidade iraquiana de pagar reparações de guerra e reforçasse as sanções econômicas impostas por resoluções anteriores. Saddam Hussein reconheceu que as medidas haviam sido projetadas para provocar sua queda e respondeu desafiadoramente. Ele encomendou um mosaico com o retrato de George H. W. Bush que foi colocado na entrada do Hotel Al-Rashid em Bagdá, para que todos os clientes pisassem no rosto do americano. Em novembro de 1992, Hussein comemorou a derrota de Bush nas eleições presidenciais. Bush havia caído; Saddam continuava no poder.

Os americanos podiam reivindicar uma vitória militar decisiva na Guerra do Golfo, mas uma vitória política apenas parcial. A sobrevivência de Saddam Hussein significava que o Iraque permanecia sendo uma fonte de instabilidade em uma região com potencial explosivo. E, contra os evidentes desejos do governo Bush, Saddam continuava definindo a agenda da política regional após a Operação Tempestade no Deserto. Ao traçar paralelos entre a posição do Iraque no Kuwait e a ocupação síria do Líbano e a ocupação israelense do território palestino, Saddam Hussein forçava a comunidade internacional a dar atenção a alguns dos conflitos pendentes no Oriente Médio.

★ ★ ★

No final da década de 1980, as perspectivas de paz no Líbano nunca haviam parecido tão remotas. Noventa por cento do país estava sob ocupação estrangeira, com Israel no controle da chamada zona de segurança do sul do Líbano e tropas sírias em todas as demais regiões. Fundos estrangeiros haviam inundado o país, armando uma série de milícias rivais cujos embates pelo poder destruíram vilarejos e cidades em todo o Líbano. Uma geração inteira cresceu à sombra da guerra, tendo negados seu direito à educação e a perspectiva de levar uma vida honesta. O outrora próspero modelo de democracia do Oriente Médio havia se desintegrado em um Estado falido sobre o qual a Síria exercia um tênue controle.

O colapso do Estado libanês sob a pressão dos combates comunitários colocara em questão as próprias bases do sistema político do país, conforme estabelecidas no Pacto Nacional de 1943. Muitos políticos veteranos responsabilizavam a volátil mistura de religião e política pela guerra civil e estavam determinados a impor uma reforma radical do sistema de governo como precondição para qualquer acordo de paz. Rashid Karami, um muçulmano sunita que servira dez vezes como primeiro-ministro, havia muito tempo defendia uma grande reforma do governo a fim de estabelecer a igualdade política entre muçulmanos e cristãos. Karami, que voltou a ser primeiro-ministro entre 1984 e 1987, acreditava que todos os cidadãos libaneses, a despeito da fé que praticassem, deveriam ter o mesmo direito de concorrer a qualquer cargo. Outros membros reformistas do gabinete compartilhavam suas opiniões. Nabih Berri, chefe do partido xiita Amal e ministro da Justiça, rejeitava o Pacto Nacional como "um sistema estéril incapaz de revisão ou aprimoramento" e pedia um novo sistema político.[28]

Amin Gemayel, cujo mandato de seis anos como presidente (1982-8) representou o ponto mais baixo da política libanesa, tornou-se o foco dos ataques dos reformadores. O ministro dos Transportes, o druso Walid Jumblatt, sugeriu que Gemayel fosse expulso do cargo sob a mira de uma arma. Muitos ministros se recusavam a participar das sessões de gabinete que ele presidia. Karami aderiu ao boicote e o gabinete parou de se reunir, deixando o governo completamente paralisado.

Karami intensificou o confronto com Gemayel em maio de 1987, ao apresentar sua renúncia. Muitos observadores acreditavam que Karami havia renunciado com o objetivo de se candidatar à presidência nas eleições de 1988, no ano seguinte. O político sunita já havia tentado a candidatura uma vez, em 1970, mas fora impedido de concorrer a um cargo reservado aos cristãos maronitas. Karami era uma figura pública respeitada, com poderosos apoiadores no campo reformista. Talvez, considerando o colapso da política libanesa, ele tivesse uma chance melhor em 1988 do que em 1970. Mas ele nunca teve a oportunidade de apresentar sua candidatura. Quatro semanas depois de renunciar ao cargo de primeiro-ministro, Rashid Karami foi vítima de uma bomba plantada em seu helicóptero. Embora seus assassinos jamais tenham sido encontrados, a mensagem foi amplamente compreendida: o Pacto Nacional não estava aberto a negociação.

O isolado presidente Gemayel não conseguia encontrar um político sunita com credibilidade que estivesse disposto a servir como primeiro-ministro após o assassinato de Karami. Assim, designou o ministro da Educação sunita do extinto gabinete de Karami, Selim Hoss, como primeiro-ministro interino. De junho de 1987 até o final do mandato de Gemayel, em 22 de setembro de 1988, o Líbano ficou sem um governo operativo. O desafio do Líbano em 1988 era chegar a um consenso sobre um novo presidente em um momento no qual as elites políticas em guerra não conseguiam concordar sobre coisa alguma.

Apenas um candidato se apresentou à presidência em 1988: o ex-presidente Suleiman Franjieh. O público não confiava no caudilho de 78 anos, que se mostrara incapaz de prevenir a guerra civil em seu mandato anterior (1970-6). Ninguém acreditava que ele seria capaz de alcançar a reconciliação nacional doze anos depois.

A falta de candidatos acabaria por se revelar uma dificuldade irrelevante, pois no dia das eleições sequer havia eleitores em número suficiente para escolher o novo presidente. No Líbano, o presidente é eleito pelo Parlamento, e, como não houvera eleições parlamentares desde o início da guerra civil, os sobreviventes do Parlamento de 1972, agora já idosos, foram convocados em 18 de agosto para cumprir pela terceira vez seu dever constitucional. Muitos dos 76 deputados sobreviventes haviam fugido da devastação do Líbano para uma vida mais segura no exterior, e, no dia das eleições, apenas 38 conseguiram tomar seus lugares. Com o Parlamento sem quórum, o Líbano ficou sem presidente pela primeira vez em sua história.

De acordo com a Constituição libanesa, na ausência de um presidente eleito, o primeiro-ministro e seu gabinete são incumbidos de autoridade executiva até que um novo presidente seja empossado. Quando o mandato do presidente Gemayel chegou ao fim, essa disposição constitucional passou a representar um perigo grave para os guardiões maronitas do statu quo político. Como o Líbano nunca ficara sem presidente, nenhum sunita jamais exercera autoridade executiva. Os maronitas conservadores temiam que, se Hoss assumisse o poder, inevitavelmente procuraria reformar o sistema político e abandonar o Pacto Nacional no interesse do governo da maioria (muçulmana). E isso significaria o fim do Líbano como um Estado cristão no Oriente Médio.

Ao se aproximar o final do mandato do governo de Gemayel, fixado para a meia-noite de 22 de setembro, o comandante em chefe do exército libanês, o general maronita Michel Aoun, decidiu tomar as rédeas da situação. Nascido em Haret Hreik, uma aldeia mista de cristãos e xiitas nos subúrbios ao sul de Beirute, o general de 53 anos exigiu que Gemayel destituísse o governo interino de Hoss antes que este tivesse poderes executivos, segundo o que estipulava a Constituição. "Senhor presidente", alertou o general Aoun, "é sua prerrogativa constitucional formar ou não um novo governo. Mas, se o senhor optar pela última possibilidade [isto é, não formar um novo governo], será considerado um traidor a partir da meia-noite."[29]

Ao tentar evitar uma crise, o golpe de Aoun estava criando outra. Como cristão maronita, ele era inelegível para o cargo de primeiro-ministro, uma vez que, nos termos do Pacto Nacional, o cargo era reservado aos muçulmanos sunitas. Assim, o homem que alegava defender o Pacto Nacional estava na verdade atacando as fundações do sistema sectário do Líbano. Na última hora — às 23h45, precisamente —, Amin Gemayel sucumbiu às pressões de Aoun e assinou suas duas últimas ordens executivas. Na primeira, destituía o gabinete interino de Selim Hoss e na segunda nomeava o general Michel Aoun como chefe de um governo interino. Hoss e seus apoiadores não reconheceram os decretos de última hora de Gemayel e reivindicaram o direito de governar o Líbano.

Da noite para o dia, o Líbano deixou de ser um país sem governo para ser um país com dois governos, com agendas mutuamente incompatíveis: Hoss procurava substituir o sistema confessional por uma democracia aberta que favorecesse a maioria muçulmana do país, sob tutela síria; Aoun esperava restabelecer o Estado libanês com base no Pacto Nacional, preservando seu domínio cristão, com total independência da Síria.

Os governos rivais acabaram dividindo o Líbano em dois miniestados, um cristão e um muçulmano. Poucos cristãos estavam dispostos a servir no gabinete de Hoss, e nenhum muçulmano participaria do governo de Aoun. Hoss governava a zona sunita e xiita, e Aoun a zona cristã do Líbano. Havia um elemento de farsa na rivalidade, uma vez que ambos os líderes nomearam seus próprios chefes de Estado-Maior, aparato de segurança e serviço civil. O Banco Central Libanês foi o único a resistir às pressões da duplicação, embora se visse financiando as despesas dos dois governos.

O verdadeiro perigo vinha dos patronos externos. O gabinete de Hoss apoiava abertamente o papel da Síria no Líbano e contava com o apoio total de Damasco. Aoun condenava a presença síria no Líbano como uma ameaça à soberania e à independência do país e recebeu apoio total do Iraque. Bagdá desejava acertar as contas com Damasco por ter rompido as fileiras árabes para ficar do lado do Irã na guerra Irã-Iraque entre 1980 e 1988. Os numerosos conflitos internos do Líbano proporcionavam ao governo iraquiano uma excelente oportunidade de punir a Síria. Com enormes reservas de armas e munições, o Iraque podia perfeitamente prestar assistência militar a Aoun em sua oposição à presença síria no Líbano, sobretudo após o fim da guerra contra o Irã em agosto de 1988.

Assim encorajado, Aoun declarou uma guerra de libertação contra a Síria em 14 de março de 1989. O exército sírio respondeu impondo um bloqueio total sobre as regiões cristãs sob o domínio de Aoun. Os dois lados começaram a combater com artilharia pesada, causando enorme destruição nos bairros muçulmanos e cristãos do Líbano e deslocando dezenas de milhares de civis no que foi o bombardeio mais intenso no país desde o cerco israelense de Beirute em 1982.

Dois meses de terríveis combates e pesadas baixas civis fizeram os Estados árabes entrar em ação. Em maio de 1989, foi convocada uma cúpula árabe em Casablanca, Marrocos, para tratar da nova crise no Líbano. A conferência deu a três chefes de Estado — o rei Fahd, da Arábia Saudita, o rei Hassan II, do Marrocos, e o presidente Chadli Benjedid, da Argélia — um mandato para negociar o fim da violência e iniciar a restauração de um governo estável no Líbano.

Os três governantes, apelidados de "a troika", ordenaram que a Síria respeitasse o cessar-fogo e exigiram que o Iraque interrompesse as remessas de armas para Aoun e as milícias do exército libanês. No início, seus esforços tiveram pouco sucesso. Os sírios ignoraram as demandas da troika e intensificaram o bombardeio ao enclave cristão, e o Iraque continuou a abastecer seus aliados através de portos sob o controle dos maronitas, oponentes do regime sírio.

Após seis meses de combates, a troika finalmente convenceu todos os lados a cumprir um cessar-fogo em setembro de 1989. Os líderes árabes convidaram os parlamentares do Líbano para uma reunião na cidade saudita de Taif a fim de iniciar um processo de reconciliação nacional em terreno neutro. Os deputados libaneses, todos sobreviventes da eleição de 1972, se aventuraram a sair dos lugares onde estavam exilados — França, Suíça e Iraque — ou de seus esconderijos no Líbano para se reunir em Taif a fim de decidir o futuro do país. Sessenta e dois deputados participaram da reunião — metade deles cristãos e os demais muçulmanos —, cumprindo o quórum necessário para tomar decisões em nome do Estado libanês. O ministro das Relações Exteriores da Arábia Saudita, o príncipe Saud al-Faisal, convocou a reunião de abertura em 1º de outubro de 1989 alertando que "era proibido falhar".

O sucesso levou mais tempo do que o esperado. O que havia sido planejado como uma conferência de três dias se transformou em uma maratona de 23 dias que produziu nada menos que o anteprojeto da Segunda República do Líbano. Os termos da reconstrução política do país, consagrados no Acordo de Taif, preservaram muitos dos elementos do sistema confessional estabelecido no Pacto Nacional, mas modificaram a estrutura para refletir as realidades demográficas do Líbano moderno. Assim, os assentos no Parlamento ainda seriam divididos entre as diferentes comunidades religiosas, mas a distribuição foi alterada de uma proporção de 6/5 que favorecia as comunidades cristãs para uma divisão igual de assentos entre muçulmanos e cristãos. O número de assentos no Parlamento aumentou de 99 para 108, para que a expansão de representantes muçulmanos pudesse ser feita sem diminuição dos assentos cristãos.

Os reformadores falharam em seu objetivo principal de abrir os cargos políticos a todos os cidadãos, sem distinção de religião. Logo ficou claro que um ataque desse tipo à ordem confessional não obteria consenso. A solução foi preservar a distribuição de funções, conforme estabelecido no Pacto Nacional, mas redistribuir os poderes dessas funções. O presidente continuaria sendo um cristão maronita, mas o cargo foi reduzido ao papel mais cerimonial de "chefe de Estado e símbolo de unidade". O primeiro--ministro e o gabinete, conhecido como Conselho de Ministros, foram os principais beneficiários da redistribuição de poder. A autoridade executiva agora cabia ao primeiro-ministro sunita, que presidia as reuniões do gabinete e era encarregado da implementação das políticas. Além disso, embora o presidente ainda nomeasse o primeiro-ministro, apenas o Parlamento tinha o poder de destituí-lo. O porta-voz do Parlamento, a posição mais alta que um muçulmano xiita podia alcançar, também recebeu importantes novos poderes pelas reformas de Taif, inclusive o papel de assessorar o presidente na nomeação do primeiro-ministro. Com essas mudanças, os maronitas poderiam reivindicar ter preservado os principais cargos, enquanto os muçulmanos poderiam alegar ter mais poderes do que os cristãos. Como medida reformista, o Acordo de Taif era um compromisso que todas as partes poderiam aceitar, ainda que ficassem todas insatisfeitas.

Os apoiadores de Aoun falharam em sua tentativa de forçar a Síria a sair do Líbano através do Acordo de Taif. A troika não apenas se deparou com a relutância de Hafez Assad, que não estava disposto a comprometer a posição da Síria no Líbano, como reconheceu que qualquer acordo seria inútil sem o apoio sírio. O Acordo de Taif expressava formalmente sua gratidão ao exército sírio pelos serviços prestados, reconhecia a legitimidade da presença das tropas sírias lotadas no Líbano e deixava aos governos libanês e sírio a decisão de chegar a um acordo sobre quando encerrar a presença militar síria no Líbano, em algum momento não especificado no futuro. O Acordo de Taif também pedia aos governos do Líbano e da Síria que formalizassem suas "relações privilegiadas em todos os campos" por meio de tratados bilaterais. Em suma, o acordo sancionava legalmente a posição da Síria no Líbano e unia os dois países ainda mais. Os políticos libaneses reunidos na Arábia Saudita reconheceram a realidade de sua posição e aceitaram uma solução de compromisso na esperança de alcançar soluções melhores no futuro. O esboço final do acordo foi aprovado pelos deputados libaneses em Taif sem oposição.

O anúncio do Acordo de Taif iniciou a rodada final de combates em um Líbano arrasado pela guerra. De seu devastado enclave cristão nas montanhas libanesas, o general Aoun persistia em se intitular o único governante legítimo do país. Ele rejeitou o acordo integralmente, pela legitimidade que conferia à presença da Síria no Líbano, e emitiu um decreto presidencial dissolvendo o Parlamento libanês, em uma tentativa fracassada de impedir a implementação das resoluções de Taif. Aoun estava agora isolado dentro e fora do Líbano, pois tanto a comunidade libanesa quanto a comunidade internacional apoiaram a estrutura para a reconciliação nacional no país.

Em um esforço para impedir o desafio de Aoun, os deputados voltaram depressa a Beirute para ratificar o Acordo de Taif. Em 5 de novembro, o Parlamento libanês aprovou formalmente o acordo e iniciou os procedimentos para eleger presidente da república o deputado René Moawad, de Zghorta. Descendente de uma respeitada família maronita do norte, Moawad tinha 64 anos e era um candidato de consenso que contava com o apoio de nacionalistas libaneses e sírios. No entanto, possuía inimigos perigosos. Em seu 17º dia no cargo, o novo presidente foi assassinado por uma bomba colocada junto à estrada enquanto voltava para casa depois de participar das comemorações do Dia da Independência do Líbano. Síria, Iraque, Israel e Michel Aoun foram todos acusados do atentado, mas os responsáveis nunca foram levados à Justiça.

O brutal assassinato de Moawad ameaçava deitar por terra os entendimentos de Taif — como seus assassinos sem dúvida pretendiam. Dois dias após o atentado, o Parlamento libanês voltou a se reunir para eleger um substituto, de modo que o processo de reconstrução definido em Taif não fosse atrasado. As autoridades sírias foram ainda mais rápidas do que os parlamentares libaneses em encontrar um substituto para Moawad. A Rádio Damasco anunciou Elias Hrawi como o novo presidente do Líbano antes mesmo que os deputados libaneses colocassem o nome em votação.[30]

Com essa gafe deliberada, o regime de Assad deixou claro para todos que a autoridade suprema sobre o Líbano na era Taif permanecia com a Síria.

Um dos primeiros atos do presidente Hrawi seria enfrentar Michel Aoun, agora amplamente reconhecido como renegado e um empecilho à reconciliação política do Líbano. No dia seguinte à sua eleição, Hrawi destituiu Aoun do cargo de comandante do exército e ordenou que ele se retirasse do palácio presidencial de Baabda dentro de 48 horas. Ignorando o comando, Aoun procurou seus patronos iraquianos para se reabastecer, obtendo armas, munições e equipamentos de defesa antiaérea através do porto que ele próprio controlava em Beirute, a fim de reforçar sua posição contra ataques externos. O escudo humano ao redor de Aoun — milhares de seus apoiadores civis encontravam-se acampados em torno do palácio presidencial de Baabda, imersos em uma atmosfera festiva — era o maior empecilho para que Hrawi pudesse enfrentá-lo.

O presidente libanês não precisou agir. As rivalidades entre Aoun e as milícias das forças maronitas libanesas degeneraram em um conflito aberto quando, em dezembro de 1989, o comandante Samir Geagea declarou seu apoio ao Acordo de Taif. Geagea, assim como Aoun, recebia suprimentos dos iraquianos. Em janeiro de 1990, as facções rivais entraram em guerra, travando os combates mais intensos desde o início da guerra civil. Mísseis, tanques e artilharia pesada iraquiana foram empregados em total desrespeito à segurança de civis em bairros densamente povoados, causando um grande número de baixas. Os embates prosseguiram por cinco meses até que um tênue cessar-fogo entre as facções cristãs rivais fosse mediado pelo Vaticano em maio de 1990.

Embora estivesse cada vez mais isolado, Michel Aoun encontrou alguma satisfação ao ver que sua batalha contra as forças libanesas havia, pelo menos por ora, atrapalhado o Acordo de Taif.

A INVASÃO IRAQUIANA DO KUWAIT em agosto de 1990 foi o divisor de águas no conflito libanês. Novamente em guerra, o Iraque não podia mais arcar com seus clientes libaneses. Além disso, a tentativa de Saddam Hussein de vincular a retirada do Iraque do Kuwait a uma resolução geral de problemas da região, incluindo a "ocupação" síria do Líbano, era um esforço transparente de desviar a pressão internacional para a Síria.

Os sírios, no entanto, conheciam bem demais a política regional para sucumbir ao estratagema de Saddam Hussein. Hafez Assad estava usando a crise do Kuwait para melhorar as relações da Síria com os Estados Unidos, e Washington apoiava totalmente o Acordo de Taif. Assim, Assad decidiu dar todo o apoio do seu governo à implementação da estrutura de Taif e colocou o aliado libanês do Iraque, Michel Aoun, como o principal obstáculo à paz. Os libaneses e sírios se puseram de acordo, e em 11 de outubro o presidente Hrawi solicitou formalmente assistência militar síria, nos termos do Acordo de Taif, para expulsar o general. Dois dias depois, as aeronaves sírias começaram o bombardeio das posições de Aoun, enquanto tanques do exército sírio e libanês avançavam em território mantido pelas forças do cristão maronita. Dentro de três horas, o general Aoun capitulou e pediu asilo na embaixada francesa, enquanto seus partidários continuaram a lutar. Os combates, muito intensos, terminaram em oito horas. Quando a fumaça se dissipou sobre o deserto palácio presidencial de Baabda, em 13 de outubro, o povo do Líbano teve o primeiro vislumbre de um mundo pós-guerra, mesmo que ainda sob ocupação síria.

Foi somente após a derrota de Michel Aoun que a reconstrução prevista pelo Acordo de Taif pôde de fato começar. Em novembro de 1990, o governo ordenou que todas as milícias saíssem da capital, Beirute, e em dezembro o exército retirou as barricadas que separavam o oeste muçulmano do leste cristão, reunindo a cidade pela primeira vez desde 1984.

Na véspera do Natal de 1990, Omar Karami, irmão do premiê reformista assassinado Rashid Karami, anunciou um novo governo de unidade nacional. Com trinta ministros, o gabinete era o maior da história do Líbano e integrava os líderes de quase todas as principais milícias do país. As vantagens de formar um governo a partir dos próprios caudilhos responsáveis pelas piores atrocidades do conflito logo se tornaram claras quando o governo decretou o desarmamento das milícias — novamente, seguindo o Acordo de Taif. As milícias tiveram até o final de abril de 1991 para se dissolver e entregar suas armas; em troca, o governo prometia integrar no exército do Líbano os milicianos que desejassem servir. Por mais que os líderes das milícias fossem contrários a essas medidas, não se opuseram ao governo nem renunciaram a seus postos no gabinete.[31]

Apenas uma milícia foi autorizada a continuar suas operações militares: o Hezbollah, que contava com o apoio iraniano e sírio, pôde manter suas armas para continuar sua resistência à ocupação israelense no sul do Líbano. A milícia xiita concordou em limitar suas operações ao território que Israel reivindicava como parte de sua "zona de segurança" no sul do país, que, de qualquer forma, estava fora da jurisdição do governo libanês. O Hezbollah continuaria sua jihad contra os israelenses, com ataques cada vez mais sofisticados e letais.

Com os combates finalmente chegando a termo, o Líbano enfrentava agora a tarefa quase intransponível de se reconstruir após quinze anos de guerra civil. Entre 1975 e 1990, de 100 mil a 200 mil pessoas haviam morrido, muitas outras haviam sido feridas e incapacitadas e centenas de milhares foram forçadas ao exílio. Nenhuma cidade fora poupada, e bairros inteiros se reduziram a ruas silenciosas de prédios destruídos. Invasores — refugiados de batalhas posteriores — se apossaram de edifícios habitáveis abandonados em batalhas anteriores. Os serviços públicos haviam sofrido completa interrupção em muitas partes do país. Geradores privados forneciam eletricidade, a água corrente era esporádica e insalubre e o esgoto escoava a céu aberto, incentivando o crescimento exuberante de vegetação entre as ruínas da guerra.

O tecido social do Líbano não fora menos danificado. Memórias de atrocidades e injustiças que nunca seriam reparadas dividiram as numerosas comunidades do país muito tempo depois de a paz ter sido declarada. Uma combinação de reconciliação, amnésia e um impulso feroz de seguir em frente com a vida permitiu aos libaneses agir novamente como uma nação. Alguns argumentam que, em consequência disso, a sociedade libanesa emergira mais forte em seu compromisso nacional.[32] O Líbano, no entanto, continua sendo um país instável no qual a ameaça de um novo conflito está sempre presente.

* * *

A INVASÃO DE SADDAM HUSSEIN e a guerra liderada pelos americanos para libertar o Kuwait tiveram o resultado não intencional de forçar os Estados Unidos a enfrentar o velho conflito israelense-palestino. O governo americano reconheceu que a crise do Kuwait colocava seus aliados árabes sob enorme pressão. Por mais cínicas que fossem, as frequentes referências de Saddam Hussein à libertação da Palestina lhe renderam amplo apoio popular em todo o mundo árabe e expuseram outros líderes da região à condenação pública. Os cidadãos árabes acreditavam que seus governos haviam saído dos trilhos: eles deveriam estar lutando contra Israel para libertar a Palestina, e não contra o Iraque em nome dos Estados Unidos para libertar a riqueza e o petróleo do Kuwait.

Os Estados Unidos também foram amplamente condenados pela imprensa e pela opinião pública árabe. Durante anos, os americanos haviam apoiado Israel enquanto o Estado judeu desdenhava resoluções da ONU exigindo a restauração de territórios árabes ocupados. Em 1990, Israel permanecia ocupando a Faixa de Gaza, a Cisjordânia, as colinas de Golã e partes do sul do Líbano. No entanto, assim que o Iraque invadiu o Kuwait, os Estados Unidos se apressaram a invocar as resoluções do Conselho de Segurança da ONU como se fossem sacrossantas. Ora, as ocupações ou eram certas ou erradas, as resoluções da ONU ou eram vinculativas ou não. O duplo padrão no tratamento americano do Iraque e de Israel como ocupantes era mais do que claro.

O presidente George H. W. Bush rechaçou as tentativas de Saddam Hussein de vincular uma retirada do Iraque do Kuwait a uma retirada de Israel dos territórios palestinos ocupados. Mas não conseguia escapar da lógica da demanda iraquiana. Em março de 1991, assim que o conflito no Iraque terminou, o governo Bush anunciou uma nova iniciativa de paz árabe-israelense. Era uma tentativa transparente de recuperar a iniciativa e demonstrar que, na nova ordem mundial, os Estados Unidos poderiam usar seu poder com a mesma eficácia tanto na paz como na guerra.

Os palestinos saudaram com algum alívio as notícias da iniciativa americana de reiniciar o processo de paz. O apoio a Saddam Hussein e a sua ocupação do Kuwait havia lhes custado caro. A comunidade internacional evitava a OLP e os Estados do golfo Pérsico cortaram todo o financiamento aos palestinos. Embora o governo Bush deixasse claro que não tinha a intenção de recompensar a OLP por sua posição no conflito, a nova iniciativa de paz só poderia contribuir para tirar os palestinos de seu isolamento.

O ativista palestino Sari Nusseibeh comemorou a iniciativa de Bush em sua cela na prisão de Ramle. Nusseibeh estava terminando de cumprir a sentença de três meses que havia recebido, supostamente por orientar Scuds iraquianos contra alvos israelenses, quando Bush fez o anúncio em março de 1991. O movimento americano foi uma surpresa total para Nusseibeh. "De repente, George Bush fez uma declaração política impressionante: 'Uma paz abrangente deve ser fundamentada nas resoluções 242 e 338 e no princípio de troca de territórios por paz'." Bush chegou a vincular a segurança de Israel aos direitos palestinos. E seu secretário de Estado, James Baker, declarou os assentamentos israelenses na Cisjordânia como o maior obstáculo à paz. "Eu comecei a dançar em minha cela ao ouvir isso", recordou Nusseibeh em suas memórias.[33]

Alguns palestinos eram mais céticos em relação às intenções americanas. Hanan Ashrawi, uma das colegas de Nusseibeh na Universidade Bir Zeit e importante ativista política palestina, dissecou a linguagem da declaração de Bush. "O que se alegava era que [Bush] 'investiria na credibilidade que os Estados Unidos haviam obtido durante a guerra para trazer paz à região'. Lemos isso como uma reivindicação dos despojos de guerra." Ashrawi via toda a iniciativa de paz como um esforço americano para subordinar o Oriente Médio a suas regras.

> O que se dizia era que uma "nova ordem mundial" estava surgindo com o fim da Guerra Fria e que nós fazíamos parte dela. Interpretamos isso como uma reorganização do nosso mundo de acordo com o plano americano. O que se alegava era que uma janela de oportunidade estava se abrindo para uma reconciliação no Oriente Médio. Lemos isso como um olho mágico, um longo túnel ou uma armadilha.[34]

A primeira coisa que os americanos deixaram claro para os palestinos foi que eles não permitiriam que a OLP desempenhasse nenhum papel nas negociações. O governo israelense se recusava categoricamente a participar de qualquer reunião com a OLP, e os americanos pretendiam deixar Yasser Arafat de lado em função de seu apoio a Saddam Hussein.

Em março de 1991, o secretário de Estado dos Estados Unidos, James Baker, foi a Jerusalém convidar líderes palestinos da Cisjordânia e da Faixa de Gaza para participar de uma conferência de paz e negociar em nome dos palestinos nos territórios ocupados. Os palestinos viram a iniciativa Baker como uma flagrante tentativa de criar uma liderança palestina alternativa. Eles não desejavam enfraquecer a posição da OLP, reconhecida internacionalmente como o único representante legítimo do povo palestino. Os ativistas políticos "internos" escreveram a Túnis pedindo a aprovação oficial de Arafat antes de concordar em se encontrar com Baker em 13 de março de 1991.

Onze palestinos participaram da primeira reunião, presidida por Faisal al-Husseini. Filho de Abd Qadir Husseini, cuja morte na batalha de Al--Qastal em 1948 marcou a derrota da resistência palestina para o sionismo, Faisal Husseini era o descendente de uma das famílias mais antigas e respeitadas de Jerusalém, bem como um membro leal do Fatah, guardando laços estreitos com Yasser Arafat.

"Estamos aqui por determinação da OLP, nossa única liderança legítima", começou Husseini.

"Quem o senhor escolhe como liderança é prerrogativa sua", respondeu Baker.

> Estou em busca de palestinos dos territórios ocupados que não sejam membros da OLP, que estejam dispostos a entrar em negociações bilaterais diretas em duas fases com base nas resoluções 242 e 338 do Conselho de Segurança da ONU e no princípio da troca de territórios por paz, e que se proponham a viver em paz com Israel. Há algum nesta sala?

Baker encarou os onze palestinos, mas nenhum deles se apressou a responder.

"Devemos lembrá-lo, senhor secretário, que somos um povo com dignidade e orgulho. Não estamos derrotados, e esta não é a barraca de Safwan", disse Saeb Erakat, referindo-se à barraca montada pelos americanos para negociar os termos da rendição do Iraque no final da Guerra do Golfo. O corpulento Erakat era um professor de ciências políticas da Universidade al-Najah, em Nablus, e tinha boa fluência em inglês.

"Não é minha culpa que os senhores tenham optado por apoiar o lado perdedor", replicou Baker. "Os senhores deveriam dizer à sua liderança para não apostar no cavalo errado; isso foi uma tremenda estupidez. E vai lhes custar caro."

"Concordei em vir a esta reunião para falar apenas de uma coisa", disse Haidar Abdel Shafi. Médico e presidente da Associação Médica de Gaza, Abdel Shafi era o político mais importante dos territórios ocupados, e atuara como presidente do Parlamento palestino enquanto Gaza permaneceu sob domínio egípcio, de 1948 a 1967. "Os assentamentos israelenses nos territórios ocupados devem acabar. Não haverá processo de paz enquanto eles continuarem. O senhor não ouvirá outra coisa de mim."

"Iniciem as negociações e os assentamentos irão acabar", respondeu Baker.

"Eles devem acabar antes, ou não podemos iniciar o processo", responderam os ativistas palestinos em coro.

O secretário Baker percebeu que a conversa estava se transformando em uma negociação e que ele havia encontrado um grupo com credibilidade para representar a Palestina na conferência de paz. "Agora sim estamos tratando de negócios", disse ele, com certa satisfação.[35]

ESSA PRIMEIRA CONVERSA DEU INÍCIO a seis meses de negociações entre americanos e palestinos que, em última análise, estruturaram a agenda da conferência de paz realizada em Madri em outubro de 1992. Os americanos iam e vinham em conversas com os israelenses e os palestinos, tentando estabelecer uma ponte entre posições quase inconciliáveis a fim de garantir uma conferência bem-sucedida.

O governo israelense era um obstáculo muito maior aos planos de paz americanos do que os palestinos. O primeiro-ministro Yitzhak Shamir liderava uma coalizão de direita encabeçada pelo Likud e decidida a conservar todos os territórios ocupados, sobretudo Jerusalém Oriental. Com o fim da Guerra Fria, os judeus soviéticos haviam se tornado livres para emigrar para Israel, e o governo israelense estava determinado a conservar suas opções em todos os territórios sob seu controle para acomodar a nova onda de imigrantes. Israel estava intensificando seus assentamentos tanto para estender sua reivindicação ao território da Cisjordânia quanto para fornecer novas moradias aos imigrantes russos.

Para os negociadores palestinos, Jerusalém Oriental e os assentamentos eram questões prioritárias: se os israelenses estivessem determinados a manter toda Jerusalém e continuar construindo nos territórios ocupados na Cisjordânia, então não havia mais nada a discutir. Os palestinos viam as duas questões como indissociáveis. "Não era por acaso que os israelenses desejavam manter os assentamentos e Jerusalém Oriental fora das discussões", refletiu Sari Nusseibeh.

> Dessas duas questões, era a de Jerusalém Oriental a que mais me preocupava. A disputa por Jerusalém era existencial, não porque ela é uma cidade mágica, mas porque era e continua sendo o centro de nossa cultura, identidade nacional e memória — elementos que os israelenses precisariam extirpar para conseguir o que desejavam, o domínio do que gostam de chamar de Judeia e Samaria [isto é, a Cisjordânia]. Enquanto nos aferrássemos a Jerusalém, eu tinha certeza de que poderíamos resistir a eles em qualquer outro lugar.[36]

O governo Bush era simpático à posição palestina e ficou claramente irritado com a intransigência de Shamir e do governo do Likud nos dias que antecederam a Conferência de Madri. No entanto, de várias formas, os americanos continuaram a privilegiar as demandas israelenses sobre os argumentos palestinos. Os israelenses insistiram na exclusão total da OLP do processo, que os palestinos só pudessem participar da conferência como parceiros menores em uma delegação jordaniana-palestina e que

nenhum residente de Jerusalém Oriental fosse credenciado para as negociações. Isso significava que alguns dos palestinos mais influentes, como
Faisal Husseini, Hanan Ashrawi e Sari Nusseibeh, seriam impedidos de
desempenhar um papel oficial em Madri. Em vez disso, por sugestão de
Arafat, Husseini e Ashrawi acompanharam a delegação palestina oficial,
liderada pelo dr. Abdul Shafi, como um "comitê de orientação" oficioso.

Apesar das restrições, a delegação palestina que acompanhou os jordanianos a Madri contava com os porta-vozes mais eloquentes e persua-
sivos de todos os tempos para apresentar suas aspirações nacionais no
cenário internacional. Hanan Ashrawi foi designada porta-voz oficial da
delegação. Ela havia estudado na Universidade Americana de Beirute e
fizera seu doutorado em literatura inglesa na Universidade da Virgínia
antes de voltar ao Oriente Médio para lecionar na Universidade Bir Zeit,
na Cisjordânia. Uma mulher brilhante e de grande eloquência, de família
cristã, Ashrawi era a antítese do estereótipo de terrorista que muitos
ocidentais associavam à causa palestina.

Uma vez em Madri, Ashrawi se dedicou a cortejar os meios de comunicação, a fim de virar a cobertura a favor dos palestinos. Ela sabia o quanto
era importante estrategicamente para a delegação palestina conquistar
a imprensa internacional a fim de compensar sua fraca posição na mesa
de negociações. Ashrawi mostrou grande engenhosidade ao transmitir a
mensagem dos palestinos em Madri. Tendo seu acesso ao centro de imprensa oficial negado, ela criou um verdadeiro caos ao convocar coletivas
de imprensa improvisadas em espaços públicos que atraíam mais jornalistas do que qualquer outra delegação. Quando as medidas de segurança
impostas pelos espanhóis se mostraram muito rigorosas, ela se apresentou
em um parque municipal onde as equipes de filmagem podiam trabalhar
fora das restrições das forças de segurança. Em apenas um dia, Ashrawi
deu 27 longas entrevistas a redes internacionais de televisão. O porta-voz
da delegação israelense, Benjamin Netanyahu, se esforçava em vão para
acompanhar a carismática palestina, que sempre roubava a cena.

A contribuição mais emblemática de Ashrawi para a Conferência de
Madri foi o discurso que ela elaborou para Haidar Abdul Shafi em nome

da delegação palestina em 31 de outubro de 1991. Com seu comportamento grave e sua voz profunda e rica, Abdul Shafi equiparou em dignidade o que o texto de Ashrawi tinha de eloquência. Ele começou sua fala com saudações aos dignitários reunidos antes de se lançar ao ponto central do discurso, fixando a audiência global com seu olhar penetrante. "Estamos reunidos em Madri, uma cidade atravessada pela rica trama da história, para urdir o tecido que une nosso passado ao futuro", ele entoou diante das autoridades israelenses, árabes e membros da comunidade internacional reunidos.

> Mais uma vez, cristãos, muçulmanos e judeus enfrentam o desafio de anunciar uma nova era consagrada aos valores globais da democracia, direitos humanos, liberdade, justiça e segurança. De Madri, lançamos esta busca pela paz, uma busca destinada a colocar a santidade da vida humana no centro do nosso mundo e a reorientar nossas energias e recursos, abandonando a busca pela destruição mútua em favor da prosperidade, do progresso e da felicidade de todos.[37]

Abdul Shafi teve o cuidado de falar em nome de todos os palestinos, tanto os que se encontravam no exílio quanto os que permaneciam nos territórios sob ocupação.

> Estamos aqui, juntos, buscando uma paz justa e duradoura, cuja pedra angular seja a liberdade para a Palestina, a justiça para os palestinos e o fim da ocupação de todas as terras palestinas e árabes. Só então poderemos realmente desfrutar juntos dos frutos da paz: prosperidade, segurança, dignidade e liberdade humanas.

Foi uma apresentação de estreia brilhante para a delegação palestina, que fazia sua primeira aparição no palco da diplomacia mundial.

O discurso de Abdul Shafi provocou reações diferentes nos palestinos dos territórios ocupados. O Hamas, que rejeitava a solução de dois Estados, anunciou sua oposição à participação na conferência desde o início. Os palestinos laicos, por sua vez, temiam que a delegação sofresse tanta pressão dos Estados Unidos e de Israel que acabasse fazendo concessões incompatíveis com as aspirações nacionais palestinas. Após quatro anos de Intifada, todos os palestinos queriam ver resultados concretos para seus anos de luta e sacrifício.

Como os palestinos eram os que mais tinham a ganhar em Madri, seu discurso era o mais prospectivo. As demais delegações pareciam apoiar a natureza histórica da conferência, mas utilizaram a ocasião para revisitar queixas do passado. Os libaneses se concentraram na ocupação israelense em curso no sul do Líbano, o primeiro-ministro israelense catalogou os esforços árabes para destruir o Estado judeu e o ministro das Relações Exteriores da Síria apresentou uma lista de "práticas israelenses desumanas" a fim de deixar claro seu desgosto por ter que se encontrar com os israelenses.

Depois de três dias juntos, os delegados tiraram suas luvas de pelica e partiram para o confronto aberto nos discursos de encerramento. O primeiro-ministro Shamir falou em tom ofensivo, fustigando os sírios e ameaçando "recitar uma litania de fatos que demonstram até que ponto a Síria merece a questionável honra de ser um dos regimes mais opressivos e tirânicos do mundo". Ele tratou os palestinos de maneira condescendente, alegando que Abdul Shafi "fez um corajoso esforço para narrar os sofrimentos de seu povo", embora o tenha acusado de "distorcer a história e perverter os fatos". Ao concluir seu discurso, Shamir deixou a sala de conferências com sua delegação, sob o pretexto de observar o sabá judaico.

Abdul Shafi respondeu com fúria, dirigindo suas palavras aos assentos vazios deixados pela delegação israelense.

Os palestinos são um povo com direitos nacionais legítimos. Não somos "habitantes de territórios", ou um acidente da história, ou um obstáculo aos planos expansionistas de Israel, ou um problema demográfico abstrato. O senhor pode fechar os olhos para esse fato, sr. Shamir, mas estamos aqui diante do mundo, diante de seus olhos, e não seremos renegados.

A troca de insultos atingiu seu clímax quando o ministro das Relações Exteriores da Síria, indignado, exibiu um cartaz britânico de "Procurado" em que aparecia a figura de Yitzhak Shamir em seus dias de Lehi, quando combatia o mandato britânico na Palestina. "Deixem-me mostrar aos senhores uma foto antiga de Shamir, quando tinha 32 anos", disse Farouk al-Sharaa, brandindo o cartaz e fazendo uma pausa para zombar da diminuta estatura de Shamir — 1,65 metro. Exaltando-se, Sharaa continuou:

> Esta imagem foi distribuída porque ele era procurado. Ele próprio confessou ser terrorista. Até onde me lembro, ele admitiu ter [...] participado do assassinato do mediador das Nações Unidas em 1948, o conde Folke Bernadotte. Ele mata mediadores da paz e vem aqui falar da Síria, do Líbano, de terrorismo.[38]

O discurso de Sharaa foi um espetáculo pouco edificante e um mau presságio para a perspectiva de paz árabe-israelense. Com esse tom amargo, a Conferência de Madri chegou ao fim. No entanto, com a conclusão da conferência formal, uma nova fase das negociações de paz entre árabes e israelenses foi aberta sob os auspícios americanos: negociações bilaterais para resolver as diferenças entre Israel e seus vizinhos árabes e conversas multilaterais envolvendo mais de quarenta Estados e organizações internacionais para tratar de questões de preocupação global, como água, meio ambiente, controle de armas, refugiados e desenvolvimento econômico. Embora não tivesse sido bem-sucedido, o processo de Madri iniciou as mais extensas negociações de paz entre Israel e seus vizinhos árabes em mais de quarenta anos de conflito.

As negociações bilaterais pretendiam resolver o conflito árabe-israelense através da devolução dos territórios ocupados em troca da paz, seguindo as resoluções 242 e 338 do Conselho de Segurança das Nações Unidas. Mas a maneira divergente como árabes e israelenses interpretavam essas resoluções prejudicou as negociações desde o início. Os Estados árabes se apegavam ao princípio da "inadmissibilidade da aquisição de território pela guerra" estabelecido no preâmbulo da resolução para argumentar pela retirada de Israel de todo o território árabe ocupado durante a

Guerra dos Seis Dias como pré-requisito para a paz. Os israelenses, por sua vez, alegavam que a resolução exigia apenas a "retirada das forças armadas israelenses dos territórios ocupados" na guerra de 1967 — não de *todos* os territórios, apenas dos "territórios" —, e insistiam que já haviam cumprido seus compromissos, retirando-se da península do Sinai na sequência do tratado de paz com o Egito. Os israelenses argumentavam que as partes árabes tinham que advogar pela paz em si, e negociar uma solução territorial mutuamente aceitável sem precondições. Nenhum progresso foi feito nas negociações entre Israel, Líbano, Síria e Jordânia.

As conversas entre Israel e os palestinos tiveram um foco diferente. Os dois lados concordaram em negociar os termos de um período intermediário de cinco anos de autogoverno palestino, após o qual entrariam em negociações finais para encerrar o conflito. Mas, quando as negociações começaram, o governo de Shamir fez tudo que estava ao seu alcance para impedir um progresso significativo nas discussões com os palestinos, e intensificou a política de assentamentos para aprofundar o domínio de Israel na Cisjordânia. Em uma entrevista após sua derrota eleitoral em 1992, Shamir admitiu que seu governo havia obstruído as negociações a fim de impedir um Estado palestino e manter a Cisjordânia reservada para os assentamentos israelenses. "Eu teria conversado sobre autonomia por dez anos, e, enquanto isso, teríamos conseguido meio milhão de pessoas na Judeia e Samaria."[39]

A obstrução de Shamir chegou ao fim quando seu governo foi derrotado. As eleições israelenses de 1992 levaram Yitzhak Rabin ao poder à frente de uma coalizão trabalhista de esquerda. A reputação de Rabin como o homem que autorizara a violência física contra manifestantes da Intifada deu aos negociadores palestinos poucos motivos para confiar que Rabin, o quebrador de ossos, poderia tornar-se Rabin, o pacificador.[40]

Em seus primeiros meses no cargo, Rabin se pautou mais pela continuidade do que pelas mudanças nas negociações bilaterais em impasse. Em dezembro de 1992, ativistas do Hamas sequestraram e assassinaram um guarda de fronteira israelense. Rabin retaliou ordenando a apreensão e deportação para o Líbano de 416 suspeitos, sem acusação ou julgamento.

Todas as delegações árabes suspenderam as negociações em protesto. Aparentemente, Rabin era ainda mais radical que Shamir.

A surpreendente derrota de George H. W. Bush para Bill Clinton nas eleições presidenciais americanas de 1992 suscitou preocupações entre as equipes de negociação árabes. Durante a campanha presidencial, Clinton havia deixado claro seu apoio incondicional a Israel. As delegações árabes não viam a mudança de presidentes como um bom presságio. Em abril de 1993, embora as negociações tivessem sido retomadas, o governo Clinton optou por adotar uma política de não intervenção, e, na ausência de uma liderança americana forte, o arcabouço lançado pela Conferência de Madri chegou a um beco sem saída.

O avanço nas negociações entre palestinos e israelenses veio de uma mudança na política israelense. O ministro das Relações Exteriores, Shimon Peres, e seu vice, Yossi Beilin, estavam convencidos de que um acordo com os palestinos era do interesse nacional de Israel. Eles também reconheciam que um acordo só poderia ser alcançado por meio de negociações diretas com a OLP. Desde 1986, no entanto, os israelenses eram proibidos por lei de se reunir com membros da organização. Em 1992, o número de jornalistas e políticos israelenses que violavam a proibição havia crescido a ponto de tornar a lei irrelevante. O governo, porém, não podia conscientemente violar a lei. Rabin não estava entusiasmado em lidar com a OLP, mas concordou, em dezembro de 1992, em anular a lei que proibia o contato entre cidadãos israelenses e a organização.

No mês seguinte, Yossi Beilin deu sinal verde para dois acadêmicos israelenses, Yair Hirschfeld e Ron Pundak, se encontrarem em segredo com o tesoureiro da OLP, Ahmed Qurie, em Oslo, na Noruega. Foi o início de uma intensa e frutífera negociação conduzida ao longo de catorze reuniões sob os auspícios do Ministério das Relações Exteriores norueguês.

Os noruegueses eram mediadores imparciais que forneciam terreno neutro e discrição, permitindo que palestinos e israelenses resolvessem suas diferenças com o mínimo de interferência. O facilitador Terje Roed Larsen definiu o papel de seu país quando palestinos e israelenses iniciaram a primeira rodada de diplomacia secreta.

Se vocês querem conviver, precisam resolver seus próprios problemas. [...] O problema é de vocês. Estamos aqui para ajudá-los com o local, com as questões práticas etc. Podemos agir como facilitadores [...] mas nada mais. Vou esperar do lado de fora e não vou interferir, a menos que vocês cheguem às vias de fato. Nesse caso, precisarei intervir.

O bom humor de Larsen ajudou a quebrar o gelo entre as duas delegações. "Aquilo nos fez rir", lembrou o oficial palestino Ahmed Qurie, "como era exatamente a intenção."[41]

Qurie, mais conhecido por seu codinome, Abu Ala, nunca havia se encontrado com um israelense antes dessa primeira reunião com o professor Yair Hirschfeld, e trouxe à mesa todo o pavor e desconfiança acumulados ao longo de anos de hostilidade mútua entre palestinos e israelenses. No entanto, no isolamento do inverno norueguês, os cinco homens — três palestinos e dois israelenses — começaram a quebrar barreiras. "A atmosfera na casa ficou mais relaxada, e, embora ainda sentíssemos alguma desconfiança em relação aos israelenses, começamos a vê-los com certa simpatia." Nesse primeiro encontro, os delegados estabeleceram um padrão a seguir nas futuras rodadas de conversa. Deixando as recriminações no passado, Abu Ala lembrou que "concentramos nossa atenção no presente e no futuro, tentando avaliar até que ponto tínhamos um terreno comum, identificar pontos de concordância e estimar a distância que nos separava em nossas várias questões".[42]

A portas fechadas, em total sigilo, palestinos e israelenses discutiram suas diferenças e garantiram o apoio de seus governos por uma estrutura para resolvê-las — em oito breves meses. Houve momentos de crise, e os noruegueses por vezes tiveram que desempenhar um papel mais ativo. O ministro das Relações Exteriores, Johan Jørgen Holst, chegou a fazer alguns discretos contatos diplomáticos entre Túnis e Tel Aviv a fim de ajudar a superar impasses. No entanto, em agosto de 1993, os dois lados haviam concluído um acordo que estavam dispostos a divulgar.

Quando Israel e a OLP anunciaram um acordo sobre o autogoverno interino palestino em Gaza e Jericó, pegaram o mundo de surpresa — e enfrentaram críticas previsíveis. O governo Clinton ficou perplexo ao ver o sucesso que os noruegueses haviam conseguido onde os americanos haviam fracassado. Em Israel, o Likud, na oposição, acusou o governo Rabin de traição e prometeu anular o acordo quando retornasse ao poder. O mundo árabe criticou a OLP por romper fileiras para concluir um acordo secreto com o Estado judeu, e grupos dissidentes palestinos condenaram sua liderança por conferir reconhecimento a Israel.

Oslo era uma aposta desesperada para Yasser Arafat, mas o presidente da OLP estava ficando sem opções. Em 1993, o movimento palestino enfrentava um iminente colapso financeiro e institucional. Os Estados petrolíferos do golfo haviam cortado todo o apoio à organização em retaliação ao apoio que Arafat conferira a Saddam Hussein na crise do Kuwait. Em dezembro de 1991, o orçamento da OLP fora reduzido pela metade. Milhares de combatentes e funcionários foram dispensados ou ficaram meses sem receber; em março de 1993, quase um terço de todo o contingente não recebia remuneração alguma. A crise financeira levou a acusações de corrupção e má gestão que dividiram as fileiras da OLP.[43] Como governo no exílio, a OLP não sobreviveria às pressões por muito tempo. Um acordo de paz com Israel não só permitiria abrir novas fontes de apoio financeiro como daria à OLP uma base na Palestina, a partir da qual ela poderia trabalhar para concretizar sua evasiva solução de dois Estados.

Os Acordos de Oslo ofereceram aos palestinos pouco mais do que um ponto de apoio em uma escarpa íngreme. O compromisso previa a constituição de uma autoridade provisória palestina sobre a Faixa de Gaza e um enclave em torno da cidade de Jericó, na Cisjordânia. Para muitos palestinos, esses ganhos territoriais pareciam demasiado pequenos diante das concessões palestinas a Israel. Pouco antes do anúncio dos Acordos de Oslo, Arafat confidenciou sua estratégia a Hanan Ashrawi: "Conseguirei a plena retirada de Gaza e Jericó como uma primeira medida de distensão, e exercerei soberania nesses territórios. Quero Jericó não apenas porque me levará a Jerusalém, mas porque também me permitirá unir Gaza à Cisjordânia". Ashrawi não pareceu convencida. "Confie em mim, em breve teremos nosso próprio código telefônico internacional, selos e estações de TV. Este será o começo do Estado palestino."[44]

O plano de um Acordo Gaza-Jericó se tornou realidade em 13 de setembro de 1993, com a assinatura de uma declaração de princípios no gramado da Casa Branca. Diante de uma audiência global de televisão, Yitzhak Rabin superou sua relutância e apertou a mão de Yasser Arafat, fechando o acordo. "Todas as emissoras de televisão árabes transmitiram a cerimônia ao vivo", lembrou Abu Ala. "Muitas pessoas no mundo árabe mal podiam acreditar no que estava acontecendo."[45]

A OLP e Israel haviam firmado o que na prática era um plano de partição da Palestina. O documento preconizava a retirada da administração militar israelense de Jericó e da Faixa de Gaza e sua substituição por uma administração civil palestina por um período intermediário de cinco anos. Também previa a criação de um conselho eleito para que o povo da Palestina fosse governado "de acordo com princípios democráticos". A Autoridade Palestina teria controle sobre os ministérios da Educação e Cultura, Saúde, Bem-estar Social, Economia e Turismo. Uma polícia palestina proveria segurança às áreas sob controle palestino.

O acordo adiava a discussão das questões mais controversas. O futuro de Jerusalém, os direitos dos refugiados, a situação dos assentamentos, as fronteiras e os arranjos de segurança deveriam ser abordados nas negociações finais, programadas para dali a três anos. Os palestinos esperavam mais do acordo final do que os israelenses provavelmente concederiam: um Estado palestino independente em toda a Cisjordânia e Faixa de Gaza, tendo Jerusalém Oriental como sua capital. Já os israelenses esperavam se retirar de territórios árabes não essenciais e assegurar que o Estado palestino não possuísse forças militares. Deixando essas divergências fundamentais para negociações futuras, o Knesset israelense ratificou a declaração de princípios com uma maioria confortável e em 11 de outubro o Conselho Nacional da Palestina de oitenta membros também aprovou o texto, por maioria esmagadora (63 votos a favor, oito contra e nove abstenções).

Em maio de 1994, os detalhes técnicos sobre a retirada das tropas israelenses e o estabelecimento do domínio palestino em Gaza e Jericó haviam sido resolvidos. Em 1º de julho, Yasser Arafat fez seu retorno triunfante a Gaza para supervisionar o estabelecimento da Autoridade Palestina. Em setembro, Arafat e Rabin retornaram a Washington para assinar o Acordo Interino Israelense-Palestino sobre a Cisjordânia e a Faixa de Gaza, conhecido como Oslo II. A política do Oriente Médio havia entrado na era de Oslo.

Os ACORDOS DE OSLO CONFERIRAM a Israel uma aceitação sem precedentes no mundo árabe. Depois que os palestinos estabeleceram um acordo unilateral com os israelenses, os demais países árabes se sentiram livres para ir atrás de seus próprios interesses em relação ao Estado judeu, sem correr o risco de ser acusados de trair a causa palestina. Em grande medida, o mundo árabe estava cansado dos conflitos e era pragmático em suas visões de Israel. A Jordânia foi a primeira a responder à nova realidade.

Uma vez anunciados os Acordos de Oslo, os jordanianos não hesitaram. O rei Hussein via a paz com Israel como a melhor maneira de romper com o isolamento que a Jordânia vinha sofrendo desde a invasão iraquiana do Kuwait. O monarca também acreditava que, com a paz, o país seria recompensado com ajuda substancial dos Estados Unidos e investimentos internacionais. No dia seguinte à assinatura da declaração de princípios na Casa Branca, representantes de Israel e da Jordânia se reuniram nos escritórios do Departamento de Estado americano para assinar uma agenda de paz elaborada ao longo das negociações bilaterais em Madri.

Em 25 de julho de 1994, o rei Hussein e o primeiro-ministro Rabin foram convidados a voltar a Washington para assinar um acordo preliminar de paz encerrando a beligerância entre os dois Estados, concordando em resolver todas as questões territoriais de acordo com as resoluções 242 e 338 do Conselho de Segurança das Nações Unidas e reconhecendo um papel especial para a monarquia hachemita nos lugares sagrados muçulmanos de Jerusalém. O tratado final entre Jordânia e Israel foi assinado na fronteira entre os dois países no deserto de Arabá em 26 de outubro de 1994. A Jordânia se tornou o segundo Estado árabe depois do Egito a trocar embaixadores e normalizar as relações com o Estado judeu.

Os acordos com a OLP e a Jordânia abriram caminho para outros governos árabes. Em outubro de 1994, Marrocos e Israel concordaram em abrir escritórios de ligação nas respectivas capitais, e a Tunísia seguiu o exemplo em janeiro de 1996. Ambos os países possuem importantes comunidades minoritárias judaicas com vínculos de longa data com Israel. A Mauritânia, um Estado-membro da Liga Árabe no noroeste da África, estabeleceu relações formais com Israel e trocou embaixadores em novembro de 1999. Dois dos países do golfo Pérsico estabeleceram escritórios comerciais com Israel — o sultanato de Omã, em janeiro de 1996, e o Catar, em abril do mesmo ano. Desconcertando aqueles que havia muito argumentavam que o mundo árabe jamais poderia viver em paz com o Estado judeu, a era de Oslo demonstrou ampla aceitação árabe a Israel, do norte da África até o golfo.

No entanto, o processo de Oslo continuou enfrentando forte oposição em alguns setores — em nenhum lugar mais intensamente do que em Israel e nos territórios palestinos ocupados. Extremistas israelenses e palestinos recorreram à violência em uma tentativa de inviabilizar os acordos de paz. O Hamas e a Jihad Islâmica assumiram a responsabilidade por vários ataques letais contra israelenses logo após a assinatura da declaração de princípios em setembro de 1993. Os extremistas de Israel também intensificaram seus próprios ataques aos palestinos. Em fevereiro de 1994, Baruch Goldstein entrou na mesquita de Ibrahim, em Hebron, vestido em seu uniforme de reserva do exército israelense e abriu fogo contra os fiéis reunidos para as orações da manhã, matando 29 pessoas e ferindo 150 antes de ser dominado e morto pelos sobreviventes do ataque. Goldstein era médico e morava em Kiryat Arba, um assentamento sionista vizinho a Hebron que o homenageou postumamente por seu ato com uma placa ao lado de sua sepultura com os dizeres: "Para o sagrado Baruch Goldstein, que deu a vida pelo povo judeu, a Torá e a nação de Israel".

O abismo entre extremistas palestinos e israelenses estava aumentando. A indignação com o massacre de Hebron levou a uma escalada de ataques palestinos e a um aumento de atentados suicidas buscando infligir o maior número de baixas. Em abril de 1994, atentados suicidas perpetrados em ônibus em Afula e Hadera mataram treze pessoas, e outras 22 foram mortas num ataque a um ônibus em Tel Aviv em outubro do mesmo ano. Os israelenses responderam assassinando líderes islâmicos. Em outubro de 1995, em Malta, agentes israelenses mataram o líder da Jihad Islâmica, Fathi Shiqaqi; e, em janeiro de 1996, usaram um telefone celular carregado com explosivos para liquidar o líder do Hamas, Yahya Ayyash. Israelenses e palestinos se viram presos em um ciclo de violência e retaliação que comprometia gravemente a confiança no processo de Oslo.

Um assassinato em particular prenunciou de maneira clara o fim da era de Oslo. Em 4 de novembro de 1995, Yitzhak Rabin discursou em um comício de paz no centro de Tel Aviv. O primeiro-ministro israelense estava visivelmente emocionado diante da multidão de 150 mil pessoas, unidas pela crença comum na paz entre palestinos e israelenses. "Este comício há de enviar uma mensagem ao povo israelense, aos judeus do mundo, às multidões nos territórios árabes e em todo o globo: a de que a Israel deseja a paz, apoia a paz", proclamou Rabin.[46] Dito isto, e antes de abandonar o púlpito, ele entoou uma canção de paz, acompanhado pela multidão.

Um homem foi ao comício determinado a pôr fim ao processo de paz. Enquanto Rabin era escoltado do palco de volta para o carro, um estudante de direito israelense chamado Yigal Amir conseguiu romper o cordão de segurança do primeiro-ministro e o abateu a tiros. Em seu julgamento, Amir confessou abertamente o assassinato, explicando que havia matado Rabin para interromper o processo de paz. Convencido do direito divino do povo judeu a toda a terra de Israel, Amir acreditava que era seu dever como judeu religioso impedir qualquer troca de territórios por paz. De um momento para outro, um processo que resistira a uma série de atos de violência entre palestinos e israelenses caiu diante de um único ato de violência entre israelenses.

Rabin era o homem indispensável para o processo de Oslo. Seu sucessor imediato como primeiro-ministro foi seu antigo rival Shimon Peres. Embora fosse um dos arquitetos de Oslo, Peres não gozava do mesmo grau de confiança popular que Rabin. Os eleitores israelenses não confiavam nele o bastante para a missão de firmar um acordo duradouro sob o princípio da troca de territórios por paz.

Considerado fraco em matéria de segurança nacional, Peres tentou confundir seus críticos ao lançar uma campanha militar contra o Hezbollah em retaliação por seus ataques a posições israelenses no sul do Líbano e ataques com mísseis ao norte de Israel. Deflagrada em abril de 1996, a Operação Vinhas da Ira confirmou as dúvidas dos eleitores quanto ao posicionamento de Peres em relação a questões de segurança nacional. A incursão maciça no Líbano deslocou 400 mil civis libaneses e provocou amplo repúdio internacional com o bombardeio de uma base da ONU na vila de Qana, no sul do país, matando 102 refugiados que buscavam abrigo do ataque. A operação foi encerrada de maneira vergonhosa pela mediação americana, sem que tivesse trazido nenhum benefício visível para a segurança de Israel. Peres foi punido pelos eleitores em maio de 1996, quando o líder do Likud, Benjamin Netanyahu, conquistou o cargo de primeiro-ministro, ainda que por uma diferença extremamente pequena.

A eleição de Netanyahu colocou Israel em rota de colisão com os compromissos assumidos em Oslo. Netanyahu e seu partido haviam se mostrado consistentemente contrários ao princípio da troca de territórios por paz. Embora tenha sucumbido à pressão americana para concluir um esquema de redistribuição de colonos na cidade de Hebron, na Cisjordânia, o minguado pacto de Netanyahu de territórios por paz deixaram Israel no controle total de mais de 71% da Cisjordânia e no controle de todas as questões de segurança em mais de 23% dos demais territórios. Isso estava muito longe da transferência de 90% que os palestinos esperavam obter com acordo de Oslo II.

Em sua luta por Jerusalém, Netanyahu usou o movimento de colonização para criar fatos inalteráveis no terreno. Ele encomendou a construção de 6500 unidades habitacionais em Jabal Abu Ghunaym a fim de criar um novo assentamento chamado Har Homa, que completaria o cerco da zona árabe de Jerusalém Oriental. Ao cercar Jerusalém com assentamentos judaicos, Netanyahu pretendia impedir qualquer pressão para entregar à Autoridade Palestina as partes árabes da cidade ocupada em junho de 1967. Har Homa era o mais recente exemplo de uma política israelense de expansão que, mais do que qualquer outro fator, levou ao colapso da confiança palestina no processo de Oslo.

Em maio de 1999, depois de três anos no cargo, Netanyahu perdeu a confiança de seu próprio partido e, acossado por escândalos de corrupção, foi forçado a convocar novas eleições. Com sua derrota, o Partido Trabalhista voltou ao poder, sob o comando de outro general aposentado, Ehud Barak. Uma das promessas da campanha de Barak era acabar com a ocupação de Israel no sul do Líbano e retirar todas as tropas israelenses da região. A ocupação do Líbano se tornara cada vez mais impopular em Israel, com ataques persistentes do Hezbollah infligindo baixas regulares às forças israelenses.

Tendo conquistado uma vitória esmagadora sobre Netanyahu, Barak fez da retirada do Líbano uma de suas primeiras prioridades. No entanto, os esforços para realizar uma transferência suave de poder às autoridades locais do exército libanês fracassaram, uma vez que os colaboradores se renderam ao comando do Hezbollah. O recuo voluntário de Israel degenerou em uma retirada indecorosa sob fogo, que levou o Hezbollah a reivindicar vitória em sua campanha de dezoito anos para expulsar os judeus do Líbano. O alto escalão de Israel ficou irritado, e aguardou ansioso a próxima oportunidade de acertar as contas com a milícia xiita.

Essa oportunidade surgiu a partir de uma anomalia territorial. Israel havia se retirado de todo o Líbano, exceto das disputadas Fazendas de Shebaa, um enclave de 22 quilômetros quadrados ao longo da fronteira do Líbano com as colinas de Golã. Israel afirma até hoje que é um território sírio ocupado, enquanto Síria e Líbano insistem que é território libanês. Isso permite que o Hezbollah utilize as Fazendas de Shebaa como pretexto para continuar sua resistência armada contra a ocupação israelense.

Uma vez concluída a retirada do Líbano, o primeiro-ministro Barak retomou as negociações com a OLP. Em vista das ações de Israel sob Netanyahu, havia pouca confiança ou boa vontade entre os dois lados. Yasser Arafat acusou os israelenses de não cumprirem as obrigações assumidas nos Acordos de Oslo e pressionou Barak a respeitar os termos dos acordos provisórios. Barak, por sua vez, queria avançar para a discussão de um acordo permanente. Ele acreditava que as negociações com os palestinos haviam sido prejudicadas por intermináveis disputas sobre os detalhes do governo interino e queria aproveitar os meses finais da presidência de Clinton para concluir um acordo definitivo.

Bill Clinton convidou Barak e Arafat para uma reunião de cúpula na casa de campo presidencial em Camp David, Maryland. Os três líderes se reuniram por duas semanas em julho de 2000, mas, embora ideias novas e ousadas tenham sido apresentadas, a cúpula terminou sem nenhum progresso substancial em direção a um acordo. Uma segunda cúpula foi realizada em janeiro de 2001 no balneário egípcio de Taba. Nessa ocasião, os israelenses ofereceram os termos mais generosos já apresentados; ainda assim, eles deixavam muito do proposto Estado palestino sob controle israelense para servir como um acordo permanente. O fracasso das cúpulas de Camp David e Taba levou a uma série de amargas recriminações e acusações, uma vez que os negociadores americanos e israelenses atribuíram erroneamente a culpa pelo insucesso a Arafat e à delegação palestina. A confiança e a boa vontade necessárias para a paz entre palestinos e israelenses haviam evaporado.

O MARCO ESTABELECIDO EM OSLO havia sido destruído, mas aproximara Israel e o mundo árabe da paz mais do que em qualquer outro momento desde a fundação do Estado judeu em 1948. Os ganhos de Oslo foram significativos. Israel e a OLP haviam superado décadas de hostilidade para trocar gestos de reconhecimento mútuo e entrar em importantes negociações para uma solução de dois Estados. A liderança palestina deixou o exílio na Tunísia para começar a construir seu próprio Estado nos territórios palestinos. Israel rompeu seu isolamento no Oriente Médio, estabelecendo laços formais com vários países árabes pela primeira vez e superando um boicote econômico da Liga Árabe em vigor desde 1948. Essas eram bases importantes sobre as quais poderia ser construída uma paz duradoura.

Infelizmente, o processo estava ligado de maneira intrínseca à construção de confiança entre os dois lados e à geração de prosperidade econômica suficiente para que palestinos e israelenses se dispusessem a assumir os difíceis compromissos necessários para um acordo permanente. Enquanto os anos de Oslo foram um período de crescimento econômico para Israel, a economia palestina sofreu recessão e estagnação. O Banco Mundial registrou um declínio significativo no padrão de vida palestino nesse período e estimou que, no ano 2000, um em cada quatro moradores da Cisjordânia e de Gaza encontrava-se abaixo da linha de pobreza. As taxas de desemprego atingiram 22%.[47] O declínio no padrão de vida entre 1993 e 2000 produziu desilusão generalizada com o processo de Oslo.

A decisão de Israel de expandir os assentamentos também foi um fator essencial para arruinar os acordos negociados na Noruega. Para os palestinos, esses assentamentos eram ilegais do ponto de vista do direito internacional e sua expansão contínua violava os termos dos Acordos de Oslo II.[48] Apesar disso, os anos do processo de Oslo testemunharam a maior expansão dos assentamentos israelenses desde 1967. O número de colonos na Cisjordânia e em Jerusalém Oriental havia subido de 247 mil em 1993 para 375 mil em 2000 — um aumento de 52%.[49] Assentamentos foram construídos em áreas que Israel desejava garantir devido à proximidade de centros urbanos israelenses ou à presença de aquíferos cruciais, assumindo controle sobre os escassos recursos hídricos da Cisjordânia. Os palestinos acusaram Israel de abandonar a política de troca de territórios por paz em prol de uma apropriação de terras pura e simples, enquanto o fiador do processo, os Estados Unidos, fazia vista grossa.

O que os palestinos esperavam do processo de Oslo era obter um Estado independente em todo o território da Cisjordânia e na Faixa de Gaza, tendo Jerusalém Oriental como sua capital. Eles sabiam que sua posição era apoiada pelo direito internacional e pela própria realidade demográfica, uma vez que os territórios eram habitados quase exclusivamente por palestinos. A OLP havia reconhecido o Estado de Israel nos 78% da Palestina conquistados em 1948, e os palestinos mantiveram seus direitos sobre os 22% restantes da terra. Com tão pouco espaço para construir um Estado palestino viável, não havia lugar para mais concessões.

A EXPANSÃO DOS ASSENTAMENTOS ISRAELENSES contribuiu de maneira significativa para a irritação pública diante de um processo que, na opinião dos palestinos, não apenas fora incapaz de lhes assegurar um Estado, mas tampouco conseguira garantir a segurança de suas propriedades ou a prosperidade do povo. Essa irritação explodiu em uma série de manifestações violentas que eclodiram em setembro de 2000 e se transformaram em um novo levante popular. Enquanto a Primeira Intifada (1987-93) fora marcada pela desobediência civil e a não violência, o segundo levante foi, ao contrário, notavelmente feroz.

A eclosão da Segunda Intifada ocorreu após a visita de Ariel Sharon — que havia liderado o partido Likud, de direita — a Jerusalém Oriental em 28 de setembro de 2000. Na cúpula de Camp David, o primeiro-ministro Ehud Barak havia levantado a possibilidade de os palestinos renunciarem ao controle de Jerusalém Oriental, de modo que Jerusalém pudesse servir como a capital de Israel e da Palestina. A proposta gerou enorme controvérsia em Israel, levando alguns dos membros da coalizão de Barak a se retirarem do governo em protesto, o que, por sua vez, exigiu uma nova eleição.

Para Sharon, a defesa de Jerusalém era uma garantia de votos. Ele decidiu visitar o Monte do Templo, em Jerusalém Oriental, não só para reforçar a reivindicação de seu partido, que pretendia manter a cidade como a capital indivisa de Israel, como para lançar sua campanha para desbancar Barak e substituí-lo como primeiro-ministro. O Monte do Templo, conhecido em árabe como Haram al-Sharif (isto é, o Nobre Santuário), era o local do segundo templo dos judeus, destruído pelos romanos em 70 d.C., e, desde o século VII, sede da mesquita de Al-Aqsa, o terceiro local mais sagrado do islã depois de Meca e Medina. Devido ao seu significado para o judaísmo e o islamismo, o Monte do Templo é um território politicamente importante.

Em 28 de setembro de 2000, Sharon chegou a Jerusalém Oriental, de maioria árabe, acompanhado por uma escolta de 1500 policiais armados, e passeou pelo Haram al-Sharif. Em seus comentários a jornalistas que o seguiam na condição de líder do Likud, Sharon afirmou seu compromisso de preservar o domínio israelense sobre toda Jerusalém. Um grupo de dignitários palestinos dispostos a protestar contra a presença de Sharon no local foi dispersado pelo destacamento de segurança do político. As câmeras de televisão capturaram o momento em que polícia israelense tratou com violência o clérigo muçulmano de mais alta hierarquia da mesquita de Al-Aqsa. "Quis o acaso que seu turbante, um símbolo de seu elevado status espiritual, fosse arrancado de sua cabeça e caísse no chão", lembrou Sari Nusseibeh. "Os telespectadores viram o mais importante imã de um dos mais importantes locais de culto muçulmano com a cabeça descoberta." Esse insulto a uma autoridade respeitada no terceiro lugar mais sagrado do islã foi o suficiente para provocar uma participação maciça, no dia seguinte, nas orações de sexta-feira no Haram. "A polícia de fronteira [israelense], armada e nervosa, marchou para a Cidade Antiga às centenas, enquanto centenas de milhares de muçulmanos passavam pelos portões vindos de bairros e vilarejos vizinhos."

As orações foram realizadas sem incidentes, mas, quando a multidão raivosa se retirou da mesquita, uma manifestação violenta eclodiu. Adolescentes jogaram pedras do complexo de Haram em soldados israelenses postados logo abaixo, no Muro das Lamentações. A polícia de fronteira israelense invadiu o complexo enquanto soldados abriam fogo contra os manifestantes. Em questão de minutos, oito manifestantes foram mortos e dezenas ficaram feridos. "A Intifada de Al-Aqsa havia começado", registrou Sari Nusseibeh.[50]

O deterioramento da ordem pública foi vantajoso para Sharon, conhecido como um homem de pulso forte em questões de segurança nacional, e em fevereiro de 2001 ele chegou ao poder. O belicoso novo primeiro-ministro israelense estava mais interessado em territórios do que em paz, e sua eleição apenas exacerbou a situação de instabilidade entre israelenses e palestinos. No início de um novo milênio, o Oriente Médio estava mais longe da paz do que nunca.

★ ★ ★

Quando o século xx chegou ao fim, o mundo árabe testemunhou uma série de transições importantes. Três líderes que por décadas haviam sido pilares da política árabe morreram e foram sucedidos por seus filhos. O

Oriente Médio havia permanecido estático sob o comando de um longevo grupo de governantes. As sucessões levaram uma nova geração ao poder, aumentando as esperanças de reformas e mudanças. Contudo, o fato de tanto monarquias quanto repúblicas tenderem ao domínio unifamiliar pesava contra mudanças substanciais.

Em 7 de fevereiro de 1999, depois de uma longa batalha contra o câncer, o rei Hussein da Jordânia morreu. Tendo permanecido quase 47 anos no trono, ele era o governante árabe mais antigo de sua geração. Celebrado dentro e fora de casa como um pacificador, Hussein causou tumulto em sua família e no país com uma mudança de última hora na escolha de seu sucessor. Desde 1965, seu irmão Hassan servia como príncipe herdeiro. Mas, sem aviso, menos de duas semanas antes de sua morte, Hussein o dispensou de seus deveres e nomeou seu filho mais velho, Abdullah, como herdeiro e sucessor. Abdullah não era apenas relativamente jovem — acabara de completar 37 anos —, mas passara toda a sua carreira nas forças armadas, tendo pouco preparo para governar. Pior ainda foi a maneira como o rei Hussein lidou com a mudança na sucessão. O monarca moribundo fez publicar na imprensa jordaniana uma carta longa e enfurecida dirigida ao príncipe Hassan, que nada mais foi que um verdadeiro assassinato ao caráter de seu irmão mais novo. Muitas pessoas próximas ao rei explicaram a carta como uma medida cruel, mas necessária, a fim de garantir que Hassan jamais pudesse contestar a mudança na sucessão. No espaço de duas semanas, os jordanianos sofreram dois abalos sísmicos, primeiro com a mudança na sucessão e depois com a morte de seu monarca. Muitos temiam pelo futuro de seu precário país, deixado em mãos jovens e inexperientes.

Cinco meses depois, em 23 de julho de 1999, veio a morte do rei Hassan II do Marrocos, após 38 anos de reinado. Ele foi sucedido por seu filho, Muhammad VI, que tinha apenas 36 anos e, assim como o rei Abdullah II, da Jordânia, representava uma nova geração de líderes árabes. Ele havia estudado ciências políticas e direito, e passara algum tempo em Bruxelas a fim de se familiarizar com as instituições da União Europeia. Além disso, nos anos anteriores à sucessão, Hassan II havia ampliado seus deveres oficiais. Ainda assim, Muhammad vi permanecia uma incógnita para a maioria das pessoas no país e no exterior, e todos se perguntavam como o novo rei alcançaria o equilíbrio entre continuar as políticas do pai e deixar sua própria marca no reino.

A sucessão dinástica não se limitou às monarquias árabes. Em 10 de junho de 2000, após quase trinta anos no poder, morreu o presidente da Síria, Hafez Assad. O ancião Assad vinha preparando seu filho Bassel para sucedê-lo, mas seus planos foram interrompidos com a morte prematura de Bassel em 1994, em um acidente de carro. O presidente enlutado convocou então seu filho mais novo, Bashar, interrompendo seus estudos de oftalmologia em Londres, a fim de prepará-lo para a sucessão. Bashar Assad entrou na academia militar síria e viu seus deveres oficiais expandidos nos últimos seis anos de vida do pai. Ele assumiu o cargo aos 34 anos com a promessa de reformas. Embora muitos na Síria esperassem que o novo presidente enfrentasse sérios desafios de dentro do establishment político e dos muitos inimigos que o pai havia feito ao longo de três décadas de regime autoritário, a sucessão do homem forte de Damasco ao filho principiante transcorreu sem incidentes.

Outros velhos líderes do mundo árabe estavam preparando seus respectivos filhos para a sucessão. No Iraque, Saddam Hussein havia originalmente promovido seu filho Uday como herdeiro aparente. Uday dirigia uma emissora de televisão e um jornal iraquianos. Notório por sua crueldade homicida, Uday Hussein foi gravemente ferido em atentado em 1996 que deixou uma bala alojada em sua coluna. À medida que os limites de sua recuperação se tornaram claros, Saddam Hussein começou a preparar seu segundo filho, Qusay, para assumir a liderança. Dizia-se que o líder da Líbia, Muamar Kadafi, também estava preparando os filhos para herdar o poder. E, no Egito, Hosni Mubarak preparava seu filho Gamal e se recusava a nomear um vice-presidente, levando muitos a supor que Gamal, com o tempo, assumiria a presidência.

A sucessão mais significativa de 2000, no entanto, ocorreu nos Estados Unidos. Especialistas no mundo árabe fizeram piada dos americanos quando a Suprema Corte do país concedeu a George W. Bush, filho do ex-presidente George H. W. Bush, a vitória no Colégio Eleitoral. O fato de a votação popular ter favorecido levemente Al Gore, o oponente democrata de Bush — e de o resultado ter dependido de cédulas defeituosas e de uma polêmica recontagem de votos no estado da Flórida, governado pelo irmão de Bush —, sugeria que os americanos não eram menos dinásticos do que os árabes.

A bem da verdade, a maioria dos observadores árabes comemorou a vitória de George W. Bush em 2000. Eles viam a família Bush como homens do petróleo do Texas que possuíam bons vínculos com o mundo árabe. O fato de Al Gore ter escolhido o senador Joe Lieberman, de Connecticut, como seu candidato a vice — o primeiro candidato judeu à vice-presidência em um grande partido político dos Estados Unidos —, levou muitos no mundo árabe a imaginar que os democratas seriam ainda mais pró-israelenses do que os republicanos. E eles confiaram em Bush.

O novo presidente demonstrou pouco interesse pelo Oriente Médio. Ele não era um homem das relações exteriores, e suas prioridades estavam em outro lugar. Uma semana antes da posse, Bush teve uma reunião com o diretor da Agência Central de Inteligência, George Tenet. Como parte de seu briefing de inteligência, Tenet apresentou ao presidente eleito as três principais ameaças que os Estados Unidos enfrentavam: armas de destruição em massa, Osama bin Laden e o surgimento da China como potência militar e econômica.[51]

Embora se acreditasse que vários países árabes tivessem programas perigosos de armamentos, incluindo a Líbia e a Síria, a comunidade internacional estava mais preocupada com as armas de destruição em massa do Iraque. O governo iraquiano estava sob pressão constante das Nações Unidas e da comunidade internacional para entregar seus dispositivos de destruição em massa desde a aprovação da Resolução 687 do Conselho de Segurança das Nações Unidas, em abril de 1991. A resolução pedia a liquidação de todas as substâncias químicas, armas nucleares e biológicas, além de todos os mísseis balísticos iraquianos capazes de atingir alvos a mais de 150 quilômetros. Saddam Hussein, suspeitando que os americanos estivessem usando o regime de inspeção de armas como forma de subverter seu governo, obstruiu o trabalho dos inspetores da ONU, que se retiraram do Iraque em 1998.

Os Estados Unidos sob o governo Clinton estavam determinados a derrubar o regime iraquiano. Eles haviam mantido as rigorosas sanções comerciais contra o Iraque que estavam em vigor desde a invasão do Kuwait, e causaram uma grave crise humanitária no país, sem contudo enfraquecer o controle de Hussein sobre o governo. Além disso, mantinham um controle rígido do espaço aéreo iraquiano, por meio de patrulhas aéreas regulares em conjunto com os britânicos. Em 1998, o governo Clinton aprovou uma legislação — a Lei de Libertação do Iraque — pela qual comprometia uma série de fundos do governo americano para apoiar a mudança de regime no país. E, em dezembro de 1998, depois que os inspetores de armas da ONU deixaram o território iraquiano, o presidente Clinton autorizou uma campanha de bombardeio de quatro dias a fim de "degradar" a capacidade do país de produzir e utilizar armas de destruição em massa.

George W. Bush manteve as políticas de Clinton para conter o Iraque e a ameaça das armas de destruição em massa que, segundo se acreditava, pairava sobre os Estados Unidos.

Os serviços de inteligência americanos estavam muito mais preocupados com o acirramento do conflito com a Al-Qaeda de Osama bin Laden do que com qualquer ameaça do Iraque. Bin Laden investira muito tempo e energia nos objetivos declarados da Al-Qaeda de expulsar os Estados Unidos da Arábia Saudita e do mundo muçulmano como um todo. Em agosto de 1998, as embaixadas americanas na Tanzânia e no Quênia foram alvo de atentados suicidas simultâneos que deixaram mais de 220 mortos e centenas de feridos — quase todos cidadãos locais (apenas doze americanos foram vitimados). Por seu papel nos atentados às embaixadas, Bin Laden foi colocado na lista do FBI dos dez criminosos mais procurados pelos Estados Unidos. Em outubro de 2000, um ataque suicida a bomba ao navio USS *Cole*, ancorado no porto iemenita de Áden, matou dezessete marinheiros americanos e deixou 39 feridos.

A capacidade da Al-Qaeda de atacar em pontos vulneráveis da armadura americana suscitava sérias preocupações nos círculos da Casa Branca.

Em janeiro de 2001, o diretor da CIA alertou Bush de que Bin Laden e sua rede representavam uma ameaça "gigantesca e imediata" aos Estados Unidos. No entanto, ao contrário de Saddam Hussein no Iraque, Bin Laden era uma ameaça móvel e esquiva. Não estava claro quais medidas políticas o presidente poderia autorizar para lidar com uma ameaça desse tipo.

Bush chegou ao Salão Oval convencido de que a questão das armas de destruição em massa iraquianas havia sido contida, e parecia não estar particularmente preocupado com a ameaça de terror representada por Bin Laden e sua rede. Em seus primeiros nove meses no cargo, ele fez da China sua principal prioridade.

Eventos extraordinários em 11 de setembro de 2001 mudariam as prioridades de Bush, abrindo o período de maior envolvimento americano com o Oriente Médio em sua história moderna. Seria também o momento de maior tensão na história árabe recente.

15. Os árabes no século XXI

Para muitos no mundo árabe, as primeiras décadas do terceiro milênio pareceram um século por si só. No século anterior, os principais acontecimentos haviam se concretizado de maneira espaçada: a Primeira Guerra Mundial de 1914 a 1918, marcando o fim da era otomana e a introdução do sistema estatal moderno sob o imperialismo europeu; a Guerra da Palestina em 1948, iniciando o conflito árabe-israelense e a Guerra Fria no Oriente Médio; e a Guerra do Golfo em 1991, marcando o fim da Guerra Fria e uma nova era de hegemonia americana.

O novo milênio, no entanto, já testemunhou dois momentos transformadores no Oriente Médio: os ataques de 11 de setembro de 2001, iniciando uma guerra contra o terror liderada pelos americanos, e as revoluções da Primavera Árabe de 2011. Esses dois marcos vieram para definir o Oriente Médio no século XXI. Ainda estamos vivendo com suas consequências. Entre as pressões da guerra contra o terror e a Primavera Árabe, não seria um exagero afirmar que os anos desde 11 de setembro de 2001 têm sido os piores da história árabe moderna.

Na manhã de terça-feira, 11 de setembro de 2001, grupos terroristas sequestraram quatro aviões partindo dos aeroportos de Boston, Washington, DC, e Newark, Nova Jersey. Em quarenta minutos, eles conduziram duas aeronaves contra as Torres Gêmeas do World Trade Center em Manhattan e uma terceira para o Pentágono, em ataques suicidas planejados com precisão. Um quarto avião, que provavelmente se dirigia ao Capitólio ou à Casa Branca, caiu em um campo na Pensilvânia. No total, além dos dezenove sequestradores, estima-se que 2974 pessoas morreram nos quatro ataques: 2603 no World Trade Center, 125 no Pentágono e todos os 246 passageiros e tripulantes nos quatro aviões.

Os terroristas não deram nenhum aviso e não fizeram exigências. Eles pretendiam infligir danos máximos aos Estados Unidos e provocar mudanças. Embora nenhuma organização tenha reivindicado crédito pelos ataques, os serviços de inteligência americanos suspeitaram desde o início da Al-Qaeda de Osama bin Laden. Dias depois do Onze de Setembro, o FBI havia identificado os dezenove sequestradores. Eram todos homens árabes muçulmanos — quinze da Arábia Saudita, dois dos Emirados Árabes Unidos, um do Egito e um do Líbano — com conexões com a Al-Qaeda. Só podemos supor, a partir de declarações subsequentes dessa organização, que tipo de mudanças os sequestradores suicidas tinham em mente: expulsar os Estados Unidos do mundo muçulmano, desestabilizar os regimes pró-ocidentais da região e substituí-los por Estados islâmicos.

Os Estados Unidos responderam ao pior ataque em solo americano desde o ataque japonês a Pearl Harbor, em 1941, declarando guerra a um inimigo amplamente desconhecido. Em um discurso televisionado para uma sessão conjunta do Congresso em 20 de setembro de 2001, o presidente George W. Bush declarou uma "guerra contra o terror" que começaria com a Al-Qaeda e prosseguiria "até que todos os grupos terroristas de alcance global sejam encontrados, detidos e derrotados". Ele preparou os americanos para um conflito longo e não convencional e prometeu uma vitória dos Estados Unidos.

Os ataques do Onze de Setembro e a guerra contra o terror colocaram os Estados Unidos e o mundo árabe em rota de colisão. Muitos — certamente não todos, mas muitos — no mundo árabe ficaram felizes com o sofrimento americano. Para os observadores locais, os Estados Unidos pareciam indiferentes ao sofrimento árabe — o drama dos palestinos sob ocupação israelense ou dos iraquianos sob uma década de rigorosas sanções. Em seus pronunciamentos públicos, Osama bin Laden tirou proveito dessa raiva. "O que os Estados Unidos estão vivendo hoje é muito pouco diante do que temos vivido há dezenas de anos", afirmou ele em outubro de 2001. "Nosso povo vem sentindo essa humilhação e esse desprezo há mais de oitenta anos."[1]

As declarações de Bin Laden a partir de sua fortaleza clandestina nas montanhas do Afeganistão levaram a uma escalada das tensões árabe--americanas. A admiração pelo líder da Al-Qaeda era generalizada em todo o mundo árabe e muçulmano. As pessoas estavam impressionadas com a engenhosidade da Al-Qaeda ao aplicar um golpe tão devastador contra os Estados Unidos em seu próprio solo. Osama bin Laden se tornou um símbolo de culto da noite para o dia, o estêncil de seu rosto um ícone de resistência islâmica à dominação dos Estados Unidos. Os americanos não compreendiam esses pontos de vista e transformaram Bin Laden num vilão, numa personificação do mal absoluto.

Assustado, confuso e furioso após os ataques do Onze de Setembro, o povo americano se sentiu ameaçado em casa e inseguro no exterior. Eles exigiram que Washington revidasse de forma rápida e decisiva contra seus inimigos. O governo Bush respondeu com uma ação secreta contra as redes terroristas jihadistas e optou por travar duas guerras que confirmaram a impressão no mundo árabe de que a guerra contra o terror era na verdade uma guerra contra o islã.

A guerra dos Estados Unidos no Afeganistão começou em 7 de outubro de 2001, através de uma coalizão sancionada pela ONU e apoiada pela Organização do Tratado do Atlântico Norte. Seu objetivo era derrubar o rígido regime islâmico do Talibã, que havia abrigado Bin Laden e sua organização, prender a liderança da Al-Qaeda e destruir suas instalações de treinamento em território afegão. A guerra foi rápida e bem-sucedida — em meados de novembro de 2001, a Aliança do Norte afegã e seus aliados americanos expulsaram o Talibã da capital, Cabul, e em meados de dezembro de 2001 caíram os últimos redutos do Talibã e da Al-Qaeda —, e envolveu um contingente mínimo de tropas terrestres dos Estados Unidos.

Apesar de seus sucessos operacionais, importantes fracassos marcaram a Guerra do Afeganistão e exacerbaram a guerra contra o terror. Em primeiro lugar, Osama bin Laden e o líder do Talibã, mulá Omar, não foram capturados. Eles conseguiram escapar do Afeganistão para reagrupar suas forças e retomar a luta contra os Estados Unidos a partir do país vizinho, o Paquistão. Para os apoiadores de Bin Laden, a sobrevivência contra os americanos já era vitória suficiente.

Outros integrantes da Al-Qaeda, capturados durante a Guerra do Afeganistão, foram designados "combatentes inimigos" e tiveram negados tanto os seus direitos como prisioneiros de guerra, sob as Convenções de Genebra, quanto o devido processo legal, sob o sistema de justiça americano. Eles foram presos em uma instalação militar extraterritorial dos Estados Unidos em Cuba conhecida como Campo de Detenção da Baía de Guantánamo. A partir de outubro de 2001, cerca de oitocentos detidos, todos muçulmanos, seriam enviados para Guantánamo. Ao longo dos anos, a maioria foi libertada sem acusação formal — em janeiro de 2017, eram apenas 42 prisioneiros — e voltou para casa para narrar suas experiências. De humilhação a tortura, os maus-tratos sofridos pelos presos de Guantánamo provocaram repúdio internacional e indignação no mundo árabe.

No Afeganistão, devastado pela guerra após mais de vinte anos de conflito desde a invasão soviética em 1979, os americanos trabalharam com líderes locais a fim de estabelecer uma nova estrutura política. Para garantir a estabilidade do novo governo do presidente Hamid Karzai, no entanto, era necessário fazer grandes investimentos em desenvolvimento econômico e na construção do Estado. Em 2002, porém, o governo Bush desviou suas energias e recursos para o planejamento da Guerra do Iraque, deixando o frágil Estado afegão vulnerável à reconquista pelos talibãs. Em consequência disso, uma guerra que começou em outubro de 2001 com um punhado de forças terrestres estrangeiras se expandiu para um grande conflito que, no auge dos combates, em 2011, envolvia mais de 120 mil soldados ocidentais. Os americanos e seus aliados declararam o fim das operações de combate apenas em dezembro de 2014, quando o saldo já era de mais de 100 mil civis mortos e milhões deslocados. O povo afegão, inocente dos crimes da Al-Qaeda, pagou um preço alto pelo Onze de Setembro.

A MAIOR PARTE DOS ESTADOS ÁRABES não se sentia à vontade com a expansão da presença militar americana no mundo muçulmano. Seu apoio morno à guerra contra o terror levou os Estados Unidos a duvidar de vários de seus aliados de longa data na região — sobretudo a Arábia Saudita. O fato de Bin Laden e quinze dos sequestradores suicidas que haviam participado dos ataques do Onze de Setembro serem cidadãos sauditas e de fundos privados sauditas terem financiado a Al-Qaeda apenas piorou as relações entre sauditas e americanos. Outros países também passaram por um novo escrutínio. Washington considerou o Egito pouco sensível ao terrorismo, classificou o Irã e o Iraque como parte de um "eixo do mal" e colocou a Síria no topo de sua lista de países que apoiavam o terrorismo.

Os Estados árabes se viram sob pressões irreconciliáveis após o Onze de Setembro. Caso se mostrassem contrários à guerra dos Estados Unidos contra o terror, corriam o risco de sanções que poderiam variar de isolamento econômico a apelos diretos de mudança de regime pela única superpotência do mundo. Caso se colocassem ao lado dos americanos, abririam seu próprio território à ameaça de ataques de células jihadistas locais inspiradas no exemplo de Bin Laden. Entre maio e novembro de 2003, vários atentados a bomba por parte de islamitas radicais abalaram cidades na Arábia Saudita, no Marrocos e na Turquia, deixando 125 mortos e quase mil feridos. Em novembro de 2005, bombas coordenadas destruíram três hotéis em Amã, na Jordânia, matando 57 pessoas e ferindo centenas — quase todas jordanianas. O mundo árabe enfrentava escolhas tremendamente difíceis na gestão de suas relações com Washington.

As mesmas pressões que separavam os Estados Unidos dos árabes aproximaram Israel dos americanos. O primeiro-ministro Ariel Sharon convenceu o presidente George W. Bush de que os Estados Unidos e Israel enfrentavam uma guerra comum contra o terror. A Segunda Intifada, que começara em setembro de 2000, havia se tornado cada vez mais violenta na época dos ataques do Onze de Setembro. O uso de atentados suicidas por grupos islâmicos para atingir civis israelenses convenceu o presidente Bush de que os Estados Unidos e o Estado judeu estavam lutando contra o mesmo inimigo. Assim, os americanos fecharam os olhos para as ações israelenses contra seus inimigos islâmicos — a Jihad Islâmica e o Hamas na Palestina e o Hezbollah no Líbano — e a internacionalmente reconhecida Autoridade Palestina. Israel aproveitou ao máximo a complacência dos Estados Unidos para lançar ataques desproporcionais contra o governo e a sociedade palestina que aumentaram enormemente as tensões no mundo árabe.

Em junho de 2002, o primeiro-ministro Sharon ordenou a reocupação da Cisjordânia. Embora justificasse a medida em termos de garantir a segurança de Israel contra ataques terroristas, Sharon claramente pretendia isolar Yasser Arafat e enfraquecer a Autoridade Palestina. Ao tomar as cidades palestinas sob governo próprio desde os Acordos de Oslo — Belém, Jenin, Ramallah, Nablus, Tulkarm e Qalqiliya —, as forças israelenses intensificaram seus ataques contra os movimentos de resistência. No total, cerca de 3200 palestinos e 950 israelenses foram vítimas de mortes violentas durante a Segunda Intifada (setembro de 2000 a fevereiro de 2005).[2]

Enquanto as forças armadas israelenses lutavam para conter a Segunda Intifada, o governo Sharon exacerbou as tensões com os palestinos ao adotar medidas que visavam a ocupação de territórios adicionais na Cisjordânia. Os assentamentos israelenses se expandiram nos territórios ocupados, e, em junho de 2002, o governo Sharon iniciou a construção de um muro com 720 quilômetros de largura a fim de isolar Israel dos ataques terroristas palestinos. O Muro de Separação (batizado pelos palestinos de Muro do Apartheid) penetra fundo na Cisjordânia e representa uma anexação de fato de quase 9% do território palestino na região, afetando negativamente a vida e os meios de subsistência de quase 500 mil palestinos.[3]

A repressão israelense à Segunda Intifada se revelou um grande obstáculo à guerra contra o terror americana. As imagens do sofrimento palestino, transmitidas ao vivo pela televisão árabe, provocaram fúria no Oriente Médio. Os atos de Israel e a inação dos Estados Unidos serviram como valiosos dispositivos de recrutamento para a Al-Qaeda e outras organizações terroristas. O governo Bush considerou necessário se engajar nas operações de paz palestino-israelenses a fim de tentar diminuir as tensões regionais.

George W. Bush se tornou o primeiro presidente americano a apoiar uma solução de dois Estados para o conflito palestino-israelense. Em um importante discurso na Casa Branca em 24 de junho de 2002, Bush apresentou uma visão de um Estado palestino "vivendo lado a lado em paz e segurança" com Israel. No entanto, a visão de Bush exigia que os palestinos "elegessem novos líderes, líderes não comprometidos com o terror" — um golpe deliberado no presidente democraticamente eleito da Autoridade Palestina, Yasser Arafat.

Para avançar no objetivo de garantir uma solução de dois Estados para o conflito palestino-israelense, o governo americano firmou uma parceria com a Rússia, a União Europeia e as Nações Unidas. Esse novo grupo, conhecido como Quarteto do Oriente Médio, buscou formar um consenso internacional para resolver o conflito. Em essência, os palestinos viam o quarteto como uma maneira de contrabalançar o apoio americano a Israel com Estados e organizações historicamente mais solidários às aspirações palestinas — em particular a Rússia e as Nações Unidas.

Em abril de 2003, o quarteto publicou um "roteiro para a paz no Oriente Médio" a fim de esmiuçar a visão de Bush de uma solução de dois Estados. O roteiro apresentava um ambicioso plano trifásico que preconizava em primeiro lugar o fim da violência entre palestinos e israelenses, seguido pela criação de um Estado palestino provisório dentro de fronteiras temporárias e chegando por fim a um terceiro e último estágio, em que israelenses e palestinos resolveriam as questões mais complexas das fronteiras, o futuro de Jerusalém, o status dos refugiados e o destino dos assentamentos israelenses na Cisjordânia e na Faixa de Gaza. No final de 2005, os Estados de Israel e da Palestina deveriam fazer gestos de reconhecimento mútuo e declarar o fim de seu conflito.

O mundo árabe, no entanto, permanecia cético em relação às intenções dos Estados Unidos e à probabilidade de o roteiro levar a uma paz justa e duradoura entre Israel e os palestinos. Afinal, em março de 2003, entre o discurso de Bush e a publicação do roteiro, os Estados Unidos tinham invadido o Iraque.

Os Estados Unidos justificaram sua invasão do Iraque nos termos da guerra global contra o terror. O governo Bush alegou que o regime de Saddam Hussein havia acumulado um grande arsenal de armas de destruição em massa, inclusive agentes químicos e biológicos, e precursores de uma arma nuclear. O primeiro-ministro britânico Tony Blair ecoou as preocupações de Bush e alinhou o Reino Unido com a posição americana. A Casa Branca também sugeriu que o governo de Hussein possuía conexões com a Al-Qaeda de Osama bin Laden e que havia o risco de as armas de destruição em massa iraquianas serem transferidas para a organização terrorista, defendendo, assim, uma guerra preventiva contra o Iraque.[4]

O mundo árabe não estava convencido das acusações do presidente Bush. Os governos árabes de fato acreditavam, equivocadamente, que era provável que Saddam Hussein possuísse um grande arsenal de agentes químicos e biológicos — afinal, ele usara armas químicas contra os iranianos e os curdos iraquianos na década de 1980. Até mesmo o principal inspetor de armas das Nações Unidas, o dr. Hans Blix, acreditava que o país contava com esse arsenal. Os Estados árabes, no entanto, sabiam que o Iraque não havia participado dos ataques do Onze de Setembro e duvidavam de qualquer conexão entre o movimento islâmico da Al-Qaeda e o partido laico iraquiano Baath. Saddam Hussein liderava precisamente o tipo de governo que Osama bin Laden procurava derrubar. O mundo árabe simplesmente não aceitou o que o governo Bush estava dizendo e suspeitou que os Estados Unidos tivessem segundas intenções — em relação não só ao petróleo do Iraque como ao de todo o golfo Pérsico.

A invasão do Iraque, iniciada em 20 de março de 2003, recebeu ampla condenação internacional e de todo o mundo árabe. Os Estados Unidos, apoiados pela Grã-Bretanha, invadiram um Estado árabe de maneira gratuita e sem que tivesse havido uma sanção da onu. Saddam Hussein permaneceu desafiador diante das forças ocidentais superiores, e, como havia ocorrido durante a Guerra do Golfo em 1991, sua posição angariou amplo apoio entre o público árabe. Em 23 de março de 2003, todos os 22 membros da Liga Árabe, exceto o Kuwait, apoiaram uma resolução condenando a invasão como uma violação da Carta da onu e exigindo a retirada total das tropas americanas e britânicas do solo iraquiano. No entanto, ninguém esperava a sério que o governo Bush prestasse atenção às preocupações das Nações Unidas, muito menos às do mundo árabe.

Embora tenham oferecido forte resistência, os iraquianos foram completamente dominados por forças britânicas e americanas superiores que possuíam controle total do espaço aéreo do Iraque. Em 9 de abril, os americanos tomaram Bagdá, sinalizando a queda do governo de Saddam Hussein três semanas após o início das hostilidades. O povo iraquiano tinha sentimentos confusos: ao mesmo tempo que comemorava a derrubada de um ditador detestado, se ressentia de ter seu país invadido por americanos e britânicos.

A derrubada do governo de Hussein deixou os Estados Unidos no controle do Iraque. O governo Bush estabeleceu então uma junta governante chamada Autoridade Provisória da Coalizão (APC). Duas das primeiras decisões da APC em maio de 2003 transformaram o caos do Iraque pós-guerra em uma insurgência armada contra o domínio americano. A primeira dissolvia o partido de Saddam Hussein e proibia ex-membros do Baath de ocupar cargos públicos. A segunda dispensava os 500 mil integrantes dos serviços militares e de inteligência iraquianos. Tomadas em conjunto, essas medidas passaram a ser conhecidas como desbaathização.

As autoridades americanas implementaram a desbaathização numa tentativa de purgar o Iraque da influência maligna de Saddam Hussein. Elas se inspiraram nas políticas de desnazificação adotadas pelas autoridades aliadas na Alemanha após o fim da Segunda Guerra Mundial, e esperavam que essas medidas lhes permitissem construir um novo Estado democrático no Iraque, que respeitasse os direitos humanos. Na verdade, porém, a APC levou o desemprego a um grande número de homens bem armados e despojou as elites políticas muçulmanas sunitas do país de qualquer interesse em cooperar com o novo Iraque democrático dos Estados Unidos, que passou a ser cada vez mais dominado pela maioria muçulmana xiita do país. Seguiu-se então uma insurgência contra a ocupação americana e um conflito sectário entre as comunidades nacionais.

O Iraque logo se transformou em um campo de recrutamento para ativistas antiamericanos e antiocidentais. Além disso, propiciou as condições perfeitas para o surgimento de novas organizações, como a Al-Qaeda no Iraque, um grupo jihadista que possuía vínculos apenas nominais com a organização de Osama bin Laden e despachava homens-bomba contra alvos estrangeiros e domésticos. Em 19 de agosto de 2003, a Al-Qaeda no Iraque levou ao fechamento dos escritórios das Nações Unidas em Bagdá, depois que atentados a bomba mataram seu alto-comissário no país, o diplomata brasileiro Sérgio Vieira de Mello, e mais de vinte funcionários. Ocidentais foram feitos reféns e muitos foram brutalmente assassinados. As patrulhas militares se tornaram alvo de ataques cada vez mais sofisticados. Uma guerra com poucas vítimas britânicas e americanas deu lugar a uma ocupação em que os aliados sofreram pesadas baixas. Até a retirada final dos Estados Unidos em 2011, os insurgentes haviam matado quase 4500 cidadãos americanos e mais de 170 britânicos, e ferido mais de 32 mil soldados estrangeiros.[5]

A DISSEMINAÇÃO DA DEMOCRACIA foi um tema recorrente na guerra americana contra o terror. O presidente Bush e seus conselheiros neoconservadores acreditavam que os valores democráticos e a política participativa eram incompatíveis com o terrorismo. Um dos principais defensores dessas opiniões era o subsecretário de Defesa Paul Wolfowitz. Ao discursar em um fórum de política externa na Califórnia em maio de 2002, Wolfowitz afirmou: "Para vencer a guerra contra o terror [...] devemos falar a centenas de milhões de pessoas moderadas e tolerantes no mundo muçulmano [...] que aspiram a usufruir das bênçãos da liberdade, da democracia e do livre empreendedorismo".[6] Em dezembro de 2002, o secretário de Estado americano, Colin Powell, lançou sua própria Iniciativa de Parceria para o Oriente Médio, a fim de trazer "democracia e livre mercado" à região, mas ela logo foi abortada.[7] O governo Bush defendia a ideia de que um Iraque democrático serviria como um farol para o resto dos Estados árabes e lançou uma onda de democratização que varreria o mundo árabe.

O Iraque já estava profundamente dividido quando seus cidadãos foram às urnas em janeiro de 2005 para eleger uma assembleia nacional que redigiria uma nova Constituição. Representando algo entre 50% e 60% da população total do país, os xiitas eram os principais beneficiários do novo sistema democrático e votaram em peso, com zonas xiitas registrando até 80% de participação. Os curdos, um grupo étnico minoritário não árabe, obtiveram maioria absoluta em suas próprias províncias e eram partidários ainda mais entusiasmados do novo sistema democrático do Iraque, tendo registrado até 90% de participação. A população árabe sunita, principal alvo do processo de desbaathificação, boicotou largamente as eleições. A votação dos sunitas em Mossul foi de apenas 10%.[8]

As eleições de dezembro de 2005, realizadas sob os termos da nova Constituição, confirmaram a nova realidade política do Iraque. A Aliança Unida Iraquiana, principal bloco xiita, garantiu 128 assentos na assembleia nacional, de um total de 275. Os curdos emergiram como o segundo maior bloco, com 53 cadeiras. A Frente de Acordo Iraquiana, uma coalizão de políticos sunitas, ficou em terceiro lugar, com 48 assentos. O líder curdo Jalal Talabani foi nomeado presidente do Iraque, e o político xiita Nouri al-Maliki designado primeiro-ministro. Depois de séculos dominando a política iraquiana, as elites sunitas estavam fora do poder e, dado seu peso demográfico relativo, jamais retornariam pelas urnas. Incapazes de vencer por meios democráticos, os militantes sunitas passaram à violência. Grupos insurgentes mudaram seu alvo das forças de ocupação para seus concidadãos xiitas, enquanto o Iraque afundava em um conflito devastador entre facções.

As forças de segurança iraquianas e as forças armadas americanas eram incapazes de conter a violência coletiva. Atiradores suicidas infligiam carnificinas diárias nos mercados e mesquitas por todo o Iraque. A TV por satélite transmitia ao vivo imagens de morte e devastação para todo o mundo árabe. Embora os números de baixas civis iraquianas desde a invasão sejam motivo de ampla controvérsia, o governo iraquiano estimou que algo entre 100 mil e 150 mil civis tenham morrido entre 2003 e 2011. Assim como acontecera no Afeganistão, foram os civis iraquianos que arcaram com o verdadeiro custo da guerra contra o terror, tendo sua segurança, valores e estilo de vida destruídos pela invasão e suas violentas consequências.[9]

A ascensão dos xiitas ao poder no Iraque após a queda de Saddam Hussein também transformou o equilíbrio regional de poder no mundo árabe. Até 2003, o Iraque era um dos Estados árabes sunitas mais poderosos e servia como um amortecedor para conter a ameaça percebida da República Islâmica do Irã. Depois de 2005, sob governo xiita, passou a ser visto como um aliado do Irã. Os países sunitas vizinhos, liderados pela Arábia Saudita e pela Jordânia, falavam com receio de um "Crescente xiita" que começava no Irã e se estendia pelo Iraque até a Síria (um aliado iraniano desde 1980) e o Líbano, onde as milícias xiitas Amal e Hezbollah desempenhavam um papel dominante na política nacional. Surgiram novas tensões entre sunitas e xiitas que aumentariam a ponto de desestabilizar o mundo árabe como um todo.

As iniciativas do governo Bush para promover a democracia no resto do mundo árabe não tiveram mais sucesso do que o obtido no Iraque. O ressentimento popular em relação à sua política externa neoconservadora tornou os partidos islâmicos que defendiam a resistência aos Estados Unidos mais atraentes para os eleitores do que os moderados que procuravam acomodação com o Ocidente. As eleições no Líbano em 2005 e nos territórios palestinos em 2006 demonstraram uma verdade inconveniente sobre a democracia no mundo árabe: em qualquer eleição livre e justa, os partidos mais hostis aos Estados Unidos eram os mais prováveis vencedores.

Em 11 de novembro de 2004, Yasser Arafat, líder histórico da luta nacional palestina e presidente sitiado da Autoridade Palestina, morreu em decorrência de complicações médicas num hospital de Paris. O governo Bush insistiu que, embora os palestinos lamentassem Arafat, sua morte abria oportunidades para a eleição de novos líderes "não comprometidos com o terror". Em 9 de janeiro de 2005, os palestinos escolheram seu novo presidente. Eleito por uma maioria absoluta de 63%, o sucessor de Arafat seria Mahmoud Abbas, o líder do Fatah. O governo Bush saudou o resultado e declarou Abbas um homem com quem poderia trabalhar. O primeiro-ministro israelense Ariel Sharon, por sua vez, recusava-se a negociar com ele.

Em 2005, Sharon anunciou sua intenção de retirar todas as tropas e colonos israelenses da Faixa de Gaza. A posição de Israel em Gaza era insustentável, com milhares de soldados fornecendo segurança para 8 mil colonos em uma população hostil de 1,4 milhão de palestinos. A retirada de Gaza contava com o apoio do exército e dos eleitores israelenses, e dava maior liberdade a Sharon para ignorar o roteiro de 2003, uma vez que ele poderia sempre dizer estar buscando construir sua própria iniciativa de paz com os palestinos. Sharon, no entanto, se recusava a negociar com a Autoridade Palestina a fim de garantir uma passagem tranquila em Gaza. Desse modo, em agosto de 2005, quando completaram sua retirada, os israelenses criaram um perigoso vácuo de poder na região e permitiram que o Hamas reivindicasse uma importante vitória. Há anos resistindo à ocupação de Israel, o partido islâmico naturalmente recebeu crédito por expulsar os israelenses de Gaza.

A verdadeira extensão dos ganhos do Hamas só se revelou nas eleições de janeiro de 2006 para o Conselho Legislativo da Palestina. Os dois principais partidos eram o Fatah, de Arafat, sob a liderança de Mahmoud Abbas, e o Hamas, liderado por Ismail Haniya. A imprensa e os estrategistas políticos no Ocidente esperavam que o Hamas conquistasse forte apoio e reduzisse a maioria do Fatah no conselho. No entanto, a magnitude da vitória do Hamas chocou palestinos e observadores estrangeiros. O Hamas obteve maioria absoluta nas eleições, ganhando 74 dos 132 assentos; o Fatah conseguiu manter apenas 45. Os territórios palestinos, divididos entre a Cisjordânia e a Faixa de Gaza, ficaram sob uma autoridade dividida, com um presidente do Fatah e um Parlamento dominado pelo Hamas. Com isso, um partido oficialmente boicotado pelos Estados Unidos e pela União Europeia como organização terrorista, tendo vencido uma eleição considerada livre e justa pelos observadores internacionais, formaria o próximo governo da Palestina. Era uma inversão devastadora para a guerra americana contra o terror. E o povo palestino pagaria o preço.

O novo governo do Hamas, sob o braço do primeiro-ministro Haniya, rejeitou abertamente as políticas do Quarteto do Oriente Médio. Haniya se recusava a reconhecer Israel, a encerrar a resistência armada ou a aceitar os termos do roteiro de 2003. Consequentemente, o quarteto cortou toda e qualquer assistência à Autoridade Palestina. Até o Hamas se mostrar disposto a "renunciar ao terror" nos termos do Ocidente, nem a União Europeia nem os Estados Unidos apoiariam a Autoridade Palestina sob o seu governo — ainda que tivesse sido eleita democraticamente.

No Líbano, o partido islâmico Hezbollah também provou contar com a simpatia dos eleitores por sua política de resistência contra Israel e os Estados Unidos. A força do Hezbollah foi uma surpresa para o governo Bush, que considerava os libaneses um exemplo de cidadãos que preservavam com sucesso seus direitos democráticos — no caso, contra a opressão síria.

O assassinato do ex-primeiro-ministro libanês Rafik Hariri em 14 de fevereiro de 2005 levara o movimento democrático do Líbano a agir. Tendo renunciado ao cargo apenas quatro meses antes em protesto contra a interferência síria na política do Líbano, Hariri era um homem marcado. No entanto, a extrema violência de seu assassinato chocou até os libaneses mais insensíveis à guerra. Os assassinos detonaram um carro-bomba com uma tonelada de explosivos quando o comboio de Hariri passava pelo bairro hoteleiro à beira-mar em seu trajeto diário do Parlamento a sua residência. Além dele, 21 pessoas morreram — políticos, guarda-costas, motoristas e passantes inocentes.

O filho de Hariri, Saad, liderou a nação em luto e afirmou estar convencido de que a Síria era a responsável pela morte violenta de seu pai. O assassinato provocou ondas de protesto que paralisaram a política no país. Em 14 de março, 1 milhão de libaneses se reuniram no centro de Beirute para exigir a retirada total da Síria do Líbano. Foi a primeira instância das manifestações populares de massa que viriam a ser associadas às revoluções da Primavera Árabe seis anos depois. O movimento contou com o apoio total dos Estados Unidos, que acusaram a Síria de patrocinar o terrorismo. Sob intensa pressão internacional, o governo sírio concordou em retirar seus soldados e forças de inteligência após uma ocupação que havia durado quase três décadas. Suas últimas tropas deixaram o Líbano em 26 de abril de 2005.

Entre maio e junho do mesmo ano, os libaneses elegeram seu novo Parlamento. O governo Bush elogiou as eleições, afirmando se tratar de uma vitória das políticas americanas de promoção da democracia no mundo árabe. A coalizão antissíria, liderada por Saad Hariri, conquistou 72 dos 128 assentos no Parlamento. No entanto, a ala política do Hezbollah obteve um bloco sólido de catorze assentos parlamentares e, combinada com um grupo de partidos pró-Síria, emergiu como uma poderosa força de oposição na política libanesa. Mesmo no Líbano, os partidos explicitamente hostis aos Estados Unidos se saíam bem nas eleições.

Para os partidos islâmicos, a resistência contra Israel oferecia dividendos políticos. De fato, enquanto persistissem em seus ataques ao Estado judeu, tanto o Hamas, na Palestina, quanto o Hezbollah, no Líbano, poderiam contar com amplo apoio político. Eles também acreditavam que combater os sionistas para libertar os territórios muçulmanos era um dever religioso. No verão de 2006, os dois partidos intensificaram seus ataques a Israel — com consequências desastrosas para a Faixa de Gaza e o Líbano.

Em 25 de junho de 2006, um grupo de ativistas do Hamas atravessou de Gaza para Israel utilizando um túnel próximo à fronteira egípcia e atacou um posto do exército israelense. Eles mataram dois soldados e feriram outros quatro antes de fugir para Gaza levando como prisioneiro um jovem recruta chamado Gilad Shalit. Em 28 de junho, soldados israelenses entraram em Gaza, e no dia seguinte prenderam 64 oficiais do Hamas, incluindo oito membros do gabinete palestino e vinte membros democraticamente eleitos do Conselho Legislativo da Palestina. O Hamas respondeu disparando mísseis caseiros contra Israel, que, por sua vez, mobilizou sua força aérea para bombardear alvos palestinos. Onze israelenses e mais de quatrocentos palestinos foram mortos antes do cessar-fogo em novembro de 2006.

A guerra do Hezbollah contra Israel provocou uma resposta desproporcional contra o Líbano. Em 12 de julho de 2006, um grupo de combatentes do Hezbollah entrou em território israelense e atacou dois jipes que patrulhavam a fronteira com o Líbano. Eles mataram três soldados, feriram outros dois e fizeram dois prisioneiros. Esse ataque gratuito desencadeou um conflito de 34 dias durante os quais as forças terrestres israelenses invadiram o sul do Líbano. Além disso, Israel empregou sua força aérea para bombardear infraestruturas importantes da região e arrasou bairros inteiros nas regiões xiitas ao sul de Beirute, provocando o deslocamento de cerca de 1 milhão de civis. Os combatentes do Hezbollah travaram batalhas violentas com as tropas israelenses nas colinas do sul do país, mantendo uma enxurrada constante de mísseis disparados contra Israel, forçando milhares de israelenses a evacuar a zona de conflito.

O governo libanês pediu ajuda aos Estados Unidos. Afinal, o governo Bush havia saudado o Líbano democrático como um exemplo para o Oriente Médio e dera todo o seu apoio às demandas libanesas para a retirada da Síria em 2005. Em 2006, no entanto, os Estados Unidos não estavam dispostos a intervir contra os israelenses, nem mesmo para pedir um cessar-fogo. Como Israel estava lutando contra o Hezbollah, que os americanos consideravam uma organização terrorista, o governo Bush se recusou a conter seu aliado. Na verdade, o governo americano reabasteceu os israelenses com armas guiadas a laser e bombas de fragmentação, uma vez que a intensa campanha de bombardeios contra o Líbano havia esgotado o arsenal israelense. Em 14 de agosto, ao final da contenda de 34 dias, mais de 1100 civis libaneses e 43 israelenses haviam morrido sob bombardeio aéreo. Entre os combatentes, as Nações Unidas estimaram a morte de quinhentos milicianos do Hezbollah, e o exército israelense informou 117 baixas entre os seus soldados.

Os conflitos do verão de 2006 demonstraram os limites do apoio dos Estados Unidos à democracia árabe e seu apoio ilimitado a Israel. A bem da verdade, o governo Bush reconheceria apenas os resultados das eleições que levassem os partidos pró-ocidentais ao poder. E os Estados Unidos apoiariam qualquer ação israelense contra partidos associados ao terrorismo, por mais desproporcional que fosse. Mas o simples fato de serem condenados pelos Estados Unidos e por Israel fortaleceu ainda mais a posição interna do Hamas e do Hezbollah. Longe de enfrentarem censura por conta das guerras devastadoras provocadas contra Israel, os movimentos de resistência islâmicos passaram a desfrutar de um apoio ainda maior não só internamente, mas em todo o mundo árabe, por se levantarem contra Bush, Israel e a guerra contra o terror liderada pelos Estados Unidos.

Com a eleição de Barack Obama em novembro de 2008, os Estados Unidos entraram em uma nova era de engajamento construtivo com o mundo árabe e islâmico. Nos seus primeiros cem dias, o novo presidente deu início a uma série de políticas destinadas a reduzir as tensões regionais geradas por sete anos de guerra contra o terror. Ele começou a reduzir a presença das tropas americanas no Iraque, sinalizou que o processo de paz entre palestinos e israelenses era uma prioridade de seu primeiro mandato e renovou o compromisso com Estados desconsiderados pelo governo Bush, como a Síria e o Irã.

A expressão mais clara dessa nova política de engajamento construtivo com o mundo árabe e islâmico foi revelada em um discurso de Obama na Universidade do Cairo em junho de 2009: "Eu vim aqui para buscar um novo começo entre os Estados Unidos e os muçulmanos ao redor do mundo, com base no interesse mútuo e no respeito mútuo", disse Obama à atenta plateia. "Deve haver um esforço sustentado para ouvirmos uns aos outros; aprendermos uns com os outros; respeitarmos uns aos outros; e, assim, buscarmos um terreno em comum." Embora muitos no mundo árabe mantivessem suas opiniões em suspenso, esperando para ver se as ações de Obama corresponderiam à sua retórica, sua mensagem, no entanto, foi um alívio bem-vindo a uma região que havia sofrido anos de tensão no epicentro da guerra contra o terror.

Embora tenha recebido o prêmio Nobel da Paz em 2009, Obama permaneceu em guerra no mundo muçulmano durante seus oito anos no cargo. Mesmo tendo reduzido o número de tropas no Iraque — as últimas unidades americanas deixaram Bagdá em dezembro de 2011 —, ele intensificou a presença militar dos Estados Unidos no Afeganistão, que chegou a atingir um pico de 100 mil homens, e só declarou o fim das operações no país em 2014, o que fez da guerra no Afeganistão (2001-14) a mais longa da história americana. De maneira controversa, Obama intensificou o uso de ataques com drones letais no Paquistão, na Somália, no Iêmen e na Líbia. Enquanto o presidente Bush havia autorizado cerca de cinquenta ataques com drones, matando 296 combatentes e 195 civis, Obama aprovou mais de quinhentos ataques, matando 3040 combatentes e centenas de civis.[10] O assassinato mais significativo autorizado pela Casa Branca de Obama ocorreu em 2 de maio de 2011, quando comandos americanos abateram Osama bin Laden em seu complexo secreto em Abbotabad, no Paquistão, e sepultaram seu corpo no mar. Após os atentados do Onze de Setembro, o presidente Bush havia invocado a justiça do oeste selvagem e afirmado querer Bin Laden "vivo ou morto". Obama, premiado com o Nobel da Paz, obteve sucesso onde o arquiteto da guerra contra o terror havia falhado.

A resposta do mundo árabe ao assassinato de Bin Laden foi notavelmente silenciosa, dada a proeminência que o líder da Al-Qaeda havia alcançado em sua guerra contra os Estados Unidos. Os eventos que se desenrolaram na região em 2011 acabaram por eclipsar o conflito e a importância do Ocidente. De fato, com a queda do presidente tunisiano Zine Abidine Ben Ali e do presidente egípcio Hosni Mubarak, o mundo árabe entrava em um momento transformador de esperança e perigo que passou a ser conhecido no Ocidente como Primavera Árabe.

AS REVOLUÇÕES NA TUNÍSIA E NO EGITO, em janeiro e fevereiro de 2011, criaram a Primavera Árabe. Elas forneceram uma linguagem e uma estratégia de revolta popular que inspiraram movimentos semelhantes em todo o mundo árabe. Os mesmos slogans utilizados pela primeira vez na Tunísia foram repetidos no Egito, na Líbia, no Bahrein, no Iêmen e na Síria: o imperativo "Vão embora!", dirigido a governantes autocráticos que já não eram mais úteis, e o onipresente "O povo deseja a queda do regime". A estratégia incluía a mobilização em massa por meio das redes sociais, que não só permitiam que os organizadores contornassem as forças de segurança, mas que os manifestantes ocupassem espaços públicos urbanos centrais — como a avenida Bourguiba, em Túnis, e a praça Tahrir, no Cairo — e organizassem protestos dia e noite até a queda dos ditadores. O tamanho das manifestações deu aos cidadãos árabes a confiança necessária para sustentar seu desafio contra autocratas repressores. Manifestantes em capitais do mundo árabe insistiam em não mais temer seus governantes. O pressuposto era que todos os países que organizassem um levante nos moldes da Primavera Árabe poderiam repetir o sucesso alcançado pelos manifestantes na Tunísia e no Egito.

A ideia de que os Estados árabes eram países homogêneos e de que um mesmo modelo revolucionário poderia servir a todos foi a grande falácia da Primavera Árabe. Logo ficou claro que a Líbia de Muamar Kadafi, com sua quase total ausência de instituições estatais, diferia completamente do Bahrein, que enfrentava questões ligadas à disputa entre sunitas e xiitas, que nada tinham a ver com o Iêmen, com seu longo histórico de regionalismo, e que por sua vez não guardava nenhuma semelhança com a Síria, sob o domínio de sua minoritária comunidade alauita. As diferenças internas entre os Estados e a intervenção das potências regionais levaram a resultados muito diferentes em cada um dos seis países que fizeram revoluções em 2011: contrarrevolução, guerra civil, conflitos regionais e o surgimento de um califado transnacional. O que havia começado como um movimento de libertação logo degenerou na pior crise política e humanitária que afligiu o Oriente Médio nos tempos modernos.

Semanas após as bem-sucedidas revoluções na Tunísia e no Egito, as forças da contrarrevolução haviam revertido a Primavera Árabe no Bahrein.

Os jovens do Bahrein acompanhavam os acontecimentos na Tunísia e no Egito com crescente entusiasmo. Eles interagiam no Bahrein Online, misto de fórum e site de notícias que oferecia um espaço seguro para a troca anônima de pontos de vista políticos. Em 2011, o Bahrein Online tinha centenas de milhares de usuários. Em 26 de janeiro de 2011, no dia seguinte à ocupação da praça Tahrir pelos egípcios, um usuário postou uma sugestão: "Vamos escolher um dia para começar a revolução popular no Bahrein". A escolha óbvia, concordaram os leitores, recaiu sobre 14 de fevereiro, uma data associada a grandes expectativas e esperanças frustradas no reino insular.[11]

Dez anos antes, em 14 de fevereiro de 2001, o governo do Bahrein havia realizado um referendo sobre uma Carta de Ação Nacional destinada a resolver anos de protestos políticos com a promessa de reformas. A Carta prometia restaurar o Parlamento eleito do Bahrein, reforçar a Constituição de 1973 e dotar o país do mais alto nível de democracia associado a uma monarquia constitucional. Muitos no Bahrein interpretaram a aprovação da carta por 98,4% dos eleitores como um sinal do alto grau de união entre as comunidades xiitas e sunitas do reino.

As grandes esperanças suscitadas pela Carta de Ação Nacional foram traídas exatamente um ano depois. Em 14 de fevereiro de 2002, o xeque Hamad bin Isa al-Khalifa (g. 1999-) aprovou por decreto uma nova Constituição repressiva que estabeleceu uma câmara superior designada e uma câmara eleita que não possuía praticamente nenhum poder. A nova Constituição transformou o Estado do Bahrein em uma monarquia, e seu governante em um rei. A oposição condenou a ação como um golpe constitucional que impunha ao povo a vontade da família Khalifa.

Entre 2002 e 2011, as tensões no país não pararam de crescer. Embora não haja números oficiais para a população separada por religião, acredita-se que os xiitas constituam uma maioria absoluta de 60% ou mais, com os sunitas representando o restante dos 600 mil cidadãos do país (mais da metade de sua população de 1,3 milhão de habitantes é formada por estrangeiros). Muitos no Bahrein viram a nova ordem constitucional trazer benefícios desproporcionais à minoria sunita no poder. A desigualdade cada vez maior e a repressão à dissidência política geraram um aumento da oposição ao novo regime monárquico.

Em janeiro de 2011, a lista de queixas dos dissidentes do Bahrein era longa: um governo irresponsável que usava o sectarismo para dividir os muçulmanos do reino; corrupção, pilhagem da riqueza da nação pela elite dominante e expropriação de terras; repressão brutal da dissidência, censura e restrições à liberdade de expressão; e o uso de forças de segurança

estrangeiras contra os cidadãos (os xiitas não serviam nas forças). "A raiva
e a frustração estão fervendo dentro de todos nós", escreveu um usuário
em uma postagem no Bahrein Online, quando o dia 14 de fevereiro foi
declarado o "dia de fúria" em que seriam realizados protestos populares
contra o regime. Os organizadores se autodenominaram Movimento Juventude de 14 de Fevereiro.

Os manifestantes do Bahrein saíram às ruas para seu dia de fúria apenas dois dias depois de Hosni Mubarak ter abdicado do poder no Egito.
As forças de segurança utilizaram gás lacrimogêneo e armas de fogo para
dispersar a multidão, matando um manifestante e ferindo muitos outros.
O funeral do manifestante caído provocou novos protestos no dia seguinte,
o que levou a outra morte. As multidões começaram a marchar dos subúrbios e vilarejos para a capital, Manama, em direção ao local designado
pelos usuários do Bahrein Online como o ponto ideal para servir como a
praça Tahrir do país: a praça da Pérola.

Na praça da Pérola havia um monumento erguido para marcar a reunião de 1982 do Conselho de Cooperação do Golfo realizada no Bahrein.
O monumento consistia em seis velas em arco, uma para cada um dos Estados-membros do conselho (Bahrein, Kuwait, Omã, Catar, Arábia Saudita
e Emirados Árabes Unidos), encimadas por uma enorme pérola, em referência à principal atividade econômica da ilha — a caça de pérolas — antes
da descoberta do petróleo. Tendo em vista sua acessibilidade, centralidade
e proximidade das aldeias vizinhas a Manama, a praça foi escolhida pelos
manifestantes como um ponto de encontro natural.

Os manifestantes inundaram a praça da Pérola em 14 de fevereiro, aos
gritos de "Viemos em paz! Viemos em paz!", a fim de desencorajar uma
reação violenta da polícia. "As pessoas e o país estão furiosos", cantavam.
"Queremos uma Constituição vinculante."[12] Por dois dias, eles acamparam
na praça antes que as forças de segurança os expulsassem em 17 de fevereiro,
matando quatro pessoas e ferindo muitas outras. O número cada vez maior
de mortos apenas alimentou a fúria dos manifestantes, que voltaram à praça
imediatamente após a retirada das forças de segurança, em 19 de fevereiro.
Eles sabiam que dezenas de pessoas haviam morrido na Tunísia e centenas

no Egito antes que seus movimentos lograssem sucesso, e acreditavam que, através de seu sacrifício, também conseguiriam garantir seus legítimos direitos políticos. Mas a repressão do governo levou a um endurecimento das demandas dos manifestantes. Não mais satisfeito com as reformas, o povo começou a exigir a abdicação do rei — a queda do regime.

Por mais de três semanas, a praça da Pérola serviu como centro nervoso da revolta popular no Bahrein. Os manifestantes haviam erguido tendas, projetores, cozinhas improvisadas, centros médicos e um palco para palestrantes. Um escritório de imprensa foi aberto para alimentar a demanda insaciável da mídia internacional por notícias da Primavera Árabe. Multidões continuaram a se reunir na praça, pondo lado a lado homens e mulheres, sunitas e xiitas, políticos veteranos da oposição e o Juventude de 14 de Fevereiro. No entanto, a atmosfera festiva em nada mascarava a ameaça à monarquia. Segundo o manual da Primavera Árabe, esse tipo de ocupação pública só deveria terminar com a queda do regime.

O rei Hamad e seu governo estavam divididos sobre como responder aos protestos. Os elementos mais radicais, liderados pelo primeiro-ministro, o príncipe Khalifa bin Salman al-Khalifa (que, no cargo desde 1971 até a sua morte, em 2020, foi o chefe de governo não eleito mais longevo do mundo), desejavam reprimi-los. Já o príncipe herdeiro, Salman bin Hamad al-Khalifa, iniciou negociações secretas com os sete movimentos reconhecidos da oposição a fim de propor reformas constitucionais que pudessem satisfazer os manifestantes e resolver a crise.[13] Os vizinhos do golfo do Bahrein tomaram partido do primeiro-ministro. Para os líderes sauditas, a revolta no país ameaçava a existência de seu próprio governo. Eles acreditavam que uma revolução em qualquer uma das monarquias conservadoras do golfo ameaçaria a estabilidade política de todos e viam a influência maligna do Irã num movimento de protesto em grande parte xiita muçulmano. Se tivessem sucesso no Bahrein, argumentavam os sauditas, os iranianos inevitavelmente instigariam a revolta entre a população xiita da Província Oriental da Arábia Saudita, rica em petróleo. Os sauditas estavam determinados a conter e eliminar a dupla ameaça de revolução e influência iraniana no Bahrein antes que ela pudesse se enraizar e se espalhar.

A Arábia Saudita e os Emirados Árabes Unidos lideraram a intervenção para derrubar a revolução da praça da Pérola. Em 14 de março, operando sob a bandeira da Força do Escudo da Península, uma força conjunta sediada na Arábia Saudita, os Estados do golfo enviaram 2 mil soldados e 150 veículos blindados pela estrada de 25 quilômetros que liga a Arábia Saudita ao Bahrein. Os sauditas e seus aliados justificaram a intervenção em termos que refletiam seus próprios medos: alegavam estar protegendo a soberania do Bahrein da influência iraniana. O rei Hamad declarou então um "Estado de Segurança Nacional", que deu às autoridades do Bahrein poderes para "evacuar ou isolar certas áreas a fim de manter a segurança e a ordem pública", além e fazer buscas, prender, destituir a cidadania e deportar estrangeiros considerados ameaçadores à segurança pública.[14]

Com o reforço de seus aliados do golfo, as forças de segurança do Bahrein começaram a destruir o campo de manifestantes na praça da Pérola. Elas não apenas derrubaram as estruturas temporárias erguidas na praça como demoliram o próprio monumento, reduzindo as velas e a pérola de concreto a escombros que foram transportados por caminhões. O ministro das Relações Exteriores do Bahrein, Khalid bin Ahmad al-Khalifa, descreveu a operação como a "remoção de uma memória ruim".[15] Em seguida, operou-se uma repressão a todos os participantes do movimento de protesto, incluindo prisões em massa, torturas, julgamentos por tribunais especiais e duros sentenciamentos. O regime se aproveitou ao máximo das medidas decretadas pelo Estado de Segurança Nacional.

A única concessão do rei Hamad às críticas internacionais à repressão foi autorizar o estabelecimento de uma comissão independente de inquérito sobre a revolta no Bahrein e sua repressão. Liderada por um renomado professor de direito egípcio-americano, Cherif Bassiouni, a comissão submeteu o país a um grau sem precedentes de escrutínio jurídico. Seu relatório detalhado de quinhentas páginas, publicado em novembro de 2011, documentou centenas de condenações injustas e sentenças desproporcionais, alegações de "desaparecimentos forçados" nas quais os detidos haviam sido privados do acesso a seus familiares ou advogados por semanas, sessenta relatos de tortura e a morte de cinco detidos em razão da tortura.[16] O rei prometeu punir os responsáveis pelos abusos, implementar reformas e trabalhar pela reconciliação nacional após os eventos profundamente divisivos de 2011. No fim, as recomendações do Relatório Bassiouni não foram cumpridas e o regime recorreu mais uma vez à repressão para evitar qualquer reforma.

A vitória do governo sobre os manifestantes da praça da Pérola no Bahrein marcou o fim da Primavera Árabe como concebida na Tunísia e no Egito. Não bastaria mais que o povo se reunisse em grande número para assegurar a queda do regime, e o triunfo do povo não era mais inevitável. O pequeno país do golfo Pérsico demonstrou como o regime poderia sobreviver a uma revolução se suas forças armadas permanecessem leais e concordassem em disparar contra os manifestantes. A contrarrevolução começou no Bahrein em março de 2011 e culminaria no Egito em julho de 2013. Se a Primavera Árabe foi feita por cidadãos que perderam o medo dos governos, a contrarrevolução consistia no uso da violência para restaurar o medo. Ela transformaria todos os levantes subsequentes — na Líbia, no Iêmen e na Síria — em banhos de sangue.

A PRIMAVERA ÁRABE CHEGOU À LÍBIA dias após o início da revolta no Bahrein. Muamar Kadafi, o autointitulado Irmão Líder da Líbia desde 1969 (ele sempre rejeitou o título de presidente), havia sobrevivido no poder não pelo consentimento do povo, mas por meio de uma repressão brutal. Inspirados pelas revoluções na Tunísia e no Egito, os líbios se rebelaram contra seu ditador de mais de quatro décadas, abrindo um novo capítulo violento no despertar árabe de 2011.

As manifestações eclodiram na cidade de Benghazi, no leste do país, em 15 de fevereiro, sendo recebidas com força pelos agentes de segurança, que espancaram e feriram dezenas de manifestantes. Seguindo o exemplo dos organizadores egípcios e do Bahrein, os ativistas líbios convocaram um "dia de fúria" em 17 de fevereiro. Os protestos se espalharam pelo país e chegaram à capital, Trípoli. Multidões furiosas atearam fogo em prédios do governo e delegacias. As forças de segurança usaram munição real para rechaçar os ataques, matando mais de oitenta manifestantes. O filho do ditador e seu suposto sucessor, Saif al-Islam Kadafi, foi ao ar em uma transmissão de TV em 20 de fevereiro de 2011 para ameaçar os rebeldes da Líbia. "Em vez de chorar 84 mortes", disse ele com desprezo, apontando o dedo para a câmera, "vocês vão acabar chorando centenas de milhares de mortes. Haverá rios de sangue." Ele falava da Líbia como se fosse propriedade privada de sua família. "Este país pertence a nós."[17]

A situação logo saiu de controle. No dia 27 de fevereiro de 2011, os opositores do regime de Kadafi montaram sua base na segunda maior cidade da Líbia, Benghazi, e estabeleceram ali seu Conselho Nacional de Transição. Membros das forças armadas e dos serviços de segurança na metade oriental do país se rebelaram contra o governo e juntaram-se a uma insurgência cada vez mais organizada, buscando a derrubada de Kadafi. Grande parte das forças armadas, porém, permanecia leal ao regime. A revolução da Líbia, armada desde o início, rapidamente assumiu o aspecto de uma guerra civil.

Nos primeiros dias da rebelião, os insurgentes prevaleceram. Eles consolidaram sua posição em Benghazi e nas regiões costeiras do leste da Líbia sob a bandeira pré-revolucionária do país, com suas três faixas — vermelha, preta e verde — e a estrela e o crescente islâmicos. Milhares de voluntários civis, tão entusiasmados quanto carentes de disciplina e treinamento, reforçaram as fileiras de soldados dissidentes. Dirigindo caminhonetes especiais com metralhadoras pesadas, eles avançaram de sua base em Benghazi para ocupar as principais cidades costeiras do país, incluindo os portos de petróleo de Brega e Ras Lanuf. No final de fevereiro de 2011, os insurgentes estenderam seu domínio por toda a costa ao leste de Benghazi e pelas principais cidades nas imediações de Trípoli, como Misurata. Outdoors desafiadores instalados por toda Benghazi proclamavam "Nenhuma intervenção estrangeira" em letras vermelhas, acompanhados por desenhos dos instrumentos de guerra. "O povo líbio pode cuidar disso sozinho." As previsões de que Kadafi estava a ponto de seguir Ben Ali e Mubarak na aposentadoria, porém, se mostraram prematuras.

O ditador líbio estava furioso, mas não temia o crescente desafio ao seu governo e impôs uma repressão total em Trípoli. O regime organizou comícios pró-Kadafi na praça Verde no centro da cidade, onde milhares de líbios gritavam seu apoio ao Irmão Líder e desafiavam os rebeldes. Kadafi manteve o controle sobre as unidades mais bem armadas e mais bem treinadas de seu exército e, em 22 de fevereiro de 2011, fez um discurso longo e exaltado em que se referiu aos rebeldes como "ratos e baratas" e prometeu caçá-los "centímetro por centímetro, quarto por quarto, casa por casa, beco por beco". Era o começo da contrarrevolução de Kadafi.

As forças do governo cercaram e derrotaram os rebeldes em vários confrontos decisivos nas primeiras semanas de março de 2011. Quando as tropas de Kadafi se aproximaram da fortaleza rebelde em Benghazi, a comunidade internacional temeu que um massacre fosse iminente. Os dias de resistência nacional de fevereiro de 2011 eram agora coisa do passado, e os combatentes rebeldes pediam abertamente a intervenção da comunidade internacional. Em 12 de março de 2011, a Liga Árabe tomou a extraordinária decisão de apoiar os insurgentes contra o governo reconhecido, solicitando que as Nações Unidas autorizassem uma zona de exclusão aérea sobre as regiões controladas pelos rebeldes da Líbia. Com base na decisão da Liga Árabe, o Conselho de Segurança da onu aprovou a Resolução 1973 em 17 de março de 2011, impondo uma zona de exclusão aérea sobre toda a Líbia e autorizando o emprego de "qualquer medida necessária" para proteger os civis.

A resolução da onu internacionalizou a revolução da Líbia. Quase imediatamente, uma força de intervenção da Otan atingiu alvos-chave no país, liderada por França, Grã-Bretanha e Estados Unidos. As tropas de Kadafi foram forçadas a recuar de Benghazi sob o fogo letal das aeronaves da Otan, apoiadas por aviões de combate da Jordânia, do Catar e dos Emirados Árabes Unidos. A iniciativa havia mudado das mãos da Líbia para as mãos ocidentais, e a missão agora não era mais a criação de uma zona de exclusão aérea, mas provocar a queda de Kadafi. Pela primeira vez nos levantes da Primavera Árabe, era a comunidade internacional que buscava o fim do regime.

Durante a primavera e o verão de 2011, Kadafi manteve o poder, apesar de milhares de investidas da Otan. O avanço da oposição ocorreu em uma grande ofensiva em 20 de agosto de 2011, que conseguiu romper as defesas do ditador em Trípoli. Em 23 de agosto de 2011, Kadafi e seus filhos fugiram da capital enquanto os insurgentes comemoravam a vitória. O Conselho Nacional de Transição obteve reconhecimento internacional como governo provisório da Líbia e prometeu uma rápida passagem para um governo constitucional. Fogos de artifício iluminaram as celebrações públicas enquanto os líbios festejavam a libertação de Trípoli.

No entanto, a guerra continuou após a queda da capital. Os partidários de Kadafi continuaram a lutar contra as forças do Conselho Nacional de Transição em Sirte, cidade natal do líder caído, e na fortaleza de Bani Walid. Após um cerco prolongado, Sirte caiu em 20 de outubro de 2011, ocasião em que Kadafi e seu filho Mutassim foram capturados e linchados. Vídeos horríveis da morte de Kadafi foram publicados na internet, assim como imagens de seu corpo exposto em praça pública na cidade de Misurata, que havia sofrido durante meses sob cerco do governo, a fim de mostrar aos líbios que o tirano estava realmente morto — a mais recente vítima de um conflito que, estima-se, tenha ceifado mais de 15 mil vidas.

A queda do regime, em vez de levar a uma nova ordem democrática, criou um vácuo de poder. Kadafi havia legado a seu povo uma forma de governo peculiarmente isenta de instituições, que lhe permitira comandar por anos sem freios ou contrapesos. Quando muitos dos cidadãos mais instruídos e experientes da Líbia voltaram do exílio para ajudar a reconstruir a nação, encontraram um caos perigoso, uma vez que homens armados preenchem vácuos de poder mais facilmente do que pessoas com ideias.

A transição para a democracia começou de maneira promissora na Líbia. Em 7 de julho de 2012, cerca de 2,8 milhões de cidadãos elegeram com entusiasmo um Congresso Nacional Geral de duzentos representantes a fim de substituir o Conselho Nacional de Transição. No entanto, desde o início, divergências entre islamitas e laicistas, bem como desentendimentos tribais e regionais que conferiam à política do país um aspecto muito local, dificultaram o trabalho do Congresso. Os políticos eleitos em Trípoli não tinham controle sobre províncias governadas por milícias tribais. Em agosto de 2013, conflitos armados entre milícias rivais arrancaram das mãos do governo cidades inteiras, assim como portos e refinarias de petróleo.

Em 2014, a Líbia se dividiu em duas, sob a pressão de forças políticas irreconciliáveis. As facções islâmicas que passaram a dominar o Congresso Nacional Geral asseguraram o controle sobre a capital, Trípoli, e todo o oeste do país. A Câmara dos Deputados, o Parlamento recém-eleito criado para substituir o Congresso Nacional Geral e o governo reconhecido da Líbia, liderado pelo primeiro-ministro Abdullah al-Thinni, foram levados para o exílio no leste. O Exército Nacional da Líbia, liderado por um dos ex-generais de Kadafi, Califa Haftar, apoiou a Câmara dos Deputados no leste, enquanto poderosas milícias reforçaram o Congresso Nacional Geral dominado pelos islamitas na Líbia ocidental.

A guerra na Líbia teve um impacto devastador. Entre 2011 e 2015, o conflito matou cerca de 25 mil pessoas e expulsou mais de 100 mil de suas casas. Em termos de miséria humana e divisão política, a revolução da Líbia guarda muitas semelhanças com a experiência do Iêmen desde 2011.

Um mês após a morte de Kadafi, em 23 de novembro de 2011, o presidente iemenita Ali Abdullah Saleh se tornou o quarto autocrata árabe a cair, depois de 33 anos no poder.

A revolução no Iêmen parecia fadada a um impasse quase desde o início. O país, fragmentado em dois Estados anteriormente separados, o Iêmen do Norte e o Iêmen do Sul (unificados em 1990), era a base de uma das franquias mais ativas da Al-Qaeda, conhecida como Al-Qaeda na Península Arábica, e estava envolvido em uma insurgência armada contra a comunidade xiita houthi nas regiões da fronteira com a Arábia Saudita. O presidente Ali Abdullah Saleh havia governado o Iêmen do Norte de 1978 a 1990 e se tornara presidente da República Unida do Iêmen em 1990. Seguindo a prática autocrática árabe, ele estava preparando o filho Ahmed para sucedê-lo. Com os níveis mais baixos de desenvolvimento humano no mundo árabe, o povo do Iêmen via com graves receios a perspectiva de uma sucessão de pai para filho, perpetuando a péssima gestão de Saleh.

Adotando o lema das revoluções árabes de 2011, o povo iemenita desejava a queda do regime.

Em fevereiro de 2011, grandes manifestações reuniram dezenas de milhares de pessoas em Saná, Áden e Taiz. Ativistas da democracia montaram um enorme acampamento perto da universidade em Saná e o chamaram de praça da Mudança — no modelo da praça Tahrir do Cairo. Adornada com faixas em que se liam mensagens como "Não à corrupção, não à tirania, o povo exige a queda do regime", a praça da Mudança "transmitia uma sensação distintamente iemenita", lembrou Robert Worth, jornalista do *New York Times*.

> Ela pode ter sido inspirada na praça Tahrir do Cairo, mas era inconfundivelmente diferente: maior, mais suja, mais selvagem. Ela se estendia por quarteirões, em várias direções, uma massa sem fim de tendas de lona instaladas na calçada com um grande palco central para a apresentação de discursos.[18]

O apoio ao presidente Saleh começou a desmoronar quando líderes militares e tribais se juntaram às fileiras da oposição. No entanto, o que havia começado como um movimento de protesto pacífico se tornou cada vez mais violento. Em 18 de março, elementos do exército leais ao presidente dispararam contra manifestantes, matando mais de cinquenta civis desarmados. Vários dos apoiadores do presidente renunciaram a seus cargos e se juntaram à oposição. Unidades inteiras do exército iemenita desertaram para ficar do lado dos manifestantes. O isolamento de Ali Abdullah Saleh aumentou à medida que a comunidade internacional instava o presidente a renunciar.

Após dez meses de instabilidade política, Ali Abdullah Saleh finalmente assinou um acordo mediado pelo Conselho de Cooperação do Golfo, com o apoio dos Estados Unidos e das potências europeias, pelo qual renunciava imediatamente à presidência do Iêmen em troca de imunidade processual. Em 23 de novembro Saleh transferiu o poder para seu vice-presidente, Abed Rabbo Mansour al-Hadi. No entanto, o acordo ficava aquém das demandas dos manifestantes por uma mudança de regime, e não abordava as rixas entre facções que haviam surgido em meio às elites políticas iemenitas no curso da revolução. Os ativistas que desejavam ver Ali Abdullah Saleh responsabilizado pela morte de manifestantes — quase 2 mil, no total — não acreditavam que ele merecesse imunidade legal. Houve pouca comemoração com a queda de Saleh, porque os iemenitas não estavam realmente convencidos de que ele havia renunciado ao poder.

Em fevereiro de 2012, foram realizadas eleições no Iêmen, mas muitos cidadãos as questionaram, já que havia apenas um nome na cédula: o de Abed Rabbo Mansour Hadi. No entanto, os 65% de eleitores que se apresentaram para votar deram ao presidente Hadi um mandato para reformar o governo do país e reconciliar as comunidades divididas. Seus esforços tiveram algum sucesso. A Conferência de Diálogo Nacional chegou a um acordo sobre uma nova estrutura federal e os termos de uma nova Constituição para o Iêmen em janeiro de 2014. No entanto, a transição política criou instabilidade. Os houthis retomaram sua insurgência no norte do país, apoiados por unidades do exército outrora leais ao presidente deposto Ali Abdullah Saleh. Muitos especularam abertamente que Saleh estava agora aliado aos mesmos militantes houthis que, como presidente, havia tentado esmagar.

Em setembro de 2014, os milicianos houthis entraram sem resistência em Saná, a capital do país. A cidade não era estranha a eles. Os houthis fazem parte da comunidade zaidi, uma variante do xiismo cujos imãs haviam governado o Iêmen por séculos a partir de Saná até a revolução republicana em 1962. Do ponto de vista histórico, os zaidis tinham pouco contato com o xiismo predominante no Irã e, embora fossem uma minoria religiosa na Arábia, nunca haviam enfrentado conflitos sectários no Iêmen. No sectarismo virulento que aflige o mundo árabe no século XXI, no entanto, essas distinções históricas são facilmente ignoradas.

Depois de meses de convivência desconfortável, os houthis nomearam um conselho governante em fevereiro de 2015 para substituir o presidente Hadi, que fugiu para sua cidade natal, Áden, com os principais membros de seu governo. Não desejando transferir o poder aos houthis, Hadi permaneceu na condição de líder internacionalmente reconhecido. Os houthis avançaram sobre Áden para silenciar o presidente exilado, mas Hadi fugiu para a Arábia Saudita a fim de reunir apoio ao seu governo caído. Os sauditas viam a crise no Iêmen com crescente preocupação, enxergando a mão do Irã por trás de um movimento xiita para desestabilizar a Arábia do Sul. Assim como acontecera no caso do Bahrein, eles estavam determinados a agir de maneira decisiva para negar ao Irã uma posição na península Arábica.

Em março de 2015, os sauditas lideraram uma coalizão de dez nações para combater a insurgência houthi no Iêmen.[19] A marinha saudita impôs um embargo rígido no litoral a fim de impedir que o Irã reabastecesse os houthis por via marítima. Como na Líbia e no Bahrein, o que havia começado como um embate interno evoluiu para um conflito internacional. Em setembro de 2015, as forças do governo iemenita, apoiadas pela força aérea de seus aliados árabes, conseguiram retomar Áden. O presidente retornou à cidade portuária do sul para liderar um governo impotente, confirmando a divisão do Iêmen em um norte dominado pelos houthis e um sul governado por Hadi. Enquanto isso, a coalizão árabe empreendeu uma campanha aérea devastadora, arrasando prédios residenciais e a infraestrutura do país mais pobre do mundo árabe.

Revolução, guerra e embargo naval se combinaram para instalar uma crise humanitária nos anos posteriores a 2011. Até o final de 2015, a guerra havia deslocado internamente cerca de 2,5 milhões de iemenitas; em 2017, o saldo era de cerca de 10 mil mortos e 40 mil feridos. Aqueles que sobreviveram enfrentaram o início da fome, quando o bloqueio naval fechou o país — que importa 90% de seus alimentos — ao transporte internacional. Pior que um Estado falido, o Iêmen havia degenerado em dois Estados falidos em guerra entre si.[20]

POR MAIS TERRÍVEIS, porém, que tenham sido os ventos na Líbia e no Iêmen, o capítulo mais trágico da história da Primavera Árabe se desenrolou na Síria.

A Síria foi um dos últimos países árabes a enfrentar um levante popular em 2011. Quando os ativistas do Facebook tentaram mobilizar protestos em massa em Damasco pela primeira vez, as forças de segurança superaram os manifestantes em número tão grande que eles ficaram intimidados demais para defender seus objetivos. Além disso, o presidente Bashar Assad, que em 2000 sucedera seu falecido pai, Hafez Assad, desfrutava de um certo grau de legitimidade e apoio público, o que o diferenciava dos demais autocratas árabes. De certa forma, ele era um recém-chegado depois de apenas onze anos no poder, e ainda tinha uma reputação de reformador — por mais imerecida que fosse. Na primavera de 2011, a prisão e tortura de um grupo de adolescentes na cidade agrícola de Dara, na fronteira da Síria com a Jordânia, destruiu essa imagem.

Certo dia, em março, um grupo de jovens rebeldes decidiu grafitar slogans das revoluções árabes de 2011 em um muro em Dara. "O povo deseja a queda do regime", escreveram. Esse pequeno ato de desafio, nada excepcional no mundo árabe na primavera daquele ano, provocou uma resposta do regime que desencadearia uma revolução.

Alarmado com os acontecimentos em todo o mundo árabe, o regime de Assad não estava disposto a tolerar a menor expressão de dissidência, de modo que a polícia secreta prendeu quinze meninos com idades entre dez e quinze anos pelo grafite. Desesperados, seus pais pediram a libertação dos adolescentes ao governo e em seguida marcharam em protesto aberto. As forças de segurança abriram fogo, matando manifestantes em Dara antes de finalmente concordarem em libertar os adolescentes detidos para restaurar a calma. Quando foram soltos, os meninos exibiam claras marcas de tortura. A maior parte deles tivera as unhas arrancadas.

Em vez de acalmar a situação, a libertação das crianças abusadas de Dara provocou indignação. Os habitantes da cidade insurgiram-se aos milhares para derrubar todos os símbolos associados ao regime de Assad, em protestos sem precedentes na história recente da Síria. O exército respondeu com crescente repressão, invadindo uma mesquita no centro da cidade que servia de base para os manifestantes e matando cinco deles. As manifestações se multiplicaram quando multidões se reuniram para enterrar os mortos. Só na última semana de março, mais de 55 habitantes de Dara haviam morrido.

Os sírios de todo o país acompanharam de perto os eventos em Dara. Os moradores de muitas cidades pequenas e pobres como Dara se sentiam esquecidos pelo governo, mas não ousavam protestar por medo de retaliação. Na atmosfera revolucionária da primavera de 2011, no entanto, o povo sírio se sentiu encorajado a expressar suas divergências e exigir mudanças. Eles começaram a organizar protestos, dando a cada dia um nome distinto. Samar Yazbek, uma mãe solteira de Damasco, iniciou seu diário da revolução síria em 25 de março de 2011 — a Sexta-feira da Dignidade — e capturou a intensa violência que acompanhou o levante desde o início:

> Hoje, na Sexta-feira da Dignidade, as cidades sírias se insurgiram. Mais de 200 mil manifestantes choram os mortos em Dara. Aldeias inteiras nos arredores de Dara marcham em direção ao cemitério ao sul. Quinze pessoas são mortas. Em Homs, três são mortos. Pessoas são mortas e feridas em Latakia. [...] As forças do exército cercam Dara e abrem fogo contra qualquer criatura que se mova. Em Al-Sanamayn, as forças de segurança cometem um massacre, matando vinte pessoas.[21]

Em retrospecto, o apoio de Yazbek à insurreição parece ainda mais surpreendente, uma vez que ela faz parte da comunidade religiosa alauíta do presidente Assad. No entanto, nos primeiros meses da revolução, sírios de todas as comunidades — muçulmanos, cristãos, alauitas e drusos — se uniram para exigir reformas. Somente quando a revolução degenerou em guerra civil é que o sectarismo entrou em cena.

Na primeira fase da revolução síria, os manifestantes não agiram de forma violenta. Eles pediam a revogação da Lei de Emergência, em vigor desde 1963, a fim de recuperar seus direitos políticos e humanos. Unidos sob a bandeira usada pelos nacionalistas sírios contra o mandato francês, com três faixas horizontais (verde, branca e vermelha) e três estrelas vermelhas no centro (a bandeira oficial da Síria espelha a que foi usada durante a união com o Egito entre 1958 e 1961, com três faixas horizontais — vermelha, branca e preta — e duas estrelas verdes no centro), eles começaram seus protestos em cidades pequenas, mas pediram aos compatriotas das grandes cidades que levantassem sua bandeira e suas demandas por reformas.

Por mais pacíficos que os manifestantes fossem, o regime respondeu atirando desde o início. Assim como nos demais Estados contrarrevolucionários (Bahrein, Líbia e Iêmen), grande parte do exército permaneceu leal ao presidente e se mostrou disposta a disparar contra concidadãos. Um número cada vez maior de soldados dissidentes desertou em protesto contra as ordens de seus comandantes para atirar em civis desarmados. Em julho de 2011, um grupo de desertores formou o Exército Livre da Síria com o objetivo de liderar uma insurreição armada contra o regime. A mudança de protesto não violento para confronto armado transformou a revolução em uma guerra civil generalizada.

O número de mortos no conflito da Síria reflete todo o significado dessa transformação. Já no final do primeiro ano de guerra, as Nações Unidas registraram mais de 5 mil mortos no país. No final de 2012, o número havia subido para 40 mil. No verão de 2014, foi estimado em 191 mil, e em 2016, após cinco anos de guerra, passava de 400 mil. Embora o número de mortos seja assombroso, ele reflete apenas uma fração do sofrimento dos sírios. Em 2016, o conflito havia deslocado mais da metade da população do país. Cerca de 6,1 milhões de sírios foram deslocados internamente e outros 4,8 milhões buscaram refúgio fora do país — na Jordânia, no Líbano, na Turquia e na União Europeia.[22] O povo sírio e a comunidade internacional têm se esforçado para explicar como uma revolução da Primavera Árabe pôde ter dado tão errado.

Os manifestantes e a comunidade internacional ignoraram uma série de restrições internas que impediam a queda do regime na Síria. Por mais insultado que fosse por seus oponentes, Bashar Assad sempre teve uma grande margem de apoio. As comunidades minoritárias da Síria — alauitas, drusos, ismaelitas e cristãos — representam cerca de 25% da população total do país, de 22 milhões de habitantes. A grande maioria dos sírios é de muçulmanos sunitas, estimados em 75% da população. Muitas comunidades minoritárias acreditam que Bashar Assad e seu governo alauita funcionam como um baluarte contra uma ordem conservadora muçulmana sunita que os discriminaria. Assad também conta com apoio significativo entre muçulmanos sunitas nacionalistas e filiados laicos do partido governista Baath. Some-se a esses grupos todos os membros do exército e das forças de segurança que lutaram pelo regime, e a base de apoio de Assad parece cada vez maior, revelando uma Síria com divisões internas muito maiores do que as percebidas por muitos analistas estrangeiros.

Além disso, o regime de Assad sempre gozou de um grau maior de unidade do que os grupos que lhe fazem oposição. No curso da guerra síria, dezenas de milícias da oposição surgiram para desafiar o regime, variando de grupos da sociedade civil que pedem reformas democráticas a radicais salafistas com planos de estabelecer um Estado islâmico. Esses grupos rebeldes costumam ter objetivos diferentes e lutar entre si por território. O regime, por outro lado, é muito mais coeso do que as forças que se opõem a ele. Quanto mais o regime é ameaçado, mais o seu núcleo é reforçado. Para Assad e seus partidários, a vitória é uma questão de sobrevivência. Não se trata de vencer para ficar com todos os despojos, mas de não perder para não morrer. Esse medo de uma retaliação genocida contra alauitas, baathistas e outros associados ao regime de certa forma explica a severa determinação com que o governo mantém o poder e sua disposição de destruir o país em vez de se render.

Por fim, o conflito sírio rapidamente se internacionalizou, à medida que as potências regionais e globais intervieram para proteger seus próprios interesses. O Irã tem um relacionamento especial com a Síria desde 1980, quando, no início da Guerra Irã-Iraque, o regime sírio rompeu com os árabes para ficar do lado dos iraninanos. Teerã desde o início apoiou sem restrições o regime de Assad, reforçado pela milícia xiita libanesa Hezbollah. A Guarda Revolucionária Iraniana e os combatentes do Hezbollah têm ajudado os cansados soldados regulares sírios no conflito em várias frentes no país. A Arábia Saudita e seus aliados do golfo tentaram diminuir a influência do Irã na Síria dando seu apoio às milícias conservadoras sunitas, através do fornecimento de armas e munição. A Turquia forneceu uma base para o Exército Livre da Síria e os partidos políticos sírios que trabalham para derrubar o regime, e enviou seu exército ao país vizinho a fim de conter os ganhos das milícias curdas contra o regime de Assad. Os Estados Unidos e seus aliados europeus deram apoio limitado a um grupo seleto de partidos e milícias da oposição, mais ou menos como a Turquia e os Estados do golfo.

Em setembro de 2015, o uso de aeronaves russas para apoiar o regime de Assad expôs os limites da intervenção ocidental no conflito sírio. A Rússia tinha interesses claros no país e agiu decisivamente para protegê-los. A Síria fornece à Rússia sua única base naval no Mediterrâneo Oriental e uma plataforma para monitorar sinais de comunicação no Oriente Médio. É também o último aliado da Rússia no mundo árabe. Se Assad caísse, a Rússia perderia toda a sua influência sobre o país, diminuindo bastante sua estatura na região.

Os ataques aéreos da Rússia contra posições da oposição forneceram apoio estratégico e moral aos militares sírios. O governo de Vladimir Putin estava mostrando que não permitiria a queda do regime de Assad. As potências ocidentais condenaram a intervenção russa, mas nem os Estados Unidos nem as potências europeias estavam dispostos a confrontá-la diretamente, nem colocariam suas próprias forças no conflito sírio. O apoio ocidental à oposição síria se eclipsou, portanto, e o regime de Assad seguiu a estratégia de combater sua oposição interna com o apoio da Rússia e do Irã e deixar os Estados Unidos e seus aliados lidarem com mais um candidato a dominar a Síria — o Estado Islâmico.

O Estado Islâmico surgiu no Iraque a partir de grupos muçulmanos sunitas que combatiam a ocupação americana no país após 2003 — sobretudo a Al-Qaeda no Iraque. Sob a liderança de Abu Musab al-Zarqawi, a Al-Qaeda no Iraque desenvolveu uma reputação de extrema violência contra ocidentais e xiitas. Após a morte de Zarqawi em 2006, seus sucessores deram um novo nome à organização: Estado Islâmico no Iraque. O Estado Islâmico aproveitou o colapso do controle do governo tanto no Iraque, onde a oposição sunita ao governo xiita se tornou arraigada, quanto na Síria, onde o sitiado regime de Assad lutava para manter sob seu controle o território central, representando assim o maior desafio do século ao sistema estatal regional.[23]

A partir de 2011, o Estado Islâmico no Iraque firmou uma aliança com uma das afiliadas da Al-Qaeda que lutava na guerra civil síria, que emergiu em janeiro de 2012 sob a denominação Frente Al-Nusra. Em 2013, a liderança da Al-Qaeda rejeitou uma oferta de tomada hostil da Frente Al-Nusra pelo Estado Islâmico. Sem se deixar abalar, o Estado Islâmico mudou seu nome para Estado Islâmico no Iraque e al-Sham (Isis). Al-Sham é a palavra árabe usada para se referir à cidade de Damasco e às terras da Grande Síria (o território que compreende os Estados modernos do Líbano, da Síria, da Jordânia e de Israel/Palestina), dominada por Damasco no início do islã.[24] Em 29 de junho de 2014, depois de tomar as principais cidades iraquianas no coração sunita da província de Anbar e a segunda cidade do Iraque, Mossul, Abu Bakr al-Baghdadi, líder do Isis, proclamou-se califa, chefe espiritual da comunidade global de muçulmanos sunitas. Suas forças então dirigiram escavadeiras através da fronteira entre o Iraque e a Síria e declararam que seu califado não reconhecia mais as fronteiras estatais. O Isis estabeleceu sua capital na cidade de Raqqa, no leste da Síria, e ampliou seu controle sobre um vasto território entre o Iraque e a Síria, ainda que pouco habitado.

O advento do Isis internacionalizou ainda mais a guerra civil síria. O movimento logo estabeleceu uma reputação de extrema violência contra seus inimigos e aqueles que considerava infiéis. Transmissões ao vivo de decapitações realizadas por combatentes do Isis contra prisioneiros estrangeiros e medidas genocidas contra a comunidade minoritária iazidi horrorizaram a audiência global. O Isis também teve sucesso em recrutar para a sua causa extremistas muçulmanos em todo o mundo, levantando preocupações de segurança de Washington a Beijing, e começou a reivindicar ataques terroristas na Europa e nos Estados Unidos. Suas franquias na Ásia e na África começaram a declarar sua lealdade ao califado autodeclarado. A luta do Ocidente para conter a organização abriu um novo capítulo na guerra contra o terror, com foco central na Síria e no Iraque.

O território da Síria estava fragmentado, sob o controle do regime de Assad, dos movimentos de oposição, dos curdos no nordeste e do Isis. O novo inimigo também contribuiu para dividir as partes em guerra — os

Estados Unidos e seus aliados europeus concentrando seus esforços na derrota do Isis, a Turquia cada vez mais dedicada a conter os curdos, e a Rússia e o Irã trabalhando ao lado do regime de Assad para derrotar a oposição. Uma convergência de forças explica por que a Síria emergiu como o mais violento conflito da contrarrevolução.

O CAPÍTULO DECISIVO DA CONTRARREVOLUÇÃO à Primavera Árabe ocorreu no Egito.

O Movimento 25 de Janeiro, que conseguiu derrubar Hosni Mubarak após três décadas no poder, levantou esperanças no Egito e em todo o mundo árabe quanto a uma nova era de direitos dos cidadãos e governos transparentes. Logo após a renúncia de Mubarak, o Egito entrou em um período de desdobramentos políticos febris. Os militares assumiram a tutela do governo, estabelecendo um ambicioso cronograma de seis meses para a elaboração de emendas constitucionais a fim de orientar a eleição de um novo governo.

A Irmandade Muçulmana, o partido de oposição mais antigo do Egito, emergiu como a agremiação política mais poderosa do país. Os jovens organizadores que haviam sido tão eficazes na mobilização de protestos em massa não tinham base institucional nem experiência política. Eles criaram dezenas de partidos políticos, nenhum com massa crítica, o que permitiu que os partidos islâmicos mais bem organizados dominassem a política no período de transição. Para não provocar alarme entre os egípcios laicos, que suspeitavam que a Irmandade Muçulmana estivesse operando como uma cabala secreta com a intenção de converter o Egito em um Estado islâmico, seus líderes prometeram não buscar a maioria parlamentar ou candidatar-se à presidência. Nesses termos, os demais movimentos da praça Tahrir abraçaram a Irmandade Muçulmana como um parceiro construtivo na reforma política do país.

A bem da verdade, quando os egípcios foram às urnas, em novembro de 2011, a Irmandade Muçulmana emergiu com a maioria dos assentos — 40% —, seguida por um partido ainda mais conservador, o salafista Partido da Luz (Hizb al-Nur). Com a maioria dos assentos indo para os islâmicos, os egípcios laicos começaram a temer que, em vez de uma Constituição liberal, fossem submetidos a uma Carta islâmica que substituiria as leis civis do Egito pela lei do islã.

As dúvidas sobre as intenções da Irmandade Muçulmana se intensificaram quando, violando sua promessa anterior, Muhammad Morsi se candidatou à presidência. Filiado de longa data do partido, Morsi era um engenheiro formado nos Estados Unidos que marcou posição contra o ex-primeiro-ministro Ahmed Shafik, um homem intimamente associado a Mubarak. Era a pior escolha possível para os egípcios liberais, ter de decidir entre um irmão muçulmano e um membro do antigo regime. Eles escolheram a mudança em vez do laicismo, e, em 30 de junho de 2012, Muhammad Morsi assumiu o cargo de quinto presidente do Egito — o primeiro a ser eleito democraticamente.

A presidência de Morsi durou apenas um ano. Suas tendências cada vez mais autoritárias afastaram grande parte do eleitorado egípcio. Em novembro de 2012, Morsi emitiu um decreto presidencial se concedendo poderes acima dos tribunais como o autoproclamado guardião da revolução egípcia. Ele supervisionava uma assembleia constituinte da qual cristãos coptas e egípcios laicos e liberais decidiram se retirar em protesto contra suas tendências iliberais e islâmicas. Os membros restantes da assembleia, em sua maioria homens islâmicos, aprovaram o projeto de Constituição em 30 de novembro de 2012 e o submeteram a um referendo nacional para aprovação entre 15 e 22 de dezembro. Os egípcios liberais pediram um boicote ao referendo, que acabou sendo efetivo, uma vez que apenas 33% votaram. Aqueles que o fizeram aprovaram a Carta com uma maioria de 64% a favor. Em 26 de dezembro, ao assinar a nova Constituição, o presidente Morsi confirmou os temores dos reformadores liberais de que a Irmandade Muçulmana havia sequestrado sua revolução.

A oposição a Morsi se intensificou nos primeiros meses de 2013. Um novo movimento, que se intitulava Tamarod (Rebelião), lançou um abaixo-assinado pedindo a renúncia de Morsi. A campanha, que havia estabelecido uma meta de 15 milhões de assinaturas no primeiro aniversário da posse de Morsi, em 29 de junho de 2013, excedeu suas próprias ambições e afirmava ter recolhido mais de 22 milhões de assinaturas exigindo a renúncia do presidente. Os números nunca foram confirmados, e os noticiários citavam pessoas que se vangloriavam de ter assinado a petição vinte ou mais vezes. A despeito de possíveis fraudes, a campanha reuniu os liberais, que foram à praça Tahrir em uma enorme manifestação pedindo a queda do regime de Morsi.

O exército egípcio se aproveitou do Tamarod para intervir na desordem política do Egito. Muitos analistas acreditam que o exército teve um papel ativo na promoção do abaixo-assinado. Desde o Movimento dos Oficiais Livres em 1952 até a eleição de Morsi, o Egito só havia tido governos militares, e cada um de seus presidentes era militar: Gamal Abdel Nasser e Anwar Sadat, do exército; e Mubarak, da aeronáutica. Durante sessenta anos, os militares haviam aprofundado seu controle sobre a política e a economia do país. O governo Morsi e seus partidários da Irmandade Muçulmana representavam uma ameaça real aos interesses das forças armadas, e o Alto-Comando agiu depressa para reafirmar seu controle e defender seus interesses da caótica experiência democrática.

As forças armadas entregaram a Morsi um ultimato, exigindo que ele tratasse das preocupações legítimas do povo egípcio em 48 horas ou enfrentasse uma intervenção militar. Era um pedido impossível, que Morsi rejeitou. Na noite de 3 de julho, o ministro da Defesa, Abdel Fattah al-Sisi, transmitiu ao vivo pela TV o anúncio da deposição de Morsi e a transferência provisória de suas funções ao chefe do tribunal constitucional, Adly Mansour. Morsi e vários de seus principais oficiais foram presos e mantidos em locais secretos. Era um golpe militar clássico, embora as forças armadas e seus apoiadores tenham rejeitado o rótulo com furor. No Cairo e em todo o país, os egípcios se manifestaram em massa, comemorando as ações do exército como uma demonstração de respeito pelas demandas legítimas do povo — uma segunda revolução.

O golpe de 3 de julho marcou, de fato, o início da violenta contrarrevolução egípcia. Durante a noite, a Irmandade Muçulmana passou de partido do governo a organização proibida, tendo seus líderes presos ou em fuga. Sua base de apoio no Egito era ampla, e viu com ultraje a tomada de poder pelo exército, considerada inconstitucional e ilegítima, uma vez que o presidente fora eleito democraticamente. Os membros da Irmandade se reuniram em manifestações em mesquitas no Cairo e em Alexandria, aplicando em vão a fórmula da Primavera Árabe de ocupar um local central até que os desejos do povo fossem respeitados.

O exército e seus apoiadores apenas superavam os manifestantes em número. A maioria dos egípcios estava desiludida com o fracasso da Irmandade Muçulmana, que não havia mantido suas promessas pré-eleição, e alarmada com o autoritarismo desastrado de Morsi. Além disso, o cidadão comum estava cansado do caos revolucionário. As pessoas queriam retornar à normalidade e recuperar a economia. Queriam voltar ao trabalho e ganhar a vida — o que fora interrompido por dois anos de agitação revolucionária. Elas acreditavam que o exército seria capaz de garantir a ordem e depositaram sua confiança nos militares.

Seguiu-se então o capítulo mais violento da história política do Egito moderno. Após seis semanas de manifestações, em 14 de agosto de 2013 os militares atacaram dois locais de protestos da Irmandade Muçulmana no Cairo: as praças de Rabaa al-Adawiya e Al-Nahda. Usando armas de fogo contra manifestantes civis, as forças de segurança massacraram cerca de mil apoiadores do presidente deposto em um único dia.[25] As autoridades militares declararam estado de emergência e impuseram toque de recolher. Com a lei suspensa, aproveitaram para redobrar a luta contra a Irmandade Muçulmana, prendendo milhares de pessoas. Em setembro, o governo baniu a organização e congelou seus bens, e em dezembro a declarou um grupo terrorista. Os tribunais condenaram à morte o ex-presidente Muhammad Morsi, o guia supremo da Irmandade, Muhammad Badie, e centenas de quadros de escalão inferior; mais de 20 mil islamitas foram presos e encarcerados.[26]

Enquanto o exército egípcio dissolvia o poder da Irmandade Muçulmana, o general Abdel Fattah Sisi, comandante em chefe das forças armadas, disparou em popularidade. Seus admiradores o compararam a Nasser e incentivaram suas ambições políticas. Em março de 2014, Sisi abandonou o serviço militar, tornando-se apto a concorrer à presidência. Desafiado apenas por Hamdeen Sabahi, um ativista da oposição durante os tempos de Sadat e Mubarak, Sisi venceu a eleição presidencial em maio de 2014 com uma esmagadora maioria de 96% dos votos. Embora agora com trajes civis, Sisi sem dúvida representava a restauração do controle militar sobre a política egípcia.

A contrarrevolução no Egito estava completa. Para muitos, era como se o movimento de 25 de janeiro de 2011 nunca tivesse acontecido. As exigências pelos direitos dos cidadãos e por um governo transparente desapareceram quando o povo abandonou suas esperanças de liberdade política em uma tentativa desesperada de recuperar alguma estabilidade. No contexto da turbulência política no Egito e no Bahrein e da espiral da guerra civil na Líbia, no Iêmen e na Síria, o preço da mudança revolucionária se mostrou alto demais para o povo árabe suportar — exceto na Tunísia, o único sobrevivente de sucesso da Primavera Árabe.

A TUNÍSIA FOI O ÚNICO ESTADO ÁRABE que conseguiu negociar uma transição política pacífica para uma nova ordem constitucional após a revolução da Primavera Árabe. Um governo de unidade combinando membros da oposição com remanescentes da era Ben Ali assumiu o poder. Em outubro de 2011, os tunisianos compareceram às urnas para eleger uma Assembleia Constituinte que reescreveria a Constituição do país. O partido islâmico Ennahda, proibido por Ben Ali, garantiu a maioria das cadeiras (41%), mas, ao contrário da Irmandade Muçulmana no Egito, não tentou usar seu poder nas pesquisas para dominar a política do país. Na Tunísia, os islamitas optaram por trabalhar em coalizão com dois partidos centristas e laicos, a fim de preservar um maior grau de coesão nacional. O processo de elaboração da nova Constituição foi demorado, mas caracterizado pela construção de consensos e não pela coerção. A nova Carta, adotada em janeiro de 2014, consagra as vitórias do movimento revolucionário nos direitos dos cidadãos e no Estado de direito.

A transição para uma nova era constitucional na Tunísia foi concluída quando os eleitores voltaram às urnas entre outubro e dezembro de 2014 para eleger um Parlamento e um presidente pelas novas regras constitucionais — regras estabelecidas por tunisianos eleitos por tunisianos, em vez de impostas por agentes estrangeiros, regras que solucionaram uma luta que se arrastava por séculos para restringir os poderes autocráticos dos governantes. Os resultados das eleições em 2014 deram motivos para otimismo. O partido laico Nidaa Tounes (Chamado da Tunísia) obteve maioria, o islamita Ennahda veio em segundo, e ambos concordaram em formar um governo de coalizão. O líder do partido Nidaa Tounes, Beji Caid Essebsi, foi eleito presidente.

No entanto, os ganhos da Tunísia são frágeis. O país sofreu ataques terroristas que afetaram a crucial indústria do turismo, e os investidores estrangeiros ainda precisam recompensá-lo com a sua confiança. Até que a ameaça de terror seja contida e o crescimento econômico seja restaurado, os ganhos pós-revolucionários da Tunísia permanecerão em risco. No entanto, o sucesso do frágil experimento tunisiano no campo da democracia é do interesse do mundo árabe e do mundo em geral. De fato, à medida que o mundo árabe emerge da violência e da devastação dos anos 2010, os povos árabes inevitavelmente retomarão suas demandas legítimas por governos responsáveis. A Tunísia permanecerá como um indicador daquilo a que os árabes podem aspirar no século XXI.

Agradecimentos

Ao escrever esta história moderna do mundo árabe, tive o privilégio de fazer parte da notável comunidade intelectual do Middle East Centre do St. Antony's College, o centro de estudos sobre Oriente Médio da Universidade de Oxford.

O falecido Albert Hourani, um dos maiores historiadores do mundo árabe, reuniu um grupo inovador de acadêmicos que fizeram do Middle East Centre o principal instituto universitário da Europa para o estudo do moderno Oriente Médio. Dessa comunidade inicial de acadêmicos, meus eméritos colegas Mustafa Badawi, Derek Hopwood, Robert Mabro e Roger Owen, desde 1991, são meus mentores. Tenho aproveitado ao máximo seu profundo conhecimento sobre o Oriente Médio, discutindo com eles os argumentos deste livro e sobrecarregando-os com rascunhos dos capítulos em busca de comentários. Eles foram extremamente generosos em seu encorajamento e críticas construtivas.

O grupo atual do Middle East Centre preservou toda a magia da comunidade original de Albert Hourani. Em Ahmed Al-Shahi, Walter Armbrust, Raffaella Del Sarto, Homa Katouzian, Celia Kerslake, Philip Robins e Michael Willis, eu tenho generosos amigos e colegas que contribuíram diariamente para este projeto — em conversas informais no centro todas as manhãs, enquanto tomávamos café, sugerindo leituras e fazendo comentários sobre rascunhos de capítulos. Tenho uma dívida especial de amizade e gratidão com Avi Shlaim, um inovador e brilhante historiador especializado no estudo da conturbada história das relações entre Israel e o mundo árabe. Avi leu todos os capítulos e almoçou comigo na faculdade em várias ocasiões, durante as quais me ofereceu comentários muito detalhados e construtivos. Suas observações perspicazes deixaram uma marca por todo o livro.

Agradeço à arquivista do Middle East Centre, Debbie Usher, por seu generoso apoio à minha pesquisa nas ricas coleções de documentos particulares e fotografias históricas do arquivo. Sou muito grato também a Mastan Ebtehaj e a Julia Cook, bibliotecário e administradora do Middle East Centre, respectivamente.

Enquanto o livro ia ganhando corpo, usei partes dele em minhas palestras sobre história moderna árabe em Oxford, e sou muito grato a nossos sagazes estudantes por seus comentários. Gostaria de agradecer a Reem Abou-El-Fadl, Nick Kardahji e Nadia Oweidat por sua ajuda na pesquisa.

Ao longo dos anos que levei escrevendo este livro, explorei familiares e amigos, especialistas e não especialistas igualmente, pedindo que lessem e comentassem rascunhos dos capítulos. Seus incentivos e críticas foram mais importantes do que eles poderiam imaginar. Estou em dívida com Peter Airey, Tui Clark, Foulath Ha-did — meu orientador na história do Iraque —, Tim Kennedy, Dina Khoury, Joshua Landis, Ronald Nettler, Tom Orde, Thomas Philipp — o primeiro a me inspirar a estudar a história dos árabes —, Gabi Piterberg, Tariq Ramadan, meu irmão Grant Rogan, Kevin Watkins e minha maravilhosa esposa, Ngaire Woods.

Quero agradecer especialmente a minha mais persistente e dedicada leitora — Margaret Rogan, minha mãe. Ela leu todos os capítulos, do começo ao fim, sem deixar que o amor de mãe a cegasse para os erros que ela, uma estudiosa de longa data do Oriente Médio, encontrou ao longo do caminho.

Desde a primeira edição deste livro, vários leitores escreveram com sugestões e correções, muitas das quais foram incorporadas nesta edição. Pela colaboração, gostaria de agradecer a Ali Allawi, Sir Mark Allen, Mouzaffar H. Al Barazi, Seth Frantzman, Ivor Lucas, Michel Lutfalla, Francis Robinson, Azzam Saad e Richard Undeland.

Sou grato a Serge Fouchard, do Museu Albert-Kahn, em Boulogne-Billancourt, pelas cópias das extraordinárias fotografias em autocromo da coleção Albert Kahn, que tornaram possível a sua publicação. Também sou imensamente grato a Victoria Hogarth, da Bridgeman Art Library, e a Jeff Spurr, da Harvard Fine Arts Library, por sua ajuda com as imagens aqui reproduzidas.

Este livro jamais teria sido possível sem o talento único de minha agente literária Felicity Bryan. Sou especialmente grato a Felicity por quebrar sua regra de não representar amigos. Serei eternamente grato a George Lucas por concordar em me representar em Nova York e por me oferecer uma introdução inesquecível ao mundo editorial de Nova York. Juntos, Felicity e George encontraram as melhores editoras para publicar este trabalho.

Na Basic Books, um profundo agradecimento a minha editora, Lara Heimert, que, com humor e perspicácia, conseguiu extrair de mim um livro muito melhor do que eu poderia ter escrito sem a sua ajuda. Brandon Proia compartilhou comigo seus talentos editoriais e me ajudou a encontrar as imagens certas para o livro. Kay Mariea e Michelle Asakawa foram heroicas na edição extremamente veloz do texto. Na Penguin, tive a oportunidade de contar, ao longo do processo de escrita, com o profundo conhecimento de Simon Winder e seu forte envolvimento com o manuscrito.

Minha família foi minha fonte de força e inspiração em todos os momentos. A Ngaire e nossos filhos Richard e Isabelle devo a sanidade que equilibra a loucura de assumir um projeto como este. Obrigado.

Notas

Introdução (pp. 9-26)

1. Basma Bouazizi, irmã de Muhammad, citado em "Controversy over 'the Slap' That Brought Down a Government", *Asharq Al-Awsat*, 2 fev. 2011; Fayda Hamdy, citado em Karem Yehia, "Tunisian Policewoman Who 'Slapped' Bouazizi Says 'I Was Scapegoated by Ben Ali'", Ahram Online, 16 dez. 2014. Ver também Yasmine Ryan, "The Tragic Life of a Street Vendor: Al-Jazeera Travels to the Birthplace of Tunisia's Uprising and Speaks to Mohamed Bouazizi's Family", AlJazeera.com, 20 jan. 2011; Kareem Fahim, "Slap to a Man's Pride Set Off Tumult in Tunisia", *New York Times*, 21 jan. 2011.
2. Fayda Hamdy deu seu testemunho dos eventos em algumas entrevistas. Ver Yehia, "Tunisian Policewoman Who 'Slapped' Bouazizi", e Radhouane Addala e Richard Spencer, "I Started the Arab Spring. Now Death Is Everywhere, and Extremism Is Blooming", *Daily Telegraph*, 17 dez. 2015.
3. Roger Owen, *The Rise and Fall of Arab Presidents for Life* (Cambridge, MA: Harvard University Press, 2012); Joseph Sassoon, *Anatomy of Authoritarianism in the Arab Republics* (Cambridge: Cambridge University Press, 2016).
4. Samir Kassir, *Being Arab* (Londres: Verso, 2006), da introdução do autor.
5. Fayda Hamdy discutiu o uso do lenço na cabeça em "Interview with Fadia Hamdi", vídeo postado por CorrespondentsDotOrg no YouTube, 11 jul. 2012. Disponível em: <https://www.youtube.com/watch?v=JSeRkT5A8rQ>.
6. George Will, "Take Time to Understand Mideast Asia". *Washington Post*, 29 out. 2001.
7. Eugene Rogan, *The Fall of the Ottomans: The Great War in the Middle East, 1914-1920* (Nova York: Basic Books, 2015).

1. Do Cairo a Istambul (pp. 27-62)

1. A morte do profeta Maomé deu origem a uma das primeiras divisões no islã, quando seus seguidores discordaram sobre como escolher seu sucessor, ou califa, para liderar a comunidade muçulmana. Um grupo defendeu a sucessão dentro da família do profeta e patrocinou a candidatura de Ali ibn Abu Talib, que, como primo e genro de Maomé, era seu parente mais próximo. Essa facção ficou conhecida em árabe como *Shiiat Ali*, ou "o Partido de Ali", do qual deriva a palavra

"xiita". A maioria dos muçulmanos, no entanto, argumentou que o califa deveria ser o mais piedoso muçulmano capaz de defender a suna — as práticas e crenças do profeta Maomé; estes passaram a ser conhecidos como sunitas. Durante a maior parte da história islâmica, os sunitas têm sido a maioria na comunidade de crentes, sobretudo no mundo árabe e turco, com variantes do islã xiita arraigando-se na Arábia do Sul, na Pérsia e no sul da Ásia.

2. As crônicas de Muhammad ibn Ahmad Ibn Iyas (*c.* 1448-1524), *Bada'i al-zuhur fi waqa'i al-duhur* [As mais notáveis florações entre os eventos da época], foram publicadas pela primeira vez no Cairo em 1893-4. Existe uma tradução em inglês de trechos relacionados à conquista otomana da Síria e do Egito: W. H. Salmon, *An Account of the Ottoman Conquest of Egypt in the Year A.H. 922 (A.D. 1516)* (Londres: Royal Asiatic Society, 1921); e uma tradução da obra completa para o francês feita por Gaston Wiet, *Journal d'un bourgeois du Caire: Chronique d'Ibn Iyâs*, v. 2 (Paris: S.E.V.P.E.N., 1960). Esse relato está em Salmon, *Account of the Ottoman Conquest*, pp. 41-6, e em Wiet, *Journal d'un bourgeois du Caire*, pp. 65-7.

3. Salmon, *Account of the Ottoman Conquest*, pp. 92-5; Wiet, *Journal d'un bourgeois du Caire*, pp. 117-20.

4. Salmon, *Account of the Ottoman Conquest*, pp. 111-3; Wiet, *Journal d'un bourgeois du Caire*, pp. 137-9.

5. Salmon, *Account of the Ottoman Conquest*, pp. 114-7; Wiet, *Journal d'un bourgeois du Caire*, pp. 140-3.

6. Wiet, *Journal d'un bourgeois du Caire*, pp. 171-2.

7. Ibid., p. 187.

8. Os califas bem guiados foram os primeiros quatro sucessores do profeta Maomé — Abu Bakr, Umar, Uthman e Ali — que governaram a comunidade islâmica primitiva no século VII. Eles foram seguidos pela dinastia dos omíadas, que governou Damasco entre 661 e 750 d.C.

9. Thomas Philipp e Moshe Perlmann (Orgs.), *'Abd al-Rahman al-Jabarti's History of Egypt*, v. 1 (Stuttgart: Franz Steiner, 1994), p. 33.

10. Salmon, *Account of the Ottoman Conquest*, pp. 46-9; Wiet, *Journal d'un bourgeois du Caire*, pp. 69-72.

11. A crônica de Shams Din Muhammad ibn Ali Ibn Tulun (*c.* 1485-1546), "Background Information on the Turkish Governors of Greater Damascus", foi editada e traduzida para o francês por Henri Laoust, *Les Gouverneurs de Damas sous les Mamlouks et les premiers Ottomans (658-1156/1260-1744)* (Damasco: Institut Français de Damas, 1952).

12. Bruce Masters, *The Origins of Western Economic Dominance in the Middle East: Mercantilism and the Islamic Economy in Alepo, 1600-1750* (Nova York: New York University Press, 1988).

13. Laoust, *Les Gouverneurs de Damas*, p. 151.

14. Salmon, *Account of the Ottoman Conquest*, p. 49; Wiet, *Journal d'un bourgeois du Caire*, p. 72.

15. Laoust, *Les Gouverneurs de Damas*, pp. 154-7.
16. Da crônica de Ibn Juma (posterior a 1744), em Laoust, *Les Gouverneurs de Damas*, p. 172.
17. Os relatos de Ibn Juma e Ibn Tulun são quase idênticos, o primeiro repetindo quase literalmente pontos da narrativa do último. Laoust, *Les Gouverneurs de Damas*, pp. 154-9 e 171-4.
18. Amnon Cohen e Bernard Lewis, *Population and Revenue in the Towns of Palestine in the Sixteenth Century* (Princeton, NJ: Princeton University Press, 1978), pp. 3-18.
19. Muhammad Adnan Bakhit, *The Ottoman Province of Damascus in the Sixteenth Century* (Beirute: Librairie du Liban, 1982), pp. 91-118.
20. I. Metin Kunt, *The Sultan's Servants: The Transformation of Ottoman Provincial Government, 1550-1650* (Nova York: Columbia University Press, 1983), pp. 32-3.
21. Philipp e Perlmann (Orgs.), *'Abd al-Rahman al-Jabarti's History of Egypt*, v. 1, p. 33.
22. Michael Winter, *Egyptian Society Under Ottoman Rule, 1517-1798* (Londres: Routledge, 1992), pp. 16-7.
23. Bakhit, *Ottoman Province of Damascus*, pp. 105-6.
24. O manuscrito do século XVI de Sayyid Murad, *Ghazawat-i Khayr al-Din Paxá* [Conquistas de Khayr Din Paxá], foi publicado em uma tradução francesa abreviada por Sander Rang e Ferdinand Denis, *Fondation de la régence d'Alger: Histoire de Barberousse* (Paris: J. Angé, 1837). Esse relato se encontra no v. 1, p. 306.
25. John B. Wolf, *The Barbary Coast: Algeria Under the Turks* (Nova York: W. W. Norton, 1979), p. 20.
26. Citado em ibid., p. 27.
27. Ahmad b. Muhammad al-Khalidi al-Safadi, *Kitab tarikh al-Amir Fakhr al-Din al-Ma'ni* [O livro da história do emir Fakhr Din Mani], editado e publicado por Assad Rustum e Fuad al-Bustani com o título *Lubnan fi'ahd al-Amir Fakhr al-Din al-Ma'ni al-Thani* [O Líbano à época do emir Fakhr Din Mani] (Beirute: Éditions St. Paul, 1936, reimp. 1985).
28. Abdul-Rahim Abu-Hussein, *Provincial Leaderships in Syria, 1575-1650* (Beirute: American University in Beirut Press, 1985) pp. 81-7.
29. Al-Khalidi al-Safadi, *Amir Fakhr al-Din*, pp. 17-9.
30. Ibid., pp. 214-5.
31. Ibid., pp. 150-4.
32. A bolsa era uma medida de valor que equivalia a quinhentas piastras, antiga moeda egípcia.
33. Al-Damurdashi, *Al-Damurdashi's Chronicle of Egypt, 1688-1755*, trad. de Daniel Crecelius e 'Abd al-Wahhab Bakr (Leiden: E. J. Brill, 1991), p. 286.
34. Ibid., p. 291.
35. Ibid., p. 296.
36. Ibid., pp. 310-2.
37. Winter, *Egyptian Society Under Ottoman Rule*, p. 24.

2. O desafio árabe ao domínio otomano (pp. 63-91)

1. Ahmad al-Budayri al-Hallaq, *Hawadith Dimashq al-Yawmiyya 1741-1762* [Eventos cotidianos de Damasco, 1741-62] (Cairo: Egyptian Association for Historical Studies, 1959), p. 184; e George M. Haddad, "The Interests of an Eighteenth Century Chronicler of Damascus". *Der Islam*, v. 38, jun. 1963, pp. 258-71.

2. Budayri, *Hawadith Dimashq*, p. 202.

3. Ibid., p. 129.

4. Ibid., p. 219.

5. Ibid., p. 57.

6. Ibid., p. 112.

7. Citado por Albert Hourani, "The Fertile Crescent in the Eighteenth Century", em *A Vision of History* (Beirute: Khayats, 1961), p. 42.

8. Thomas Philipp e Moshe Perlmann (Orgs.), *'Abd al-Rahman al-Jabarti's History of Egypt*, v. 1 (Stuttgart: Franz Steiner, 1994), p. 6.

9. Sobre os Shihab de Monte Líbano, ver Kamal Salibi, *The Modern History of Lebanon* (Londres: Weidenfeld and Nicholson, 1965). Sobre os Jalili de Mossul, ver Dina Rizk Khoury, *State and Provincial Society in the Ottoman Empire: Mosul, 1540-1830* (Cambridge: Cambridge University Press, 1997).

10. Roger Owen, *The Middle East in the World Economy, 1800-1914* (Londres: Methuen, 1981), p. 7.

11. Budayri, *Hawadith Dimashq*, pp. 27-9.

12. Ibid., pp. 42-5.

13. Amnon Cohen, *Palestine in the Eighteenth Century* (Jerusalém: Magnes, 1973), p. 15.

14. Thomas Philipp, *Acre: The Rise and Fall of a Palestinian City, 1730-1831* (Nova York: Columbia University Press, 2001), p. 36.

15. Philipp e Perlmann (Orgs.), *'Abd al-Rahman al-Jabarti's History of Egypt*, v. 1, p. 636. Sobre Ali Bei Kabir ver Daniel Crecelius, *The Roots of Modern Egypt: A Study of the Regimes of 'Ali Bey al-Kabir and Muhammad Bey Abu al-Dhahab, 1760-1775* (Minneapolis/ Chicago: University of Minnesota Press, 1981).

16. Philipp e Perlmann (Orgs.), *'Abd al-Rahman al-Jabarti's History of Egypt*, v. 1, p. 639.

17. Ibid., p. 638.

18. Ibid., p. 639.

19. Este relato é da crônica de al-Amir Haydar Ahmad al-Shihab de Monte Líbano (1761-1835), *Al-Ghurar al-Hisan fi akhbar abna' al-zaman* [Exemplares nas crônicas dos filhos da época]. As crônicas de Shihab foram editadas e publicadas por Assad Rustum e Fuad al-Bustani com o título *Lubnan fi 'ahd al-umara' al-Shihabiyin* [Líbano à época dos emires Shihab], v. 1 (Beirute: Éditions St. Paul, 1984), p. 79.

20. Shihab, *Lubnan fi 'ahd al-umara' al-Shihabiyin*, v. 1, pp. 86-7.

21. Philipp e Perlmann (Orgs.), *'Abd al-Rahman al-Jabarti's History of Egypt*, v. 1, p. 639.

22. Philipp, citando Ahmad al-Shihab, *Tarikh Ahmad Paxá al-Jazzar*, em *Acre*, p. 45.

23. Este relato dramático da morte de Zahir Umar é encontrado na crônica de Mikha'il al-Sabbagh (*c.* 1784-1816), *Tarikh al-Shaykh Zahir al-'Umar al-Zaydani* [A história do xeque Zahir Umar Zaydani] (Harissa, Líbano: Éditions St. Paul, 1935), pp. 148-58.

24. Citado em Alexei Vassiliev, *The History of Saudi Arabia* (Londres: Saqi, 2000), p. 98.

25. Philipp e Perlmann (Orgs.), *'Abd al-Rahman al-Jabarti's History of Egypt*, v. 4, p. 23.

26. Mikhayil Mishaqa, *Murder, Mayhem, Pillage, and Plunder: The History of Lebanon in the Eighteenth and Nineteenth Centuries* (Albany: SUNY Press, 1988), p. 62.

3. O Império Egípcio de Muhammad Ali (pp. 92-124)

1. Thomas Philipp e Moshe Perlmann (Orgs.), *'Abd al-Rahman al-Jabarti's History of Egypt*, v. 3 (Stuttgart: Franz Steiner, 1994), p. 2.

2. Ibid., p. 13.

3. Ibid., p. 8.

4. Ibid., p. 51.

5. M. de Bourrienne, *Mémoires sur Napoléon*, 2 v. (Paris, 1831), citado em ibid., p. 57, n. 63.

6. Philipp e Perlmann (Orgs.), *'Abd al-Rahman al-Jabarti's History of Egypt*, v. 3, pp. 56-7.

7. Afaf Lutfi al-Sayyid Marsot, *Egypt in the Reign of Muhammad Ali* (Cambridge: Cambridge University Press, 1984), p. 37. Ver também Darrell Dykstra, "The French Occupation of Egypt", em M. W. Daly (Org.), *The Cambridge History of Egypt*, v. 2 (Cambridge: Cambridge University Press, 1998), pp. 113-38.

8. Philipp e Perlmann (Orgs.), *'Abd al-Rahman al-Jabarti's History of Egypt*, v. 3, pp. 505-6.

9. Ibid., v. 4, pp. 179-80.

10. Marsot, *Egypt in the Reign of Muhammad Ali*, p. 72.

11. Ibid., p. 201. Como dito antes, uma bolsa equivalia a quinhentas piastras. A taxa de câmbio em 1820 era de aproximadamente 1 dólar = 12,6 piastras.

12. O relato da execução da liderança wahabita foi dado pelo embaixador russo no Império Otomano, citado em Alexei Vassiliev, *The History of Saudi Arabia* (Londres: Saqi, 2000), p. 155.

13. Khaled Fahmy, *All the Pasha's Men: Mehmed Ali, His Army, and the Making of Modern Egypt* (Cambridge: Cambridge University Press, 1997), p. 92.

14. Mustafa Rashid Celebi Efendi, citado em ibid., p. 81.

15. Carta de Muhammad Ali a seu agente Najib Efendi, 6 out. 1827, traduzida por Fahmy em *All the Pasha's Men*, pp. 59-60.

16. A crônica de Mikhayil Mishaqa de 1873, *al-Jawab 'ala iqtirah al-ahbab* [Resposta à sugestão dos entes queridos], foi traduzida para o inglês por Wheeler Thackston Jr. e publicada com o título *Murder, Mayhem, Pillage, and Plunder: The History of the Lebanon in the Eighteenth and Nineteenth Centuries* (Albany: SUNY Press, 1988), pp. 165-9.

17. Ibid., pp. 172-4.

18. Ibid., pp. 178-87.

19. Carta de Palmerston de 20 jul. 1838, citada em Marsot, *Egypt in the Reign of Muhammad Ali*, p. 238.

20. Mishaqa, *Murder, Mayhem, Pillage, and Plunder*, p. 216.

21. Convenção de Londres para a Pacificação do Levante, 15-17 set. 1840, reproduzida em J. C. Hurewitz, *The Middle East and North Africa in World Politics*, v. 1 (New Haven, CT: Yale University Press, 1975), pp. 271-5.

4. Os perigos da reforma (pp. 125-58)

1. Para uma tradução completa em inglês e um estudo da obra de Tahtawi, *Takhlis al--Ibriz fi Talkhis Bariz* [A extração de ouro puro na abreviação de Paris], ver Daniel L. Newman, *An Imam in Paris: Al-Tahtawi's Visit to France (1826-1831)* (Londres: Saqi, 2004).

2. Ibid., pp. 99, 249.

3. Ibid., pp. 105, 161.

4. A análise da Constituição é reproduzida em ibid., pp. 194-213.

5. A análise de Tahtawi da Revolução de 1830 pode ser encontrada em ibid., pp. 303-30.

6. Uma tradução do decreto da reforma de 1839 é reproduzida em J. C. Hurewitz, *The Middle East and North Africa in World Politics*, v. 1 (New Haven, CT: Yale University Press, 1975), pp. 269-71

7. O texto do decreto da reforma de 1856 é reproduzido em ibid., pp. 315-8.

8. O diário de Muhammad Said al-Ustuwana, o juiz otomano de Damasco, foi editado e publicado por As'ad al-Ustuwana, *Mashahid wa ahdathdimishqiyya fi muntasif al--qarn al-tasi' 'ashar (1840-1861)* [Testemunha ocular dos acontecimentos de Damasco em meados do século XIX (1840-61)] (Damasco: Dar al-Jumhuriyya, 1993), p. 162.

9. Jonathan Frankel, *The Damascus Affair: 'Ritual Murder', Politics, and the Jews in 1840* (Cambridge: Cambridge University Press, 1997).

10. Bruce Masters, "The 1850 Events in Alepo: An Aftershock of Syria's Incorporation into the Capitalist World System", *International Journal of Middle East Studies*, v. 22, pp. 3-20, 1990.

11. Leila Fawaz, *An Occasion for War: Civil Conflict in Lebanon and Damascus in 1860* (Londres: I. B. Tauris, 1994); e Ussama Makdisi, *The Culture of Sectarianism: Community, History, and Violence in Nineteenth-Century Ottoman Lebanon* (Berkeley/ Los Angeles: University of California Press, 2000).

12. As memórias de Abu al-Saud al-Hasibi, muçulmano insigne de Damasco, tal como citadas por Kamal Salibi em "The 1860 Upheaval in Damascus as Seen by al-Sayyid Muhammad Abu'l-Su'ud al-Hasibi, Notable and Later *Naqib al-Ashraf* of the City", em William Polk e Richard Chambers (Orgs.), *Beginnings of Modernization in the Middle East: The Nineteenth Century* (Chicago: University of Chicago Press, 1968), p. 190.

13. Wheeler Thackston Jr. traduziu a crônica de 1873 de Mikhayil Mishaqa sob o título *Murder, Mayhem, Pillage, and Plunder: The History of the Lebanon in the Eighteenth and Nineteenth Centuries* (Albany: SUNY Press, 1988), p. 244.

14. O relatório de Mishaqa ao cônsul americano em Beirute, datado de 27 set. 1860 e escrito em árabe, está nos National Archives, College Park, Maryland.

15. Y. Hakan Erdem, *Slavery in the Ottoman Empire and Its Demise, 1800-1909* (Basingstoke, Reino Unido: 1996).

16. Roger Owen, *The Middle East in the World Economy, 1800-1914* (Londres: Methuen, 1981), p. 123.

17. David Landes, *Bankers and Pashas: International Finance and Economic Imperialism in Egypt* (Cambridge, MA: Harvard University Press, 1979), pp. 91-2.

18. Owen, *Middle East in the World Economy*, pp. 126-7.

19. Janet Abu Lughod, *Cairo: 1001 Years of the City Victorious* (Princeton, NJ: Princeton University Press, 1971), pp. 98-113.

20. A autobiografia de Khayr Din, "À mes enfants", foi editada por M. S. Mzali e J. Pignon e publicada sob o título "Documents sur Kheredine", *Revue Tunisienne*, pp. 177-225, 347-96, 1934. A passagem citada encontra-se na p. 183.

21. O tratado político de Khayr Din, *Aqwam al-masalik li ma'rifat ahwal al-mamalik* [O caminho mais seguro para o conhecimento sobre as condições dos países], foi traduzido e editado por Leon Carl Brown sob o título *The Surest Path: The Political Treatise of a Nineteenth-Century Muslim Statesman* (Cambridge, MA: Harvard University Press, 1967).

22. Ibid., pp. 77-8.

23. Jean Ganiage, *Les origines du protectorat francaise en Tunisie (1861-1881)* (Paris: Presses Universitaires de France, 1959); L. Carl Brown, *The Tunisia of Ahmad Bey (1837--1855)* (Princeton, NJ: Princeton University Press, 1974); e Lisa Anderson, *The State and Social Transformation in Tunisia and Libya, 1830-1980* (Princeton, NJ: Princeton University Press, 1986).

24. Citado em Brown, *The Surest Path*, p. 134.

25. Mzali e Pignon, "Documents sur Kheredine", pp. 186-7.

26. P. J. Vatikiotis, *The History of Egypt from Muhammad Ali to Sadat* (Londres: Johns Hopkins University Press, 1980).

27. Niyazi Berkes, *The Emergence of Secularism in Turkey* (Londres: Routledge, 1998), p. 207.

28. Ahmet Cevdet Paxá, em Charles Issawi, *The Economic History of Turkey, 1800-1914* (Chicago: University of Chicago Press, 1980), pp. 349-51; e Roderic Davison, *Reform in the Ottoman Empire, 1856-1876* (Princeton, NJ: Princeton University Press, 1963), p. 112.

29. Mzali e Pignon, "Documents sur Kheredine", pp. 189-90.

30. Owen, *Middle East in the World Economy*, pp. 100-21.

31. Ibid., pp. 122-52.

5. A primeira onda de colonialismo: norte da África (pp. 159-211)

1. Ambos os textos reproduzidos em Hurewitz, *The Middle East and North Africa in World Politics*, v. 1 (New Haven, CT: Yale University Press, 1975), pp. 227-31.

2. Rifa'a Rafi' al-Tahtawi, *An Imam in Paris* (Londres: Saqi, 2004), pp. 326-7.

3. Alexandre Bellemare, *Abd-el-Kader: Sa Vie politique et militaire* (Paris: Hachette, 1863), p. 120.

4. Os textos originais de ambos os tratados, com tradução para o inglês, são reproduzidos em Raphael Danziger, *Abd al-Qadir and the Algerians: Resistance to the French and Internal Consolidation* (Nova York: Holmes & Meier, 1977), pp. 241-60. Para mapas que mostram os territórios atribuídos à França e à Argélia sob esses tratados, ver ibid., pp. 95-6 e 157-8.

5. Reproduzido em Bellemare, *Abd-el-Kader*, p. 260.

6. Ibid., p. 223.

7. A. de France, *Abd-El-Kader's Prisoners; ou Five Months' Captivity Among the Arabs* (Londres: Smith, Elder and Co., s.d.), pp. 108-10.

8. Bellemare, *Abd-el-Kader*, pp. 286-9. O filho de Abd Qadir escreveu sobre o impacto da captura do *zimala* no moral de seus soldados em *Tuhfat al-za'ir fi tarikh al-Jaza'ir wa'l-Amir 'Abd al-Qadir* (Beirute: Dar al-Yaqiza al-'Arabiyya, 1964), pp. 428-31.

9. Convenção de Tânger para a Restauração de Relações de Amizade: França e Marrocos, 10 set. 1844, reproduzido em Hurewitz, *Middle East and North Africa in World Politics*, pp. 286-7.

10. Bellemare, *Abd-el-Kader*, p. 242.

11. Stanford J. Shaw e Ezel Kural Shaw, *History of the Ottoman Empire and Modern Turkey*, v. 2 (Cambridge: Cambridge University Press, 1985), pp. 190-1. Os francos franceses foram convertidos em libras esterlinas à taxa de 25 francos = 1 libra esterlina, e a libra turca à taxa de 1 libra turca = 0,909 libra esterlina.

12. Urabi contribuiu com um ensaio autobiográfico para o dicionário biográfico de Jurji Zaydan, *Tarajim Mashahir al-Sharq fi'l-qarn al-tasi' 'ashar* [Biografias de pessoas famosas do Oriente no século XIX], v. 1 (Cairo: Dar al-Hilal, 1910), pp. 254-80 (doravante referido como *Memórias de Urabi*).

13. Ibid., p. 261.

14. Urabi recontou esses eventos a Wilfrid Scawen Blunt em 1903, e este reproduziu a narrativa em *Secret History of the British Occupation of Egypt* (Nova York: Howard Fertig, 1967, reimpressão da edição de 1922), p. 369.

15. *Memórias de Urabi*, p. 269.

16. Ibid., p. 270.

17. Ibid., p. 272.

18. Blunt pediu a Muhammad Abdu que comentasse a narrativa de Urabi sobre os eventos; Blunt, *Secret History*, p. 376.

19. *Memórias de Urabi*, p. 274.

20. Blunt, *Secret History*, p. 372.

21. A. M. Broadley, *How We Defended Arabi and His Friends* (Londres: Chapman and Hall, 1884), p. 232.

22. Ibid., pp. 375-6.

23. Blunt, *Secret History*, p. 299.

24. *Mudhakkirat 'Urabi* [Memórias de Urabi], v. 1 (Cairo: Dar al-Hilal, 1954), pp. 7-8.

25. Sobre a "disputa pela África" e o Incidente de Fachoda, ver Ronald Robinson e John Gallagher, *Africa and the Victorians: The Official Mind of Imperialism*, 2. ed. (Houndmills, Reino Unido: Macmillan, 1981).

26. Hurewitz, *Middle East and North Africa*, v. 1, p. 477.

27. Ibid., pp. 508-10.

28. Ahmad Amin, *My Life*, trad. [para o inglês] de Issa Boullata (Leiden: E. J. Brill, 1978), p. 59.

29. Citado por Ami Ayalon em *The Press in the Arab Middle East: A History* (Nova York; Oxford: Oxford University Press, 1995), p. 15.

30. Citado em ibid., p. 31.

31. Citado em ibid., p. 31.

32. Martin Hartmann, *The Arabic Press of Egypt* (Londres: Luzac, 1899), pp. 52-85, citado em Roger Owen, *Lord Cromer: Victorian Imperialist, Edwardian Proconsul* (Oxford: Oxford University Press, 2004), p. 251.

33. Albert Hourani, *Arabic Thought in the Liberal Age, 1798-1939* (Londres: Oxford University Press, 1962), p. 113.

34. Ahmad Amin, *My Life*, pp. 48-9.

35. Thomas Philipp e Moshe Perlmann (Orgs.), *'Abd al-Rahman al-Jabarti's History of Egypt*, v. 3 (Stuttgart: Franz Steiner, 1994), pp. 252-3.

36. Daniel L. Newman, *An Imam in Paris: Al-Tahtawi's Visit to France (1826-1831)* (Londres: Saqi, 2004), p. 177.

37. Ahmad Amin, *My Life*, p. 19.

38. Judith Tucker, *Women in Nineteenth Century Egypt* (Cambridge: Cambridge University Press, 1985), p. 129.

39. Qasim Amin, *The Liberation of Women*, trad. de Samiha Sidhom Peterson (Cairo: American University at Cairo Press, 1992), p. 12.

40. Ibid., p. 15.

41. Ibid., p. 72.

42. Ibid., p. 75.

43. Ahmad Amin, *My Life*, p. 90.

44. Ibid., p. 60.

45. Ibid., pp. 60-1. A tradução utilizou aqui o termo em inglês "upset" (perturbado, chateado), mas o termo em árabe é mais forte, com o sentido de pesar, mágoa.

6. Dividir para conquistar: Primeira Guerra Mundial e o acordo do pós-guerra (pp. 212-50)

1. "De Bunsen Committee Report", em J. C. Hurewitz (Org.), *The Middle East and North Africa in World Politics*, v. 2 (New Haven, CT: Yale University Press, 1979), pp. 26-46.

2. A correspondência de Hussein-McMahon foi reproduzida em ibid., pp. 46-56.
3. Citação das memórias não publicadas de Awda Qusus, residente de Al-Karak, em Eugene Rogan, *Frontiers of the State in the Late Ottoman Empire: Transjordan, 1851-1921* (Cambridge: Cambridge University Press, 1999), pp. 232-3.
4. O Acordo Sykes-Picot é reproduzido em Hurewitz, *Middle East and North Africa*, v. 2, pp. 60-4.
5. George Antonius, *The Arab Awakening: The Story of the Arab National Movement* (Londres: Hamish Hamilton, 1938), p. 248.
6. O Programa da Basileia do I Congresso Sionista é reproduzido em Paul R. Mendes-Flohr e Jehuda Reinharz, *The Jew in the Modern World: A Documentary History* (Nova York: Oxford University Press, 1980), p. 429.
7. Tom Segev, *One Palestine, Complete* (Londres: Abacus, 2001), p. 44.
8. A Declaração Balfour é reproduzida em Hurewitz, *Middle East and North Africa*, v. 2, pp. 101-6.
9. Os comentários de Cemal Paxá foram publicados no jornal *al-Sharq* e citados em Antonius, *Arab Awakening*, pp. 255-6.
10. Declaração Anglo-Francesa de 7 nov. 1918, citada em ibid., pp. 435-6; Hurewitz, *Middle East and North Africa*, v. 2, p. 112.
11. O Acordo Faisal-Weizmann é reproduzido em Walter Laqueur e Barry Rubin (Orgs.), *The Israel-Arab Reader: A Documentary History of the Middle East Conflict* (Nova York: Penguin, 1985), pp. 19-20.
12. O memorando de Faisal está reproduzido em Hurewitz, *Middle East and North Africa*, v. 2, pp. 130-2.
13. Harry N. Howard, *The King-Crane Commission* (Beirute: Khayyat, 1963), p. 35.
14. O Relatório King-Crane foi publicado pela primeira vez em *Editor & Publisher*, v. 55, n. 27, 2ª seção, 2 dez. 1922. Uma versão abreviada de suas recomendações é reproduzida em Hurewitz, *Middle East and North Africa*, v. 2, pp. 191-9.
15. Abu Khaldun Sati' al-Husri, *The Day of Maysalun: A Page from the Modern History of the Arabs* (Washington, DC: Middle East Institute, 1966), pp. 107-8.
16. Reproduzido na edição árabe de Sati' al-Husri, *Yawm Maysalun* (Beirute: Maktabat al-Kishaf, 1947), lâmina 25. Sobre o uso político de slogans ver James L. Gelvin, *Divided Loyalties: Nationalism and Mass Politics in Syria at the Close of Empire* (Los Angeles/Berkeley: University of California Press, 1998).
17. Al-Husri, *Day of Maysalun*, p. 130; isto é confirmado no apêndice confidencial do Relatório King-Crane, escrito para a delegação americana em Paris.
18. Yusuf al-Hakim, *Suriyya wa'l-'ahd al-Faysali* [A Síria e a era de Faisal] (Beirute: Dar An-Nahar, 1986), p. 102.
19. "Resolution of the General Syrian Congress at Damascus", reproduzido em Hurewitz, *Middle East and North Africa*, v. 2, pp. 180-2.
20. "King-Crane Recommendations", em ibid., p. 195.
21. Al-Husri, *Day of Maysalun*, p. 79.
22. Elie Kedourie, "Sa'ad Zaghlul and the British", *St. Antony's Papers*, v. 11, n. 2, pp. 148-9, 1961.

23. As cartas de McPherson sobre a Revolução de 1919 estão reproduzidas em Barry Carman e John McPherson (Orgs.), *The Man Who Loved Egypt: Bimbashi McPherson* (Londres: Ariel Books, 1985), pp. 204-21.

24. Huda Shaarawi, *Harem Years: The Memoirs of an Egyptian Feminist*, trad. e org. de Margot Badran (Nova York: The Feminist Press, 1986), p. 34.

25. Ibid., pp. 39-40.

26. Ibid., p. 55.

27. Ibid., pp. 92-4.

28. *Al-Istiqlal*, 6 out. 1920, reproduzido em Abd al-Razzaq al-Hasani, *al-'Iraq fi dawray al-ihtilal wa'l intidab* [Iraque na era da ocupação e mandato] (Sidon: al-'Irfan, 1935), pp. 117-8.

29. Charles Tripp, *A History of Iraq* (Cambridge: Cambridge University Press, 2000), pp. 36-45.

30. Publicado em Najaf pelo xeque Muhammad Baqr al-Shabibi, 30 jul. 1920. Reproduzido em al-Hasani, *al-'Iraq*, pp. 167-8.

31. Ghassan R. Atiyya, *Iraq, 1908-1921: A Political Study* (Beirute: Arab Institute for Research and Publishing, 1973).

32. Muhammad Abd al-Hussein, escrevendo no jornal *al-Istiqlal*, de Najaf, 6 out. 1920, reproduzido em al-Hasani, *al-'Iraq*, pp. 117-8.

33. Aylmer L. Haldane, *The Insurrection in Mesopotamia, 1920* (Edimburgo; Londres: William Blackwood and Sons, 1922), p. 331.

7. O Império Britânico no Oriente Médio (pp. 251-303)

1. Charles E. Davies, *The Blood-Red Arab Flag: An Investigation into Qasimi Piracy, 1797-1820* (Exeter: Exeter University Press, 1997), pp. 5-8, 190. Ver também Sultan Muhammad al-Qasimi, *The Myth of Arab Piracy in the Gulf* (Londres: Croom Helm, 1986).

2. Acordo entre a Grã-Bretanha e o xeque de Bahrein assinado em 22 dez. 1880, em J. C. Hurewitz, *The Middle East and North Africa in World Affairs*, v. 1 (New Haven, CT: Yale University Press, 1975), p. 432.

3. Do Acordo Exclusivo entre o Bahrein e a Grã-Bretanha, assinado em 13 de março de 1892, em ibid., p. 466.

4. Great Britain, *Parliamentary Debates, Commons*, 5. ser., v. 55, col. 1465-6, citado em ibid., p. 570.

5. Do Bunsen Report de 30 jun. 1915, reimpresso em Hurewitz, *Middle East and North Africa*, v. 2, pp. 28-9.

6. Middle East Centre Archives, St. Antony's College, Oxford (doravante MECA), Philby Papers 15/5/241, carta do xarife Hussein a Ibn Saud datada de 8 fev. 1918.

7. MECA, Philby Papers 15/5/261, carta do xarife Hussein a Ibn Saud datada de 7 maio 1918.

8. King Abdullah of Transjordan, *Memoirs* (Nova York: Philosophical Library, 1950), p. 181.

9. Documentos capturados pelas forças sauditas na segunda batalha de Al-Khurma (23 de junho a 9 de julho de 1918) mostravam que as forças hachemitas eram compostas por 1689 soldados de infantaria e cerca de novecentos de cavalaria e outras divisões, num total de 2636 combatentes. MECA, Philby Papers 15/5/264.

10. MECA, Philby Papers 15/2/9 e 15/2/30, duas cópias da carta de Ibn Saud ao xarife Hussein datada de 4 ago. 1918.

11. MECA, Philby Papers 15/2/276, carta do xarife Hussein a Shakir bin Zayd datada de 29 ago. 1918.

12. King Abdullah of Transjordan, *Memoirs*, p. 181.

13. Ibid., p. 183; Mary Wilson, *King Abdullah, Britain, and the Making of Jordan* (Cambridge: Cambridge University Press, 1987), p. 37.

14. King Abdullah of Transjordan, *Memoirs*, p. 183.

15. Alexei Vassiliev, *The History of Saudi Arabia* (Londres: Saqi, 2000), p. 249.

16. Citado em Timothy J. Paris, *Britain, the Hashemites, and Arab Rule, 1920-1925* (Londres: Frank Cass, 2003), p. 1.

17. Citado em Wilson, *King Abdullah, Britain, and the Making of Jordan*, p. 53.

18. Os diários de Awda Qusus (1877-1943), um cristão da cidade sulina de Al-Karak, nunca foram publicados. Todas as passagens aqui citadas são do nono capítulo datilografado em árabe a respeito do emir Abdullah da Transjordânia.

19. Awda Qusus reproduziu a acusação, datada de 1 nov. 1923, em suas memórias, p. 163. Uma cópia da acusação chegou até ele em Jidá em 9 jan. 1924.

20. Uriel Dann, *Studies in the History of Transjordan, 1920-1949: The Making of a State* (Boulder, CO: Westview, 1984), pp. 81-92.

21. Carta de 8 jul. 1921. As cartas de Gertrude Bell foram disponibilizadas na internet pela Biblioteca do Projeto Gertrude Bell da Universidade de Newcastle upon Tyne e estão disponíveis em: <http://www.gerty.ncl.ac.uk>.

22. Sulayman Faydi, *Mudhakkirat Sulayman Faydi* [Memórias de Sulayman Faydi] (Londres: Saqi, 1998), pp. 302-3.

23. Gertrude Bell, carta de 28 ago. 1921.

24. Muhammad Mahdi Kubba, *Mudhakkirati fi samim al-ahdath, 1918-1958* [Minhas memórias no centro dos eventos, 1918-58] (Beirute: Dar al-Tali'a, 1965), pp. 22-5.

25. O texto do tratado de 1922 está reproduzido em Hurewitz, *Middle East and North Africa*, v. 2, pp. 310-2.

26. Kubba, *Mudhakkirati*, pp. 26-7.

27. O memorando confidencial de Faisal é citado em Hanna Batatu, *The Old Social Classes and the Revolutionary Movements of Iraq* (Princeton, NJ: Princeton University Press, 1978), pp. 25-6.

28. Os comentários de Zaghloul foram mencionados em "Bitter Harvest", *Al-Ahram Weekly Online*, 12-18 out. 2000. Disponível em: <https://web.archive.org/web/20070319005459/http://weekly.ahram.org.eg/2000/503/chrncls.htm>.

29. Ismail Sidqi, *Mudhakkirati* [Minhas memórias] (Cairo: Madbuli, 1996), p. 85.

30. Ibid., p. 87. O número de baixas é de uma complacente biografia política de Sidqi escrita por Malak Badrawi, *Isma'il Sidqi, 1875-1950: Pragmatism and Vision in Twentieth-Century Egypt* (Richmond, Reino Unido: Curzon, 1996), p. 61.

31. Sidqi, *Mudhakkirati*, p. 97.

32. Os números relativos à população durante o período otomano são particularmente inconfiáveis. Essa falta de confiabilidade é agravada pelo caráter altamente politizado da demografia no contexto do conflito entre palestinos e israelenses. A fonte mais fidedigna é Justin McCarthy, *The Population of Palestine* (Nova York: Columbia University Press, 1990). Esses dados são da tabela 1.4D, p. 10.

33. Ibid., p. 224.

34. Neville J. Mandel, *The Arabs and Zionism Before World War I* (Berkeley; Los Angeles: University of California Press, 1976); Hasan Kayali, *Arabs and Young Turks: Ottomanism, Arabism, and Islamism in the Ottoman Empire, 1908-1918* (Berkeley; Los Angeles: University of California Press, 1997), pp. 103-6.

35. Os números relativos à imigração são mencionados em McCarthy, *Population of Palestine*, p. 224; os números de baixas, em Charles Smith, *Palestine and the Arab-Israeli Conflict*, 4. ed. (Boston; Nova York: Bedford; St Martin's, 2001), pp. 113, 130.

36. O memorando de Churchill está reproduzido em Hurewitz, *Middle East and North Africa*, v. 2, pp. 301-5. O grifo é do original.

37. Matiel E. T. Mogannam, *The Arab Woman and the Palestine Problem* (Londres: Herbert Joseph, 1937), pp. 70-3.

38. Ibid., p. 99.

39. McCarthy, *Population of Palestine*, pp. 34-5.

40. Akram Zuaytir, *Yawmiyat Akram Zu'aytir: Al-haraka al-wataniyya al-filas-tiniyya, 1935-1939* [Os diários de Akram Zuaytir: O movimento nacional palestino, 1935-9] (Beirute: Institute for Palestine Studies, 1980), pp. 27-30.

41. Ibid., p. 29.

42. Ibid., pp. 32-3.

43. Citado em Wilson, *King Abdullah, Britain, and the Making of Jordan*, p. 119.

44. O poema de Abu Salman foi reproduzido pelo romancista palestino Ghassan Kanafani em seu ensaio "Palestine, the 1936-1939 Revolt" (Londres: 1982).

45. Os diários de Ben-Gurion são citados em Tom Segev, *One Palestine, Complete* (Londres: Abacus, 2001), pp. 403-4.

46. Tom Segev dá detalhes dessa e de outras medidas repressivas tomadas pelos britânicos para combater a revolta árabe em *One Palestine, Complete*, pp. 415-43. Ver também Matthew Hughes, "The Banality of Brutality: British Armed Forces and the Repression of the Arab Revolt in Palestine, 1936-39", *English Historical Review*, v. 124, pp. 313-54, 2009.

47. Em *British Colonialism: 30 Years Serving Democracy or Hypocrisy* (Devon: Edward Gaskell, 1998), Harrie Arrigonie descreveu esses eventos, que ocorreram na semana anterior à sua chegada a Bassa. Arrigonie também reproduziu fotos do ônibus

destruído e dos corpos dos aldeões. Uma narrativa árabe do massacre é feita por Eid Haddad, cujo pai testemunhou a atrocidade quando tinha quinze anos de idade, embora situe o evento em setembro de 1936; "Painful Memories from Al Bassa". Disponível em: <http://www.palestineremembered.com>. Uma narrativa semelhante foi feita a Ted Swedenburg no vilarejo de Kuwaykat; _Memories of Revolt: The 1936-1939 Rebellion and the Palestinian National Past_ (Fayetteville: University of Arkansas Press, 2003), pp. 107-8.

48. O Livro Branco de 1939 é reproduzido em Hurewitz, _Middle East and North Africa_, v. 2, pp. 531-8.

8. O Império Francês no Oriente Médio (pp. 304-55)

1. Meir Zamir, _The Formation of Modern Lebanon_ (Londres: Croom Helm, 1985), p. 15.

2. Ammoun foi acompanhado por outro maronita, um muçulmano sunita, um grego cristão ortodoxo e um druso. Lyne Lohéac, _Daoud Ammoun et la création de l'État libanais_ (Paris: Klincksieck, 1978), p. 73.

3. A apresentação de Ammoun foi noticiada no influente diário parisiense _Le Temps_, 29 jan. 1919, e reproduzida em George Samné, _La Syrie_ (Paris: Éditions Bossard, 1920), pp. 231-2.

4. Introdução de Ghanim, em Samné, _La Syrie_, pp. xviii-xix.

5. Muhammad Jamil Bayhum, _Al-'Ahd al-Mukhdaram fi Suriya wa Lubnan,1918-1922_ [A era de transformação na Síria e no Líbano] (Beirute: Dar al-Tali'a, s.d. [1968]), p. 109.

6. Ibid., p. 110.

7. Lohéac, _Daoud Ammoun_, pp. 84-5.

8. Bishara Khalil al-Khoury, _Haqa'iq Lubnaniyya_ [Realidades libanesas], v. 1 (Harissa, Líbano: Basil Brothers, 1960), p. 106.

9. Lohéac, _Daoud Ammoun_, pp. 91-2.

10. Alphonse Zenié, citado em ibid., p. 96.

11. Yusif Sawda, residente em Alexandria, citado em ibid., p. 139.

12. Bayhum, _al-'Ahd al-Mukhdaram_, pp. 136-40.

13. Si Madani El Glaoui, citado em C. R. Pennell, _Morocco since 1830: A History_ (Londres: Hurst, 2000), p. 176.

14. Pennell, _Morocco since 1830_, p. 190.

15. Muhammad ibn Abd Karim (Abd Krim) publicou um manifesto de sua visão política após sua captura pelos franceses na influente revista de Rashid Rida, _al-Manar_, v. 27, n. 1344-5, pp. 630-4, 1926-7. Para uma tradução, ver C. R. Pennell, _A Country with a Government and a Flag: The Rif War in Morocco, 1921-1926_ (Wisbech: MENAS Press, 1986), pp. 256-9.

16. Citado em Pennell, _Country with a Government_, a partir de entrevistas francesas com membros tribais após a derrota de Abd Krim, p. 186.

17. Ibid., pp. 189-90.

18. Ibid., pp. 256-9.

19. Fawzi al-Qawuqji, *Mudhakkirat Fawzi al-Qawuqji* [Memórias de Fawzi al-Qawuqji], v. 1, 1914-32 (Beirute: Dar al-Quds, 1975), p. 81.

20. Edmund Burke III, "A Comparative View of French Native Policy in Morocco and Syria, 1912-1925", *Middle Eastern Studies*, v. 9, pp. 175-86, 1973.

21. Philip S. Khoury, *Syria and the French Mandate: The Politics of Arab Nationalism, 1920-1945* (Princeton, NJ: Princeton University Press, 1987), pp. 102-8.

22. Burke, "Comparative View", pp. 179-80.

23. Abd al-Rahman Shahbandar, *Mudhakkirat* [Memórias] (Beirute: Dar al-Irshad, 1967), p. 154.

24. Al-Qawuqji, *Mudhakkirat*, p. 84.

25. Shahbandar, *Mudhakkirat*, pp. 156-7.

26. Al-Qawuqji, *Mudhakkirat*, pp. 86-7.

27. Ibid., p. 89; Michael Provence, *The Great Syrian Revolt and the Rise of Arab Nationalism* (Austin: University of Texas Press, 2005), pp. 95-100.

28. Siham Tergeman, *Daughter of Damascus* (Austin: University of Texas Press, 1994), p. 97.

29. Shahbandar, *Mudhakkirat*, pp. 186-9.

30. Al-Qawuqji, *Mudhakkirat*, pp. 109-12.

31. John Ruedy, *Modern Algeria: The Origins and Development of a Nation*, 2. ed. (Bloomington; Indianápolis: University of Indiana Press, 2005), p. 69.

32. Gustave Mercier, *Le Centenaire de l'Algérie*, v. 1 (Algiers: P. & G. Soubiron, 1931), pp. 278-81.

33. Ibid., v. 1, pp. 296-300.

34. Ibid., v. 2, pp. 298-304.

35. Ferhat Abbas, *Le Jeune algérien: De la Colonie vers la province* (Paris: Éditions de la Jeune Parque, 1931), p. 8.

36. De acordo com os números de Ruedy, 206 mil argelinos foram convocados, dos quais 26 mil foram mortos e 72 mil feridos; p. 111. Abbas afirma que 250 mil argelinos foram convocados, dos quais 80 mil foram mortos; p. 16.

37. Abbas, *Le Jeune algérien*, p. 24.

38. Ibid., p. 119.

39. Ibid., pp. 91-3.

40. Claude Collot e Jean-Robert Henry, *Le Mouvement national algérien: Textes 1912-1954* (Paris: L'Harmattan, 1978), pp. 66-7.

41. Ibid., pp. 68-9.

42. Ibid., pp. 38-9. Sobre Messali, ver Benjamin Stora, *Messali Hadj (1898-1974): Pionnier du nationalisme algérien* (Paris: L'Harmattan, 1986).

43. Uma tradução completa do decreto está reproduzida em J. C. Hurewitz, *The Middle East and North Africa in World Affairs*, v. 2 (New Haven, CT: Yale University Press, 1975), pp. 504-8.

44. Al-Khoury, *Syria and the French Mandate*, p. 592.

45. Bishara al-Khoury, *Haqa'iq Lubnaniyya* [Realidades libanesas], v. 2 (Beirute: Awraq Lubnaniyya, 1960), pp. 15-6.

46. Ibid., pp. 33-52.

47. Khalid al-Azm, *Mudhakkirat Khalid al-'Azm* [Memórias de Khalid al-Azm], v. 1 (Beirute: Dar al-Muttahida, 1972), pp. 294-9.

48. Tergeman, *Daughter of Damascus*, pp. 97-8.

9. O desastre palestino e suas consequências (pp. 356-98)

1. Comunicado da Resistência Clandestina dos judeus na Palestina, citado em Menachem Begin, *The Revolt* (Londres: W. H. Allen, 1951), pp. 42-3.

2. As palavras de Stern foram reproduzidas por Joseph Heller, *The Stern Gang: Ideology, Politics and Terror, 1940-1949* (Londres: Frank Cass, 1995), pp. 85-7.

3. Begin, *The Revolt*, p. 215.

4. Ibid., pp. 212-30.

5. *Manchester Guardian*, 1 ago. 1947, p. 5, citado em Paul Bagon, *The Impact of the Jewish Underground upon Anglo Jewry: 1945-1947* (Oxford: 2003), dissertação de mestrado, pp. 118-9.

6. *Jewish Chronicle*, 8 ago. 1947, p. 1, citado em Bagon, *Impact of the Jewish Underground*, p. 122.

7. Citado em William Roger Louis, *The British Empire in the Middle East, 1945-1951* (Oxford: Oxford University Press, 1985), p. 485.

8. Charles D. Smith, *Palestine and the Arab-Israeli Conflict*, 4. ed. (Boston: Bedford; Nova York: St. Martin's, 2001) pp. 190-2.

9. Reproduzido em T. G. Fraser, *The Middle East, 1914-1979* (Londres: E. Arnold, 1980), pp. 49-51.

10. *Al-Ahram*, 2 fev. 1948.

11. Qasim al-Rimawi acompanhou Abd Qadir Husseini a Damasco e prestou seu depoimento ao historiador palestino da "catástrofe" palestina de 1948, Arif Arif; ver al-Arif, *al-Nakba: Nakbat Bayt al-Maqdis wa'l-Firdaws al-Mafqud* [A catástrofe de Jerusalém e o paraíso perdido], v. 1 (Sídon; Beirute: al-Maktaba al-'Asriyya, 1951), pp. 159-61.

12. Ibid., p. 161. Em uma nota de rodapé, Arif lembrou a seus leitores que outros soldados britânicos haviam se unido à Haganá.

13. Ibid., p. 168.

14. Ibid., pp. 171 e 170.

15. Testemunhos de Ahmad Ayesh Khalil, filho do dono de uma fábrica, e de Aisha Jima Ziday (Zaydan), de uma família de pequenos fazendeiros, que à época tinha dezessete anos, reproduzidos em Staughton Lynd, Sam Bahour e Alice Lynd (Orgs.), *Homeland: Oral Histories of Palestine and Palestinians* (Nova York: Olive Branch Press, 1994), pp. 24-6.

16. Al-Arif, *al-Nakba*, p. 173.

17. Ibid., pp. 173-4.

18. Ibid., pp. 174-5.

19. Benny Morris, *The Birth of the Palestinian Refugee Problem, 1947-1949* (Cambridge: Cambridge University Press, 1987), p. 30.

20. Rashid al-Haj Ibrahim, *al-Difa' 'an Hayfa wa qadiyyat filastin* [A defesa de Haifa e o problema palestino] (Beirute: Institute for Palestine Studies, 2005), p. 44.

21. Ibid., p. 104.

22. Ibid., pp. 109-12.

23. Do diário de Khalil al-Sakakini, citado em Tom Segev, *One Palestine, Complete* (Londres: Abacus, 2000), p. 508.

24. Morris, *Birth of the Palestinian Refugee Problem*, p. 141.

25. Avi Shlaim, *The Politics of Partition: King Abdullah, the Zionists, and Palestine, 1921-1951* (Oxford: Oxford University Press, 1998).

26. John Bagot Glubb, *A Soldier with the Arabs* (Nova York: Harper & Brothers, 1957), p. 66.

27. Citado em Fawaz Gerges, "Egypt and the 1948 War", em Eugene Rogan e Avi Shlaim (Orgs.), *The War for Palestine: Rewriting the History of 1948* (Cambridge: Cambridge University Press, 2001), p. 159.

28. Avi Shlaim, "Israel and the Arab Coalition in 1948", em ibid., p. 81. Só o exército egípcio aumentou seu contingente de maneira significativa durante a guerra, de uma força inicial de 10 mil homens para 45 mil ao final do confronto. Gerges, "Egypt and the 1948 War", p. 166.

29. Gamal Abdel Nasser, *The Philosophy of the Revolution* (Buffalo, NY: Economica Books, 1959), pp. 28-9.

30. Constantine K. Zurayk, *The Meaning of the Disaster*, trad. de R. Bayly Winder (Beirute: Khayat, 1956).

31. Musa Alami, "The Lesson of Palestine", *Middle East Journal*, v. 3, pp. 373-405, out. 1949.

32. Zurayk, *Meaning of the Disaster*, p. 2.

33. Ibid., p. 24.

34. Alami, "Lesson of Palestine", p. 390.

35. Richard P. Mitchell, *The Society of the Muslim Brothers* (Oxford: Oxford University Press, 1993), p. 6.

36. 'Adil Arslan, *Mudhakkirat al-Amir 'Adil Arslan* [As memórias do emir Adil Arslan], v. 2 (Beirute: Dar al-Taqaddumiya, 1983), p. 806.

37. Avi Shlaim, "Husni Za'im and the Plan to Resettle Palestinian Refugees in Syria", *Journal of Palestine Studies*, v. 15, pp. 68-80, verão 1986.

38. Arslan, *Mudhakkirat*, p. 846.

39. Mary Wilson, *King Abdullah, Britain, and the Making of Jordan* (Cambridge: Cambridge University Press, 1987), pp. 209-13.

10. A ascensão do nacionalismo árabe (pp. 399-456)

1. Nawal El Saadawi, *A Daughter of Isis: The Autobiography of Nawal El Saadawi* (Londres: Zed Books, 2000), pp. 260-1.
2. Nawal El Saadawi, *Walking Through Fire: A Life of Nawal El Saadawi* (Londres: Zed Books, 2002), p. 33.
3. Anouar Abdel-Malek, *Egypt: Military Society* (Nova York: Random House, 1968), p. 36.
4. Mohammed Naguib, *Egypt's Destiny* (Londres: Gollancz, 1955), p. 101.
5. Anwar el-Sadat, *In Search of Identity* (Londres: Collins, 1978), pp. 100-1.
6. Khaled Mohi El Din, *Memories of a Revolution: Egypt 1952* (Cairo: American University in Cairo Press, 1995), pp. 41-52.
7. Ibid., p. 81.
8. Naguib, *Egypt's Destiny*, p. 110.
9. Ibid., pp. 112-3.
10. Sadat, *In Search of Identity*, p. 107, observa que ele estava no cinema quando o golpe teve início; Mohi El Din, *Memories of a Revolution*, menciona a briga e o boletim de ocorrência à polícia.
11. Mohi El Din, *Memories of a Revolution*, pp. 103-4.
12. El Saadawi, *Walking Through Fire*, p. 51.
13. Sadat, *In Search of Identity*, p. 121.
14. Naguib, *Egypt's Destiny*, pp. 139-40.
15. Ibid., p. 148.
16. Alan Richards, *Egypt's Agricultural Development, 1800-1980* (Boulder, CO: Westview Press, 1982), p. 178.
17. El Saadawi, *Walking Through Fire*, pp. 53-4.
18. Charles Issawi, *An Economic History of the Middle East and North Africa* (Nova York: Columbia University Press, 1982), tabela A.3, p. 231.
19. Números em Naguib, *Egypt's Destiny*, p. 168.
20. Richard P. Mitchell, *The Society of the Muslim Brothers* (Nova York: Oxford University Press, 1993), p. 149.
21. Joel Gordon, *Nasser's Blessed Movement: Egypt's Free Officers and the July Revolution* (Nova York; Oxford: Oxford University Press, 1992), p. 179.
22. Mohamed Heikal, *Nasser: The Cairo Documents* (Londres: New English Library, 1972), p. 51.
23. Avi Shlaim, *The Iron Wall: Israel and the Arab World* (Nova York: W. W. Norton, 2000), p. 112.
24. Hassan II, *The Challenge* (Londres, 1978), p. 31, citado em C. R. Pennell, *Morocco since 1830: A History* (Londres: Hurst, 2000), p. 263.
25. Leila Abouzeid, *Year of the Elephant: A Moroccan Woman's Journey Toward Independence* (Austin: University of Texas Press, 1989), pp. 20-1. Abouzeid publicou seu romance primeiro em árabe, no início dos anos 1980.

26. Ibid., pp. 36-8. No prefácio de sua tradução para o inglês ela escreveu: "Os princi-pais eventos e personagens em toda a coleção são reais. Eu não criei essas histórias. Simplesmente as contei como elas são. E o Marrocos está cheio de histórias não contadas".

27. Ibid., pp. 49-50.

28. John Ruedy, *Modern Algeria: The Origins and Development of a Nation* (Bloomington; Indianápolis: University of Indiana Press, 2005), p. 163.

29. Heikal, *The Cairo Documents*, pp. 57-63.

30. Motti Golani, "The Historical Place of the Czech-Egyptian Arms Deal, Fall 1995", *Middle Eastern Studies*, v. 31, pp. 803-27, 1995.

31. Heikal, *The Cairo Documents*, p. 68.

32. Ibid., p. 74.

33. Ezzet Adel, citado pela bbc, "The Day Nasser Nationalised the canal", 21 jul. 2006. Disponível em: <http://news.bbc.co.uk/1/hi/world/middle_east/5168698.stm>.

34. Heikal, *The Cairo Documents*, pp. 92-5.

35. Citado em Shlaim, *The Iron Wall*, p. 166.

36. Heikal, *The Cairo Documents*, p. 107.

37. Para detalhes da conspiração da cia no golpe, ver Wilbur Crane Eveland, *Ropes of Sand: America's Failure in the Middle East* (Nova York: W. W. Norton, 1980).

38. El Saadawi, *Walking Through Fire*, pp. 89-99. O número de mortos está em Heikal, *Cairo Documents*, p. 115.

39. Heikal, *Cairo Documents*, p. 118.

40. Abdullah Sennawi, citado por Laura James, "Whose Voice? Nasser, the Arabs, and 'Sawt al-Arab' Radio". *Transnational Broadcasting Studies*, v. 16, 2006. Disponível em: <https://www.arabmediasociety.com/whose-voice-nasser-the-arabs-and-sa-wt-al-arab-radio>.

41. Youmna Asseily e Ahmad Asfahani (Orgs.), *A Face in the Crowd: The Secret Papers of Emir Farid Chehab, 1942-1972* (Londres: Stacey International, 2007), p. 166.

42. Patrick Seale, *The Struggle for Syria: A Study of Post-War Arab Politics,1945-1958* (New Haven, ct: Yale University Press, 1986), p. 307.

43. Khalid al-Azm, *Mudhakkirat Khalid al-Azm* [Memórias de Khalid al-Azm], v. 3 (Beirute: Dar al-Muttahida, 1972), pp. 125-6.

44. Ibid., pp. 127-8.

45. Seale, *The Struggle for Syria*, p. 323.

46. Avi Shlaim, *Lion of Jordan: The Life of King Hussein in War and Peace* (Londres: Allen Lane, 2007), pp. 129-52; Lawrence Tal, *Politics, the Military, and National Security in Jordan, 1955-1967* (Houndmills, Reino Unido: Macmillan, 2002), pp. 43-53.

47. Eveland, *Ropes of Sand*, pp. 250-3.

48. Yunis Bahri, *Mudhakkirat al-rahala Yunis Bahri fi sijn Abu Ghurayb ma' rijal al-'ahd al--maliki ba'd majzara Qasr al-Rihab 'am 1958 fi'l-'Iraq* [Memórias do viajante Yunis Bahri na prisão de Abu Ghraib com os homens da era monárquica depois do massacre de 1958 no Palácio Rihab, no Iraque] (Beirute: Dar al-Arabiyya li'l-Mawsu'at, 2005), p. 17.

49. Esse relato foi feito a Yunis Bahri por uma testemunha ocular enquanto ambos estavam na prisão em Abu Ghraib. Bahri, *Mudhakkirat*, pp. 131-4.
50. Ibid., pp. 136-8.
51. Camille Chamoun, *La Crise au Moyen Orient* (Paris: s.n., 1963), p. 423, citada em Irene L. Gendzier, *Notes from the Minefield: United States Intervention in Lebanon and the Middle East, 1945-1958* (Nova York: Columbia University Press, 1997), pp. 297-8.
52. Heikal, *Cairo Documents*, p. 131.

11. O declínio do nacionalismo árabe (pp. 457-508)

1. Citado por Malcolm Kerr, *The Arab Cold War: Gamal 'Abd al-Nasir and His Rivals, 1958-1970*, 3. ed. (Nova York: Oxford University Press, 1971), p. 21.
2. Mohamed Heikal, *Nasser: The Cairo Documents* (Londres: New English Library, 1972), p. 187.
3. Mouloud Feraoun, *Journal 1955-1962* (Paris: Éditions du Seuil, 1962), p. 156.
4. Ibid., pp. 151-2.
5. A história foi contada por Zohra Drif, outra mulher veterana da Batalha de Argel, em Danièle Djamila Amrane-Minne, *Des Femmes dans la guerre d'Algérie* (Paris: Karthala, 1994), p. 139.
6. Georges Arnaud e Jacques Vergès, *Pour Djamila Bouhired* (Paris: Minuit, 1961), p. 10. Djamila Bouhired foi o tema de um longa-metragem do cineasta egípcio Youssef Chahine.
7. Amrane-Minne, *Des Femmes dans la guerre d'Algérie*, pp. 134-5.
8. Alistair Horne, *A Savage War of Peace: Algeria, 1954-1962* (Nova York: New York Review Books, 2006), p. 151.
9. A controvérsia na França sobre o uso da tortura na Argélia foi mais uma vez despertada pela publicação, em 2001, das memórias do general Paul Aussaresses sobre a Batalha de Argel, na qual ele reconhece abertamente a extensão da tortura. O livro foi publicado em inglês com o título *The Battle of the Casbah: Terrorism and Counter-terrorism in Algeria, 1955-1957* (Nova York: Enigma, 2002).
10. Horne, *Savage War of Peace*, p. 282.
11. Feraoun, *Journal*, p. 274.
12. Ibid., pp. 345-6.
13. Amrane-Minne, *Des Femmes dans la guerre d'Algérie*, pp. 319-20.
14. Anouar Abdel-Malek, *Egypt: Military Society* (Nova York: Random House, 1968), p. 287.
15. Citado em Laura M. James, *Nasser at War: Arab Images of the Enemy* (Houndmills, Reino Unido: Palgrave, 2006), p. 56.
16. "Não há dúvida de que homens das tribos do norte [...] ouviam regularmente o Cairo em meados dos anos 1950." Paul Dresch, *A History of Modern Yemen* (Cambridge: Cambridge University Press, 2000), p. 77.

17. Ibid., p. 86.
18. Citado em Mohamed Abdel Ghani El-Gamasy, *The October War: Memoirs of Field Marshal El-Gamasy of Egypt* (Cairo: American University in Cairo Press, 1993), p. 18.
19. Heikal, *Cairo Documents*, p. 217.
20. Gamasy, *The October War*, p. 28.
21. Anwar el-Sadat, *In Search of Identity* (Londres: Collins, 1978), p. 172.
22. Avi Shlaim, *The Iron Wall: Israel and the Arab World* (Nova York: W. W. Norton, 2000), p. 239.
23. Citado em Gamasy, *The October War*, p. 53.
24. Ibid., p. 54.
25. Ibid., p. 62.
26. Ibid., p. 65.
27. Hussein of Jordan, *My "War" with Israel* (Nova York: Peter Owen, 1969), pp. 89-91.
28. Michael B. Oren, *Six Days of War: June 1967 and the Making of the Modern Middle East* (Londres: Penguin, 2003), p. 178.
29. Hasan Bahgat, citado em Oren, *Six Days of War*, p. 201.
30. BBC Monitoring Service, citado em ibid., p. 209.
31. Ibid., p. 226.
32. Sadat, *In Search of Identity*, pp. 175-6.
33. Ibid., p. 179.
34. Ibid.
35. Sobre a diplomacia de Nasser, ver Shlaim, *The Iron Wall*, pp. 117-23; sobre o início das reuniões de Hussein com oficiais israelenses, ver Avi Shlaim, *The Lion of Jordan: The Life of King Hussein in War and Peace* (Londres: Allen Lane, 2007), pp. 192-201.
36. Salah Khalaf escreveu suas memórias sob o pseudônimo Abu Iyad (com Eric Rouleau), *My Home, My Land: A Narrative of the Palestinian Struggle* (Nova York: Times Books, 1981), pp. 19-23.
37. Citado em Helena Cobban, *The Palestinian Liberation Organisation: People, Power, and Politics* (Cambridge: Cambridge University Press, 1984), p. 33.
38. Leila Khaled, *My People Shall Live* (Londres: Hodder and Stoughton, 1973), pp. 85, 88.
39. Mahmoud Issa, *Je Suis un Fedayin* (Paris: Stock, 1976), pp. 60-2.
40. Números tirados de Yezid Sayigh, *Armed Struggle and the Search for Peace: The Palestinian National Movement, 1949-1993* (Oxford: Oxford University Press, 1997), pp. 178-9.
41. Khaled, *My People Shall Live*, p. 107.
42. Abu Iyad, *My Home, My Land*, p. 60.
43. Sayigh, *Armed Struggle*, p. 203.
44. Khaled, *My People Shall Live*, p. 112.
45. Ibid.
46. Ibid., p. 116.
47. Ibid., p. 124.

48. Ibid., p. 126.

49. Ibid., pp. 136-43.

50. Khalaf, *My Home, My Land*, p. 76.

51. Khaled, *My People Shall Live*, p. 174.

52. Citado em Peter Snow e David Phillips, *Leila's Hijack War* (Londres: Pan Books, 1970), p. 41.

53. Heikal, *Cairo Documents*, pp. 21-2.

12. A era do petróleo (pp. 509-67)

1. Daniel Yergin, *The Prize: The Epic Quest for Oil, Money, and Power* (Nova York: Free Press, 1991), p. 446.

2. Ibid., p. 500.

3. Ver, por exemplo, os argumentos de Turayqi a propósito de um oleoduto árabe; *Naql al-batrul al-'arabi* [Transporte de petróleo árabe] (Cairo: League of Arab States, Institute of Arab Studies, 1961), pp. 114-22.

4. Muhammad Hadid, *Mudhakkirati: al-sira' min ajli al-dimuqtratiyya fi'l- Iraq* [Minhas memórias: O combate pela democracia no Iraque] (Londres: Saqi, 2006), p. 428; Yergin, *The Prize*, pp. 518-23.

5. Yergin, *The Prize*, pp. 528-9.

6. Citado em Mirella Bianco, *Gadhafi: Voice from the Desert* (Londres: Longman, 1975), pp. 67-8.

7. Mohammed Heikal, *The Road to Ramadan* (Londres: Collins, 1975), p. 70.

8. Abdullah al-Turayqi, *Al-bitrul al-'Arabi: Silah fi'l-ma'raka* [Petróleo árabe: uma arma na batalha] (Beirute: PLO Research Center, 1967), p. 48.

9. Jonathan Bearman, *Qadhafi's Libya* (Londres: Zed, 1986), p. 81; Frank C. Waddams, *The Libyan Oil Industry* (Londres: Croom Helm, 1980), p. 230; Yergin, *The Prize*, p. 578.

10. Ali A. Attiga, *The Arabs and the Oil Crisis, 1973-1986* (Kuwait: OAPEC, 1987), pp. 9-11.

11. Al-Turayqi, *al-Bitrul al-'Arabi*, pp. 7, 68.

12. Mohamed Abdel Ghani El-Gamasy, *The October War: Memoirs of Field Marshal El-Gamasy of Egypt* (Cairo: American University in Cairo Press, 1993), p. 114.

13. Ibid., pp. 149-51.

14. Ibid., pp. 180-1.

15. Riad N. El-Rayyes e Dunia Nahas (Orgs.), *The October War: Documents, Personalities, Analyses, and Maps* (Beirute: An-Nahar, 1973), p. 63.

16. Citado em Yergin, *The Prize*, p. 597. Khalid Hassan repetiu a mesma história para Alan Hart: "Faisal disse: 'A condição é que vocês lutem por um bom tempo, que não solicitem um cessar-fogo passados apenas alguns dias. Vocês devem lutar por pelo menos três meses'". Alan Hart, *Arafat: Terrorist or Peacemaker?* (Londres: Sidgwick and Jackson, 1984), p. 370.

17. Heikal, *The Road to Ramadan*, p. 40.

18. Gamasy afirmou que 27 aeronaves israelenses foram abatidas em 6 de outubro e 48 em 7 de outubro, em um total de 75 aviões nos dois primeiros dias de luta (p. 234). Ele situa a perda de blindados israelenses em mais de 120 tanques destruídos em 6 de outubro e 170 em 7 de outubro (pp. 217, 233). Esses números parecem confiáveis quando comparados com os números oficiais para a guerra inteira, na qual Israel perdeu 102 aviões e 840 tanques e as forças árabes, 329 aviões e 2554 tanques. Avi Shlaim, *The Iron Wall: Israel and the Arab World* (Nova York: W. W. Norton, 2000), p. 321.

19. Citado em Yergin, *The Prize*, pp. 601-6.

20. El-Rayyes e Nahas, *The October War*, pp. 71-3.

21. Heikal, *Road to Ramadan*, p. 234.

22. Números oficiais israelenses citados por Shlaim, *Iron Wall*, p. 321.

23. Heikal, *Road to Ramadan*, p. 275.

24. Citado em Hart, *Arafat*, p. 411.

25. Ibid., p. 383.

26. Ibid., p. 379.

27. Uri Avnery, *My Friend, the Enemy* (Londres: Zed, 1986), p. 35.

28. Ibid., p. 52.

29. Ibid., p. 36.

30. Ibid., p. 43.

31. Ibid., p. 44.

32. Lina Mikdadi Tabbara, *Survival in Beirut* (Londres: Onyx, 1979), pp. 3-4, 116.

33. Hart, *Arafat*, p. 411.

34. O texto completo do discurso de Arafat é reproduzido em Walter Laqueur e Barry Rubin (Orgs.), *The Israel-Arab Reader: A Documentary History of the Middle East Conflict* (Nova York: Penguin, 1985).

35. Hart, *Arafat*, p. 392.

36. Patrick Seale, *Abu Nidal: A Gun for Hire* (Londres: Arrow, 1993), pp. 162-3.

37. Estes números provêm das estatísticas elaboradas pela Agência das Nações Unidas de Assistência aos Refugiados Palestinos (UNRWA). Como observa a agência, o registro nas listas é voluntário, de modo que o número de refugiados registrados não só não fornece uma cifra exata da população como será sempre inferior ao total real. Para o ano de 1975, Robert Fisk situou esse número em 350 mil — *Pity the Nation: Lebanon at War* (Oxford: Oxford University Press, 1990), p. 73. As estatísticas de refugiados encontram-se disponíveis no site da UNRWA: <https://www.unrwa.org/activity/protection-lebanon>.

38. Camille Chamoun, *Crise au Liban* (Beirute, 1977), pp. 5-8.

39. Kamal Joumblatt, *I Speak for Lebanon* (Londres: Zed Press, 1982), pp. 46, 47.

40. Tabbara, *Survival in Beirut*, p. 25.

41. Ibid., p. 19.

42. Ibid., pp. 20, 29.

43. Ibid., pp. 53-4.

44. Saad Eddin Ibrahim, "Oil, Migration, and the New Arab Social Order", em Malcolm Kerr e El Sayed Yasin (Orgs.), *Rich and Poor States in the Middle East* (Boulder, CO: Westview Press, 1982), p. 55.

45. Tabbara, *Survival in Beirut*, p. 66.

46. Walid Khalidi, *Conflict and Violence in Lebanon: Confrontation in the Middle East* (Cambridge, MA: Harvard University Press, 1979), pp. 60-2.

47. Ibid., p. 104.

48. Tabbara, *Survival in Beirut*, p. 114.

49. Jumblatt, *I Speak for Lebanon*, p. 19.

50. Tabbara, *Survival in Beirut*, p. 178.

51. Os tumultos do pão ocorreram de 18 a 19 de janeiro de 1977. Mohamed Heikal, *Secret Channels: The Inside Story of Arab-Israeli Peace Negotiations* (Londres: Harper Collins, 1996), p. 245.

52. Ibid., p. 247-8. Para a perspectiva líbia do ataque, ver Bearman, *Qadhafi's Libya*, pp. 170-1.

53. Heikal, *Secret Channels*, pp. 252-254. Sadat oferece um relato semelhante em suas próprias memórias: Anwar el-Sadat, *In Search of Identity* (Londres: Collins, 1978), p. 306.

54. Boutros Boutros-Ghali, *Egypt's Road to Jerusalem* (Nova York: Random House, 1997), pp. 11-2.

55. Ibid., p. 16.

56. Heikal, *Secret Channels*, p. 259.

57. Boutros-Ghali, *Egypt's Road to Jerusalem*, p. 17.

58. Heikal, *Secret Channels*, p. 262.

59. Documento 74, Declaração do primeiro-ministro Begin ao Knesset, 20 nov. 1977, em *Israel's Foreign Relations: Selected Documents, vols. 4-5: 1977-1979*. Disponível no site do Ministério das Relações Exteriores de Israel, em: <https://mfa.gov.il/MFA/ForeignPolicy/MFADocuments/Yearbook3/Pages/TABLE%20OF%20CONTENTS.aspx>.

60. Boutros-Ghali, *Egypt's Road to Jerusalem*, pp. 134-5.

61. As estatísticas foram extraídas de Saad Eddin Ibrahim, "Oil, Migration, and the New Arab Social Order", pp. 53, 55.

62. Ibid., pp. 62-5.

63. Boutros-Ghali, *Egypt's Road to Jerusalem*, pp. 181-2, 189.

64. Alexei Vassiliev, *The History of Saudi Arabia* (Londres: Saqi, 2000), pp. 395-6.

13. O poder do islã (pp. 568-627)

1. Gilles Kepel, *The Prophet and the Pharaoh: Muslim Extremism in Egypt* (Londres: Saqi, 1985), p. 192.

2. Mohamed Heikal, *Autumn of Fury: The Assassination of Sadat* (Londres: Deutsch, 1983), pp. xi-xii.

3. Sayyid Qutb, "The America I Have Seen", em Kamal Abdel-Malek (Org.), *America in an Arab Mirror: Images of America in Arabic Travel Literature* (Nova York: St Martin's Press, 2000), pp. 26-7.

4. Ibid., p. 10.

5. Sayyid Qutb, *Ma'alim fi'l-tariq* ["Sinalizações ao longo da estrada"] (Cairo: Maktabat Wahba, 1964). Há várias edições das *Normas* de Qutb. A edição que eu cito foi publicada em Damasco por Dar al-Ilm (sem data). Os argumentos que exponho aqui são da introdução, pp. 8-11; do cap. 4, "Jihad in the Cause of God", p. 55; e do cap. 7, "Islam Is the Real Civilization", p. 93.

6. Ibid., cap. 11, "The Faith Triumphant", p. 145.

7. Zaynab al-Ghazali, *Return of the Pharaoh: Memoir in Nasir's Prison* (Leicester, Reino Unido: The Islamic Foundation, s.d.), pp. 40-1.

8. Ibid., pp. 48-9.

9. Ibid., p. 67.

10. Um dos recrutas de Hadid relatou suas experiências a um juiz sírio. Elas foram reproduzidas em francês por Olivier Carré e Gérard Michaud, *Les Frères musulmans (1928-1982)* (Paris: Gallimard, 1983), p. 152.

11. Ibid., p. 139.

12. Isa Ibrahim Fayyad havia sido preso na Jordânia e acusado de fazer parte de um esquadrão sírio de assassinos enviado para matar o primeiro-ministro da Jordânia. Seu relato do massacre na prisão de Tadmur foi reproduzido em ibid., pp. 147-8.

13. O relato de uma testemunha ocular anônima foi registrado por um correspondente do *Washington Post* e reproduzido no artigo "Syrian Troops Massacre Scores of Assad's Foes", 25 jun. 1981.

14. Thomas Friedman, *From Beirut to Jerusalem* (Londres: Collins, 1990), p. 86.

15. Citado em Robert Fisk, *Pity the Nation: Lebanon at War* (Oxford: Oxford University Press, 1991), p. 518.

16. Grifo do original; ibid., p. 512.

17. Citado em ibid., pp. 480, 520.

18. Citado em Augustus Richard Norton, *Hezbollah* (Princeton, NJ: Princeton University Press, 2007), p. 19.

19. Sobre a aliança entre Israel e os maronitas, ver Kirsten E. Schulze, *Israel's Covert Diplomacy in Lebanon* (Londres: Macmillan, 1998), pp. 104-24.

20. Sobre os planos de Sharon para a reestruturação do Oriente Médio, ver Avi Shlaim, *The Iron Wall: Israel and the Arab World* (Nova York: W. W. Norton, 2000), pp. 395-400.

21. Lina Mikdadi, *Surviving the Siege of Beirut: A Personal Account* (Londres: Onyx Press, 1983), pp. 107-8.

22. Coronel Abu Attayib, *Flashback Beirut 1982* (Nicósia: Sabah Press, 1985), p. 213.

23. Mikdadi, *Surviving the Siege of Beirut*, p. 121.

24. Ibid., pp. 132-3.

25. Da tradução oficial do Relatório Final da "Comissão de Inquérito sobre os Eventos nos Campos de Refugiados em Beirute, 1983", conduzida pelo presidente do Supremo Tribunal de Israel, Yitzhak Kahan, pp. 12, 22.

26. Selim Nassib (com Caroline Tisdall), *Beirut: Frontline Story* (Londres: Pluto, 1983), pp. 148-58.

27. Naim Qassem, *Hisbullah: The Story from Within* (Londres: Saqi, 2005), pp. 92-3.

28. Ibid., pp. 88-9.

29. O texto completo deste documento fundamental, "Open Letter Addressed by Hizbullah to the in Lebanon and in the World", de 16 de fevereiro de 1985, está reproduzido em Augustus Richard Norton, *Amal and the Shi'a: Struggle for the Soul of Lebanon* (Austin: University of Texas Press, 1987), pp. 174-5.

30. Fisk, *Pity the Nation*, p. 460.

31. Norton, *Hezbollah*, p. 81.

32. Abdullah Anas, *Wiladat 'al-Afghan al-'Arab': Sirat Abdullah Anas bayn Mas'ud wa 'Abdullah 'Azzam* [O nascimento dos "afegãos árabes": A autobiografia de Abdullah Anas e suas relações com Massud e Abdullah Azzam] (Londres: Saqi, 2002), p. 14. Nascido Bou Jouma'a, ele adotou Anas como sobrenome depois de se juntar à jihad afegã.

33. Para uma biografia sucinta, ver Thomas Hegghammer, "Abdallah Azzam, the Imam of Jihad", em Gilles Kepel e Jean-Pierre Milelli (Orgs.), *Al Qaeda in Its Own Words* (Cambridge, MA: Harvard University Press, 2008), pp. 81-101.

34. Abdullah 'Azzam, "To Every Muslim on Earth", publicado em árabe na revista que ele próprio editava no Afeganistão, *Jihad*, p. 25, mar. 1985.

35. Abdullah 'Azzam, "The Defense of Muslim Territories Constitutes the First Individual Duty", em Keppel e Milelli, pp. 106-7.

36. O registro completo do apoio dos Estados Unidos aos mujahidin afegãos é fornecido por Steve Coll em *Ghost Wars* (Nova York: Penguin, 2004); para os números nos anos do governo Carter, ver p. 89; para o ano de 1985, ver p. 102.

37. Anas, *Wiladat 'al-Afghan al-'Arab'*, p. 15.

38. Ibid., pp. 16-7.

39. Ibid., pp. 25-9.

40. Ibid., pp. 33-4.

41. Entrevista com Zaynab Ghazali, *Jihad*, pp. 38-40, 13 dez. 1985.

42. Anas, *Wiladat 'al-Afghan al-'Arab'*, p. 58.

43. Ibid., p. 67.

44. Ibid., p. 87.

45. Shaul Mishal e Reuben Aharoni, *Speaking Stones: Communiqués from the Intifada Underground* (Syracuse, NY: Syracuse University Press, 1994), p. 21.

46. Azzam Tamimi, *Hamas: Unwritten Chapters* (Londres: Hurst, 2007), pp. 11-2.

47. Sari Nusseibeh (com Anthony David), *Once Upon a Country: A Palestinian Life* (Londres: Halban, 2007), p. 265.

48. Ibid., p. 269.

49. A carta programática foi publicada em 18 de agosto de 1988; a citação é do artigo 15. "Charter of the Islamic Resistance Movement (Hamas) of Palestine", *Journal of Palestine Studies*, v. 22, n. 4, pp. 122-34, verão 1993.

50. Comunicados 1 e 2, em Mishal e Aharoni, *Speaking Stones*, pp. 53-8.

51. Nusseibeh, *Once Upon a Country*, p. 272.

52. M. Cherif Bassiouni e Louise Cainkar (Orgs.), *The Palestinian Intifada — December 9, 1987-December 8, 1988: A Record of Israeli Repression* (Chicago: Database Project on Palestinian Human Rights, 1989), pp. 19-20.

53. Ibid., pp. 92-4.

54. Comunicado do Hamas n. 33, 23 dez. 1988, e Comunicado do cnu n. 25, 6 set. 1988, em Mishal e Aharoni, *Speaking Stones*, pp. 125-6, 255.

55. Comunicado cnu n. 25, 6 set. 1988, em Mishal e Aharoni, *Speaking Stones*, p. 125.

56. Nusseibeh, *Once Upon a Country*, pp. 296-7.

57. Yezid Sayigh, *Armed Struggle and the Search for State: The Palestinian National Movement, 1949-1993* (Oxford: Oxford University Press, 1997), p. 624.

58. Citado em Avi Shlaim, *The Iron Wall*, p. 466.

59. Comunicado n. 33, 23 dez. 1988, em Mishal e Aharoni, *Speaking Stones*, p. 255.

60. Robert Hunter, *The Palestinian Uprising: A War by Other Means* (Berkeley; Los Angeles: University of California Press, 1991), p. 215.

14. Após a Guerra Fria (pp. 628-91)

1. Mohamed Heikal, *Illusion of Triumph: An Arab View of the Gulf War* (Londres: Harper Collins, 1992), pp. 14-7, para as citações tanto de Habash quanto de Assad. Ver também Christopher Andrew e Vasili Mitrokhin, *The World Was Going Our Way: The KGB and the Battle for the Third World* (Nova York: Basic Books, 2005), pp. 212-3.

2. Mohamed Heikal, *Illusion of Triumph*, pp. 16-7.

3. Citado em Zachary Karabell, "Backfire: U.S. Policy Toward Iraq, 1988-2 August 1990", *Middle East Journal*, pp. 32-3, inverno 1995.

4. Human Rights Watch, *Genocide in Iraq: The Anfal Campaign Against the Kurds* (Nova York; Washington, dc: Human Rights Watch, 1993).

5. Samir al-Khalil, pseudônimo do autor iraquiano Kanan Makiya, forneceu uma descrição gráfica da repressão política no Iraque de Saddam Hussein em seu estudo de 1989, *The Republic of Fear* (Berkeley/Los Angeles: University of California Press, 1989).

6. Charles Tripp, *A History of Iraq* (Cambridge: Cambridge University Press, 2000), p. 251.

7. Daniel Yergin, *The Prize* (Nova York: Free Press, 1991), p. 767.

8. Uma transcrição da entrevista de Glaspie-Hussein é reproduzida em Phyllis Bennis e Michel Moushabeck (Orgs.), *Beyond the Storm: A Gulf Crisis Reader* (Nova York: Olive Branch, 1991), pp. 391-6.

9. Jehan S. Rajab, *Invasion Kuwait: An English Woman's Tale* (Londres: Radcliffe, 1993), p. 1.
10. Heikal, *Illusion of Triumph*, pp. 196-8.
11. Ibid., p. 207.
12. Rajab, *Invasion Kuwait*, pp. 55, 99-100.
13. Heikal, *Illusion of Triumph*, p. 250.
14. Mohammed Abdulrahman Al-Yahya, *Kuwait: Fall and Rebirth* (Londres: Kegan Paul International, 1993), p. 86.
15. Rajab, *Invasion Kuwait*, pp. 14-9.
16. Ibid., pp. 73-4; Al-Yahya, *Kuwait: Fall and Rebirth*, pp. 87-8.
17. Rajab, *Invasion Kuwait*, pp. 43-5.
18. Ibrahim al-Marashi, "The Nineteenth Province: The Invasion of Kuwait and the 1991 Gulf War from the Iraqi Perspective" (Oxford, 2004), tese de doutorado, p. 92.
19. Abdul Bari Atwan, *The Secret History of Al-Qa'ida* (Londres: Abacus, 2006), pp. 37-8.
20. "Declaration of Jihad Against the Americans Occupying the Land of the Two Holy Sanctuaries", reproduzida em Gilles Kepel e Jean-Pierre Milelli (Orgs.), *Al-Qaeda in Its Own Words* (Cambridge, MA: Harvard University Press, 2008), pp. 47-50. Ver também a entrevista de Bin Laden para a CNN em ibid., pp. 51-2.
21. Heikal, *Illusion of Triumph*, pp. 15-6.
22. Ibid., p. 230.
23. Ibid.
24. Ibid., p. 234.
25. Ibid., p. 13.
26. Sari Nusseibeh, *Once Upon a Country: A Palestinian Life* (Londres: Halban, 2007), p. 318.
27. Rajab, *Invasion Kuwait*, p. 181.
28. Theodor Hanf, *Coexistence in Wartime Lebanon: Decline of a State and Rise of a Nation* (Londres: I. B. Tauris, 1993), p. 319.
29. Ibid., p. 570.
30. Ibid., p. 595.
31. Ibid., p. 616.
32. Kamal Salibi, *A House of Many Mansions* (Londres: I. B. Tauris, 1988).
33. Nusseibeh, *Once Upon a Country*, p. 337.
34. Hanan Ashrawi, *This Side of Peace: A Personal Account* (Nova York: Simon & Schuster, 1995), p. 75.
35. Ibid., pp. 82-4.
36. Nusseibeh, *Once Upon a Country*, p. 342.
37. O texto completo da palestra de Haidar Abdul Shafi foi reproduzido no site do Centro de Comunicações e Mídia de Jerusalém. Disponível em: <http://www.jmcc.org/Documentsandmaps.aspx?id=345>.
38. Transcrições de todos os discursos de abertura e encerramento dos chefes de delegação em Madri estão disponíveis no site do Ministério das Relações Exteriores

de Israel: <https://mfa.gov.il/mfa/foreignpolicy/peace/mfadocuments/pages/the%20madrid%20conference%20speeches%20-%20october-november.aspx>. O historiador israelense Amitzur Ilan atribui a "verdadeira responsabilidade pela morte" de Bernadotte a Shamir e outros dois líderes do Lehi; Ilan, *Bernadotte in Palestine, 1948* (Houndmills; Londres: Macmillan, 1989), p. 233.

39. Avi Shlaim, *The Iron Wall*, p. 500.

40. Ashrawi, *This Side of Peace*, p. 212.

41. Ahmed Qurie ("Abu Ala"), *From Oslo to Jerusalem: The Palestinian Story of the Secret Negotiations* (Londres: I. B. Tauris, 2006), p. 58.

42. Ibid., p. 59.

43. Yezid Sayigh, *Armed Struggle and the Search for State: The Palestinian National Movement, 1949-1993* (Oxford: Oxford University Press, 1997), pp. 656-8.

44. Ashrawi, *This Side of Peace*, p. 259.

45. Qurie, *From Oslo to Jerusalem*, p. 279.

46. Avi Shlaim, *The Iron Wall: Israel and the Arab World* (Nova York: W. W. Norton, 2000), p. 547.

47. World Bank, "Poverty in the West Bank and Gaza", relatório n. 22312-GZ, 18 jun. 2001.

48. A construção de novos assentamentos violava o artigo 31 dos Acordos de Oslo II, que estipulava: "Nenhum dos lados deve iniciar ou tomar qualquer medida que altere o status da Cisjordânia e da Faixa de Gaza enquanto não se concluam as negociações para a determinação de um status permanente".

49. B'tselem, o Centro Israelense de Informação sobre Direitos Humanos nos Territórios Ocupados, "Land Grab: Israel's Settlement Policy in the West Bank", p. 8, maio 2002.

50. Ibid., pp. 433-44.

51. Bob Woodward, *Bush at War* (Nova York: Simon & Schuster, 2002), p. 35.

15. Os árabes no século XXI (pp. 692-734)

1. As declarações de Osama bin Laden pela televisão foram transmitidas pela Al-Jazeera em 7 de outubro de 2001. Uma transcrição em inglês dessas declarações pode ser encontrada no site da BBC: "Bin Laden's Warning: Full Text", BBC, 7 out. 2001. Disponível em: <http://news.bbc.co.uk/1/hi/world/south_asia/1585636.stm>.

2. Dados da B'tselem, citados pela BBC: "Intifada Toll 2000-2005", BBC, última atualização em 8 fev. 2005. Disponível em: <http://news.bbc.co.uk/1/hi/world/middle_east/3694350.stm>.

3. Todas as estatísticas relacionadas a detenções administrativas, à demolição de casas e ao Muro de Separação podem ser encontradas em: <http://www.btselem.org/english/list_of_Topics.asp>.

4. Vale ressaltar que a inteligência britânica não compartilhou a avaliação do governo Bush. Como observou o Relatório Chilcot de 2006: "O Comitê Conjunto dos Serviços de Inteligência continuava acreditando que a cooperação entre o Iraque e a Al-Qaeda era 'improvável' e que não havia 'evidências confiáveis' da transferência de tecnologia e conhecimentos relacionados a armas de destruição em massa do governo iraquiano para grupos terroristas". *Iraq Inquiry*, resumo executivo, parágrafo 504, p. 70.

5. Os números de vítimas americanas no Iraque estão disponíveis no site do Departamento de Defesa americano: <www.defense.gov/casualty.pdf>.

6. "Bridging the Dangerous Gap Between the West and the Muslim World" (observações para o discurso do subsecretário Paul Wolfowitz no World Affairs Council, Monterey, Califórnia, 3 maio 2002).

7. Secretário Colin L. Powell, "The U.S.-Middle East Partnership Initiative: Building Hope for the Years Ahead" (palestra proferida na Fundação Heritage, Washington, DC, 2002).

8. Gareth Stansfield, *Iraq*, 2. ed. (Cambridge, MA: Polity, 2016), pp. 185-94. Não há dados oficiais sobre a população de 33 milhões de habitantes do Iraque. Em 2011, a CIA estimou os xiitas em 60% a 65% da população, com árabes sunitas e curdos compondo os 35% restantes; pesquisas conduzidas pelo Pew Research Center no final de 2011 revelaram que 51% dos muçulmanos iraquianos afirmam ser xiitas.

9. A Iraq Body Count, uma organização não governamental que contabiliza as mortes listadas pela mídia e por fontes oficiais, registrou quase 120 mil mortes de civis entre 2003 e 2011; ver "Documented Civilian Deaths from Violence", <www.iraqbodycount.org/database>. O Iraq Family Health Survey Study Group, apoiado pela ONU, estimou 151 mil mortes violentas só entre março de 2003 e junho de 2006; ver "Violence-Related Mortality in Iraq from 2002 to 2006", *New England Journal of Medicine*, v. 358, pp. 484-93, 2008.

10. Micah Zenko, "Obama's Embrace of Drone Strikes Will Be a Lasting Legacy", *New York Times*, 12 jan. 2016. O número oficial de vítimas civis, que varia de 64 a 116, foi contestado; Jack Serle cita algo entre 380 a 801 vítimas civis de ataques com drones. Jack Serle, "Obama Drone Casualties Number a Fraction of Those Recorded by the Bureau", *Bureau of Investigative Journalism*, 1 jul. 2016.

11. Ala'a Shehabi e Marc Owen Jones (Orgs.), *Bahrain's Uprising: Resistance and Repression in the Gulf* (Londres: Zed Books, 2015), pp. 1-2.

12. Shehabi e Jones, *Bahrain's Uprising*, p. 4.

13. Toby Matthiesen, *Sectarian Gulf: Bahrain, Saudi Arabia, and the Arab Spring That Wasn't* (Stanford, CA: Stanford University Press, 2013), pp. 36-48.

14. Citado em "Report of the Bahrain Independent Commission of Inquiry", publicado originalmente em 23 nov. 2011, versão final revista em 10 dez. 2011, pp. 47-8. Disponível em: <http://www.bici.org.bh/BICIreportEN.pdf>.

15. Shehabi e Jones, *Bahrain's Uprising*, p. 84.

16. "Report of the Bahrain Independent Commission of Inquiry".

17. Citado pelo escritor líbio exilado Hisham Matar em *The Return: Fathers, Sons and the Land in Between* (Londres: Penguin Viking, 2016), p. 235. O pai de Matar foi sequestrado em 1990 por forças de segurança devido a sua oposição política ao regime e aprisionado na Líbia, onde desapareceu sem deixar rastros.

18. Robert F. Worth, *A Rage for Order: The Middle East in Turmoil, from Tahrir Square to ISIS* (Nova York: Farrar, Straus and Giroux, 2016), p. 107.

19. As dez nações eram Bahrein, Egito, Jordânia, Kuwait, Marrocos, Catar, Arábia Saudita, Senegal, Sudão e Emirados Árabes Unidos.

20. Internal Displacement Monitoring Centre, "Global Report on Internal Displacement 2016", maio 2016; Ahmad al-Haj, "Yemeni Civil War: 10,000 Civilians Killed and 40,000 Injured in Conflict, UN Reveals", *Independent*, 17 jan. 2017.

21. Samar Yazbek, *A Woman in the Crossfire: Diaries of the Syrian Revolution* (Londres: Haus, 2012), p. 4.

22. A Human Rights Watch, em seu *World Report 2017*, citou o Syrian Center for Policy Research, que contabilizava, até fevereiro de 2016, 470 mil mortos; são também do Syrian Center os números referentes aos deslocados de guerra; ver "Syria: Events of 2016", Human Rights Watch. Disponível em: <https://www.hrw.org/world-report/2017/country-chapters/syria>.

23. Jean-Pierre Filiu, *From Deep State to Islamic State: The Arab Counter-revolution and Its Jihadi Legacy* (Londres: Hurst, 2015); Fawaz Gerges, *Isis: A History* (Princeton, NJ: Princeton University Press, 2016).

24. Conhecido em árabe como *Da'ish*, o acrônimo árabe para "Estado Islâmico no Iraque e em Al-Sham", o mundo ocidental, confuso com a palavra al-Sham, não conseguiu chegar a um acordo para o acrônimo em inglês, alternando entre "Isis" (Estado Islâmico no Iraque e na Síria) e "Isil" (Estado Islâmico no Iraque e no Levante).

25. O ministro da Saúde do Egito informou 638 mortes na praça de Rabaa al-Adawiya; a Human Rights Watch fala em pelo menos 817 mortes; e a Irmandade Muçulmana em 2600.

26. Ashraf El-Sherif, "The Muslim Brotherhood and the Future of Political Islam in Egypt" (artigo publicado pelo Carnegie Endowment for International Peace, 21 out. 2014).

Créditos das imagens

Caderno 1

Coleção particular. Foto © Christie's Images/The Bridgeman Art Library.
Coleção particular. Foto © Christie's Images/The Bridgeman Art Library.
Fotografia de Bonfils. Harvard College Library, Fine Arts Library, HSM.
Palácio de Versalhes, França/Giraudon/The Bridgeman Art Library.
Coleção particular/© The Fine Art Society, Londres, Reino Unido/The Bridgeman Art Library.
Harvard College Library, Fine Arts Library, HSM 620.
Palácio de Versalhes, França/Lauros/Giraudon/The Bridgeman Art Library.
Museu Condé, Chantilly, França/Giraudon/The Bridgeman Art Library.
Museu Albert-Kahn — Département des Hauts-de-Seine, A15488.
Museu Albert-Kahn — Département des Hauts-de-Seine, A15562.
Museu Albert-Kahn — Département des Hauts-de-Seine, A51046.
Coleção particular/Archives Charmet/The Bridgeman Art Library. Todos os esforços foram feitos para localizar o detentor dos direitos autorais desta obra anônima marroquina.
Museu Albert-Kahn — Département des Hauts-de-Seine, A19031.
Frédéric Gadmer, Museu Albert-Kahn — Département des Hauts-de-Seine, A19747.
Coleção Owen Tweedy, PA 7/216, Middle East Centre Archive, St. Antony's College, Oxford.
Coleção Sir Edmund Allenby, PA 5/8, Middle East Centre Archive, St. Antony's College, Oxford.
Biblioteca Nacional, Paris, França/Archives Charmet/The Bridgeman Art Library.

Caderno 2

Coleção Norman Mayers, Álbum 1/40, Middle East Centre Archive, St. Antony's College, Oxford.
Coleção John Poole 11/5/5, Middle East Centre Archive, St. Antony's College, Oxford.
Coleção John Poole 11/4/16, Middle East Centre Archive, St. Antony's College, Oxford.
Coleção Sir Edward Spears, Álbum 8/28, Middle East Centre Archive, St. Antony's College, Oxford.
Coleção Sir Edward Spears, Álbum 9/75, Middle East Centre Archive, St. Antony's College, Oxford.

Coleção Desmond Morton, 13/1/1, Middle East Centre Archive, St. Antony's College, Oxford.

Coleção Desmond Morton, 13/1/2, Middle East Centre Archive, St. Antony's College, Oxford.

AP Images.

© Bettmann/Corbis.

© Bettmann/Corbis.

© Bettmann/Corbis.

© Bettmann/Corbis.

© Hulton-Deutsch Collection/Corbis.

© Hulton-Deutsch Collection/Corbis.

© Bettmann/Corbis.

© Bettmann/Corbis.

Caderno 3

© Geneviève Chauvel/Sygma/Corbis.

© Bride Lane Library/Popperfoto/Getty Images.

© Christian Simonpietri/Sygma/Corbis.

© Bettmann/Corbis.

© Bettmann/Corbis.

© Alain DeJean/Sygma/Corbis.

© Kevin Fleming/Corbis.

© AFP/Getty Images.

© Dominique Faget/epa/Corbis.

© Gérard Rancinan/Sygma/Corbis.

© Michel Philippot/Sygma/Corbis.

© Françoise de Mulder/Corbis.

© Françoise de Mulder/Corbis.

© Peter Turnley/Corbis.

© Reuters/Corbis.

© Reuters/Corbis.

© Peter Turnley/Corbis.

© Abed Omar Qusini/Reuters/Corbis.

Índice remissivo

1 Congresso das Mulheres Árabes, 287
1 Congresso Sionista, 221
17 de Maio, acordo de ver Acordo Israelense-Libanês

abássida, califado, 16, 36
Abbas II, quediva, 191, 236
Abbas Paxá, 122, 144
Abbas, Ferhat, 338-9, 341-2, 462, 468
Abbas, Mahmoud, 493, 703
Abduh, Muhammad, 184, 203-5, 209, 237
Abdullah II, rei, 687
Abdullah, rei (antes emir), 258-60, 263-7, 283, 366, 378, 380, 384, 395-6
Abdulmecid I, 119, 130, 154
Abissínia, campanha da, 181
Abouzeid, Leila, 421-2, 424
absolutismo, 22
Abu Ala (Ahmad Qurie), 675, 677
Abu Dhabi, 519
Abu Ghraib, prisão, 452
Abu Musa, 520
Abu Nidal, grupo, 544, 592-3
Acheson, Dean, 394
Acordo da Linha Vermelha, 274
Acordo de Retirada Anglo-Egípcio, 416
Acordo do Cairo (1969), 502
Acordo Israelense-Libanês, 600-2, 604
acordos de retirada do Sinai, 555
Acre, 74, 81; cerco de, 114, 120; ocupada por Muhammad Bei, 82
Áden, 721
Administração da Dívida Pública Otomana (ADPO), 155
Afeganistão: guerra dos Estados Unidos contra o Talibã, 694-5, 708; União Soviética e, 608-14, 626; voluntários árabes no, 605-14
Afghani, Sayyid Jamal al-Din al-, 203-4, 206

Aflaq, Michel, 439
Agência do Magreb Árabe, 420
Agência Judaica da Palestina, 286, 358-60, 363
Agressão Tripartite (Crise de Suez), 428-38
Ahmad Bei, 148, 150, 152
Ahmad Paxá (Damasco), 140
Ahmad Paxá (Egito), 42, 45, 100-1
Ahmad, imã, 474-5
Aida, 147
Ain Rummaneh, ataque, 544, 548
Ait Ahmed, Hocine, 463
Ajmã, 252, 519
Al-Ahram, 201, 205, 416
Alami, Musa, 387-9
Al-Aqsa, mesquita de, 685-6
al-Asifa (Fatah), 495
alauitas, 326, 580-1
alauitas, sultões, 423
Alcorão, 25, 35, 127, 135, 143, 204; comentários sobre, 574, 576, 578
Alemanha: Lehi e, 358; Marrocos e, 193-4; na Primeira Guerra Mundial, 213-24
Alepo, 27, 32, 38-9, 41, 44, 46, 116, 119, 137, 160, 325, 580, 582
Alexandreta, 347
Alexandria, 92; contrarrevolução à Primavera Árabe, 732; manifestações, 188, 279; ocupação britânica, 189; rendição aos britânicos, 97
algodão, 72, 147
algodão da Galileia, 72
Ali Bei, 76-7
Ali Químico (Ali Hassan al-Majid), 638
al-Istiqlal, 245
al-Jamia al-Islamiyya, 291
Al-Jazeera, 11
al-Jihad, 612
Al-Karak, 219

Allenby, general Edmund, Lord, 220
al-Liwa, 210
al-Muqattam, 202
al-Nakba, 386-7, 390
Al-Qaeda, 614, 690, 692-3, 695, 697, 719, 727; na Península Arábica, 719; no Iraque, 701, 727
Al-Qastal, 369-71
Alto Comissariado Árabe, 293
Am Al-Fiil, 421
Amal, milícia, 589, 703
Amar, Abu ver Arafat, Yasser
Amer, marechal de campo Abd al-Hakim, 406, 408, 480, 483-4
Amin, Ahmad, 198-9, 202, 205, 209-10
Amin, Muhammad VIII al-, 424
Amin, Qasim, 207-8
Amir, Yigal, 680
Ammoun, Daoud, 306
Anas, Abdullah, 605-14
Anatólia, 30
Anjar, Batalha de, 57
Aoun, general Michel, 656-7, 660-2
árabe(s): altos funcionários, 69; ameaça ao império otomano, 69; jornalismo, 199-200; língua, 38; religiões, 38; unidade, 399; voluntários no Afeganistão, 605-14
Arabi, coronel ver Urabi, coronel Ahmad
Arábia Saudita: ataques a bomba, 696; influência ocidental, 20; petróleo, 262, 509-10, 518; Primavera Árabe e, 713-4; rebelião houthi no Iêmen e, 722
Arafat, Yasser, 492-3, 496, 498, 506, 535-42, 544, 552, 558, 594, 617-8, 622-3, 646, 666, 676-7, 682, 697, 703
Aramco, 511
Argel: autonomia, 160-1; Batalha de, 464-7; cerco de, 52-3; comércio europeu, 161; como vassalos otomanos, 71; ocupação francesa, 165
Argélia: abolição da escravidão, 165; apoio egípcio à FLN, 426; Batalha de Argel, 464-7; Código do Indigenato, 339-40; colonialismo francês, 161-73, 198, 335-45, 423, 425-6, 462-74; destruição da pirataria, 165; direitos de cidadania francesa, 340-5;

estabelecimento da república, 461; Frente de Libertação Nacional (FLN), 426-74; imperialismo e, 338; independência da França, 462-74; influência soviética, 20; massacres de Philippeville, 426, 462; negociações em Évian, 470-1; Organização Armada Secreta (OAS), 471; petróleo, 509, 514; na Primeira Guerra Mundial, 340; repressão de Sétif, 461; status das mulheres, 472; voluntários no Afeganistão, 614
Argov, Shlomo, 593
Arguello, Patrick, 504
Arif, Abd al-Rahman al-, 488
Arif, Arif al-, 371, 373
Arif, coronel Abd al-Salam, 449-51
armas de destruição em massa, 689
Arslan, Adil, 391, 393
Ashrawi, Hanan, 665, 669, 676
Ashu, Mustafa, 396
Asquith, Herbert, 217
Assad, Bashar al-, 13, 15, 688, 723-7
Assad, Bassel al-, 688
Assad, general Hafez al-, 488, 533, 559, 580-1, 600, 626, 629, 662, 688, 723
Assad, Rifaat al-, 582, 584-5
Assembleia Constituinte, 272
Assembleia de Representantes, 153, 179, 184-5
Associação das Mulheres Árabes, 288
Associação das Mulheres Muçulmanas, 576
Associação das Mulheres Wafdistas, 287
Associação Intelectual das Mulheres Egípcias, 240
Associação Muçulmana de Moços, 289
Assuã, Represa de, 412, 428-9, 431
Atassi, Nur al-Din, 488
Ataturk, Mustafa Kemal, 267
atentados suicidas, 679
Atrash, Sultan al-, 328, 330, 334
Attiga, Ali, 517
Atwan, Abdul Bari, 641
Autoridade Palestina, 697-8, 703, 705
Avnery, Uri, 540, 542, 544, 560
Ayn Dara, Batalha de, 138
Ayyash, Yahya, 680
Aziz, Abdul, 200

Aziz, Mulai Abd al-, 194-5
Aziz, Nawwaf bin Abdul, 641
Azm, Assad Paxá al-, 65, 68, 74
Azm, família, 64-5, 68, 71, 122
Azm, Khalid al-, 352-4, 440, 442
Azm, Sulayman Paxá al-, 73-4
Azzam, Abdullah, 606, 609, 611, 613-4, 618

Baalbek, cerco de, 57
Baath, partido, 439-40, 442, 488, 579, 637, 700
Bab Zuwayla, 35
Badr, imã, 475
Bagdá, 16, 47, 701, 708; Pacto de, 418, 444-5
Baghdadi, Abu Bakr al-, 728
Bahrein, 252, 518-20; Carta de Ação Nacio-
    nal, 711; Constituição (2002), 711; Prima-
    vera Árabe e, 709-11, 713-5
Bahri, Yunis, 448-50, 452
Baker, James, 643, 665-7
Bakir Paxá, 61
Balad, xeque al-, 76
Balfour, Arthur, 222
Balfour, Declaração, 222-3, 226, 263, 282,
    284-5, 287, 361
Banco Mundial, 429
Banna, Hassan al-, 390-1, 571, 576
Barak, general Ehud, 682, 685
Barbarossa (Khayr al-Din), 47, 49-53
barbeiro de Damasco *ver* Budayri, Ahmad
    al- ("al-Hallaq")
Baring, Sir Evelyn (depois Lord Cromer),
    191, 201, 210-1, 276
Bar-Lev, general Chaim, 523
Bar-Lev, Linha, 523, 528
Barudi, Mahmoud Sami al-, 187
Base para a Conclusão de um Tratado de
    Paz no Oriente Médio, 562
Bashir II, Amir, 114
Batalha de Argel, A (filme), 465
Bayhum, Muhammad Jamil, 308, 313-4
Beaufort d'Hautpoul, general Charles de, 142
beduínos, 57, 72
Begin, Menachem, 358, 360, 540, 556, 560,
    562-3, 570, 593, 595, 599
Bei, Muhammad al-Sadiq, 177-8
Beilin, Yossi, 674

Beirute: ataques israelenses em, 502, 594-5;
    bombardeio ao aeroporto, 499; bombar-
    deio ao quartel dos fuzileiros navais
    americanos, 586; bombardeio britânico,
    120; expulsão da OLP, 595-6; governo
    otomano e, 305; guerra civil (1975-6),
    546-54; jornalismo e, 200-1; massacres
    sectários, 548; motins/manifestações, 351;
    ver também Líbano
beis husseinitas, 423
Belen, Batalha de, 116
Belhadj, sr., 338
Bell, Gertrude, 246
Ben Ali, Zine al-Abidine, 9, 11-2, 709
Ben Arafa, 422
Ben Badis, Abd al-Hamid, 341-3
Ben Bella, Ahmed, 463, 472
Ben Gana, Bouaziz, 337
Benghazi, 15, 715-7
Ben-Gurion, David, 295, 297, 356, 359, 377,
    392-4, 415-6, 428, 432, 437, 482
Benjedid, Chadli, 644, 657
berberes, 166, 317, 319, 321
Bernadotte, conde Folke, 383
Berri, Nabih, 654
Bevin, Ernest, 361, 381
Bin Laden, Osama, 205, 610-1, 614, 641-2,
    689-90, 693-4, 696, 709
Bin Zayd, xarife Shakir, 258-9
Bitar, Salah al-Din, 439, 441-2
Blair, Tony, 699
Blignières, Ernest-Gabriel de, 157
Blix, Hans, 699
Bloco Constitucional, 349, 447
Bloco Nacional, 346, 351
Blum, Léon, 343-6
Blum-Viollette, projeto de lei, 344-5, 347, 470
BOAC, 504
Bouazizi, Basma, 10
Bouazizi, Muhammad, 9-12, 15, 24
Bouchard, Henri, 336
Boudiaf, Muhammad, 463
Bouhired, Djamila, 465
Bouhired, Fatiha, 465-7
Boumédiène, Houari, 472
Bourgés-Maunoury, Maurice, 432

Bourguiba, Habib, 424
Boutros-Ghali, Boutros, 557-63
BP (British Petroleum), 513
Brejnev, Leonid, 532
Broadley, A. M., 191
Budayri, Ahmad al- ("al-Hallaq"), 63-7, 73
Bugeaud, general Robert, 168-70, 336
Bülow, príncipe Bernhard von, 194
Bunche, Ralph, 392, 394
Bush, George H. W., 21, 628, 631, 640, 648, 652, 664-5, 674, 689
Bush, George W., 688-90, 693, 695, 697, 701
Byron, Lord, 110

Cairo: bancarrota, 157; batalha, 33-4, 92-3; contrarrevolução à Primavera Árabe, 731; jornalismo e, 200; mamelucos no, 40; manifestações na praça Tahrir, 14, 24; massacre na Cidadela, 103-4; rendição aos britânicos, 98
califas bem guiados, 37
CalTex, 510
Camp David, Acordos de (era Carter), 561, 565, 568
Camp David, reuniões em (era Clinton), 683, 685
Carbillet, capitão Gabriel, 329
Carlos v, imperador, 50-2
Carlos x, rei, 165
Carta Negra, 286, 289
Carter, capitão (TWA), 501
Carter, Jimmy, 561, 563, 570, 590
Casablanca, 196
Casablanca, cúpula, 419
castigos físicos, 131
Catar, 518-20
Catarina, a Grande, imperatriz da Rússia, 78
Catorze Pontos (Woodrow Wilson), 18, 227, 235
Catroux, general Georges, 324, 328, 347
Ceauşescu, Nicolae, 557
Cemal Paxá, 215, 223, 225
Centro Islâmico, 618
cerco da Grande Mesquita, 566
Chamoun, Camille, 445-8, 452, 546-7, 549
Chancellor, Sir John, 287

Chatila, campo de refugiados, 597, 599
Chehab, emir Farid, 439
Cherchel, 50-1
Chevardnadze, Eduard, 643
Chevron, 511
Chipre, 176
Churchill, Winston, 262-4, 285, 419
CIA, 434, 447
Cidadela, massacre na, 103-4
Cisjordânia, 593, 615-25, 698, 704
Clayton, Sir Gilbert, 267
Clemenceau, Georges, 224
Clement, Marguerite, 240
Clinton, Bill, 21, 674, 676, 683, 690
Código do Indigenato, 339-40
coleta de meninos, 44, 69, 107
colonialismo de condomínio, 276
Comando Nacional Unificado (CNU), 617-21
comércio europeu, 136
Comissão Peel, 294, 297
Comitê Central das Mulheres Wafdistas, 243
Comitê Central Sírio, 307
Companhia Britânica das Índias Orientais, 251
Companhia de Navegação do Nilo, 145
Companhia de Petróleo da Turquia, 274
Companhia do Canal de Suez, 146, 157, 430
Conferência de Algeciras, 195
Conferência de Paz de Paris, 19, 224, 226, 233, 235, 237, 241, 243, 250, 277, 305-6, 308, 318
Conferência de Paz de Versalhes, 225
conflito Palestina-Israel, solução de dois Estados, 698
Congresso da Liga contra o Imperialismo e a Opressão Colonial, 342
Congresso de Berlim, 175
Congresso Geral da Síria, 230-4, 308, 325
Congresso Muçulmano Argelino, 343
Conselho de Administração de Monte Líbano, 305, 308-9, 311, 313
Conselho de Comando Revolucionário, 411-3, 635
Conselho de Cooperação do Golfo, 712, 714, 720
Conselho de Ministros, 133

Conselho dos Dez, 306, 308
Conselho dos Quatro, 224
Conselho Legislativo da Palestina, 704
Conselho Nacional da Palestina (CNP), 536, 539, 543, 622, 624
Constantina, 168
Constituição Francesa de 1814, 22
Constituição tunisiana, 152
contrato social, 24
Convenção de Londres para a Pacificação do Levante, 173
cooperação soviético-americana, 642
corrupção, 9-11
costa da Berberia, piratas/corsários da, 47-9, 51-3, 148
Cox, Lady, 269
Cox, Sir Percy, 269-70
Cox, tenente-coronel Charles, 267
Crane, Charles R., 227, 231, 233, 326
Crescente xiita, 703
Cromer, Lord *ver* Baring, Sir Evelyn
cruzados, 16
Cúpula de Cartum, 490, 559
curdos, 65, 702, 729

Damasco, 16, 39, 41-2, 44, 46, 160, 200; capturada pelos mamelucos, 78-80; capturada por Ibrahim Paxá, 115; corrupção, 64-8; manifestações em, 139-40, 142-3; Primavera Árabe e, 723-4; prostituição em, 66-8; saque de, 42; sob o governo da família Azm, 64-8
Damurdashi, Ahmad Katkhuda al-, 59
Dara, 723
Dayan, general Moshe, 482
de Bunsen, Comitê, 217
de Bunsen, Sir Maurice, 217
De Gaulle, general Charles, 347, 420, 470-1
De Lamoricière, general, 336
De Lamothe, general, 324
Declaração Anglo-Francesa, 245
declaração de princípios, 677
decretos das reformas, 130, 132-5, 138, 140
Deir Yassin, 372-4
Delcassé, Théophile, 193
Denizli, Ahmad Agha al-, 82

Dentz, general Henri, 347
desigualdade, 24
Desmichels, general Louis, 168
Deval, Pierre, 161, 164
devshirme ver coleta de meninos
Dhahbour, Amina, 500
Din, Khaled Mohi al-, 406
Din, Khayr al- (Barbarossa), 49, 51-3
Din, Khayr al- (Tunísia), 148-9, 152, 154
Din, Muhi al-, 167
Din, Zakaria Mohi al-, 385
dinastia husseinita, 148
Dinshaway, incidente de, 210-1
direitos femininos, 206-8, 239-41, 243, 287-8
Diriyah, Acordo de, 85
Diriyah, destruição, 105
disputa pela África, 192
Disraeli, Benjamin, 174
Dodge, David, 587
Doria, Andrea, 50, 51
drusos, 54-7, 137, 139, 304, 326-31
Dubai, 519
Dulles, John Foster, 416, 427, 429

Eban, Abba, 533
Eden, Anthony, 418, 428, 432, 438
Egito: administração, 45; ajuda dos Estados Unidos e, 416; Ali Bei como governante, 76-7; apoio à FLN, 426; apoio ao Eixo no, 301-2; Assembleia de Representantes, 179, 184-5; assistência militar estrangeira, 426-8; ataque à Líbia, 555-7, 565; austeridade do exército, 179, 183; Baath, partido, 440; balão Montgolfier, 94; bancarrota, 156-7, 201; batalha da Baía de Navarino, 112; Batalha do Nilo, 97; campanha da Abissínia, 181; campanha da República Islâmica, 571; campanha do Sudão (1820-2), 107, 276; canal de Suez *ver* Suez, canal de; cerco de Acre e, 114; choque com a cultura francesa, 93-4; Comitê Central Revolucionário, 239; como província otomana autônoma, 185; comunistas, 403-4, 440; Conselho de Comando Revolucionário (CCR), 411-3; Constituição de 1882, 23; Constituição de 1923, 23; constituições,

275, 280-1; contrarrevolução à Primavera Árabe, 729-33; Crise de Suez ver Suez, Crise de; democracia, 275-6; demonstrações científicas, 92-3; diplomacia das canhoneiras franco-britânica, 187; direitos das mulheres, 206-8, 239-41, 243, 287-8; dívida externa, 156; eleições de 2011, 729-30; eleições de 2014, 733; estudiosos franceses no, 93-5; golpe militar, 23-4; greves antibritânicas, 239; guerra árabe-israelense (1948), 377-87; guerra árabe-israelense (1967), 476-92, 522; Iêmen e, 457, 475-6, 481; incidente de Dinshaway, 210-1; indenizações, 145-6; indústria, 412; ingresso na Liga das Nações, 282; introdução de prensas, 199; Irmandade Muçulmana ver Irmandade Muçulmana; islã e, 206; Israel e, 415-7, 432; julgamentos islamitas, 578; mamelucos no, 17, 58, 76; manifestações, 404; manifestações em Alexandria, 188; Movimento 25 de Janeiro, 14, 729, 733; movimento constitucional, 152; Movimento dos Países Não Alinhados e, 426; movimento Tamarod, 730-1; mulheres na política, 239-41, 243, 287-8; nacionalismo, 19, 203, 208-10, 235-44, 275-82, 301; "Nota Gambetta", 187; ocupação britânica, 159, 190-2, 209-11, 235-44, 402-5, 413, 415; ocupação francesa, 92-4, 96-7, 111; Oficiais Livres, 405-13, 414, 457, 480, 524; operações secretas israelenses no, 416-7; Partido Democrático Nacional, 14; Partido Nacional, 184; petróleo, 509; e a Primavera Árabe, 13-5, 24, 709; na Primeira Guerra Mundial, 236; protestos na praça Tahir, 14, 24; recrutamento de camponeses, 109; reformas no século XIX, 144-57; reformas sob Muhammad Ali Paxá, 101; relação com a França, 111; Represa de Assuã, 412, 428-9, 431; República Árabe Unida e, 442, 445, 454-6, 458, 460, 473; revolução, 238-9, 385, 405-18, 426-41, 455-6; e a Revolução Iraquiana, 454; Sábado Negro, 404-5; Segunda Guerra Egípcio-Otomana, 121, 123, 130; sob Muhammad Ali Paxá, 100-22; sob o governo otomano, 43; Tratado Anglo-Egípcio, 402; tumultos do pão, 554; União Libertadora, 411; união Síria-Egito, 439-43, 457; União Socialista Árabe, 473; União Soviética e, 20, 416, 455, 460, 525; ver também Nasser, Gamal Abdel; Sadat, Anwar al-

Egyptian Gazette, 202
Eisenhower, Doutrina, 446, 448, 453
Eisenhower, Dwight, 427, 429, 434-5
Eitan, general Raphael, 597, 599
El Al, 499-500, 504, 538
Emirados Árabes Unidos, 518, 520, 714
Enver Paxá, 214
era colonial europeia, 18-9, 159-211
era otomana, 17-8
Erakat, Saeb, 667
escravidão: abolição pela França, 165; Alcorão e, 143; Barbarossa e, 47-8; canal de Suez e, 146; coleta de meninos, 44, 69, 107; embargo otomano de escravos, 107; escravos libertados em Túnis, 52; soldados escravos, 30; soldados espanhóis, 51
Eshkol, Levi, 477, 482
Espanha: cerco de Argel, 52; governo muçulmano na, 48; Marrocos e, 193
Esquadrão de Operações Especiais (Palestina), 500
Essebsi, Beji Caid, 734
Esso, 517
Estado Islâmico, 727; no Iraque, 727
Estado judeu, O, 221
Estados do golfo, influência ocidental, 20, 25
Estados Truciais, 252, 518-9
Estados Unidos: no Afeganistão, 694-5, 708; ataque ao USS Liberty, 489; ataques com drones, 709; ataques de Onze de Setembro, 21, 691-3; bombardeio do quartel dos fuzileiros navais, 586; como Grande Satanás, 591; Crise de Suez e, 434-6; Doutrina Eisenhower, 446, 448, 453; envolvimento da CIA, 434, 447; era Obama, 708-9; guerra contra o terror, 692, 696, 701-2; na Guerra Fria, 20, 22; invasão do Iraque, 699-701; Irã e, 631; Israel e, 476, 489; no Líbano, 453, 707; relações árabes (pós-1967), 489; Síria e, 232

Etiópia, 282
Étoile Nord-Africaine, L', 342
Eveland, Wilbur Crane, 447
Évian, negociações de, 470-1
exército cruzado (1249), 30
Exército de Libertação Árabe, 367-8, 370-2, 375, 378, 385
Exército de Libertação da Palestina, 496, 506
Exército Livre da Síria, 725-6
Exodus, navio, 362
Exxon, 511, 517

Fahd, rei, 634, 636, 657
Fahmi, Ismail, 558
Faisal I, rei (antes Amir), 219, 225-6, 228, 231-4, 237, 261-2, 268-71, 308-9, 326, 451
Faisal II, rei, 299, 445, 450
Faisal, Saud al-, 658
Faixa de Gaza, 698, 704
Fakhr al-Din, 54-7
falangistas, 548, 550, 593, 597-8
Faqar, Zayn al-, 59-60
faqaris (mamelucos), 59, 61
Faraj, Abd al-Salam, 571
faraós, 569
Farouk, rei, 379, 396, 402, 409-10
Faruq, rei, 281, 301
Fatah, 493-9, 501, 505, 617, 619, 625, 666, 703-4
Faydi, Sulayman al-, 269
Fayyad, Isa Ibrahim, 582
Fazendas de Shebaa, 682
fedayin, 403
Feraoun, Mouloud, 463-4, 469-71
Fernando de Aragão, 48
Fez, 48, 316, 318; Tratado de, 196
Filastinuna, 493
Filiki Etairia (Sociedade dos Amigos), 109
Fisk, Robert, 603
FLN *ver* Frente de Libertação Nacional da Argélia
fome, 215
Força do Escudo da Península, 714
Ford, Gerald, 570
FPLP (Frente Popular para a Libertação da Palestina), 498, 500, 503-4, 506, 537, 629

França: ambições coloniais, 304-5; Argélia e, 161-73, 335-45, 461-74; canal de Suez e, 192; colonialismo no Oriente Médio, 304-55; Crise de Suez, 428-38; diplomacia das canhoneiras no Egito, 187; direitos dos cidadãos argelinos, 340-5; *Entente Cordiale* com a Grã-Bretanha, 194; governo de Vichy, 347, 349, 419; Guerra da Argélia (1954-62), 461-74; Guerra do Rife e, 319-21, 323; ignorância do mundo árabe, 228; Indochina e, 423; Líbano e, 234, 204-15, 347-9, 351, 354-5; Marrocos e, 193-6, 315-23, 418-22, 425; negociações de Évian, 470-1; "Nota Gambetta", 187; ocupação nazista, 347; oposição à Guerra da Argélia, 468-9; Organização Armada Secreta (OAS), 471; relação com o Egito, 111; rivalidade colonial com a Grã-Bretanha, 192; segundo Rifaa al-Tahtawi, 126, 129; Síria e, 234-5, 304-35, 345-7, 351-5; Tunísia e, 159, 173, 177-8, 197, 421
Franjieh, Suleiman, 551, 655
Frente Al-Nusra, 728
Frente de Libertação Nacional da Argélia (FLN), 462-74
Frente Democrática para a Libertação da Palestina, 537
Frente Islâmica de Salvação, 614
Frente Popular (França), 343, 345-6
Frente Popular para a Libertação da Palestina *ver* FPLP
Friedman, Thomas, 585
Frota Amarela, 555
Fuad Paxá, 142
Fuad, rei, 276-7, 281
Fujeira, 519

Galípoli, 215, 218, 236
Gamasy, general Abd al-Ghani al-, 479, 484, 523, 525, 527
Gauthier, monsieur (oficial francês), 313-4
Gaza, 615-25
Gaza-Jericó, Acordo, 677
Geagea, general Samir, 661
Gemayel, Amin, 599, 601, 604, 654-6
Gemayel, Bashir, 593, 596, 599

Gemayel, Pierre, 548, 593
Gênova, 51
Georges-Picot, François, 220, 304
Ghanim, Shukri, 307
Ghazali, Janbirdi al-, 40-1
Ghazali, Zaynab al-, 576-8, 612, 626
Gibran, Khalil, 307
Gladstone, William, 174
Glaspie, April, 634
Glubb, general John Bagot (Glubb Paxá), 381, 384, 444
Goldstein, Baruch, 679
golpes militares, 23
Gorbatchóv, Mikhail, 628-9
Gore, Al, 689
Gouraud, general Henri, 310-1, 313, 324, 326-7, 349
governo constitucional, 127, 153-4
Governo Regional do Curdistão, 652
Grã-Bretanha: Acordo da Linha Vermelha, 274; Alexandria e, 189; Batalha do Nilo, 97; bombardeio do Eufrates Médio pela força aérea, 272; canal de Suez *ver* Suez, canal de; Chipre e, 176; colonialismo de condomínio, 276; Crise de Suez e, 429-38; declínio no Oriente Médio, 299-302; dependência do petróleo, 253; diplomacia das canhoneiras, 187; Egito e, 159, 186-7, 190-2, 235-6, 402-5, 413; *Entente Cordiale* com a França, 194; Ibn Saud e, 254-62; ignorância do mundo árabe, 228; invasão do Iraque, 699; Iraque (Mesopotâmia) e, 217, 244-9, 268-75, 299-300; Jordânia e, 454, 476; manifestações antijudaicas, 363; Marrocos e, 193; "Nota Gambetta", 187; Palestina e, 282-98, 355, 356-77; petróleo e, 253, 262, 274, 519-21; planos no pós-guerra para o império otomano, 217; na Primeira Guerra Mundial, 212-24; protetorados do golfo e, 252, 518-9; rivalidade colonial com a França, 192; na Segunda Guerra Mundial, 299-302; Transjordânia e, 263-6, 268; Tratado Anglo-Egípcio, 402; Tratado de Aliança Preferencial, 274-5
Guantánamo, Campo de Detenção da Baía de, 695

Guardiões da Independência do Iraque, 247
guerra árabe-israelense (1948), 23, 378-87, 477
guerra árabe-israelense (1956), 477, 479
guerra árabe-israelense (1967) *ver* Guerra dos Seis Dias
guerra árabe-israelense (1973) *ver* Guerra do Yom Kippur
Guerra da Argélia (1954-62), 461
Guerra da Crimeia, 134-5
Guerra da Palestina (1948), 23
guerra de atrito, 523
Guerra do Yom Kippur, 526-35
Guerra dos Seis Dias, 477-92, 496, 521-2, 526
Guerra Irã-Iraque, 591, 631-2, 726
guerra russa (1768-74), 75
guerra russa (1877-78), 155, 174-5
guerra russo-otomana *ver* Guerra da Crimeia
Guilherme II, Kaiser, 194

Habash, George, 498, 629
Hached, Farhat, 421
hachemitas, 218-9, 223, 226, 230, 259-60, 262, 271, 275, 300, 366, 379, 444-5
Hadi, Abed Rabbo Mansour al-, 720-1
Hadi, Awni Abd al-, 288
Hadid, Marwan, 580
Hadj, Messali, 342
Hafiz, Mulai Abd al-, 196, 315, 317
Haganá, 359-60, 365, 368-9, 375-6
Haifa, Comitê Nacional de, 375
Hakim, Yusuf al-, 231
Hama, 41, 331, 584-5
Hamas, 614, 617-22, 625, 670, 673, 679, 704, 706-7
Hamdy, Fayda, 9-10, 12, 15, 24
Hamid II, Abdul, 176, 185, 201
Hammami, Said, 539-41, 544, 624
Hammer, Armand, 518
Hamou, Hadj, 338
Hananu, Ibrahim, 325
Haniya, Ismail, 704
Har Homa, assentamento, 681
Haram al-Sharif (Monte do Templo), 685
Hariri, Rafik, 705

Hariri, Saad, 705-6
Hashim, Labiba, 241
Hassan ii, rei, 419, 557, 657, 687
Hassan Paxá, 82-3
Hassan, Khalid al-, 536, 543-4
Hassan, Mulai, 195
Heikal, Muhammad, 416, 427, 429, 431, 433, 438, 454, 478, 507, 534, 556, 570, 629, 643, 645, 647
Hejaz: atacado pelos wahabitas, 88, 90, 123; sob governo otomano, 43; tomado pelos Ikhwan, 261; tomado por Ali Bei, 77
Hejaz, ferrovia do, 215, 219
Helmi, Ahmed, 403
Henderson, Arthur, 278
Herói da Travessia, 568, 570
Herriot, Édouard, 320
Herzl, Theodor, 221
Hezbollah, 601-4, 626, 663, 681-2, 703, 705-7
Hilmi ii, Abbas, 210
Hirschfeld, Yair, 674
Hobeika, Elie, 597-8
Hocine, Baya, 472
Holst, Johan Jørgen, 675
Homs, 41; Batalha de, 115-6
horrores búlgaros, 174
Hoss, Selim al-, 655-6
Hrawi, Elias, 660, 662
Huda, Tawfiq Abu al-, 380-1
Hugo, Victor, 167
Husri, Sati al-, 235
Hussein ibn Ali, imã Hussein, 88, 602-3
Hussein Paxá, 161, 166
Hussein, Kamil, 236
Hussein, Qusay, 688
Hussein, rei, 395, 443, 445, 453-4, 481, 484-6, 490, 496, 498, 503, 505, 537, 542, 636, 646, 678, 687
Hussein, rei (antes xarife Hussein ibn Ali), 218-9, 223, 225, 236, 255-61, 263, 267, 308
Hussein, Saddam, 452, 591, 630-8, 640, 648, 651-3, 661-2, 664, 688-9, 699-700
Hussein, Uday, 688
Husseini, Abd al-Qadir al-, 368-71, 666
Husseini, Faisal al-, 666, 669

Husseini, háji Amin al-, 287, 299, 366, 379, 381, 396
Husseini, Jamal al-, 365
Husseini, Musa al-, 396
Husseini, Musa Kazim al-, 287
Husseini/Nashashibi, rivalidade, 287
Hussein-McMahon, correspondência, 221, 223, 226

iazidi, 728
Ibn Bishr, 88
Ibn Iyas, 32, 34, 38, 40
Ibn Saud (século xx), 254-62
ibn Saud, Muhammad, 85, 87
Ibn Taymiyya, 85
Ibn Tulun, Muhammad, 38, 41
Ibrahim Paxá, 45, 105, 110, 113, 115-7, 120, 122
Ibrahim, assassinatos na mesquita de, 679
Ibrahim, Ezzat, 635
Ibrahim, Rashid al-Haj, 375
Ibrahim, Saad Eddin, 565
Ibrat Filastin, 388
Idris i, rei, 488, 514
Iêmen: China e, 474; como vassalos otomanos, 71; Conferência de Diálogo Nacional, 721; crise humanitária, 722; declaração da República Árabe do Iêmen, 475; Egito e, 475-6, 481; eleições (2012), 721; embargo saudita, 722; golpe militar, 23; guerra civil, 457; Guerra do Iêmen, 475-6, 478; Nasser e, 475; Primavera Árabe e, 13, 15, 709, 719, 721; rebelião houthi, 721-2
Iêmen do Sul, influência soviética, 20
Igreja maronita, 133
Igreja Ortodoxa Oriental, 133
Ikhwan, 254, 261
Ilah, Abd al-, 299, 451
Império Bizantino, 30
Império Otomano, 17-8; Albânia e, 198; ameaça árabe ao, 69; ameaça de Muhammad Ali Paxá ao, 91, 105, 130; ameaça europeia ao, 70, 123; batalha da Baía de Navarino, 112; conquistas (1516-7), 17, 27-51; Constituição, 131; corrupção, 64-8; corsários berberes e, 47-53; declínio de autoridade, 64-5, 70; decretos das

reformas, 130, 132-3; desafio wahabita e, 84-91; dívida externa, 154-7; drusos e, 54-8; no Egito, 92-124; embargo de escravos, 107; Espanha e, 48-53; exército nizami, 108-9; fim do, 249; guerra com a Rússia (1768-74), 75; guerra com a Rússia (1877-78), 155, 174-5; ideias esclarecidas e, 144; Império Persa safávida e, 31, 47; judiciário, 46; no Líbano, 54-5, 305; na Líbia, 197-8; mamelucos e, 58-60, 62, 71, 98; massacre em Gaza, 33; Monte Líbano e, 137-8; nacionalismo e, 173-4; perdas territoriais, 70; planos do pós-guerra para o, 216; na Primeira Guerra Mundial, 213-24; propostas de partição, 175; reformas, 18, 158, 130-60; reformas e doutrina islâmica, 143; região de Hasa e, 254; religiões e, 133-5; revolta de Ali Bei contra o, 76-81; revolta grega, 109-12; Segunda Guerra Egípcio-Otomana, 121, 130; sistema administrativo, 43-6; sobre o bom governo, 64; Tanzimat, período do, 131-3; tropas, 46

impérios islâmicos, 16

incidente do mata-moscas, 161, 164, 177

indenização, 145-6

Iniciativa de Parceria para o Oriente Médio, 701

início do colonialismo, 159-211

Intifada, 616, 619, 622, 625, 685

investimento europeu, 151

Irã, 520; ameaça do, 703; eixo do mal, 696; Estados Unidos e, 631; petróleo, 510, 518; Revolução Islâmica, 564, 566, 590-1

Iraque: Abu Ghraib, prisão, 452; Acordo da Linha Vermelha, 274; armas de destruição em massa, 689-90; Assembleia Constituinte, 272; Autoridade Provisória da Coalizão, 700; bombardeado pela força aérea britânica, 272; Constituição de 1925, 23; curdos e, 273, 632, 652, 702; Declaração Anglo-Francesa, 245; desbaathização, 700; eixo do mal, 696; eleições de 2005, 701-2; golpe militar, 23; Governo Regional do Curdistão, 652; guerra árabe-israelense (1948), 378-87; influência soviética, 20; invasão do Kuwait/Guerra do Golfo (1990), 21, 630-53; invasão pelos Estados Unidos, 699-701; Isis no, 727; levante xiita, 652; na Liga das Nações, 282; na Primeira Guerra Mundial, 217; nacionalismo, 19, 269-75; ocupação britânica, 244-9, 268-75, 299, 301; Oficiais Livres, 449; Opep e, 633; partido Baath, 439; petróleo e, 510, 518, 632, 634; planos britânicos no pós-guerra para, 217; Revolta Iraquiana (Revolução de 1920), 247-9; revolução, 449-54, 456; Saddam Hussein *ver* Hussein, Saddam; Tratado de Aliança Preferencial, 274-5; tumultos, 300; violência coletiva, 702

Irgun, 298, 256-64, 372, 376

Irmandade das Mulheres Muçulmanas, 577

Irmandade Muçulmana, 367, 399, 403, 406, 414-5, 571-86, 603, 606, 617, 626, 729-31, 733

Irmandade Muçulmana egípcia, 390

Isabel de Castela, 48

Isis, 727-8

islã: Alcorão *ver* Alcorão; crenças no, 86; no Egito, 206; escola Hanbali, 84; *jahiliyya* e, 574-6; levante do, 16, 568-627; misticismo, 86; no mundo moderno, 203; necessidade de modernização, 204; otomano, 86; politeísmo e, 87; Rifaat al-Tahwati e, 125-9; Tanzimat e, 133; tolerância religiosa, 87

Islambuli, Kalid al-, 569, 571

islamitas, 569-627

islamo-progressistas, 549

Ismail Bei, 79-80, 84

Ismail Paxá (depois quediva), 146, 150, 152, 156, 178-82

Ismail, general Ahmad, 528

Ismail, xá, 31

Israel: acordo de armistício com os Estados árabes, 386; Acordos de Oslo, 674-86; ataque ao uss *Liberty*, 489; ataques de mísseis durante a Guerra do Golfo, 648; bombardeio ao Aeroporto Internacional de Beirute, 499, 502; Egito e, 415-7, 432; estabelecimento de relações com os árabes, 678-9; Estados Unidos e, 476, 489; guerra árabe-israelense (1948), 378-87; guerra árabe-israelense (1956),

477, 479; guerra árabe-israelense (1967), 476-92; guerra árabe-israelense (1973), 526-35; Hamas, ataques com mísseis, 706; invasão do Líbano, 592-601, 706-8; Muro de Separação, 697; ocupação da Palestina, 615-25, 697-8, 704-5; ocupação de território árabe, 457; operações secretas no Egito, 416-7; Segunda Intifada, 696-7; solução de dois Estados, 698; tratado de paz Jordânia-Israel, 678; visita de Sadat, 554-63; *ver também* Palestina

Issa, Mahmoud, 496, 499, 503

Istambul, 43, 157

Istiqlal, partido, 264, 267-8

Itália: ocupa a Líbia, 159, 176, 193

Jabarti, Abd al-Rahman al-, 37, 45, 71, 76-7, 81, 93-5, 100, 206

Jaffa, massacre, 82

jahiliyya, 574-6

Jalili, família, 71, 122

janízaros, 46, 49, 52-3, 65, 107, 119

Jarida (jornal), 209

Jerusalém, 16, 698

jeune algérien, Le: De la colonie vers la province, 339

Jewish Chronicle, 363

jihad, 618

Jihad Islâmica, 587, 602, 679

Jihad, Abu *ver* Wazir, Khalil al-

João, rei da Abissínia, 181

Johnson, Lyndon, 489

Jordânia: Acordos de Oslo, 674-680; Baath, partido, 439; Grã-Bretanha na, 454; guerra árabe-israelense (1967), 477-92; influência ocidental, 20; Karamah, 496-7; nacionalismo, 444-5; Oficiais Livres, 444; Palestina e, 502-3, 505-6; petróleo, 509; Revolução Iraquiana e, 453-4; Síria e, 506; união Egito/Síria e, 444-5

Jordânia-Israel, tratado de paz, 678

jornalismo, 199-201

Jovem Argélia, movimento, 341

Jovens Turcos, 197, 212-3, 250

Jumblatt, Kamal, 447, 546, 551, 553, 588-9

Jumblatt, Walid, 654

Kabir, Ali Bei al-, 76-84, 101, 123

Kadafi, coronel Muamar, 13, 15, 488, 515, 517-8, 688, 710, 715-7, 719

Kadafi, Saif al-Islam, 716

Kader, Abdel, 317

Kahan, Comissão, 599

Kamil, Muhammad Ibrahim, 562

Kamil, Mustafa, 209-10

Kanj Yusuf Paxá, 91

Kanuni *ver* Suleiman II

kanunname, 45

Karamah, 496-7, 505

Karami, Omar, 662

Karami, Rashid, 447, 654, 662

Karbala, atacada por wahabitas, 87-8

Karmal, Babrak, 608

Karzai, Hamid, 695

Kassir, Samir, 13, 22

Kaylani, Rashid Ali al-, 299

Keeley, James, 393

Kemal, Namik, 153

Khair Bei, 32, 40

Khalaf, Salah, 492, 494-5, 498, 502

Khaled, Leila, 495, 497, 500, 503-4, 507

Khalid, rei, 552

Khalifa, xeque Hamad bin Isa al-, 711

Khalisi, aiatolá al-, 270, 272

Khan Maysalun, 234, 323

Khan, Muhammad Daoud, 608

Khattabi, Muhammad ibn Abd al-Karim al-, 420

Khider, Muhammad, 463, 472

Khomeini, aiatolá, 566, 590

Khoury, Bishara al-, 310, 349-50, 352, 447

Khurshid Ahmad Paxá *ver* Ahmad Paxá (Egito)

Khusru Paxá, 180, 183

King David Hotel, bombardeado, 359-60

King, Henry Churchill, 227, 231, 233

King-Crane, Comissão, 227-8, 230, 234, 284, 308, 326

King-Crane, Relatório, 227, 233

Kissinger, Henry, 531, 533, 555

Kitchener, Lord, 217

Konya, 117

Krim, Abd al-, 319-21, 323-4, 420

Kubba, Muhammad Mahdi, 270
Kuwait, 21, 509; invasão, 630-53

Lampson, Sir Miles, 282, 302
Larsen, Terje Roed, 674
Latif, Mahmoud Abd al-, 414
Lavon, Caso, 417
Lavon, Pinhas, 417
Lawrence, coronel T. E., 219, 260-1, 264
Legião Árabe, 382-4
Legião Síria, 324-5, 331-2
Lehi *ver* Palestina
Lei de Libertação do Iraque, 690
lei islâmica (sharia), 17
Lesseps, Ferdinand de, 145, 430
levante xiita no Iraque, 652
Líbano: Acordo de Taif, 658-9, 661-2; Amal,
    milícia, 589; Baath, partido, 439; Bloco
    Constitucional, 349, 447; composição
    de governo, 348; comunidade drusa,
    54-7; comunidade maronita, 54; conflito
    regional, 589; Constituição de 1926, 23;
    disputas internas, 445-8, 452-3, 546-54,
    653-63; Doutrina Eisenhower, 446, 453;
    eleições (2005), 703, 706; eleições (2006),
    703; Frente Nacional, 448; governo
    colonial, 19, 234, 305-15; Império otomano
    e, 54-5; independência, 348-51; invasão
    israelense, 592-601; Iraque e, 657; Israel
    invade o sul do Líbano, 706-8; mudança
    Constitucional, 350; nacionalismo, 345,
    348-9, 351; Pacto Nacional, 348, 445, 654,
    656, 658; partidos laicos, 589; Segunda
    República, 658; Síria e, 553-4, 588, 657-63,
    705; troika, 658-9; tumultos/manifesta-
    ções, 351; une-se às Nações Unidas, 354;
    Unidade Árabe e, 445-8; xiitas, 589, 602-4;
    zona de segurança no sul do Líbano, 604;
    ver também Beirute; Guerras Árabe-Is-
    raelenses
liberalismo árabe, rejeição ao, 23
libertação das mulheres, A, 207-8
Líbia: ataque pelo Egito, 555-7; Congresso
    Nacional Geral, 718; Conselho Nacional
    de Transição, 716, 718; Golpe de Kadafi,
    488, 515-8; golpe militar, 23; guerra na,

719; influência soviética, 20; ocupada pela
    Itália, 159, 176, 193; Oficiais Livres, 488;
    petróleo, 509, 514-5; Primavera Árabe e,
    13, 15, 709, 715-9; sob governo otomano,
    197; transição para democracia, 718
Lieberman, Joe, 689
Liga Árabe, 368, 370, 378, 381, 520, 563, 568,
    622, 699, 717
Liga das Nações, 231, 247, 268, 275, 282
Likud, partido, 556, 593-4, 676, 685
Livro Branco de Passfield, 286, 289
livro de leis, 45
Lloyd George, David, 222, 224
Lloyd, Selwyn, 432
lugares sagrados, disputa pelos (1851-2), 134
Luís Filipe, rei, 172
Luís ix, rei, 30
Lyautey, marechal Hubert (e sistema
    Lyautey), 316-26, 329

Macbeth, 40
MacDonald, Ramsay, 286
Madri, conferência, 667, 669-72
Maher, Ali, 409-10
Mahmoud i, 63
Mahmoud ii, 105-6, 112, 117-8, 130, 154
Majid, Ali Hassan al- (Ali Químico), 638
Makhzan, 317
Malek, Anouar Abdel, 404
mal-estar árabe, 13
Maliki, Nouri al-, 702
mamelucos, 17, 27-44, 58-60, 62, 71, 76-84, 92,
    98, 148
Maomé (o profeta): antepassado de Abd
    al-Qadir, 167; antepassado de Ahmad
    Urabi, 180; como modelo, 205
Mardam, Jamil, 353
Marj Dabiq, batalha de, 27, 32-3, 38, 40
maronitas, 54, 137, 304, 306, 547, 597, 654
Marrocos: ataques a bomba, 696; comunis-
    tas, 422; Guerra do Rife, 319-21, 323-4, 420;
    independência, 424; influência ocidental,
    20; interesses espanhóis no, 315; Istiqlal,
    partido, 420, 422; movimento naciona-
    lista, 419-20; presença francesa no, 193-6,
    315-23, 418-22, 425; na Primeira Guerra

Mundial, 318; sob Lyautey, 316-8; torna-se protetorado franco-espanhol, 159
Martin, Cliff, 362
martírio no Hezbollah, 602
Massoud, Ahmad Shah, 612-3
Massu, general Jacques, 469
Matni, Nasib, 448
Maude, General Sir Stanley, 451
McMahon, Sir Henry, 218, 220, 260, 262, 308
McPherson, Joseph, 238-9
Meca, 71, 89, 261
Medici, 55
Medina, 71, 89
Mehmed II (Mehmed, o Conquistador), 30
Mehmed Reshid Paxá, 117
Meir (Meyerson), Golda, 380, 491
Mercier (historiador), 337
Mesopotâmia *ver* Iraque
Mikdadi, Lina *ver* Tabbara, Lina
Milner, Lord, 243
Mishaqa, Mikhayil, 91, 114-5, 118, 120, 138-40
Mitija, planície, 169
Moawad, René, 660
Mobil, 511
Mogador, 172
mongóis, 16, 30
Monte do Templo, 685
Monte Líbano, 137, 200, 215, 304-11
Montefiore, Moses, 221
Morsi, Muhammad, 730, 732
Mossul, 728
mouriscos, 48
Movimento 25 de Janeiro, 14, 729, 733
Movimento de Libertação Nacional da Palestina, 493
Movimento de Resistência Islâmica *ver* Hamas
Movimento dos Despossuídos, 589
Movimento dos Países Não Alinhados, 20, 426
Movimento Egípcio pela Mudança, 13
Movimento Juventude de 14 de Fevereiro, 712
Movimento Nacional, 546-7, 549, 551
Moyne, Lord, 359
Mubarak, Gamal, 688

Mubarak, Hosni, 13, 14, 570, 636, 644, 688, 709, 712
Muhammad Ali Paxá, 23; ambições de, 99-100; ameaça aos otomanos, 91, 130; campanha wahabita e, 99, 102, 104-5, 113; como comandante otomano, 99-100; como governador do Egito, 100-22; fundador de dinastia, 101; igualdade religiosa e, 136; imprensa e, 199; inovador no Egito, 101; invasão do Sudão, 106; massacre na Cidadela e, 103; modernização, 144; nascimento de, 99
Muhammad Bei Abu al-Dhahab, 79-81
Muhammad Bei Qatamish, 60-1
Muhammad v, rei, 419-20, 422, 424
Muhammad vi, rei, 196, 687
Muhammadia, complexo palaciano em, 150
mulheres na política, 239-41, 243, 287-8, 402-3, 465-6, 472, 500, 576-8, 669
Murad IV, 57
Murad Paxá, 55
Murad, Sayyid, 52
Murtagi, general Abd al-Muhsin, 483
Mussolini, Benito, 282, 301
Mustafa Paxá, 57
Mustafa Reshid Paxá, 131
Mutawakkil III, califa al-, 27
Muzayrib, 79

Nabulsi, Sulayman al-, 444
nacionalismo, 19, 23, 173, 202, 208-10, 212-3, 215, 229
Nações Unidas: comitê especial para a Palestina (UNSCOP), 361, 363; Conselho de Segurança (Resolução 242), 490-1, 531, 533, 535, 537, 624, 665, 672, 678; Conselho de Segurança (Resolução 338), 533, 535, 624, 665, 672, 678; Conselho de Segurança (Resolução 660), 636, 642; Conselho de Segurança (Resoluções 661, 662 e 670), 642; Conselho de Segurança (Resolução 678), 642, 646; Conselho de Segurança (Resolução 687), 689; Força de Emergência das Nações Unidas (UNEF), 479; guerra civil síria e, 725; ingresso da Síria, 354; ingresso do Líbano, 354; ingresso

dos Emirados Árabes Unidos, 520; Líbia e, 717; manutenção da paz após a Crise de Suez, 436; relatório do unscop, 364-5; resolução de partição (Palestina), 364, 380, 382; visita de Arafat, 536, 542

Naguib, general Muhammad, 406-7, 409-11, 413, 415

Nagy, Imre, 435

nahda (renascimento cultural), 200

Nahhas, Mustafa al-, 278-9, 282, 302

Napier, almirante, 120

Napoleão (Bonaparte), 92-4, 96, 111, 304

Napoleão, Luís (Napoleão iii), 146, 172

Naqib, Sayyid Talib al-, 269

Nashashibi/Husseini, rivalidade, 287

Nasif, Malak Hifni, 240

Nasser, Gamal Abdel, 385, 405-6, 408, 410-1, 413-5, 417-8, 426-7, 430-8, 440-1, 454-7, 473-5, 478, 480-1, 486-7, 489-90, 493, 496, 502, 506-7, 515, 523, 731

Nasuh Paxá, 55

Navarino, batalha da Baía de, 112

nazistas, atrocidades contra os judeus, 297, 358

Nazli, princesa, 191

Nelson, almirante Horatio, 96

Neo-Destour, partido, 424

Netanyahu, Benjamin, 669, 681-2

Nezib, Batalha de, 119-20

Nilo, Batalha do, 97

Nixon, Richard, 500, 531, 570

Nizam-i Cedid (nizami), exército, 108-9, 111, 125, 148, 150

Noite dos Cristais, 297

Normas no caminho do islã, 574, 576, 579

"Nota Gambetta", 187

Nour, Ayman, 13

nova mulher, A, 208

Nova Ordem (*Nizam-i Cedid*), exército da, 108-9, 111

Nubar Paxá, 181

Numayri, Jaafar al-, 488

Nuqrashi, Mahmoud Fahmi al-, 390-1, 402

Nusseibeh, Sari, 616-9, 623, 648, 665, 668-9, 686

Obama, Barack, 708-9

Occidental Petroleum, 517-8

Oficiais Livres: Egito, 405-13, 414, 457, 480, 524; Iraque, 449; Irmandade Muçulmana e, 576; Jordânia, 444; Líbia, 488

Olimpíadas de Munique, ataque, 538

olp (Organização para a Libertação da Palestina), 493-507, 533, 535-44, 593-5, 602, 605, 617, 622, 624, 629, 666, 674-5, 682, 684

Omar, mulá, 694

omíada, dinastia, 36

Onze de Setembro, ataques, 691-3

Opep (Organização dos Países Exportadores de Petróleo), 514, 633

Operação Paz para a Galileia, 594

Operação Tempestade no Deserto, 647, 649, 653

Operação Vinhas da Ira, 681

Orã, ocupação francesa de, 166

ordens sufi, 30

Organização Armada Secreta (oas), 471

Organização de Defesa do Oriente Médio, 416

Organização dos Países Exportadores de Petróleo *ver* Opep

Organização para a Libertação da Palestina *ver* olp

Organização para a Revolução Islâmica na Península Arábica, 566

Organização Sionista dos Estados Unidos, 500-1

Organização Sionista Mundial, 221, 286

Orient, navio, 97

Oslo, Acordos de, 674-86

Osman iii, 64

Otan, 436, 652, 694, 717

Oujda, 171

Ourabah, monsieur, 338

Pacto da Liga das Nações, 231

Pacto Nacional, 348

Pahlevi, xá Muhammad Reza, 520, 564, 590

Paice, Marvyn, 362

Palestina: Acordos de Oslo 674-86; *al-Nakba* (o Desastre), 387; Al-Qastal, 370; atividade da Haganá, 359-60, 365, 368-9, 375-6; atividade do Irgun, 298, 356-64, 372, 376; atrocidades falangistas, 597-8; Betsã, 376;

britânicos na, 282-98, 355, 356-77; captura de Haifa, 375-6; como pátria nacional judaica, 221, 285, 361; conquistada por Ibrahim Paxá, 114; declaração de independência, 623-4; declínio econômico, 684; Deir Yassin, 372-4; diversidade da população, 283-4; emboscada de comboio médico, 374; guerra árabe-israelense (1967), 490, 492; invasão pelos Estados árabes, 377; Jordânia e, 502-3, 505-6; judeus declaram guerra à Grã-Bretanha, 356; Karamah, 496-7; King David Hotel, bombardeado, 360; Lehi (Lohamei Herut Yisrael), 298, 356, 358-9, 361, 363, 372 (*ver também* Stern, Bando de); Livro Branco, 297, 356-7, 359; movimentos de libertação, 493, 495; ocupação por Israel, 615-25, 697-8, 704-5; OLP e, 493; na Primeira Guerra Mundial, 220, 223; propostas de partição, 295; reassentamento de refugiados, 392, 397, 417, 477; relatório do UNSCOP, 364-5; represálias britânicas, 296; resolução de partição da ONU, 364, 366, 375, 380, 382; Safad, 376; Segunda Intifada, 697; sionistas na, 284; soldados britânicos enforcados, 362; tumultos e manifestações, 285, 292, 616; *ver também* Hamas; Israel

Palmerston, Lord, 118, 121

Pan Am, 504

Paquistão, 695

Partido Constitucional Liberal, 280

Partido da União Síria, 328

Partido de Alá, 329

Partido Democrático Nacional, Egito, 14

Partido do Povo (Egito), 209, 280

Partido do Povo (Síria), 327, 329

Partido do Renascimento Árabe *ver* Baath, partido

Partido dos Trabalhadores do Curdistão (PKK), 652

Paz de Kütahya, 117

Paz de Paris, 135

península Ibérica: Reconquista católica, 16

Peres, Shimon, 432, 674, 680

Pétain, marechal Philippe, 322, 347

petróleo: como arma, 521, 529-30; embargos, 521; na guerra árabe-israelense de 1967, 521-2; incêndios no Kuwait, 649; localização de reservas, 509; lucros das multinacionais, 510-1; royalties, 510; no século XX, 72, 253, 274, 509-67

Pflimlin, Pierre, 468

Philippeville, massacre de, 426

Pineau, Christian, 432

pirataria, 47-53, 148, 165, 251-2

PKK (Partido dos Trabalhadores do Curdistão), 652

Pointe, Ali la, 465

Polignac, príncipe Jules de, 165

Port Lyautey, 318

pós-guerra, acordos (Primeira Guerra Mundial), 224-50

Powell, Colin, 701

Primavera Árabe, 9-16, 22, 24, 692; Arábia Saudita, 713-4; Bahrein, 710-1, 713, 715; contrarrevolução à, 729-34; Egito, 13-5, 24, 709; Iêmen, 13, 15, 709, 719, 721; Líbia, 13, 15, 709, 715-9; Síria, 13, 15, 709, 722-3, 725; Tunísia, 9-12, 15, 24, 709

Primeira Aliya, 284

Primeira Guerra Mundial, 23, 212-24, 249, 304, 318, 340

processo de paz, 558-63

profeta, O, 307

promoção da democracia, 701-3

proposta de Estado árabe unido, 226

prostituição em Damasco, 66-8

protocolo de autonegação, 159

Pundak, Ron, 674

Putin, Vladimir, 727

Qadir, Abd al-, 167-73, 202-3, 335-6

Qadiri, ordem, 167

Qana, 681

Qansuh al-Ghawri, al-Ashraf, 27, 30-1

Qasim, brigadeiro Abd al-Karim, 449, 454-5

qasimis (mamelucos), 59, 61, 251-2

Qassam, Izz al-Din al-, 289-92

Qassem, Naim, 602

Qawuqji, Fawzi al-, 323-5, 329, 331, 334, 367-8, 378

Quarteto do Oriente Médio, 698

questão marroquina, 195
Qurie, Ahmad ("Abu Ala"), 674, 677
Qusus, Awda al-, 264-5
Qutb, Amina, 606
Qutb, Muhammad, 606
Qutb, Sayyid, 572-9, 606, 618
Quwatli, Shukri al-, 351, 353-4, 379, 391, 439,
     442, 458

Rabat, encontro de, 542
Rabin, Yitzhak, 482, 544, 620, 673, 677-8, 680
Rádio Bari, 301
Rahman, Mulai Abd al-, 171
Rajab, Jehan, 635, 638-40, 649
Ramadan, Taha Yassin, 644
Raqqa, 728
Ras al-Khaimah, 251, 519-20
Rashid, clã, 254
Reagan, Ronald, 591, 595, 604
reforma constitucional, 22-3
refugiados: guerra civil síria, 725
República Árabe Unida (RAU), 442, 445, 454-
     6, 458, 460, 473, 475, 508
Resistência Islâmica, 603-4
resoluções de Riad, 553-4
Réveil, Le (jornal), 312
revolta árabe, 225, 232, 255, 271, 273, 357, 368
revolta grega, 109-12
Revolta Iraquiana (Revolução de 1920),
     247-9
revolta síria, 327-35
Revolução Francesa, 22
revolução húngara, 435
Revolução Islâmica, 564, 566
Revolução Russa, 223
Riad Paxá, 183
Riad, Muhammad, 558
Rifai, Samir al-, 533
Rife, Guerra do, 319, 324, 420
Rifqi, Uthman Paxá, 183, 186
Rigoletto, 147
Rogers, William, 524
Rommel, marechal de campo Erwin, 301
Roosevelt, Franklin, 419
roteiro para a paz no Oriente Médio, 698,
     704

Rothschild, barão Edmond de, 221
Rússia: ameaça à Grã-Bretanha, 119;
     intervenção na guerra civil síria, 727;
     objetivos no pós-guerra, 216; proteção à
     Igreja Ortodoxa Oriental, 133; reivindi-
     cações territoriais, 221; ver também União
     Soviética

Saad, Maruf, 547
Saadawi, Nawal al-, 402, 408, 435-6
Saadeh, Antoun, 395
Sábado Negro, 404-6, 550
Sabah, Jabar al-Ahmad al-, 636
Sabah, Saad al-, 635
Sabra, campo de refugiados, 597, 599
Sadat, Anwar al-, 406-7, 480, 488, 507, 524,
     526-7, 532, 554-63, 568-70, 626
Sadr, Musa al-, 589
safávida, Império Persa, 31, 47
Safwat, general Ismail, 368, 370
Said Paxá, 145, 179-80
Said, Nuri al-, 445, 449, 451
salafismo, 205
Salan, general Raoul, 469-70
Saleh, Ali Abdullah, 13, 15, 719-20
Salem, Salah, 385, 406
Salim Paxá, 328
Salman, Abu, 294
Salman, Isa bin, 520
Salmun (prostituta de Damasco), 67
San Remo, Conferência de, 309
Saná, 720-1
Sanussi, Sayyid Muhammad Idris al-
     (Idris I), 488-514
Sarkis, Elias, 552
Sarrail, general Maurice, 327, 329, 333
Sartre, Jean-Paul, 468
Saud ibn Abd al-Aziz, 87, 89
saudita-hachemita, conflito, 256
saudita-wahabita, confederação (séc. XVIII),
     71
saudita-wahabita, confederação (séc. XX),
     254
Sayfa, 57
Sayyid, Ahmad Lutfi al-, 204, 208-9
Schultz, George, 600

Segunda Guerra Egípcio-Otomana, 121, 123, 130

Segunda Guerra Mundial, 298-302, 356

Selim I (Selim, o Severo), 31-6, 38, 40-1, 43, 62

Selim II, 58

Selim III, 108

sequestro, 499-502

Setembro Negro, 505

Sétif, repressão, 461

Sèves, coronel, 109

Seymour, almirante Sir Beauchamp, 188-9

Shaarawi, Ali Paxá, 240-1

Shaarawi, Huda, 239-42, 287

Shafi, Haidar Abdul, 667, 669

Shafi, Hussein al-, 483

Shahbandar, Abd al-Rahman, 326-7, 329, 333

Shakespeare, William, 40

Shamir, Yitzhak, 358, 599, 604, 624, 647, 668, 671, 673

Sharett, Moshe, 392, 417

sharia (lei islâmica), 17

Sharjah, 252, 519

Sharon, general Ariel, 593, 597, 599, 685, 696, 703

Shartouni, Habib, 597

Shaw, Relatório, 285

Shertok, Moshe, 393

Shihab, família, 71, 122, 138

Shihab, general Fuad, 453

Shiqaqi, Fathi, 680

Shirazi, aiatolá al-, 247

Shuqayri, Ahmad, 494, 498

Sibai, Mustafa al-, 579

Sicília, 51

Sidi Bouzid, 9-11, 15

Sidi Ferruch, 335, 337, 340

Sidqi, Ismail, 277-81

sionistas, 284, 298

Síria: ataque à academia militar de Alepo, 581; Bloco Nacional, 346, 351; Comissão King-Crane e, 227-34, 308; complô da CIA contra a, 434; comunistas, 440; Constituição de 1930, 23; curdos, 729; fome, 215; França e, 234-5, 304-35, 345-7, 351-5; golpe militar, 23, 391; governo colonial, 19, 234; governo egípcio, 118, 304, 345-7; guerra árabe-israelense (1948), 378-87; guerra árabe-israelense (1967), 476-92; guerra civil, 724-9; independência, 346-7, 351-5; influência soviética, 20; ingresso nas Nações Unidas, 354; intervenção russa, 727; Irmandade Muçulmana, 579-86, 626; Líbano e, 553, 588, 657-63, 705; Muhammad Ali Paxá e, 113-6; nacionalismo, 229, 231-2, 323-7, 345-7, 351-5, 439-43; ocupação britânica, 347; ocupação de Beirute, 553; Partido Baath, 439-40, 726; petróleo, 509; Primavera Árabe e, 13, 15, 709, 722-3, 725; refugiados, 725; revolta de Alepo, 325; revolta das montanhas alauitas, 118; Sexta-feira da Dignidade e, 724; sob governo otomano, 43; Sociedade da Mão de Ferro, 326-7; Tadmur, prisão de, 582; tumultos/manifestações, 352-4; união com o Egito, 439-43, 457

Sisi, Abdel Fattah al-, 731-2

Sociedade da Mão de Ferro, 326-7

Sociedade dos Jovens Otomanos, 153

Solh, Riad al-, 351

Solução Xarifiana, 263-4

Souqi, Samir, 368

Stack, Sir Lee, 277

Standard Oil: da Califórnia, 510; de Nova Jersey, 513

Stern, Abraham, 357-8

Stern, Bando de, 298

Stone Paxá, 185

Sublime Porta, 43, 53, 56, 58-9, 71, 75, 102, 113, 118, 120-1, 133-4, 144

Sudão: golpe militar (1969), 488; invadido pelo Egito (Muhammad Ali Paxá), 106, 276; ocupação britânica/egípcia, 276-8, 301; Revolta do Mahdi, 276

Suez, canal de, 145-7, 176, 189-90, 192, 215, 276, 402-3, 416, 523, 554

Suez, Crise de (Agressão Tripartite), 428-38, 476

sufismo, 86

Sulayman, Sidqi, 480

Suleiman II (Suleiman, o Magnífico/o Legislador), 36, 41-2, 45, 47, 51

sunitas, militantes, 605

Supremo Conselho Muçulmano, 287
Sykes, Sir Mark, 220, 304
Sykes-Picot, Acordo, 220-3, 304

Taba, encontro de, 683
Tabbara, Lina, 542, 548-54, 594
Tadmur, prisão de, 582
Tafna, Tratado de, 168
Tahtawi, Rifaa al-, 22, 125-8, 165, 199, 206
Taif, Acordo de, 658-9, 661-2
Tal al-Zatar, 551
Talabani, Jalal, 702
Talibã, 694-5
Tall al-Kabir, 190
Tamarod, movimento, 730-1
Tamimi, Azzam, 616
Tânger, 172, 316
Tanzimat, período do, 131-4, 136, 152
Taqla, Bishara, 201
Taqla, Salim, 201
Tawfiq Paxá (mais tarde quediva), 178-9, 183, 185-7, 190-1
Teerã, Acordo de, 518
Tenet, George, 689
Tergeman, Siham, 333, 354-5
Texaco, 511
Thinni, Abdullah al-, 719
Tiberíades, cerco de, 72-3
Tlemcen, 48
Topkapi, Palácio de, 43
tortura: abolição, 131; na Argélia, 465, 468, 472; em seguida ao complô para assassinar Urabi, 186; em Hama, 585; de membros da Irmandade Muçulmana, 574, 576, 578; na Palestina, 296, 615; prisão de Abu Ghraib, 452; na Transjordânia, 266; no Kuwait, 639; de Zaynab al-Ghazali, 578
Transjordânia, 263-8, 283; ataques aéreos à, 265; greve de impostos, 265; guerra árabe-israelense (1948), 378-87; partição e, 366
Tratado Anglo-Egípcio, 402
Tratado Anglo-Iraquiano, 271, 273-5, 299
Tratado Anglo-Jordaniano, 444
Tratado de Aliança Preferencial, 274-5, 282
Tratado de Amizade e Cooperação (Iraque--União Soviética), 631

Tratado de Berlim, 173
Tratado de Fez, 196
Tratado de Madri, 316
Tratado Perpétuo, 252
Trípoli, 41, 44, 46, 716, 718
troika, 658-9
Troupes Spéciales (Legião Síria), 324-5, 331-2
Truman, Harry, 364
Tumanbay, al-Ashraf, 33, 35, 40
Tunb, ilhas, 520
Túnis, 48, 51, 710; bancarrota, 157; Primavera Árabe e, 11; Regência, 148; vassalos otomanos, 71
Tunísia: Constituição de 1861, 23; Constituição de 2014, 733; demonstrações, 421; eleições (2014), 733, 734; empréstimos estrangeiros, 154; influência ocidental, 20; Khayr al-Din e, 148-9; Neo-Destour, partido, 424; ocupação francesa, 159, 173, 177-8, 197, 421, 424; Primavera Árabe e, 9-12, 15, 24, 709; projetos de desenvolvimento, 148; transição política, 733-4
Turaba, 259
Turayqi, Abdullah al-, 512-3, 516, 521
turco-circassianos, 179, 181, 185-6, 410
turcomanos, 65
Turquia: ataques a bomba, 696; bancarrota, 157, 175; como "doente da Europa", 175; guerra civil síria e, 726, 729; movimento constitucional, 153
Tussun Paxá, 102, 104
TWA, 500, 504

U Thant, 480
Umar, Zahir al-, 72-3, 75-6, 78-9, 81, 83-4, 123
Umm al-Qaiwain, 252
União Árabe, 445
União dos Emirados Árabes *ver* Emirados Árabes Unidos
União dos Estudantes Palestinos, 492
União Feminista Egípcia, 243
União Libertadora, 411, 573
União Socialista Árabe, 473
União Soviética: no Afeganistão, 608-14; colapso, 628-30; Egito e, 476; na Guerra Fria, 20-2; Iêmen e, 474; invasão do

Iraque e, 21; Iraque e, 630-1; Nasser e Khruschóv, 455; petróleo, 513; Síria e, 477; *ver também* Rússia
Urabi, coronel Ahmad, 179-92, 201, 203
uss *Liberty*, 489
Uthman Paxá, 75, 79, 82

Verdi, Giuseppe, 147
Vernet, Horace, 167
Vieira de Mello, Sérgio, 701
Viollette, Maurice, 342-4
Voz dos Árabes (estação de rádio), 438, 475

Wafd, partido nacionalista, 241, 243, 276-7, 280-1, 302, 402-3
Wahab, Muhammad ibn Abd al-, 84-91
wahabismo, 85, 86-91
wahabitas: ataque a Karbala, 87-8; ataque a Meca, 89; ataque a Medina, 89; ataque a Taif, 261; ataque ao Hejaz, 88-90; ataque ao sul do Iraque, 123; como guerreiros fervorosos, 259; Muhammad Ali Paxá e, 99-105, 113
Wahbi Tal, Mustafa, 266
Waldheim, Kurt, 533
Wazir, Khalil al-, 493, 619-20
Weizmann, Chaim, 222, 226
Will, George, 16
Wilson, Harold, 519
Wilson, Sir Arnold, 246
Wilson, Sir Charles Rivers, 157, 181
Wilson, Woodrow, 18, 225, 227, 231, 235-6, 242, 250
Wingate, Sir Reginald, 237, 241

Wolfowitz, Paul, 701
Wolseley, Sir Garnet, 190
Worth, Robert, 720

xeque al-Balad *ver* Muhammad Bei Qatamish

Yacef, Saadi, 465-6
Yahya, imã, 474
Yahya, Muhammad al-, 638-9
Yahya, Tahir, 483
Yamani, Ahmed Zaki al-, 516, 530, 534
Yassin, Ahmad, 617
Yazbek, Samar, 724
Yegen, Dawud Paxá, 185
Yom Kippur, guerra do (guerra árabe-israelense de 1973), 526-35
Younes, coronel Mahmoud, 430-1
Youssef, Mulai, 317, 321

Zaghloul, Saad, 204, 237, 241, 243, 276-7
Zahir, xá, 608
Zahleh, cerco de, 137, 139
zaidanis, 72, 74
zaidi, seita (Iêmen), 474
zaidis, 721
Zaim, coronel Hosni al-, 391-4, 439
Zarqawi, Abu Musab al-, 727
Zeid, príncipe, 454
zimala, acampamento, 170
Ziyada, Mai, 241
zona de segurança do sul do Líbano, 604
Zuaytir, Akram, 290-2
Zurayk, Constantine, 387-8

1ª EDIÇÃO [2021] 2 reimpressões

ESTA OBRA FOI COMPOSTA POR MARI TABOADA EM DANTE PRO E
IMPRESSA EM OFSETE PELA GRÁFICA SANTA MARTA SOBRE PAPEL PÓLEN SOFT
DA SUZANO S.A. PARA A EDITORA SCHWARCZ EM NOVEMBRO DE 2023